U0216200

吉林人民出版社

简体字本二十六史

明史

卷二〇一——卷二四六

（六）

〔清〕　张廷玉等　撰

王天有等　标点

明史卷二〇一
列传第八九

陶琰 子滋　　王缜　　李充嗣
吴廷举 弟廷弼　　方良永 弟良节
子重杰　　王炘　　王轼　　徐问
张邦奇 族父时彻　　韩邦奇 弟邦靖
周金　　吴岳 谭大初

　　陶琰,字廷信,绛州人。父铨,进士,陕西右参议。琰举成化七年乡试第一,十七年成进士,授刑部主事,弘治初,进员外郎,历固原兵备副使。练士卒,广刍粟。历九年,部内晏如。迁福建按察使,浙江左布政使。

　　正德初,以右副都御史巡抚河南,迁刑部右侍郎。陕西游击徐谦讦御史李高。谦故刘瑾党,行厚赂,欲中高危法。琰往按,直高。瑾怒,假他事下琰诏狱,褫其职,又罚米四百石输边。瑾诛,起左副都御史,总督漕运兼巡抚淮、扬诸府。

　　六年转南京刑部侍郎。明年,贼刘七等将犯江南,王浩八又入衢州。进琰右都御史,巡视浙江。至则七等已灭,浩八听抚。会宁、绍濒海地飓风大作,居民漂没万数。琰出帑金振救,而大筑萧山至会稽堤五万余丈。奏设兵备道守要害,防浩八党出没,遣将击斩其渠魁。遂城开化、常山、遂安、兰溪,境内以靖。复命总督漕运,七疏乞归。世宗嗣位，起故官。凡三督漕，军民习其政，不严而肃。

琰性清俭，饭惟一蔬。每到官及罢去，行李止三竹笥。寻加户部尚书，嘉靖元年召拜工部尚书。其冬，改南京兵部，加太子少保。未浃岁，屡引年乞休。加太子太保，乘传归，有司岁时存问。又九年卒，年八十有四，赠少保，谥恭介。

子滋，以进士授行人。谏武宗南巡，杖阙下，谪国子学正。嘉靖初，历兵部郎中。率同官伏阙争“大礼”，再受杖，谪戍榆林。兵部尚书王时中等言，琰老病呻吟，冀父子一相见，乞改调近卫，不许，十五年赦还，卒。

王缜，字文哲，东莞人。父恪，宝庆知府。缜登弘治六年进士，选庶吉士，授兵科给事中。劾三边总制王越附汪直、李广，不可复玷节钺。出理南畿屯田。有司征松江白纻六千匹，缜言纻非正供，且请停上清宫役。诏皆罢之，累迁工科都给事中。

武宗初立，内府工匠以营造加恩。缜率同官言：“陛下初登大宝，工匠末技已有以微劳进者，诚不可示后世。宜散遣先朝诸画士，革工匠所授官。”帝不能用。中官张永请改筑通州新城，缜言泰陵工作方兴，不当复兴无益之役。帝乃止。

正德元年出为山西右参政。历福建布政使，迁右副都御史，巡抚苏、松诸府。协平江西贼王浩八。乾清宫灾，疏请养宗室子宫中，定根本，去南京新增内官，召还建言被黜诸臣，不报，已，调郧阳巡抚，迁南京刑部右侍郎。

世宗即位，陈正本十事。嘉靖二年就擢户部尚书，卒官。

李充嗣，字士修，内江人，给事中蕃孙也，登成化二十三年进士，改庶吉士。弘治初，授户部主事。以从父临安为郎中，改刑部。坐累，谪岳州通判。久之，移随州知州，擢陕西佥事，历云南按察使。

正德九年举治行卓异，累迁右副都御史，巡抚河南，岁大祲。请发帑金移粟振之，不足则劝贷富室。时流民多聚开封，煮糜哺之。逾月，资遣还乡。初，镇守中官廖堂党于刘瑾，假进贡名，要求百端，继者以为常。充嗣言："近中官进贡，有古铜器、窑变盆、黄鹰、角鹰、锦鸡、走狗诸物，皆借名科敛。外又有拜见银、须知银及侵扣驿传快手月钱、河夫歇役之属，无虑十余事，苛派动数十万。其左右用事者，又私于境内抑买杂物，擅榷商贾货利。乞严行禁绝。"诏但禁下人科取而已。

十二年移抚应天诸府。宁王宸濠反，充嗣谓尚书乔宇曰："都城守御属于公，畿辅则充嗣任之。"乃自将精兵万人，西屯采石。遣使入安庆城中，令指挥杨锐等坚守。传檄部内，声言京边兵十万旦夕至，趣供饷，以绐贼。贼果疑惧。事定，兵部及巡按御史胡洁言其功。时已就进户部右侍郎，乃赐敕嘉劳。

有建议修苏、松水利者，进充嗣工部尚书兼领水利事。未几，世宗嗣位，遣工部郎林文霈、颜如瑰佐之。开白茅港，疏吴淞江，六阅月而讫工，语详《河渠志》。

嘉靖元年论平宸濠功，加太子少保。苏、松白粮输内府。正德时骤增内使五千人，粮亦加十三万石。帝用充嗣言，减从故额。又请常赋外尽蠲岁办之浮额者，内府征收，监以科道官，毋纵内臣苛索。帝俱从之。寻改南京兵部尚书。七年致仕，卒。久之，诏赠太子太保，谥康和。

吴廷举，字献臣，其先嘉鱼人，祖戍梧州，遂家焉，成化二十三年登进士，除顺德知县。上官属修中贵人先祠，廷举不可。市舶中官市葛，以二葛与之，曰："非产也。"中官大怒。御史汪宗器亦恶廷举，曰："彼专抗上官，市名耳。"会廷举毁淫祠二百五十所，撤其材作堤，葺学宫、书院。宗器谓有所侵盗，执下狱。按之不得间，惭而止。

为县十年，稍迁成都同知。忧归，补松江。用尚书马文升、刘大夏荐，擢广东佥事。从总督潘蕃讨平南海、清远诸盗。正德初，历副

使。发总镇中官潘忠二十罪。忠亦讦廷举他事，逮系诏狱。刘瑾矫
诏，枷之十余日，几死，戍雁门，旋赦免。

杨一清荐其才，擢江西右参政。败华林贼于连河。从陈金大破
姚源贼。其党走裴源，复从俞谏破之。贼首胡浩三既抚复叛，廷举
往谕，为所执。居三月，尽得其要领，诱使携。及得还，浩三果杀其
兄浩二，内乱。官兵乘之，遂擒浩三。

与副使李梦阳不协，奏梦阳侵官，因乞休。不俟命竟去，坐仃一
岁俸。起广东右布政使，复佐陈金平府江贼。擢右副都御史，振湖
广饥。已，复出湖南定诸夷疆地。宁王宸濠有逆谋，疏陈江西军政
六事，为豫防计。

世宗立，召为工部右侍郎，旋改兵部。上疏诋陆完、王琼、梁储
及少傅蒋冕，而自以为已昔居宪职无一言，乞罢黜以儆幸位。时完
早得罪，琼及储已罢去，廷举借以倾冕。冕遂求罢。帝颇不直廷举，
调南京工部，而慰谕冕。冕固请留之，不听。

嘉靖元年，廷举乞休。寻以灾异复自劾求罢，劝帝修德应天，因
奏行其部兴革十二事。寻就改户部，迁右都御史，巡抚应天诸府。长
洲知县郭波以事挫织造中官张志聪。志聪伺波出，倒曳之车后。典
史萧景腆操兵教场，急率兵救。百姓登屋，飞瓦击志聪。志聪奏逮
波、景腆，廷举具白志聪贪黩状。帝乃降波五级，调景腆远方，志聪
亦召还。

三年，以“大礼”议未定，请如洪武中修《孝慈录》故事，令两京
部、寺、台、省及天下督、抚各条所见，并询家居老臣，采而行之，汇
为一书，以诏后世。时已定称本生考，廷举窥帝意不慊，故为此奏。
给事中张原、刘祺交劾之，不报。寻改南京工部尚书，辞不拜，称疾
乞休。帝慰留。已，复辞，且引白居易、张咏诗，语多诙谐，中复用呜
呼字。帝怒，以廷举怨望无人臣礼，勒致仕。

廷举面如削瓜。衣敝带穿，不事藻饰。言行必自信，人莫能夺。
其在太学时，兄事罗玘。玘病痢，仆死，自煮药饮之。负以如厕，一
昼夜数十反。玘尝语人曰：“献臣生我。”廷举好薛瑄、胡居仁学，尊

事陈献章。居湫隘，亡郭外田，有书万卷。及卒，总督姚镆厄其丧。隆庆中，追谥清惠。

弟廷弼，举于乡，廷举枷吏部前，廷弼卧其械下。刑部主事宿进为奏记张彩，乃得释。

方良永，字寿卿，莆田人，弘治三年进士。督逋两广，峻却馈遗，为布政使刘大夏所器，还授刑部主事。进员外郎，擢广东佥事。琼州贼符南蛇为乱，大夏时为总督，檄摄海南兵备，会师讨平之。御史坐良永失利。大夏已入为本兵，为白于朝，赍银币。

正德初，父丧除，待铨阙下。外官朝见毕，必谒刘瑾。鸿胪导良永诣左顺门叩头毕，令东向揖瑾，良永竟出。或劝诣瑾家，良永不可。及吏部除良永河南抚民佥事，中旨勒致仕。既去，瑾怒未已，欲假海南杀人事中之。刑部郎中周敏力持，乃不坐。瑾诛，起湖广副使。寻擢广西按察使，发巡按御史朱志荣罪至谪戍，迁山东右布政使，旋调浙江，改左。

钱宁以钞二万鬻于浙，良永上疏曰："四方盗甫息，疮痍未瘳，浙东西雨雹。宁厮养贱流，假义子名，跻公侯之列。赐予无算，纳贿不资，乃敢攫民财，戕邦本。有司奉行急于诏旨，胥吏缘为奸，椎肤剥髓，民不堪命。镇守太监王堂、刘璟畏宁威，受役使。臣何敢爱一死，不以闻。乞陛下下宁诏狱，明正典刑，并治其党，以谢百姓。"宁惧，留疏不下。谋遣校尉捕假势鬻钞者，以自饰于帝，而请以钞直还之民，阴召还前所遣使。宁初欲散钞遍天下，先行之浙江、山东，山东为巡抚赵璜所格，而良永白发其奸，宁自是不敢鬻钞矣。宁方得志，公卿、台谏无敢出一语。良永以外僚讼言诛之，闻者震悚。良永念母老，恐中祸，三疏乞休去。

世宗即位，中外交荐。拜右副都御史，抚治郧阳。以母老，再疏乞终养。都御史姚镆请破格褒宠。尚书乔宇、孙交言，良永家无赢资，宜用侍郎潘礼、御史陈茂烈故事，赐廪米。诏月给三石。久之，母卒，诏赐祭葬。皆异数也。服除，以故官巡抚应天，即家赐敕。至衢州疾作，连疏乞致仕，未报遽归，卒。卒后有南京刑部尚书之命。暨讣闻，赐恤如制，谥简肃。

良永侍父疾，衣不解带者三月。母病，良永年六十余矣，手进汤药无少怠。居倚庐哀毁，称纯孝焉。素善王守仁，而论学与之异。尝语人曰："近世专言心学，自谓超悟独到，推其说以自附于象山，而上达于孔子。目贤圣教人次第为小子无用之学，程、朱而下无不受摈，而不知其入于妄。"

弟良节，官广东左布政使，亦有治行。子重杰，举于乡，以孝闻。

王炉，字存纳，黄岩人，弘治十五年进士，除太常博士。正德时，屡迁刑科都给事中。武定侯郭勋镇两广，行事乖谬。诏自陈，勋强辨，炉等驳之。都察院覆奏，不录炉言，炉并劾都御史彭泽。帝责泽，置勋不问。御史林有年直言下狱，浙江佥事韩邦奇忤中官被逮，炉皆救之。帝幸大同久不反，炉力请回銮。又与工科石天柱救彭泽，忤王琼。中旨调两人于外，炉得惠州推官。

世宗立，召复都给事中，旋擢太仆少卿，改太常，嘉靖三年迁应天府尹。岁大祲，奏免其赋。居四年，迁南京刑部右侍郎，以母老归养。

家居十年，起故官。寻擢南京右都御史。守备中官进表，率以两御史监礼。炉曰："中官安得役御史？"止之。奉贺入朝，谒内阁夏言。言倨甚，大臣多隅坐，炉独引坐正之。言不悦，炉遂谢病归。

炉与御史潘壮不相能。壮坐大狱，诏炉提问。炉力白壮罪，至忤旨。人以此称炉长者。卒，赠工部尚书。

王轼，开平卫人，弘治十二年进士，正德初，历工部员外郎，屡迁山东左布政使。

嘉靖初，入为顺天府尹。房山地震，轼言召灾有由，语多指斥。

忤旨切责。寻迁右副都御史,巡抚四川。芒部土官知府陇慰死,庶子政与嫡子寿争立,朝议立寿。政倚乌撒,数构兵,使人诱杀寿,夺其印。轼请讨之,乃会贵州兵分道进,擒政于水西,招降四十九寨。玺书奖劳。

时将营仁寿宫,就拜轼工部右侍郎,督采大木。工罢,召还,改户部。核九门苜蓿地,以余地归之民。勘御马监草场,厘地二万余顷,募民以佃。房山民以牧马地献中官韦恒,轼厘归之官。奸人冯贤等复献中官李秀,秀为请于帝,轼抗书劾之。帝虽宥秀,竟治贤等如律。出核勋戚庄田,请如周制,计品秩,别亲疏,以定多寡,非诏赐而隐占者俱追断。户部尚书梁材采其言,兼并者悉归官,稍进左侍郎。

初,轼之平陇政也,以陇氏无后,请改设流官,兵部尚书李钺等然之。遂改芒部为镇雄府,分置四长官司,授陇氏疏属阿济等为长官,而擢重庆通判程洸为试知府。陇氏旧部沙保等攻执洸,夺其印,欲复立陇氏后。巡抚王廷相等破保,洸得还。保子普奴复连乌撒、水西苗攻剽毕节诸卫。帝命伍文定图之。以朝议不合,召还。御史戴金因言:"芒部改流之议,诸司咸执不可。洸徇轼邪说,违众独行,致疆场不靖。"遂罢轼官。

以兵部尚书李承勋荐,起故官,总督仓场,再迁南京户部尚书。御史龚湜劾轼老悖,吏部言轼居官俭素,搢绅仪表。帝乃责湜妄言,久之,就改兵部,参赞机务。诏举将材,荐郑卿、沈希仪等二十一人,皆擢用。居四年,以老乞罢。疏中言享年若干,帝以为非告君体,勒为民,久之卒。

徐问,字用中,武进人,弘治十五年进士,授广平推官。迁刑部主事,历兵部,出为登州知府。地滨海多盗,问尽捕之。调临江。修筑坏堤七十二。转长芦盐运使,运司故利薮,自好者不乐居。问曰:"吾欲清是官也。"终任不取一钱,累迁广东左布政使。

嘉靖十一年以治行卓异,拜右副都御史,巡抚贵州。独山州贼蒙钺弑父为乱，问闻南丹、泗城欲助逆，檄广西抚按伐其谋。又檄钺弟钏复父仇，事平得承袭。钺援绝。问督大兵分道入，诛之。捷闻，赐金绮，召为兵部右侍郎。疏陈武备八事。又言：“两广、云、贵半土司，深山密菁，瑶、僮、罗、僰所窟穴。边将喜功召衅，好为扫穴之举。王师每入，巨憝潜踪，所诛戮率无辜赤子。兴大兵，费厚饷，以易无辜命，非陛下好生意。宜敕边臣布威信，严厄塞，谨哨探，使各安边境，以绝祸萌。”帝深纳其言。寻引疾归。

二十一年召为南京礼部侍郎，久之，就迁户部尚书。复引疾去，卒于家。

问清节自励，居官四十年，敝庐萧然，田不满百亩。好学不倦，粹然深造，为士类所宗。隆庆初，谥庄裕。

张邦奇，字常甫，鄞人，年十五，作《易解》及《释国语》。登弘治末年进士，改庶吉士，授检讨。出为湖广提学副使，下教曰：“学不孔、颜，行不曾、闵，虽文如雄、褒，吾且斥之。”在任三四年，诸生竞劝。时世宗方为兴世子，献皇遣就试。乃特设两案，已居北而使世子居南。文成，送入学。世宗由此知邦奇。

嘉靖初，提学四川，以亲老乞归。久之，桂萼掌铨，去留天下提学官，起邦奇福建。未几，选外僚入坊局，改右庶子，迁南京祭酒。以身为教，学规整肃。就迁吏部侍郎，丁外艰归。

帝尝奉太后谒天寿诸陵，语及择相。太后曰：“先皇尝言提学张邦奇器识，他日可为宰相，其人安在？”帝憬然曰：“尚未用也。”服阕，即召为吏部右侍郎，掌部事。推毂善类，人不可干以私。铨部升除，多受教政府，邦奇独否，大学士李时衔之。郭勋家人犯法，昪重贿请宽，邦奇不从。帝欲即授邦奇尚书，为两人沮止。寻改掌翰林院事，充日讲官，加太子宾客，改掌詹事府。

九载考绩，晋礼部尚书。以母老欲便养，乃改南京吏部。复改兵部，参赞机务。帝犹念邦奇，时与严嵩语及之。嵩曰：“邦奇性至孝，母老，不乐北来。”帝信其言，遂不召。二十三年卒，年六十一。赠太子太保,谥文定。

邦奇之学以程、朱为宗。与王守仁友善,而语每不合。躬修力践,跬步必谨。昼之所为,夕必书于册。性笃孝,以养亲故,屡起辄退。其母后邦奇卒,寿至百岁。邦奇事寡嫂如事母。所著《学庸传》、《五经说》及文集,粹然一出于正。

族父时彻,少邦奇二十岁,受业于邦奇。仕至南京兵部尚书,有文名。

韩邦奇,字汝节,朝邑人。父绍宗,福建副使,邦奇登正德三年进士,除吏部主事,进员外郎。

六年冬,京师地震,上疏陈时政阙失。忤旨,不报。会给事中孙祯等劾臣僚不职者,并及邦奇。吏部已议留,帝竟以前疏故,黜为平阳通判。迁浙江佥事,辖杭、严二府。宸濠令内竖假饭僧,聚千人于杭州天竺寺,邦奇立散遣之。其仪宾托进贡假道衢州,邦奇诘之曰:"入贡当沿江下,奚自假道?归语王,韩佥事不可诳也。"

时中官在浙者凡四人,王堂为镇守,晁进督织造,崔璠主市舶,张玉管营造。爪牙四出,民不聊生。邦奇疏请禁止,又数裁抑堂。邦奇闵中官采富阳茶鱼为民害,作歌哀之。堂遂奏邦奇沮格上供,作歌怨谤。帝怒,逮至京,下诏狱。廷臣论救,皆不听,斥为民。

嘉靖初,起山东参议,乞休去。寻用荐,以故官莅山西,再乞休去。起四川提学副使,入为春坊右庶子。七年偕同官方鹏主应天乡试,坐试录谬误,谪南京太仆丞,复乞归。起山东副使,迁大理丞,进少卿,以右佥都御史巡抚宣府。入佐院事,进右副都御史,巡抚辽东。时辽阳兵变,侍郎黄宗明言邦奇素有威望,请假以便宜,速往定乱。帝方事姑息,不从,命与山西巡抚任洛换官。至山西,为政严肃,有司供具悉不纳,间日出俸米易肉一斤。

居四年,引疾归。中外交荐,以故官起督河道。迁刑部右侍郎,改吏部。拜南京右都御史,进兵部尚书,参赞机务,致仕归。三十四年,陕西地大震,邦奇陨焉。赠太子少保,谥恭简。

邦奇性嗜学。自诸经、子、史及天文、地理、乐律、术数、兵法之事，无不通究。著述甚富。所撰《志乐》，尤为世所称。

弟邦靖，字汝度，年十四举于乡，与邦奇同登进士，授工部主事。榷木浙江，额不充，被劾，以守官廉得免，进员外郎。乾清宫灾，指斥时政甚切。武宗大怒，下之诏狱。给事中李铎等以为言，乃夺职为民。世宗即位，起山西左参议，分守大同。岁饥，人相食，奏请发帑，不许。复抗疏千余言，不报。乞归，不待命轧行。军民遮道泣留。抵家病卒，年三十六。未几，邦奇亦以参议莅大同。父老因邦靖故，前迎，皆泣下。邦奇亦泣。

邦奇尝庐居，病岁余不能起。邦靖药必分尝，食饮皆手进。后邦靖病亟，邦奇日夜持弟泣，不解衣者三月。及殁，衰绖蔬食，终丧弗懈，乡人为立孝弟碑。

周金，字子庚，武进人，正德三年进士，授工科给事中，累迁户科都给事中。疏言："京粮岁入三百五万，而食者乃四百三万，当痛为澄汰。中官迎佛及监织造者滥乞引盐，暴横道路，当罢。都督马昂纳有妊女弟，当诛昂而还其女。"朝议用兵土鲁番，复哈密。金言西边虚耗，而土鲁番险远，且青海之寇窥伺西宁，不宜计哈密。"已，卒从金议。

嘉靖元年由太仆寺少卿迁都察院右佥都御史，巡抚延绥。边人贫甚。金为招商聚粟，广屯积刍，以时给其食。改抚宣府，进右副都御史。大同叛卒杀张文锦，边镇兵皆骄。宣府总督侍郎冯清苛刻。诸军请粮不从，且欲鞭之，众轰然围清府署。金方病，出坐院门，召诸军官数之曰："是若辈剥削之过。"欲痛鞭之。军士气稍平，拥而前请曰："总制不恤我耳。"金从容谕以利害，众乃散解去，得无变。

改抚保定。巡按御史李新芳疑广平知县谋己，欲挝之。知府为之解，并欲执知府，发兵二千捕之。知府及佐贰皆走，一城尽空。金发其罪状，而都御史王廷相庇新芳，与相争。帝卒下新芳刑部，黜官。

金迁兵部右侍郎，未几，进右都御史，总督漕运，巡抚凤阳诸府。久之，擢南京刑部尚书，就转户部，二十四年致仕归，岁余卒。赠太子太保，谥襄敏。

吴岳，字汝乔，汶上人，嘉靖十一年进士，授户部主事，历郎中。督饷宣府，吏进羡金数千，拒之。出知庐州府。税课岁万金，例输府，岳以代邮传费。西山薪故供官爨，岳弛以利民。以忧去。服除，改保定，治如庐州。历山西副使、浙江参政、湖广按察使、山西右布政使，并以清静得民。

迁右金都御史，巡抚保定六府。奏裁征发冗费十六七，民力遂宽。甫浃岁，引疾去。久之，以贵州巡抚征，寻进左副都御史，协理院事。

隆庆元年历吏部左、右侍郎。京察竣，给事中胡应嘉有所申救。岳诣内阁抗声曰："科臣敢留考察罢黜官，有故事乎？"应嘉遂得谴。迁南京礼部尚书，就改吏部。抑浮薄，杜侥幸，南都缙绅惮之。上疏陈六事，帝颇纳其言。寻改兵部，参赞机务。未上，给由过家，病卒。诏赠太子太保，谥介肃。

岳清望冠一时，提躬严整。尚书马森言平生见廉节士二人，岳与谭大初耳。岳知庐州时，王廷守苏州，以公事遇京口。岳召为金山游，携酒一瓯，肉一斤，菜数束。廷笑曰："止是乎？"岳亦笑曰："足供我两人食矣。"欢竟日而还。去庐日，假一盖御雨，至即命还之。

谭大初，字宗元，始兴人，嘉靖十七年进士，授工部主事。忧归。起补户部，改户科给事中。数论事。历兵科左给事中，出为江西副使。清军，多所释。御史孙慎以失额为疑，大初曰："失额罪小，殃民罪大。"严嵩亲党夺民田，治之不少贷。迁广西右参政，投劾归。久之，起故官河南。未上，擢南京右通政。俄迁应天府尹。将赴南都，而穆宗即位，乞以参政致仕，不许。隆庆元年召拜工部右侍郎，寻迁户部左侍郎，督仓场。海瑞为佥都御史，大初力荐瑞。已而屡疏乞休，不允。拜南京户部尚书，引疾去。家居，田不及百亩。卒年七十五，谥庄懿。

赞曰：当正、嘉之际，士大夫刓方为圆，贬其素履，羔羊素丝之节浸以微矣。陶琰诸人清操峻特，卓然可风。南都列卿，后先相望，不其贤乎。琰之督漕，充嗣之守御，良永之遏钱宁，周金之弭乱卒，所竖立甚伟。至琰子之直节，廷弼、邦靖之笃行，尤无忝其父兄云。

明史卷二〇二
列传第九〇

廖纪　王时中　周期雍

唐龙　子汝楫　王杲　王昞　周用

宋景　屠侨　闻渊　刘讱　胡缵宗

孙应奎　余姚孙应奎　方钝　聂豹

李默　万镗　周延　潘恩　贾应春

张永明　胡松　绩溪胡松

赵炳然

廖纪，字时东，陈光人。弘治三年进士，授考功主事，屡迁选郎中。

正德中，历工部右侍郎。提督易州山厂，羡金无所私。迁吏部左、右侍郎。世宗立，拜南京吏部尚书。调兵部，参赞机务。被论解职。

嘉靖三年，"大礼"议既定，吏部尚书杨旦赴召，道劾张璁、桂萼。璁、萼之尝陈洸遂劾旦而荐纪。帝罢旦，以纪代之。纪疏辞，言："臣年已七十，精力不如乔宇，聪明不如杨旦。"时宇、旦方为帝所恶，不许。光禄署丞何渊请建世室，祀兴献帝，下廷议。纪等执不可，帝弗从。纪力争曰："渊所言,干君臣之分,乱昭穆之伦,蔑祖宗之制,臣谨昧死请罢勿议。"不纳。会廷臣多诤者,议竟寝。

已,条奏三事。其末言人才当惜,谓："正德之季,宗社几危,议者但知平定逆藩之功,而不知保护京师之力。自陛下继统,老成接踵去,新进连茹登,以出位喜事为贤,以凌分犯礼为贵。伏望陛下于昔年致仕大臣,念其保护之勋,量行召用。其他降职、除名、遣戍者,使得以才自效。"帝但纳其正士风、重守令二事而已。三边总督杨一清召还内阁,璁等欲起王琼,纪推彭泽、王守仁,帝不允。复以命邓璋、王宪名上,竟用宪。

五年正月,御史张衮、喻茂坚、朱实昌以世庙礼成,请宥议礼得罪诸臣,璁、萼亦以为请,章俱下吏部。纪等列上四十七人,卒报罢。御史魏有本以劾郭勋、救马永谪官,给事中沈汉等论救,帝不听。纪从容为言,且荐永及杨锐。帝纳之,有本得无谪。纪在南都,持议与合,坐是劾罢。璁辈欲引助己,遂首六卿。而纪顾数与牴牾,璁辈亦不喜。年老称病乞归,许之去。初,《献皇实录》成,加太子太保。至是进少保,赐敕乘传,夫廪视故事有加。卒,赠少傅,谥僖靖。

王时中,字道夫,黄县人。弘治三年进士。授鄢陵知县。尝出郊,旋风拥马首。时中曰："冤气也。"迹得尸眢井,乃妇与所私者杀之,遂伏辜,召拜御史,督察畿辅马政。

正德初,请革近畿皇庄,不报。吏部尚书马文升致仕,时望属刘大夏、闵珪。时中诋珪和媚,大夏昏耄。两人各求退,焦芳遂得之,众咸咎时中。出按宣、大,逮系武职贪污者百余,为东厂太监丘聚所奏。刘瑾捕时中下诏狱,荷重枷于都察院门。时中病甚,其妻往省,遇都御史刘宇,哭且诉。宇不得已言于瑾,释之,谪戍铁岭卫。瑾诛。起四川副使,迁湖广按察使。十二年以右佥都御史巡抚宁夏。

世宗立,召为右副都御史。父丧除,起故官。会上章圣太后尊号,时中言本生二字不当去。及上册宝,百官陪列不至者九人,时中与焉。帝责对状,已而贳之。

历兵部左侍郎，代李钺为尚书。中官黄英等多所陈请。时中皆执不可。叙蓟州平盗功，滥及通州守备鄢祐，为言官李鸣鹤等所劾。时中乞休，且诋言者。给事中刘世扬等言时中不当逞忿箝言官，帝乃切责时中，令归听勘。

嘉靖十年四月起复为兵部尚书。御史郭希愈请重兵部侍郎之选，以边臣有才者两人分掌边方、内地军务。吏部议从之。时中言非祖宗临时遣将意，帝遂从其议。帝欲用王宪于兵部，乃调时中刑部尚书。坐论御史冯恩狱。落职闲住。始，恩疏诋时中，及是以宽恩得罪，时称为长者。久之，遇赦，复官致仕。

周期雍，字汝和，江西宁州人。正德三年进士，授南京御史。刘瑾既诛，为瑾斥者悉起，而给事中李光翰、任惠、徐蕃、牧祖、徐暹、赵士贤，御史贡安甫、史良佐、曹闵、王弘、葛浩、姚学礼、张鸣凤、王良臣、徐钰、赵祐、杨璋、朱廷声、刘玉，部郎李梦阳、王纶、孙磐等，以兼劾群阉未得录。期雍偕同官王佩力请，皆召用。兵部尚书王敞附瑾进，期雍请斥之。焦芳、刘宇犹在列，而刘大夏、韩文、杨守随、林瀚、张敷华未雪，期雍皆极论。陈金讨江西贼，纵苗杀掠，期雍发其状。寻清军广东，劾镇守武定侯郭勋，金与勋皆被责。出为福建佥事。宸濠反，简锐卒赴讨。会贼平乃还。

嘉靖初，为浙江参议。讨平温、处矿盗，予一子官。再迁湖广按察使。九年擢右佥都御史，巡抚顺天，蓟州、密云关堡数十，以避寇警移入内地。关外益无备，期雍悉修复之。数列上便宜。入为大理卿，历刑部左、右侍郎，右都御史，拜刑部尚书。大计京官，言官劾期雍纳贿。吏部白其诬，诏为饬言者。

十九年，郭勋修前隙，因风霾劝帝罢免大臣，期雍遂去位。家居十年卒。

唐龙，字虞佐，兰溪人。受业于同县章懋，登正德三年进士。除郯城知县。御大盗刘六，数败之，加俸二等。

　　父丧,服除,征授御史,出按云南。钱宁义父参将卢和坐罪当死,宁为奏辩,下镇抚覆勘。会遣官录囚,受宁属欲出和,为龙所持,卒正其罪,土官凤朝明坐罪死,革世职。宁令滇人为保举,而矫旨许之。龙抗疏争,寝其事。再按江西,疏趣张忠、许泰班师。三司官从宸濠叛者犹居位,龙召数之曰:"胁从罔治,谓凡民耳。若辈读书食禄,何腼颜乃尔。"立收其印绶。擢陕西提学副使,迁山西按察使,召为太仆卿。

　　嘉靖七年改右佥都御史,总督漕运兼巡抚凤阳诸府,奏罢淮西官马种牛,罢寿州正阳关榷税,通、泰二州虚田租及漕卒船料,民甚德之。召拜左副都御史,历吏部左、右侍郎。

　　十一年,陕西大饥。吉囊拥众临边,延绥告警。诏进龙兵部尚书,总制三边军务兼理赈济,赍帑金三十万以行。龙奏行救荒十四事。时吉囊居套中,西抵贺兰山,限以黄河不得渡,用牛皮为浑脱,渡入山后。俺答亦自丰州入套为患。龙用总兵官王效、梁震,数败敌,屡被奖赉。

　　召为刑部尚书。大猾刘东山构陷建昌侯张延龄,兴大狱。延龄,昭圣皇太后母弟,帝所恶也。吏坐狱不穷竟去者数十人,龙独执正东山罪。"大礼"大狱及诸建言获罪者,廷臣屡请宽,不能得,会九庙成,覃恩,龙录上充军应赦者百四十人,率得宥,所不原惟丰熙、杨慎、王元正、马录、吕经、冯恩、刘济、邵经邦而已。考尚书六年满,加太子少保。以母老乞归侍养。久之,用荐起南京刑部尚书,就改吏部。兵部尚书戴金罢,召龙代之。太庙成,加太子太保。

　　寻代熊浹为吏部尚书。龙有才,居官著劳绩。乃为吏部,每事咨僚佐。年老多疾,辄为所欺。御史陈九德劾前选郎高简罔上行私,并论龙衰暮,乃下简诏狱。龙引疾,未报。吏科杨上林、徐良辅复论简。诏杖简六十遣戍。上林、良辅以不早言罢职,龙黜为民。龙已有疾,舆出国门卒。

　　后数年,子修撰汝楫疏辩。诏复官,赠少保,谥文襄。龙故与严嵩善。龙之罢,实夏言主之。而汝楫素附嵩,得第一人及第。官至左谕德。后坐嵩党夺官。

　　王杲，字景初，汶上人。正德九年进士。授临汾知县。擢御史，巡视陕西茶马。帝遣中官分守兰、靖。杲言穷边饥岁，不宜设官累民，不报。

　　嘉靖三年，帝将遣中官督织造于苏、杭，杲疏谏，不纳。久之，擢太仆少卿，改大理，再迁左副都御史，进户部右侍郎。河南大饥，命杲往振。杲请急发帑金，诏赍临清仓银五万两以行。既至，复请发十五万两。全活不可胜计。事竣，赐银币。寻以右都御史总督漕运。故事，缮运艘，军三民七。总兵官雇寀以军民困敝，请发两淮余盐银七十万，户部尚书李如圭不可。杲请改折两年漕运十之三。以所省转输费治运艘，勿重困军民，报可。

　　逾年，入为户部尚书。后父安平侯方锐乞张家庄马房地。杲言此地二千余顷，正供所出，不可许，宜以大慈恩寺入官地二十顷予之。帝从其议。时国储告匮，诸边请增饷无虚月，四方多水旱，给事中李文进请议广储蓄。杲列九事以献，已又上制财用十事，帝咸纳之。旧制，岁漕四百万石。杲以粟有余而用不足，遇灾伤率改折以便民。一日，帝见改折者过半，大惊，以诘户部，杲等引罪。敕自今务遵祖制。毋轻变。

　　杲掌邦计，事无不办，帝深倚之。后有诏买龙涎香，久不进，帝以此不悦。给事中马锡劾杲及巡仓御史艾朴受贿，给事中厉汝进言仓场尚书王晔亦然，并下狱，杲、朴遣戍，晔斥为民。杲竟卒于雷州戍所。隆庆初，给事中辛自修等讼杲冤。诏复官，赐祭葬，赠太子太保。

　　王晔，句容人。由进士除吉安推官。从王守仁平宸濠，迁大理寺副。争"大礼"，下狱廷杖，累迁右副都御史，巡抚江西。历两京户部侍郎，出督漕运，进尚书。历官著清操。

　　周用，字行之，吴江人。弘治十五年进士。授行人。正德初，擢南京兵科给事中。父忧服阕，留补礼科。已，乞南。改南京兵科。谏迎佛乌斯藏及以中旨迁黜尚书、都给事中等官，且请治镇守江西中官黎安罪。出为广东参议，预平番禺盗，有功。历浙江、山东副使。擢福建按察使，改河南右布政使。代监司鞫南阳滞狱，狱为之空。

　　嘉靖八年擢右副都御史，巡抚南、赣。召协理院事。历吏部左、右侍郎。以起废不当，尚书汪铉委罪僚属，乃调用南京刑部。就迁右都御史，工、刑二部书。九庙灾，自陈致仕。

　　用端亮有节概。既罢，中外皆惜之。频有推荐。久之，以工部尚书起督河道，数月，改漕运。未上，召拜左都御史。二品九年满，加太子少保。二十五年代唐龙为吏部尚书。明年卒官。赠太子太保，谥恭肃。曾孙宗建，自有传。

　　用掌宪时，慎自持而已，无所献替。其后宋景、屠侨继之，大略皆廉洁，与用相似。景未久卒，而侨居职八年。属严嵩柄政，风纪不振。议丁汝夔狱，受杖不能去。

　　宋景，字以贤，奉新人。弘治十八年进士。知睢州。正德五年入为河南道御史。故事，知州无改御史者，刘瑾创之也。瑾诛，景引疾去。嘉靖三年以荐补浙江佥事，进山西副使。民饥为盗，杀守御指挥，景树帜，令被胁者赴之。贼咸归命，乃擒斩其魁。四迁山西左布政使，累官南京吏工二部尚书。改兵部，参赞机务。入为左都御史。卒，赠太子少保、吏部尚书，谥庄靖。

　　屠侨，字安卿，吏部尚书滽再从子也。正德六年进士，授御史，巡视居庸诸关。武宗遣中官李嵩等捕虎豹，侨力言不可。世宗时，历左都御史。卒，赠少保，谥简肃。

　　闻渊，字静中，鄞人。弘治十八年进士，初授礼部主事，已改刑部。杨一清为吏部，调渊稽勋员外郎。历考功郎中，改掌文选，迁南京右通政。

嘉靖初，擢应天府尹，改尹顺天。累迁南京兵部右侍郎，摄部事。荐马永等十余人。召为刑部右侍郎，迁左。进南京刑部尚书，就移吏部。召为刑部尚书。周用卒，代为吏部尚书。

侍郎徐阶得帝眷，前尚书率推让之。渊自以前辈，事取独断。大学士夏言柄政，渊老臣，不能委曲徇。及后议言狱，渊谓言事只任意，迹涉要君，请帝自裁决。帝大怒，切责渊。严嵩既杀言，势益横，部权无不侵，数以小故夺渊俸，渊年七十矣，遂乞骸骨归。家居十四年卒，先累加太子太保，卒赠少保，谥庄简。

渊居官始终一节。是扼权相，功名颇损。在南刑部时，张璁先为曹属，尝题诗于壁，属渊勒石后堂。渊曰：“此尚书堂也，吾敢以相君故，为郎官勒石耶？”

刘讱，鄢陵人。父璟，刑部尚书。讱登正德十二年进士，为宁国推官，摄芜湖县事。武宗南巡，中贵索贿不得，系认诏狱。世宗立，复官。寻擢御史，迁南京通政参议。历南京刑部尚书，召改北。

初，帝幸承天。河南巡抚胡缵宗尝以事笞阳武知县王联。联寻为巡按御史陶钦夔劾罢。联素凶狡，尝殴其父良，论死。久之，以良请出狱。复坐杀人，求解不得。知帝喜告讦，乃摭缵宗迎驾诗“穆王八骏”语为谤讪。言缵宗命已刊布，不从，属钦夔论黜，罗织成大辟。候长至日，令其子诈为常朝官，阑入阙门讼冤。凡所不悦，若副都御史刘隅，给事中鲍道明，御史胡植、冯章、张洽，参议朱鸿渐，知府项乔、贾应春等百十人，悉构入之。帝大怒，立遣官捕缵宗等下狱，命认会法司严讯。讱等尽得其诬罔，仍坐联死，当其子诈冒朝官律斩，而为缵宗等乞宥。帝既从法司奏坐联父子辟，然心谦缵宗，颇多诘让，下礼部都察院参议。严嵩为之解，乃革缵宗职，杖四十。讱亦除名，法司正贰停半岁俸，郎官承问者下诏狱。嵩以对制平狱有功，令兼支大学士俸，嵩辞乃允。时法官率骫法徇上意。稍执正，谴责随至。讱于是狱能持法，身虽黜，而天下称之。

胡缵宗,陕西秦安人。正德三年进士。由检讨出为嘉定判官。历山东巡抚,改河南。

孙应奎,字文宿,洛阳人。正德十六年进士。授章丘知县。

嘉靖四年,入为兵科给事中,上疏言:"辅臣之任,必忠厚鲠亮、纯白坚定者乃足当之。今大学士杨一清虽练达国体,而雅性尚通,难以独任。张璁学博性偏,伤于自恃,犹饬厉功名;当抑其过而用之。至于桂萼以枭雄桀骜之资,作威福,纳财贿,阻抑气节,私比党与,势侵六官,气制言路,天下莫不怨愤,乞鉴别三臣贤否,以定用舍。"其意特右璁。而帝因其奏,慰留一清,戒谕璁、萼。既而同官王准、陆粲劾璁、萼罢相,准、粲亦下吏远谪,以应奎首抗章不罪。未几,劾吏部尚书方献夫,帝颇纳其言。献夫援汪铉为助,遂诎应奎议,再迁户科左给事中。行人薛侃建言忤旨,下廷讯,词连张璁。应奎与同官曹忭揖璁避,且上疏言状。帝怒,下之诏狱,寻释还职。

十一年,大计天下庶官,王准谪富民典史。应奎言汪铉为璁萼修隙,诬以不谨而黜之。乞复准官,责铉,为党比戒。吏部尚书王琼亦言准当黜,乃谪应奎高平县丞。屡迁湖广副使,督采大木,坐累复逮系。寻释还。历右副都御史,巡抚顺天。召理院事,迁户部侍郎,进尚书。

俺答犯京师后,羽书边午征兵饷。应奎乃建议加派。自北方诸府暨广西、贵州外,其他量地贫富,骤增银一百十五万有奇,而苏州一府乃八万五千。御史郭仁,吴人也,诣应奎请减,不从。仁遂劾奏,应奎疏辩。帝以仁不当私属,调之外。既而国用犹不足,应奎言:"今岁入二百万,而诸边费六百余万,一切取财法行之已尽,请令诸曹所隶官吏、儒士、厨役、校卒,悉去其冗者。而臣中出入赢缩之数,亦综其大纲,列籍进御,使百司庶府咸知为国惜财。"报可。

三十一年正月,命应奎条上京边备用刍粮之数。应奎言:"自臣入都至今,计正税、加赋、余盐五百余万外,他所搜括又四百余万。而所出自诸边年例二百八十万外,新增二百四十五万有奇,修边赈济诸役又八百余万。"帝以耗费多,疑有侵冒,分遣科道官往诸边核实。给事中徐公遴劾应奎粗疏自用,遂改南京工部尚书,以方钝代。诸边饷银益增。钝计无所出,请令诸臣条上理财策。议行二十九事,益纤屑伤大体。应奎就移户部,致仕归,卒。

应奎为谏官,屡犯权贵,以风节自厉。晚官计曹,一切为苟且计,功名大损于前。

有与应奎同姓名者,余姚人,字文卿。由进士授行人,擢礼科给事中。疏劾汪𬭎奸,忤旨下诏狱。已复杖阙下,谪华亭县丞。𬭎亦罢去。两孙给谏之名,并震于朝廷。累官右副都御史,总理河道。逾年罢归。为山东布政时,有创开胶莱河议者,应奎力言不可,入觐,与吏部尚书争官属贤否,时称其直。

方钝,巴陵人。掌户部七年,廉慎无过。严嵩中之,诏改南京,遂乞骸骨归。

聂豹,字文蔚,吉安永丰人。正德十二年进士。除华亭知县。浚陂塘,民复业者三千余户。

嘉靖四年召拜御史,巡按福建。出为苏州知府。忧归,补平阳知府。山西频中寇,民无宁居。豹令富民出钱,罪疑者赎,得万余金,修郭家沟、冷泉、灵石诸关隘,练乡勇六千守之。寇却,廷议以豹为知兵。给事中刘绘、大学士严嵩皆荐之。擢陕西副使,备兵潼关。大计拾遗,言官论豹在平阳乾没,大学士夏言亦恶豹,逮下诏狱,落职归。

二十九年秋,都城被寇。礼部尚书徐阶,豹知华亭时所取士也,为豹讼冤,言其才可大用。立召拜右佥都御史,巡抚顺天。未赴,擢兵部右侍郎,寻转左。仇鸾请调宣、大兵入卫,豹陈四虑,谓宜固守宣、大,宣、大安则京师安。鸾怒。伺豹过无所得,乃已。三十一年召翁万达为兵部尚书,未至,卒,以豹代之。奏上防秋事宜,又请增筑京师外城,皆报可。明年秋,寇大入山西,覆总兵官李涞军,大掠二十日而去。总督苏祐反以大捷闻，为巡按御史毛鹏所发，章下兵部。豹言："寇虽有所掠，而我师斩获过当，实上元垂祐，陛下威灵所致。宜择吉祭告，论功行赏。"帝喜。进秩任子者数十人，豹亦加太子少保，荫锦衣世千户。京帅外城成，进太子少傅。南北屡奏捷，及类奏诸边功，豹率归功玄祐。祭告行赏如初，豹亦进太子太保。

当是时，西北边数遭寇，东南倭又起，羽书日数至。豹本无应变才，而大学士嵩与豹乡里，徐阶亦入政府，故豹甚为帝所倚。久之，寇患日棘，帝深以为忧。豹卒无所谋划，条奏皆具文，帝渐知其短。会侍郎赵文华陈七事致仕，侍郎朱隆禧请设巡视福建大臣，开海滨互市禁，豹皆格不行。帝大怒切责。豹震慑请罪，复辨增官、开市之非，再下诏谯让。豹愈惶惧，条便宜五事以献。帝意终不怿，降俸二级。顷之，竟以中旨罢，而用杨博代之。归数年卒，年七十七。隆庆初，赠少保，谥贞襄。

豹初好王守仁良知之说，与辨难，心益服。后闻守仁殁，为位哭，以弟子自处。及系狱，著《困辨录》，于王守仁说颇有异同云。

李默，字时言，瓯宁人。正德十六年进士。选庶吉士。嘉靖初，改户部主事，进兵部员外郎。调吏部，历验封郎中。真人邵元节贵幸，请封诰，默执不予。十一年为武会试同考官。及宴兵部，默据宾席，欲坐尚书王宪上。宪劾其不逊，谪宁国同知。屡迁浙江左布政使，入为太常卿，掌南京国子监事。博士等官得与科道选，自默发之。历吏部左、右侍郎，代夏邦谟为尚书。自正德初焦芳、张彩后，吏部无侍郎拜尚书者。默出帝特简，盖异数也。

严嵩柄政，擅黜陟权。默每持己意，嵩衔之。会推辽东巡抚，列布政使张臬、谢存儒以上。帝问嵩，嵩言其不任。夺默职为民，以万镗代。默掌铨仅七月。逾年，镗罢，特旨复用默。已，命入直西内，赐直庐，许苑中乘马。寻进太子少保。未几，复命兼翰林学士。给事中梁梦龙劾默徇私，帝为责梦龙。会大计群吏，默戒门下谢宾客，同直大臣亦不得燕见，嵩甚恨。赵文华视师还，默气折之。总督杨宜罢,嵩、文华欲用胡宗宪,默推王诰代,两人恨滋甚。

初,文华为帝言余倭无几,而巡按御史周如斗以败状闻。帝疑,数诘嵩。文华谋所以自解,稔帝喜告讦,会默试选人策问,言"汉武、唐宪以英睿兴盛业,晚节用匪人而败",遂奏默诽谤。且言:"残寇不难灭,以督抚非人,败衄。由默恨臣劾其同乡张经,思为报复。臣论曹邦辅,即嗾给事中夏栻、孙浚媒孽臣。延今半载,疆事日非。昨推总督,又不用宗宪而用诰。东南涂炭何时解,陛下宵旰忧何时释。"帝大怒,下礼部及法司议。奏默偏执自用,失大臣体;所引汉、唐事,非所宜言。帝责礼部尚书王用宾等党护,各夺俸三月,而下默诏狱。刑部尚书何鳌遂引子骂父律绞。帝曰:"律不著臣骂君,谓必无也。今有之,其加等斩。"锢于狱,默竟瘐死。时三十五年二月也。

默博雅有才辨,以气自豪。同考武试,得陆炳为门生。炳贵盛,力推毂。默由外吏骤显,有所恃,不附嵩。凡有铨除,与争可否,气甚壮。然性褊浅,用爱憎为轩轾,颇私乡旧,以恩威自归,士论亦不甚附之。默既得罪,继之者吴鹏、欧阳必进,视嵩父子意,承顺惟谨,吏部权尽失。隆庆中,复默官,予祭葬。万历中,赐谥文愍。

万镗,字仕鸣,进贤人。父福,金华知府。镗登弘治十八年进士。正德中,由刑部主事屡迁吏部文选郎中。司署火,下狱,赎还职。历太常、大理少卿。

世宗嗣位,以镗尝贻书知县刘源清,令预防宸濠,责金币。寻迁顺天府尹,累迁右副都御史。历兵部侍郎、右都御史,皆南京。彗星现,应诏陈八事。中言:"人邪正相悬,而形迹易混。其大较有四。人主所取于下者,曰任怨,曰任事,曰恭顺,曰无私。而邪臣之姿强戾、好纷更、巧逢迎、肆攻讦者,其迹似之。人主所恶于下者,曰避事,曰沽名,曰朋党,曰矫激。而正臣之守成法、恤公议、体群情、规君失者,其迹似之。察之不精,则邪正倒置,而国是乱矣,此不可不慎也。治天下贵实不贵文。今陛下议礼制度考文,至明备矣,而于理财用人安民讲武之道,或有缺焉。愿辍声容之繁饰,略太平之美观,而专从事于实用,斯治天下之道得矣。至大礼大狱得罪诸臣,幽锢已久,乞量加宽录。"帝大怒,斥为民,令吏部锢勿用。

家居十年,屡推荐,辄报罢。同年生严嵩柄政,援引之。湖广蜡尔山蛮叛,起镗副都御史,相机剿抚。镗纳土指挥田应朝策,诱致其酋,督兵破之。条上善后七事,帝咸报可。召镗还。未几,铜平酋龙子贤复叛,御史缪文龙言镗剿抚皆失。诏下抚按官勘覆,归罪于参将李经,事乃解。镗得为兵部侍郎。迁南京刑、礼二部尚书。召掌刑部。俄代李默为吏部尚书。

镗既为嵩所引,每事委随,又颇通馈遗。抚治郧阳都御史缺,镗以通政使赵文华名上。会给事中朱伯辰劾文华,文华上言:"纳言之职,例不外推。镗意在出臣,又嗾所亲伯辰论劾,欲去臣。且镗以侍郎起用,乃朦胧奏二品九年满,得加太子少保。又以不得一品,面谩腹诽,无大臣礼。"帝怒,遂与伯辰并黜为民。久之卒。隆庆初,复官,赠太子太保。

周延,字南乔,吉水人。嘉靖二年进士。除潜江知县,改新会。擢兵科给事中。时议新建伯王守仁罪,将夺其爵。延抗疏为讼,坐谪太仓州判官。历南京吏部郎中,出为广东参政。抚安南,征黎寇,皆预,有功。三迁广东左布政使。以右副都御史巡抚应天。靖海寇林成乱。进兵部右侍郎,提督两广军务,召为刑部左侍郎。历南京右都御史,吏、兵二部尚书。

嘉靖三十四年召为左都御史。帝用给事中徐浦议,令廷臣及督抚各举边才。于是故侍郎郭宗皋,都御史曹邦辅、吴岳,祭酒邹守益,修撰罗洪先,御史吴悌、方涯,主事唐枢,参政周大礼、曹亨、参议刘志,知府黄华在举中。御史罗廷唯驳曰:"浦疏本言边才,而今廷臣乃以清修、苦节、实学、懿行举,去初议远矣。况又有贪缘进者。是假明诏开幸门。"帝纳其言,责吏部滥举,命与都察院更议。延与尚书吴鹏等言所举皆人望,公无私。帝终不悦,切责延等,而举者悉报罢。世宗时,海内贤士大夫被斥者众,及是举上,稍冀复用,而为廷唯所阻,自是皆不复召矣。

延颜面寒峭,砥节奉公。权臣用事,政以贿成,延未尝有染。然居台端七年,无谏诤名。卒官,赠太子太保,谥简肃。

延卒,欧阳必进代。逾月,迁吏部,乃以潘恩继之。

恩,字子仁,上海人。嘉靖二年进士。授祁州知州,调繁钧州。钧,徽王封国也,宗戚豪悍,恩约束之。擢南京刑部员外郎。迁广西提学佥事,署按察使事。有大猾匿靖江王所,捕之急,王不得已出之。憾恩,诬以事,按无实得免。累迁山东副使。御史叶经以试录忤旨,并恩下诏狱,谪广东河源典史,四迁,复为江西副使,进浙江左参政、按部海盐,倭猝至,围城数匝。恩与参将汤克宽、佥事姜廷颐力御却之。俄迁浙江左布政使,以右副都御史巡抚河南。偕按臣劾徽王载圿贪虐,遂夺国。伊王典楧骄横,恩一切裁之。河南民素苦藩府,恩制两悍王,名大著。久之,由刑部尚书改左都御史。

子允端,为刑部主事。吏部尚书郭朴,恩门生也,调之礼部。给事中张益劾允端奔竞,恩溺爱,朴徇私。帝置朴不问,改允端南京工部,令恩致仕。万历初,赐存问。卒年八十七。赠太子少保,谥恭定。

贾应春,字东阳,真定人。嘉靖二年进士。授南阳知县,迁和州知州。入为刑部郎中。历知潞安、开封二府,迁陕西副使。未赴,河南巡按陈蕙劾其贪滥,谪山东盐运同知,蕙亦坐贬。久之,由汉阳知府复迁陕西副使,进右参政,宁羌贼起,会兵讨平之。迁按察使,左、右布政使,皆在陕西,就拜右副都御史,巡抚其地。

三十二年进兵部右侍郎,总督三边军务。俺答诸部岁扰边,应春言:"诸边间谍不通,每寇入莫测其向,我则无所不备。兵分势孤,往往失事。夫寇将内犯,必聚众治器,腊肉饲马,传箭祭旗,其形先露。而我民被掠者。间亦临边传报,颇有左验。使边臣厚以官赏,令密侦候,视漫然散守者,功相十百。"乃定赏格以请。帝立从之。其秋,寇大入延绥,杀掠五千余人。应春督诸将邀击,获首功二百四十,以捷闻。而巡按御史吉澄极言败状。帝竟录应春功,官其一子。

明年罢宣、大总督苏祐,以应春代。时秋防将届,代应春者江东未至,令仍旧任。套寇数万人屯宁夏山后,先遣骑五百余入掠。总兵官姜应熊守红井以缀敌,而密遣精兵薄其营,斩首百四十余级,进应春右都御史。逾月,寇别部入永昌、西宁,为守将所破。番人入镇羌,总兵官王继祖击败之,并赐应春银币。久之,寇五千骑犯环庆,为都督袁正所破,掠庄凉,守将邀斩百二十人,再予应春一子官。在镇数载,筑边垣万一千八百余丈,以花马池闲田二万顷给军屯垦,边人赖之。

征拜南京户部尚书。论边垣功,进秩一等。旋召为刑部尚书,改户部。国用不足,应春以为言。因命徵不及七分者,所司毋迁官。漕政废弛,运艘多逋负,亦以应春言重其罚。岁余,致仕去。卒,赠太子太保。

张永明,字钟诚,乌程人。嘉靖十四年进士。除芜湖知县。献皇后梓宫南祔,所过繁费不资。永明垩江岸佛舍为殿,供器饰箔金,财用大省。

寻擢南京刑科给事中。寇入大同,山西总督樊继祖,巡抚史道、陈讲等不能御,永明偕同官论其罪。已,又劾兵部尚书张瓒黩货误国,又劾大学士严嵩及子世蕃贪污状。已,又劾兵部尚书戴金为御史巡盐时,增余盐羡银,阻坏边计。疏虽不尽行,不外惮之。

出为江西参议。累迁云南副使,山西左布政使。以右副都御史巡抚河南。伊王典楧恣横,永明发其恶,后竟伏辜。

四十年迁刑部右侍郎。未上,改吏部,进左。寻拜刑部尚书。居数月,改左都御史。条上饬厉抚按六事。御史黄廷聘按浙归,道湘潭,慢知县陈安。安发其装,得所携金银货币。廷聘皇恐谢,乃还之。永明闻,劾罢廷聘。浙江参政刘应箕先为廷聘论罢,见廷聘败,摭其阴事自辨。永明恶之,劾应箕,亦斥。

故事,京官考满,自翰林外皆报名都察院,修庭谒礼。后吏部郎恃权,张濂废报名,陆光祖废庭谒。永明榜令遵故事,列仪节奏闻,诏诸司遵守,郎中罗良当考满,先诣永明邸,约免报名庭谒乃过院。永明怒。疏言:"此礼行百年,非臣所能损益。良轻薄无状,当罢。又卿贰大臣考满,诣吏部与堂官相见讫,即诣四司门揖,司官辄南面答揖,亦非礼,当改正。"良疏辩,夺俸,诏礼部会礼科议之。奏言:"永明议是。自今吏部郎其承旧制。九卿翰林官揖四司,当罢。"诏可。

永明素清谨。掌宪在严嵩罢后,以整饬纲维为己任。会给事中魏时亮劾,永明力求去,诏许驰驿归。明年卒,赠太子少保,谥庄僖。

胡松,字汝茂,滁人。幼嗜学。尝辑古名臣章奏,慨然有用世志。登嘉靖八年进士,知东平州。设方略捕盗,民赖以安。再迁南京礼部郎中,历山西提学副使。

三十年秋,上边务十二事,谓:

去秋俺答掠兴、岚,即传箭征兵,克期深入,守臣皆稔闻之。而巡抚史道、总兵官王陛等备御无素。待其压境,始以求贡上闻。又阴致贿遗,令勿侵己分地,冀嫁祸他境。今山西之祸,实大同贻之。宜亟置重典,以厉诸镇。

大同自兵变以来,壮士多逃漠北为寇用,今宜招使归。有携畜产器械来者,听其自有。更给牛种费,优复数年。则我捐金十万,可得壮士二万。柎而用之,皆劲旅也。孰与弃之以资强敌哉。

大同最敌冲,为镇巡者较诸边独难。今宜不拘资格,精择其人。丰给禄廪,使得收召猛士,蓄豢健丁。又久其期,非十年不得代。彼知不可骤迁,必不为苟且旦夕计,而边圉自固。又必稍宽文纲,非大干宪典,言官毋得轻劾,以坏其成功。

至用间之道,兵家所贵。今寇谍获于山西者已数十人,他镇类是。故我之虚实,彼无不知。今宜厚养死士,潜纵遣之。得间则斩其名王、部长及诸用事贵人。否亦可觇强弱虚实,而阴为备。

　　又寇贪而好利,我诚不受金帛。东赂黄、毛三卫以牵其左,
西收亦不刺遗种,予善地,以缀其右,使首尾掣曳,自相狼顾,
则我可起承其敝,坐收全胜矣。

他所条析,咸切边计。帝嘉其忠恳,进秩左参政。

　　松疏上,当事者已恶其侵官。及迁擢,益忌之。不畀以兵柄,令
于三关听用,欲因以陷之。寇大入,抵太原。给事中冯良知遂劾松
建言冒赏,无寸功。纪功科道官张尧年、王珩劾总兵官张达等,并论
松虚议无补,遂斥为民。家居十余年。屡荐,辄报罢。

　　至三十五年,以赵文华言,起陕西参政,分守平凉。复条严保
甲、均赋税、置常平、简伉健数事。三迁江西左布政使,以右副都御
史巡抚其地。所部多盗,松奏设南昌、南丰、万安三营,遣将讨捕,以
次削平。进兵部右侍郎,巡抚如故。以会讨广东巨寇张琏及援闽破
倭功,两赐银币。

　　居三年,召理部事。进左侍郎,改吏部。迁南京兵部尚书,参赞
机务,代郭朴为吏部尚书。奏言:“抚按举劾,每举数十人,虚誉浮
词,往往失实,所劾犯赃,仅拟降调,罢软贪残,仅拟改教。赏罚不
当,人何所激劝。且巡抚岁终例有册,第属吏贤否,今皆寝阁,乞申
饬其欺玩者。”帝嘉纳之。

　　松洁己好修,富经术,郁然有声望。晚主铨柄,以振拔淹滞为己
任。甫七月,病卒。赠太子少保,谥恭肃。

　　时又有胡松者,字茂卿。绩溪人。正德九年进士。嘉靖时为御
史。桂萼荐王琼,松论之。忤旨,谪廉州推官。累官工部尚书。伊
王欲拓其洛阳府第,计值十万金,以十二赇严嵩,期必得。松据祖制
争,乃止。俺答入寇,仇鸾以边众入卫,欲悉召其众实京师,移武库
仗于营,便给调。松言边兵外也而内之,武库仗内也而外之,非所以
重肘腋,杜微慎防也,执弗许。寻引疾归。卒年八十三。居家以孝
友称。

赵炳然，字子晦，剑州人。嘉靖十四年进士。除新喻知县。征拜御史。与给事中李文进核宣、大、山西兵饷。劾前后督抚樊继祖、史道，监司杨锐，指挥冯世彪等一百七十七人侵冒罪，坐谪有差。条上备边十二事。历按云南、浙江。擢大理寺丞，进少卿。寻改右佥都御史，巡抚湖广。进左副都御史，协理院事。

浙江、福建总督胡宗宪下狱，诏罢总督毋设。大学士徐阶以浙江寇甫平，请设巡抚绥辑，遂进炳然兵部右侍郎兼右佥都御史往任之。浙罢兵燹久，又当宗宪汰侈后，财匮力绌。炳然廉以率下，悉更诸政令不便者，仍奏减军需之半。民皆尸祝之。

福建巡抚游震得请浙兵剿贼。诏发义乌精兵一万，命副总兵戚继光将以往，仍谕炳然协剿。炳然言："福建所以致乱者，由将吏抚驭无术，民变为兵，兵变为盗耳。今又驱浙兵以赴闽急，窃惧浙之复为闽也。请令一意团练土著，使人各为用，家自为守，急则兵，缓则农，然后聚散两有所归。即不得已而召募，亦必先本土后邻壤，庶无酿祸本。"又条上防海八事，中言："苏、松、浙江水师皆统于总兵，驻定海，陆师皆统于副总兵，驻金山卫，并受总督节制。今督府既革，则已判为二镇，彼此牵制，不得调发。请划地分辖，各兼水陆军务。"俱报可。其年，继光破贼，濒海余寇流入浙江。官军迎战于连屿、陡桥、石坪，斩首百余级。新倭复犯石坪，将士乘胜歼之。炳然以援剿功，再赐金币，进右都御史兼兵部右侍郎。

给事中辛自修劾罢戎政都御史李鐩，请择素知兵者代之。乃召炳然为兵部尚书，协理戎政。逾年，诏兼右都御史，总督宣、大、山西军务。新平、平远、保平三堡密迩宣府，旧属大同。天城相去六十里，孤悬塞外，隔崇山，寇骑时出没。炳然奏添设参将，别为一营，报可。寻以总兵官马芳等却敌功，被赉。已，召还部，代杨博为尚书。考满，加太子少保。

炳然清勤练达，所至有声绩。隆庆初，以病乞休去，卒，赠太子太保，谥恭襄。

　　赞曰：世宗朝，璁、萼、言、嵩相继用事，六卿之长不得其职。大都波流茅靡，渜涩取容。廖纪以下诸人，其矫矫者与。应奎司邦计，不能节以制度，顾务加赋以病民。豹也碌碌，弥无足观矣。

明史卷二〇三
列传第九一

郑岳　刘玉　子悫　汪元锡
邢寰　寇天叙　唐胄　潘珍
族子旦　余光　李中　李楷　欧阳铎
陶谐　孙大顺　大临　潘埙　吕经
欧阳重　朱裳　陈察　孙懋
王仪　子绒　王学夔　曾钧

郑岳,字汝华,莆田人。弘治六年进士。授户部主事,改刑部主事。董天锡偕锦衣千户张福决囚,福坐天锡上,岳言其非体。且言:"纠劾非镇监职,而董让行之。太常本礼部属,而崔志端专之。内外效尤,益无忌惮。"忤旨,系狱。尚书周经、侍郎许进等救,不职。赎杖还职。

寻进员外郎。许进督师大同,贵近恶其刚方,议代之。罢职总兵官赵昶谋起用,京军屡出无功。岳言进不可代,昶不可用,京军不可出,朝论韪之。

迁湖广佥事,归宗藩侵地于民。施州夷民相仇杀者,有司以叛告。岳擒治其魁,余悉纵遣。荆、岳饥,劝富民出粟,弛河泊禁。属县输粮远卫,率二石致一石。岳以其值给卫,而留粟备赈,民乃获济。

正德初，擢广西副使。土官岑猛当徙福建，据田州不肯徙。岳许为奏改近地，猛乃请自效。寻改广东。迁江西按察使，就迁左布政使。宸濠夺民田亿万计，民立寨自保。宸濠欲兵之，岳持不可。会提学副使李梦阳与巡按御史江万实相讦，岳承檄按之。梦阳执岳亲信吏，言岳子沄受赇，欲因以胁岳。宸濠因助梦阳奏其事，囚掠沄。巡抚任汉顾虑不能决，帝遣大理卿燕忠会给事中黎奭按问。忠等奏勘岳子私有迹，而梦阳挟制抚、按，俱宜斥。岳遂夺官为民。宸濠败，中外交荐，起四川布政使。以忧不赴。

世宗初，擢右副都御史，巡抚江西。甫两月，召为大理卿。嘉靖元年冬，上言内臣有犯，宜听部院问理，毋从中决，不能众。帝数不豫，岳请遵圣祖寡欲勤治之训，宫寝有制，进御以时，而退朝即御文华，裁决章奏，日暮还宫，以养寿命之源。报闻。出按甘肃乱卒事，总兵官李隆等皆伏罪。还朝，以灾异陈刑狱失平八事。

寻迁兵部右侍郎。时“大礼”未定。岳言若以两考为嫌，第称孝宗庙号，毋称伯考，以稍存正统。大学士石珤请从之。帝切责珤，夺岳俸两月。转左侍郎。请罢山海关税，弗许。中官崔文欲用其兄子为副将，岳持不可。宁夏总兵官仲勋行赇京师，御史聂豹以风闻论岳。岳自白，因乞休。归十五年而卒。

刘玉，字咸栗，万安人。祖广衡，永乐末进士。正统间，以刑部郎中出修浙江荒政，积粟数百万，督治陂塘为旱涝备。景泰初，历左副都御史，镇守陕西。请遇灾伤，毋俟勘报，即除其赋，庶有司不得借复核阴行科率，从之。还治院事。福建、浙江盗起，命往督兵捕。议创寿宁县于官台山，以清盗窟。讨平处州贼。已，复巡抚辽东。居官以廉节称。终刑部尚书。父乔，成化初进士。累官湖广左布政使。

玉登弘治九年进士，授辉县知县。发粟赈饥，奏蠲虚税，复业者千家。擢御史。初，孙伯坚、金琦、王宁皆以传奉得官，已，又以指挥胡震为都指挥，分守通州。玉抗疏言："传奉不已，继之内批，累圣德,乞皆罢之。"不纳。

武宗即位甫四月,灾异迭现,玉陈修省六事。出按京畿,中官吴忠奉命选后妃,肆贪虐。玉奏,不问。刘健、谢迁罢,玉驰疏言:"刘瑾等佞幸小臣,巧戏弄,投陛下一笑。顾逐邪而弃辅臣,此乱危所自起。况今白虹贯日,彗现紫微宫,星摇天王之位。民穷财殚,所在空虚,陛下不改图,天下将殆。乞置瑾等于理,仍留健、迁辅政。"不报。玉遂引疾归。后瑾榜玉奸党,复诬构之。罚输粟塞下者三,最后逮系诏狱,削籍放归。瑾诛,起河南佥事,迁福建副使,皆董学政。正德十五年累擢南京右佥都御史,提督江防。宸濠反,攻安庆,玉以舟师赴援。事定,改抚郧阳。

世宗即位,召为左佥都御史。论遏乱功,进右副都御史。嘉靖元年改左。历刑部左、右侍郎。初,偕九卿争兴献帝不宜称皇,及帝欲考献帝,又偕廷臣伏阙哭争。六年秋坐李福达狱削籍,卒于家。

玉所居仅庇风雨。天文、地理、兵制、刑律皆有论著。隆庆初,赠刑部尚书,谥端毅。

子悫,南京工部右侍郎,历官亦有声。

汪元锡,字天启,婺源人。正德六年进士。授兵科给事中。三迁都给事中。

陕西镇守中官廖鸾族子铠,冒功为锦衣千户,随鸾于陕。元锡争之,言铠父鹏已乱中州,勿使铠复乱陕右。乞征还鸾,置铠父子于理。偏头关之捷,录功太滥,偕同官言太监张忠、总兵官刘晖等不宜赏。湖广镇守太监杜甫请巡历所部,帝许之,元锡等据祖制力争。帝幸昌平、宣府、大同,元锡偕同官邢寰累疏谏;复言宣府守将朱振等皆扈从西巡,寇乘虚入塞,何以御之。已,闻帝将选禁军亲征四海冶部寇,复极陈不可。安远侯柳文镇湖广,奏携参随七十余人,元锡乞寝所奏。车驾还京,以应州之捷大赉文武群臣。元锡等言:"是役杀边民无算,六军多伤。今君臣欣喜交贺,而军民系贼庭,南向号哭,臣等何忍受赐。"中旨以纳粟都指挥马昊守备仪真,复遣内官分守

潼关、山海关，驾又幸大喜峰口，欲招三卫花当、把儿孙，元锡等皆
抗章谏。

帝欲南幸，舒芬、黄巩切谏得罪，给事御史遂不敢争。及帝将亲
征宸濠，元锡复谏沮。宸濠就执，元锡、寰偕六科驰疏请回銮。十五
年，帝在南京，元易等复屡申前请，且言：“供亿繁费，使牒边午，奸
宄冒官校，少女充离宫。陛下不以宗社为重，专事逸游，岂能长保天
下。”语其危切。

中旨以内官晁进、杨保分守兰州、肃州，元锡等言：“二州逼强
寇，不可增官守，累居民。”群小不悦，矫旨责之。诏改团营西官厅为
威武团练营，以江彬、许泰等提督之，别择地为团营教场。元锡言：
“拓地则扰居民，兴工则费财力，以朝廷自将之军而彬等概加提督，
则僭名分。”不从，会帝崩，事已。

世宗即位，疏言：“都督隙永以附江彬下狱，宜释而用之，锦衣
都指挥郭鋆等十人皆彬党，宜下狱治。”咸报可。张铣、许泰系狱，帝
忽宥其死。元锡争，不听。屡迁至太仆卿。嘉靖六年，帝以李福达
狱下三法司于理。元锡不能平，有后言，闻于张璁，并下狱夺职。后
用荐起故官。历户部左、右侍郎，致仕，卒。

邢寰，黄梅人。正德三年进士，数言事，有直声。

寇天叙，字子惇，榆次人。由乡举入太学。与崔铣、吕楠善。登
正德三年进士，除南京大理评事，进寺副。累迁应天府丞。武宗驻
南京，从官卫士十余万，日费金万计，近幸求索倍之。尹齐宗道忧惧
卒，天叙摄其事，日青衣皂帽坐堂上。江彬使者至，好语之曰：“民穷
官帑乏，无可结欢，丞专待遣耳。”彬使累至皆然，彬亦止。他权幸有
求，则曰：“俟若奏即予。”禁军攫民物，天叙与兵部尚书乔宇选拳勇
者与搏戏。禁军卒受伤，惭且畏，不敢横。其随事禁制多类此。驾
驻九月，南京不大困者，天叙与宇力也。

嘉靖三年以右金都御史巡抚宣府。未行，改郧阳。甫二月，又
改甘肃。回贼犯山丹，督将士擒其长脱脱木儿。西域贡狮子、犀牛、

西狗,天叙请却之,不听。

进右副都御史,巡抚陕西。寇入固原,击败之,斩首百余。又讨平大盗王居等,累赐银币。织造太监至,有司议奏罢之。天叙曰:"甫至遽请罢,即不罢,焰且益张。"会岁祲,乃请蠲租税,发粟赈饥民;因言织造非俭岁所宜设,帝立召还。历兵部右侍郎,卒。家贫,丧事不具。天叙在太学时,尝闻父疾,驰六昼夜抵家,父疾亦瘳。

唐胄,字平侯,琼山人。弘治十五年进士。授户部主事。以忧归。刘瑾斥诸服除久不赴官者,坐夺职。瑾诛,召用,以母老不出。

嘉靖初,起故官。疏谏内官织造。请为宋死节臣赵与珞追谥立祠。进员外郎,迁广西提学佥事。令土官及瑶、蛮悉遣子入学。擢金腾副使。土酋莽信虐,计擒之。木邦、孟养构兵,胄遣使宣谕,木邦遂献地。屡迁广西左布政使。官军讨古田贼,久无功,胄遣使抚之,其魁曰:"是前唐使君令吾子入学者。"即解甲。

擢右副都御史,巡抚南、赣,移山东。迁南京户部右侍郎。十五年改北部,进左侍郎。

帝以安南久不贡,将致讨,郭勋复赞之。诏遣锦衣官问状,中外严兵待发。胄上疏谏曰:

今日之事,若欲其修贡而已,兵不必用,官亦无容遣。若欲讨之,则有不可者七,请一一陈之。

古帝王不以中国之治治蛮夷,故安南不征,著在《祖训》。一也。

太宗既灭黎季牦,求陈氏后不得,始郡县之。后兵连不解。仁庙每以为恨。章皇帝成先志,弃而不守,今日当率循。二也。

外夷分争,中国之福。安南自五代至元,更曲、刘、绍、吴、丁、黎、李、陈八姓,迭兴迭废,而岭南外警遂稀。今纷争,正不当问,奈何殃赤子以威小丑,割心腹以补四肢,无益有害。三也。

若谓中国近境,宜乘乱取之。臣考马援南征,深历浪泊,士

卒死亡几半，所立铜柱为汉极界，乃近在今思明府耳。先朝虽
尝平之，然屡服屡叛，中国士马物故者以数十万计，竭二十余
年之财力，仅得数十郡县之虚名而止。况又有征之不克。如宋
太宗、神宗，元宪宗、世祖朝故事乎？此可为殷鉴。四也。

外邦入贡，乃彼之利。一则奉正朔，以威其邻。一则通贸
易以足其国。故今虽兵乱，尚累累奉表笺、具方物，款关求入，
守臣以姓名不符却之。是彼欲贡不得，非抗不贡也。以此责之，
词不顺。五也。

兴师则需饷。今四川有采木之役，贵州有凯口之师，而两
广积储数十万，卒耗于田州岑猛之役。又大工频兴，所在军储
军悉输将作，兴师数十万，何以给之。六也。

然臣所忧，又不止此。唐之衰也。自明皇南诏之役始。宋
之衰也，自神宗伐辽之役始。今北北寇日强，据我河套。边卒
屡叛，毁我藩篱，北顾方殷，更启南征之议，脱有不测，谁任其
咎？七也。

锦衣武人，暗于大体。倘稍枉是非之实，致彼不服，反足损
威。即令按问得情，伐之不可，不伐不可，进退无据，何以为谋。
且今严兵待发之诏初下，而征求骚扰之害已形，是忧不在外
夷，而在邦域中矣。请停遣勘官，罢一切征调，天下幸甚。
章下兵部，请从其议。得旨，待勘官还更议。明年四月，帝决计征讨。
侍郎潘珍、两广总督潘旦、巡按御史余光相继谏，皆不纳。后遣毛伯
温往，卒抚降之。

郭勋为祖英请配享，胄疏争，帝欲祀献皇帝明堂，配上帝，胄力
言不可。帝大怒，下诏狱拷掠，削籍归。遇赦复寇带，卒。隆庆初，
赠右都御史。

胄耿介孝友，好学多著述，立朝有执持，为岭南人士之冠。

潘珍，字玉卿，婺源人。弘治十五年进士。正德中，历官山东佥
事，分巡兖州。贼刘七等猝至，有备不敢攻，引去，掠曲阜。珍奏徙

县治而城之。迁福建副使,湖广左布政使。

嘉靖七年以右副都御史巡抚辽东。累迁兵部左侍郎。时议谏讨安南,珍上疏谏曰:"陈暠、莫登庸皆杀逆之贼,黎宁与其父谭不请封入贡亦二十年,揆以大义,皆所当讨,何独徇宁请为左右。且其地不足郡县置,叛服无与中国。今北敌曰蕃,联帐万里,烽警屡闻,顾释门庭防,远事瘴蛮,非计之得。宜遣大臣有文武才者,声言进讨。檄数登庸罪,赦其胁从,且令黎宁合剿。贼父子不擒则降,何必劳师。"帝责珍挠成命,褫职归,寻以恩诏复官,致仕。珍廉直有行谊,中外十余荐。皆报寝,卒,赠右都御史。

珍族子旦,字希周。弘治十八年年进士。知漳州邵武。三迁浙江左布政使。斥羡金不取。嘉靖八年擢右副都御史,抚治郧阳。数平巨寇。累迁刑部右侍郎。

十五年冬,以兵部左侍郎提督两广军务。诏起复毛伯温讨安南。旦行过其里,语之曰:"安南非门庭寇。公宜以终丧辞。往来之间,少缓师期。俟其闻命求款,因抚之,可百全也。"旦抵广,适安南使至,驰疏言:"莫登庸之篡黎氏,犹黎氏之篡陈氏也。朝廷将兴问罪师,登庸即有求贡之使,何尝不畏天威?乞容臣等观变,待彼国自定。若登庸奉表献琛,于中国体足矣,凯必穷兵万里哉。"

章下礼、兵二部。族父珍适以言得罪,尚书严嵩、张瓒绌旦议不用。会伯温入都,见旦疏不悦。言总督任重。宜择知兵者。遂改旦南京兵部,以张经代之。未行,引疾乞休。语侵伯温。帝怒,勒致仕,将还。吏白例支库金为道里费。旦笑曰:"吾不以妄取为例。"卒,赠工部尚书。

旦上书半岁,广东巡按御史余光亦言:"黎氏鱼肉国君,在陈氏为贼子;抗拒中国,在我朝为乱魁。今失国,或天假手登庸以报之也。自宋以来,丁移于李,李夺于陈,陈篡于黎,今黎又转于莫。欲兴黎氏,势必不能。臣已遣官责其修贡。道里悬远,往复陈请,必失事机。乞令臣便宜从事。"帝以光疏中引五季、六朝事。下之兵部。
咎光轻率，夺其俸。无何，光进乡试录。礼部尚书严嵩摘其误，奏之，
被逮削籍。光，江宁人。

李中，字子庸，吉水人。正德九年进士。杨一清为吏部。数召
中应言官试，不赴。

及授工部主事，武宗自称大庆法王，建寺西华门内，用番僧住
持，廷臣莫敢言。中拜官三月即抗疏曰："暴逆瑾窃权，势焰薰灼。陛
下既悟，诛之无赦，圣武可谓卓绝矣。今大权未收，储位未建，义子
未革，纪纲日弛，风俗日坏，小人日进，君子日退，士气日靡，言路日
闭，名器日轻，贿赂日行，礼乐日废，刑罚日滥，民财日殚，军政日
弊。瑾既诛矣。而善治一无可举者，由陛下惑异端故也。夫禁掖严
邃，岂异教所得杂居。今乃建寺西华门内，延止番僧，日与聚处。异
言日沃，忠言日远，用舍颠倒，举措乖方。政务废弛，职此之故。伏
望陛下翻然悔悟，毁佛寺，出番僧，妙选儒臣，朝夕劝讲，揽大权以
绝天下之奸，建储位以立天下之本，革义子以正天下之名，则所谓
振纪纲、励风俗、进君子、退小人诸事，可次第举矣。"帝怒。罪将不
测，以大臣救得免。逾日，中旨谪广东通衢驿丞。王守仁抚赣州，檄
中参其军事。预平宸濠。

世宗践阼，复故官。未任，擢广东佥事。再迁广西提学副使，以
身为教。择诸生高等聚五经书院，五日一登堂讲难。三迁广东右布
政使。忤总督及巡抚御史，坐以不称职，当罢。霍韬署吏部事，称中
素廉节有才望，当留。会政府有不悦者，降四川右参政。

十八年擢右佥都御史，巡抚山东。岁歉，令民捕蝗者倍予谷，蝗
绝而饥者济。擒巨盗关继光，邻境壤其功，中不与辩。进副都御使，
总督南京粮储。御史金灿按四川时，尝荐中。中不谢，灿憾之，至是
摭他事诬劾。方议调用而中卒，光宗时，追谥庄介。

中守官廉。自广西归，欲饭客，贷米邻家。米至，又乏薪，将以
浴器爨。会日已暮，竟不及饭而别。少学于同里杨珠，既而扩充之，

沉潜邃密,学者称谷平先生。门人罗洪先、王龟年、周子恭皆能传其学。中族人楷,又传洪先之学。

楷,字邦正。由举人授汤溪知县。母艰服阕,补青田。时倭躏东南,楷积谷资守御。青田故无城。倭至,楷御于沙埠,倭不得渡,乃以间筑城。倭又至,登陴守,日杀贼数人,倭遁去。改知昌乐,亦以治行闻。

欧阳铎,字崇道,泰和人。正德三年进士。授行人。上书极论时政,不报。使蜀府,王厚遗之,不受。历工部郎中,改南兵部。出为延平知府。毁淫祠数十百所,以其材葺学宫。司礼太监萧敬家奴杀人,置之法。调福州,议均徭曰:"郡多士大夫,其士大夫又多田产。民有产者无几耳,而徭则尽责之民。请分民半役。"士大夫率不便。巡按御史汪珊力持之,议乃行。

嘉靖三年擢广东提学副使。累迁南京光禄卿,历右副都御史,巡抚应天十府。苏、松田不甚相悬。下者亩五升,上者至二十倍。铎令赋最重者减耗米,派轻赍;最轻者征本色,增耗米。阴轻重之,赋乃均。诸推收田,从圩不从户,诡寄无所容。州县荒田四千四百余顷,岁勒民偿赋。铎以所清漏赋及他奇羡补之。议徭役及裁邮置费凡数十百条,民皆称便。迁南京兵部侍郎,进吏部右侍郎。九庙灾,自陈去。

铎有文学,内行修洁。仕虽通显,家具萧然。卒,赠工部尚书,谥恭简。

陶谐,字世和,会稽人。弘治八年乡试第一。明年成进士,选庶吉士,授工科给事中。请命儒臣日讲《大学衍义》,孝宗嘉纳之。

正德改元,刘瑾等乱政。谐请以瑾等误国罪告先帝,罪之勿赦,瑾摘其讹字令对状,伏罪乃宥之。帝命中官崔杲等往江南、浙江织造,杲等复乞长芦盐引。谐再疏争,皆不听。谐当出理边储,以工科

掌印无人,请俟行日遣官代署。瑾遂中谐,下诏狱廷杖,斥为民。旋
榜为奸党。又诬以巡视十库时缺布不奏,复械至阙下杖之,谪戍肃
州。瑾诛,释还乡,其党犹用事,竟不获召。

嘉靖元年复官,未至,除江西佥事,转河南管河副使。命沿河植
柳,榜艺蒹苇,有事采以为埽。总理都御史请推行之诸道,岁省费钜
万。迁参政,历左、右布政使,皆在河南。

久之,擢右副都御史,提督南、赣、汀、漳军务。疏言:"守令迁太
骤,宜以六年为期。言官忤旨,当优容。养病官才力堪任者,毋终
弃。"时南京御史马扬等劾王琼被逮,而新例养病久者率不复收叙,
故谐以为言。又奏:"今天下差徭繁重。既有河夫、机兵、打手、富户、
力士诸役,乃编审里甲,复征旷丁课及供亿诸费。乞皆罢免。"帝采
纳之。

寻迁兵部右侍郎,总督两广军务。海寇陈邦瑞、许折桂等突入
波罗庙,欲犯广州,为指挥李鳌所蹙。邦瑞投水死,折桂还所执指挥
二人,乞就抚。谐居折桂等东莞,编为总甲,使约束其党五百人为新
民,兵部以降贼群聚,恐采隙为变,令解散其党。已,阳春贼赵林花
等攻城,与德庆贼凤二全相倚为患,谐讨破百二十五寨。帝曰:"谐
功足录,第前纵患者谁?"乃仅赉银币。琼山沙湾洞贼黎佛二等杀典
史,谐复剿平。为总督三年,俘斩累万。母忧归。起兵部左侍郎。九
庙灾,自陈致仕归。卒,赠兵部尚书。隆庆初,谥庄敏。

孙大顺,字景熙。嘉靖四十五年进士。历官福建右布政使。司
帑失银,吏卒五十人皆坐系。大顺言于左使曰:"盗者两三人耳,何
尽系之为。请为公治之。"乃纵囚令迹盗,果得真者。终右副都御史,
广西巡抚。

弟大临,字虞臣。嘉靖三十五年进士及第,授编修。吴时来劾
严嵩,大临为定疏草。时来下诏狱,诘所共谋。大临不顾,日饷之药
物,时来亦忍死无一言。万历初,累官吏部侍郎。卒,赠吏部尚书,
谥文僖。大临少应举杭州,邻妇夜奔,拒之,旦遂徙舍。为人宽然长

者,而内持贞介,不以势利易。

大顺子允淳,与父同登进士。终尚宝丞。

潘埙,字伯和,山阳人。正德三年进士。授工科给事中。性刚决,弹劾无所避。论诸大寮王鼎、刘机、宁杲、陈天祥等,多见纳。

乾清宫灾,埙上疏曰:"陛下莅阼九年,治效未臻,灾祥迭见。臣愿非安宅不居,非大道不由,非正人不亲,非儒术不崇,非大阅不观兵,非执法不成狱,非骨肉之亲不干政,非汗马之劳不滥赏。臣闻陛下好戏谑矣。臣以为入而内庭琴瑟钟鼓人伦之乐,不必游离宫以为欢,狎群小以为快也。出而外廷华裔一统莫非臣妾,不必收朝官为私人,集远人为勇士也。闻陛下好佛矣。臣以为南郊有天地,太庙有祖宗,锡祉迎庥,佛于何有?番僧可逐而度僧可止也。闻陛下好勇、好货、好土木矣。臣以为诛奸遏乱大勇也,不须驰马试剑以自劳。三军六师,大武也,不须边将边军以自拥。任土作贡,皇店奚为,阛阓骈阗,内市安用?阿房壮丽,古以为金块珠砾也,况养豹乎!金碧荧煌,古以为涂膏衅血也,况供佛乎!是数者之好皆可已而不已者也。"疏入,报闻。

十一年正月,上书言:"陛下始者血气未定,礼度或逾。今春秋已盛,更弦易辙,此其时也。昔太甲居桐,处仁迁义,不失中兴。汉武下轮台之诏,年已七十,犹为令主,况陛下过未浮于太甲,悔又早于武帝,何愆不可盖,何治不可建乎?"时欲毁西安门外民居,有所兴作。埙与御史熊相、曹雷复切谏,皆不报。

三迁至兵科都给事中。右都督毛伦以附刘瑾论死,削世荫。伦尝有德于钱宁,恃为内援,其子求复袭。埙等力争,宁从中主之,寝其奏。忽中旨命埙与吏科给事中吕经各进一阶,外调,举朝大骇。给事中邵锡、御史王金等交章请留,不报,遂添注埙开州同知。嘉靖七年累官右副都御史,巡抚河南。潞州巨盗陈卿据青阳山为乱,山西巡抚江潮、常道先后讨贼无功,乃敕埙会剿。埙谋于道曰:"贼守险,难以阵。合诸路夹攻,出不意夺其险,乃可擒也。"遂分五哨三路入,募土人为导。首攻夺井脑，贼悉众争险。官军奋击，大破之，追奔至莎草岭，毁安阳诸巢。山东副使牛銮由潞城入，破贼李庄泉。其夕，河南副使翟瓒捣卿巢，卿败走。瓒追败之栾庄山，又败之神河。山西佥事陈大纲亦屡蹙贼，先后降二千三百余人。自进兵至搜灭贼巢，凡二十九日，捷闻，帝将大赉，遣给事中夏言往核，未报。河南大饥，埙不以时赈，而河南知府范不待报，辄开仓发粟，民德而颂之。埙怨声大起，流闻禁中。帝切责抚、按匿灾状。埙惶恐引罪，且归罪于璁，遂为给事中蔡经等所劾。诏罢埙，永不叙用。言核上平贼功，埙为首。桂萼恶之，但赉银币。年八十七卒。

吕经，字道夫，陕西宁州人。正德三年进士。授礼科给事中。九年，乾清宫灾，经上疏极论义子、番僧、边帅之害。屡迁吏科都给事中，复极论马昂女弟入宫事，又劾方面最贪暴者四人。群小咸恶，遂谪蒲州同知。又以事忤中官黄玉，诬劾系狱。

世宗即位，擢山东参政。嘉靖十三年累官右副都御史，巡抚辽东。故事，每军一，佐以余丁三；每马一，给牧地五十亩。经损余丁之二编入均徭册，尽收牧地还官。又役军筑边墙，督趣过当。诸军诣经乞罢役，都指挥刘尚德叱之不退，经呼左右榜诉者，卒遂争殴尚德，经窜苑马寺幽室中。乱卒毁府门，火均徭册，搜得经，裂其冠裳，幽之都司署。帝诏经还朝。都指挥袁璘将克诸军草价为办装，卒复执经，裸而置之狱，虐辱之，胁镇守中官王纯等奏经十一罪。帝逮经。乱卒复置官校于狱，久之始解。经下诏狱，谪戍茂州。数年释还。隆庆初，复官，卒。乱卒为曾铣所定，见《铣传》。

欧阳重，字子重，庐陵人。正德三年进士。殿试对策，历诋阙政。授刑部主事，刘瑾兄死，百官往吊，重不往。张锐、钱宁掌厂卫，连构搢绅狱，重皆力与争。锐等假他事系之狱，赎杖还职，仍停俸。再迁郎中。历四川、云南提学副使。迁浙江按察使，未上。

嘉靖六年春，拜右佥都御史，巡抚应天。会寻甸土酋安铨、凤朝文反,廷议以重谙滇事,乃改云南。初,武定土知府凤诏母子坐事留云南,朝文绐其众,言诏已戮,官军将尽灭其部党,以故诸蛮悉从为乱,攻围会城。重督兵击败之,而遣诏母子还故地。其党愕,相率归之。朝文计穷,绝普渡河走。追兵至,歼焉。铨逃寻甸故巢。官军攻破其寨,执铨,贼尽平。乃散其党二万人,迁寻甸府于凤梧山下,更设守御千户所。重推功于前抚臣傅习,并进秩任子。缅甸、木邦、陇川、孟密、孟养诸酋相仇杀,各讦奏于朝,下重等勘覆。遣参政王汝舟、知府严时泰等遍历诸蛮,譬以祸福。皆还侵地,供贡如故。重列善后数事。悉报可,赐玺书褒谕。重乃恤创残,赈贫乏,轻徭赋,规划盐铁商税、屯田诸务。民咸便之。

云南岁贡金千两,费不赀。大理太和苍山产奇石,镇守中官遣军匠攻凿。山崩,压死无算。重皆书罢之,浮费大省。

当是时,镇守太监杜唐、黔国公沐绍勋相比为奸利,长吏不敢问,群盗由此起。重疏言,盗率唐、绍勋庄户,请究主者。又奏绍勋任千户何经广诱奸人,夺民产;唐役占官军,岁取财万计。因极言镇守中官宜革。帝颇纳其言,频下诏饬绍勋,命唐还京待勘。二人惧且怒,遣人结张璁,谋去重。会重奉命清异姓冒军弊,都司久未报,给饷后期。唐等遂嗾六卫军哗于军门。巡按御史刘臬以闻,劾重及唐、绍勋处置失当。璁从中主之,解重职,责臬党庇,调外任,唐、绍勋不问。都给事中夏言等抗章曰:"以军士噪罪抚、按,纪纲谓何?况重奉诏非生事。臬言唐、绍勋罪与重等,今处分失宜,无以服天下。顷年士卒骄悍,相效成风,类以月粮借口。如甘肃、大同、祖州、保定,事变屡现。失今不治,他日当事之臣以此为讳,专务姑息,孰肯为陛下任事哉!愿曲宥二臣,全朝廷之体。"帝怒,夺言等俸。

重罢归在道,闻御史王化劾其为桂萼党,不胜忿,抗疏陈辩,请录"大礼"大狱被逐诸臣,而自乞褫职。又言得绍勋所遣百户丁镇私书,知行贿张璁,乞其覆护,璁奸佞,不宜在左右。璁疏辩。帝以重失职怨望,黜为民。重以璁被谪,言等夺俸,皆由己致之,复疏乞重谴代言官罪。帝益怒,以已除名,置不问。重家居二十余年,言者屡荐,竟不复召。

朱裳,字公垂,沙河人。年十四为诸生,读书黉舍,躬执爨,提学御史顾潜俾受学于崔铣。登正德九年进士,擢御史。巡盐河南,钱宁遣人牟监利,裳禁不予。巡按山东。前御史王相忤镇守中官黎鉴,被诬下诏狱。裳抗疏直相,劾鉴八罪。帝还自宣府,裳请下罪己诏,新庶政,以结人心。不报。山东大水,淹城武、单二城。以裳言,命相地改筑。帝幸南都久,裳极陈小人荧惑之害。出为巩昌知府。

嘉靖二年举治行卓异,迁浙江副使。日啜菜羹,妻操井臼,迎父就养。同列知其贫,制衣一袭为寿,父亦拒不纳。三迁至浙江左布政使,以右副都御史总理河道,数条上方略。外艰归,久不起。帝南巡,谒行在,命以故官总理河道。迎章圣太后梓宫,冒暑卒。隆庆中,追赠户部右侍郎,谥端简。

陈察,字元习,常熟人。弘治十五年进士。授南昌推官。正德初,擢南京御史。寻改北。刘瑾既诛,武宗犹日狎群小。察偕同官请务讲学,节嗜欲,勤视朝,语甚切直。以养亲归。家居九年,始赴补。会帝将亲征宸濠。察请无行,而亟下罪己诏。忤旨,夺俸一年。谕群臣更谏,必置极典。

俄巡按云南。助巡抚何孟春讨定弥勒州,以功增秩。世宗即位,疏言金齿、腾冲地极边徼,既统以巡抚总兵,又有监司守备分辖,无事镇守中官。因劾太监刘玉、都督沐崧罪。诏并罢还。

嘉靖初,按四川。请罢镇守中官,不听。帝视鞫杨言,落其一指。察大呼曰:“臣愿以不肖躯易言命,不忍言独死。”帝自摄之,察不为动。退具疏申理,且请下王邦奇于狱,直声震朝野,巡视京营,与给事中王科极陈武定侯郭勋贪横状。擢南京太仆少卿。疏辞,因请召前给事中刘世贤等二十余人。帝怒,责经市恩要名,贬远方杂职。给事中王俊民、郑一鹏论救,皆夺俸。察补海阳教谕。累迁山西左布政使,入为光禄卿。

十二年，以佥都御史巡抚南、赣。居二年，乞休。因荐前都御史万镗、大理卿董天锡等十四人可用。吏部请从其言。帝夺部臣俸，责察徇私妄举，斥为民。察居官廉，既归，敝衣粝食而已。

孙懋，字德夫，慈溪人。正德六年进士。授浦城知县，擢南京吏科给事中。御史张经、宁波知府翟唐忤奄人被逮，懋偕同官论救。织造太监史宣诬主事王銮、知县胡守约，下之诏狱。懋言："宣妄言御赐黄棍，听挞死官吏，胁主簿孙锦死，今又诬守职臣。乞治宣罪，还銮、守约故任。"未几，复偕诸给事言："臣等屡建白，不择可否，一概留中。万一奸人阴结党类，公行阻遏，朝有大事，陛下不闻，大臣不知，祸可胜言！"皆不报。已，又劾罢盐法侍郎薛章，请黜太仆少卿马陟，留御史徐文华，召还谢迁、韩文、孙交、张原、周广、高公韶、王思等，罢游畋射猎，复御朝常仪，还久留边兵，汰锦衣冗官，诸疏皆侃侃。

江彬导帝巡幸。懋言："彬枭桀憸邪，挟至尊出居庸，无大臣保护，独处沙漠将半载。两宫违养，郊庙不亲，四方灾异迭见，盗贼峰起。留彬一日，为宗社一日忧，乞立置重典。"时中外章奏，帝率不省视，规主阙者，往往得无罪，一触权幸，祸立至，人皆为懋危。而彬方日侍帝娱乐，亦不之见也。请回銮，谏南幸，懋皆与。宸濠反，帝在南都，懋从行。请急定平贼功赏，既又数请还京，率同官伏阙，皆不省。

世宗即位，疏荐建言贬谪诸臣周广、范辂等二十人，皆召用。劾南京祭酒陈霁、太常卿张道荣，皆罢。未几，言："谢迁、韩文起用，乞仿宋起文彦博故事，不烦职务，大礼大政，时令参预，必有裨新政。"帝虽善之不能用。

出为广东参议，迁副使。嘉靖四年有锦衣官校侦事广东。懋与按察使张祐疑其伪，执之。事闻，逮下诏狱，谪藤县典史。屡迁至广西布政使。十六年入为应天府尹。坐所进乡试录忤旨，致仕，卒。

王仪，字克敬，文安人。嘉靖二年进士。除灵璧知县。以能，调嘉定。七年擢御史，巡按陕西。秦府豪占民产，仪悉夺还民。延绥大饥，朝命陕西布政使胡忠为巡抚，仪论罢之。

已，巡按河南。赵府辅国将军祐椋招亡命杀人劫夺，积十余年莫敢发。仪偕巡抚吴山奏之，夺爵禁锢。会仪出为苏州知府。甫三月，祐椋潜入都，奏仪挶撼，并讦都御史毛伯温以私憾入己罪。且言"臣尝建醮祈皇嗣，为知府王天民讪笑，请并按问，帝心知祐椋罪，而悦其建本醮语，为遣使覆按，解仪、伯温任，下天民狱。使者奏仪不诬，第祐椋罪在赦前，宜轻坐。帝终怜祐椋爱己，竟复其爵，除仪名，伯温、山、天民皆得罪，终嘉靖世多以诽谤斋醮获重祸，由祐椋讦奏始。

仪去苏州，士民走阙下乞留。帝不许，既而荐起知抚州。苏州士民复走阙下乞还仪，至再，不报。归诉于巡抚侯位。位以闻，帝乃许之。至则叹曰："苏赋当天下十二，而田额淆无可考，何以定赋。"乃履亩丈之，使县各为籍。以八事定田赋，以三条核税课，徭役、杂办咸均。治为知府第一，进浙江副使，饬苏、松、常、镇兵备。时巡抚欧阳铎均田赋，仪佐之，以治苏者推行于旁郡。坐与操江王学夔讨贼败绩，停俸戴罪。未几，殪贼江中，进秩一等，迁山西右参政，分守冀、宁。寇抵清源城，仪洞开城门，寇疑引去。按行所部，筑城郭，积糗粮，榆次、平定间遂皆有城。

二十一年擢右佥都御史，巡抚宣府，寇入龙门，总兵官隙永等败之。仪进右副都御史。寻以筑边垣，赉银币。寇自万全右卫入，游骑犯完、唐。夺俸二级。考察拾遗，贬一官。已，勘上失事罪，贬秩如初。久之，除肃州兵备副使，协巡抚杨博徙哈密遗种于境外。稍迁右参政，复拜右佥都御史，巡抚甘肃。未行，俺答犯京师，诏仪驰镇通州。仇鸾部卒掠民资，捕笞之，枷市门外。鸾诉于帝，逮讯斥为民，卒。隆庆初，子缄讼冤，复官赐恤。

缄，官按察使，分巡辽阳，以知兵名。

　　王学夔，安福人。正德时，以吏部主事谏南巡，跪阙下，受杖。嘉靖初，奏请裁戚畹，又申救言官。历考功、文选郎中，廉谨为时所称。尝抚治郧阳。有伪称皇子者，诸司议用兵。学夔曰："妄竖子耳。"密捕致之辟。累迁南京吏、礼、兵三部尚书。隆庆、万历间，存问者再。年九十四卒，赠太子少保。

　　曾钧，字廷和，进贤人。嘉靖十一年进士。授行人，擢南京礼科给事中。时四方银场得不偿费，且为盗窟，钧奏罢之。

　　钧刚廉疾俗。首劾罢参赞尚书刘龙。已劾翊国公郭勋、礼部尚书严嵩，未几劾工部侍郎蒋淦、延绥巡抚赵锦。最后劾罢操江都御史柴经。直声震一时。

　　出为云南副使。两司诣黔国公率廷谒，钧始正其礼，且厘还所侵丽江民地。迁四川参政。黔寇乱，抚定之。屡迁河南左布政使。

　　三十一年以右副都御史总理河道。徐、邳等十七州县连被水患，帝忧之，趣上方略。钧请浚刘伶台至赤晏庙八十里，筑草湾老黄河口，增高家堰长堤，缮新庄等旧闸。阅数月，工成。进工部右侍郎。

　　治河四年，入为南京刑部右侍郎。久之，乞归。家居十余年卒。赠刑部尚书，谥恭肃。

　　赞曰：郑岳等居官，历著风操。箴主阙，抑近幸，本末皆有可观。斤斤奉职，所至以治办闻，殆列卿之良欤。唐胄论安南，切于事理。欧阳铎之均田赋，惠爱在民；令久于其任，几与周忱比矣。

明史卷二〇四

列传第九二

陈九畴　翟鹏　_{张汉}　孙继鲁
曾铣　丁汝夔　杨守谦
商大节　王忬　杨选

　　陈九畴,字禹学,曹州人。�
倜傥多权略。自为诸生,即习武事。
弘治十五年进士。除刑部主事。有重囚越狱,人莫敢撄,九畴挺槊
逐得之,遂以武健名。

　　正德初,录囚南畿,忤刘瑾,谪阳山知县。瑾败,复故官,历郎
中,迁肃州兵备副使。总督彭泽之赂土鲁番也,遣哈密都督写亦虎
仙往。九畴奋曰:“彭公受天子命,制边疆,不能身当利害,何但模棱
为!”乃练卒伍,缮营垒,常若临大敌。写亦虎仙果通贼,悉酋速檀满
速儿犯嘉峪关,游击芮宁败死。寻复遣斩巴思等以驰马乞和,而阴
遗书虎仙及其姻党阿剌思罕儿、失拜烟答等俾内应。九畴知贼计,
执阿剌思罕儿及斩巴思付狱。通事毛鉴等守之。鉴等故与通,欲纵
去,众番皆伺隙为变。九畴觉之,戮鉴等。贼失内应,遂拔帐走。兵
部尚书王琼恶泽,并坐九畴失事罪,逮系法司狱。以失拜烟答系死
为罪,除其名。

　　世宗即位,起故官。俄进陕西按察使。居数月,甘肃总兵官李
隆嗾部卒殴杀巡抚许铭,焚其尸。乃擢九畴右佥都御史,巡抚甘肃,
按验铭事,诛隆及乱府首事者。九畴抵镇,言额军七万余,存者不及

半，且多老弱，请令召募。诏可。

嘉靖三年，速檀满速儿复以二万余骑围肃州。九畴自甘州昼夜驰入城，射贼，贼多死。已，又出兵击走之。其分掠甘州者，亦为为总兵官姜奭所败。论功，进副都御史，赉金币。九畴上言："番贼敢入犯者，以我纳其朝贡，纵商贩，使得稔虚实也。写亦虎仙逆谋已露，输货权门，转蒙宠幸，以犯边之寇，为来享之宾。边臣怵利害，拱手听命，致内属番人勾连接引，以至于今。今即不能如汉武兴大宛之师，亦当效光武绝西域之计。先后入贡未归者二百人，宜安置两粤，其谋逆有迹者加之刑戮，则贼内无所恃，必不复有侵轶。倘更包含隐忍，恐河西十五卫所，永无息肩之期也。"事下，总制杨一清颇采其议。四年春致仁归。

初，土鲁番败遁，都指挥王辅言速檀满速儿及牙木兰俱死于炮，九畴以闻。后二人上表求通贡，帝怪且疑。而番人先在京师者为蜚语，言肃州之围，由九畴激之，帝益信，会百户王邦奇讦杨廷和、彭泽，词连九畴。吏部尚书桂萼等欲缘九畴以倾泽，因请许通贡，而追治九畴激变状。大学士一清言事已前决。帝不听，逮下诏狱。刑部尚书胡世宁言于朝曰："世宁司刑而杀忠臣，宁杀世宁。"乃上疏为讼冤曰："番人变诈，妄腾谤读言，欲害我谋臣耳。夫其蓄谋内寇，为日已久。一旦拥兵深入，诸番约内应，非九畴先几奋戮，且近遣属夷却其营帐，远交瓦剌扰其窟巢，使彼内顾而返，则肃州孤城岂复能保。臣以为文臣之有勇知兵忘身殉国者，无如九畴，宜番人深忌而欲杀也。惟听部下卒妄报，以满速儿等为已死，则其罪有不免耳。"已，法司具狱亦如世宁言。帝卒中萼等言，谪戍极边。居十年，赦还。

翟鹏，字志南，抚宁卫人。正德三年进士。除户部主事，历员外郎中，出为卫辉知府，调开封，擢陕西副使，进按察使。性刚介，历官以清操闻。

嘉靖七年，擢右佥都御史，巡抚宁夏。时边政久弛，壮卒率占工

匠私役中官家,守边者并赢老不任兵。又番休无期,甚者夫守墩,妻
坐铺。鹏至,尽清占役,使得迭更。野鸡台二十余墩孤悬塞外,久弃
不守,鹏尽复之。岁大侵,请于朝以赈。坐寇入停俸。复坐劾总兵
赵瑛失事,为所讦,夺职归。

　　二十年八月,俺答入山西内地。兵部请遣大臣督军储,因荐鹏。
乃起故官,整饬畿辅、山西、河南军务兼督饷,鹏驰至,俺答已饱去,
而吉囊军复寇汾、石诸州。鹏往来驰驱,不能有所挫。寇退,乃召还。

　　明年三月,宣大总督樊继祖罢,除鹏兵部右侍郎代之。上疏言:
“将吏遇被掠人牧近塞,宜多方招徕。杀降邀功者,宜罪。寇入,官
军遏敌虽无功,竟赖以安者,当录。若贼众我寡,奋身战,虽有伤折、
未至残生民者,罪当原。于法,俘馘论功,损挫论罪。乃有摧锋陷阵
不暇斩首,而在后掩取者反积级受功,有逡巡观望幸苟全,而力战
当先者反以损军治罪,非戎律之平。”帝皆从其议。会有降人言寇且
大入,鹏连乞兵饷。帝怒,令革职闲住,因罢总督官不设。鹏受事仅
百日而去。

　　其年七月,俺答复大入山西,纵掠太原、潞安。兵部请复设总
督,乃起鹏故官,令兼督山东、河南军务,巡抚以下并听节制。鹏受
命,寇已出塞。即驰赴朔州,请调陕西、蓟、辽客兵八支,及宣、大三
关主兵,兼募土著,选骁锐者十万,统以良将,列四营,分布塞上,每
营挡一面。寇入境,游兵挑之,诱其追,诸营夹攻。脱不可御,急趋
关南依墙守,邀击其困归。帝从之。鹏乃浚壕筑垣,修边墙三百九
十余里,增新墩二百九十二,护墩堡一十四,建营舍一千五百间,得
地万四千九百余顷,募军千五百人,人给五十亩,省仓储无算。疏请
东自平刑,西至偏关,划地分守,增游兵三支,分驻雁门、宁武、偏
关。寇攻墙,戍兵拒,游兵出关夹攻,此守中有战。东大同,西老营
堡,因地设伏,伺寇所向。又于宣、大、三关间,各设劲兵,而别选战
士六千,分两营,遇警令总督武臣张凤随机策应,此战中有守。帝从
其议,且命自今遇敌,逗留者都指挥以下即斩,总兵官以下先取死
罪状奏请。

先是，鹏遣千户火力赤率兵三百哨至丰州滩，不见寇。复选精锐百，远至丰州西北，遇牧马者百余人，击斩二十三级，夺其马还。未入塞，寇大至，官军饥惫，尽弃所获奔，鹏具实陈状。帝以将士敢深入，仍行迁赏，旧例，兵皆团操镇城，闻警出战。自边患炽，每夏秋间分驻边堡，谓之暗伏。鹏请入秋悉令赴塞，划地分守，谓之摆边，九月中还镇。遂著为令。

二十三年正月，帝以去岁无寇为将帅力，降敕奖鹏，赐以袭衣。至三月，俺答寇宣府龙门所，总兵官隙永等却之，斩五十一级。论功，进兵部尚书。帝倚鹏殄寇，锡命屡加，所请多从，而责效甚急。鹏亦竭智力，然不能呼吸应变，御史曹邦辅尝劾鹏，鹏乞罢，弗允。是年九月，蓟州巡抚朱方请撤诸路防秋兵，兵部尚书毛伯温因并撤宣、大、三关客兵。俺答遂以十月初寇膳房堡。为隙永所拒，乃于万全右卫毁墙入。由顺圣川至蔚州，犯浮屠峪，直抵完县，京师戒严。帝大怒，屡下诏责鹏。鹏在朔州闻警。夜半至马邑，调兵食，复趋浑源，遣诸将遏敌。御史杨本深劾鹏逗留，致贼震畿辅。兵科戴梦桂继之。遂逮官械鹏，而以兵部左侍郎张汉代。鹏至，下诏狱，坐永戍。行至河西务，为民家所窘，告钞关主事杖之，厂卫以闻。复逮至京，卒于狱，人皆惜之。

初，鹏在卫辉，将入觐，行李萧然，通判王江怀金遗之。鹏曰："岂我素履未孚于人耶？"江惭而退，其介如此。隆庆初，复官。

张汉，钟祥人。代鹏时，寇已出境，乃命翁万达总督宣、大，而以汉专督畿辅、河南、山东诸军。汉条上选将、练兵、信赏、必罚四事，请令大将得专杀偏裨，而总督亦得斩大将，人知退怯必死，自争赴敌。帝不欲假臣下权，恶之。兵部言，汉老边事，言皆可从。帝令再议。部臣乃言汉议皆当，而专杀大将，与《会典》未合。帝姑报可。会考察拾遗，言官劾汉刚愎。遂械系诏狱，谪戍镇西卫。后数年边警，御史陈九德荐汉。帝怒，斥九德为民。汉居戍所二十年卒。隆庆初，赠兵部尚书。

孙继鲁,字道甫,云南右卫人。嘉靖二年进士。授沣州知州。坐事,改国子助教。历户部郎中,监通州仓,历知卫辉、淮安二府。织造中官过淮,继鲁与之忤。诬逮至京。大学士夏言救免。继鲁不谢,言不悦。改补黎平。擢湖广提学副使,进山西参政。数绳宗藩。暨迁按察使,宗藩百余人拥马发其装,敝衣外无长物,乃载酒谢过。迁陕西右布政使。

二十六年擢右副都御史,代杨守谦巡抚山西,继鲁耿介,所至以清节闻,然好刚使气。总督都御史翁万达议撤山西内边兵,并力守大同外边。帝报可。继鲁抗章争,言:"紫荆、居庸、山海诸关,东枕溟渤;雁门、宁武、偏头诸关,西据黄河。天设重险,以藩卫国家,岂可聚师旷野,洞开重门以延敌。夫紫荆诸关之拱护京师,与雁门诸关之屏蔽全晋,一也。今议者不撤紫荆以并守宣府,岂可独撤雁门以并守大同耶?况自偏头、宁武、雁门东抵平刑关为山西长边,自右卫双沟墩至东阳河、镇口台为大同长边,自丫角山至双沟百四十里为大同紧边,自丫角山至老牛湾百四十里为山西紧边,论长边则大同为急,山西差缓,论紧边则均为最急。此皆密迩河套,譬之门阃。山西守左,大同守右。山西并力守左尚不能支,又安能分力以守大同之右。近年寇不敢犯山西内郡者,以三关备严故也。使三关将士远离堡戍,欲其不侵犯难矣。全师在外,强寇内侵,即紫荆、倒马诸关不将徒守哉!"万达闻之不悦,上疏言:"增兵摆边,始于近岁,与额设守边者不同。继鲁乃以危言相恐,复遗臣书,言往岁建云中议,宰执几不免。近年撤各路兵,督抚业蒙罪。其诋排如此。今防秋已逼,乞别调继鲁,否则早罢臣,无误边事。"兵部是继鲁言。帝不从,下廷议。廷臣请如万达言。帝方倚万达,怒继鲁腾私书,引往事议君上。而夏言亦恶继鲁,不为地,遂逮下诏狱。疽发于项,瘐死。

继鲁为巡抚仅四月。山西人习其前政,冀有所设施,遽以非罪死,咸为痛惜。宗藩有上书讼其冤者,即前夺视其装者也。穆宗即位,赠兵部左侍郎,赐祭葬,荫一子,谥清愍。

曾铣，字子重，江都人。自为诸生，以才自豪。嘉靖八年成进士，授长乐知县。征为御史，巡按辽东。辽阳兵变，执辱都御史吕经。铣时按金、复，急檄副总兵李鉴罢经苛急事，为乱军乞赦。经罢，趋广宁，悍卒于蛮儿等复执辱经。其月，抚顺卒亦缚指挥刘雄父子。会朝廷遣侍郎林庭㭿往勘，乱卒惧。辽阳倡首者赵剴儿潜诣广宁与蛮儿合谋，欲俟镇城官拜表，集众乱，为总兵官刘淮所觉，计不行。复结死囚，欲俟庭㭿至，闭城门为变。而铣已刺得二城及抚顺为恶者姓名，密授诸将，剴儿等数十人同日捕获。铣上言："往者甘肃、大同军变，处之过轻。群小谓辱命臣，杀主帅，罪不过此，遂相率为乱。今首恶宜急诛。"乃召还庭㭿，命铣勘实，悉斩诸首恶，悬首边城，全辽大定。

擢铣大理寺丞，迁右佥都御史，巡抚山东。俺答数人内地，铣请筑临清外城。工毕，进副都御史。居三年，改抚山西，经岁寇不犯边，朝廷以为功，进兵部侍郎，巡抚如故。

二十五年夏，以原官总督陕西三边军务。寇十万余骑由宁塞营入，大掠延安、庆阳境。铣率兵数千驻塞门，而遣前参将李珍捣寇巢于马梁山阴，斩首百余级。寇闻之，始遁。捷奏，赍银币。既而寇屡入，游击高极死焉，副总兵萧汉败绩。铣疏诸将罪，治如律。时套寇牧近塞，零骑往来，居民不敢樵采。铣方筑塞，虑为所扰，乃选锐卒击之。寇稍北，间以轻骑入掠，铣复率诸军驱之远徙。参将李珍及韩钦功为多，诏增铣俸一级，赐银币有加。

铣素喜功名，又感帝知遇，益图所报称。念寇居河套，久为中国患，上疏曰："贼据河套，侵扰边鄙将百年。孝宗欲复而不能，武宗欲征而不果，使吉囊据为巢穴。出套则寇宣、大、三关，以震畿辅；入套则寇延、宁、甘、固，以扰关中。深山大川，势顾在敌而不在我。封疆之臣曾无有以收复为陛下言者，盖军兴重务也，小有挫失。媒蘖踵至，鼎镬刀锯，面背森然。臣非不知兵凶战危，而枕戈汗马，切齿痛心有日矣。窃尝计之：秋高马肥，弓矢劲利，彼聚而攻，我散而守，则

彼胜；冬深水枯，马无宿稿，春寒阴雨，壤无燥土，彼势渐弱，我乘其
弊，则中国胜。臣请以锐卒六万，益以山东枪手二千，每当春夏交，
携五十日饷，水陆交进，直捣其巢。材官驲发，炮火雷激，则寇不能
支。此一劳永逸之策，万世社稷所赖也。"遂条八议以进。是时，铣
与延、宁抚臣欲西自定边营，东至黄甫川一千五百里，筑边墙御寇，
请帑金数十万，期三年毕功。疏并下兵部。部臣难之，请令诸镇文
武将吏协议。诏报曰："贼据套为中国患久矣，朕宵旰念之，边臣无
分主忧者。今铣倡恢复议甚壮，其令铣与诸镇臣悉心上方略，予修
边费二十万。"铣乃益锐。而诸巡抚延绥张问行、陕西谢兰、宁夏王
邦瑞及巡按御史盛唐以为难，久不会奏。铣怒，疏请于帝，帝为责让
诸巡抚。会问行已罢，杨守谦代之，意与铣同。铣遂合诸臣条上方
略十八事，已又献营阵八图，并优旨下廷议。

　　廷臣见上意向铣，一如铣言。帝忽出手诏谕辅臣曰："今逐套
贼，师果有名否？兵食果有余，成功可必否？一铣何足言，如生民荼
毒何。"初，铣建议时，辅臣夏言欲倚以成大功，主之甚力。及是，大
骇，请帝自裁断。帝命刊手诏，遍给与议诸臣。时严嵩方与言有隙，
欲因以倾言，乃极言套必不可复。阴诋言，故引罪乞罢，以激帝怒。
旋复显攻言，谓"向拟旨褒铣，臣皆不预闻。"兵部尚书王以旂会廷
臣覆奏，遂尽反前说，言套不可复。帝乃遣官逮铣，出以旗代之；责
科道官不言，悉杖于廷，停俸四月。帝虽怒铣，然无意杀之也。咸宁
侯仇鸾镇甘肃时，以阻挠为铣所劾，逮问。嵩故雅亲鸾。知铣所善
同邑苏纲者，言继妻父，纲与铣、言尝交关传语，乃代鸾狱中草疏，
诬铣掩败不奏，克军饷钜万，遣子淳属所亲苏纲赂当途。其言绝无
左验，而帝深入其说，立下淳、纲诏狱。给事中齐誉等见帝怒铣甚，
请早正刑章。帝责誉党奸避事，镌级调外任。及铣至，法司比拟边
帅失陷城寨者律。帝必欲依正条，当铣交结近侍律斩，妻子流二千
里，即日行刑。铣既死，言亦坐斩，而鸾出狱。

　　铣有胆略，长于用兵。岁除夜，猝命诸将出。时塞上无警，诸将
方置酒不欲行，赂铃卒求缓于铣妾。铣斩铃卒以徇。诸将不得已，

丙夜披甲行。果遇寇，击败之。翼日入贺毕，前请故。铣笑曰："见乌鹊非时噪，故知之耳。"皆大服。铣廉，既殁，家无余资。

隆庆初，给事中辛自修、御史王好问讼铣志在立功，身罹重辟，识与不识，痛悼至今。诏赠兵部尚书，谥襄愍。万历中，从御史周磐请，建祠陕西。

李珍者，故坐事失官。铣从徒中录用，复积战功至参将。铣既被诬，诏遣给事中申价等往核，因并劾珍与指挥田世威、郭震为铣爪牙，下之诏狱。连及巡抚谢兰、张问行，御史盛唐，副总兵李琦等，皆斥罚。勒淳、纲赃，恤阵亡军及居民被难者。铣尝檄府卫银三万两制车杖，亦责偿于淳。且酷刑拷珍，令其实克饷行赂事。几死，卒不承。淳用是免，珍竟论死，世威、震谪戍。其后，俺答岁入寇，帝卒不悟，辄曰："此铣欲开边，故行报复耳。"

丁汝夔，字大章，沾化人。正德十六年进士。改庶吉士。嘉靖初，授礼部主事。争"大礼"被杖，调吏部。累官山西左布政使，擢右副都御史，巡抚甘肃。历抚保定、应天。入为左副都御史。坐事调湖广参政。复以复官抚河南。历吏部左、右侍郎。

二十八年十月拜兵部尚书兼督团营。条上边务十事，皆报可。当是时，俺答岁寇边，羽书叠至。天子方斋居西内，厌兵事，而大学士严嵩窃权，边帅率以贿进，疆事大坏。其明年八月甲子，俺答犯宣府，诸将拒之不得入。汝夔即上言："寇不得志于宣府，必东趋辽、蓟。请敕诸将严为备。潮河川乃陵京门户，宜调辽东一军赴白马关，保定一军赴古北口。"从之。寇果引而东，驻大兴州，去古北口百七十里。大同总兵官仇鸾知之，率所部驰至居庸南。顺天巡抚王汝孝驻蓟州，误听谍者谓寇向西北。汝夔信之，请令鸾还大同勿东，诏俟后报。及兴州报至，命鸾壁居庸，汝孝守蓟州。未几，寇循潮河川南下至古北口，薄关城。总兵官罗希韩、卢钺不能却，汝孝师大溃。寇遂由石匣营达密云，转掠怀柔，围顺义城。闻保定兵驻城内，乃解而南，至通州。阻白河不得渡，驻河东孤山，分剽昌平、三河，犯诸帝陵，杀掠不可胜纪。

京师戒严。召各镇勤王，分遣文武大臣各九人，守京城九门，定西侯蒋传、吏部侍郎王邦瑞总督之，而以锦衣都督陆炳，礼部侍郎王用宾，给事御史各四人，巡视皇城西门。诏大小文臣知兵者，许汝夔委用。汝夔条上八事，请列正兵四营于城外四隅，奇兵九营于九门外近郊。正兵营各一万，奇兵营各六千。急遣大将二人经略通州、涿州，且释罪废诸将使立功赎罪。帝悉从之。然是时册籍皆虚数。禁军仅四五万，老弱半之，又半役内外提督大臣家不归伍，在伍者亦涕泣不敢前。从武库索甲仗，主库奄人勒常例，不时发。久之不能军。乃发居民及四方应武举诸生乘城，且大颁赏格。仇鸾与副将徐珏、游击张腾等军白河西，杨守谦与副将朱楫等军东直门外，诸路援兵亦稍集。议者率谓城内虚，城外有社兵足恃，宜移京军备内衅，汝夔亦以为然。遂量制禁军入营十王府，庆寿寺前。掌营务者成国公朱希忠恐以兵少获谴，乃东西抽掣为掩饰计。士疲不得息，出怨言，而莫晓孰为调者，早争詈汝夔。鸾兵无纪律，掠民间。帝方眷鸾，令勿捕。汝夔亦戒勿治鸾兵。民益怨怒。

寇游骑四出，去都城三十里。及辛巳，遂自通州渡河而西，前锋七百骑驻安定门外教场。明日，大营薄都城。分掠西山、黄村、沙河、大小榆河，畿甸大震。初，寇逼通州，部所遣侦卒出城不数里，道遇伤者，辄奔还妄言诳汝夔，既而言不仇，汝夔弗罪也。募他卒侦之复如前。以故寇众寡远近皆不能知。

宣府总兵官赵国忠，参将赵臣、孙时谦、袁正，游击姚冕，山西游击罗恭等，各以兵入援，营玉河诸处。诏兵部核诸镇兵数，行赏赍。勤王兵先后五六万人，皆闻变即赴，未赍糗粮。制下犒师，牛酒无所出。越二三日，援军始得数饼饵，益饥疲不任战。

帝久不视朝，军事无由面白。廷臣多以为言，帝不许。礼部尚书徐阶复固请，帝乃许。癸未，群臣昧爽入。至日晡，帝始御奉天殿，不发一词，但命阶奉敕谕至午门，集群臣切责之而已。帝怒文武臣不任事,尤怒妆囊。吏部因请起杨守礼、刘源清、史道、许论于家。汝囊不自安,请督诸将出城战,而以侍郎谢兰署部事。帝责其推委,命居中如故。寇纵横内地八日,诸军不敢发一矢。寇本无意攻城,且所掠过望,乃整辎重,从容趋白羊口而去。

方事棘,帝趣诸将战甚争。汝囊以咨嵩。嵩曰:"塞上败或可掩也。失利辇下,帝无不知,谁执其咎?寇饱自扬去耳。"汝囊因不敢主战,诸将亦益闭营,寇以此肆掠无所忌。既退,汝囊、兰及户工尚书李士翱、胡松,侍郎骆颙、孙袚皆引罪。命革士翱职,停松俸,俱戴罪办事,侍郎各停俸五月,而下汝囊狱。帝欲大行诛以惩后。汝囊窘,求救于嵩。嵩曰:"我在,必不令公死。"及见帝怒甚,竟不敢言。给事御史劾汝囊御寇无策。帝责其不早言,夺俸有差。趣具狱,怒法司奏当缓,杖都御史屠侨、刑部侍郎彭黯、大理卿沈良才各四十,降俸五等。刑科张侃等循故事覆奏,各杖五十,斥侃为民。坐汝囊守备不设,即日斩于市,枭其首,妻流三千里,子戍铁岭。汝囊临刑,始悔为嵩所卖。

方廷讯时,职方郎王尚学当从坐。汝囊曰,"罪在尚书,郎中无预",得减死论戍。比赴市,问左右:"王郎中免乎?"尚学子化适在旁,谢曰:"荷公恩,免矣。"汝囊叹曰:"汝父劝我速战,我为政府误。汝父免,我死无恨。"闻者为泣下。隆庆初,复官。

汝囊既下狱,并逮汝孝、希韩、钺。寇未尽去,官校不敢前,托言汝孝等追寇白羊口,远不可卒至。比逮至,论死。帝怒渐解,而汝孝复以首功闻,命俱减死戍边。

杨守谦,字允亨,徐州人。父志学,字逊夫,弘治六年进士。巡抚大同、宁夏,边人爱之。累官刑部尚书,卒,谥康惠。

守谦登嘉靖八年进士,授屯田主事。改职方,历郎中,练习兵计。出为陕西副使,改督学政,有声,就拜参政。未任,擢右佥都御史,巡抚山西。上言偏头、老营堡二所,余地千九百余顷,请兴举营田。因荐副使张镐为提调,牛种取给本土。帝称为忠,即报可。俄

移抚延绥。请久任镐。终其事。其后二年，营田大兴。计秋获可当
帑银十万，边关谷价减十五。守谦荐镐可大用，且言延绥安定诸边
可如例。户部请推行之九边，帝悦，命亟行之，录守谦、镐功。守谦
未去延绥，而镐已巡抚宁夏矣。

安谦至延绥，言：“激劝军士在重赏。令斩一首者升一级，不愿
者予白金三十两。赏已薄，又文移察勘，动涉岁时，以故士心不劝。
近宣、大事棘，稍加赏格，请倍增其数，镇巡官验明即给。盖增级、袭
荫，有官者利之，穷卒觊赏而已。”兵部以为然，定斩首一级者与五
十两，著为令。以前山西修边功，增俸一级，赐金币有加。请给新设
游兵月饷，发仓储贷饥卒，皆报许。

二十九年进副都御史，巡抚保定兼督紫荆诸关。去镇之日，倾
城号泣，有追送数百里外者。未几，俺答入寇，守谦率师倍道入援。
帝闻其至，甚喜，令营崇文门外。会副总兵朱楫，参将祝福、冯登亦
各以兵至，人心稍安。寇游骑散掠枯柳诸村，去京城二十里。守谦
及楫等兵移营东直门外。诏同仇鸾调度京城及各路援兵，相机战
守。

寇薄都城，诸将高秉元、徐镛等御之，不能却。帝拜鸾大将军，
进守谦兵部右侍郎，协同提督内外诸军事。鸾时自孤山还，至东直
门观望，斩死人首六级，报功。守谦孤军薄俺答营，而阵无后继，不
敢战。帝闻不悦。而尚书丁汝夔虑丧师，戒勿轻战。诸将离城远，
见守谦不战。亦坚壁，辄引汝夔及守谦为辞。流闻禁中，帝益怒。

初，寇抵安定门，诏守谦与楫等合击，莫敢前。守谦亦委无部
檄，第申儆备。寇遂毁城外庐舍。城西北隅火光烛天。内臣园宅在
焉，环泣帝前，称将帅为文臣制，故寇得至此。帝怒曰：“守谦拥众自
全，朕亲降旨趣战，何得以部檄为解。”寇退，遂执守谦与汝夔廷鞫
之。坐失误军机，即日戮于市。守谦临刑时，慨然曰：“臣以勤王反
获罪，谗贼之口实蔽圣聪。皇天后土知臣此心，死何恨。”边陲吏士
知守谦死，无不流涕者。

守谦坦易无城府，驭下多恩意。守官廉，位至开府，萧然若寒

士。然性迟重，客有劝之战者，应曰："周亚夫何人乎？"客曰："公误矣，今日何得比汉法。"守谦不纳，竟得罪。隆庆初，赠兵部尚书，谥恪愍。

商大节，字孟坚，钟祥人。嘉靖二年进士。授丰城知县。始为筑城，捕境内盗几尽。

擢兵科给事中。京察竣，复命科道互相劾，被谪盐城县丞。三迁刑部郎中，出为广东佥事。捣海南叛黎巢，增秩，赐金币。累官山东按察使。擢右佥都御史，巡抚保定兼提督紫荆诸关。虑俺答内侵，疏请重根本，护神京。居四年，召理院事，俺答果大举薄都城。诏城中居民及四方入应武举者悉登陴守，以大节率五城御史统之。发帑金五千两，命便宜募壮士。屡条上军民急务。比寇退，复命兼管民兵，经略京城内外。训练鼓舞，军容甚壮。擢右副都御史，经略如故。所募民兵已四千，请以三等授饷。上者月二石，其次递减灭五斗。帝亟从之。

仇鸾为大将军，尽统中外兵马，恶大节独为一军，不受其节制，欲困之。乃请划地分守，以京师四郊委大节。大节言："臣虽经略京城，实非有重兵专战守责者也。京城四郊利害，鸾欲专以臣当。臣节制者，止巡捕军，鸾又频调遣，奸宄猝发，谁为捍御哉？"所争甚晰，而帝方宠鸾，不欲人挠其事，责大节怀奸避难，立下诏狱。法司希旨，当大节斩。严嵩言："大节诚有罪，但法司引律非是。幸赦其死，戍极边。"亦不听。时三十年四月也。

明年八月，鸾死，大节故部曲石镗、孙九思等数百人伏阙讼冤，章再上。兵部侍郎张时彻等言："大节为逆鸾制肘，以抵于法，乞顺群情赦之。"帝怒，镌时彻二秩。明年竟卒于狱。隆庆初，复故官，赠兵部尚书，谥端愍。

王忬，字民应，太仓人。父倬，南京兵部右侍郎，以谨厚称。忬登嘉靖二十年进士，授行人，迁御史。皇太子出阁，疏以武宗居青宫为戒。又劾罢东厂太监宋兴。出视河东盐政，以疾归。已，起按湖广，复按顺天。

二十九年，俺答大举犯古北口。忬奏言潮河川有径道，一日夜可达通州。因疾驰至通为守御计，尽徙舟楫之在东岸者。夜半，寇果大至。不得渡，遂壁于河东。帝密遣中使觇军，见忬方厉士乘城。还奏，帝大喜。副都御史王仪守通州，御史姜廷颐劾其不职，忬亦言仪纵士卒虐大同军。大同军者，仇鸾兵也。帝立命逮仪，而超擢忬右佥都御史代之。寇退，忬请赈难民，筑京师外郭，修通州城，筑张家湾大小二堡，置沿河敌台。皆报可。寻罢通州、易州守御大臣，召忬还。

三十一年出抚山东。甫三月，以浙江倭寇亟，命忬提督军务，巡视浙江及福、兴、漳、泉四府。先后上方略十二事，任参将俞大猷、汤克宽，又奏释参将尹凤、卢镗系。贼犯温州，克宽破之。其据昌国卫者，为大猷击退。而贼首汪直复纠岛倭及漳、泉群盗连巨舰百余蔽海至，滨海数千里同告警。上海及南汇、吴淞、乍浦、崇屿诸所皆陷，苏、松、宁、绍诸卫所州县被焚掠者二十余。留内地三月，饱而去。忬乃言将士逐毁其船五十余艘。于是先所夺文武将吏俸，皆得复。寻以给事王国祯言，改巡抚。忬方视师闽中，贼复大至，犯浙江，卢镗等频失利。御史赵炳然劾其罪，帝特宥忬，忬因请筑嘉善、崇德、桐乡、德清、慈溪、奉化、象山城，而恤被寇诸府。

时已遣尚书张经总督诸军。大同适中寇，督抚苏祐、侯钺俱被逮，乃进忬右副都御史，巡抚大同。秋防事竣，就加兵部右侍郎。蓟辽总督杨博还朝，即移忬代之。寻进右都御史。忬言："骑兵利平地，步兵利险阻。今蓟镇划地守，请去他郡防秋马兵八千，易之以步，岁省银五万六千余两。"从之。打来孙十余万骑深入广宁诸处，总兵官殷尚质等战殁。忬停俸三月。未几，打来孙复以十万骑屯青城，分遣精骑犯一片石、三道关。总兵官欧阳安拒却之。事闻，赉银币。把都儿等犯迁安，副总兵蒋承勋战死。降忬兵部侍郎，留任。

初，帝器忬才，甚眷之。及所部屡失事，则以为不足办寇，谕严嵩与兵部计防守之宜。嵩奏流河口边墙有缺,故寇乘之入,宜大修边墙。且令忬选补额兵,操练战守,不得专恃他镇援兵。部条六事,如嵩指。帝乃下诏责忬,赦其罪,实主兵,减客兵,如议。于是练兵之议起。时寇别部入沈阳,有乡兵金仲良者擒其长讨赖。忬赍银币,官仲良三级。防秋毕,复忬官。寻复用沈阳却寇功,荫一子。已而寇复入辽阳,副总兵王重禄败绩。御史周斯盛以闻。帝置忬不问,治他将吏如律。

　　初,帝从杨博言,命蓟镇入卫兵听宣大调遣。忬言:"古北诸口无险可守,独恃入卫卒护陵京,奈何听调发。"帝怒曰:"曩令蓟镇练兵,今一卒不练,遇防秋辄调他镇兵,兵部详议以闻。"部臣言:"蓟镇额兵多缺,宜察补。"乃遣郎中唐顺之往核。还奏额兵九万有奇,今惟五万七千,双皆羸老。忬与总兵官安、巡抚马珮及诸将袁正等,俱宜按治。乃降忬俸二级。帝因问嵩:"边兵入卫,旧制乎?嵩曰:"祖宗时无调边兵入内地者。正德中刘六猖獗,始调许泰、隙永领边兵讨贼。庚戌之变,仇鸾选边兵十八支护陵京,未用以守蓟镇。至何栋始借二支防守,忬始尽调边兵守要害,去岁又征全辽士马入关,致寇乘虚入犯,辽左一空。若年复一年,调发不已,岂惟麋饷,更有他忧。"帝由是恶忬甚。逾月,寇犯清河,总兵官杨照御之,斩首八百余级。越四日,土蛮十万骑薄界岭口。副将马芳拒却之。明日,敌骑二百奔还,芳及安俘斩四十级。忬犹被责。

　　三十八年二月,把都儿、辛爱数部屯会州,挟朵颜为向导,将西入,声言东。忬遽引兵东。寇乃以其间由潘家口入,渡滦河而西,大掠遵化、迁安、蓟州、玉田,驻内地五日,京师大震。御史王渐、方辂遂劾忬、安及巡抚王轮罪。帝大怒,斥安,贬轮于外,切责忬,令停俸自效。至五月,辂复劾忬失策者三,可罪者四,遂命逮忬及中军游击张伦下诏狱。刑部论忬戍边,帝手批曰:"诸将皆暂,主军令者顾得附轻典耶?"改论斩。明年冬竟死西市。

　　忬才本通敏。其骤拜都御史,及屡更督抚也。皆帝特简,所建请无不从。为总督数以败闻,由是渐失宠。既有言不练主兵者,益大恚，谓："忤怠事，负我。"嵩雅不悦忤。而忤子世贞复用口语积失欢于嵩子世蕃。严氏客又数以世贞家琐事构于嵩父子。杨继盛之死，世贞又经纪其丧，嵩父子大恨。滦河变闻。遂得行其计。穆宗即位，世贞与弟世懋伏阙讼冤。复故官，予恤。

杨选，字以公，章丘人。嘉靖二十三年进士。授行人。擢御史，迁易州兵备副使。俺答围大同右卫，巡抚朱笈被逮，超拜选右佥都御史代之。与侍郎江东、总兵官张承勋解其围。忧归，再起，仍故职。

四十年擢总督蓟辽副都御史。条上封疆极弊十五事，多从其请，以居庸岔道却敌功，进兵部右侍郎。

明年五月，古北口守将遣哨卒出塞，朵颜卫掠其四人。部长通汉叩关索赏，副总兵胡镇执之。并缚其党十余人。通汉子惧，拥所执哨卒至墙下，请易其父。通汉者，辛爱妻义父也。选欲以牵制辛爱，要其子入质，乃遣还父。自是诸子迭为质，半岁而代。选驰疏以闻，自诩方略。选及巡抚徐绅等俱受赏。

十月丁卯，辛爱与把都儿等大举自墙子岭、磨刀峪溃墙入犯，京师戒严。帝大惊，谕阁臣徐阶曰："朕东见火光，此贼去京不远，其令兵部谕诸军并力剿逐。"明日，选以寇东遁闻，为将士祈赏。帝疑，以问阶。对曰："寇营尚在平谷，选等往通州矣，谓追杀者，妄也。"帝衔之。寇稍东，大掠三河、顺义，围诸将傅津等于郑官屯。选遣副将胡镇偕总兵官孙膑、游击赵溱击之。膑、溱战殁，镇力战得脱。寇留内地八日不退。给事中李瑜遂劾选、绅与副使卢镒，参将冯诏、胡粲，游击严瞻等。俱逮下诏狱。又二日，寇始北去，京师解严。

初，谍者言寇将窥墙子岭，部檄严待之，而三卫为寇导者绐选赴潘家口。寇已入，选、绅惧得罪，径趋都城，屯东直门外，旋还通州。及遣镇等御，又不胜。内侍家蓟西者，哗言通汉父子实召寇。帝入其言，益怒。法司坐选、绅、诏守备不设律斩，镒等戍。帝谕锦衣朱希孝坐以纵通汉勾贼罪，复下选诏狱。选不承，止承质通汉父子事，且言事已上闻。希孝录其语上，刑部如帝指论选死。即戮于市，枭其首示边，妻子流二千里。绅论死系狱，诏及镒等戍边。帝虽怒选甚，但欲诛其身，法司乃并坐其妻子。隆庆初，始释还。

赞曰：世宗威柄自操，用重典以绳臣下，而弄权者借以行其私。于是阘冗废职之徒事败伏辜，而出力任事之臣亦中危法受戮，边臣不得自展布，而武备隳矣。陈九畴、翟鹏、孙继鲁、曾铣皆可用之才，或谪或死，不以其罪。铣复套之议甚伟。然权臣当轴，而敌势方强，虽颇、牧乌能有为。丁汝夔之戮，于法诚不为过。然戎律之弛，有由来矣，而汝夔独蒙其咎。王忬、杨选于边备甚疏，宜不免云。

明史卷二〇五
列传第九三

朱纨　　张经　　李天宠　周琉　杨宜

彭黯等　　胡宗宪　　阮鹗　宗礼

曹邦辅　任环　吴成器　　李遂

弟逢　进　　唐顺之　子鹤徵

　　朱纨，字子纯，长洲人。正德十六年进士。除景州知府，调开州。嘉靖初，迁南京刑部员外郎。历四川兵备总使。与副总兵何卿共平深沟诸砦番。五迁至广东左布政使。二十五年擢右副都御史，巡抚南、赣。明年七月，倭寇起，改提督浙、闽海防军务，巡抚浙江。

　　初，明祖定制，片板不许入海。承平久，奸民阑出入，勾倭人及佛郎机诸国入互市。闽人李光头、歙人许栋踞宁波之双屿为之主，司其质契。势家护持之，漳、泉为多，或与通婚姻。假济渡为名，造双桅大船，运载违禁物，将吏不敢诘也。或负其直，栋等即诱之攻剽。负直者胁将吏捕逐之，泄师期令去，期他日偿。他日至，负如初。倭大怨恨，益与栋等合。而浙、闽海防久隳，战船、哨船十存一二，漳、泉巡检司弓兵，旧额二千五百余，仅存千人。倭剽掠辄得志，益无所忌，来者接踵。

　　纨巡海道，采金事项高及士民言，谓不革渡船，则海道不可清，不严保甲，则海防不可复。上疏具列其状。于是革渡船，严保甲，搜捕奸民。闽人资衣食于海，骤失重利，虽士大夫家亦不便也。欲沮坏之。纨讨平覆鼎山贼。明年将进攻双屿，使副使柯乔、都指挥黎秀分驻漳、泉、福宁，遏贼奔逸，使都司卢镗将福清兵由海门进。而日本贡使周良违旧约，以六百人先期至。纨奉诏便宜处分。度不可却，乃要良自请，后不为例。录其船，延良入宁波宾馆。奸民投书激变，纨防范密，计不得行。夏四月，镗遇贼于九山洋，俘日本国人稽天，许栋亦就擒，栋党汪直等收余众遁，镗筑塞双屿而还。番舶后至者不得入，分泊南麂、礁门、青山、下八诸岛。

势家既失利，则宣言被擒者皆良民，非贼党，用摇惑人心。又挟制有司，以胁从被掳予轻比，重者引强盗拒捕律。纨上疏曰："今海禁分明，不知何由被掳，何由胁从。若以入番导寇为强盗，海洋敌对为拒捕，臣之愚暗，实所未解。"遂以便宜行戮。

纨报法既坚，势家皆惧。贡使周良安插已定，闽人林懋和为主客司，宣言宜发回其使。纨以中国制驭诸番，宜守大信，疏争之强。且曰："去外国盗易，去中国盗难。去中国濒海之盗犹易，去中国衣冠之盗尤难。"闽、浙人益恨之，竟勒周良还泊海屿，以俟贡期。吏部用御史闽人周亮及给事中叶镗言，奏改纨巡视，以杀其权。纨愤，又明年春上疏言："臣整顿海防，稍有次第，亮欲侵削臣权，致属吏不肯用命。"既又陈明国是、正宪体、定纪纲、扼要害、除祸本、重断决六事，语多愤激。中朝士大夫先入浙、闽人言，亦有不悦纨者矣。

纨前讨温、盘、南麂诸贼，连战三月，大破之，还平处州矿盗。其年三月，佛郎机国人行劫至诏安。纨击擒其渠李光头等九十六人，复以便宜戮之。具状闻，语复侵诸势家。御史陈九德遂劾纨擅杀。落纨职，命兵科都给事杜汝祯按问。纨闻之。慷慨流涕曰："吾贫且病，又负气，不任对簿。纵天子不欲死我，闽、浙人必杀我。吾死，自决之，不须人也。"制圹志，作俟命词，仰药死。二十九年，给事汝祯、巡按御史陈宗夔还，称奸民鬻贩拒捕，无僭号流劫事，坐纨擅杀。诏逮纨，纨已前死。柯乔、卢镗等并论重辟。

纨清强峭直，勇于任事。欲为国杜乱源，乃为势家构陷，朝野太

息。自纨死，罢巡视大臣不设，中外摇手不敢言海禁事。浙中卫所
四十一，战船四百三十九，尺籍尽耗。纨招福清捕盗船四十余，分布
海道，在台州海门卫者十有四，为黄岩外障。副使丁湛尽散遣之，撤
备弛禁。未几，海寇大作，毒东南者十余年。

　　张经，字廷彝，侯官人。初冒蔡姓，久之乃复。正德十二年进士。
除嘉兴知县。嘉靖四年召为吏科给事中，历户科都给事中，数有论
劾，言官指为张桂党，吏部言经行修，不问。擢太仆少卿，历右副都
御史，协理院事。

　　十六年进兵部右侍郎，总督两广军务。断藤峡贼侯公丁据弩滩
为乱。经与御史邹尧臣等定计，以军事属副使翁万达，诱执公丁。参
议田汝成请乘势进讨。命副总兵张经将三万五千人为左军，万达监
之。指挥王良辅等六将分六道会南宁，都指挥高乾将万六千人为右
军，副使梁廷振监之，指挥马文杰等四将分四道会宾州，抵贼巢夹
击。贼奔林峒而东。良辅等邀之，贼中断，复西奔，斩首千二百级。
其东者遁入罗运山，万达等移师攻之。檄右军沿江而东，绕出其背。
贼刊巨木塞隘口，布蒺藜竹签，伏机弩毒镖，悬石树梢，急则撼其
树，石皆坠，官军并以计破之。右军愆期，田州土酋卢受乃纵贼去。
俘其众四百五十，招降者二千九百又奇。土人言，祖父居罗运八世
矣，未闻官军涉兹土也。捷闻，进经左侍郎，加秩一级。

　　寻与毛伯温定计，抚定安南，再进右都御史。平思恩九土司及
琼州黎，进兵部尚书。副使张瑶等讨马平瑶屡败，帝罪瑶等而宥经。
给事中周怡劾经，经乞罢，不允。以忧归。服阕，起三边总督。给事
中刘起宗言经在两广克饷银，寝前命。

　　三十二年，起南京户部尚书，就改兵部。明年五月，朝议以倭寇
猖獗，设总督大臣。命经不解部务，总督江南、江北、浙江、山东、福
建、湖广诸军，便宜行事。经征两广狼土兵听用。其年十一月，用兵
科言改经右都御史，兼兵部右侍郎，专办讨贼。倭二万余据柘林川
沙洼，其党方踵至。经日选将练兵，为捣巢计。以江、浙、山东兵屡

败，欲俟狼土兵至用之。明年三月，田州瓦氏兵先至，欲速战，经不可。东兰诸兵继至。经以瓦氏兵隶总兵官俞大猷，以东兰、那地、南丹兵隶游击邹继芳，以归顺及思恩、东莞兵隶参将汤克宽，分屯金山卫、闵港、乍浦，掎贼三面，以待永顺、保靖兵之集。会侍郎赵文华以祭海至，与浙江巡按胡宗宪比，屡趣经进兵。经曰：“贼狡且众，待永、保兵至夹攻，庶万全。”文华再三言，经守便宜不听。文华密疏经糜饷殃民，畏贼失机，欲俟倭饱扬，剿余寇报功，宜亟治，以纾东南大祸。帝问严嵩，嵩对如文华指，且谓苏、松人怨经。帝怒，即下诏逮经。三十四年五月也。

方文华拜疏，永、保兵已至，其日即有石塘湾之捷。至五月朔，倭突嘉兴，经遣参将卢镗督保靖兵援，以大猷督永顺兵由泖湖趋平望，以克宽引舟师由中路击之，合战于王江泾，斩贼首一千九百余级，焚溺死者甚众。自军兴来称战功第一。给事中李用敬、阎望云等言：“王师大捷，倭夺气，不宜易帅。”帝大怒曰：“经欺诞不忠，闻文华劾，方一战。用敬等党奸。”杖于廷，人五十，斥为民。已而帝疑之，以问嵩。嵩言：“徐阶、李本江、浙人，皆言经养寇不战。文华、宗宪合谋进剿，经冒以为功。”因极言二人忠。帝深入其言。经既至，备言进兵始末，且言：“任总督半载，前后俘斩五千，乞赐原宥。”帝终不纳，论死系狱。其年十月，与巡抚李天宠俱斩。天下冤之。

天宠，孟津人。由御史迁徐州兵备副使，却倭通州、如皋。三十三年六月擢右佥都御史，代王忬巡抚浙江。倭掠绍兴，歼焉，赍银币。顷之，贼犯嘉善，围嘉兴，劫秀水、归安，副使陈宗夔战不利，百户赖荣华中炮死，嘉善知县邓植弃城走。入城大掠。贼复陷崇德，攻德清，杀裨将梁鄂等，文华谤天宠嗜酒废事，帝遂除天宠名，而擢宗宪以代。未几，御史叶恩以倭躏北新关，劾天宠，宗宪亦言其纵寇，帝怒，逮下狱，遂与经同日死。

代经者应城周珫、衡水杨宜。节制不行，狼土兵肆焚掠。东南民既苦倭，复苦兵矣。隆庆初，复经官，谥襄愍。

琬为户科给事中,坐谏世宗南幸,谪镇远典史。累官右佥都御史,巡抚苏、松诸府。疏陈御倭有十难,有三策。经既得祸,即擢琬兵部右侍郎代之,无所展。会宗宪已代天宠,因欲夺琬位。文华遂劾琬,荐宗宪。帝为夺琬俸,寻勒为民。琬在官仅三十有四日,而杨宜代。

宜抚河南,平剧贼师尚诏。迁南京户部右侍郎,未几代琬。时倭势犹盛。宜为总督,而文华督察军务,威出宜上。易置文武大吏,惟其爱憎。宜惩经、天宠祸,曲意奉之。文华视之蔑如也。倭据陶宅,官军久无功,文华遂劾宜。宜以狼兵徒剽掠不可用,请募江、浙义勇,山东箭手,益调江、浙、福建、湖广漕卒,河南毛兵。比客兵大集,宜不能驭。川兵与山东兵私斗,几杀参将。酉阳兵溃于高桥,夺舟径归苏州。明年正月,文华还朝,请罢宜,以宗宪代。会御史邵惟中上失事状,遂夺宜职住。宜在事仅逾半岁,以谄事文华,故得祸轻。

倭之蹂苏、松也,起嘉靖三十二年,迄三十九年,其间为巡抚者十人。安福彭黯,迁南京工部尚书。畏贼,不俟代去,下狱除名。黄冈方任、上虞陈洙皆未抵任。任丁忧,洙以才不足任别用。而代以鄞人屠大山,使提督军务。苏、松巡抚之兼督军务,自大山始。阅半岁,以疾免。寻坐失事下诏狱,为民。继之者琬。继琬者曹邦辅。以文华谮,下诏狱,谪戍。次眉州张景贤,以考察夺职。次周至赵忻,坐金山军变,下狱贬官。次江陵陈锭,数月罢去。次翁大立。当大立时,倭患已息,而坐恶少年鼓噪为乱,竟罢职。无一不得罪去者。

胡宗宪,字汝贞,绩溪人。嘉靖十七年进士。历知益都、余姚二县。擢御史,巡按宣、大。诏徙大同左卫军于阳和、独石,卒聚而哗。宗宪单骑慰谕,许勿徙,乃定。

三十三年出按浙江。时歙人汪直据五岛煽诸倭入寇,而徐海、陈东、麻叶等巢柘林、乍浦、川沙洼,日扰郡邑。帝命张经为总督,李天宠抚浙江,又命侍郎赵文华督察军务。文华恃严嵩内援,恣甚。

经、天宠不附也,独宗宪附之。文华大悦,因相与力排二人。倭寇嘉兴,宗宪中以毒酒,死数百人。及经破王江泾,宗宪与有力。文华尽掩经功归宗宪,经遂得罪。寻又陷天宠,即超擢宗宪右佥都御史代之。

时柘林诸倭移屯陶宅,势稍杀。会苏、松巡抚曹邦辅歼倭浒墅,文华欲攘功不得,大恨,遂进剿陶宅残寇。宗宪与共,将锐卒四千,营砖桥,约邦辅夹击。倭殊死战,宗宪兵死者千余。文华令副使刘焘攻之,复大败。而倭犯浙东诸州县,杀文武吏甚众。宗宪乃与文华定招抚计。文华还朝,盛毁总督杨宜,而荐宗宪,遂以为兵部右侍郎代宜。

初,宗宪令客蒋洲、陈可愿谕日本国王,遇汪直养子澂于五岛,邀使见直。直初诱倭入犯,倭大获利,各岛由此日至。既而多杀伤,有全岛无一归者,死者家怨直。直乃与澂及叶碧川、王清溪、谢和等据五岛自保。岛人呼为老船主。宗宪与直同乡里,欲招致之。释直母妻于金华狱,资给甚厚。洲等谕宗宪指。直心动,又知母妻无恙,大喜曰:“俞大猷绝我归路,故至此。若贷罪许市,吾亦欲归耳。但日本国王已死,各岛不相摄,须次第谕之。”因留洲而遣澂等护可愿归。宗宪厚遇澂,令立功。澂遂破倭舟山,再破之列表,宗宪请于朝,赐澂等金币,纵之归。澂大喜,以徐海入犯来告。亡何,海果引大隅、萨摩二岛倭分掠瓜洲、上海、慈溪,自引万余人攻乍浦,陈东、麻叶与俱。宗宪壁塘栖,与巡抚阮鹗相犄角。会海趋皂林,鹗遣游击宗礼击海于崇德三里桥,三战三捷,既而败死,鹗走桐乡。

礼,常熟人,由世千户历署都督佥事。骁健敢战。练卒三千连破倭,至是败殁。赠都督同知,谥忠壮,赐祠皂林。

鹗既入桐乡,贼乘胜围之。宗宪计曰:“与鹗俱陷无益也。”遂还杭州,遣指挥夏正等持檄书要海降。海惊曰:“老船主亦降乎?”时海病创,意颇动,因曰:“兵三路进,不由我一人也。”正曰:“陈东已他有约,所虑独公耳。”海遂疑东。而东知海营有宗宪使者,大惊,由是有隙。正乘间说下海。海遣使来谢,索财物,宗宪报如其请。海乃归俘二百人，解桐乡围。有留攻一日，亦去，复巢乍浦。鹗知不能挡海，乃东渡钱塘御他贼。

　　初，海入犯，焚其舟，示士卒无还心。至是，宗宪使人语海曰："若已内附，而吴淞江方有贼，何不击之以立功，且掠其舸，为缓急计。"海以为然，逆击之朱泾，斩三十余级。宗宪令大猷潜焚其舟。海心怖，以弟洪来质，献所戴飞鱼冠、竖甲、名剑及它玩好。宗宪因厚遇洪，谕海缚陈东、麻叶，许以世爵。海果缚叶以献。宗宪解其缚，令以书致东图海，而阴泄其书于海。海怒。海妾受宗宪赂，亦说海。于是海复以计缚东来献，帅其众五百人去乍浦，别营梁庄。官军焚乍浦巢，斩首三百余级，焚溺死称是。海遂刻日请降，先期猝至，留甲士平湖城外，率酋长百余，胄而入。文华等惧，欲勿许，宗宪强许之。海叩首伏罪，宗宪摩海顶，慰谕之。海自择沈庄屯其众。沈庄者东西各一，以河为堑。宗宪居海东庄。以西庄处东党。令东致书其党曰："督府檄海，夕擒若属矣。"东党惧，乘夜将攻海。海挟两妾走，间道中槊。明日，官军围之，海投水死。会卢镗亦擒辛五郎至。辛五郎者，大隅岛主弟也。遂俘洪、东、叶、五郎及海首献京师。帝大悦，行告庙礼，加宗宪右都御史，赐金币加等，海余尝奔舟山。宗宪令俞大猷雪夜焚其栅，尽死。两浙倭渐平。

　　三十六年正月，阮鹗改抚福建，即命宗宪兼浙江巡抚事。蒋洲在倭中，谕山口、丰后二岛主源义长、源义镇还被掠人口，具方物入贡。宗宪以闻。诏厚赉其使，遣还。至十月，复遣夷目善妙等随汪直来市，至岑港泊焉。浙人闻直以倭船至，大惊。巡按御史王本固亦言不便，朝臣谓宗宪且酿东南大祸。直遣激诘宗宪曰："我等奉诏来，将息兵安境。谓宜使者远迎，宴犒交至。今盛陈军容，禁舟楫往来，公绐我耶？"宗宪解谕至再，直不信。乃令其子以书招之，直曰："儿何愚也。汝父在，厚汝。父来，阖门死矣。"因要一贯官为质。宗宪立遣夏正偕激往。宗宪尝预为赦直疏，引激入卧内，阴窥之。激语直，疑稍解，乃偕碧川、清溪入谒。宗宪慰藉之甚至，令至杭见本固。本固下直等于狱。宗宪疏请曲贷直死，俾戍海上，系番夷心。本固争之强，而外议疑宗宪纳贼赂。宗宪惧，易词以闻。直论死，碧川、清溪戍边。激与谢和遂支解夏正，栅舟山，阻岑港而守。官军四面围之，贼死斗，多陷殁者。

　　至明年春，新倭复大至。严旨责宗宪，宗宪惧得罪，上疏陈战功，谓贼可指日灭。所司论其欺诞。帝怒，尽夺诸将大猷等职，切让宗宪，令克期平贼。时赵文华已得罪死，宗宪失内援，见寇患未已，思自媚于上，会得白鹿于舟山献之。帝大悦，行告庙礼，厚赉银币。未几，复以白鹿献。帝益大喜，告谢玄极宝殿及太庙，百官称贺，加宗宪秩。既而岑港之贼徙巢柯梅，官军屡攻不能克。御史李瑚劾宗宪诱汪直启衅。本固及给事中刘尧诲亦劾其老师纵寇，请追夺功赏。帝命廷议之，咸言宗宪功多，宜勿罢。帝嘉其擒直功，令居职如故。

　　贼之徙柯梅也，造巨舰为遁计。及舰成，宗宪利其去，不击。贼扬帆泊浯屿，纵掠闽海州县。闽人大噪，谓宗宪嫁祸。御史瑚再劾宗宪三大罪。瑚与大猷皆闽人，宗宪疑大猷漏言，劾大猷不力击，大猷遂被逮。

　　当是时，江北、福建、广东皆中倭。宗宪虽尽督东南数十府，道远，但遥领而已，不能遍经划。然小胜，辄论功受赉无虚月。即败衄，不与其罪。三十八年，贼大掠温、台，别部复寇滨海诸县。给事中罗嘉宾、御史庞尚鹏奉诏勘之。言宗宪养寇，当置重典，帝不问。明年，论平汪直功，加太子太保。

　　宗宪多权术，喜功名。因文华结严嵩父子，岁遗金帛子女珍奇淫巧无数。文华死，宗宪结嵩益厚，威权震东南。性善宾客，招致东南士大夫预谋议，名用是起。至技术杂流，豢养皆有恩，能得其力。然创编提均徭之法，加赋额外，民为困敝，而所侵官帑、敛富人财物亦不赀。嘉宾、尚鹏还，上宗宪侵帑状，计三万三千，他册籍沉灭。宗宪自辩，言："臣为国除贼，用间用饵，非小惠不成大谋。"帝以为然，更慰谕之。寻上疏，请得节制巡抚及操江都御史如三边故事。帝即晋兵部尚书，如其请。复献白龟二、五色芝五。帝为谢玄告庙如前，赉宗宪加等。

明年，江西盗起，又兼制江西。未至，总兵官戚继光已平贼。九月奏言："贼屡犯宁、台、温，我师前后俘斩一千四百有奇，贼悉荡平。"帝悦，加少保。两广平巨盗张琏，亦论宗宪功。时嵩已败，大学士徐阶曰："两广平贼，浙何与焉？"仅赐银币。未几，南京给事中陆凤仪劾其党严嵩及奸欺贪淫十大罪，得旨逮问。及宗宪至，帝曰："宗宪非嵩党。朕拔用八九年，人无言者。自累献祥瑞，为群邪所疾。且初议获直予五等封，今若加罪，后谁为我任事者。其释令闲住。"

久之，以万寿节献秘术十四，帝大悦，将复用矣。会御史汪汝正籍罗龙文家，上宗宪手书，乃被劾时自拟旨授龙文以达世蕃者，遂逮下狱。宗宪自叙平贼功，言以献瑞得罪言官，且讦汝正受赃事。帝终怜之，并下汝正狱。宗宪竟瘐死，汝正得释。万历初，复官，谥襄懋。

阮鹗者，桐城人，官浙江提学副使。时倭薄杭州，乡民避难入城者，有司拒不许入。鹗手剑开门纳之，全活甚众。以附文华、宗宪得超擢右佥都御史，代宗宪巡抚浙江。又以文华言，特设福建巡抚，即以命鹗。初在浙不主抚，自桐乡被围，惧甚。寇犯福州，赂以罗绮、金花及库银数万。又遗巨舰六艘，俾载以走。不能措一筹，而敛括民财动千万计，帷帝盘盂率以锦绮金银为之。御史宋仪望等交章劾，逮下刑部。严嵩为属法司，仅黜为民，所侵饷数，浮于宗宪。追还之官。

曹邦辅，字子忠，定陶人。嘉靖十一年进士。历知元城、南和，以廉干称。擢御史，巡视河东盐政。巡按陕西，劾总督张珩等冒功，皆谪戍。出为湖广副使，补河南。

柘城贼师尚诏反，陷归德。检校董纶率民兵巷战，手刃数贼，与其妻贾氏俱死之。又陷柘城，劫举人陈闻诗为帅。不听，斩从者胁之。闻诗绐曰："必欲我行，毋杀人，毋纵火。"贼许诺，拥上马，不食三日，至鹿邑自缢。贼围太康，都指挥尚允绍与战鄢陵，败绩。允绍复击贼于霍山，贼围之，兵无敢进。邦辅斩最后者，士卒竞进。贼大溃，擒斩六百余人。尚诏走莘县，被擒。贼起四十余日，破府一，县八，杀戮十余万。邦辅亟战，歼之。诏赉银币，擢山西右参政，迁浙江按察使。

三十四年拜右佥都御史，巡抚应天。倭聚柘林。其党自绍兴窜，转掠杭、严、徽、宁、太平，遂犯南京，破溧水，抵宜兴。为官军所迫，奔浒野。副总兵俞大猷、副使任环数邀击之，而柘林余贼已进据陶宅。邦辅督副使王崇古围之，佥事董邦政、把总娄宇协剿。贼走太湖，追及之，尽歼其众。副将何卿师溃，邦辅援之。以火器破贼舟，前后俘斩六百余人。侍郎赵文华欲攘其功，邦辅捷书先奏，文华大恨。既而与浙江巡按御史胡宗宪会邦辅攻陶宅贼，诸营皆溃。贼退，邦辅进攻之，复败，坐夺俸。文华奏邦辅避难击易，致师后期，总督杨宜亦奏邦辅故违节制。给事中夏栻、孙濬争之，得无罪。文华还京，奏余贼且尽，而巡按御史周如斗又奏失事状，帝颇疑文华。文华因言："贼易灭，督抚非人，致败。臣昔论邦辅，栻、濬遂媒孽臣。东南涂炭何时解。"乃逮系邦辅，谪戍朔州。

隆庆元年，杨博为吏部，起邦辅左副都御史，协理院事。进兵部右侍郎，理戎政。寻以左侍郎兼右佥都御史，总督蓟、辽、保定军务。言修治边墙非上策，宜急练兵；兵练而后边事可议。以给事中张卤言，召为右都御史，掌院事。帝以京营事重，更协理为阅视，令付大臣知兵者，遂以左都御史召还，任之。已，从恭顺侯吴继爵言，复改阅视为提督。

未几，转南京户部尚书。奏督仓主事张振选不奉约束。吏部因言："往昔执政喜人悦己，属吏恃为奥援，构陷堂上官，至屈体降意，倒置名分。在外巡按御史亦曲庇进士推知，监司贤不肖出其口吻。害政无甚于此。"穆宗深然其言，为黜振选，饬内外诸司，然迄不能变。

邦辅累乞骸骨，不听。万历元年给由赴阙，复以病求去，且言辛爱有窥觊志,宜慎防之。遂致仕去。居三年,卒,赠太子少保。

邦辅廉峻。自吴中被逮时,有司上所储俸钱,挥之去。历官四十年,家无余赀。抚、按奏其状,诏遣右评事刘叔龙为营坟墓。

任环,字应乾,长治人。嘉靖二十三年进士。历知黄平、沙河、滑县,并有能名。迁苏州同知。倭患起,长吏不娴兵革。环性慷慨,独以身任之。三十二年闰三月御贼宝山洋,小校张治战死。环奋前搏贼,相持数日,贼遁去。寻犯太仓,环驰赴之。尝遇贼,短兵接,身被三创,几殆。宰夫捍环出,死之,贼亦引去。已而复至,裹疮出海击之。怒涛作,操舟者失色。环意气弥厉,竟败贼,俘斩百余。复连战阴沙、宝山、南沙,皆捷。擢按察佥事,事饬苏、松二府兵备。倭剽掠厌,悉归,惟南沙三百人舟坏不能去,环与总兵官汤克宽列兵守之。数月,贼大至,与旧倭合,掠华亭、上海。环等被劾,得宥。逾年,贼犯苏州。城闭,乡民绕城号。环尽纳之,全活数万计。副将解明道击退贼,论前后功,进环右参政。贼掠常熟,环率知县王铁破其巢,焚舟二十七,未几。贼掠陆泾坝,都督周于德败绩。环偕总兵官俞大猷击败之,焚舟三十余。贼犯吴江,环、大猷击败之莺脰湖,贼奔嘉兴。顷。三板沙贼夺民舟出海,环、大猷击败之马迹山。其别部屯嘉定者,火𤏡之,尽死。论功,荫一子副千户。母忧,夺哀。贼屯新场,环与都司李经等率永顺、保靖兵攻之。中伏,保靖土舍彭翅等皆死,环停俸戴罪。贼平,乞终制,许之。逾二年卒,年四十,给事中徐师曾颂其功,诏赠光禄卿,再荫一子副千户,建祠苏州,春秋致祭。

环在行间,与士卒同寝食,所得赐予悉分给之。军事急,终夜露宿,或数日绝餐。尝书姓名于肢体曰:“战死,分也。先人遗体,他日或收葬。”将士皆感激,故所向有功。

时休宁吴成器由小吏为会稽典史。倭三百余劫会稽,为官军所逐,走登龛山。成器遮击,尽殪之。未几,又破贼曹娥江,擢浙江布政司经历。遭丧，总督胡宗宪奏留之。擢绍兴通判。论功，进秩二级。成器与贼大小数十战皆捷。身先士卒，进止有方略，所部无秋毫犯。士民率于其战处立祠祀之。

李遂，字邦良，丰城人。弱冠，从欧阳德学。登嘉靖五年进士，授行人。历刑部郎中。锦衣卫送盗十三人，遂惟抵一人罪，余皆辨释。东宫建，赦天下，遂请列"大礼"大狱诸臣于赦令中，尚书聂贤惧不敢，乃与同官卢蕙请于都御史王廷相，从之。事虽报罢，议者嘉焉。

俄调礼部，忤尚书夏言。因事劾之，下诏狱，谪湖州同知。三迁衢州知府，擢苏、松兵备副使。屡迁广东按察使。释囚八百余人。进山东右布政使。江洋多盗，遂迁右佥都御史提督操江。军政明，盗不敢发。俺答犯京师，召遂督苏州军饷。未谢恩，请关防符验用新衔。帝怒，削其籍。

三十六年，倭扰江北。廷议以督漕都御史兼理巡抚不暇办寇，请特设巡抚，乃命遂以故官抚凤阳四府，时淮、扬三中倭，岁复大水，且日役民辇大木输京师，遂请饷增兵，恤民节用，次第划战守计。

三十八年四月，倭数百艘寇海门。遂语诸将曰："贼趋如皋，其众必合。合则侵犯之路有三。由泰州逼天长、凤、泗，陵寝惊矣。由黄桥逼瓜、仪，以摇南都，运道梗矣。若从富安沿海东至庙湾，则绝地也。"乃命副使刘景韶、游击丘升扼如皋，而身驰泰州挡其冲。时贼势甚盛，副将邓城御之败绩，指挥张谷死焉。贼知如皋有备，将犯泰州，遂急檄景韶、升遏贼。连战丁堰、海安、通州，皆捷。贼沿海东掠，遂喜曰："贼无能为矣。"令景韶、升尾之，而致贼于庙弯，复虑贼突淮安，乃夜半驰入城。贼寻至，遂督参将曹克新等御之姚家荡。通政唐顺之、副总兵刘显来援，贼大败走，以余众保庙湾。景韶亦败贼印庄，追奔至新河口，焚斩甚众。庙湾贼据险不出，攻之月余不克。遂令景韶塞堑、夷木压垒陈，火焚其舟，贼乘夜雨潜遁。官军据其巢,追奔至鰕子港,江北倭悉平。帝大喜,玺书奖励。

贼驻崇明三沙者,将犯扬州。景韶战连胜,围之刘庄,会刘显来援,遂檄诸军尽属显。攻破其巢,追奔白驹场,贼尽殄。时遂已迁南京部侍郎。论功,予一子官,赍银币,御史陈志勤上遂平倭功,前后二十余战,斩获三千八百有奇。再予一子世千户,增俸二级。

莅南京甫数月,振武营军变。振武营者,尚书张鏊募键儿以御倭。素骄悍。旧制,南军有妻者,月粮米一石,无者,减其四;春秋二仲月,米石折银五钱。马坤掌南户部,奏减折色之一,督储侍郎黄懋官又奏革募补者妻粮,诸军大怨。代坤者蔡克廉方病,诸军以岁饥求复折色故额于懋官。懋官不可,给饷又逾期。三十九年二月都肄日,振武卒鼓噪懋官署。懋官急招鏊及守备太监何绶、魏国公徐鹏举、临淮侯李庭竹及遂至,诸营军已甲而入。予之银,争攫之。懋官见势汹汹,越垣投吏舍,乱卒随及。鹏举、鏊慰解不听,竟戕懋官,裸其尸于市。绶、鹏举遣吏持黄纸,许给赏万金,卒辄碎之。至许犒十万金,乃稍定。明日,诸大臣集守备厅,乱卒亦集。遂大言曰:“黄侍郎自越墙死,诸军特不当残辱之。吾据实奏朝廷,不以叛相诬也。”因麾众退,许复妻粮及故额,人畀之一金补折价,始散。遂乃托病闭阁,给免死券以慰安之,而密谕营将掩捕首恶二十五人,系狱。诏追褫懋官及克廉职,罢绶、庭竹、鏊,任鹏举如故,遂以功议擢。只诛叛卒三人,余戍边卫,而三人已前死,遂叹曰:“兵自此益骄矣。”

未几,江东代鏊为尚书。江北池河营卒以千户吴钦革其帮丁,殴而缚之竿。帮丁者,操守卒给一丁,资往来费也。遂已召拜兵部左侍郎,以言官荐,擢南京参赞尚书,镇抚之。营卒惑妖僧绣头,复倡讹言。遂捕斩绣头,申严什伍,书其名籍、年貌,系牌腰间,军乃戢。既又奏调镇武军护陵寝,一日散千人,留都自是无患。越四年,以老致仕。

遂博学多智,长于用兵,然亦善逢迎,帝将重建三殿,遂奏五河县泗水中涌大杉一,此川泽效灵,为圣主鼎新助,帝大喜。又进白兔,帝为遣官告庙。由此益眷遇。卒,赠太子太保,谥襄敏。

弟逢，字邦吉。由进士为吏科给事中。侍郎刘源清下吏，逢救之，并系，得释。进户科左给事中。偕同官谏南巡，下诏狱，谪永福典史。终德安知府，遂子材，自有传。

唐顺之，字应德，武进人。祖贵，户科给事中。父宝，永州知府。顺之生有异禀。稍长，洽贯群籍。年二十三，举嘉靖八年会试第一，改庶吉士。座主张璁疾翰林，出诸吉士为他曹，独欲留顺之。固辞，乃调兵部主事。引疾归。久之，除吏部。

十二年秋，诏选朝官为翰林，乃改顺之编修，校累朝实录。事将竣，复以疾告，璁持其疏不下。有言顺之欲远璁者，璁发怒，拟旨以吏部主事罢归，永不复叙，至十八年选宫僚，乃起故官兼春坊右司谏。与罗洪先、赵时春请朝太子，复削籍归。卜筑阳羡山中，读书十余年。中外论荐，并报寝。

倭躏江南北。赵文华出视师，疏荐顺之。起南京兵部主事。父忧未终，不果出。免丧，召为职方员外郎，进郎中。出核蓟镇兵籍。还奏缺伍三万有奇，见兵亦不任战，因条上便宜九事。总督王忬以下俱贬秩。

寻命往南畿、浙江视师，与胡宗宪协谋讨贼。顺之以御贼上策，当截之海外，纵使登陆，则内地咸受祸。乃躬泛海，自江阴抵蛟门大洋，一昼夜行六七百里。从者咸惊呕，顺之意气自如。倭泊崇明三沙，督舟师邀之海外。斩馘一百二十，沉其舟十三。擢太仆少卿。宗宪言顺之权轻，乃加右通政。顺之闻贼犯江北，急令总兵官卢镗拒三沙。自率副总兵刘显驰援，与凤阳巡抚李遂磊破之姚家荡。贼窘，退巢庙湾。顺之薄之，杀伤相当。遂欲列围困贼，顺之以为非计，麾兵薄其营，以火炮攻之，不能克。三沙又屡告急，顺之乃复援三沙，督镗、显进击，再失利。顺之愤，亲跃马布阵，贼构高楼望官军，见顺之军整，坚壁不出。显请退师，顺之不可，持刀直前，去贼营百余步。镗、显惧失利，固要顺之还。时盛暑，居海舟两月，遂得疾，返太仓。

李遂改官南京，即擢顺之右佥都御史，代遂巡抚。顺之疾甚，以兵事棘，不敢辞。渡江，贼已为遂等所灭。淮、扬适大饥，条上海防善后九事。

三十九年春，汛期至。力疾泛海，渡焦山，至通州卒，年五十四。讣闻，予祭葬。故事，四品但赐祭，顺之以劳得赐葬云。

顺之于学无所不窥。自天文、乐律、地理、兵法、弧矢、勾股、壬奇、禽乙，莫不究极原委。尽取古今载籍，剖裂补缀，区分部居，为《左》、《右》、《文》、《武》、《儒》、《稗》六《编》传于世，学者涌测其奥也。为古文，洸洋纡折有大家风。生平苦节自厉，辍扉为床，不饰裀褥，又闻良知说于王畿，闭户兀坐，匝月忘寝，多所自得。晚由文华荐，商出处于罗洪先。洪先曰："向已隶名仕籍，此身非我有，安得倅处士。"顺之遂出，然闻望颇由此损。崇祯中，追谥襄文。

子鹤征，隆庆五年进士，历官太常卿，亦以博学闻。

赞曰：朱纨欲严海禁以绝盗源，其论甚正。顾指斥士大夫，令不能堪，卒为所龁齮，愤惋以死。气质之为累，悲夫！当寇患孔炽，扑灭惟恐不尽，便宜行诛，自其职尔，而以为罪，则任法之过也。张经功不赏，而以冤戮，稔倭毒而助之攻，东南涂炭数十年。逭贼之罪，可胜诛哉。宗宪以奢黩蒙垢。然令徐海、汪直之徒不死，贻患更未可知矣。曹邦辅、任环战功可纪，李遂、唐顺之捍御得宜。而邦辅之平师尚诏，李遂之靖乱卒，其功尤著。以其始终倭事，故并列焉。

明史卷二〇六
列传第九四

马录 颜颐寿 聂贤 汤沐 刘琦 卢琼 沈汉
王科 程启充 张逵 郑一鹏
唐枢 杜鸾 叶应骢 蓝田
黄绾 解一贯 郑洛书 张录 陆粲
刘希简 王准 邵经邦 刘世扬
赵汉 魏良弼 秦鳌 张寅 叶洪

　　马录,字君卿,信阳人。正德三年进士。授固安知县。居官廉明,征为御史,按江南诸府。

　　世宗即位,疏言:"江南之民最苦粮长。白粮输内府一石,率费四五石。他如酒醋局、供应库、以至军器、胖袄、颜料之属输内府者,费皆然。"户部侍郎秦金等请从录言,命石加耗一斗,毋得苛求。中官黄锦诬劾高唐判官金坡,诏逮之,连五百余人。录言:"祖宗内设法司,外设抚、按,百余年刑清政平。先帝时,刘瑾、钱宁辈蛊惑圣聪,动遣锦衣官校,致天下汹汹。陛下方勤新政,不虞复有高唐之命。"给事中许复礼等亦以为言,狱得少解。嘉靖二年,大计天下庶官,被黜者多讦抚、按,以录言禁止。

　　五年,出按山西,而妖贼李福达狱起。福达者,崞人。初坐妖贼王良、李铖党，戍山海卫。逃还，更名午，为清军御史所勾，再戍山海卫。复逃居洛川，以弥勒教诱愚民邵进禄等为乱。事觉，进禄伏诛，福达先还家，得免。更姓名曰张寅，往来徐沟间，输粟得太原卫指挥使。子大仁、大义、大礼皆冒京师匠籍。用黄白术干武定侯郭勋，勋大信幸。其仇薛良讼于录，按问得实。檄洛川父老杂辨之，益信。勋为遗书录祈免，录不从，偕巡抚江潮具狱以闻，且劾勋庇奸乱法。章下都察院，都御史聂贤等覆如录奏，力言勋党逆罪，诏福达父子论死，妻女为奴，没其产，责勋对状。勋惧，乞恩，因为福达代辨，帝置不问。

　　会给事中王科、郑一鹏、程辂、常泰、刘琦、郑自璧、赵廷瑞、沈汉、秦祐、张逵、陈皋谟，御史程启充、卢琼、邵幽、高世魁、任淳，南京御史姚鸣凤、潘壮、戚雄、王献，评事杜鸾，刑部郎中刘仕，主事唐枢，交章劾勋，谓罪当连坐。勋亦累自诉，且以议礼触众怒为言，帝心动。勋复乞张璁、桂萼为援。璁、萼素恶廷臣攻己，亦欲借是舒宿愤，乃谓诸臣内外交结，借端陷勋，将渐及诸议礼者。帝深入其言，而外廷不知，攻勋益急。帝益疑，命取福达等至京下三法司讯，既又命会文武大臣更讯之，皆无异词。帝怒，将亲讯，以杨一清之言而止，仍下廷鞫。尚书颜颐寿等不敢自坚，改拟妖言律斩。帝犹怒，命法司俱戴罪办事，遣官往械录、潮及前问官布政使李璋、按察使李珏、佥事章纶、都指挥马豸等。时璋、珏已迁都御史，璋巡抚宁夏，珏巡抚甘肃，皆下狱廷讯。乃反前狱，抵良诬告罪。

　　帝以罪不及录，怒甚。命璁、萼、方献夫分署三法司事，尽下尚书颐寿，侍郎刘玉、王启，左都御史贤，副都御史刘文庄，佥都御史张润，大理卿汤沐，少卿徐文华、顾佖，寺丞汪渊狱，严刑推问，遂搜录箧，得大学士贾泳、都御史张仲贤、工部侍郎闵楷、御史张英及寺丞渊私书。泳引罪致仕去，仲贤等亦下狱。萼等上言："给事中琦、泰，郎中仕，声势相倚，挟私弹事，佐录杀人。给事中科、一鹏、祐、汉、辂，评事鸾，御史鸣凤、壮、雄，扶同妄奏，助成奸恶。给事中逵，御史世魁，方幸寅就死，得诬勋谋逆，率同连名，同声驾祸。郎中司马相妄引事例,故意增减,诬上行私。迩者言官缔党求胜,内则奴隶公卿,外则草芥司属,任情恣横,殆非一日,请大奋乾断,彰国法。"帝纳其言,并下诸人狱,收系南京刑部。

先是,廷臣会讯,太仆卿汪元锡、光禄少卿余才偶语曰:"此狱已得情,何再鞫?"侦者告蓥以闻,亦逮问。

蓥等遂肆搒掠。录不胜刑,自诬故入人罪。蓥等乃定爰书,言寅非福达,录等恨勋,构成冤狱,因列诸臣罪名。帝悉从其言。谪戍极边,遇赦不宥者五人:璋、珏、纶、豸、前山西副使迁大理少卿文华。谪戍边卫者七人:琦、逵、泰、琼、启充、仕及知州胡伟。为民者十一人:贤、科、一鹏、祐、汉、辂、世魁、淳、鸣凤、相、鸾。革职闲住者十七人:颐寿、玉、启、潮、文庄、沐、佖、渊、元锡、才、楷、仲贤、润、英、壮、雄、前大理丞迁佥都御史毛伯温。其他下巡按逮问革职者,副使周宣等复五人。良抵死,众证皆戍,寅还职。录以故入人死未决,当徙。帝以为轻,欲坐以奸党律斩。蓥等谓张寅未死,而录代之死,恐天下不服,宜永戍烟瘴地,令缘及子孙。乃戍广西南丹卫,遇赦不宥。帝意犹未慊,语杨一清等曰:"与其戮及后世,不若诛止其身,从《舜典》'罚弗及嗣'之意。"一清曰:"祖宗制律具有成法,录罪不中死律。若法外用刑,吏将缘作奸,人无所措手足矣。"帝不得已,从之。以蓥等平反有功,劳谕之文华殿,赐二品服俸、金带、银币,给三代诰命。遂编《钦明大狱录》颁示天下。时嘉靖六年九月壬午也。至十六年,皇子生,肆赦。诸谪戍者俱释还,惟录不赦,竟卒于戍所。

颜颐寿,巴陵人,居官有清望。

聂贤,长寿人。为御史清廉。夺官五年,用荐起工部尚书,改刑部尚书。致仕,卒。谥荣襄。

汤沐,字新之,江阴人。弘治九年进士。除崇德知县,征授御史。正德初,尝劾中官苗逵、保国公朱晖等罪,出为湖广佥事。刘瑾以沐

不附己，用牙侩同寅讦学士张芮事波及沐，谪武义知县。瑾诛，复为
广东佥事。累迁右副都御史，巡抚贵州，请立土官世系籍，绝其争袭
之弊，而令其子弟入学，报可。嘉靖二年改抚四川，入为大理卿。既
坐福达狱罢归，家居六年，荐章数十上，不召，卒。沐居官三十载，屏
绝馈遗，以廉洁称。

刘琦，字廷珍，洛川人。正德九年进士。嘉靖初，由行人授兵科
给事中。时给京军冬衣布棉恒过期，以琦请，即命琦立给。李福达
逃洛川，琦知之甚悉。事觉，琦疏陈颠末，因劾郭勋党逆，又与御史
张问行劾勋侵盗草场租银。既而马录狱具，坐琦佐使杀人，下狱，谪
戍沈阳，阅十年赦归，卒。

卢琼，字献卿，浮梁人。正德六年进士。由固始知县入为御史。
嘉靖改元，上言：“景皇帝有拨乱大功，而实录犹称郕戾王。敬皇帝
深仁厚泽，而实录成于焦芳手，是非颠倒，乞诏儒臣改撰。”帝惟命
史官正《孝宗实录》之不当者，然亦未有所正也。出按畿辅。桂萼疾
台谏排己，考察京官既竣，令科道互纠劾。吏科都给事中王俊民等
争之，琼与同官刘隅等亦言交相批抵报复，非盛世事。帝切责俊民、
隅，夺其俸五月，琼等皆三月，而命部院考之。琼竟以劾勋谪戍边。
赦还，卒。

沈汉，字宗海，吴江人。正德十六年进士。授刑科给事中。中
官马俊、王堂久废，忽自南京召至，汉论止之。改元诏书蠲四方逋
税，汉以民间已纳者多饱吏橐，请已征未解者，作来年正课。又言近
籍没奸党资数千万，请悉发以补岁入不足之数。皆报可。嘉靖二年，
以灾异指斥时政。尚书林俊去位，复抗章争之。户部郎中牟泰坐吏
盗官帑，下诏狱贬官，汉言：“吏为奸利，在泰未任前。事败，泰发之。
泰无罪。”因极言刑狱宜付法司，毋委镇抚。不纳。大狱起，法司皆
下吏。汉言：“祖宗之法不可坏，权幸之渐不可长，大臣不可辱，妖贼

不可赦。"遂并汉收系，除其名。家居二十年，卒。曾孙璟，万历中为吏部员外郎。请王恭妃封号，忤旨，降行人司正。天启初，赠少卿。

王科，字进卿，涉县人。正德十二年进士。授蓝田知县。城隘，且无水，科导西山水入城，拓而广之，遂为望邑。毁境内淫祠，以其材葺学宫。嘉靖四年征为工科给事中。尝劾兵部尚书金献民无功，总兵官赵文、种勋失事，及陕西织造内官扰民，郭勋任奸人郭彪、郑鸾，剥军害民状。又言："三司首领、州县佐贰以秩卑为上官所轻弃，率贪冒不自惜，宜拔擢其廉能者，而诸边财计之职，不宜处下才。盐运官廉，当迁叙。"大狱起，劾勋，遂下狱削籍。

方诸臣之被罪也，举朝皆知其冤，莫敢白。逾月，南京御史吴彦独抗章请宽之。上怒，斥于外。已而，御史张禄亦以为言。忤旨，切让。自是无敢言者。十一年，桂萼已死，张璁亦免相，聂贤、毛伯温始起用。张润、汪元锡、李珏、闵楷亦相继收录。唯台谏、曹郎竟无一人召复者。隆庆初，诸人皆复职赠官。录首赠太仆少卿，琦、琼俱光禄少卿，汉、科俱太常少卿。

当萼等反福达之狱，举朝不直萼等。而以寅、福达姓名错互，亦或疑之。至四十五年正月，四川大盗蔡伯贯就擒。自言学妖术于山西李同。所司檄山西，捕同下狱。同供为李午之孙，大礼之子，世习白莲教，假称唐裔，惑众倡乱，与大狱录姓名无异，同竟伏诛。暨穆宗即位，御史庞尚鹏言："据李同之狱，福达罪益彰，而当时流毒缙绅至四十余人。衣寇之祸，可谓惨烈。郭勋世受国恩，乃党巨盗，陷朝绅。职枢要者承其颐指，锻炼周内。万一阴蓄异谋，人人听命，祸可胜言哉！乞追勋等官爵，优恤马录诸人，以作忠良之气。"由是，福达狱始明。

程启充，字以道，嘉定州人。正德三年进士。除三原知县，入为御史。嬖幸子弟家人滥冒军功，有至都督赐蟒玉者。启充言："定制，军职授官，悉准首功。今幸门大启，有买功、冒功、寄名、窜名、并功之弊。权要家贿军士金帛以易所获之级，是谓买功；冲锋斩馘者，甲

也,而乙取之,甚者杀平民以为贼,是谓冒功;身不出门间,而名隶
行伍,是谓寄名;贿求掾吏,洗补文册,是谓窜名;至有一人之身,一
日之间,不出京师,而东西南朔四处报功者,按名累级,骤至高阶,
是谓并功。此皆坏祖宗法,解将士体,乞严为察革。"帝不能用。

十一年正旦,群臣待漏入贺,日晡礼始成。及散朝,已昏夜。众
奔趋而出,颠仆相践踏。将军赵朗者,死于禁门。启充具奏其状,请
帝昧爽视朝,以图明作之治。都督马昂进妊身女弟,启充等力争。既
又极陈冗官、冗兵、冗费之弊,乞通行革罢。帝皆不省。腾骧四卫军
改编各卫者,奉诏撤回,而各卫遗籍仍支粮,糜仓储八十七万余石。
启充力言之,冒支弊绝。以忧归。

世宗即位,起故官,即争兴献帝皇号。嘉靖元年正月郊祀方毕,
清宁宫小房火。启充言:"灾及内寝,良由徇情之礼有戾天常,僭逼
之名深乖典则。辅臣执议,礼臣建明,不能敌经生之邪说,佞幸之陕
辞,动假母后以箝天下之口。臣不正大礼,不黜邪说,所谓修省皆具
文也。况迩者,旨由中出而内阁不知,奸党狱成而曲为庇护。谏臣
斥逐,耳目有壅蔽之虞。大臣疏远,股肱有痿痹之患。司礼之权重
于宰相,枢机之地委之宦官。迩臣贪浊,频有迁除。边帅偾师,不闻
谴斥。庄田之赏赉过多,潜邸之乞恩未已。伏望陛下仰畏天明,俯
察众听,亲大臣,肃庶政,以回灾变。"报闻。

寻出按江西。得宸濠通萧敬、张锐、陆完等私书,欲巫去孙燧,
云:"代者汤沐、梁宸可,其次王守仁亦可。"因论敬、锐等罪,并言守
仁党逆,宜追夺。给事中汪应轸讼守仁功,言:"逆濠私书,有诏焚
毁。启充轻信被黜知县章立梅捃摭之辞,复有此奏,非所以劝有
功。"主事陆澄亦为守仁奏辨。御史向信因劾应轸与澄,帝曰:"守仁
一闻宸濠变,仗义兴兵,戡定大难,特加封爵,以酬大功,不必更
议。"帝从太监梁栋请,遣中官督南京织造。启充偕同官及科臣张嵩
等极谏,不纳。

启充素蹇谔,张璁、桂萼恶之。会郭勋庇李福达狱,为启充所
劾,璁、萼因指启充挟私,谪戍边卫。十六年赦还。言者交荐,不复

用,卒。隆庆初,赠光禄少卿。

张逵,字懋登,余姚人。正德十六年进士。改庶吉士。嘉靖元年授刑科给事中。疏言:"陛下临御之初,国是大定。今举动渐乖,弊端旋复。斋醮繁兴,爵赏无纪。政事不关于宰执者非一,刑罚不行于贵近者甚多。台谏会奏而斥为渎扰,大臣执法而责以回奏。至如崔元封侯,蒋轮市宠,陈万言乞赐第,先朝贵戚未有若是恩幸也。廖鹏缓死,刘晖得官,李隆复遣官勘问,先朝罪人未有若是淹纵也。愿陛下一反目前之所为。"报闻,给事中刘最、邓继曾谪官,逵疏救,不听。寻伏阙争"大礼",下狱廷杖。

四年十一月上疏曰:"近廷臣所上封事,陛下批答必曰:'已有旨处置',是已行者不可言也。曰:'尚议处未定',是未行者不可言也。二者不言,则是终无可言也。且今日言者,已非陛下初政时比矣。初年,事之大者,既会疏公言之,又各疏独言之。一不得行,则相聚环视,以不得其言为愧。近者不然,会疏则删削忌讳以避祸,独疏则毛举纤微以塞责。一不蒙谴,则交相庆贺,以苟免为幸。消谠直之气,长循默之风,甚非朝廷福也。"章下所司。

寻进右给事中。王科、陈察劾郭勋,帝慰留之。逵与同官郑自璧、赵廷瑞言:"勋倚奸成横,用酷济贪,笼络货资,渔猎营伍,为妖贼李福达请属,为逆党陆完雪冤。温旨谕留,是旌使纵也。"既复言:"福达诳惑愚民,称兵犯顺。勋党叛逆,罪不容诛,"不听。

寻发言事忤旨,黜为吴江县丞。复坐福达狱逮问,谪戍辽东边卫。居十年,母死不得归,哀痛而卒。隆庆初,赠光禄少卿。

郑一鹏,字九万,莆田人。正德十六年进士。改庶吉士。嘉靖初,官至户科左给事中。

一鹏性伉直,居谏垣中最敢言。御史曹嘉论大学士杨廷和,因言内阁柄太重。一鹏驳之曰:"太宗始立内阁,简解缙等商政事,至漏下数十刻始退。自陛下即位,大臣宣召有几?张锐、魏彬之狱,献帝追崇之议，未尝召廷和等面论。所拟旨，内多更定，未可谓专也。"

　　帝用中官崔文言，建醮乾清、坤宁诸宫，西天、西番、汉经诸厂，五花宫两暖阁、东次阁，莫不有之。一鹏言："祷祀繁兴，必魏彬、张锐余党。先帝已误，陛下岂容再误。臣巡视光禄，见一斋醮蔬食之费，为钱万有八千。陛下忍敛民怨，而不忍伤佞幸之心。况今天灾频降，京师道殣相望，边境戍卒，日夜荷戈，不得饱食，而为僧道靡费至此，此臣所未解。"报闻。

　　东厂理刑千户陶淳曲杀人，论谪戍。诏覆案，改拟带俸。一鹏与御史李东等执奏，并劾刑部侍郎孟凤，帝不听。给事中邓继曾、修撰吕楠、编修邹守益以言获罪，一鹏皆疏救。

　　宫中用度日侈，数倍天顺时。一鹏言："今岁灾用诎，往往借支太仓，而清宁、仁寿、未央诸宫，每有赢积，率馈遗戚里。何若留供光禄，彰母后德。"帝命乾清、坤宁二宫暂减十之一。鲁迷贡狮子、西牛、西狗、西马及珠玉诸物。一鹏引汉闭玉门关谢西域故事，请敕边臣量行赏赍，遣还国，勿使入京，彰朝廷不宝远物之盛德，不听。寻伏阙争"大礼"，杖于廷。

　　侍郎胡瓒、都督鲁纲督师讨大同叛卒，列上功状，请遍颁文武大臣、台谏、部曹及各边抚、按、镇、监赏。一鹏言："桂勇诛郭鉴等，在瓒未至之先。徐毡儿等之诛，事由朱振，于瓒无与。瓒欲邀功冒赏，惧众口非议，乃请并叙以媚之。夫自大同构难，大臣台谏谁为陛下划一策者？孤城穷寇尚多遁逃，各边镇、抚相去数千里，安在其能犄角也。请治瓒等欺罔罪。"赏乃不行。

　　时诸臣进言多获谴，而一鹏间得谕旨，益发舒言事。论杨宏不宜推宁夏总兵官；席书不宜讦费宏、留其弟春为修撰；王宪贪缘贵近，邓璋败事甘肃，不宜举三边总督；服阕尚书罗钦顺、请告祭酒鲁铎、被谪修撰吕楠，宜召置经筵；廷臣乞省亲养疾，不宜概不许。诸疏皆侃侃。会武定侯郭勋欲得虎贲左卫以广其第，使指挥王琬等言，卫湫隘不足居吏士。而民郭顺者愿以宅易之。顺，勋家奴也，其宅更湫隘。一鹏与同官张嵩劾勋："以敝宅易公署，骄纵罔上。昔窦

宪改沁水园,卒以逆诛。勋谋夺朝廷武卫,其恶岂止宪比。部臣附
势曲从,宜坐罪。"尚书赵璜等因自劾。诏还所易,勋甚衔之。而一
鹏复以李福达狱劾勋,桂萼、张璁因坐以妄奏,拷掠除名。

九庙灾,言官会荐遗贤及一鹏,竟不复召。久之,卒。隆庆初,
复官,赠光禄少卿。

　　唐枢,字惟中,归安人。嘉靖五年进士。授刑部主事。言官以
李福达狱交劾郭勋,然不得狱辞要领,枢上疏言:

　　　　李福达之狱,陛下驳勘再三,诚古帝王钦恤盛心。而诸臣
　　负陛下,欺蔽者肆其谖,谄谀者阄其说,畏威者变其辞,访缉者
　　涓其真。是以陛下惑滋甚,而是非卒不能明。臣窃惟陛下之疑
　　有六。谓谋反罪重,不宜轻加于所疑,一也;谓天下人貌有相
　　似,二也;谓薛良言不可听,三也;谓李珏初牒明,四也;谓臣下
　　立党倾郭勋,五也;谓崞、洛证佐皆仇人,六也。臣请一一辨之。
　　　　福达之出也,始而王良、李钺从之,其意何为?继而惠庆、
　　邵进禄等师之,其传何事?李铁汉十月下旬之约,其行何求?
　　"我有天分"数语,其情何谋?"太上玄天,垂文秘书",其辞何
　　指?劫库攻城,张旗拜爵,虽成于进禄等,其原何自?钺伏诛于
　　前,进禄败露于后,反状甚明。故陕西之人曰可杀,山西之人曰
　　可杀,京畿中无一人不曰可杀,惟左右之人曰不可,则臣不得
　　而知也。此不必疑一也。
　　　　且福达之形最易辨识,或取验于头秃,或证辨于乡音,如
　　李二、李俊、李三是其族,识之矣;发于戚广之妻之口,是其孙
　　识之矣;始认于杜文柱,是其姻识之矣;质证于韩良相、李景
　　全,是其友识之矣;一言于高尚节、王宗美,是郿州主人识之
　　矣;再言于邵继美、宗自成,是洛川主人识之矣;三言于石文举
　　等,是山、陕道路之人皆识之矣。此不必疑二也。
　　　　薛良怙恶,诚非善人。至所言张寅之即福达,即李午,实有
　　明据,不得以人废言。况福达踪迹谲密,黠慧过人,人咸堕其术

中，非良狡猾亦不能发彼阴私。从来发摘告讦之事，原不必出之敦良朴厚之人。此不当疑三也。

李珏因见薛良非善人，又见李福达无龙虎形、珠砂字，又见五台县张子真户内实有张寅父子，又见崞县左厢都无李福达、李午名，遂苟且定案，轻纵元凶。殊不知五台自嘉靖元年黄册始收，寅父子忽从何来？纳粟拜官，其为素封必非一日之积，前此何以隐漏？崞县在城坊既有李伏答，乃于左厢都追察，又以李午为真名，求其贯址，何可得也，则军籍之无考，何足据也。况福达既有妖术，则龙虎形、珠砂字，安知非前此假之以惑众，后此去之以避罪，亦不可尽谓薛良之诬矣。此不当疑四也。

京师自四方来者不止一福达，既改名张寅，又衣寇形貌似之，郭勋从而信之，亦理之所有。其为妖贼余党，亦意所不能及。在勋自有可居之过，在陛下既宏议贵之恩，诸臣纵有倾勋之心，亦安能加之罪乎？此不用疑五也。

鞫狱者曰诬，必言所诬何因，曰仇，必言所仇何事。若曰薛良，仇也，则一切证佐非仇也。曰韩良相、戚广，仇也，则高尚节、屈孔、石文举，非仇也。曰魏泰、刘永振，仇也，则今布按府县官非仇也。曰山、陕人，仇也，则京师道路之人非仇也。此不用疑六也。

望陛下六疑尽释，明正福达之罪。庶群奸屏迹，宗社幸甚。疏入，帝大怒，斥为民。其后《钦明大狱录》删枢疏不载。

枢少学于湛若水，深造实践，又留心经世略，九边及越、蜀、滇、黔险阻厄塞，无不亲历。躟履茹草，至老不衰。隆庆初，复官。以年老，加秩致仕。会高拱憾徐阶，谓阶恤录先朝建言诸臣，乃彰先帝之过，请悉停之，枢竟不录。

杜鸾，字羽文，陕西咸宁人。正德末进士。授大理评事。嘉靖初，伏阙争"大礼"，杖午门外。长沙盗李鉴与父华劫村聚，华诛，鉴得脱。后复行劫，捕获之。席书时抚湖广，劾知府宋卿故入鉴。帝遣大臣按之,言鉴盗有状,帝命逮鉴至京。书上言:"臣以议礼忤朝臣,问官故与臣左。乞敕法司会官覆。"于是鸾会御史苏恩再讯,无异词,疏言:"书以恶卿故为鉴奏辨,且以议礼为言。夫大礼之议,发于圣孝。书偶一言当意,动援此以挟陛下,压群僚。坏乱政体,莫此为甚。"帝重违书意,竟免鉴死,戍辽东。

已,复有张寅之狱。鸾与刑部郎中司马相、御史高世魁司其牍。鸾上言:"往者李鉴之狱,陛下徇席书言,误恩废法,权幸遂以鬻狱为常,请托无忌。今勋谋又成矣。书曰'以议礼招怨',勋亦曰'以议礼招怨'。书曰'欲杀鉴以仇臣',勋亦曰'欲杀寅以仇臣'。簧鼓圣聪,如出一口。以陛下尊亲之盛典,为奸邪掩覆之深谋,将使贿赂公行,乱贼接踵,非圣朝福也。"已而桂萼等力反前狱,鸾坐除名。

初,书之欲宽李鉴也,给事中管律言:"比言事者,每借议礼为词。或乞休,或引罪,或为人辨诉,于议礼本不相涉,而动必援引牵附,何哉?盖小人欲中伤人,以非此不足激陛下怒;而欲自固其宠,又非此不足得陛下欢也。乞诚自今言事者,据事直陈,毋假借,以累圣德。"帝是其言,命都察院晓示百官。越二日,御史李俨以世庙成,请恤录议礼获罪诸臣,且请详察是非:"议礼是,而行事非者,不以是掩非。议礼非,而行事是者,不以非掩是。使党与全消,时靡有争,则大公之治也。"未几,给事中陈皋谟亦言:"献皇帝追崇之礼,实出陛下至情。书辈乃贪为己功,互相党援,恣情喜怒,作福作威。若李鉴父子,成案昭然。书曲为申救,谓'众以议礼憾臣,因陷鉴死'。夫议礼者,朝廷之公典,合与不合,何至深仇。纵使仇书,鉴非书子弟亲戚交游也,何故仇之。至郭勋党庇奸人,请属事露,则又代奸人妄诉,亦以议礼激众怒为言,不至于滥恩废法不已,岂不大可异哉!乞亟斥书、勋而置鉴重典,穷按勋请托事,使人心晓然知权奸不足恃,国法不可干,然后逆节潜消,幸门永塞。"帝不听。

叶应骢,字肃卿,鄞人。正德十二年进士。授刑部主事。偕同官谏南巡,杖三十。嘉靖初,历郎中。伏阙争"大礼",再下狱廷杖。

给事中潮阳陈洸素无赖。家居与知县宋元翰不相能,令其子柱讦元翰谪戍。元翰摭洸罪及帷薄事刊布之,名《辨冤录》。洸由是不齿于清议,尚书乔宇出之为湖广佥事。洸初尝言献帝不可称皇。而是时张璁、桂萼辈以议礼骤显,洸乃上疏言璁等议是,宜急去本生之称;因诋宇及文选郎夏良胜,而称引其党前给事中于桂、阎闳、史道,前御史曹嘉。帝即还洸等职,谪良胜于外。洸遂劾大学士费宏,尚书金献民、赵鉴,侍郎吴一鹏、朱希周、汪伟,郎中余才、刘天民,员外郎薛蕙,给事郑一鹏悉邪党,而荐廖纪等十五人。俄又劾吏部尚书杨旦等。帝益大喜。立罢旦,擢纪代之。璁、萼辈遂引以击异己。

给事中赵汉、御史朱衣等交章劾洸,而御史张日韬、戴金、蓝田又特疏论之。田并劾席书,且封上元翰《辨冤录》。都御史王时中请罢洸听勘。洸奏“群奸恨臣抗议大礼,将令抚按杀臣,请遣一锦衣往”。洸意,锦衣可利诱也。得旨遣应骢及锦衣千户李经。应骢与焚香誓天,会御史熊兰、涂相等杂治,具上洸罪状至百七十二条。除赦前及暧昧者勿论,当论者十三条。罪恶极,宜斩,妻离异,子柱绞。洸惧,亡诣阙申诉。帝持应骢奏不下。尚书赵鉴、副都御史张润、给事中解一贯、御史郑本公等连章执奏。帝不得已,始命复核。郎中黄绾力持应骢议。书、萼为居间不能得。要璁共奏,谓洸议礼臣,为法官所中。帝入其言,命免罪为民。大理卿汤沐及鉴、一贯更争之,不听。未几,“大礼”书成,并原洸妻子。应骢寻迁吉安知府,母丧归。

六年,璁、萼益用事。而萼方掌刑部,廷臣马录等以劾郭勋下狱。洸谓乘此故案可反也,上书讦应骢等。萼因讼洸冤。遂逮洸、应骢、元翰、绾,而令按察使张祐还籍候命,词连四百人。九卿及锦衣卫廷讯,应骢对曰:“某所持者,正章耳,必欲直洸,惟诸公命。”刑部尚书胡世宁等心知洸罪重,而惩前大狱,不敢执。会是日黄雾四塞,狱不竟。次日,又大风拔木。有诏修省,不用刑。乃当应骢按事不实律,为民,元翰、绾及田等贬斥有差,洸授冠带。霍韬再疏,为洸讼不能得,洸益憾应骢。逾数年,更令人奏应骢勘狱时,酷杀无辜二十六人,下巡按李美覆勘。美言死者皆有状,非故杀。刑部尚书许赞白应骢无罪。帝特谪应骢戍辽东。

是狱也,始终八载。凡攻洸与治洸狱者无不得罪,逮捕至百数十人。天下恶辈辈奸横,益羞言议礼臣矣。

应骢赴戍所,道经苏州。知府治具候之,立解维去,致馈不受。十六年赦归。明堂大享礼成,复冠带。应骢敦行谊,好著书,数更患难气不挫。

黄绾,息人。为刑部主事。谏南巡被杖。历郎中,出为绍兴知府,以宽大为治。被征时,士民哭震野,争致赆,绾只取二钱。至京,下诏狱,疫死。隆庆初,赠太常少卿。

蓝田,即墨人。争“大礼”被杖。张璁掌都察院,考察其属,落职归。

解一贯,字曾唯,交城人。正德十六年进士。除工科给事中。陈讲学、修德、亲贤、孝亲、任相、远奸、用谏、谨令、戒欲、恤民十事。世宗嘉纳之。

嘉靖元年偕御史出核牧马草场。太监阎洪等奏遣中官一人与俱,一贯言不可,乃已。还朝,劾太监谷大用、李玺夺产殃民罪,帝宥之。而内臣、勋戚所据庄田,率归之民。帝为后父陈万言营第,极壮丽。一贯力请裁节,复助杨廷和争织造,皆不纳。历刑科左右给事中。云南巡按郭楠以建言,广东按察使张祐、副使孙懋以辱官校,皆逮治,御史方启颜以杖死宦官家人落职,元城知县张好古以拘责戚畹家族镌级,一贯皆救。忤旨,停俸。

寻进吏科都给事中。教授王价、录事钱予勋以考察罢,假议礼希复用。一贯等言,如此,将坏祖宗百年制,事竟寝。张璁、桂萼日击费宏不已,一贯偕同官言:“宏立朝行事,律以古大臣固不能无议。但入仕至今,未闻有大过。至璁、萼平生奸险,特以议礼一事偶合圣心。超擢以来,凭恃宠灵,凌轹朝士。与宏积怨已久,欲夺其位

而居之。陛下以累疏俱付所司，而于其终乃曰'尔等宜各修乃职'，
盖所以阴折其奸谋者至矣。二三臣不体至意，或专攻宏，或兼攻璁、
萼，不知能去宏，不能去璁、萼也。君子难进易退，小人则不然。宏
恤人言，顾廉耻，犹可望以君子。璁、萼则小人之尤，何以忌惮。苟
其计得行，则奸邪气势愈增，善类中伤无已，天下事将大有可虑
者。"时郑洛书、张录皆论三人事，而一贯言尤切。诏下之所司。璁、
萼等衔不已，竟谪开州判官以卒。

　　郑洛书，字启范，莆田人。弱冠登进士，授上海知县，有善政。嘉
靖四年，召拜御史。张璁、桂萼以陈九川事讦费宏，洛书与同官郑气
言："九川事，人谓璁、萼与谋。固已得罪公论，而宏取与之际亦未
明。夫朝廷有纪纲，大臣重进退，宏、璁、萼皆不可不去。宏不去，则
有持禄保位之诮，璁、萼不去，亦冒蹊田夺牛之嫌。"诏责洛书妄言。
　　帝赐尚书赵鉴、席书诗翰，洛书言："陛下眷礼大臣，此虞廷赓
歌之风也。愿推此心以念旧。如致仕大臣刘健、谢迁、林俊、孙交等，
特降宸章，咨访时政，则圣德益宏。又推此心以赦过。如迁谪丰熙、
刘济、余宽、王元正等，特垂仁恩，量与牵复，则圣度益广。"报闻。李
福达狱起，帝将亲鞫之，洛书曰："陛下操独断之威，使法官尽得罪，
虽有张释之、于定国不获抗辨于人主之前，何以使刑罚中。"帝怒，
将罪之，杨一清力解而止。寻出视南畿学政，道闻丧归。
　　十二年，京察事竣，更命科道官互纠，洛书被劾落职。给事中饶
秀为御史所劾，无所泄愤，复劾洛书及王重贤等九人贪污阘茸。重
贤等皆降黜。时论骇之。洛书家居再逾岁卒，年三十九。子开，往
依上海。上海人治田百亩资之。岁一至，收其入以归。

　　张录，字宗制，城武人。正德六年进士。授太常博士，擢御史。
嘉靖初，伏阙争"大礼"，下狱廷杖。出按畿辅，劾宣府诸将失事，皆
伏辜。
　　西域鲁迷贡狮子、西牛方物，言所贡玉石计费二万三千余金，

往来且七年,邀中国重赏。录言:"明王不贵异先。今二狮日各饲一羊,是岁用七百余羊也。牛食刍菽,今乃食果饵,则食人之食矣。愿返其献,归其人,薄其赏,以阻希望心。"帝不能用。

张璁擢兵部侍郎,录与诸御史争之,不听。璁与桂萼屡攻费宏,录言:"今水旱相仍,变异迭出,正臣工修省时。诸人为国股肱,相倾排若此,欲弭灾变,不变难乎?乞并黜三人,以回天谴。"帝为戒谕璁、萼。后璁以侍郎总台事。修前憾。言录不谙宪体,遂罢归。家居二十年卒。

陆粲,字子余,长洲人。少谒同里王鏊,鏊异之曰:"此子必以文名天下。"嘉靖五年成进士,选庶吉士。七试皆第一。张璁、桂萼尽出庶吉士为部曹、县令,粲以才独得工科给事中。劲挺敢言。疏言:"我朝太祖至宣宗,大臣造膝陈谋,不啻家人父子。自英宗幼冲,大臣为权宜计,常朝奏事,先日拟旨,其余政事具疏封进,沿袭至今。今陛下锐意图治,愿每日朝罢,退御便殿,延见大臣;侍从台谏轮日奏对;抚按藩臬廷辞入谢,召访便宜;复妙选博闻有道之士,更番入直,讲论经史,如仁宗弘文阁故事。则上下情通,而天下事毕陈于前矣。"帝不能用。既言资格独重进士,致贡举无上进阶,州县教职过轻,王官终身禁锢,皆宜变通。因陈久任使、慎考察、汰冗官诸事,而终之以复制科,仿唐、宋法,数岁一举,以待异才:"高者储之禁近,其次分置诸曹,先有官者递进,庶人才毕出,野无遗贤。"

寻偕御史郜元洪清核马房钱谷。抗疏折御马太监阎洪,宿弊为清。与同官刘希简争张福狱,帝怒,俱下诏狱。杖三十,释还职。事具《熊浃传》。

张璁、桂萼并居政府,专擅朝事。给事中孙应奎、王准发其私,帝犹温旨慰谕。粲不胜愤,上疏曰:

璁、萼,凶险之资,乖僻之学。曩自小臣赞大礼,拔置近侍,不三四年位至宰弼。恩隆宠异,振古未闻。乃敢罔上逞私,专权招贿,擅作威福,报复恩仇。璁狠愎自用,执拗多私。萼外若宽迂，中实深刻。恔忍之毒一发于心，如蝮蛇猛兽，犯者必死。臣请姑举数端言之。

萼受尚书王琼赂遗钜万，连章力荐，璁从中主之，遂得起用。昌化伯邵杰，本邵氏养子，萼纳重贿，竟使奴隶小人滥袭伯爵。萼所厚医官李梦鹤假托进书，夤缘受职，居室相邻，中开便户往来，常与萼家人吴从周等居间。又引乡人周时望为选郎，交通鬻爵。时望既去，胡森代之。森与主事杨麟、王激又辅臣乡里亲戚也。

铨司要地，尽布私人。典选仅逾年，引用乡故，不可悉数，如致仕尚书刘麟，其中表亲也。侍郎严嵩，其子之师也。金都御史李如圭，由按察使一转径入内台，南京太仆少卿夏尚朴，由知府期月遂得清卿，礼部员外张敬假历律而结知，御史戴金承风搏击，甘心鹰犬，皆萼姻党，相与朋比为奸者也。礼部尚书李时柔和善逢，猾狡多智，南京礼部尚书黄绾曲学阿世，虚谈眩人，谕德彭泽夤缘改秩，躐玷清华，皆阴附于璁而阳附于萼者也。

璁等威权既盛，党与复多，天下畏恶，莫敢讼言。不亟去之，凶人之性不移，将来必为社稷患。帝大感悟，立下诏暴璁、萼罪状，罢其相，而以粲不早发，下之吏。

既而詹事霍韬力诋粲，谓杨一清嗾之。希简言：“璁、萼去位由圣断。且使犬谓之嗾，韬以言官比之犬，侮朝廷。”而帝竟纳韬言，召璁还，夺一清官，下希简诏狱，释还职，谪粲贵州都镇驿丞。

稍迁永新知县。前后获盗数百人，奸猾屏迹。久之，以念母乞归。论荐者三十余疏，皆报罢。霍韬亦荐粲，粲曰：“天下事大坏恁人手，尚欲以余波污我耶？”母殁，毁甚，未终丧而卒。

刘希简，字以顺，汉州人。进士。除行人。为工科给事中甫五月，两以直言得罪，声大振。久之，谪县丞。终巩昌知府。

王准，字子推，世籍秦府仪卫司。准以进士授知县。为礼科给事中,巡视京营,劾郭勋专恣罪。明年劾璁、萼引私人。璁、萼罢,准亦下吏,谪富民典史。稍迁知县。都御史汪鋐希璁指,以考察罢之。

邵经邦,字仲德,仁和人。正德十六年进士。授工部主事。榷荆州税,甫三月,税额满。遂启关任商舟往来,进员外郎。

嘉靖八年冬十月,日有食之。经邦时官刑部,上疏曰:

> 兹者正阳之月,有日食之异。质诸《小雅·十月》之篇,变象悬符。说《诗》者谓阴壮之甚,由不用善人,而其咎专归皇父。然则今之调和燮理者,得无有皇父其人乎?迩陛下纳陆粲言,命张璁、桂萼致仕。寻以璁议礼有功,复召辅政。人言籍籍,陛下莫之恤也。乃天变若此,安可勿畏。

> 夫议礼与临政不同。议礼贵当,临政贵公。正皇考之徽称,以明父子之伦,礼之当也。虽排众论,任独见,而不以为偏。若夫用人行政,则当辨别忠邪,审量才力,与天下之人共用之,乃为公耳。今陛下以璁议礼有功,不察其人,不揆其才,而加之大任,似私议礼之臣也。私议礼之臣,是不以所议者为公礼也。夫礼唯至公,乃可万世不易。设近于私,则固可守也,亦可变也。陛下果以尊亲之典为至当,而欲子孙世世守之乎?则莫若于诸臣之进退,一付诸至公,优其赍予,全其终始,以答其议礼之功,而博求海内硕德重望之贤,以弼成正大光明之业,则人心定,天道顺,俾万年之后,庙号世宗,子孙百世不迁,顾不伟欤?如徒加以非分之任,使之履盈蹈满,犯天人之怒,亦非璁等福也。

帝大怒,立下镇抚司拷讯。狱上,请送法司拟罪。帝曰:“此非常犯,不必下法司。”遂谪戍福建镇海卫。十六年,皇子生,大赦。惟经邦与丰熙等八人不在赦例。

经邦之戍所,闭户读书。与熙及同戍陈九川,时相讨论。居镇海三十七年卒。闽人立寓贤祠祀三人。隆庆初复官。

刘世扬，字实甫，闽人。正德十二年进士。改庶吉士，除刑科给事中。世宗即位，议加兴献帝皇号，世扬疏谏。都察院牒司礼监，摄中官吴善良。帝手批原牒付刑科，以善良付司礼。世扬言："祖宗制，凡降诏旨必书于题奏疏揭，或登闻鼓状，乃发六科，宣于诸曹。或国有大事，上命先发，诸曹必补牍，于次日早朝进之，无竟批文牍者。今旨从中出，亵天语，更旧制，不可。"帝不听。已，列先朝直臣舒芬、马汝骥、王思、汪应轸、张原等二十人，请加恩以旌忠直，诸臣各进秩一等。尝因灾异，世扬请仿古人几杖箴铭之义，取圣贤格言书殿庑，帝纳之。

历吏科左给事中，进都给事中。与同官李仁劾詹事顾鼎臣污佞，且言今日詹事即他日辅臣。帝怒，诘詹事进辅臣，出何典例，世扬等引罪。帝怒不解，予杖，下诏狱，既乃得释。帝以久旱躬祷，世扬言在狱系囚及建言谪戍诸臣怨咨之气，上干天和，请悉疏释。帝不能用。张璁、桂萼被劾罢，帝责谏官不言。世扬等乃尽劾璁、萼党尚书王琼而下数十人，章下吏部。而尚书方献夫亦璁、萼党也，但去编修金璐，御史敖铣，太仆丞姚奎，郎中刘汝锐，员外郎张敞、郭宪，待诏叶幼学、储良才八人而已，未几，复偕同官赵汉等陈修省八事。中言："大学士石珤贞介，殁未易名。尚书李镋，国之盗臣，身后遗金得谥。给事中郑一鹏坐论杨一清再杖削职，一清败，一鹏宜复官。"

世扬发璁、萼党，见憾于璁，一鹏又尝忤璁、萼。会璁已再相，而珤实前赐谥，璁因激帝怒，谓给事言皆妄。乃谪世扬江西布政司照磨，停汉等俸，然镋谥亦由此夺。世扬屡迁河南提学佥事。告归卒。

赵汉，字鸿逵，平湖人。正德六年进士。授建昌推官。擢南京户科给事中，改兵科。嘉靖初，尚书林俊以执奏狱囚李凤阳，被旨诘责。汉因言："太监崔文乱政，巧逞奸欺，不特庇一李凤阳而已。工部尚书赵璜发文家人罪。文辄捕其谍者，痛杖几死，曰'此杖寄与赵尚书'，其无状至此。望急忙遣逐，毋为新政累。"不听。已，哭争"大礼"，系诏狱廷杖。

历史科左给事中。以疾去。起故官,迁工科给事中。疏言:"内阁桂萼、翟銮称病三月,未尝以旷职恳辞。张璁久专政权,亦未闻引贤共济。乞谕銮、萼亟去,简用两京大臣及家居耆旧,以分璁任。"上摘其讹字诘之,谕璁毋避,趣赴阁。璁因言汉忠谋,宜令备列堪内阁者。帝即令汉举所欲用,汉惶恐言:"臣欲璁引贤。无私主。"帝怒,责汉对不以实,趣以名上。汉益惧,言:"辅臣简命,出自朝廷,非小臣所敢预。"帝乃宥之,夺俸一月。寻出为陕西右参政,告归。久之,以故官起山西。不数月复致仕。

子伊,广西副使。年四十,即以养父归。屡征不起。

魏良弼,字师说,新建人。嘉靖二年进士。授松阳知县,召拜刑科给事中。采木侍郎黄衷事竣归家,乞致仕,未许。缉事者奏衷潜入京师。帝怒,夺衷职。良弼言衷大臣,入都岂能隐,乞正言者欺罔罪,不报。

张璁、桂萼初罢相,诏察其党。给事中刘世扬等议及良弼。以吏部言,得留。寻命巡视京营。劾罢提督五军营保定伯梁永福、太仆卿曾直,罪武定侯郭勋家奴,论团营兵政之弊,又请发银米赈京师饥,直声大著。会南京御史马扬等以劾吏部尚书王琼被逮,良弼请释之。帝怒,并下诏狱。论赎还职。仍夺俸一年。三迁至礼科给事中。

十一年八月,彗星现东井,芒长丈余。良弼引占书言:"彗星晨现东方,君臣争明。彗孛出井,奸臣在侧。大学士张孚敬专横窃威福,致奸星示异,亟宜罢黜。"孚敬奏良弼挟私。帝已疑孚敬,两疏皆报闻。给事中秦鳌疏再入,孚敬竟罢去。逾月,良弼复偕同官劾吏部尚书汪铉。帝方向铉,夺良弼俸。铉、孚敬俱恨良弼。

明年元日,副都御史王应鹏坐事下诏狱。良弼言履端之始,不宜以微过系大臣。帝怒,再下诏狱。狱卒讶曰:"公又来耶!"为垂涕。寻复职,夺俸。时孚敬复起柄政,与铉修前隙,以考察后命科道官互纠,又奏上十一人,又不及良弼。孚敬益怒,拟旨切责,令吏部再考。

铉乃别纠二十六人，而良弼及秦鳌、叶洪皆前劾孚敬、铉者。中外大
骇。良弼竟坐不谨削籍。隆庆初，诏起废籍。以年老即家拜太常少
卿，致仕，卒。天启初，追谥忠简。

　　叶洪，字子源，德州人。嘉靖八年进士。授户科给事中。十一
年肇举祈谷礼于圜丘，帝不亲祀。洪疏谏，帝责洪妄言。寻巡视京
营，进工科右给事中。汪铉迁吏部尚书，洪极论其奸，忤旨夺俸。明
年考察，铉修怨，遂坐洪浮躁，贬宁国县丞。居二年，复以大计夺其
职。言者屡讼冤，不复用。

　　秦鳌，字子元，昆山人。嘉靖五年进士。授行人。擢兵科给事
中。劾魏国公徐鹏举、中官赖义不法状，义罢还。彗星现，劾张孚敬
妒贤病国，拟议诏旨，辄引以自归。帝遂罢孚敬。已，孚敬再相。汪
铉承风指以考察谪鳌东阳县丞。屡迁福建右参议。卒官。

　　又有张寅者，太仓人。嘉靖初进士。历南京御史。尝劾礼部侍
郎黄绾十罪。比张孚敬罢政，寅言其恌邪蠹政，不可悉数，请追所赐
封诰、银章之属，明正其辟。并劾左都御史汪铉阴贼邪媚。帝怒，谪
高唐判官。屡迁南京文选郎中。会简宫僚，改春坊右司直兼翰林院
检讨。未几，被劾罢。

　　赞曰：《书》曰"非佞折狱，惟良折狱，罔非在中。"又曰"明启刑
书，胥占咸庶中"。正言折狱之不可不得其中也。张寅、李鉴，罪状
昭然。中于郭勋、席书之说，廷臣获罪，而寅还职，鉴宥死。陈洸罪
至百七十二条，竟得免死。而犹上书讼冤。凡攻洸之恶与治洸之狱
者，逮捕至百数十人。皆由议礼触众怒，一言有以深入帝隐。甚矣，
佞人之可畏也。夫反成案似于明，出死罪似于仁，而不知其借端报
复，刑罚失中。佞良之辨，可弗审欤。

明史卷二〇七
列传第九五

邓继曾 刘最　朱浙 马明衡 陈逅

林应骢　杨言　刘安　薛侃

喻希礼 石金　杨名 黄直　郭弘化

刘世龙 徐申 罗虞臣　张选 黄正色

包节 弟孝　谢廷蒨　王与龄

周铁　杨思忠 樊深 凌儒　王时举 方新

　　邓继曾，字士鲁，资县人。正德十二年进士。授行人。

　　世宗即位之四月，以久雨，疏言："明诏虽颁，而废阁大半。大狱已定，而迟留尚多。拟旨间出于中人，奸谀渐幸于左右。礼有所不遵，孝有所偏重。纳谏如流，施行则寡。是陛下修己亲贤之诚，渐不如始，故天降霪雨以示警戒。伏愿出令必信，断狱不留，事惟咨于辅臣，宠勿启于近习，割恩以定礼，稽古以崇孝，则一念转移，可以销天灾，答天戒矣。"

　　未几，擢兵科给事中。疏陈杜渐保终四事：一、定君心之主宰，以杜蛊惑之渐；二、均两宫之孝养，以杜嫌隙之渐；三、一政令，以杜欺蔽之渐；四、清传奉，以杜假托之渐。寻言兴府从驾官不宜滥授。帝纳之。

嘉靖改元，帝欲尊所生为帝后。会掖庭火，廷臣多言咎在"大礼"。继曾亦言："去年五月日精门灾，今月二日长安榜廊灾，及今郊祀日，内廷小房又灾。天有五行，火实主礼。人有五事，火实主言。名不正则言不顺，言不顺则礼不兴。今岁未期而灾者三，废礼失言之效也。"提督三千营广宁伯刘佶久病，继曾论罢之。宣大、关陕、广西数有警，中原盗窃发。继曾陈战守方略及储将练兵足食之计，多议行。

三年，帝渐疏大臣，政率内决。继曾抗章曰："比来中旨，大庚王言。事不考经，文不会理，悦邪说之谄媚则赐敕褒谕，恶师保之抗言则渐将放黜。臣目睹出涕，口诵吞声。夫祖宗以来，凡有批答必付内阁拟进者，非只虑独见之或偏，亦防矫伪者之假托也。正德之世，盖极弊矣，尚未有如今日之可骇可叹者。左右群小，目不知书，身未经事，乘隙招权，弄笔取宠，故言出无稽，一至于此。陛下不与大臣共政，而倚信群小，臣恐大器之不安也。"疏入，帝震怒，下诏狱掠治，谪金坛县丞。给事中张逵、韩楷、郑一鹏、御史林有孚、马明衡、季本皆论救，不报。累迁至徽州知府，卒。

帝初践阼。言路大开。进言者或过于切直，帝亦优容之。自刘最及继曾得罪后，厌薄言官，废黜相继，纳谏之风微矣。

最，字振廷，崇仁人。继曾同年进士。由慈利知县入为礼科给事中。世宗议定策功，大行封拜，最疏止之。寻请帝勤圣学。于宫中日诵《大学衍义》，勿令左右近习诱以匪僻。嘉靖二年，中官崔文以祷祠事诱帝。最极言其非，且奏文耗帑金状。而帝从文言，命最自核侵耗数。最言"帑银属内府，虽计臣不得稽赢缩，文乃欲假难行事，逃己罪，制言官"。疏入，忤旨，出为广德州判官。言官论救，不纳。已而东厂太监芮景贤奏最在途仍故衔，乘巨舫，取夫役，巡盐御史黄国用复遣牌送之。帝怒，逮二人下诏狱。最充军邵武。国用谪极边杂职。法司及言官救之，责以党比。最居戍所，久之，赦还。家居二十余年卒。

　　朱浙,字必东,莆田人。举乡试第一。嘉靖二年成进士。明年春与同县马明衡并授御史。甫阅月,会昭圣皇太后生辰,有旨免命妇朝贺。浙言:"皇太后亲挈神器以授陛下,母子至情,天日昭鉴。若传免朝贺,何以慰亲心而隆孝治。"明衡亦言:"暂免朝贺,在恒时则可,在议礼纷更之时则不可。且前者兴国太后令节,朝贺如仪,今相去不过数旬,而彼此情文互异。诏旨一出,臣民骇疑。万一因礼仪末节,稍成嫌隙,俾陛下贻讥天下,匪细故也。"时帝亟欲尊所生,而群臣必欲帝母昭圣,相持未决。二人疏入,帝恚且怒。立捕至内廷,责以离间宫闱,归过于上,下诏狱拷讯。侍郎何孟春、御史萧一中论救,皆不听。御史陈逅、季本,员外郎林应骢继谏。帝愈怒,并下诏狱,远谪之。帝必欲杀二人。变色谓阁臣蒋冕曰:"此曹诬朕不孝,罪当死。"冕膝行顿首请曰:"陛下方兴尧、舜之治,奈何有杀谏臣名。"良久,色稍解,欲戍之。冕又固请,继以泣。乃杖八十,除名为民,两人遂废。廷臣多论荐,不复召。

　　浙为人长者,不欺人,或为人欺亦不较。与明衡皆贫,浙尤甚。乡里利病,必与有司言,虽忤不顾。家居三十余年卒。

　　明衡,字子莘。父思聪,死宸濠难,自有传。明衡登正德十二年进士,授太常博士。甫为御史,即与浙同得罪。闽中学者率以蔡清为宗,至明衡独受业于王守仁。闽中有王氏学,自明衡始。

　　陈逅,字良会,常熟人。正德六年进士。除福清知县。入为御史。以救两人,谪合浦主簿。累官河南副使。帝幸承天,坐供具不办,下狱为民。

　　林应骢,亦莆田人。明衡同年进士。授户部主事。嘉靖初,尚书孙交核各官庄田。帝以其数稍参差,有旨诘状。应骢言:"部疏,臣司检亲,即有误,当罪臣。尚书总领部事,安能遍阅。今旬日间,户、工二部尚书相继令对状,非尊贤优老之意。"疏入,夺俸。以救浙等,谪徐闻县丞。代其长朝觐,疏陈时事,多议行。

杨言,字惟仁,鄞人。正德十六年进士。授行人。嘉靖四年擢礼科给事中。阅数日即上言:"迩者仁寿宫灾,谕群臣修省。臣以为责在公卿而不在陛下,罪在谏官而不在圣躬。朝廷设六科,所以举正欺蔽也。今吏科失职,致陛下贤否混淆,进退失当。大臣蒋冕、林俊辈去矣,小臣王相、张汉卿辈皆得祸矣,而张璁、桂萼始由捷径以窃清秩,终怙威势以贼良善。户科失职,致陛下俭德不闻,而张仑辈请索无厌,崔和辈敢乱旧章。礼科失职,致陛下享祀未格于神,而庙社无骈蕃之庇。兵科失职,致陛下纲纪废弛,而锦衣多冒滥之官,山海攘抽分之利,匠役增收而不禁,奏带逾额而不裁。刑科失职,致陛下用罚不中。元恶如蓝华辈得宽籍没之法,诤臣如郭楠辈反施桎梏之刑。工科失职,致陛下兴作不常。局官陆宣辈支俸逾于常制,内监陈林辈抽解及于芜湖。凡此,皆时弊之急且大,而足以拂天意者。愿陛下勤修庶政,而罢臣等以警有位,庶可以格天心,弭灾变。"帝以浮谤责之。

奸人何渊请建世室。言与廷臣争,不听。言复抗章曰:"祖宗身有天下,大宗也,君也。献皇帝旧为藩王,小宗也,臣也。以臣并君,乱天下大分。以小宗并大宗,干天下正统。献帝虽有盛德,非若周文、武创王业也,欲袭世室名,舛矣。如以献帝为自出之帝,是前无祖宗;以献帝为祢而宗之,是后无孝、武二帝,陛下前既罪医士刘惠之言,今乃纳渊之说,前既俞礼卿席书之议,今乃咈书之言。臣不知其何谓也。"

杨一清召入内阁,言请留之三边。特旨拜张璁兵部侍郎。言以璁贪佞险躁,且新进,未更国家事,请罢璁,并劾吏部尚书廖纪引匪人。同官解一贯等亦谏。皆不纳。有投匿名书御道者,言请即烧之,报可。

六年,锦衣百户王邦奇借哈密事请诛杨廷和、彭泽等,下部议,未覆,而邦奇复诬大学士费宏、石宝阴庇廷和,词连廷和子主事悖等。将兴大狱。言抗疏曰:"先帝晏驾,江彬手握边军四万,图为不轨。廷和密谋行诛,俄顷事定,迎立圣主,此社稷之勋也。纵使有罪,犹当十世宥之。今既以奸人言罢其官、戍其长子矣,乃又听邦奇之诬而尽逮其乡里、亲戚,诬为蜀党,何意圣明之朝,忽有此事。至宏、宝乃天子师保之官,百僚之表也。邦奇心怀怨望,文饰奸言,诟辱大臣,荧惑圣听。若穷治不已,株连益多,臣窃为国家大体惜也。"书奏,帝震怒,并收系言,亲鞫于午门。群臣悉集。言备极五毒,折其一指,卒无挠词。既罢,下五府九卿议。镇远侯顾仕隆等复奏邦奇言皆虚妄,帝责仕隆等徇情,然狱亦因是解,谪言宿州判官。御史程启充请还言旧任,不听。稍迁溧阳知县,历南京吏部郎中。坐事再谪知夷陵。累官湖广参议。

言为吏,多著声绩。溧阳、夷陵皆祠祀之。

刘安,字汝勉,慈溪人。嘉靖五年进士。授南京工部主事,改河南道御史。入台甫一月,上疏曰:"人君贵明不贵察。察,非明也。人君以察为明,天下始多事。陛下临御八年而治理未臻,识者谓陛下之治功损于明察。夫治,可以缓图,不可以急取;可以休养致,不可以督责成。以急切之心,行督责之政,于是躬亲有司之事,指摘臣下之失,令出而复返,方信而忽疑。大小臣工救过不暇,多有不安其位者。孰能为陛下建长久之策,以图平治哉。且朝廷者,四方之极也。内之君臣,习尚如此,则外而抚按守令之官,风从响应。上以苛察绳,下以苛察应,恐民穷为起盗之源,食寡无强兵之理。今明天子综核于上,百执事振刷于下,丛蠹之弊十去其九,所少者元气耳。伏望大包荒之量,重根本之图,略繁文而先急务,简细故而弘远猷,不以一人之毁誉为喜怒,不以一言之顺逆为行止,久任老成,优容言官,则君臣上下一德一心,人人各安其位,事事各尽其才,雍熙太和之治不难见矣。"

帝阅疏大怒,逮赴锦衣卫拷讯。兵科给事中胡尧时救之,并逮治。狱具,谪尧时攸县主簿,安余干典史。筑决堤数十丈,人称刘公堤。再迁长沙同知,擢凤阳知府。治行卓异,赐正三品服,以忧归,卒。

薛侃，字尚谦，揭阳人。性至孝，正德十二年成进士，即以侍养归。师王守仁于赣州，归语兄助教俊。俊大喜，率群子侄宗铠等往学焉。自是王氏学盛行于岭南。

世宗立，侃授行人。母讣，陨绝，五日始食粥。嘉靖七年起故官。闻守仁卒，偕欧阳德辈为位，朝夕哭。时方议文庙祀典，侃请祀陆九渊、陈献章。九渊得报允。已，进司正。十年秋，疏言："祖宗分封子弟，必留一人京师司香，有事居守，或代行祭飨。列圣相承，莫之或改。至正德初，逆瑾怀贰，始令就封。乞稽旧典，择亲藩贤者居京师，慎选正人辅导，以待他日皇嗣之生，此宗社大计。"帝方祈嗣，讳言之，震怒，立下狱廷鞫，究交通主使者。

南海彭泽为吏部郎，无行。因议礼附张孚敬，遂与为腹心。后京察被黜，孚敬奏留之，复引为谕德至太常卿。侃以疏草示泽。泽与侃及少詹事夏言同年生，而言是时数忤孚敬。泽默计储副事触帝讳，必兴大狱。诬言同谋可祸也，给侃稿示孚敬，因报侃曰："张公甚称善，此国家大事，当从中赞之。"与为期，趣之上。孚敬乃先录侃稿以进，谓出于言，请勿先发以待疏至。帝许之。侃犹豫，泽频趣之乃上。拷掠备至，侃独自承，累日狱不具。泽挑使引言，侃瞋目曰："疏，我自具，趣我上者，尔也。尔谓张少傅许助之，言何豫？"给事中孙应奎、曹汴揣孚敬避。孚敬怒，应奎等疏闻。诏并下言、应奎、汴诏狱，命郭勋、翟銮及司礼中官会廷臣再鞫，具得其实。帝乃释言等，出孚敬密疏二示廷臣，斥其忮罔，令致仕。侃为民，泽戍大同。泽在朝专为邪媚，及败，天下快之。

侃至潞河遇圣寿节，焚香叩祝甚谨。或报参政项乔曰："小舟中有民服而祝圣者。"乔曰："必薛中离也。"迹之，果然。中离者，侃自号也。归家益力学，从游者百余人。隆庆初，复官，赠御史。俊子宗铠，自有传。

侃归数月，御史喻希礼、石金皆以言皇嗣得罪。希礼言："陛下祈嗣礼成，瑞雪遂降，臣以为招和致祥不尽于此。往者大赦，今岁免刑，臣民尽沾泽，独议礼议狱得罪诸臣远戍边徼，乞量移近地，或特赐赦免，则和气薰蒸，前星自耀。"帝大怒曰："谓朕罪诸臣致迟嗣续耶？所司参议以闻。"议未上，金亦言："陛下一日万几，经理劳瘁。何若中涵太虚，物来顺应。凡人才之用舍，政事之敷施，始以九卿之详度，继以内阁之咨谋，其不协于中者，付诸台谏之公论。陛下恭默凝神，挈其纲领，使精神内蕴，根本充固，则百斯男之庆，自不期而至。王守仁首平逆藩，继靖巨寇，乃因疑谤，泯其前劳。大礼大狱诸臣，久膺流窜，因郁既久，物故已多。望录守仁功，宽诸臣罪，则太和之气塞宇宙间矣。"帝不悦，曰："金欲朕勿御万几，即古奸臣导其君不亲政之意，其并察奏。"尚书夏言等言二人无他肠。帝益怒，下二人诏狱，而责言等陈状。伏罪乃宥之。二人竟谪戍边卫。久之，赦还，卒。隆庆初，俱赠光禄少卿。

喻希礼，麻城人。石金，黄梅人。巡按广西，与姚镆不协。后与守仁共抚卢苏、王受。还台，值张、桂用事。御史储良才辈争附之，金独侃侃不阿，以是有名。

杨名，字实卿，遂宁人。童子时，督学王廷相奇其语，补弟子员。嘉靖七年，乡试第一。明年以第三人及第，授编修。闻大母丧，请急归。还朝，为展书官。

十一年十月，彗星现。名应诏上书，言帝喜怒失中，用舍不当。语切直，帝衔之，而答旨称其纳忠，令无隐。名乃复言："吏部诸曹之首，尚书百官之表，而汪铉小人之尤也。武定侯郭勋奸回险谲，太常卿陈道瀛、金赟仁粗鄙酗淫。数人者，群情皆曰不当用，而陛下用之，是圣心之偏于喜也。诸臣建言触忤者，心实可原。大学士李时以爱惜人才为请，即荷嘉纳，而吏部不为题覆。臣所谓虚文塞责者，岂尽无哉？夫此得罪诸臣，群情以为当宥，而陛下不终宥，是圣心之偏于怒也。真人邵元节猥以末术，过蒙采听。尝令设醮内府，且命左右大臣奔走供事，遂致不肖之徒有昏夜乞哀出其门者。书之史册，后世其将谓何？凡此圣心之稍有所偏者，故臣敢抒其狂愚。"

疏入，帝震怒，即执下诏狱拷讯。铉疏辨，谓："名乃杨廷和乡人。顷张孚敬去位，廷和党辄思报复，故攻及臣。臣为上简用，诚欲一振举朝廷之法，而议者辄病臣操切。且内阁大臣率务和同，植党固位，故名敢欺肆至此。"帝深入其言，益怒，命所司穷诘主使。名数濒于死，无所承，言曾以疏草示同年生程文德，乃并文德下狱。侍郎黄宗明、候补判官黄直救之，先后皆下狱。法司再拟名罪，皆不当上指。特诏谪名戍。编伍瞿塘卫。明年释还。屡荐终不复召。家居二十余年，奉亲孝。亲殁，与弟台庐于墓。免丧，疾作，卒。

黄直，字以方，金溪人。受业于王守仁。嘉靖二年会试。主司发策极诋守仁之学。直与同门欧阳德不阿主司意，编修马汝骥奇之，两人遂中式。直既成进士，即疏陈隆圣治、保圣躬、敦圣孝、明圣鉴、勤圣学、务圣道六事。

除漳州推官。以漳俗尚鬼，尽废境内淫祠，易其材以葺桥梁公廨。御史诬以罪，送吏部降用。行至中途，疏请早定储贰。帝怒，遣缇骑逮问。无何得释。贬沔阳判官。赏署崇阳县事，有惠政。

外艰归，三年不御酒肉。服阕赴部，适名、宗明下狱。直抗疏言："九经之首曰修身，其中曰敬大臣，体群臣。今杨名以直言置诏狱，非所以体群臣。黄宗明以论救与同罪，非所以敬大臣。二者未尽，天下后世疑陛下修身之道亦有所未尽矣。"帝大怒，并下诏狱拷掠，命发极边，编戍雷州卫。赦还。贫甚，妻纺织以给朝夕，直读书谈道自如。久之卒。隆庆初，赠光禄少卿。

郭弘化，字子弼，安福人。嘉靖二年进士。除江陵知县，征授御史。十一年冬，彗星现。弘化言："按《天文志》并居东方，其宿为木。今者彗出于井。则土木繁兴所致也。臣闻四川、湖广、贵州、江西、浙江、山西及真定诸府之采木者，劳苦万状。应天、苏、松、常、镇五府,方有造砖之役,民间耗费不赀,窑户逃亡过半。而广东以采珠之故,激民为盗,至攻劫会城。皆足戾天和,干星变。请悉停罢,则彗灭而前星耀矣。"户部尚书许赞等请听弘化言。帝怒曰:"采珠,故事也,朕未有嗣,以是故耶?"责赞等附和,黜弘化为民。久之,言官会荐,报寝。卒于家。穆宗立,赠光禄少卿。

刘世龙,字元卿,慈溪人。正德十六年进士。授太仓知州,改国子助教,迁南京兵部主事。

嘉靖十三年,南京太庙灾。世龙应诏陈三事:

一、杜谄谀以正风俗。天下风俗之不正,由于人心之坏。人心之坏,患得患失使然也。今天下刻薄相尚,变诈相高,谄媚相师,阿比相倚。仕者日坏于上,学者日坏于下,彼唱此和,靡然成风。惟陛下赫然矫正,勿以诡随阿比者为贤,勿以正直骨鲠者为不肖,勿以私好有所赏,勿以私恶有所罚,虚心以防邪佞,谦受以来忠谠,更敕大小臣工,协恭图治,无权势相轧,朋党相倾,则风俗正矣。

二、广容纳以开言路。陛下临御之初,犯颜敢谏之臣比先朝为盛,所言或伤于激切,而放逐既久,悔悟日深。当宥其既往,以次录用,死者则恤之。仍令大小臣工直言时政,以作忠义之气。

三、慎举动以存大体。立国者,在敬大臣,不遗故旧。盖任之既重,则礼之宜优。今或忽然去之,忽然召之,甚至婴三木,被棰楚,何以励臣节哉!臣愚以为陛下历试之余,其人果无足取,则宜以礼使退。如素行无缺,偶以一时喜怒,辄从而颠倒之,陛下固付之无心,而天下有以窥陛下也。

至如张延龄凭宠为非,法难容假。侧闻长老之言,孝宗时待之过厚,遂酿今日之祸。顾区区腐鼠,何足深惜。独念孝庙在天之灵,太皇太后垂老之景,乃至不能自庇其骨肉,于情忍乎?恐陛下孝养两宫,亦不能不为一动心也。顷创造神御阁、

启祥宫,特令大臣督理其事。臣以为南京太庙方被灾,工役之
急当无过此。今兴作频年,四方凋敝,正时绌举赢之会,亦宜量
酌缓急而为之以渐。此皆应天以实之道也。

疏入,帝震怒,谓世龙讪上庇逆。械系至京,下诏狱拷掠。狱具,复
廷杖八十,斥为民。

张延龄者,昭圣太后弟也。帝必欲杀之,故世龙重得罪。后二
年,又以大猾刘东山讦告,尽斥诸刑曹郎罗虞臣、徐申等,犹以延龄
故也。

世龙家居五十年,自养亲一肉外,蔬食终身。卒之日,族人为治
衣冠葬之。

徐申,字周翰,昆山人。嘉靖初,由乡举除蕲水知县。改知上饶,
征授刑部主事。延龄之系狱也,申奏记尚书聂贤、唐龙言:“太后春
秋高,延龄旦暮戮,何以慰太后心。宜援议贵议亲例请于帝。”贤等
深然之,狱久不决。始延龄下狱,提牢主事沈棒不令入狱。置别所。
继者益宽假之,脱桎梏,通家人出入。会大猾刘东山亦系狱,上告延
龄有不轨谋。憾前主事罗虞臣笞己,因讦及棒等。帝震怒,命执先
后提牢主事三十七人付诏狱拷掠,申与焉。狱具,当输赎还职,帝命
杖之廷,尽谪外任,而斥虞臣为民。

虞臣,广东顺德人。历吏部主事。好刚疾恶。既归,结庐山中,
读书纂述。年仅三十五卒。

申既谪官,不赴,归与同里魏校、方凤辈优游啸咏为乐。久之
卒。

曾孙应聘,字伯衡,少有才名。万历十一年进士。改庶吉士,授
检讨。二十一年京察,中蜚语当谪,拂衣归。座主沈一贯当国,数招
之,不出。家居十余年,始起行人司副。迁尚宝司丞,再迁太仆少卿。
卒官。

张选,字舜举。黄正色,字士尚。皆无锡人。同登嘉靖八年进

士。正色除仁和知县，选知萧山县，又邻境也。选治萧山有声。十二年冬，先入为户科给事中。明年四月时享太庙，遣武定侯郭勋代。选上言：“宗庙之祭，惟诚与敬。孔子曰‘吾不与祭，如不祭’。传曰‘神不歆非类’。孟春庙享，遣官暂摄，中外臣心知非得已。兹孟夏裕享，倘更不亲行，则迹涉怠玩。如或圣体初复，未任趋跄，宜明诏礼官先期告庙。陛下亦宜静处斋宫，以通神觑。”帝阅疏大怒，下之礼部。尚书夏言等言：“代祭之文，载之《周官》。《语》曰‘子之所慎斋战疾’。疾当慎，无异于祭，选言非是。但小臣无知，惟陛下曲赦。”帝愈怒，责言等党比。命执选阙下，杖八十。帝出御文华殿听之，每一人行杖毕，辄以数报。杖折者三。曳出，已死。帝怒犹未释。是夕，不入大内，绕殿走，制《祭祀记》一篇。一夕镂成，明旦分赐百官。而选出，家人投良剂得苏，帝竟削选籍。选居职甫三月，遽以言得罪，名震海内。

正色是时方忧居。已，补香山，旋改南海。座主霍韬宗人横甚，正色绳以法。韬顾以为贤，豪强屏迹，县中大理。十七年召为南京御史。劾兵部尚书张瓒奸贪，事甚有迹。而中有“历官藩臬，无一善状”语，瓒言己未任藩臬。帝以诬劾，夺俸两月。明年，章圣太后梓宫南葬，命正色护视。事竣，劾中官鲍忠、驸马都尉崔元、礼部尚书温仁和所过纳馈遗。帝召诘忠等。皆叩头祈哀，因谮正色擅于梓宫前乘马执扇，及江行涉险又不随舟督护，大不敬。帝遂发怒，立捕下诏狱拷掠，遣戍辽东。

正色与选初同志相友善，至是先后以直节显。正色居戍所三十年，其颠踬穷困视选尤甚。穆宗初，起选通政参议，以年老予致仕。召正色为大理丞，进少卿，寻迁南京太仆卿，亦引年致仕。选先卒，正色后数年卒。

包节，字元达，先世嘉兴人。其父始迁华亭。节祖鼎，池州知府。为治清简，早岁乞休，为乡邑所重。节生五岁而孤，母躬教育之。登嘉靖十一年进士。授东昌推官。

　　入为御史。劾兵部尚书张瓒贪秽。出按云南。时仕者以荒徼
惮不欲往。因设告就远方之法。节言:"此曹志甘投荒,非年迫衰迟,
则家贫急禄。志在为己,岂在恤民,滇中长吏所以多不得人也。请
自今以附近选人充之,而州县佐贰始用此曹,庶吏治可举。"吏部请
以节言概行于云、贵、两广。制可。

　　以疾归。起故官,再按湖广。显陵守备中官廖斌擅威福,节欲
绳之,语先泄。斌俟节谒陵时,故献膳馐,遽使撤去,诡称节麾出之。
钟祥民王宪告斌党庇奸豪周章等,节捕章,毙之杖下。斌益怒,遂奏
节不以正旦谒陵,次日始谒,时当进膳,不旁立,亵慢大不敬。奏已
入,节始奏斌前事。帝大怒,以节抵罪,逮诣诏狱拷掠,永戍庄浪卫。

　　庄浪极边,败屋颓垣,节处之甚安。独念其母,自伤不克终养,
日饮泣。母讣至,昼夜哭。已又闻弟孝卒,抚膺曰:"谁代吾奉祀者?"
哭益悲。病死,遗言以衰绖殓。

　　孝,字元爱,后节三年成进士。由中书舍人为南京御史。疏论
礼部尚书温仁和主辛丑会试有奸弊,且劾庶子童承叙、赞善郭希
颜、编修袁炜,帝皆不问。未几,又劾巡抚孙袚、吴瀚,瀚罢去。

　　孝兄弟分居南北台,并著风采,又皆有至情。节官北不得养母,
孝遂以侍养归。母亡,哀毁骨立,未终丧卒,节亦继殒。时并称其孝。

　　谢廷蒍,字子佩,富顺人。嘉靖十一年进士。除新喻知县,征授
吏科给事中。

　　御史胡鳌言:"京师优倡杂处。请敕五城,诸非隶教坊两院者,
斥去之。"都御史王廷相等议可。帝恶鳌言亵,谪盐城丞,夺廷相等
俸。廷蒍救之,被诏切责。雷震谨身殿,疏陈修省数事,语直。帝摘
疏中讹字,停其俸。十八年偕同官曾烶、李逢、周琉谏帝南巡,忤旨。
已,给事中戴嘉猷驰疏请回銮,而车驾已发。帝大怒。甫还,即执嘉
猷并廷蒍等下诏狱,谪廷蒍云南典史。屡迁浙江金事。以侍养归,
遂不出。

隆庆元年起故官山西，俄擢河南右参议，皆不拜。吏部高其行，请得以新秩归老，许之。万历改元，四川巡抚曾省吾奏言："廷菔隐居三十年，家徒四壁，乐道著书，宜特加京秩，风励士林。"诏即加进太仆少卿。又数年卒。

王与龄，字受甫，宁乡人。嘉靖八年进士。授苏州推官。入为户部主事，调吏部，进员外郎。二十一年，迁文选郎中。澄清铨叙，所推荐皆廉静老成。

大学士翟銮为礼部主事张惟一求吏部，严嵩为监生钱可教求东阳知县，俱书抵与龄。与龄偕员外郎吴伯亨，主事李大魁、周铁，白之尚书许赞，具疏以闻。言："平时请属甚多。臣等违抗，积罪如山。非圣明覆庇，则二权奸主于中，群鹰犬和于外，臣等不为前选郎王嘉宾之斥，得为近日御史谢瑜之罢，幸矣。"疏入，銮言惟一资望应迁。嵩抵无致书事，请逮可教讯治，因言："圣明日览奏章，革弊厘奸悉宸断。而赞等妄意臣辈为之，借以修怨。然赞柔良，第受制所属耳。"帝方信嵩，又见疏中引嘉宾、瑜事，遂发怒。切责赞，除与龄名，伯亨等俱调外。给事中周怡论之，廷杖系狱。御史徐宗鲁等亦以为言，皆夺俸。自是，诸司以与龄为戒，无复敢与嵩抗。

与龄既罢，锦衣遣使侦其装，橐被外无长物，称叹而去。里居，角巾躬稼圃，悠然自得。郡人为作《平阳四贤诗》美之。四贤者，尚书韩文、陶琰、张润及与龄也。越二十余年，卒。

周铁，安汝威，榆次人。嘉靖五年进士。授行人。擢御史，巡按陕西。被俘民自塞外逃归者，边将杀以冒功。铁请下诏严禁，有报降五人以上者赏之，诏可。再按山东，特改右春坊清纪郎兼翰林院侍书。俺答将入寇，总督侍郎翟鹏以闻。铁以中枢无筹策，请早为计。帝以为浮词乱政，责降庐州府知事。旋改国子监丞，擢吏部文选主事。坐与龄发嵩等私属事，贬河间通判。已而吏部拟擢南京吏部主事，嵩言铁调官甫四月，不得骤迁，帝怒，诘责尚书许赞等，令录左降官迁擢者姓名。赞引罪,并列陈叔颐等十六人以闻。诏夺赞等俸,镌文选郎郑晓三级,铁、叔颐等褫职为民。廷臣论荐铁,以嵩在位,不复召。穆宗初,赠光禄少卿。

杨思忠,字孝夫,平定人。嘉靖二十年进士。历礼科给事中。二十九年,孝烈皇后大祥。欲预祧仁宗,祔后太庙,下廷议。尚书徐阶以为非礼,思忠力赞阶议,余人莫敢言。帝使人觇知状。及议上,严旨谯责,命阶与思忠更定,二人复据礼对。帝益怒,竟祧仁宗。阶故得帝眷,独衔思忠,每当迁,辄报罢。

逾三年,正旦日食,阴云不现,六科合疏贺。帝摘疏中语,诘为不成文,曰:“思忠怀欺,不臣久矣。”杖百,斥为民,余皆夺俸,隆庆元年起掌吏科。三迁右佥都御史,巡抚陕西。五年改南京户部右侍郎。致仕卒。

世宗晚年,进言者多得重谴。二十九年,俺答薄都城。通政使樊深陈御寇七事,中言仇鸾养寇要功。帝方眷鸾,立斥为民。四十二年正月,御史凌儒请重贪墨之罚,革虚冒之兵,搜遗佚之士。因荐罗洪先、陆树声、吴岳、吴悌。帝恶其市恩,杖六十,除名。四十五年十月,御史王时举劾刑部尚书黄光升,言:“内官季永以诉事犯乘舆,本无死比,乃拟真犯;奸人王相私阉良民者三,本无生法,乃拟矜疑。宜勒令致仕。”帝怒,命编氓口外。逾月,御史方新上言:“黄河与北狄之患,自古有之。乃今丰、沛间陆地为渠,而兴都有陵寝之忧,凤阳有冰雹之厄,河南有饥馑之灾,尧之洚水不烈于此矣。诸边将惰卒骄,寇至辄畏懦观望,而宁武有军士之变,南赣有士兵之叛,徽州诸府有矿徒窃发之虞,舜之三苗不棘于此矣。夫洚水、三苗不足为累者,以尧、舜兢业于上,而禹、皋诸臣分忧于下也。今司论纳者日献祯祥,而疆场之臣,惟冒首功,隐丧败。为国分忧者,谁也?斥罚之法,今不得不严。而陛下亦宜随事自责,痛加修省,然后灾变可息,而外患可弭也。”疏入,斥为民。

深，大同人。儒，泰州人。时举，顺天通州人。新，青阳人。穆宗嗣位，并复官。

深，寻迁刑部右侍郎。齐康之劾徐阶也，深劾康并诋高拱。时登极诏书赦死罪以下囚，而流徙已至配者，所司拘律令不遣。深言殊死犹赦，而此反不及，非所以广皇仁。诏从其议。旋进左侍郎，罢归。

儒既复御史，益发舒，亦以康事率同列劾拱。拱罢，又劾去大学士郭朴。顷之，劾罢抚治郧阳都御史刘秉仁。又以永平失事劾总督刘焘、巡抚耿随卿、总兵官李世忠罪。随卿、世忠被逮，焘贬官。隆庆二年，儒再迁右佥都御史，理山西屯盐，吏部追论其知永丰，时贪墨。遂落职闲住。

时举复官后，巡按贵州。闻给事中石星廷杖，且帝方广市珠宝，驰疏救星，极陈奢靡之害。已，请陈后还中宫。章并报闻。万历初，都给事中雒遵，御史景嵩、韩必显论谭纶被谪，时举抗章救之。历大理左少卿。

新终湖广参议。

赞曰：贾山有言："忠臣之事君也，言切直则不用而身危。""然切直之言，明主之所亟欲闻，忠臣之所蒙死而竭知也。"邓继曾诸人箴主阙，指时弊，言切直矣，而杖斥随之。伊尹曰："有言逆于汝心，必求诸道。"有旨哉，有旨哉。

明史卷二○八
列传第九六

张芹　　汪应轸　　萧鸣凤

_{高公韶}　齐之鸾　　袁宗儒

许相卿　　顾济　_{子章志}　章侨

余珊　_{汪珊}　韦商臣　　黎贯

_{王汝梅}　彭汝实　　郑自璧　　戚贤

刘绘　_{子黄裳}　钱薇　　洪垣　_{方瓘}

_{吕怀}　周思兼　　颜鲸

　　张芹，字文林，峡江人。弘治十五年进士。授福州推官。正德中，召为南京御史。

　　宁夏既平，大学士李东阳亦进官荫子。芹抗疏曰：“东阳谨厚有余，正直不足；儒雅足重，节义无闻。逆瑾乱政，陈阳为顾命大臣，既不能遏之于始，及恶迹既彰，又不能力与之抗。脂韦顺从，惟其指使。今叛贼底平，东阳何力？冒功受赏，何以服人心。乞立赐罢斥，夺其加恩，为大臣事君不忠者戒。”疏出，东阳涕泣不能辩。帝责芹沽名，令对状。芹请罪，停俸三月。

　　给事中窦明言事下狱，芹疏救之。帝尝驰马伤，编修王思切谏，坐远戍。芹曰："彼非谏官尚尔，吾侪可坐视乎！"遂上疏曰："孟子言'从兽无厌谓之荒'。老聃曰'驰骋田猎，使人心发狂'。心狂志荒，何事不忘？皆甚言无益有害也。今轻万乘之尊，乘危冒险，万一有不可讳，皇嗣未诞，如宗庙社稷何！"帝不省。

寻出为徽州知府。宁王宸濠反，言者以芹家江西，虑贼劫其亲属，取道出徽。乃改知杭州。已，复还徽州。嘉靖初，迁浙江海道副使。历右参政、右布政使。坐为海道时倭人争贡误伤居民，罢归。

芹事继母孝，持身俭素，枲袍粝食终其身。

汪应轸，字子宿，浙江山阴人。少有志操。正德十二年成进士，选庶吉士。

十四年诏将南巡。应轸抗言："自下诏以来，臣民彷徨，莫有固志。临清以南，率弃业罢市，逃窜山谷。苟不即收成命，恐变生不测。昔谷永谏汉成帝，谓'陛下厌高美之尊号，好匹夫之卑字。数离深宫，挺身晨夜，与群小相逐。典门户奉宿卫者，执干戈而守空宫'。其言切中于今。夫谷永，谐诿之臣；成帝，庸暗之主。永言而成帝容之。岂以陛下圣明，不能俯纳直谏哉？"疏入，留中。继复偕修撰舒芬等连章以请。跪阙门，受杖几毙。

教习竣，拟授给事中，有旨补外，遂出为泗州知府。土瘠民惰，不知农桑，应轸劝之耕，买桑植之。募江南女工，教以蚕缫织作。由是民足衣食。帝方南征，中使驿骚道路。应轸率壮夫百余人列水次，舟至，即挽之出境。车驾驻南京，命州进美妇善歌吹者数十人。应轸言："州子女荒陋，无以应敕旨。臣向募有桑妇，请纳之宫中，传受蚕事。"事遂寝。

世宗践阼，召为户科给事中。山东矿盗起，掠东昌、兖州，流入畿辅、河南境。应轸奏言："弭盗与御寇不同。御寇之法，驱之境外而已。若弭盗而纵使出境，是嫁祸于邻国也。凡一方有警，不行扑灭，致延蔓他境者，俱宜重论。"报可。在科岁余，所上凡三十余疏，咸切时弊。以便养，乞改南，遂调南京户科。张璁、桂萼在南部，方议追尊献皇帝。雅知应轸名，欲倚以自助。应轸与议不合，即奏请遵礼经、崇正统，以安人心。不报。

嘉靖三年春，出为江西佥事。居二年，具疏引疾，不俟命而归，为巡按所劾。诏所司逮问。应轸自陈亲老，鲜兄弟，乞休侍养。吏部为之请，乃免逮。久之，廷臣交荐。起故官，视江西学政。父艰归，病卒。

萧鸣凤，字子雍，浙江山阴人。少从王守仁游。举乡试第一。正德九年成进士，授御史。副使胡世宁下狱，抗章救之。同官内江高公韶劾王琼误边计，言："松潘副将吴坤请增设总兵于成都，琼即以坤任之。花当本我属卫，日凭陵。由本兵非人，致小丑轻中国。"琼怒，奏讦公韶。中旨责公韶阴结外蕃，交通间谍，令首实。鸣凤上疏曰："公韶劾琼，所论者天下之事。琼不当逞愤恣辩，以箝谏官口。"中旨责鸣凤党庇，而谪公韶富民典史。鸣凤又劾江彬恃宠恣肆，蔓将难图。士论壮之。寻巡视山海诸关。武宗将出塞捕虎，鸣凤疏谏，因具陈官司掊克，军民疾苦状。不报。引疾归。

起督南畿学政。诸生以比前御史陈选，曰"陈，泰山；萧，北斗"。嘉靖初，迁河南副使，仍督学政。考察拾遗被劾。吏部惜其学行，调为湖广兵备副使。明年复改督广东学政。鸣凤三督学政，廉无私。然性刚狠，以愤挞肇庆知府郑璋。璋惭恚，投劾去，由是物论大哗。八年考察，两京言官交章论，坐降调。已，与璋相诋讦。皆下巡按御史逮治。鸣凤遂不出。

公韶，正德中为御史，尝劾总兵官郭勋罪。朵颜花当入寇，又劾总兵官遂安伯陈镗、中官王欣、巡抚王倬，镗坐解职。世宗立，起谪籍。历右副都御史，巡抚江西。终户部右侍郎。

齐之鸾，字瑞卿，桐城人。正德六年进士。改庶吉士，授刑科给事中。

十一年冬，帝将置肆于京城西偏。之鸾上言："近闻有花酒铺之设，或云车驾将临幸，或云朝廷收其息。陛下贵为天子，富有四海，乃至竞锥刀之利，如倡优馆舍乎？"应州奏捷，帝降敕"总督军务威武大将军总兵官朱寿剿寇有功，宜特加公爵"。制下，举朝大骇。之鸾偕诸给事中上言："自古天子亦有亲临战阵勘定祸乱者。成功之后，不过南面受贺，勒之金石，播之歌颂已耳，未有加爵酬劳，如今日之颠倒者。不知陛下何所取义，为此不祥之举，以骇天下耳目，贻百世之讥笑也。"

未几，请召还编修王思，给事中张原、陈鼎，御史周广、高公韶、李熙、徐文华、李稳、施儒、刘寓生，金事韩邦奇、评事罗侨，皆不听。帝将巡边，复自称威武大将军。御史袁宗儒疏谏，大学生杨廷和、蒋冕、毛纪以去就争。之鸾偕同官言："三臣居师保之重，身系安危，迩者先后称疾。今六飞临边逾月矣，宗庙社稷夏官万姓寄空城中。人心危疑，几务丛积，复杜门求决去。万一事起仓猝，至于偾败，三臣将何辞谢天下。乞陛下以社稷为重，亟返宸居，与大臣共图治理。"已而御史李润等复争之，卒不省。

之鸾再迁兵科左给事中。中官马永成死，诏授其家九十余人官。之鸾言："永成贵显，用事十有余年，兄弟子侄皆高爵美官。而其侪复为陈乞，将及百人。永成何功，恩滥如此，恐天下闻而解体也。"帝将南巡，之鸾偕同官及御史杨秉中等交章力谏。章入二日，未报。之鸾等不知所出，伏阙俟命，自辰至申。帝令中官传谕，乃退。明日托疾免朝，欲以为之鸾等罪。会诸曹郎黄巩等联章力谏，乃止不行。然巩等下狱杖谴，之鸾辈亦不敢救也。宸濠反，张忠、许泰等南征，命之鸾偕左给事中祝续从军纪功，未至，贼已灭。群小忌王守仁，谮毁百端，之鸾力白其诬。忠、泰广搜逆党，株引无辜，之鸾多所开释。且请蠲田租、停力役、宽逋负，帝颇采纳。初冒徐姓，至是始复焉。

世宗践阼，首上疏言："祖宗法制，悉纷更于群小。补救之道，在先定圣志，次广言路。先朝元凶虽去，根据盘互，连蔓滋多，犹恐巧相营结,或邀定策之赏,或假迎扈之劳,以取怜固宠。天下事岂堪若辈更坏。言者久遏于权奸,欲吐忠鲠澧愤之气,必有不顾忌讳,至于逆耳者,在嘉纳而优容之。若稍或抑裁,则小人又乘之以仇忠直。言路一塞,不可复开,大为新政累矣。陛下诚举迩年乱政,尽返其初,中兴之烈可以立睹。"帝嘉纳之。又劾许泰及兵部尚书王宪,二人竟获谴。

其秋,大计京官,被中伤,谪崇德丞。屡迁宁夏佥事。饥民采蓬子为食,之鸢为取二封,一进于帝,一以贻阁臣。且言时事可忧者三,可惜者四,语极切。帝付之所司。时方大修边墙,之鸢董役。巡抚胡东皋称其能,举以自代。历河南、山东副使。召为顺天府丞。未行,盗发,留镇抚。寻擢河南按察使。卒官。

袁宗儒,字醇夫,雄县人。正德三年进士。授御史。十二年冬,帝在大同。以郊祀将回銮,既而复止。宗儒率同官力谏。明年夏,孝贞纯皇后将葬,帝还京。宗儒等复引灾异,力请罢皇店,遣边兵,既又谏帝巡边。语极危切。皆不报。擢大理寺丞。嘉靖三年争"大礼",廷杖。历官右佥都御史,巡抚贵州。吏部尚书桂萼议宗儒改调,遂解职归。未几,起郧阳,改山东。坐属吏赈饥无术,不能觉察,罢免。以荐起左副都御史。扈跸承天,还京卒。

许相卿,字伯台,海宁人。正德十二年进士。世宗立,授兵科给事中。宦官张锐、张忠有罪论死,帝复宽之。佥事中顾济疏争,帝下所司议,卒欲宽其死。相卿言:"天下望陛下为孝皇,陛下奈何自处以正德。"帝议加兴献帝皇号,相卿复争之。

嘉靖二年,诏荫中官张钦义子李贤为锦衣世袭指挥。相卿言:"于谦子冕只锦衣千户,王守仁子正宪只锦衣百户。贤中官厮养,反过之。忠勋大臣裔曾不若近幸奴,殉国勤事之臣谁不解体?部臣彭泽,科臣许复礼、安磐相继言之,悉拒不纳。毋乃重内侍而轻士大夫哉!"

寻复言:"天下政权出于一则治,二三则乱;公卿大夫参议则治,匪人僭干则乱。陛下继统之初,登用老成,嘉纳忠谠,裁抑侥幸,窜殛憸邪,可谓明且刚矣。曾未再期,偏听私昵,秕政及行,明少蔽,刚少逊,操权未得其术,而阴伺旁窃者得居中制之。如崔文以左道罔上,师保台谏言之而不听。罗洪载守职逮系,廷臣疏七十上而不行。近又庇崔文奴夺法司之守,斥林俊以违旨,怒言官之奏扰。事涉中人,曲降温旨,犯法不罪,请乞必从。此与正德朝何异哉!俊,国之望也,其去志决矣。俊去,类俊者必不留。陛下将与二三近习私人共理天下乎?今日天下,与先朝异。武宗时,势已阽危,然元气犹壮,调剂适宜,可以立起,何也?承孝宗之泽也。今日病虽稍苏,而元气已竭,调济无方,将至不起,何也?承武宗之乱也。伏愿深察乱机,收还政柄,取文辈置之重典。然后务学亲贤,去逸远色,延访忠言,深恤民隐。务使宫府一体,上下一心,而后天下可为也。"同官赵汉等亦皆以文为言,帝卒不听。未几,以给事中李学曾、章侨,主事林应骢皆言事夺俸,复上疏谏。指帝气骄志怠,甘蹈过愆,词甚切。

为给事三年,所言皆不听,遂谢病归。八年,诏养病三年以上不赴都者,悉落职闲住,相卿遂废。夏言故与同僚相善。既秉政,招之,谢不应。

顾济,字舟卿,昆山人。正德十二年进士。授行人,擢刑科给事中。

武宗自南都还,卧病豹房,惟江彬等侍。济言:"陛下孤寄于外,两宫隔绝,骨肉日疏。所恃以为安者,果何人哉?汉高帝卧病数日,樊哙排闼,譬以赵高之事。今群臣中岂无唅忧者。愿陛下慎择廷臣更番入直,起居动息咸使与闻。一切淫巧戏剧,伤生败德之事,悉行屏绝,则保养有道,圣躬自安。"不报,再逾月而帝崩。

世宗即位之月,济上疏曰:"陛下践阼,除弊纳谏,臣民踊跃,思见德化之成。然立法非难,守法为难;听谏非难,乐谏为难。今新政所厘，多不便于奸豪权幸。臣恐盘据既深，玩纵未已，非依怙宫闱，必请托左右。持法不固，则此辈将丛聚而坏之。此守法之难也。唐太宗贞观初，每导群臣使言，及至晚年，谏者乃多忤旨。陛下首辟言路，臣工靡不因事纳忠。高远者似涉于迂阔，切直者或过于犯颜。若怒其犯颜，其言必不入；视为迂阔，则计必不行。此乐谏之难也。”寻复言：“内臣张雄、张锐等，诖误先帝，业已逮治，又获宽假。愿断以大义，俾无所售奸。”帝颇嘉纳。既又劾司礼萧敬党庇锐等，而三法司会讯依违，无大臣节。不听。帝欲加兴献帝皇号，济言不可。寻请侍养归，越数年卒。

子章志，嘉靖三十二年进士。累官南京兵部侍郎。奏减进奉马快船额，南都人祀之。

章侨，字处仁，兰溪人。正德十二年进士。授行人。

嘉靖元年擢礼科给事中。疏劾中官萧敬、芮景贤等。又言：“三代以下正学莫如朱熹。近有聪明才智，倡异学以号召，天下好高务名者靡然宗之。取陆九渊之简便，诋朱熹为支离。乞行天下，痛加禁革。”御史梁世骠亦言之。帝为下诏申禁。

寻又请依祖宗故事，早朝班退，许百官以次启事。经筵日讲，赐清问，密勿大臣勤召对。又简儒臣十数人，更番值便殿，以备咨访。上纳其言，而不能用。奸人何渊请立世室于太庙东北，侨力言其不可。未几，又言：“添设织造内臣，贪横殊甚。行户至废产鬻子以偿。惟急停革，与天下更始。”疏入，不省。又因条列营务，劾定国公徐光祚、阳武侯薛伦不职，伦遂解任。寻请斥张璁、霍韬等，不听。

孝陵司香谷大用乞还京治疾。侨言：“大用初连逆瑾，后引宁、彬，树‘八党’之凶，酿十六年之祸，至先帝不得正其终。若不早遏绝，恐乘间伺隙，群凶竞起，不至复乱天下不止。”章下所司。吴廷举请召家居大臣议礼，侨劾其阴附邪说。孟秋时享太庙，帝遣京山侯催元。侨言：“奉命临时，仓皇就位，诚敬何存？”帝怒，夺其俸二月。

历礼科左给事中。出知衡州府,终福建布政使。

余珊,字德辉,桐城人。正德三年进士。授行人,擢御史。庶吉士许成名等罢教习,留翰林者十七人。珊以为滥,疏论之。语侵内阁,不纳。乾清宫灾,疏陈弊政,极指义子、西僧之谬。巡盐长芦,发中官奸利事。为所诬,械系诏狱,谪安陆判官。移知沣州。

世宗立,擢江西佥事,讨平梅花峒贼。迁四川副使,备兵威、茂。嘉靖四年二月应诏陈十渐,其略曰:

陛下有尧、舜、汤、武之资,而无稷、契、伊、周之佐,致时事渐不克终者有十。

正德间,逆瑾专权,假子乱政,不知纪纲为何物,幸陛下起而振之。未几而事乐因循,政多苟简,名实乖谬,宫府异同,纷拏泄沓。以为在朝廷而不在朝廷,以为在宫省而不在宫省,遂至天子以其心为心,百官万民亦各以其心为心。此纪纲之颓,其渐一也。

正德间,士大夫寡廉鲜耻,趋附权门,幸陛下起而作之。乃今则前日之去者复来,来者不去。自夫浮沉一世之人擢掌铨衡,首取软美脂韦。重富贵薄名检者,列之有位,致谀佞成风,廉耻道薄。甚者侯伯专纠弹。罢吏议礼乐。市门复开,贾贩仍旧。此风俗之坏,其渐二也。

正德间,国柄下移,王灵不振,是以有安化、南昌之变,赖陛下起而整肃之。乃塞上戍卒近益骄恣。暴杀许巡抚而姑息,顷遂杀张巡抚而效尤。暴缚贾参将以立威,近又缚桂总兵而报怨。致榆关妖贼效之而戕主事,北边库吏仿之而贼县官。陛下惑鄙儒姑息之谈,牵俗吏权宜之计,遂使庙堂号令出于二三戍卒之口。此国势之衰,其渐三也。

自逆瑾以来,以苞苴易将帅,故边防尽坏,赖陛下起而申严之。然积弊已久,未能骤复。今朵颜蹢躅于辽海,羌戎跳梁于西川,北狄蹂躏于沙漠。寇势方张,而食肉之徒不能早见预料,及求制驭之方,乃假镇静之虚名,掩无能之实迹。甚且诈饰捷功,滥邀赏赉,虚张劳伐,峻取官阶,而塞上多事日甚。此外裔之强,其渐四也。

自逆瑾以来,尽天下之脂膏,输入权贵之室。是以有刘、赵、蓝、鄢之乱,赖陛下起而保护之。乃近年以来,黄纸蠲放,白纸催征;额外之敛,下及鸡豚;织造之需,自为商贾。江、淮母子相食,兖、豫盗贼横行,川、陕、湖、贵疲于供饷。田野嗷嗷,无乐生之心。此邦本之摇,其渐五也。

正德朝,衣冠蒙祸,家国几空,幸陛下起而收录之。乃未几而狂瞽之言,一鸣辄斥。昔犹谪迁外任。今或编配遐荒。昔犹禁锢终身,今至棰死殿陛。盖自吕楠、邹守益等去而殿阁空,顾清、汪俊等去而部寺空,张原、胡琼等死而言路空。间有一二忠直士,又为权奸排挤而违之,俾不通,致陛下耳嚣目眩,忽不自其在鲍鱼之肆矣。此人才之雕,其渐六也。

正德朝,奸邪迭进,忠谏不闻,幸陛下起而开通之。顾阅时未久,而此风复现。降心未惩其愤,逆耳或劲诸颜。不剿说而折人以言,即臆度而虞人以诈。朝进一封,暮投千里。甚至三木囊头,九泉含泣。此言路之塞,其渐七也。

正德朝,忠贤排斥,天下几危,赖陛下起而主持之。岂期一转瞬间,憸邪投隙而起。饰六艺以文奸言,假《周官》而夺汉政。坚白异同,模棱两可。是盖大奸似忠,大诈似信。王莽匿情于下士之日,安石垢面于入相之初。虽有圣哲,谁其辨之。臣恐正不敌邪,群阴日盛。此邪正之淆,其渐八也。

正德之世,大臣日疏,小人日亲,致政事乖乱,赖陛下绍统,堂廉复亲。乃自大礼议起,凡偶失圣意者,谴谪之,鞭笞之,流窜之,必一网尽焉而后已。由是小人窥伺,巧发奇中,以投主好,以弋功名。陛下既用先入为主,顺之无不合,逆之无不怒。由是大臣顾望,小臣畏惧,上下乖戾,寖成暌孤,而泰交之风息矣。此君臣之暌,其渐九也。

正德之世,天鸣地震,物怪人妖,曾无虚岁,赖陛下绍统,灾异始除。乃顷岁以来,雨雹杀禽兽,雷风拔树屋,妇人产子两头,无极昼晦如夜,四方旱潦,奏报不绝,曾何异正德之季乎。且京师阴霾,上薄太阳,白昼冥冥,罕有晕采,尤为可畏。此灾异之臻,其渐十也。

此十者,天子有一,无以保四海。陛下圣明,何以致此,无乃辅弼召之欤。窃见今日之为辅弼第一人者,徒以奸佞,伴食怙恩。致上激天变,下召民灾,中失物望。臣逆知在其非天下之第一流,而陛下乃任信之,不至于鱼烂不已。愿亟去其人,更求才兼文武如前大学士杨一清,老成厚重如今大学士石宝者,并置左右,庶弊政可除,天下可治。

臣又闻献皇帝好贤下士,容物恕人,天下所共知也。今议礼诸臣,一言未合,辄以悖逆加之。谪配死徙,朝宁为空。此岂献皇帝意。苟非其意,虽尊以天下,无当也。陛下何不起而用之,使骏奔清庙,以慰献皇帝在天之灵哉。

疏反复万四千言,最为剀切,帝付之所司。其所斥辅弼第一人,谓费宏也。

珊律己清严,居官有威惠。外艰归,士民祠之名宦。后副使胡东皋谒祠,独顾珊叹曰:“此吾师也。”服阕,以故官莅广东。终四川按察使。

先是,有御史汪珊者,于嘉靖元年七月疏陈十渐。略言:“陛下初即位,天下忻然望治,迩来渐不如初。初每事独断,今戚里左右,或潜移阴夺。初每事咨访大臣,今礼貌虽隆,而实意日疏。初罢诸不经淫祠,今稍稍议复。初屏绝玩好,今教坊诸司或以新声巧伎进。初日览奏章,今或置不省,辄令左右可否。初厘革冗食冗费,今腾骧勇士不行核实,御马实数不得稽察。初裁革锦衣冒滥,今大臣近侍以迎立授世荫,旧邸旗校尽补亲军。初中官有罪,惩以成法,今犯者多贷死,举朝争不得。初中官有过不复任用,今镇守守备营求易置,幸门复启。初纳谏如流,今政事不便者,言官论奏,直曰'有旨',迤迤拒人。"帝颇纳其说。未几,出为河南副使,历官至南京户部右侍郎。

珊,字德声,贵池人。正德六年进士。巡抚贵州时,讨都匀叛苗有功。

韦商臣,字希尹,长兴人。嘉靖二年进士。授大理评事。明年冬,商臣以"大礼"初定,廷臣下吏贬谪者无虚日,乃上疏曰:"臣所居官,以平狱为职。乃自授任以来,窃见群臣以议礼忤旨者,左迁则吏部侍郎何孟春一人,谪戍则学士丰熙等八人,杖毙则编修王思等十七人,以咈中使逮问,则副使刘秉鉴,布政马卿,知府罗玉、查仲道等十人,以失仪就系,则御史叶奇、主事蔡乾等五人,以京朝官为所属讦奏下狱,则少卿乐頀、御史任洛等四人。此皆不平之甚,上干天象,下骇众心。臣窃以为皆所当宥。况比者水旱疫疠,星陨地震,山崩泉涌,风雹蝗蝻之害,殆遍天下,有识莫不寒心。及今平反庶狱,复戍者之官,录死者之后,释逮系者之囚,正告讦者之罪,亦弭灾禳患之一道也。"帝责以沽名卖直,谪清江丞,量移德安推官。

迁河南佥事。讨平永宁巨寇,以功受赏。伊王虐杀其妃,商臣论如律。尝治里居给事中杜桐杀人罪。桐构之吏部尚书汪铉。甫迁四川参议,遂以考察落职归。言官薛宗铠、戚贤、戴铣辈交章救,不纳。家居数十年,卒。

黎贯,字一卿,从化人。正德十二年进士。改庶吉士,授御史。刷卷福建,劾镇守内官尚春侵官帑状,悉追还之。

世宗入继,贯请复起居注之制,命词臣编类章奏备纂述,从之。登极诏书禁四方贡献,后镇守中贵贡如故。贯上言:"陛下明诏甫颁,而诸内臣曲说营私,希恩固宠。其假朝命以征取者谓之额,而自挟以献者谓之额外,罔虐百姓,致朝廷之泽壅而不流。非所以昭大信,彰君德也。"

　　嘉靖二年，帝从玉田伯蒋轮请，于承天立兴献帝家庙，以轮子荣奉祀。贯言：“陛下信一谀臣之说，委祀事于外戚。神不歆非类，献帝必将吐之。”不听，寻疏言：“国初，夏秋二税，麦四百七十一万，而今损九万。米二千四百七十三万，而今损二百五十万。以岁入则日减，以岁出则日增。乞敕所司通稽祖宗以来赋额及今日经费之数，列籍上闻。知赋入有限，则费用不容不节。”帝嘉纳焉。

　　出按江西，父丧归。久之，起故官。会帝从张孚敬议，去孔子王号，改称先师，并损笾豆佾舞之数。编修徐阶以谏谪。御制《改正祀典说》，颁示廷臣，而孚敬复为《祀典或问》以希合帝意。议已定，贯率同官合疏争之。帝震怒，曰：“贯等谓朕已得尊皇考为皇帝，孔子岂反不可称王，奸逆甚矣。其悉下法司按治。”于是都御史汪鋐言：“比者言官论事，每挟众以凌人曰‘此天下公议也’，不知倡之者只一人。请究倡议之人，明正其罪。”帝然之。已而刑部尚书许赞等上其狱，当赎杖还职，帝特命褫贯为民。久之，卒于家。

　　方贯等上疏时，礼科都给事中华阳王汝梅亦率同官抗论，且曰：“陛下万几之余，留神典礼，甚盛举也。但恐生事之臣望风纷起，今日献一议，谓某制当革，明日进一说，谓某制当复，国家自此多事矣。况祖宗成法，守之百六十年，纵使少不如古，循而行之，亦未为过，何必纷纷事更易乎？”帝览奏，斥其违旨，以《祀典说》示之。

　　汝梅，字济元，由行人历礼科都给事中。八年二月，以灾异求言。汝梅言：“比来章奏多逢迎，请分别忠佞，毋信谀言。大臣奏事，近多留中，请悉付之公论。人主之学，词命非所重。今一事之行，动烦宸翰，亦少亵矣。宜仿祖宗故事，时御平台，召见宰执，面决大议，既省笔札之劳，且绝壅蔽之害。”疏入，忤旨。及夏言请分祀天地，汝梅复偕同官力争。寻出为浙江参政，卒官。

　　彭汝实，字子充，嘉定州人。正德十六年进士。授南京吏科给事中。嘉靖三年疏言：“九江盗起，杀伤官军。操江伍文定不即议剿，应城伯孙钺拥兵不出,俱宜切责。"帝并从之。吕楠、邹守益下狱,汝实抗章救。又因灾异上言:"迩者黄风黑雾,春旱冬雷,地震泉竭,扬沙雨土。加以群小盛长,盗贼公行,万民失业。木异草妖,时时见告。天变于上,地变于下,人物变于中,而修省之诏无过具文。廷陛之间,忠邪未辨,以逢迎为合礼,以守正为沽直。长鲸巨鲕决网自如,腴田甲第横赐无已。陛下春秋已逾志学,而经筵进讲略无问难,黄阁票拟依常批答。弃燕闲于女宠,委腹心于貂珰。二廖诸张尚然缓死,李隆、苏晋竟得无他。如此而望天意回,人心感,不可得矣。"

大学士费宏以子坐事被论不出,礼部侍郎温仁和以庆王台浤事听勘。汝实言宜听二臣避位,以明进退之义,因荐石宝、罗钦顺、顾清、蒋冕可代宏、李廷相、崔铣、湛若水、何瑭、许诰可代仁和。章下所司。

奸人王邦奇之讦杨廷和、彭泽也,汝实言:"邦奇先后两疏,始为惶骇之语,终杂鄙亵之辞。中所引事,多颠倒淆惑,至谓费宏、石宝夜入杨一清门。今不闻召问一清,一清又久不为白,何也?陛下即位之初,廷和裁省冗员数万,坐此丛怒罢去。今其长子业以狂愚发遣,亦可已矣。而群小蓄忿,蔓连不已,并其次子及婿又复下狱。夫诬告之律,视其所诬轻重反坐,此国法也。愿追究主使之人,与告人同罪,毋令苟免,贻讥外蕃。"不听。

汝实数言时政缺失,又尝力争"大礼",为璁、萼等所恶。以亲老再疏请改近地教职,而举贡士高任说、王表自代。章下,吏部承璁、萼指,言:"汝实倡言鼓众,挠乱大礼,且与御史方凤、程启充朋党通贿。自知考察不容,乃欲辞尊居卑,不当听其幸免。"遂夺职闲住。与启充及徐文华、安磐皆同里,时称"嘉定四谏"。

郑自璧,字采东,祥符人,隶籍京师。正德十二年进士。改庶吉士,除工科给事中。

世宗践阼,中外竞言时政。自璧请采有关化理者,类辑成书,以备观览,从之。初,正德中,奄人多夺民业为庄田,至是因民诉,遣使往勘。自璧复备言其弊，帝命勘者严治，民患稍除。嘉靖二年，后父陈万言辞黄华坊赐第，请西安门外新宅，诏予之。自璧以所请宅已鬻之民，不当夺，与安磐力争，不听。明年争"大礼"受杖。

三迁至兵科都给事中。中官李能以修墩堡为词，请定山海关税额。中官张忠、尚书金献民等论甘肃功，荫子锦衣，其下参随皆进秩。镇守江西中官黎鉴，参随逾常额。中官武忠从子英冒功，擢副千户。锦衣官裁革者多夤缘复职，而司礼监奏收已汰诸匠近五百人。孝陵净军于喜擅赴京奏辨。安边伯许泰戍死，其子请袭祖职。中官扶安黄英先后死，官其亲属。自璧皆抗疏争，帝多不听。尝偕同官劾郭勋奸贪。及李福达事起，复劾勋交结妖人。帝以勋故，降旨责自璧。六年三月，宣府失事。复劾总兵传铎，并及镇守中官王玳、巡抚周金、副将时陈等罪。铎逮问，陈褫寇带，而玳、金责立功赎罪。礼部侍郎桂萼请起王琼于边。自璧率同官与御史谭缵等言琼罪宜追治，萼引奸邪，请并论，不纳。

自璧最敢言，所言皆权幸，直声震朝野。侧目者共为蜚语，闻于上。吏部以资推太仆少卿，不用。至是科道共劾，中旨降二级，调外任，遂谪江阴县丞。命下，大臣幸其去，无救者。后廷臣屡论荐，竟不召。

戚贤，字秀夫，全椒人。嘉靖五年进士。授归安知县。县有萧总管庙，报赛无虚日。会久旱，贤祷不验，沉木偶于河。居数日，舟过其地，木偶跃入舟，舟中人皆惊。贤徐笑曰："是特未焚耳。"趣焚之。潜令健隶入岸傍社，诫之曰："水中人出，械以来。"已，果获数人。盖奸民募善泅者为之也。

知府万云鹏操下急，贤数忤之。当上计，有毁云鹏者，将被黜。贤走吏部白其枉，云鹏竟得免。而尚书桂萼独心异贤，丧去，起知唐县。召为吏科给事中。

十四年春，当大计外吏。大计罢者，例永不用，而是时言事诸臣忤柄臣意，率假计典锢之。贤乃先事言所黜有未当者，宜听言官论救。帝称善，从其请。会参议王存、韦商臣言事忤要人，前给事中叶洪劾汪铉被谪，果在黜中。贤方勘事陕西，给事中薛宗铠因据贤疏伸救。吏部持不可，帝遂命已之。及贤还朝，以铉恣横，实张孚敬庇之，乃条其罪状曰："辅臣孚敬布腹心以操吏部之权，悬利害以箝言官之口。即如考察一事，陛下曲听臣言，许其申雪，正防大臣行私也。今言官为洪等辩救，孚敬乃曲庇冢臣，巧言阻遏，陛下有尧、舜知人之明，辅臣负伯鲧方命之罪。放流之典具在，惟陛下以威断之。"帝内嘉贤言，而重违孚敬、铉意，洪等竟不复。

再以丧去。补刑科都给事中。夏言柄国，会当选庶吉士，不能无所徇。贤疏陈请属之弊。帝纳其言。久之，劾郭勋吞噬遍天下。太庙灾，复劾勋及尚书张瓒、樊继祖等，而荐闻渊、熊浃、刘天和、王畿、程文德、徐樾、万镗、吕楠、魏校、程启充、马明衡、魏良弼、叶洪、王臣可任用。言滋不悦，激帝怒，谪山东布政司都事。诸被荐者皆夺俸。

贤寻以父老自免。归十余年，卒。贤少闻王守仁说，心契之。及官于浙，遂执弟子礼。

刘绘，字子素，一字少质，光州人。祖进，太仆少卿。绘长身修髯，磊落负奇气。好击剑，力挽六石弓。举乡试第一，登嘉靖十四年进士，授行人，改户科给事中。

二十年诏两京言会荐边才。给事中邢如默等荐毛伯温、刘天和等二十人，而故御史段汝砺、副都御史翟瓒、参议王洙与焉。绘言："汝砺乃大学士翟銮姻戚，瓒、洙则夏言谕指如默排群议而荐之者。相臣挟权以遏言官，言官惧势而咈公议，上下雷同，非社稷福。乞罢銮、言，罪如默，为徇私植党者戒。"帝是其言，出如默于外。言适罢政，銮置不问。

明年，寇大入山西。绘上疏曰："俺答方强，必为腹心患。议者谓易守不宜战，以故边将多自全，或拾残骑报首功。督巡诸臣亦第列士马守要害，名曰清野，实则避锋；名曰守险，实则自卫。请专任翟鹏,得便宜从事。驰发宣、大、山西士马,合十七八万人。三路并举,有进无退,寇虽多,可计日平也。"帝壮其言。令假鹏便宜,得戮都指挥以下。然鹏竟不能出塞。顷之,劾山西巡抚刘臬结纳夏言,且请罢吏部尚书许瓒、宣府巡抚楚书。臬、书由是去职。

绘两劾言,言憾之,出为重庆知府。土官争地相仇,檄谕之,即定。上官交荐,而言再入政府,属言者论罢之。家居二十年,卒。

子黄裳,兵部员外郎。倭陷朝鲜,命赞划侍郎宋应昌军务。渡鸭绿江,抵平壤,大败贼兵。贼遁,黄裳追逐,又连破之。录功,进郎中。

钱薇,字懋垣,海盐人。嘉靖十一年进士。受业湛若水。官行人,泊然自守。与同年生蒋信辈朝夕问学。擢礼科给事中。请令将帅家丁得自耕塞下田,毋征其赋,总督大臣假便宜,专制阃外。格不行。又疏劾大学士李时、礼部尚书夏言、工部尚书温仁和、外戚蒋轮。

进右给事中。郭勋请复镇守内官,擅易置宿卫将校。薇愤,疏其不法七事。帝眷勋,然素知其横,两不问。已,因星变,极言主德之失,帝深衔之未发。疏谏南巡,坐夺俸。内阁夏言辈所选官僚,多以徇私劾罢。薇偕同官吕应祥、任万里乞如会推故事,集内阁九卿公举。帝特命并斥为民。累荐,皆报寝。

集乡里晚进与讲学,足迹不及公府。倭患起,请于巡抚王忬,集兵为备。乡人德之。卒,年五十三。隆庆初赠太常少卿。

洪垣,字峻之,婺源人。嘉靖十一年进士。礼部侍郎湛若水讲学京师,垣受业其门。授永康知县,征授御史。

十八年,世宗南巡,册立皇太子,命阁臣夏言、顾鼎臣选宫僚。垣再疏言温仁和、张衍庆、薛侨、胡守中、屠应埈、华察、胡经、史际、白悦、皇甫涍等皆庸流,不可使辅导青宫。帝亦已从他谏官言,废黜者数人。未几，劾"文选郎中黄祯先贿选郎杨育秀，得为考功。及居文选，贪婪欺罔。知州王显祖等考察调简，而补大州。知县何瑚年过六十，而选御史。皆非制。今当大计京官，乃以猥琐之曹世盛为考功郎，误国甚"。帝下其章都察院，令会吏科参核。乃下祯诏狱，及育秀、显祖等，咸斥为民。因诘责吏部尚书许赞、都御史王廷相，而令十三道御史公举隐年冒进若瑚者。御史王之臣等坐调者四人，世盛亦改他部。垣一疏，而御史、曹郎以下得罪者至二十余人。

出按广东。以安南款附，增俸一级。未竣，出为温州知府。岁饥，有闭籴者，饥民杀之，垣坐落职归。复与同里方瓘往从若水，若水为建二妙楼居之。家食四十余年，年九十。

瓘绝意仕进。尝自广东还，同行友瘴死。舟中例不载尸，瓘秘不以告，与同寝累日，至韶州始发之。

垣同年吕怀，广信永丰人，亦若水高弟子。由庶吉士授兵科给事中，改春坊左司直郎，历右中允，掌南京翰林院事。每言王氏之良知与湛氏体认天理同旨，其要在变化气质。作《心统图说》以明之。终南京太仆少卿。

周思兼，字叔夜，华亭人。少有文名。嘉靖二十六年进士。除平度知州。躬巡郊野，坐蓝舆中，携饭一盂，令乡民以次舁行。因尽得闾阎疾苦状，悉蠲除之。王府奄人纵庄奴夺民产，监司杖奴毙，奄迫王奏闻，巡抚彭黯令思兼谳之。王置酒欲有所嘱，竟席不敢言。思兼阅狱词曰："此决杖不如法。罪当杖，以王故，加一等。奄诬告，罪当戍，以王故，末减。"监司竟得复故秩。边郡饥民掠食，所司持之急，且为乱，上官檄思兼治之，作小木牌数千散四郊，令执牌就抚，悉赈以钱谷，事遂定。入觐，举治行第一，当迁。州人走阙下以请，乃复留一年。

擢工部员外郎，督临清砖厂，士民遮道泣送。同年生貌类思兼，使经平度，民竞走谒。见非是，各叹息去。河将决，思兼募民筑堤，

身立赤日中。堤成三日而秋涨大发，民免于灾。进郎中，出为湖广
佥事。岷府宗室五人封爵皆将军，杀人掠资财，监司避不入武冈者
二十年。思兼廉得奸状，缚其党，悉系之狱。五人藏利刃入，思兼与
揖，而扪其臂曰："吾为将军百口计，将军乃为此曹死耶？"皆沮退。
乃列其罪奏闻，悉锢之高墙，还田宅子女于民。遭内艰去官，不复
出。居久之，起广西提学副使，未闻命而卒。

　　颜鲸，字应雷，慈溪人。嘉靖三十五年进士。授行人。擢御史，
出视仓场。奸人马汉怙定国公势，贷子钱漕卒。偿不时，则没入其
粮，为怨家所诉。汉持定国书至，鲸立论杀之。四十一年，畿辅、山
东西、河南北大稔。鲸请州县赃罚银毋输京师，尽易粟备赈，且发内
府新钱为籴本。帝悉报可。已，上漕政便宜六事。

　　明年，出按河南。伊王典楧怙恶，久结掖廷中官、严嵩父子，内
外应援，所请奏立下，爪牙率矿盗。鲸欲除之，与参政耿随卿计，持
王承奉王鉴罪，鉴日告王所谋。时嵩已败，鲸乃奏记徐阶，说诸大珰
绝其援，又尽捕王侦事飞骑。托言防寇，檄知府兵分屯要害地。乃
会巡胡尧臣劾典楧抗旨、矫敕、僭拟、淫虐十大罪。王护卫及诸亡命
几万人，不敢发。帝震怒，废王为庶人，锢之高墙，没其资，削世封。
两河人鼓舞相庆。景王之国，越界夺民产为庄田，鲸执治其爪牙。魏
国公侵民产，假钦赐名树碑为界。鲸仆其碑，戍其人。锦衣帅受诸
侠少金，署名校尉籍中，为民害。列侯使王府，道路驿骚。王府内官
进奉，驾龙舟，所过恣横。鲸请校尉缺从兵部补，册封改文臣，王府
进奉遣属吏。诏册亲王及妃遣列侯，余皆如鲸议。

　　改督畿辅学政。大兴知县高世儒奉诏核逃役，都督朱希孝以勾
军劾之，下部议。鲸劾希孝乱法，言："世儒等按籍召行户，非勾禁
军。此乃禁军子弟家人倚城社，冒禁卫名，致吏不敢问。富人得抗
诏，而贫者为沟中瘠。世儒无罪，罪在锦衣。"帝怒，责鲸诋诬勋臣，
贬安仁典史。

　　隆庆元年，历湖广提学副使。以试恩贡生失张居正指，降山东

参议。改行太仆少卿。都御史海瑞荐鲸异才，不报。

鲸按河南时，黜新郑知县，其人高拱所庇也。在湖广，王篆欲祀其父乡贤，执不许。至是，拱掌吏部，篆为考功，遂以不谨落鲸职。万历中，给事中邹元标、御史饶位交章荐之，报寝。御史顾云程言："陛下大起遗佚，独鲸及管志道以考察格之。夫相与冢宰贤，则黜幽为公典，否则驱除异己而已。近又登用被察吴中行、艾穆、魏时亮、赵世卿，独靳鲸、志道何也？"给事中姜应麟、李弘道亦言之，仅以湖广副使致仕。中外论荐十余疏，不果用。

赞曰：传称"未信而谏，则以为谤己"，然志节之士，惓惓忠爱，何忍以不信自外其君哉。张芹等怀抱悃忱，激昂论事。其言虽不尽用，要与缄默者异矣。

明史卷二〇九
列传第九七

杨最 顾存仁 高金 王纳言 冯恩 子行可

时可 宋邦辅 薛宗铠 曾翀 杨爵

浦铉 周天佐 周怡 刘魁 沈束

沈炼 杨继盛 何光裕 龚恺

杨允绳 马从谦 孙允中 狄斯彬

　　杨最，字殿之，射洪人。正德十二年进士。授工部主事。督逋山西，悯其民贫，不俟奏报辄返。尚书李鐩劾之，有诏复往。最乃与巡按御史牛天麟极陈岁灾民困状，请缓其征，从之。

　　历郎中，治水淮、扬。值世宗即位，上言："宝应汉光湖西南高，东北下。运舟行湖中三十余里。而东北堤岸不逾三尺，雨霪风厉，辄冲决，阻坏运舟，盐城、兴化、通、泰良田悉遭其害。宜如往年白圭修筑高邮康济湖，专敕大臣加修内河，培旧堤为外障，可百年无患，是为上策。其次于缘河树杙数重，稍障风波，而增旧堤，毋使庳薄，亦足支数年。若但窒隙补缺，苟冀无事，一遇霪潦，荡为巨浸，是为无策。"部议用其中策焉。

　　出为宁波知府。请罢浙东贡币，诏悉以银充，民以为便。累迁贵州按察使，入为太仆卿。

　　世宗好神仙。给事中顾存仁、高金、王纳言皆以直谏得罪。会方士段朝用者，以所炼白金器百余因郭勋以进，云以盛饮食物，供斋醮，即神仙可致也。帝立召与语，大悦。朝用言，帝深居无与外人接，则黄金可成，不死药可得。帝益悦，谕廷臣令太子监国，"朕少假一二年，亲政如初。"举朝愕不敢言。最抗疏谏曰："陛下春秋方壮，乃圣谕及此，不过得一方士，欲服食求神仙耳。神仙乃山栖澡炼者所为，岂有高居黄屋紫闼，衮衣玉食，而能白日翀举者？臣虽至愚，不敢奉诏。"帝大怒。立下诏狱，重杖之，杖未毕而死。

最既死，监国议亦罢。明年，勋以罪瘐死。朝用诈伪觉，亦伏诛。隆庆元年，赠最右副都御史，谥忠节。

顾存仁，字伯刚，太仓人。嘉靖十一年进士。除余姚知县，征为礼科给事中。十七年冬疏陈五事。首言宜广旷荡恩，赦杨慎、马录、冯恩、吕经等。末云："败俗妨农，莫甚释氏。叶凝秀何人，而敢乞度？"帝方崇道家言。凝秀，道士也。帝以为刺己，且恶其欲释杨慎等，遂责存仁妄指凝秀为释氏，廷杖之六十，编氓口外。往来塞上，几三十年。穆宗即位，召为南京通政参议。历太仆卿。未几，致仕。存仁困厄久，方见用，遽勇退，世尤高之。万历初，卒。

高金，石州人。为兵科给事中。嘉靖九年上疏言："陛下临御之初，尽斥法王、国师、佛子，近又黜姚广孝配享。臣每叹大圣人作为，千古莫及，乃有真人邵元节者，误蒙殊恩，为圣德累。夫元节，一道流耳。有劳，优以金帛足矣，乃加崇秩，复赐其师李得晟赠祭。广孝不可配享于太庙，则二人益不可拜宠于圣朝。望削元节真人号，并夺得晟恩恤，庶异端辟，正道昌。"帝方欲受长生术，大怒，立下诏狱拷掠。终以其言直，释之。寻偕御史唐愈贤稽核御用监财物，劾奉御李兴等侵蚀状，置诸狱。后累官苏州兵备副史。

王纳言，信阳人。为户科给事中。请斥太常卿陈道瀛等，坐下诏狱，谪湖广布政司照磨。累官陕西佥事。

冯恩，字子仁，松江华亭人。幼孤，家贫，母吴氏亲督教之。比长，知力学。除夜无米且雨，室尽湿，恩读书床上自若。登嘉靖五年进士，除行人。出劳两广总督王守仁，遂执贽为弟子。

擢南京御史。故事，御史有所执讯，不具狱以移刑部，刑部狱具，不复牒报。恩请尚书仍报御史。诸曹郎喧，谓御史属吏我。恩曰：“非敢然也。欲知事本末，得相检核耳。”尚书无以难。已，巡视上江，指挥张绅杀人，立置之辟。大计朝觐吏，南台例先纠。都御史汪鋐擅权，请如北台，既毕事，始许论列。恩与给事中林士元等疏争之，得如故。

帝用阁臣议分建南北郊，且欲令皇后蚕北郊，诏廷臣各陈所见，而诏中屡斥异议者为邪徒。恩上言：“人臣进言甚难，明诏令直谏，又诋之为邪徒，安所适从哉？此非陛下意，必左右奸佞欲信其说者阴诋之耳。今士风日下，以缄默为老成，以謇谔为矫激，已难乎其忠直矣。若预恐有异议，而逆诋之为邪，则必雷同附和，而后可也。况天地合祀已百余年，岂宜轻改。《礼》‘男不言内，女不言外’。皇后深居九重，岂宜远出郊野。愿速罢二议，毋为好事希宠者所误。”恩草疏时，自意得重谴。及疏奏，帝不之罪，恩于是益感奋。

十一年冬，慧星现，诏求直言。恩以天道远，人道迩，乃备指大臣邪正，谓：

大学士李时小心谦抑，解梦拨乱非其所长。翟銮附势持禄，惟事模棱。户部尚书许赞谨厚和易，虽乏划断，不经之费必无。礼部尚书夏言，多蓄之学，不羁之才，驾驭任之，庶几救时宰相。兵部尚书王宪刚直不屈，通达有为。刑部尚书王时中进退昧几，委靡不振。工部尚书赵璜，廉介自持，制节谨度。吏部尚书左侍郎周用才学有余，直谅不足。右侍郎许诰讲论便捷，学术迂邪。礼部左侍郎湛若水聚徒讲学，素行未合人心。右侍郎顾鼎臣警悟疏通，不局偏长，器足任重。兵部左侍郎钱如京安静有操守。右侍郎黄宗时虽擅文学，因人成事。刑部左侍郎闻渊，存心正大，处事精详，可寄以股肱。右侍郎朱廷声笃实不浮，谦约有守。工部左侍郎黎奭滑稽浅近，才亦有为。右侍郎林廷楀才器可取，通达不执。

而极论大学士张孚敬、方献夫，右都御史汪𫖮三人之奸，谓：

> 孚敬刚恶凶险，媢嫉反侧。近都给事中魏良弼已痛言之，
> 不容复赘。献夫外饰谨厚，内实诈奸。前在吏部，私乡曲，报恩
> 仇，靡所不至。昨岁伪以病去，陛下遣使征之，礼意恳至。彼方
> 倨傲偃蹇，入山读书，直俟传旨别用，然后忻然就道。夫以吏部
> 尚书别用，非入阁而何，此献夫之病所以痊也。今又遣兼掌吏
> 部，必将呼引朋类，播弄威福，不大坏国事不止。若𫖮，则如鬼
> 如蜮，不可方物。所仇惟忠良，所图惟报复。今日奏降某官，明
> 日奏调某官，非其所憎恶则宰相之所憎恶也。臣不意陛下寄𫖮
> 以腹心，而𫖮逞奸务私乃至此私乃至此极。且都察院为纲纪之
> 首。陛下不早易之以忠厚正直之人，万一御史衔命而出，效其
> 锲薄以希称职，为天下生民害，可胜言哉。故臣谓孚敬，根本之
> 蠹也；𫖮，腹心之蠹也；献夫，门庭之蠹也。三蠹不去，百官不
> 和，庶政不平，虽欲弭灾，不可得已。

帝得疏大怒，逮下锦衣狱，究主使名。恩日受搒掠，濒死者数，语卒
不变。惟言御史宋邦辅尝过南京，谈及明政暨诸大臣得失。遂并逮
邦辅下狱，夺职。

明年春，移恩刑部狱。帝欲坐以上言大臣德政律，致之死。尚
书王时中等言：“恩疏毁誉相半，非专颂大臣，宜减戍。”帝愈怒，曰：
“恩非专指孚敬三臣也，徒以大礼故，仇君无上，死有余罪。时中乃
欲欺公鬻狱耶？”遂褫时中职，夺侍郎闻渊俸，贬郎中张国维、员外
郎孙云极边杂职，而恩竟论死。长子行可年十三，伏阙讼冤。日夜
匍匐长安街，见冠盖者过，辄攀舆号呼乞救，终无敢言者。时𫖮已迁
吏部尚书，而王廷相代为都御史。以恩所坐未当，疏请宽之，不听。

比朝审，𫖮当主笔，东向坐，恩独向阙跪。𫖮令卒曳之西面，恩
起立不屈。卒呵之，恩怒叱卒，卒皆靡。𫖮曰：“汝屡上疏欲杀我，我
今先杀汝。”恩叱曰：“圣天子在上，汝为大臣，欲以私怨杀言官耶？
且此何地，而对百僚公言之，何无忌惮也。吾死为厉鬼击汝。”𫖮怒

曰："汝以廉直自负,而狱中多受人馈遗,何也?"恩曰："患难相恤,
古之义也。岂若汝受金钱,鬻官爵耶?"因历数其事,诋铉不已。铉
益怒,推案起,欲殴之。恩声亦愈厉。都御史王廷相、尚书夏言引大
体为缓解。铉稍止,然犹署情真。恩出长安门,士民观者如堵。皆
叹曰:"是御史,非但口如铁,其膝、其胆、其骨皆铁也。"因称"四铁
御史"。恩母吴氏击登闻鼓讼冤。不省。

　　又明年,行可上书请代父死,不许。其冬,事益迫,行可乃刺臂
血书疏,自缚阙下,谓:"臣父幼而失怙。祖母吴氏守节教育,底于成
立,得为御史。举家受禄,图报无地,私忧过计,陷于大辟。祖母吴
年已八十余,忧伤之深,仅余气息。若臣父今日死,祖母吴亦必以今
日死。臣父死,臣祖母复死,臣茕然一孤,必不独生。冀陛下哀怜,
置臣辟,而赦臣父,苟延母子二人之命。陛下戮臣,不伤臣心。臣被
戮,不伤陛下法。谨延颈俟白刃。"通政使陈经为入奏。帝览之恻然,
令法司再议。尚书聂贤与都御史廷相言,前所引律,情与法不相丽,
宜用奏事不实律,输赎远职,帝不许。乃言恩情重律轻,请戍之边
徼,制可。遂遣戍雷州。而铉亦后两月罢矣。

　　越六年,遇赦还。家居,专为德于乡。穆宗即位,录先朝直言。
恩年已七十余,即家拜大理寺丞,致仕。复从有司言,旌行可为孝
子。恩年八十一,卒。

　　行可既脱父于死,越数年登乡荐。久之,不第。谒选,得光禄署
正。迁应天府通判,有善政。弟时可,隆庆五年进士。累官按察使。
以文名。

　　宋邦辅,字子相,东流人。既罢归,躬耕养亲,妻操井臼,子樵
牧。岁时与田夫会饮,醉即作歌相和,高风动远迩。士大夫造其门
者,屏舆从而后入焉。

　　薛宗铠,字子修,行人司正侃从子也。嘉靖二年,与从父侨同成
进士。授贵溪知县,补将乐,调建阳。求朱子后,复之,以主祀事。岁
饥赈仓粟,先发后闻。给由赴京,留拜礼科给事中,以逋赋还任。至

则民争输,课更最,仍诏入垣。再迁户科左给事中。吏部尚书汪铉以私憾斥王臣等,宗铠白其枉,语具《戚贤传》。其后,铉愈骄,会御史曾翀、戴铣劾南京尚书刘龙、聂贤等九人。铉覆疏,具留之。帝召大学士李时言,铉有私,留三人而斥其六。宗铠与同官孙应奎复言,铉肆奸植党,擅主威福,巧庇龙等,上格明诏,下负公论,且纵二子为奸利。铉疏辨乞休,帝不许。而给事御史翁溥、曹逵等更相继劾铉。铉又抗辨,且极诋宗铠等挟私。翀复言:“铉一经论劾,辄肆中伤,诤臣杜口已三年。蔽塞言路,罪莫大,乞立正厥辟。”帝果罢铉官,而责宗铠言不早。又恶翀“诤臣杜口”语,执下镇抚司鞫讯。词连应奎、逵及御史方一桂,皆杖阙下。斥宗铠、翀、一桂为民,镌应奎、溥、逵等级,调外。宗铠、翀死杖下。时十四年九月朔也。隆庆初,复宗铠官,赠太常少卿。

曾翀,字习之,霍丘人。以进士授南京刑部主事,改御史。廷杖垂毙,曰:“臣言已行,臣死何憾。”神色无变,隆庆初,赠太常少卿。

杨爵,字伯珍,富平人。年二十始读书。家贫,燃薪代烛。耕陇上,辄挟册以诵。兄为吏,忤知县系狱。爵投牒直之,并系。会代者至,爵上书讼冤。代者称奇士,立释之,资以膏火。益奋于学,立意为奇节。从同郡韩邦奇游,遂以学行名。

登嘉靖八年进士。授行人。帝方崇饰礼文,爵因使王府还,上言:“臣奉使湖广,睹民多菜色,挈筐操刃,割道殍食之。假令周公制作,尽复于今,何补老羸饥寒之众?”奏入,被俞旨。久之,擢御史,以母老乞归养。母丧,庐墓。冬月笋生。推车粪田,妻馌于旁,见者不知其御史也。服阕,起故官。

帝经年不视朝。岁频旱,日夕建斋醮,修雷坛,屡兴工作,方士陶仲文加宫保,而太仆卿杨最谏死,翊国公郭勋尚承宠用事。二十年元日,微雪。大学士夏言、尚书严嵩等作颂称贺。爵抚膺太息,中宵不能寐。逾月乃上书极谏曰:

今天下大势,如人衰病已极。腹心百骸,莫不受患。即欲拯之，无措手地。方且奔竞成俗，赇赂公行，遇灾变而不忧，非祥瑞而称贺，谗谄面谀，流为欺罔，士风人心，颓坏极矣。诤臣拂士日益远，而快情恣意之事无敢龃龉于其间，此天下大忧也。去年自夏入秋，恒阳不雨。畿辅千里，已无秋禾，既而一冬无雪，元日微雪即止。民失所望，忧旱之心远近相同。此正撤乐减膳，忧惧不宁之时，而辅臣言等方以为符瑞，而称颂之。欺天欺人，不已甚乎！翊国公勋，中外皆知为大奸大蠹，陛下宠之，使稔恶肆毒。群狝趋赴，善类退处。此任用匪人，足以失人心而致危乱者，一也。

臣巡视南城，一月中冻馁死八十人。五城共计，未知有几。孰非陛下赤子，欲延须臾之生而不能。而土木之功，十年未止。工部属官增设至数十员，又遣官远修雷坛。以一方士之故，朘民膏血而不知恤，是岂不可以已乎？况今北寇跳梁，内盗窃发，加以频年灾沴，上下交空，尚可劳民糜费，结怨天下哉？此兴作未已，足以失人心而致危乱者，二也。

陛下即位之初，励精有为，尝以《敬一箴》颁示天下矣。乃数年以来，朝御希简，经筵旷废。大小臣庶朝参辞谢，未得一睹圣容。敷陈复逆，未得一聆天语。恐人心日益怠偷，中外日益涣散，非隆古君臣都俞吁咈、协恭图治之气象也。此朝讲不亲，足以失人心而致危乱者，三也。

左道惑众，圣王必诛。今异言异服于朝苑，金紫赤绂赏及方外。夫保傅之职坐而论道，今举而畀之奇邪之徒。流品之乱莫以加矣。陛下诚与公卿贤士日论治道，则心正身修，天地鬼神莫不祐享，安用此妖诞邪妄之术，列诸清禁，为圣躬累耶！臣闻上之所好，下必有甚。近者妖盗繁兴，诛之不息。风声所及，人起异议。贻四方之笑，取百世之讥，非细故也。此信用方术，足以失人心而致乱者，四也。

陛下临御之初，延访忠谋，虚怀纳谏。一时臣工言过激切，获罪多有。自此以来，臣下震于天威，怀危虑祸，未闻复有犯颜直谏以为沃心助者。往岁，太仆卿杨最言出而身殒，近日赞善罗洪先等皆以言罢斥。国体治道，所损甚多。臣非为最等惜也。古今有国家者，未有不以任谏而兴，拒谏而亡。忠荩杜口，则谗谀交进，安危休戚无由得闻。此阻抑言路，足以失人心而致危乱者，五也。

望陛下念祖宗创业之艰难，思今日守成为不易，览臣所奏，赐之施行，宗社幸甚。

先是，七月三月，灵宝县黄河清，帝遣使祭河神。大学士杨一清、张璁等屡疏请贺，御史郵周相抗疏言：“河未清，不足亏陛下德。今好谀喜事之臣，张大文饰之，佞风一开，献媚者将接踵。愿罢祭告，止称贺，诏天下臣民毋奏祥瑞，水旱蝗螟即时以闻。”帝大怒，下相诏狱，拷掠之，复杖于廷，谪韶州经历。而诸庆典亦止不行。

及帝中年，益恶言者，中外相戒无敢触忌讳。爵疏诋符瑞，且词过切直。帝震怒，立下诏狱拷掠，血肉狼籍，关以五木，死一夕复苏。所司请送法司拟罪，帝不许，命严锢之。狱卒以帝意不测，屏其家人，不许纳饮食。屡濒于死，处之泰然。既而主事周天佐、御史浦铉以救爵，先后棰死狱中，自是无敢救者。

逾年，工部员外郎刘魁，再逾年，给事中周怡，皆以言事同系，历五年不释。至二十四年八月，有神降于乩。帝感其言，立出三人狱。未逾月，尚书熊浃疏言乩仙之妄。帝怒曰：“我固知释爵，诸妄言归过者纷至矣。”复令东厂追执之。爵抵家甫十日校尉至。与共麦饭毕，即就道。尉曰：“何处置家事。爵立屏前呼妇曰：“朝廷逮我，我去矣。”竟去不顾，左右观者为泣下。比三人至，复同系镇抚狱，桎梏加严，饮食屡绝，适有天幸得不死。二十六年十一月，大高玄殿灾，帝祷于露台。火光中若有呼三人忠臣者，遂传诏急释之。

居家二年，一日晨起，大鸟集于舍。爵曰：“伯起之祥至矣。”果三日而卒。隆庆初，复官，赠光禄卿，任一子。万历中，赐谥忠介。

爵之初入狱也，帝令东厂伺爵言动，五日一奏。校尉周宣稍左右之，受谴。其再至，治厂事太监徐府奏报。帝以密谕不宜宣，亦重得罪。先后系七年，日与怡、魁切劘讲论，忘其困。所著《周易辨说》、《中庸解》，则狱中作也。

浦铉，字汝器，文登人。正德十二年进士。授洪洞知县，有异政。嘉靖初，召为御史。刑部尚书林俊去国，中官秦文已斥复用，铉疏力争之。且言武定侯郭勋奸贪，宜罢其兵权。忤旨，夺俸三月。以养母归。母丧除，起掌河南道事。给事中饶秀考察黜，讦铉与同官张禄、段汝砺，给事中李凤来，考功郎余胤绪，谈省署得失，铉等坐罢。

家居七年，廷臣交荐。起故官，出按陕西，连上四十余疏。总督杨守礼请破格超擢，未报。而杨爵以直谏系诏狱，铉驰疏申救曰："臣惟天下治乱，在言路通塞。言路通，则忠谏进而化理成。言路塞，则奸谀恣而治道隳。御史爵以言事下狱，幽囚已久，惩创必深。臣行部富平，皆言爵悫诚孚乡里，孝友式风俗，有古贤士风。且爵本以论郭勋获罪。今勋奸大露，陛下业致之理，则爵前言未为悖妄。望弘覆载之量，垂日月之照，赐之矜释，使列朝端，爵必能尽忠补过，不负所学。"疏奏，帝大怒，趣缇骑逮之。秦民远近奔送，舍车下者常万人，皆号哭曰："愿还我使君。"铉赴征，业已病。既至，下诏狱。搒掠备至。除日复杖之百，锢以铁柙。爵迎哭之，铉息已绝，徐张目曰："此吾职也，子无然。"系七日而卒。穆宗嗣位，恤典视爵等。

周天佐，字子弼，晋江人。嘉靖十四年进士。授户部主事。屡分司仓场，以清操闻。

二十年夏四月，九庙灾，诏百官言时政得失。天佐上书曰："陛下以宗庙灾变，痛自修省，许诸臣直言阙失，此转灾为祥之会也。乃今阙政不乏，而忠言未尽闻，盖示人以言，不若示人以政。求言之诏，示人以言耳。御史杨爵狱未解，是未示人以政也。国家置言官，以言为职。爵系狱数月，圣怒弥甚。一则曰小人，二则曰罪人。夫以尽言直谏为小人，则为缄默逢迎之君子不难也。以秉直纳忠为罪人，又孰不能为容悦将顺之功臣哉？人君一喜一怒，上帝临之。陛下所以怒爵。果合于天心否耶？爵身非木石，命且不测，万一溘先朝露，使诤臣饮恨，直士寒心，损圣德不细。愿旌爵忠，以风天下。"帝览奏，大怒。杖之六十，下诏狱。

天佐体素弱，不任楚。狱吏绝其饮食，不三日即死，年甫三十一。比尸出狱，暾日中，雷忽震，人皆失色。天佐与爵无生平交。入狱时，爵第隔扉相问讯而已。大兴民有祭于枢而哭之恸者，或问之，民曰："吾伤其忠之至，而死之酷也。"穆宗即位，赠光禄少卿。天启初，谥忠愍。

周怡，字顺之，太平县人。为诸生时，尝曰："鼎镬不避，沟壑不忘，可以称士矣。不然，皆伪也。"从学于王畿、邹守益。登嘉靖十七年进士，除顺德推官。举卓异，擢吏科给事中。疏劾尚书李如圭、张瓒、刘天和。天和致仕去，如圭还籍待勘，瓒留如故。顷之，劾湖广巡抚陆杰、工部尚书甘为霖、采木尚书樊继祖。立朝仅一岁，所摧击率当有势力大臣。在廷多侧目，怡益奋不顾。

二十二年六月，吏部尚书许赞率其属王与龄、周铁讦大学士翟銮、严嵩私属事。帝方向嵩，反责赞，逐与龄等。怡上疏曰：

> 人臣以尽心报国家为忠，协力济事为和。未有公卿大臣争于朝、文武大臣争于边，而能修内治、御外侮者也。大学士銮、嵩与尚书赞互相诋讦，而总兵官张凤、周尚文又与总制侍郎翟鹏、督饷侍郎赵廷瑞交恶，此最不祥事，误国孰甚。
>
> 今陛下日事祷祠而四方灾褥未消，岁开输银之例而府库未充，累颁蠲租之令而百姓未苏，时下选将练士之命而边境未宁。内则财货匮而百役兴，外则寇敌横而九边耗。乃銮、嵩凭借宠灵，背公营私，弄播威福，市恩酬怨。夫辅臣真知人贤不肖，宜明告吏部进之退之，不宜挟势徇私，属之进退。嵩威灵气焰，凌轹百司。凡有陈奏，奔走其门，先得意旨而后敢闻于陛下。中外不畏陛下，惟畏嵩久矣。銮淟涊委靡，赞虽小心谨畏，然不能以直气正色消权贵要求之心，柔亦甚矣。

且直言敢谏之臣，于权臣不利，于朝廷则大利也。御史谢瑜、童汉臣以劾嵩故，嵩皆假他事罪之。谏诤之臣自此箝口，虽有驳柈杌、骦兜，谁复言之。

帝览疏大怒，降诏责其谤讪，令对状。杖之阙下，锢诏狱者再。

隆庆元年，起故官。未上，擢太常少卿。陈新政五事，语多刺中贵。时近习方导上宴游，由是忤旨，出为登莱兵备佥事。给事中岑用宾为怡讼，不纳。改南京国子监司业。复召为太常少卿，未任卒。天启初，追谥恭节。

刘魁，字焕吾，泰和人。正德中登乡荐。受业王守仁之门。嘉靖初，谒选，得宝庆府通判。历钧州知州，潮州府同知。所至洁己爱人，扶植风教。入为工部员外郎，疏陈安攘十事，帝嘉纳。

二十一年秋，帝用方士陶仲文言，建祐国康民雷殿于太液池西。所司希帝意，务宏侈，程工峻急。魁欲谏，度必得重祸，先命家人鬻棺以待。遂上章曰："顷泰享殿、大高玄殿诸工尚未告竣。内帑所积几何？岁入几何？一役之费动至亿万。土木衣文绣，匠作班朱紫，道流所居拟于宫禁。国用已耗，民力已竭，而复为此不经无益之事，非所以示天下后世。"帝震怒，杖于廷，锢之诏狱。时御史杨爵先已逮系，既而给事中周怡继至，三人屡濒死，讲诵不辍，系四年得释，未几复追逮之。魁未抵家，缇骑已先至，系其弟以行。魁在道闻之，趣就狱，复与爵、怡同系。时帝怒不测，狱吏惧罪，窘迫之愈甚，至不许家人通饮食。而三人处之如前，无几微尤怨。又三年，与爵、怡同释，寻卒。隆庆初，赠恤如制。

沈束，字宗安，会稽人。父侭，邠州知州。束登嘉靖二十三年进士，除徽州推官，擢礼科给事中。

时大学士严嵩擅政。大同总兵官周尚文卒，请恤典，严嵩格不予。束言："尚文为将，忠义自许。曹家庄之役，奇功也。虽晋秩，未酬勋，宜赠封爵延子孙。他如董旸、江瀚，力抗强敌，继之以死。虽已庙祀，宜赐祭，以彰死事忠。今当事之臣，任意予夺，冒滥或幸蒙，忠勤反捐弃，何以鼓士气，激军心？”疏奏，嵩大恚，激帝怒，下吏部都察院议。闻渊、屠侨等，言束无他肠，第疏狂当治。帝愈怒，夺渊、侨俸，下束诏狱。已，刑部坐束奏事不实，输赎还职。特命杖于廷，仍锢诏狱。时束入谏垣未半岁也。逾年，俺答薄都城。司业赵贞吉以请宽束得罪，自是无敢言者。

　　束系久，衣食屡绝，惟目读《周易》为疏解。后同邑沈炼劾嵩，嵩疑与束同族为报复，令狱吏械其手足。徐阶劝，得免。迨嵩去位，束在狱十六年矣，妻张氏上书言：“臣夫家有老亲，年八十有九，衰病侵寻，朝不计夕。往臣因束无子，为置妾潘氏。比至京师，束已系狱，潘矢志不他适。乃相与寄居旅舍，纺织以供夫衣食。岁月积深，凄楚万状。欲归奉舅，则夫之饘粥无资。欲留养夫，则舅又旦暮待尽，辗转思维，进退无策。臣愿代夫系狱，令夫得送父终年，仍还赴系，实陛下莫大之德也。”法司亦为请，帝终不许。

　　帝深疾言官，以廷杖遣戍未足遏其言，乃长系以困之。而日令狱卒奏其语言食息，谓之监贴，或无所得，虽谐语亦以闻。一日，鹊噪于束前，束谩曰：“岂有喜及罪人耶？”卒以奏，帝心动。会户部司务何以尚疏救主事海瑞，帝大怒，杖之，锢诏狱，而释束还其家。

　　束还，父已前卒。束枕块饮水，佯狂自废。甫两月，世宗崩，穆宗嗣位。起故官，不赴。丧除，召为都给事中。旋擢南京右通政。复辞疾。布放蔬食，终老于家，束系狱十八年。比出，潘氏犹处子也，然束竟无子。

　　沈炼，字纯甫，会稽人。嘉靖十七年进士。除溧阳知县，用忤倨，忤御史，调茌平。父忧去，补清丰，入为锦衣卫经历。

　　炼为人刚直，嫉恶如仇，然颇疏狂。每饮酒辄箕踞笑傲。旁若无人。锦衣帅陆炳善遇之。炳与严嵩父子交至深，以故炼亦数从世蕃饮。世蕃以酒虐客，炼心不平，辄为反之，世蕃惮不敢较。

　　会俺答犯京师，致书乞贡，多嫚语。下廷臣博议，司业赵贞吉请勿许。廷臣无敢是贞吉者，独炼是之。吏部尚书夏邦谟曰："若何官？"炼曰："锦衣卫经历沈炼也。大臣不言，故小吏言之。"遂罢议。炼愤国无人，致寇猖狂，疏请以万骑护陵寝，万骑护通州军储，而合勤王师十余万人，击其惰归，可大得志。帝不省。

　　嵩贵幸用事，边臣争致贿遗。及失事惧罪，益辇金贿嵩，贿日以重。炼时时扼腕。一日，从尚宝丞张逊业饮，酒半及嵩，因慷慨骂詈，流涕交颐。遂上疏言："昨岁俺答犯顺，陛下奋扬神武，欲乘时北伐，此文武群臣所愿戮力者也。然制胜必先庙算，庙算必先为天下除奸邪，然后外寇可平。今大学士嵩，贪婪之性疾入膏肓，愚鄙之心顽于铁石。当主忧臣辱之时，不闻延访贤豪，咨询方略，惟与子世蕃规图自便。忠谋则多方沮之，谀谄则曲意引之。要贿鬻官，沽恩结客，朝廷赏一人，曰'由我赏之'；罚一人，曰'由我罚之'。人皆伺严氏之爱恶，而不知朝廷之恩威，尚忍言哉。姑举其罪之大者言之。纳将帅之贿，以启边陲之衅，一也。受诸王馈遗，每事阴为之地，二也。揽吏部之权，虽州县小吏亦皆货取，致官方大坏，三也。索抚按之岁例，致有司递相承奉，而闾阎之财日削，四也。阴制谏官，俾不敢直言，五也。妒贤嫉能，一忤其意，必致之死，六也。纵子受财，敛怨天下，七也。运财还家，月无虚日，致道途驿骚，八也。久居政府，擅宠害政，九也。不能协谋天讨，上贻君父忧，十也。"因并论邦谟谄谀黩货状。请均罢斥，以谢天下。帝大怒，榜之数十，谪佃保安。

　　既至，未有馆舍。贾人某询知其得罪故，徙家舍之。里长老亦日致薪米，遣子弟就学。炼语以忠义大节，皆大喜。塞外人素戆直，又稔知嵩恶，争詈嵩以快炼。炼亦大喜，日相与詈嵩父子为常。且缚草为人，象李林甫、秦桧及嵩，醉则聚子弟攒射之。或踔骑居庸关口，南向戟手詈嵩，复痛哭乃归。语稍稍闻京师，嵩大恨，思有以报炼。

　　先是，许论总督宣、大，常杀良民冒功，炼贻书诮让。后嵩党杨顺为总督。会俺答入寇，破应州四十余堡。惧罪，欲上首功自解，纵吏士遮杀避兵人，逾于论。炼遗书责之加切。又作文祭死事者，词多刺顺。顺大怒，走私人白世蕃，言炼结死士击剑习射，意叵测。世蕃以属巡抚御史李凤毛。凤毛谬谢曰："有之，已阴散其党矣。"既而代凤毛者路楷，亦嵩党也。世蕃属与顺合图之，许厚报。两人日夜谋所以中炼者。会蔚州妖人阎浩等，素以白莲教惑众，出入漠北，泄边情为患。官军捕获之，词所连及甚众。顺喜，谓楷曰："是足以报严公子矣。"窜炼名其中，诬浩等师事炼，听其指挥，具狱上。嵩父子大喜。前总督论适长兵部，竟覆如其奏。斩炼宣府市，戌子襄极边。予顺一子锦衣千户，楷待铨五品卿寺。时三十六年九月也。顺曰："严公薄我赏，意岂未惬乎？"取炼子衮、褒，杖杀之，更移檄逮襄。襄至，掠讯方急，会顺、楷以他事逮，乃免。

后嵩败，世蕃坐诛。临刑时，炼所教保安子弟在太学者，以一帛署炼姓名官爵于其上，持入市。观世蕃断头讫，大呼曰"沈公可瞑目矣"。因恸哭而去。

隆庆初，诏褒言事者。赠炼光禄少卿，任一子官。襄乃上书，言顺、楷杀人媚奸状。给事中魏时亮、陈赞亦相继论之。遂下顺、楷吏，论死。天启初，谥忠愍。

杨继盛，字仲芳，容城人。七岁失母。庶母妒，使牧牛。继盛经里塾，睹里中儿读书，心好之。因语兄，请得从塾师学。兄曰："若幼，何学？"继盛曰："幼者任牧牛，乃不任学耶？"兄言于父，听之学，然牧不废也。年十三岁，始得从师学。家贫，益自刻厉，举乡试，卒业国子监，徐阶亟赏。嘉靖二十六年登进士。授南京吏部主事。从尚书韩邦奇游，覃思律吕之学，手制十二律，吹之声毕和，邦奇大喜，尽以所学授之，继盛名益著。召改兵部员外郎。

俺答躏京师，咸宁侯伊鸾以勤王故有宠。帝命鸾为大将军，倚以办寇。鸾中情怯，畏寇甚。方请开互市市马，冀与俺答媾，幸无战斗，固恩宠，继盛以为仇耻未雪，遽议和示弱，大辱国，乃奏言十不可，五谬。大略谓：

互市者，和亲别名也。俺答蹂躏我陵寝，虔刘我赤子。天下大仇也，而先之和。不可一；往下诏北伐，天下晓然知圣意，日夜征缮助兵食。忽更之曰和，失信于天下。不可二；以堂堂中国，与之互市，寇履倒置。不可三；海内豪杰争磨砺待试，一旦委置无用。异时欲号召，谁复兴起。不可四；使边镇将帅以和议故，美衣偷食，弛懈兵事。不可五；往时边卒私通境外，吏率裁禁，今乃导之使与通。不可六；盗贼伏莽，徒慑国威不敢肆耳，今知朝廷畏怯，睥睨之渐必开。不可七；俺答往岁深入，乘我无备故也。备之一岁，以互市终，彼谓国有人乎？不可八；或俺答负约不至；至矣，或阴谋伏兵突入；或今日市，明日复寇；或以下马索上直。不可九；岁帛数十万，得马数万匹。十年以后，帛将不继，不可十。

议者曰"吾外为市以羁縻之，而内修我甲兵"。此一谬也；夫寇欲无厌，其以衅终明甚。苟内修武备，安事羁縻？曰"吾阴市，以益我马"。此二谬也；夫和则不战，马将焉用，且彼宁肯予我良马哉？曰"市不已，彼且入贡"。此三谬也；夫贡之赏不赀，是名美而实大损也。曰"俺答利我市，必无失信"。此四谬也；吾之市，能尽给其众乎？能信不给者之无入掠乎？曰"佳兵不祥"。此五谬也。敌加己而应之，何佳也。人身四肢皆痛疽，毒日内攻，而惮用药石可乎？

夫此十不可、五谬，明显易见。盖有为陛下主其事者，故公卿大夫知而莫为一言。陛下宜奋独断，悉按诸言互市者，发明诏选将练兵。不出十年，臣请为陛下竿俺答之首于藁街，以示天下万世。

疏入，帝颇心动，下鸾及成国公朱希忠，大学士严嵩、徐阶、吕本，兵部尚书赵锦，侍郎聂豹、张时彻议。鸾攘臂詈曰："竖子目不睹寇，宜其易之。"诸大臣遂言遣官已行，势难中止。帝尚犹豫，鸾复进密疏。乃下继盛诏狱，贬狄道典史。其地杂番，俗罕知诗书。继盛简子弟秀者百余人，聘三经师教之。鬻所乘马，出妇服装，市田资诸生。县有煤山，为番人所据，民仰薪二百里外。继盛召番人谕之，咸

服曰:"杨公即须我曹穿帐亦舍之,况煤山耶?"番民信爱之,呼曰
"杨父"。

　已而俺答数败约入寇,鸾奸大露,疽发背死。戮其尸。帝乃思
继盛言,稍迁诸城知县。月余调南京户部主事,三日迁刑部员外郎。
当是时,严嵩最用事。恨鸾凌己,心善继盛首攻鸾,欲骤贵之,复改
兵部武选司。而继盛恶嵩甚于鸾。且念起谪籍,一岁四迁官,思所
以报国。抵任甫一月,草奏劾嵩,斋三日乃上奏曰:

　　臣孤直罪臣,蒙天地恩,超擢不次。夙夜祗惧,思图报称,
盖未有急于请诛贼臣者也。方今外贼惟俺答,内贼惟严嵩,未
有内贼不去,而可除外贼者。去年春雷久不声,占曰"大臣专
政"。冬日下有赤色,占曰"下有叛臣"。又四方地震,日月交食。
臣以为灾皆嵩致,请以嵩十大罪为陛下陈之。

　　高皇帝罢丞相,设立殿阁之臣,备顾问视制草而已,嵩乃
俨然以相自居。凡府部题覆,先面白而后草奏。百官请命,奔
走直房如市。无丞相名,而有丞相权。天下知有嵩,不知有陛
下。是坏祖宗之成法。大罪一也。

　　陛下用一人,嵩曰"我荐也";斥一人,曰"此非我所亲,故
罢之"。陛下宥一人,嵩曰"我救也";罚一人,曰"此得罪于我,
故报之"。伺陛下喜怒以恣威福。群臣感嵩甚于感陛下,畏嵩
甚于畏陛下。是窃君上之大权。大罪二也。

　　陛下有善政,嵩必令世蕃告人曰"主上不及此,我议而成
之"。又以所进揭贴刊刻行世,名曰《嘉靖疏议》,欲天下以陛下
之善尽归于嵩。是掩君上之治功。大罪三也。

　　陛下令嵩司票拟,盖其职也。嵩何取而令子世蕃代拟,又
何取而约诸义子赵文华辈群聚而代拟。题疏方上,天语已传。
如沈炼劾嵩疏,陛下以命吕本,本即潜送世蕃所,令其拟上。是
嵩以臣而窃君之权,世蕃复以子而盗父之柄,故京师有"大丞
相、小丞相"。之谣。是纵奸子之僭窃。大罪四也。

　　严效忠、严鹄,乳臭子耳,未尝一涉行伍。嵩先令效忠冒两

广功，授锦衣所镇抚矣。效忠以病告，鹄袭兄职。又冒琼州功，擢千户。以故总督欧阳必进躐掌工部，总兵陈圭荐统后府，巡按黄如桂亦骤亚太仆。既借私党以官其子孙，又因子孙以拔其私党。是冒朝廷之军功。大罪五也。

逆鸾先已下狱论罪，贿世蕃三千金，荐为大将。鸾冒擒哈舟儿功，世蕃亦得增秩。嵩父子自夸能荐鸾矣，及知陛下有疑鸾心，复互相排诋，以泯前迹。鸾勾贼，而嵩、世蕃复勾鸾。是引背逆之奸臣。大罪六也。

前俺答深入，击其惰归，此一大机也。兵部尚书丁汝夔问计于嵩，嵩戒无战。及汝夔逮治，嵩复以论救绐之。汝夔临死大呼曰："嵩误我。"是误国家之军机。大罪七也。

郎中徐学诗劾嵩革任矣，复欲斥其兄中书舍人应丰。给事厉汝进劾嵩谪典史矣，复以考察令吏部削其籍。内外之臣，被中伤者何可胜计。是专黜陟之大柄。大罪八也。

凡文武迁擢，不论可否，但衡金之多寡而畀之。将弁惟贿嵩，不得不朘削士卒；有司惟贿嵩，不得不掊克百姓。士卒失所，百姓流离，毒遍海内。臣恐今日之患，不在境外而在域中。是失天下之人心。大罪九也。

自嵩用事，风俗大变。贿赂者荐及盗跖，疏拙者黜逮夷、齐。守法度者为迂疏，巧弥缝者为才能。励节介者为矫激，善奔走者为练事。自古风俗之坏，未有甚于今日者。盖嵩好利，天下皆尚贪。嵩好谀，天下皆尚谄。源之不洁。流何以澄。是敝天下之风俗。大罪十也。

嵩有是十大罪，而又济之以五奸。知左右侍从之能察意旨也，厚贿结纳。凡陛下言动举措，莫不报嵩。是陛下之左右皆贼嵩之间谍也。以通政司之主出纳也，用赵文华为使。凡有疏至，先送嵩阅竟，然后入御。王宗茂劾嵩之章停五日乃上，故嵩得辗转遮饰。是陛下之喉舌乃贼嵩之鹰犬也。畏厂卫之缉访也，令子世蕃结为婚姻。陛下试诘嵩诸孙之妇，皆谁氏乎？是陛下之爪牙皆贼嵩之瓜葛也。畏科道之多言也，进士非其私属，不得预中书、行人选。推官、知县非通贿，不得预给事、御史选。既选之后，入则杯酒结欢，出则馈饷相属。所有爱憎，授之论刺。历俸五六年，无所建白，即擢京卿。诸臣忍负国家，不敢忤权臣。是陛下之耳目皆贼嵩之奴隶也。科道虽入笼络，而部寺中或有如徐学诗之辈亦可惧也。令子世蕃择其有才望者，罗置门下。凡有事欲行者，先令报嵩，预为布置，连络蟠结，深根固蒂，各部堂司大半皆其羽翼。是陛下之臣工皆贼嵩之心膂也。陛下奈何爱一贼臣，而忍百万苍生陷于涂炭哉。

　　至如大学士徐阶蒙陛下特擢，乃亦每事依违，不敢持正，不可不谓之负国也。愿陛下听臣之言，察嵩之奸。或召问裕、景二王，或询诸阁臣。重则置宪，轻则勒致仕。内贼既去，外贼自除。虽俺答亦必畏陛下圣断，不战而丧胆矣。

　　疏入，帝已怒。嵩见召问二王语，喜谓可指此为罪，密构于帝。帝益大怒，下继盛诏狱，诘何故引二王。继盛曰："非二王谁不慑嵩者！"狱上，乃杖之百，令刑部定罪。侍郎王学益，嵩党也。受嵩嘱，欲坐诈传亲王令旨律绞，郎中史朝宾持之。嵩怒，谪之外。于是尚书何鳌不敢违，竟如嵩指成狱，然帝犹未欲杀之也。系三载，有为营救于嵩者。其党胡植、鄢懋卿怵之曰："公不睹养虎者耶，将自贻患。"嵩颔之。会都御史张经、李天宠坐大辟。嵩揣帝意必杀二人，比秋审，因附继盛名并奏，得报。其妻张氏伏阙上书，言："臣夫继盛误闻市井之言，尚狃书生之见，遂发狂论。圣明不即加戮，俾从吏议。两经奏谳，俱荷宽恩。今忽阑入张经疏尾，奉旨处决。臣仰惟圣德，昆虫草木皆欲得所，岂惜一回宸顾，下垂覆盆，倘以罪重，必不可赦，愿即斩臣妾首，以代夫诛。夫虽远御魑魅，必能为疆场效死，以报君父。"嵩屏不奏，遂以三十四年十月朔弃西市，年四十。临刑赋诗曰："浩气还太虚，丹心照千古。生平未报恩，留作忠魂补。"天下相与涕泣传颂之。

　　初，继盛之将杖也，或遗之蚺蛇胆。却之曰："椒山自有胆，何蚺

蛇为!"椒山,继盛别号也。及入狱,创甚。夜半而苏,碎瓷碗,手割
腐肉。肉尽,筋挂膜,复手截去。狱卒执灯颤欲坠,继盛意气自如。
朝审时,观者塞衢,皆叹息,有泣下者。后七年,嵩败。穆宗立,恤直
谏诸臣,以继盛为首。赠太常少卿,谥忠愍,予祭葬,任一子官。已,
又从御史郝杰言,建祠保定,名旌忠。

　　后继盛论马市得罪者,何光裕、龚恺。光裕,字思问,梓潼人。嘉
靖二十年进士,改庶吉士,除刑科给事中。偕同官杨上林、齐誉请召
遗佚。帝可之,已而报罢。巡视京营,劾罢尚书路迎。与给事中谢
登之、御史曾佩建议节财,冗费大省。边事迫,命清理诸陵守卫军,
条上祛弊七事,多报可。

　　屡迁兵科都给事中。都指挥吕元夤缘得锦衣,总旗王松冒功袭
千户,光裕皆举奏之。兵部尚书赵锦疏辨,帝斥元,下松都察院狱,
而夺锦等俸。

　　仇鸾之开马市也,命尚书史道主之。徇俺答请,以粟豆易牛羊。
光裕与御史龚恺等劾道:"委靡迁就。马市既开,复请封号。今其表
意在请乞,而道以为谢恩。况表文非出贼手。道不去,则彼有无厌
之求,我无必战之志,误国事不小。"时帝方向鸾,责光裕等借道论
鸾,以探朝廷。杖光裕、恺八十,余夺俸。光裕不胜杖,卒。隆庆初,
赠太常少卿。

　　恺既杖,官如故。寻列靖江王骄恣状,疏止大征粤寇。终湖广
副使。恺,字次元,松江华亭人。嘉靖二十六年进士。

　　杨允绳,字翼少,松江华亭人。嘉靖二十三年进士。授行人。久
之擢兵科给事中。

　　严嵩独相,有诏廷推阁员。允绳偕同官王德、沈束陈慎简辅臣、
收录遗佚二事。未几,奉命会英国公张溶、抚宁侯朱岳、定西侯蒋传
等简应袭子弟于阅武场。指挥郑玺忽传寇至,溶等皆惧走,允绳独
不动,因奏之。褫玺职,夺溶、岳营务,罚传等俸,由是知名。又劾罢

兵部尚书赵廷瑞。

居谏垣未几，疏屡上。言提学宪臣宜简行谊，府州县职宜量地烦简为三等，皆报可。俺答入犯，朝议急兵事。允绳请令五军都督府、府军前卫及锦衣卫堂上官，每遇考选军政之岁，各具疏自陈，听科道官拾遗。腾骧四卫及锦衣卫指挥以下，听兵部考察。诏皆从之，著为令。已，又陈御边四事，报可。再迁户科左给事中。谢病归。久之，起故官。

三十四年九月，上疏言倭患，因推弊原，谓："近者督抚命令不行于有司，非官不尊、权不重也。督抚莅任，例赂权要，名'谢礼'。有所奏请，佐以苞苴，名'候礼'。及俸满营迁，避难求去，犯罪欲弥缝，失事希芘覆，输贿载道，为数不赀。督抚取诸有司，有司取诸小民。有司德色以事上，督抚腼颜以接下。上下相蒙，风俗莫振。不肖吏又乾没其间，指一科十。孑遗待尽之民，必将挺而为盗，隐忧不只海岛间也。"

其冬巡视光禄。光禄丞胡膏伪增物值，允绳与同事御史张巽言劾之。下法司按验。膏窘，言："玄典隆重，所用品物，不敢徒取允数。允绳憎臣简别太精，斥言醮斋之用，取具可耳，何必精择，其欺谤玄修如此。"帝遂大怒，下允绳及膏诏狱。刑部尚书何鳌当允绳仪仗内诉事不实律绞，帝命仍与巽言杖于廷。巽言夺三官，膏调外任。居五年，允绳竟死西市。先是，有马从谦者，以谤醮斋杖死。穆宗即位，赠允绳光禄少卿，予一子官。天启初，谥忠恪。膏寻以贪墨被劾，诛。

马从谦，字益之，溧阳人。嘉靖十年举顺天乡试第一。越三年成进士，授工部主事。出治二洪，有政绩。改官主客，擢尚宝丞，掌内阁制诰。章圣太后崩，劝帝行三年丧，不报。稍进光禄少卿。提督中官杜泰乾没岁钜万，为从谦奏发，泰因诬从谦诽谤。巡视给事中孙允中、御史狄斯彬劾泰，如从谦言。帝方恶人言醮斋，而从谦奏颇及之，怒下从谦及泰诏狱。所司言诽谤无左证，帝益怒。下从谦法司，以允中、斯彬党庇，谪边方杂职。法司拟从谦戍远边。帝命廷杖八十，戍烟瘴，竟死杖下。而泰以能发谤臣罪，宥之。时三十一年十二月也。久之，光禄寺灾，帝曰："此马从谦余孽所致耳。"隆庆初，恤先朝建言杖死诸臣。中官追恨从谦，沮之。给事中王治、御史庞尚鹏力争。帝以从谦所犯，比子骂父，终不许。

允中，太原人。后屡迁应天府丞。斯彬，从谦同邑人。

赞曰：语有之，"君仁则臣直"。当世宗之代，何直臣多欤！重者显戮，次乃长系，最幸者得贬斥，未有苟全者。然主威愈震，而士气不衰，批鳞碎首接踵而不可遏。观其蒙难时，处之泰然，足使顽懦知所兴起，斯百余年培养之效也。

明史卷二一〇
列传第九八

桑乔 胡汝霖　谢瑜 王晔 伊敏生
童汉臣等　何维柏　徐学诗 叶经
陈绍　历汝进 查秉彝等　王宗茂
周冕　赵锦　吴时来　张翀
董传策　邹应龙 张槚　林润

桑乔,字子木,江都人。嘉靖十一年进士。十四年冬,由主事改御史,出按山西。所部频寇躏,乔奏请尽蠲徭赋,厚恤死者家。参将叶宗等将万人至荆家庄,陷贼伏中,大溃,贼遂深入。天城、阳和两月间五遭寇。巡抚樊继祖、总兵官鲁纲以下,皆为乔劾,副将李懋及宗等六人并逮治。

十六年夏,雷震谨身殿,下诏求言。乔偕同官陈三事,略言营造两宫山陵,多侵冒;吉囊恣横,边备积弛。而末言:"陛下遇灾而惧,下诏修省。修省不外人事,人事无过择官。尚书严嵩及林庭㭿、张瓒、张云皆上负国恩,下乖舆望,灾变之来,由彼所致。"疏奏,四人皆乞罢。诏庭㭿、云致仕,留嵩、瓒如故。嵩再疏辨,且诋言者。给事中胡汝霖言:"大臣被论,引罪求退而已。嵩负秽行,召物议,遽辞奏辨,阴挤言官,无大臣体。"帝下诏戒饬,如汝霖指。时嵩拜尚书甫半岁,方养交游,扬声誉,为进取地,举朝犹未知其奸,乔独首发之。

乔寻巡按畿辅,引疾。都御史王廷相以规避劾之,嵩因构其罪。逮下诏狱,廷杖,戍九江。居戍所二十六年而卒。隆庆初,赠恤如制。

胡汝霖,绵州人。由庶吉士除户科给事中。二十年四月,九庙灾。偕同官聂静、御史李乘云劾文武大臣救火缓慢者二十六人,嵩与焉。帝怒所劾不尽,下诏狱讯治,俱镌级调外。汝霖得太平府经历。既谪官,则请解于嵩,反附以进。累迁至右佥都御史,巡抚甘肃。及嵩败,以嵩党夺官。

谢瑜,字如卿,上虞人。嘉靖十一年进士。由南京御史改北。十九年正月,礼部尚书严嵩屡被弹劾求去,帝慰留。瑜言:"嵩矫饰浮词,欺罔君上,箝制言官。且援明堂大礼、南巡盛事为解,而谓诸臣中无为陛下任事者,欲以激圣怒。奸状显然。"帝留疏不下。嵩奏辨,且言"瑜击臣不已,欲与朝廷争胜"。帝于是切责瑜,而慰谕嵩甚至。居二岁,竟用嵩为相。

甫逾月,瑜疏言:"武庙盘游佚乐,边防宜坏而未甚坏。今圣明在上,边防宜固而反大坏者,大臣谋国不忠,而陛下任用失也。自张瓒为中枢,掌兵而天下无兵,择将而天下无将。说者谓瓒形貌魁梧,足称福将。夫诚边尘不耸,海宇晏然,谓之福可也。今瓒无功而恩荫屡加,有罪而褫夺不及,此其福乃一身之福,非军国之福也。昔舜诛四凶,万世称圣。今瓒与郭勋、严嵩、胡守中,圣世之四凶。陛下旬月间已诛其二,天下翕然称圣,何不并此二凶,放之流之,以全帝舜之功也?大学士翟銮起废弃中,授以巡边之寄,乃优游曼衍,靡费供亿。以盛苞苴者为才,献淫乐者为敬。遂使边军益瘵,边备更弛。行边若此,将焉用之!故不清政本,天下必不治也。不易本兵,武功必不竞也。"

疏入,留不下。嵩复疏辩,帝更慰谕,瑜复被谯让。然是时帝虽向嵩,犹未深罪言者,嵩亦以初得政,未敢显挤陷,故瑜得居职如故。未几,假他事贬其官。又三载,大计,嵩密讽主者黜之。比疏上,令如贪酷例除名,瑜遂废弃,终于家。

始瑜之为御史也,武定侯郭勋陈时政,极诋大小诸臣不足任,请复遣内侍出镇守。诏从之。瑜抗章奏曰:"勋所论诸事,影向恍惚,而复设镇守,则其本意所注也。勋交通内侍,代之营求,利他日重贿。其言'官吏贪浊,由陛下无心腹耳目之人在四方'。又曰'文武怀奸避事,许内臣劾奏,则奸贪自息'。果若勋言,则内臣用事莫如正德时,其为太平极治耶?陛下革镇守内臣,诚圣明善政,而勋诋以偏私。在朝百官,孰非天子耳目,而勋诋以不足任。欲陛下尽疑天下士大夫,独倚宦官为腹心耳目,臣不知勋视陛下为何如主?"会给事中朱隆禧亦以为言,勋奏始寝。瑜,隆庆初复官,赠太仆少卿。

王晔,字韬孟,金坛人。嘉靖十四年进士。授吉安推官,召拜南京吏科给事中。二十年九月偕同官上言:"外寇陆梁,本兵张瓒及总督尚书樊继祖、新迁侍郎费寀不堪重寄"。帝下其章于所司。居两月,复劾瓒,因及礼部尚书严嵩、总督侍郎胡守中,与巨奸郭勋相结纳。嵩所居第宅,则勋私人代营之。逾月,御史伊敏生、郑芸、陈策亦云嵩居宅乃勋私人孙泛所居,泛籍没,嵩第应在籍中。帝怒,夺敏生等俸一级。嵩不问,而守中竟由晔疏获罪。明年秋,嵩入内阁。吏科都给事中沈良才、御史喻时等交章劾嵩。逾月,山西巡按童汉臣章上。又逾月,晔与同官陈垲、御史陈绍等章亦上。大指皆论嵩奸贪,而晔疏并及嵩子世蕃,语尤剀切,帝皆不省。嵩憾甚,未有以中也。久之,为山东佥事,给由入都,道病后期,嵩遂夺其官。晔在台,尝劾罢方面官三十九人,直声甚著。比归,环堵萧然,数年卒。

伊敏生,上元人。郑芸、陈策,俱莆田人。敏生官至山东参政。策,台州知府。芸,终御史。

沈良才,泰州人。起家庶吉士,历官至兵部侍郎。三十六年大计自陈,已调南京矣,嵩附批南京科道拾遗疏中,落其职。

喻时,光山人。官至南京兵部侍郎。

童汉臣,钱塘人。由魏县知县入为御史。寇大入宣府、大同,总督樊继祖等掩败，三以捷闻。汉臣等劾之，得罪。其按山西，督诸将击却俺答之薄太原者，会方劾嵩触其怒。明年，汉臣与巡抚李珏核上继祖等失事状。章下兵部。汉臣前劾嵩并劾吏部尚书许赞，赞亦憾汉臣。因言汉臣劾迟延，宜并论。嵩遂拟旨镌珏一阶留任，谪汉臣湖广布政司都事。举朝皆知为嵩所中，莫能救也。久之，为泉州知府。倭贼薄城，有保障功。终江西副使。

陈垲，余姚人。后为嵩斥罢。

何维伯，字乔仲，南海人。嘉靖十四年进士。选庶吉士，授御史。雷震谨身殿，维柏言：“四海困竭，所在流移，而所司议加赋，民不为盗不止。”因请罢沙河行宫、金山功德寺工作，及安南问罪之师。帝颇嘉纳。寻引疾归。久之，起巡按福建。

二十四年五月，疏劾大学士严嵩奸贪罪，比之李林甫、卢杞。且言嵩进顾可学、盛端明修合方药，邪媚要宠。帝震怒，遣官逮治。士民遮道号哭，维柏意气自如。下诏狱，廷杖，除名。家居二十余年。

隆庆改元，召复官，擢大理少卿。迁左佥都御史。疏请日御便殿，召执政大臣谋政事，并择大臣有才德者与讲读儒臣更番入直。宫中燕居，慎选谨厚内侍调护圣躬，俾游处有常，幸御有节。非隆冬盛寒，毋辍朝讲。报闻。进左副都御史。母忧归。

万历初，还朝。历吏部左、右侍郎，极论鬻官之害。御史刘台劾大学士张居正，居正乞罢，维柏倡九卿留之。及居正遭父丧，诏吏部谕留。尚书张瀚叩维柏，维柏曰：“天经地义，何可废也。”瀚从之而止。居正怒，取旨罢瀚，停维柏俸三月。旋出为南京礼部尚书。考察自陈，居正从中罢之。卒谥端恪。

徐学诗，字以言，上虞人。嘉靖二十三年进士。授刑部主事，历郎中。二十九年，俺答薄京师。既退，诏廷臣陈制敌之策。诸臣多掇细事以应。学诗愤然曰：“大奸柄国，乱之本也。乱本不除，能攘外患哉？”即上疏言：

　　大学士嵩辅政十载,奸贪异甚。内结权贵,外比群小。文武迁除,率邀厚贿,致此辈掊克军民,酿成寇患。国事至此,犹敢谬引佳兵不祥之说,以谩清问。近因都城有警,密输财贿南还。大车数十乘,楼船十余艘,水陆载道,骇人耳目。又纳夺职总兵官李凤鸣二千金,使镇蓟州,受老废总兵官郭琮三千金,使督漕运。诸如此比,难可悉数。举朝莫不叹愤,而无有一人敢牴牾者,诚以内外盘结,上下比周,积久势成。而其子世蕃又凶狡成性,擅执父权。凡诸司奏请,必先白其父子,然后敢闻于陛下。陛下亦安得而尽悉之乎?

　　盖嵩权力足以假手下石,机械足以先发制人,势利足以广交自固,文词便给足以掩罪饰非。而精悍警敏,揣摩巧中,足以趋利避害;弥缝缺失,私交密惠,令色脂言,又足以结人欢心,箝人口舌。故前后论嵩者,嵩虽不难显祸之于正言之时,莫不假事托人阴中之于迁除考察之际。如前给事中王晔、陈垲,御史谢瑜、童汉臣辈,于时亦蒙宽宥,而今皆安在哉?陛下诚罢嵩父子,别简忠良代之,外患自无不宁矣。

帝览奏,颇感动。方士陶仲文密言嵩,孤立尽忠,学诗特为所私修隙耳。帝于是发怒,下之诏狱。嵩不自安,求去,帝优诏慰谕。嵩疏谢,佯为世蕃乞回籍,帝亦不许。学诗竟削籍。先劾嵩者叶经、谢瑜、陈绍与学诗皆同里,时称“上虞四谏”。隆庆初,起学诗南京通政参议。未之官,卒。赠大理少卿。

　　初,学诗族史应丰以善书擢中书舍人,供事无逸殿,悉嵩所为。嵩疑学诗疏出应丰指,会考察,嘱吏部斥之。应丰诣迎和门辞,特旨留用,嵩恚益甚。居数年以误写科书谮于帝,竟杖杀之。

　　叶经,字叔明。嘉靖十一年进士。除常州推官,擢御史。嵩为礼部,交城王府辅国将军表栰谋袭郡王爵,秦府永寿王庶子惟燹与嫡孙怀墥争袭,皆重贿嵩,嵩许之。二十年八月,经指其事劾嵩。嵩惧甚,力弥缝,且疏辩。帝乃付袭爵事于廷议,而置嵩不问。嵩由是憾经。又二年，经按山东监乡试。试录上，嵩指发策语为诽谤，激帝怒。廷杖经八十，斥为民。创重，卒。提调布政使陈儒及参政张臬，副使谈恺、潘恩，皆谪边方典史，由嵩报复也。穆宗即位，赠经光禄少卿，任一子官。

陈绍，终韶州知府。

厉汝进，字子修，滦州人。嘉靖十一年进士。授池州推官，征拜吏科给事中。湖广巡抚陆杰以显陵工成，召为工部侍郎。汝进言杰素犯清议，不宜佐司空，并劾尚书甘为霖、樊继祖不职。不纳。

三迁至户科都给事中。户部尚书王杲下狱，汝进与同官海宁查秉彝、马平徐养正、巴县刘起宗、章丘刘禄合疏言："两淮副使张禄遣使入都，广通结纳。如太常少卿严世蕃、府丞胡奎等，皆承赂受嘱有证。世蕃窃弄父权，嗜贿张焰。"词连仓场尚书王晔。嵩上疏自理，且求援于中官，以激帝怒。帝责其代杲解释，命廷杖汝进八十，余六十，并谪云南、广西典史。明年，嵩复假考察，夺汝进职。隆庆初，起故官。未至京，卒。

秉彝由黄州推官历户科左给事中。数建白时事。终顺天府尹。
养正以庶吉士历户科右给事中。隆庆中，官至南京工部尚书。
起宗初除衢州推官。召为户科给事中。延绥荐饥，请帑金赈救。终辽东苑马寺卿。
禄以行人司擢户科给事。谪后，自免归。

王宗茂，字时育，京山人。父桥，广东布政使。从父格，太仆卿。宗茂登嘉靖二十六年进士，授行人。三十一年擢南京御史。时先后劾严嵩者皆得祸，沈炼至谪佃保安。中外慑其威，益箝口。宗茂积不平，甫拜官三月，上疏曰：

　　嵩本邪谄之徒，寡廉鲜耻。久持国柄，作福作威。薄海内外，罔不怨恨。如吏、兵二部每选，请属二十人，人索贿数百金，任自择善地。致文武将吏尽出其门。此嵩负国之罪一也。

　　任私人万寀为考功郎。凡外官迁擢，不察其行能，不计其资历，唯贿是问。致端方之士不得为国家用。此嵩负国之罪二也。

　　往岁遭人论劾，潜输家资南返，辇载珍宝，不可数计。金银人物，多高二三尺者。下至溺器，亦金银为之。不知陛下宫中亦有此器否耶？此嵩负国之罪三也。

　　广布良田，遍于江西数郡。又于府第之后，积石为大坎，实以金银珍玩，为子孙百世计。而国计民瘼，一不措怀。此嵩负国之罪四也。

　　蓄家奴五百余人，往来京邸。所至骚扰驿传，虐害居民，长吏皆怨怒而不敢言。此嵩负国之罪五也。

　　陛下所食大官之馔不数品，而嵩则穷极珍错。殊方异产，莫不毕致。是九州万国之待嵩有甚于陛下。此嵩负国之罪六也。

　　往岁寇迫京畿，正上下忧惧之日，而嵩贪肆益甚。致民俗歌谣，遍于京师，达于沙漠。海内百姓，莫不祝天以冀其早亡，嵩尚恬不知止。此嵩负国之罪七也。

　　募朝士为干儿义子至三十余辈。若尹耕、梁绍儒，早已败露。此辈实衣冠之盗，而皆为之爪牙，助其虐焰，致朝廷恩威不出于陛下。此嵩负国之罪八也。

　　夫天下之所恃以为安者，财也。兵也。不才之文吏，以赂而出其门，则必剥民之财，去百而求千，去千而求万，民奈何不困。不才之武将以赂而出其门，则必克军之饷，或缺伍而不补，或逾期而不发，兵奈何不疲。迩者，四方地震，其占为臣下专权。试问今日之专权者，宁有出于嵩右乎？陛下之帑藏，不足支诸边一年之费，而嵩所蓄积可赡储数年。与其开卖官鬻爵之令以助边，何去此蠹国害民之贼，籍其家以纾患也。臣见数年以来，凡论嵩者不死于廷杖，则役于边塞。臣亦有身家，宁不致惜,而敢犯九重之怒,撄权相之锋哉?诚念世受国恩,不忍见祖宗天下坏于贼嵩之手也。

疏至,通政司赵文华密以示嵩,留数日始上,由是嵩得预为地。遂以诬诋大臣,谪平阳县丞。

方宗茂上疏,自谓必死。及得贬,恬然出都。到官半岁,以母忧归。嵩无以释憾,夺其父桥官。桥竟愤悒卒。嵩罢相之日,宗茂亦卒。隆庆初,赠光禄少卿。

周冕,资县人。嘉靖二十年进士。授太常博士。擢贵州道试御史。重建太庙成,奉安神主,帝将遣官代祭。御史鄢懋卿言其不可。帝怒,降手诏数百言谕廷臣,且言:"更有胁君取誉者,必罪不宥。"举朝悚息,无敢复言,冕独抗章争之。帝震怒,立下冕诏狱搒掠。终以其言直,释还职。是时太子生十一年矣,犹未出阁讲学。冕极言教谕不可缓,请早降纶言,慎选侍从。帝又大怒,谪云南通海县典史。冕虽远窜,意慷慨无所屈。

数迁至武选郎中。杨继盛劾严嵩及严效忠冒功事,语侵欧阳必进。必进奏辩,章下兵部。冕上言:

臣奉诏检得二十七年通政司状,效忠年十六,因武会试未第,咨两广军门听用。已而必进及总兵官陈圭奏黎贼平,遣效忠报捷,授锦衣试所镇抚。未逾月,严鹄言兄效忠曾斩首七级,并功加赏,应得署副千户。今效忠身抱痼疾,鹄请代职。臣心疑其伪,方将核实以闻。嵩子世蕃乃自创一稿付臣,属臣依违题覆。臣观其稿,率诞谩舛戾,请得一一折之。

如效忠曾中武举,何初无本籍起送文牒,今又称民人,而不言武举?如效忠果鹄之兄,世蕃之子,则世蕃数子俱幼,未有名效忠者。如效忠果斩首七级,则当时状称,年止十六,岂能赴战。何军门诸将俱未闻斩获功,独宰相一孙乃骁勇冠三军?如曰效忠对敌,胫臂受创,计临阵及差委,相去未一月,何以万里军情即能驰报?如曰效忠到京以创甚疾故,何以鹄代职之日,只告不能受职？如曰效忠镇抚当代，则奏捷功只及身，例无传袭。如曰效忠功当并论，例先奏请，何止用通状，而逼令司官奉行？

臣悉心廉访，初未有名效忠者赴军门听用。鹄亦非效忠亲弟。其姓名乃诡设，首级亦要买，而非有纤毫实迹也。必进既嵩乡曲，圭又世蕃姻亲，依阿朋比，共为欺罔。臣如不言，陛下何从知其奸。且自累朝以来，未闻有宰相之子孙送军门报效者。今嵩不唯咨送军门，而且诡托名姓，破坏祖宗之制，彼蒋应奎、唐国相辈何怪其效尤耶。臣职守攸关，义不敢隐，乞特赐究正，使天下晓然，知朝廷有不可幸之功、不可犯之法。臣虽得罪，死无所恨。

疏奏，直声震朝廷。嵩父子大惧，力事弥缝。帝责冕报复，下诏狱拷讯，斥为民。冕既得罪，而尚书覆奏如世蕃指矣。隆庆初，录先朝直臣，起冕太仆少卿。遭母忧，未任，卒。

赵锦，字元朴，余姚人。嘉靖二十三年进士。授江阴知县，征授南京御史。江洋有警，议设总兵官于镇江。锦言"小寇剽掠，不足烦重兵。"帝乃罢之。已，疏言："淮、兖数百里，民多流庸，乞宽租徭，简廷臣督有司拊循。"报可。军兴，民输粟马，得官锦衣，锦极陈不可。寻清军云南。

三十二年元旦，日食。锦以为权奸乱政之应，驰疏劾严嵩罪。其略曰：

臣伏见日食元旦，变异非常。又山东、徐、淮仍岁大水，四方频地震，灾不虚生。昔太祖高皇帝罢丞相，散其权于诸司，为后世虑至深远矣。今之内阁，无宰相之名，而有其实，非高皇帝本意。顷夏言以贪暴之资，恣睢其间。今大学士嵩又以佞奸之雄，继之怙宠张威，窃权纵欲，事无巨细，罔不自专。人有违忤，必中以祸，百司望风惕息。天下事未闻朝廷，先以闻政府。白事之官，班侯于其门，请求之牒，辐辏于其室。铨司黜陟，本兵用舍，莫不承意指。边臣失事，率朘削军资，纳赇嵩所，无功可以受赏，有罪可以逭诛。至宗藩勋戚之袭封，文武大臣之赠谥，其迟速予夺，一视赂之厚薄。以至希宠干进之徒，妄自贬损。称号不伦，廉耻扫地，有臣所不忍言者。

陛下天纵圣神，乾纲独运。自以予夺由宸断，题覆在诸司，阁臣拟旨取裁而已。诸司奏稿，并承命于嵩，陛下安得知之。今言诛，而嵩得播恶者，言刚暴而疏浅，恶易见，嵩柔佞而机深，恶难知也。嵩窥伺逢迎之巧，似乎忠勤，谄谀侧媚之态，似乎恭顺。引植私人，布列要地，伺诸臣之动静，而先发以制之，故败露者少。厚赂左右亲信之人，凡陛下动静意向，无不先得，故称旨者多。或伺圣意所注，因而行之以成其私；或乘事机所会，从而鼓之以肆其毒。使陛下思之，则其端本发于朝廷；使天下指之，则其事不由于政府。幸而洞察于圣心，则诸司代嵩受其罚；不幸而遂传于后世，则陛下代嵩受其訾。陛下岂诚以嵩为贤邪？自嵩辅政以来，惟恩怨是酬，惟货贿是敛。群臣惮阴中之祸，而忠言不敢直陈；四方习贪墨之风，而闾阎日以愁困。

顷自庚戌之后，外寇陆梁。陛下尝募天下之武勇以足兵，竭天下之财力以给饷，搜天之遗逸以任将，行不次之赏，施莫测之威，以风示内外矣。而封疆之臣，卒未有为陛下宽宵旰忧者。盖缘权臣行私，将吏风靡，以掊克为务，以营竞为能。致朝廷之上，用者不贤，贤者不用；赏不当功，罚不当罪。陛下欲致太平，则群臣不足承德于左右；欲遏戎寇，则将士不足御侮于边疆。财用已竭，而外患未见底宁；民困已极，而内变又虞将作。陛下躬秉至圣，忧勤万几，三十二年于兹矣，而天下之势其危如此，非嵩之奸邪，何以致之。

臣愿陛下观上天垂象，察祖宗立法之微，念权柄之不可使移，思纪纲之不可使乱，立斥罢嵩，以应天变，则朝廷清明，法纪振饬。寇戎虽横，臣知其不足平矣。

当是时，杨继盛以劾嵩得重遣，帝方蓄怒以待言者。周冕争冒功事,亦下狱。而锦疏适至。帝震怒,手批其上,谓锦欺天谤君,遣使逮治,复慰谕嵩备至。于是锦万里就征,屡堕槛车,濒死者数矣。既至,下诏狱拷讯。榜四十,斥为民。父埙,时为广西参议,亦投劾罢。

锦家居十五年,穆宗即位,起故官。擢太常少卿。未上,进光禄卿。江阴岁进子鲚万斤,奏减其半。隆庆元年以右副都御史巡抚贵州,破擒叛苗龙得鲊等。宣慰安氏素桀骜,畏锦,为效命。入为大理卿,历工部左、右侍郎。尝署部事,有所争执。

万历二年迁南京右都御史,改刑部尚书。张居正遭丧,南京大臣议疏留。锦及工部尚书费三旸不可而止。移礼部,又移吏部,俱在南京。锦以居正操切,颇訾议之。语闻,居正令给事中费尚伊劾锦讲学谈禅,妄议朝政,锦遂乞休去。居正死,给事、御史交荐,起故官。十一年召拜左御史。是时,方籍居正资产。锦言:"世宗籍严嵩家,祸延江西诸府。居正私藏未必逮严氏,若加搜索,恐贻害三楚,十倍江西民。且居正诚擅权,非有异志。其翊戴冲圣,夙夜勤劳,中外宁谧,功亦有不容泯者。今其官荫赠谥及诸子官职并从褫革,已足示惩,乞特哀矜,稍宽其罚。"不纳。

二品六年满,加太子少保,寻加兵部尚书,掌院事如故。锦摘陈御史封事可采者数条,请旨行之。四川巡按雒遵憾锦,假条奏指锦为奸臣。御史周希旦、给事中陈与郊不直遵,交章论列,遂调遵外任。帝幸山陵,再奉敕居守。其冬,以继母丧归。十九年召拜刑部尚书。年七十六矣,再辞,不许。次苏州卒。赠太子太保,谥端肃。

锦始终厉清操,笃信王守仁学,而教人则以躬行为本。守仁从祀孔庙,锦有力焉。始忤严嵩,得重祸。及之官贵州,道嵩里,见嵩葬路旁,恻然悯之,嘱有司护视。后忤居正罢官,居正被籍,复为营救。人以是称锦长者。

吴时来,字惟修,仙居人。嘉靖三十二年进士。授松江推官,摄府事。倭犯境,乡民携妻子趋城,时来悉纳之。客兵犷悍好剽掠。时来以恩结其长,犯即行法。无哗者。贼攻城,骤雨,城坏数丈。时来以劲骑扼其冲,急兴板筑,三日城复完,贼乃弃去。

擢刑科给事中。劾罢兵部尚书许论、宣大总督杨顺及巡按御史路楷。皆严嵩私人,嵩疾之甚。会将遣使琉球,遂以命时来。三十七年三月,时来抗章劾嵩曰:“顷陛下赫然震怒,逮治偾事边臣,人心莫不欣快。边臣朘军实、馈执政,罪也。执政受其馈,朋奸罔上,独得无罪哉?嵩辅政二十年,文武迁除,悉出其手。潜令子世蕃出入禁所,批答章奏。世蕃因招权示威,颐指公卿,奴视将帅,筐篚苞苴,辐辏山积,犹无厌足。用所亲万寀为文选郎,方祥为职方郎,每行一事,推一官,必先禀命世蕃而后奏请。陛下但知议出部臣,岂知皆嵩父子私意哉。他不具论。如赵文华、王汝孝、张经、蔡克廉以及杨顺、吴嘉会辈,或祈免死,或祈迁官,皆剥民膏以营私利,虚官帑以实权门,陛下已洞见其一二。言官如给事中袁洪愈、张墱,御史万民英亦尝屡及之。顾多旁指微讽,无直攻嵩父子直。臣窃谓除恶务本。今边事不振由于军困,军困由官邪,官邪由执政之好货。若不去嵩父子,陛下虽宵旰忧劳,边事终不可为也。”

时张翀、董传策与时来同日劾嵩。而翀及时来皆徐阶门生,传策则阶邑子,时来先又官松江,于是嵩疑阶主使。密奏三人同日构陷,必有人主之,且时来乃惮琉球之行,借端自脱。帝入其言,遂下三人诏狱,严鞫主谋者。三人濒死不承,第言“此高庙神灵教臣为此言耳。”主狱者乃以三人相为主使谳上。诏皆戍烟瘴,时来得横州。

隆庆初,召复故官。进工科给事中。条上治河事宜,又荐谭纶、俞大猷、戚继光宜用之蓟镇,专练边兵,省诸镇征调。帝皆从之。抚治郧阳。金都御史刘秉仁被劾且调用,时来言秉仁荐太监李芳,无大臣节,秉仁遂坐罢。帝免丧既久,临朝未尝发言,时来上保泰九札,报闻。寻擢顺天府丞。

隆庆二年拜南京右金都御史,提督操江。移巡抚广东。将行,荐所属有司至五十九人。给事中光懋等劾其滥举。会高拱掌吏部,雅不喜时来,贬云南副使。复为拱门生给事中韩楫所劾,落职闲住。

万历十二年,始起湖广副使。俄擢左通政,历吏部左侍郎。十五年拜左都御史。诚意伯刘世延怙恶,数抗朝令,时来劾之,下所司讯治。时来初以直窜,声振朝端。再遭折挫,沉沦十余年。晚节不能自坚,委蛇执政间。连为饶伸、薛敷教、王麟趾、史孟麟、赵南星、王继光所劾,时来亦连乞休归。未出都,卒。赠太子太保,谥忠恪。寻为礼部郎中于孔兼所论,夺谥。

　　张翀,字子仪,柳州人。嘉靖三十二年进士。授刑部主事。疾严嵩父子乱政,抗章劾之。其略曰:

　　窃见大学士嵩贵则极人臣,富则甲天下。子为侍郎,孙为锦衣、中书,宾客满朝班,亲姻尽朱紫。犬马尚知报主,乃嵩则不然。臣试以边防、财赋、人才三大政言之。

　　国家所恃为屏翰者,边镇也。自嵩辅政,文武将吏率由贿进。其始不核名实,但通关节,即与除授。其后不论功次,但勤问遗,即被超迁。托名修边建堡,覆军者得荫子,滥杀者得转官。公肆诋欺,交相贩鬻。而祖宗二百年防边之计尽废坏矣。

　　户部岁发边饷,本以赡军。自嵩辅政,朝出度支之门,暮入奸臣之府。输边者四,馈嵩者六。臣每过长安街,见嵩门下无非边镇使人。未见其父,先馈其子。未见其子,先馈家人。家人严年,富逾数十万,嵩家可知。私藏充溢,半属军储。边卒冻馁,不保朝夕。而祖宗二百上豢养之军尽耗弱矣。

　　边防既隳,边储既虚,使人才足供陛下用犹不足忧也。自嵩辅政,藐蔑名器,私营囊橐。世蕃以狙狯资,倚父虎狼之势,招权罔利,兽攫鸟钞。无耻之徒,络绎奔走,靡然成风,有如狂易。而祖宗二百年培养之人才尽败坏矣。

　　夫嵩险足以倾人,诈足以惑世,辨足以乱政,才足以济奸。附己者加诸膝,异己者坠之渊。箝天下口,使不敢言,而其恶日以恣。此忠议之士,所以扼腕愤激,怀深长之忧者也。陛下诚赐斥遣,以快众愤,则缘边将士不战而气自倍,百司庶府不令而政自新。

书奏，逮下诏狱拷讯，谪戍都匀。

穆宗嗣位，召为吏部主事，再迁大理少卿。隆庆二年春，以右金都御史巡抚南、赣。所部万羊山跨湖广、福建、广东境，故盗薮，四方商民种蓝其间。至是，盗出劫，翀遣守备董龙剿之。龙声言搜山，诸蓝户大恐。盗因煽之，啸聚千余人。兵部令二镇抚臣协议抚剿之宜，久乃定。南雄巨盗黄朝祖流劫诸县，转掠湖广，势甚炽。翀讨擒之。移抚湖广。召拜大理卿，进兵部右侍郎。以侍养归。

万历初，起故官，督漕运。召为刑部右侍郎，不拜，连章乞休。卒于家。天启初，赠兵部尚书，谥忠简。

董传策，字原汉，松江华亭人。嘉靖二十九年进士。除刑部主事。

三十七年，抗疏劾大学士严嵩，略言：

嵩稔恶误国，陛下岂不洞烛其奸。特以辅政故，尚为优容，令自省改。而嵩恬不知戒，负恩愈深。居位一日，天下受一日之害。臣窃痛之。

夫边疆督抚将帅欲得士卒死力，必资财用。今诸边军饷岁费百万，强半赂嵩。遂令军士饥疲，寇贼深入。此其坏边防之罪一也。

吏、兵二部持选簿就嵩填注。文选郎万寀、职方郎方祥甘听指使，不异卒隶。都门谚语至以"文武管家"目之。此其鬻官爵之罪二也。

侍郎刘伯跃以采木行部，擅敛民财及郡县赃罪，辇输嵩家，前后不绝。其他有司破冒攘夺，入献于嵩者更不可数计。嵩家私藏，富于公帑。此其蠹国用之罪三也。

赵文华以罪放逐，嵩没其囊橐巨万，而令人护送南还。恐喝州县，私役民夫，致道路驿骚，公私烦费。此其党罪人之罪四也。

天下藩臬诸司，岁时问遗，动以千计，势不得不掊克小民。民财日殚，嵩赍日积。于是水陆舟车载还其乡，月无虚日。所至要索供亿，势如虎狼。此其骚驿传之罪五也。

嵩久握重权，炙手而热。干进无耻之徒，附羶逐秽，麇集其门。致士风日偷，官箴日丧。此其坏人才之罪六也。

嵩以蔽欺行其专权，生死予夺惟意所为。而世蕃又以无赖之子，窃威助恶。父子肆凶，中外饮愤。有臣如此，非国法可容。臣待罪刑曹，宜诘奸慝。陛下诚不惜严氏以谢天下，则臣亦何惜一死以谢权奸。

疏入，下诏狱。谪戍南宁。

穆宗立，召复故官。历郎中。隆庆五年，累迁南京大理卿，进工部右侍郎。万历元年，就改礼部。言官劾传策受人贿，免归。绳下过急，竟为家奴所害。

邹应龙，字云卿，长安人。嘉靖三十五年进士。授行人，擢御史。严嵩擅政久，廷臣攻之者辄得祸，相戒莫敢言。而应龙知帝眷已潜移，其子世蕃益贪纵，可攻而去也，乃上疏曰：

工部侍郎严世蕃凭借父权，专利无厌。私擅爵赏，广致赂遗。使选法败坏，市道公行。群小竞趋，要价转巨。刑部主事项治元以万三千金转吏部，举人潘鸿业以二千二百金得知州。夫司属郡吏略以千万，则大而公卿方岳，又安知纪极？

平时交通赃贿，为之居间者不下百十余人，而其子锦衣严鹄、中书严鸿、家人严年、幕客中书罗龙文为甚。年尤桀黠，士大夫无耻者至呼为鹤山先生。遇嵩生日，年辄献万金为寿。臧获富侈若是，主人当何如。

嵩父子故籍袁州，乃广置良田美宅于南京、扬州，无虑数十所，以豪仆严冬主之。抑勒侵夺，民怨入骨。外地牟利若是，乡里又何如。

尤可异者，世蕃丧母，陛下以嵩年高，特留侍养，令鹄抚梓南还。世蕃乃聚狎客，拥艳姬，恒舞酣歌，人纪灭绝。至鹄之无知，则以祖母丧为奇货。所至驿骚，要索百故。诸司承奉，郡邑为空。

今天下水旱频仍，南北多警。而世蕃父子方日事掊克，内外百司莫不竭民脂膏，塞彼溪壑。民安得不贫，国安得不病，天人灾变安得不迭至也。臣请斩世蕃首悬之于市，以为人臣凶横不忠之戒，苟臣一言失实，甘伏显戮。嵩溺爱恶子，召赂市权，亦宜亟放归田，用清政本。

帝颇知世蕃居丧淫纵，心恶之。会方士蓝道行以扶乩得幸，帝密问辅臣贤否。道行诈为乩语，具言嵩父子弄权状，帝由是疏嵩而任徐阶。及应龙奏入，遂勒嵩致仕，下世蕃等诏狱，擢应龙通政司参议。然帝虽罢嵩，念其赞修玄功，意忽忽不乐，手札谕阶："嵩已退，其子已伏辜，敢再言者，当并应龙斩之。"应龙深自危，不敢履任，赖阶调护始视事。御史张槚巡盐河东，不知帝指，上疏言："陛下已显擢应龙，而王宗茂、赵锦辈首发大奸未召，是曲突者不赏也"帝大怒，立逮至，杖六十，斥为民。久之，世蕃诛，应龙乃自安。

隆庆初，以副都御史总理江西、江南盐屯。迁工部右侍郎。镇守云南黔国公沐朝弼骄恣，廷议遣大臣有威望者镇之，乃改应龙兵部侍郎兼右佥都御史，巡抚云南。至则发朝弼罪，朝弼竟被逮。万历改元，铁索箐贼作乱，讨平之。已，番人栂猰反，合土汉兵进讨，斩获各千余人。

应龙有才气，初以劲严嵩得名，骤致通显。及为太常，省牲北郊，东厂太监冯保传呼至，民者引入，正面爇香，俨若天子。应龙大骇，劾保僭肆，保深衔之。至是，京察自陈，保修隙，令致仕。临安土官普崇明、崇新兄弟构争。崇明引广南侬兵为助，崇新则召交兵。已，交兵退，侬兵尚留，应龙命部将杨守廉往剿。守廉掠村聚，杀人。侬贼乘之，再败官军，人以咎应龙。应龙闻罢官，不俟代径归。代者王凝欲自以为功，力排应龙。给事中裴应章遂劾应龙偾事。巡按御史郭廷梧雅不善应龙，勘如凝言。应龙遂削籍，卒于家。

十六年，陕西巡抚王璇言应龙殁后，遗田不及数亩，遗址不过数楹，恤典未被，朝野所恨。帝命复应龙官，予祭葬。

张楒，江西新城人。嘉靖三十八年进士。居台中，敢言。穆宗初，复官。屡疏抗中官，尝劾大学士高拱。拱复入阁，掌吏部，楒已迁太仆少卿，坐不谨，罢归。万历中，累官工部右侍郎。

林润，字若雨，莆田人。嘉靖三十五年进士。授临川知县。以事之南丰，寇猝至，为划计却之。征授南京御史。严世蕃置酒召润，润谈辨风生，世蕃心惮之。既罢，属客谓之曰：“严侍郎谢君，无刺当世事。”润到官，首论祭酒沈坤擅杀人，置之理。已，劾副都御史鄢懋卿五罪，严嵩庇之，不问。伊王典楧不道，数遭论列不悛，润复纠之。典楧累奏辨，诋润挟私。部科交章论王抗朝命，胁言官。世蕃纳其贿，下诏责让而已。润因言宗室繁衍，岁禄不继，请亟议变通。帝为下所司集议。

会帝用邹应龙言，戍世蕃雷州，其党罗龙文浔州。世蕃留家不赴。龙文一诣戍所，即逃还徽州，数往来江西，与世蕃计事。四十三年冬，润按视江防，廉得其状，驰疏言：“臣巡视上江，备访江洋群盗，悉审入逃军罗龙文、严世蕃家。龙文卜筑深山，乘轩衣蟒，有负险不臣之心。而世蕃日夜与龙文诽谤时政，摇惑人心。近假名治第，招集勇士至四千余人。道路恟惧，咸谓变且不测。乞早正刑章，以绝祸本。”帝大怒，即诏润逮捕送京师。世蕃子绍庭官锦衣，闻命亟报世蕃，使诣戍所。方二日，润已驰至。世蕃猝不及赴，乃械以行，龙文亦从梧州通捕至。遂尽按二人诸不法事，二人竟伏诛。

润寻擢南京通政司参议，历太常寺少卿。隆庆元年以右佥都御史巡抚应天诸府。属吏慑其威名，咸震栗。润至，则持宽平，多惠政，吏民皆悦服。居三年，卒官。年甫四十。润乡郡兴化陷倭，特疏请蠲复三年，发帑金赈恤。乡人德之。丧归，遮道四十里，为位祭哭凡三日。

赞曰：世宗非庸懦主也。嵩相二十余，贪瞽盈贯。言者踵至，斥逐罪死，甘之若饴，而不能得君心之一悟。唐德宗言："人谓卢杞奸邪，朕殊不觉。"各贤其臣，若蹈一辙，可胜叹哉。世蕃之诛，发于邹应龙，成于林润。二人之忠，非过于杨继盛，其言之切直，非过于沈炼、徐学诗等，而大憝由之授首。盖恶积灭身，而邹、林之弹击适会其时欤。

明史卷二一一
列传第九九

马永　梁震 祝雄　王效 刘文　周尚文 赵国忠　马芳 子林 孙炯 圹 飚　何卿　沈希仪　石邦宪

马永，字天锡，迁安人。生而魁岸，骁果有谋。习兵法，好《左氏春秋》。嗣世职为金吾左卫指挥使。正德时，从陆完击贼有功，进都指挥同知。江彬练兵西内，永当隶彬，称疾避之。守备遵化，寇入马兰峪，参将陈乾被劾，擢永代。战柏崖、白羊峪，皆有功。

十三年进都督佥事，充总兵官，镇守蓟州。尽汰诸营老弱，听其农贾，取佣值给健卒，由是永所将独雄于诸镇。武宗至喜峰口，欲出塞，永叩马谏。帝注视久之，笑而止。中路擦崖当敌冲，无城堡，耕牧者辄被掠。永令人持一月粮，营崖表，板筑其内。城廓如其立，乃迁军守之。录功，进署都督同知。

嘉靖元年，金山矿盗作乱。遣指挥康雄讨平之，塞其矿。朵颜把儿孙结诸部邀赏不得，盗边。永迎击洪山口，而伏兵断其后，斩获过当，进右都督。已，复馘其骁将，把儿孙不敢复扰边。大同兵变，杀巡抚张文锦，命桂勇为总兵官往镇，而议将抚之。永言："逆贼干纪，朝廷赦其胁从，恩至渥也，顾犹抗命。今不剿，春和北寇南牧，叛卒勾连，祸滋大。宜亟调邻镇兵，克期攻城，晓譬利害，悬破格之赏，令贼自相斩为功，元凶不难殄也。"乃命永督诸军与侍郎胡瓒往。会乱平,乃还镇。

永上书为陆完请恤典,且乞宥议礼获罪诸臣。帝大怒,夺永官,寄禄南京后府。巡按御史丘养浩言:“永仁以恤军,廉以律己,固边防,却强敌,军民安堵,资彼长城。闻永去,遮道乞留,且携子女欲遂逃移。夫陆完久死炎瘴,非有权势可托。永徒感国士知,欲效区区之报。不负知己,宁负国家?祈曲赐优容,俾还镇。”顺天巡抚刘泽及给事、御史交章救之,俱被谴。永竟废不用。永杜门读书,清约如寒士。久之,用荐佥书南京前府。大同军再乱,廷臣交荐。召至,已就抚,复还南京。

十四年,辽东兵变。罢总兵官刘淮,以永代之。大清堡守将徐颢诱杀泰宁卫九人。部长把当孩怒,寇边,永击斩之。其族属把孙借朵颜兵报仇,复为永所却。已,复入犯。中官王永战败,永坐戴罪。

辽东自军变后,首恶虽诛,漏网者众。悍卒无所惮,结党叫呼,动怀不逞。广宁卒佟伏、张斌等乘旱饥,倡众为乱,诸营军惮永无应者。伏等登谯楼,鸣鼓大噪,永率家众仰攻。千户张斌被杀,永战益力,尽歼之。事闻,进左都督。

永蓄士百余人,皆西北健儿,骁勇敢战。辽东变初定,帝问将于李时。时荐永,且曰:“其家众足用也。”帝曰:“将须文武兼,宁专恃勇乎?”时曰:“辽土新定,须有威力者镇之。”至是,竟得其力。都御史王廷相言:“永善用兵,且廉洁,宜仍用之蓟镇,作京师藩屏。”未及调,卒。辽人为罢市。丧过蓟州,州人亦洒泣。两镇并立祠。

永为将,厚抚间谍,得敌人情伪,故战辄胜。雅知人。所拔卒校,后多至大帅。尚书郑晓称永与梁震有古良将风。

梁震,新野人。袭榆林卫指挥使。嘉靖七年,进署都指挥佥事,协守宁夏兴武营。寻充延绥游击将军。廉勇,好读兵书,善训士,力挽强命中,数先登。擢延绥副总兵。与总兵官王效却敌镇远关,进都督佥事。

吉囊、俺答犯延绥,震败之黄甫川。寻犯响水、波罗,参将任杰大败之。吉囊复以十万骑入寇,震大破之乾沟,获首功百余,先后被奖赉。已,增俸一等。乾沟凡三十里,当敌冲。震潜使深广,筑土墙其上,寇不复轻犯。

十四年进都督同知,充陕西总兵官。寻论黄甫川功,进右都督。明年移镇大同。大同乱兵连杀巡抚张文锦、总兵官李瑾。继瑾者鲁纲,威不振,兵益骄,文武大吏不敢约束。廷议以为忧,移震往。震素蓄健儿五百人,至则下令军中,申约束。镇兵素惮震,由是贴服。寇入犯,震破之牛心山,斩级百余。寇愤,驻近边伺隙。时车驾祀山陵,震伏将士于诸路。寇果入。大破之宣宁湾,又破之红崖儿,斩获甚众。进左都督,荫一子百户。震父栋,前阵亡。震辞荫子,乞父祭葬,帝嘉而许之。毛伯温督师,与震修镇边诸堡,不数月工成。卒,赠太子太保,赐其家银币,加赠太保,谥武壮。

震有机略,号令明审。前后百十战,未尝稍挫。时率健儿出塞劫敌营,或议其启衅。震曰:“凡启衅者,谓寇不扰边,我横挑邀功也。今数深入,乃不思一挫之耶?”震殁,健儿无所归。守臣以闻,编之伍,边将犹颇得其力。

代震者辽东祝雄,起家世荫。历都督佥事。自山西副总兵迁镇大同。被劾解职,起镇蓟州。善抚士,治军肃。寇入塞,率子弟为士卒先。子稍却,行法不贷。世宗书其名御屏。为将三十年,布袍毡笠,不异卒伍。既殁,遗赀仅供殓具。蓟人祠祀之。

王效,延绥人。读书能文辞,娴韬略。骑射绝人,中武会试。嘉靖中,累官都指挥佥事,充延绥右参将。出神木塞,捣寇双乃山,斩获多。寻擢延绥副总兵。

十一年冬,进署都督佥事,充总兵官,代周尚文镇宁夏。吉囊犯镇远关,效与梁震败之柳门。追北蜂窝山,蹙溺之河,斩首百四十有奇。玺书奖赉。

吉囊十万骑复窥花马池,效、震拒之不得入。转犯乾沟。震分兵击,遂趋固原。总兵官刘文力战,寇趋青山岘,大掠安定、会宁。效方败别部于鼠湖,追至沙湖,疾移师往援,破之安定,再破之灵州,先后斩首百五十余级。总制三边尚书唐龙以大捷闻,而巡按御史奏诸将失事罪。给事中戚贤往勘,奏:"安、会二县多杀掠,文当罪。然麾下卒仅八千,倍道蒙险,撄八九万方张之寇,殊死战,宜以功赎。震乾沟,效鼠湖、沙湖、安定、灵州之战,以孤军八百,挡寇万余,功俱足录。龙亦善调度。"诏文夺职,震、效赉银币,龙一子入监。是役也,功多,执政尼之,故赏薄。御史周铁以为言,龙、效、震各加一级,效进都督同知。寻以清水营功,进右都督。寇以轻骑犯宁夏,效伏兵打铠口,俟其半入横击,败之,而防河卒复以战艘邀斩其奔渡者。捷闻,进左都督。寇愤,设伏诱败之,贬右都督。十六年移镇宣府。逾年卒,谥武襄。

效言行谨饬,用兵兼谋勇,威名著西陲。与马永、梁震、周尚文并为名将。

刘文者,阳和卫人。袭指挥同知。屡迁署都督佥事,凉州右副总兵。嘉靖八年以总兵官镇陕西。大破洮、岷叛番若笼、板尔诸族,斩首三百六十有奇。十一年,寇西掠还,将犯宁夏河东,文击破之。积前功,进都督同知。后落职,起镇延绥,改甘肃。卒,亦谥武襄。

周尚文,字彦章,西安后卫人。幼读书,粗晓大义。多谋略,精骑射。年十六,袭指挥同知。屡出塞有功,进指挥使。

寅镧反,遏黄河渡口,获叛贼丁广等,推掌卫事。关内回贼四起,倚南山,尚文次第平之。御史刘天和劾中贵廖堂系诏狱,事连尚文。拷掠令引天和,终不承,久之始释。已,守备阶州。计擒叛番,进署都指挥佥事,充甘肃游击将军。

嘉靖元年改宁夏参将。寻进都指挥同知,为凉州副总兵。御史按部庄浪,猝遇寇。尚文亟分军拥御史,而自引麾下射之,寇乃遁。尝追寇出塞,寇来益众。尚文军半至,麾下皆恐。乃从容下马,解鞍背崖力战，所杀伤相当。部将丁杲来援，寇始退。尚文被创甚，乃告归。寻起故官。吉囊数踏冰入。尚文筑墙百二十里，浇以水，冰滑不可上。冰泮，则令力士持长竿铁钩，钩杀渡者。

九年，擢署都督佥事，充宁夏总兵官。王琼筑边墙，尚文督其役。且浚渠开屯，军民利之。寇掠西海，过宁夏，巡抚杨志学议发兵邀。尚文不从，劾解职。

久之，起山西副总兵。寇由偏头关趋岢岚，尚文转战三百里，破之，与子君佐俱伤，赉银币。寻以总兵官镇延绥。寇犯红山墩，力战败之，被赉。吉囊复大掠清平堡，坐夺俸。

尚文优将才，负气桀傲，所至与文吏竞。文吏又往往挫折之，以故弥不相得。巡抚贾启劾尚文老诳，兵部请调之甘肃。帝不从，各夺其俸。巡按张光祖言："两人必不可共处。"乃革尚文任，亦贬启秩。吉囊大入，抵固原。天和时已为总督，激尚文立功。奋击之黑水苑，杀其子号小十王者，获首功百三十余，乃以为都督同知。

二十一年，用荐为东官厅听征总兵官兼佥后府事。严嵩为礼部尚书，子世蕃官后府都事，骄蹇。尚文面叱，将劾奏之，嵩谢得免。调世蕃治中，以避尚文，衔次骨。其秋，以总兵官镇大同，请增饷及马。兵部言尚文陈请过当，方被诏切责，而尚文与巡抚赵锦不协，乞休，不允，日相构。御史王三聘乞移之它镇。廷议：大同敌冲，尚文假此避，不宜堕其奸谋。乃以锦为甘肃巡抚。吉囊数万骑犯前卫。尚文与战黑山，杀其子满罕歹，追至凉城。斩获多，进右都督。已，寇由宣府逼畿甸，出大同塞而北。尚文邀之，稍有俘获。后寇复大举，犯鹁鸽谷，将南下。尚文备阳和，遣骑四出邀寇，寇遁，赐敕奖劳之。

总督翁万达议筑边墙，自宣府西阳和至大同开山口，延袤二百余里，以属尚文。乃益筑阳和以西至山西丫角山，凡四百余里，敌台千余。斥屯田四万余顷，益军万三千有奇。帝嘉其功，进左都督，加太子太保，永除屯税。叛人充灼召小王子寇边，尚文侦得其使者，加太保，荫子锦衣世千户。终明之世，总兵官加三公者，尚文一人而已。

初,俺答及吉襄诸子盛强,诸边岁受其患,大同尤甚。自尚文莅镇,与总督万达、巡抚詹荣规划战守备边,民息肩者数年。尚文益招叛人,孤敌势,归者相属。二十七年八月,俺答伏兵五堡旁,诱指挥顾相等出,围之弥陀山。尚文急督副总兵林椿、参将吕勇、游击李梅及二子君佐、君仁出塞援,围始解。相及指挥周奉,千户吕恺、郝经等已阵殁,尚文转战,次野口,伏突起。殊死战,斩其长一人。相持月余乃引去。尚文设伏,杀其殿卒而还。尚文三子俱罪戍,至是以父功得释。俺答数万骑犯宣府,万达檄尚文大破之曹家庄。录功,兼太子太傅,赐赉有加。其年卒,年七十五。

尚文清约爱士,得士死力。善用间,知敌中曲折,故战辄有功。自二十年后,俺答频扰边。宿将王效、马永、梁震皆前死,惟尚文存,威名最盛。严嵩父子谋倾陷。功高,帝方借以抗强敌,谗不得入。暨卒,格恤典不予,给事中沈束以为言。嵩激帝怒。锢束诏狱。穆宗立,始赠太傅,谥武襄。

赵国忠,字伯进,锦州卫人,嗣指挥职。嘉靖八年举武会试,进都指挥佥事,守备叆阳。擢锦义右参将。连破敌,增秩,赐金币。进署都督佥事,为辽东总兵官。御敌有功,斩级百七十有奇。进都督同知,赐赉逾等。敌以八百骑从鸦鹘关入。都指挥康云战殁,裨将三人亦死,诏国忠戴罪立功。已,坐事被劾,命白衣视事。守备张文瀚御敌死,国忠坐解任。

寻起西官厅右参将,授都督佥事,提督东官厅。俺答大举犯宣府,总兵官赵卿不任战,命国忠代之。至岔道,寇已为周尚文所败,东走。国忠命参将孙勇率精卒逆击于大淖沱,败之。与尚文分道击,寇尽走,以功受赉。复坐寇入,降俸二等。俺答薄京师,国忠趋入卫,壁沙河北。已,移护诸陵。寇骑至天寿山,见国忠阵红门前,不敢入。

三十一年再镇辽东。小王子打来孙以数万骑寇锦州,国忠御却之。明年入狮子口,督参将李广等逐出塞,斩擒五十人。寇屡入榆林堡、高台、蛤利河。先后掩击,获首功百五十有奇,进秩一等。寻被论罢。

国忠善战，射穿札，为将有威严。历两镇，缮亭障，练士马，边防赖之。

马芳，字德馨，蔚州人。十岁为北寇所掠，使之牧。芳私以曲木为弓，剡矢射。俺答猎，虎虓其前，芳一发毙之。乃授以良弓矢、善马，侍左右。芳阳为之用，而潜自间道亡归。周尚文镇大同，奇之，署为队长。数御寇有功，当得官，以父贫，悉受赏以养。

嘉靖二十九年秋，寇犯怀柔、顺义。芳驰斩其将，授阳和卫总旗。寇尝入威远，伏骁骑盐场，而以二十骑挑战。芳知其诈，用百骑薄伏所，三分其军锐，以次击之。奋勇跳荡，敌骑辟易十里，斩首凡九十级。已，复御之新平。寇营野马川，克日战。芳度寇且遁，急乘之，斩级益多。众方贺，芳遽策马曰："贼至矣。"趣守险，而身断后。顷之，寇果麇至。芳战益力，寇乃去。亡何，战泥河，复大破之。累迁指挥佥事。以功，进都指挥佥事，充宣府游击将军。复以功，超迁都督佥事，隶总督为参将。战镇山墩不利，夺俸。已，袭寇有功，进二秩，为右都督。寻以功进左，赐蟒袍。偏裨加左都督，自芳始也。

三十六年迁蓟镇副总兵，分守建昌。土蛮十万骑薄界岭口，芳与总兵官欧阳安斩首数十，获骁骑猛克兔等六人。寇不知芳在，芳免胄示之。惊曰："马太师也！"遂却，捷闻，荫世总旗。未几，辛爱、把都儿大入，躏遵化、玉田。芳追战金山寺有功，而州县破残多，总督王忬以下俱获罪，芳亦贬都督佥事。

寻移守宣府。寇大入山西，芳一日夜驰五百里及之，七战皆捷。已，复为左都督，就擢总兵官，以功进二秩。寇薄通州，芳入卫，令专护京师。寇退，再进一秩。寻与故总兵刘汉出北沙滩，捣寇巢。已，坐寇入，令戴罪。

四十五年七月，辛爱以十万骑入西路，芳迎之马莲堡。堡圮，众请塞之，不可。请登台，亦不可。开堡四门，偃旗鼓，寂若无人。比暮，野烧烛天，嚣呼达旦。芳卧，日中不起，敌骑窥者相属，莫测所为。明日，芳蹶然起，乘城，指示众曰："彼军多反顾，且走。"勒兵追击，大破之。隆庆初，或为辛爱谋，以五万骑犯蔚州，诱芳出，而以五万骑袭宣府城，可得志。芳豫伐木环城，寇至不可上，遂解去。顷之，率参将刘潭等出独石塞外二百里，袭其帐于长水海。还至塞，追者及鞍子山。迎战，又大败之。荫子千户。

芳有胆智，谙敌情，所至先士卒。一岁数出师捣巢，或躬督战，或遣裨将。家蓄健儿，得其死力。尝命三十人出塞四百里，多所斩获，寇大震。芳乃帅师至大松林，顿旧兴和卫，登高四望，耀兵而还。

时大同被寇，视宣府尤甚。总督陈其学恐扰畿辅，令总兵官赵岢扼紫荆关。寇乃纵掠怀仁、山阴间，岢坐贬三秩，遂调芳与易镇。俺答转犯威远，几破，会其学率胡镇等救，而芳军亦至，相拒十余日，乃走。芳谓诸将曰："大同非宣府比，与我间一墙耳。寇不时至，非大创之不可。"乃将兵出右卫，战威宁海子，破之。其年，俺答就抚，塞上遂无事。

万历元年，阅视侍郎吴百朋发芳行贿事，勒闲住。已，起金事书前军都督府。顺义王要赏，声言渝盟，复用芳镇宣府。七年以疾乞归。又二年卒。

芳起行伍，十余年为大帅。战膳房堡、朔州、登鹰巢、鸽子堂、龙门、万全右卫、东岭、孤山、土木、乾庄、岔道、张家堡、得胜堡、大沙滩，大小百十接，身被数十创，以少击众，未尝不大捷。擒部长数十人，斩馘无算，威名震边陲，为一时将帅冠。石州城陷，副将田世威、参将刘宝论死，芳乞寝己荫子，赎二将罪，为御史所劾，救戒谕。后世威复为将，遇芳薄，芳不与校，识者多之。

二子，栋、林。栋官至都督，无所见。林，由父荫，累官大同参将。万历二十年，顺义王擢力克挚献史、车二部长，林以制敌功，进副总兵。二十七年擢署都督金事，为辽东总兵官。林雅好文学，能诗，工书，交游多名士，时誉籍甚，自许亦甚高。尝陈边务十策，语多触文吏，寝不行。税使高淮横恣。林力与抗。淮劾奏之，坐夺职。给事中侯先春论救，改林戍烟瘴，先春亦左迁二官。久之，遇赦免。

辽左用兵，诏林以故官从征。杨镐之四路出师也，令林将一军由开原出三岔口，而以游击窦永澄监北关军并进。林军至尚间崖结营浚壕，严斥堠自卫。及闻杜松军败，方移营，而大清兵已逼。乃还兵，别立营，浚壕三周，列火器壕外，更布骑兵于火器外，他士卒皆下马，结方阵壕内。又一军西营飞芬山。杜松军既覆，大清兵乘锐薄林军。见林壕内军已与壕外合而陈，纵精骑直前冲之。林军不能支，遂大败。副将麻岩战死，林仅以数骑免。死者弥山谷，血流尚间崖下，水为之赤。大清遂移兵击飞芬山。佥事潘宗颜等一军亦覆。北关兵闻之，遂不敢进。林既丧师，谪充为事官，俾守开原。时蒙古宰赛、暖兔许助林兵，林与结约，恃此不设备。其年六月，大清兵忽临城。林列众城外，分少兵登陴。大清兵设盾梯进攻，而别以精骑击破林军之营东门外者。军士争门入，遂乘势夺门，攻城兵亦逾城入。林城外军望见尽奔。大清兵据城邀击，壕不得渡，悉歼之。林及副将于化龙、参将高贞、游击于守志、守备何懋官等，皆死焉。寻赠都督同知，进世荫二秩。林虽更历边镇，然未经强敌，无大将才。当事以虚名用之，故败。

林五子，燃、熠、炯、炌、飚。燃、熠，战死尚间崖。炯，天启中湖广总兵官。协讨贵州叛贼，从王三善至大方，数战皆捷。已，大败，三善自杀，炯溃归。得疾而卒。

炌、幼习兵略，天启中为辽东游击。督师阁部孙承宗以其父死王事，奖用之。命代王楹守中右所。及巡抚袁崇焕更营制，以故官掌前锋左营。数有功，屡迁至副总兵，守徐州。崇祯八年正月，贼陷凤阳，大掠而去。炌及守备骆举率兵入，以恢复告，遂留戍其地。八月，贼扰河南。总督朱大典命移驻颍、亳。事定，还徐州。十年，贼犯桐城，炌赴救，破之罗唱河。寻以护陵功，增秩一级。归德、徐州间有地曰朱家厂，土寇据之，时出掠。炌剿灭之。贼犯固始，大典檄炌及游击张士仪等分戍霍丘西南，扼贼东下，贼遂走六安。大典又移爌等驻寿州东，兼护二陵。当是时，长、淮南北，专以陵寝为重。爌驰驱数年，幸无失事。

十二年六月擢总兵官，镇守天津。久之，移镇甘肃。十五年督三协副将王世宠、王加春、鲁胤昌等讨破叛番，斩首七百余级，抚安三十八族而还。其冬，督师孙传庭檄召不至，疏劾之。帝令察爌堪办贼，许戴罪图功，否即以赐剑从事。及爌至军，传庭贷其罪。已，复以逗留淫掠被劾，帝仍令戴罪自效。明年秋，传庭将出关。有传贼自内乡窥商、雒者，檄爌移商州扼其北犯。已而传庭师覆，爌遂还镇。未几，贼陷延绥、宁夏，遂陷兰州，渡河抵甘州环攻之。爌与巡抚林日瑞竭力固守。贼乘雪夜坎而登。士卒寒甚，不能战，城遂陷。爌、日瑞及中军哈维新、姚世儒皆死焉。弟飚为沔阳州同知，城陷，亦死之。爌父子兄弟并死国难。

何卿，成都卫人。有志操，习武事。正德中，嗣世职为指挥佥事。以能擢筠连守备。从巡抚盛应期击斩叛贼谢文礼、文义。世宗立，论功，进署都指挥佥事，充左参将，协守松潘。

嘉靖初，芒部土舍陇政、土妇支禄等叛。卿讨之，斩首二百余级，降其众数百人。政奔乌撒，卿檄土官安宁擒以献。宁佯诺，而匿政不出。巡抚汤沐言状，帝夺卿冠带。川、贵兵合讨，贼始灭，还，冠带如初。五年春，擢卿副总兵，仍镇松潘。陇氏已绝，改芒部为镇雄府，设流官。未几，政遗党沙保复叛。卿偕参将魏武、参议姚汝皋等并进，斩保等贼首七人，余尽殄。录功，武最，卿次之，赐赉有差，黑虎五寨番反，围长安诸堡，乌都、鹁鸽诸番亦继叛。卿皆破平之，就进都督佥事。威茂番十余寨连兵劫军饷，且攻茂州及长宁诸堡，要抚赏。卿与副使朱纨筑茂州外城以困之。旋以计残其众。战屡捷，遂攻深沟，焚其碉寨。诸番窘，请赎罪。卿责献首恶，番不应。复分剿浅沟、浑水二寨歼之。诸番乃争献首恶，插血断指耳，誓不复叛。卿乃与刻木为约，分处其曹，划疆守，松潘路复通。巡抚潘鉴等上二人功，诏赉银币，进署都督同知，镇守如故。久之，以疾致仕。

二十三年,塞上多警。召卿,以疾辞。帝怒,夺其都督,命以都指挥使诣部听调。未几,寇逼畿辅,命营卢沟桥。松潘副总兵李爵为巡抚丘养浩劾罢,诏以卿代。给事中许天伦言卿贿养浩劾爵,自为地。帝怒,褫卿及养浩官,令巡按冉崇礼核实。时兵事棘,翁万达复荐卿,还其都督佥事,督东官厅军马。已而,崇礼具言爵贪污,"卿镇松潘十七年,为蜀保障,军民颂德,且贫,安所得贿"?帝意乃解。四川白草番为乱,副总兵高冈凤被劾。兵部尚书路迎奏卿代之。卿再莅松潘,将士咸喜。乃会巡抚张时彻讨擒渠恶数人,俘斩九百七十有奇,克营寨四十七,毁碉房四千八百,获马牛器械储积各万计。进署都督同知。卿素有威望,为番人所惮。自威茂迄松潘、龙安夹道筑墙数百里,行旅往来,无剽夺患。先后莅镇二十四年,军民戴之若慈母。再以疾归。

三十三年,倭寇海上。诏卿与沈希仪各率家众赴苏、松军门。明年,充副总兵,总理浙江及苏、松海防。卿,蜀中名将,不谙海道,年已老,兵与将不习,竟不能有所为。为巡按御史周如斗劾罢,卒。

沈希仪,字唐佐,贵县人。嗣世职为奉议卫指挥使。机警有胆勇,智计过绝于人。

正德十二年调征永安。以数百人捣陈村寨,马陷淖中。腾而上,连馘三酋,破其余众。进署都指挥佥事。义宁贼寇临桂,还巢,希仪追之。巢有两隘,贼伏兵其一,使熟瑶绐官兵入。希仪策其诈,急从别隘直抵贼巢。贼仓卒还救,遂大破之。荔浦贼八千渡江东掠,希仪率五百人驻白面寨,待其归。寨去蛟龙、滑石两滩各数里。希仪以滑石滩狭,虽众可薄,蛟龙滩广,济则难图,欲诱致之滑石。乃树旗百蛟龙滩,守以羸卒,然柴以疑之。贼果趋滑石。希仪预以小舰载劲卒伏葭苇中。贼渡且半,乘泷急冲之,两岸军噪而前,贼众多坠水死,收所掠而还。从副总兵张祐连破临桂、灌阳、古田贼。进署都指挥同知,掌都司事。

嘉靖五年,总督姚镆将讨田州岑猛。用希仪计,间猛妇翁归顺土酋岑璋，使图猛，而分兵五哨进。希仪将中哨，当工尧。工尧，贼要地，聚众守之。希仪夜遣军三百人，缘山上，绕出其背。比明，合战，则所遣军已立帜山巅，贼大溃败。猛走归顺，为璋所执，田州平。希仪功最，镇抑之，止受赉。镇议设流官，希仪曰：“思恩以流官故，乱至今未已。田州复然，两贼且合从起。”镇不从。以希仪为右参将，分守思、田。希仪请还乡治装，以参将张经代守。甫一月，田州复叛，镇罢归。王守仁代，多用希仪计，思、田复定。

改右江柳庆参将，驻柳州。象州、武宣、融县瑶反，讨破之。谢病归，顷之还故任。柳在万山中，城外五里即贼巢，军民至无地可田，而官军素罢不任战，又贼耳目遍官府，阃阈动静无不知。希仪谓：“欲大破贼，非狼兵不可。”请于制府。调那地狼兵二千来，戍兵稍振。乃求得与瑶通贩易者数十人，持其罪而厚抚之，使诇贼。贼动静，希仪亦无不知。希仪每出兵，虽肘腋亲近不得闻。至期鸣号，则诸军咸集。令一人挟旗引诸军行，不测所往。及驻军设伏，贼必至，遇伏辄奔。官军击之，无不如志。已，贼寇他所，官军又先至。远村僻聚，贼度官军所不逮者，往寇之，官军又未尝不在，贼惊以为神。希仪得贼巢妇女畜产，果邻巢者悉还之，惟取阴助贼者。诸瑶尽詟伏，无敢向贼。

希仪初至，令熟瑶得出入城中，无所禁。因厚赏其黠者，使为谍。后渐令瑶妇入见其妻，赉以酒食缯帛。其夫常以贼情告者，则阴厚之。诸瑶妇利赏，争劝其夫输贼情，或自入府言之。以故，贼益无所匿形。希仪每于风雨晦冥夜，侦贼所止宿，分遣人赍铳潜伏舍旁。中夜铳举，贼大骇曰：“老沈来矣！”咸挈妻子匍匐上山。儿啼女号，或寒冻触崖石死，争怨悔作贼非计。至晓下山，则寂无人声。他巢亦然，众愈益惊。潜遣人入城侦之，则希仪故居城中不出也。贼胆落，多易面为熟瑶。

韦扶谏者，马平瑶魁也。累捕不得。有报扶谏逃邻贼三层巢者，希仪潜率兵剿之，则又与三层贼往劫他所。希仪尽俘三层巢妻子归。希仪俘贼妻子尽以畀狼兵，至是独闭之空舍，饮食之。使熟瑶往语其夫曰:"得韦扶谏,还矣。"诸瑶闻,悉来谒希仪。令入室视之,妻子固无恙。乃共诱扶谏出巢,缚以献,易妻子还。希仪剜扶谏目,肢解之,悬诸城门。诸瑶服希仪威信,益不敢为盗。自是,柳城四旁数百里,无敢攘夺者。

希仪尝上书于朝,言狼兵亦瑶、僮耳。瑶、僮所在为贼,而狼兵死不敢为非,非狼兵顺,而瑶、僮逆也。狼兵隶土官,瑶、僮隶流官。土官令严足以制狼兵,流官势轻不能制瑶、僮。若割瑶、僮分隶之旁近土官,土官世世富贵,不敢有他望。以国家之力制土官,以土官之力制瑶、僮,皆为狼兵,两广世世无患矣。时不能用。至十六年而有思恩岑金之变。

初,思恩土官岑濬既诛,改设流官,以其酋二人韦贵、徐五为土巡检,分掌其兵各万余。夷民不乐汉法,凡数叛。镇安有男子名金,自言濬子。镇安土官乃潜召其旧部酋长,出金而与之盟曰:"若小主也。"诸酋罗拜,拥金归,聚兵五千,将攻城,复故地,远近汹汹。濬诛时,其酋杨留者无所归,率党千余人诣宾州,应募为打手。希仪在宾,留入言,欲往见小主人。希仪故患金,及闻留言,益大骇。因好谓留曰:"是岑濬第九子耶?我向征田州固闻之。"因自语"岑氏其复乎?"欲以深动留,留果喜。已,召留密室,言:"予我重赂,即为金复官。"且出,复呼入曰:"韦贵、徐五今分将思恩兵,必仇金,善防之。"留益大信。金遂从五千人因留以见。门者奔告,请无纳。希仪骂曰:"金,土官子,非贼,奈何不纳。"引入,厚结之。又引以诣兵备副使,随以计渐散其五千人。卒缚金,留亦自恨死,思恩复宁。已,从总督张经大破断藤峡、弩滩贼,受赍归。

希仪镇柳、庆久,渠魁宿猾捕诛殆尽。先后捣巢,斩馘积五千余级,未尝悉奏功,故多不叙。十九年复谢病,柳人祀之山云祠。旋起四川左参将,分守叙、泸及贵州迤西诸处。其冬,擢署都督佥事,充总兵官,镇贵州。复谢病归。塞上多警,召天下名将至京师,希仪在召中。希仪镇柳、庆,每战必先登,身数被创,阴雨辄痛剧,故数谢病,至京,亦以病辞。帝疑其规避,褫都督官,令赴部候用。翁万达荐其才。会江、淮多盗,议设督捕总兵官,乃复希仪署都督佥事以往。

二十六年,以为广东副总兵。命自今将领至自川、广、云、贵者,毋推京营及西北边,著为令。从总督张岳大破贺县贼倪仲亮等,予实授,仍赍银币。琼州五指山熟黎素畏法,供徭赋,知州邵滂虐取之。其酋那燕遂结崖州、感恩、昌化诸黎为乱。总督欧阳必进议并万州、陵水黎讨之,分兵五道。希仪适病,最后至,谓必进曰:"万州、陵水黎未有党恶之实,奈何并诛,益树敌。莫若只三道。"必进从之。希仪乃偕参将武鸾、俞大猷等直入五指山下,斩那燕及党五千四百有奇,俘获者五之一,招降三千七百人。捷闻,进都督同知,改贵州总兵官。复从岳平铜仁叛苗龙许保、吴黑苗。又以病归。倭寇海上,命督川、广兵赴剿。无功,为周如斗劾罢。

希仪为人坦率,居恒谑笑,洞见肺腑。及临敌,应变出奇,人莫测。尤喜抚士卒。常染危病,卒多自戕以祷于神。最后一人,至以箭穿其喉。其得士心如此。

石邦宪,字希尹,贵州清平卫人。嘉靖七年嗣世职为指挥使。累功,进署都指挥佥事,充铜仁参将。苗龙许保、吴黑苗叛,总督张岳议征之,而贼陷印江、石阡,邦宪坐逮问。岳以铜仁贼巢穴,而邦宪有谋勇,乃奏留之。邦宪遂与川、湖兵进贵州,破苗寨十有五。窜山箐者,搜戮殆尽。上功,邦宪第一。未及叙,而许保等突入思州,执知府李允简以去。邦宪急邀,夺之归。坐是停俸戴罪。贼既破思州,复纠余党,与湖广蜡尔山苗合,欲攻石阡。不克,还过省溪。千户安大朝等邀之。斩获大半,尽夺其辎重,贼不能军。邦宪乃使使购老俌、老偅等执许保送军门,而黑苗窜如故。复以计购乌朗土官田兴邦等斩黑苗,贼尽平。遂进署都督佥事,充总兵官,代沈希仪镇贵州。

台黎寨苗关保倡乱,四川容山、广西洪江诸苗应之。远近骚然,抚剿莫能定。邦宪与湖广兵分道讨破之,传檄十八寨,许执首恶赎罪。诸苗听抚,设盟受约而还。

播州宣慰杨烈杀长官王黼,黼党李保等治兵相攻且十年,总督冯岳与邦宪讨平之。真州苗卢阿项为乱,邦宪以兵七千编筏渡江,直抵磨子崖。策贼必夜袭,先设备。贼至,击败之。贼求援于播州吴鲲。诸将惧,邦宪曰:"水西宣慰安万铨,播州所畏也。吾调水西兵攻乌江,声杨烈纵鲲助逆罪,烈奚暇救人乎?"已,水西兵至。邦宪进逼其巢,乘风纵火,斩关而登,贼大奔溃,擒贼首父子,斩获四百七十余人。进署都督同知。

破地隆阡叛苗四寨,又破答千诸寨,擒其渠魁。地隆阡遗贼龙老三、龙得奎结龙停苗老夭、扳凳苗石章保等纵兵掠,执石耶洞土官妻冉氏以归,攻梅平寨。官军要擒老三。得奎走免,复与老夭等攻破平南营囤。邦宪侦冉氏在老夭所,阳议赎,而潜击杀老夭。官军遂入龙停寨,并执扳凳寨苗龙老丙,令执献章保。于是诸苗悉降。白洗、养鹅诸苗叛,讨擒其魁,降百余寨。

湖广溆浦瑶沈亚当等为乱,总督石勇檄邦宪讨之,生擒亚当,斩获二百有奇。浦甫溆平,铜仁、都匀苗相煽叛。邦宪亟驰还,率守备安大朝进剿。先破彪山寨贼,乘胜略定诸寨。获贼首龙老罗、王三等,余党尽平。又与总督黄光升,修湖北墩台、烽堠百十所,招降冷水溪诸洞苗二十八寨。

播州容山副长官土舍韩甸,与正长官土舍张问相攻,甸屡胜,遂纠生苗剽湖、贵境,垂二十年。问亦纠党自助。邦宪讨之,斩百余人。问潜出,被获。官军乘胜入甸巢。会暮,大雨,迷失道。守备叶勋、百户魏国相等陷伏中,死焉。邦宪夺围出,还军镇远。再征之,贼沿江守。邦宪佯与争,而别自上流三十里编竹以渡。水陆并进,大破之。斩甸,容山平。进右都督。

寻与巡抚吴维岳招降平州叛酋杨珂,剿平龙里卫贼阿利等。当是时,水西宣慰安国亨恃众跋扈,谒上官,辞色不善,辄鼓众谨噪而出。邦宪召责之,曰:"尔欲反耶?吾视尔釜中鱼尔。尔兵孰与云、贵、川、湖多?尔四十八酋长,吾铸四十八印畀之。朝下令,夕灭尔矣。"国亨叩头谢,为敛戢。隆庆元年剿平镇远苗。已,又破诛白泥土官杨赟及苗酋龙力水等。部内帖然。

邦宪生长黔土,熟苗情。善用兵,大小数十百战,无不摧破。前后进秩者四,赉银币十有三。所得俸赐,悉以飨士,家无赢资。为总兵官十七年,威镇蛮中。与四川何卿、广西沈希仪并称一时名将。明年卒官。赠左都督。

赞曰:呜呼,明至中叶,何尝无边才哉!如马永、梁震、周尚文、沈希仪之徒,出奇制胜,得士卒死力,虽古名将何以加焉。然功高赏薄,起蹶靡常。此无异故,其抗怀奋激,无以结欢在朝柄政重人,宜其龃龉不相入也。马芳三代为将,父子兄弟先后殉国,伟矣哉!

明史卷二一二
列传第一○○

俞大猷 卢镗 汤克宽　　戚继光 弟继美
朱先　刘显 郭成　李锡 黄应甲
尹凤　张元勋

俞大猷,字志辅,晋江人。少好读书。受《易》于王宣、林福,得蔡清之传。又闻赵本学以《易》推衍兵家奇正虚实之权,复从受其业。尝谓兵法之数起五,犹一人之身有五体,虽将百万,可使合为一人也。已,从李良钦学剑。家贫屡空,意尝豁如。父殁,充诸生,嗣世职百户。

举嘉靖十四年武会试。除千户,守御金门。军民嚣讼难治,大猷导以礼让,讼为衰止。海寇频发,上书监司论其事。监司怒曰:“小校安得上书。”杖之,夺其职。尚书毛伯温征安南,复上书陈方略,请从军。伯温奇之。会兵罢,不果用。

二十一年,俺答大入山西,诏天下举武勇士。大猷诣巡按御史自荐,御史上其名兵部。会伯温为尚书,送之宣大总督翟鹏所。召见论兵事,大猷屡折鹏。鹏谢曰:“吾不当以武人待子。”下堂礼之,惊一军,然亦不能用。大猷辞归,伯温用为汀漳守备。莅武平,作读易轩,与诸生为文会,而日教武士击剑。连破海贼康老,俘斩三百余人。擢署都指挥佥事,佥书广东都司。新兴恩平峒贼谭元清等屡叛,总督欧阳必进以属大猷。乃令良民自为守,而亲率数人遍诣贼峒,晓以祸福，且教之击剑，贼骇服。有苏青蛇者，力格猛虎，大猷绐斩之，贼益惊。乃诣何老猫峒，令归民侵田，而招降渠魁数辈。二邑以宁。

二十八年，朱纨巡视福建，荐为备倭都指挥。会安南入寇，必进奏留之。先是，安南都统使莫福海卒，子宏翼幼。其大臣阮敬谋立其婿莫敬典，范子仪谋立其党莫正中，互仇杀。正中败，击百余人来归。子仪收残卒遁海东。至是妄言宏翼死，迎正中归立。剽掠钦、廉等州，岭海骚动。必进檄大猷讨之。弛至廉州，贼攻城方急。大猷以舟师未集，遣数骑谕降，且声言大兵至。贼不测，果解去。无何，舟师至，设伏冠头岭。贼犯钦州，大猷遮夺其舟。追战数日，生擒子仪弟子流，斩首千二百级。穷追至海东云屯，檄宏翼杀子仪函首来献。事平，严嵩抑其功不叙，但赉银五十两而已。

是年，琼州五指山黎那燕构感恩、昌化诸黎共反，必进复檄大猷讨之。而朝议设参将于崖州，即以大猷任之。乃会广西副将沈希仪诸军，擒斩贼五千三百有奇，招降者三千七百。大猷言于必进曰：“黎亦人也，率数年一反一征，岂上天生人意。宜建城设市，用汉法杂治之。”必进纳其言。大猷乃单骑入峒，与黎定要约，海南遂安。

三十一年，倭贼大扰浙东。诏移大猷宁、台诸郡参将。会贼破宁波昌国卫，大猷击却之。复攻陷绍兴临山卫，转掠至松阳。知县罗拱辰力御贼，而大猷邀诸海，斩获多，竟坐失事停俸。未几，逐贼海中，焚其船五十余，予俸如故。越二年，贼据宁波普陀。大猷率将士攻之，半登，贼突出，杀武举火斌等三百人，坐戴罪办贼。俄败贼吴淞所，诏除前罪，仍赉银币。贼自健跳所入掠，大猷连战破之。旋代汤克宽为苏松副总兵。所将卒不三百人，征诸道兵未集，贼犯金山，大猷战失利。时倭屯松江柘林者盈二万，总督张经趣之战，大猷固不可。及永顺、保靖兵稍至，乃从经大破贼于王江泾，功为赵文华、胡宗宪所攘，不叙。坐金山失律，谪充为事官。

柘林倭虽败，而新倭三十余艘突青村所，与南沙、小乌口、浪港诸贼合，犯苏州陆泾坝，直抵娄门，败南京都督周于德兵。贼复分为二,北掠浒墅,南掠横塘,延蔓常熟、江阴、无锡之境,出入太湖。大猷偕副使任环大败贼陆泾坝,焚舟三十余。又遮击其自三丈浦出海者,沉七艘,贼乃退泊三板沙。顷之,他倭犯吴江。大猷及环又邀破之莺脰湖,贼走嘉兴。三板沙贼掠民舟将遁,大猷追击于马迹山,擒其魁。金泾、许浦、白茅港贼俱出海,大猷追击于茶山,焚五舟。贼走保马迹山、三板沙,将士复追及,坏其三舟。江阴蔡港倭亦去,官兵分击于马迹、马图、宝山。值飓风作,贼舟多覆。柘林倭亦为官兵所击沉二十余舟,余贼退登陆。已,复泛舟出海。大猷及佥事董邦政分击,获九舟。而贼又遭风坏三舟,余三百人登岸,走据华亭陶宅镇,屡败赵文华等大军。夜屯周浦永定寺,官兵四集进围之。而柘林失风贼九舟巢于川沙洼,纠合至四十余艘,势犹未已。巡抚曹邦辅劾大猷纵贼,帝怒,夺其世荫,责取死罪招,立功自赎。时周浦贼围急,乘夜东北奔,为游击曹克新所邀,斩首百三十,遂与川沙洼贼合。诸军日夜击,贼焚巢出海。大猷偕副使王崇古入洋追之。及于老鹳觜,焚巨舰八,斩获无算。余贼奔上海浦东。

　　初,以倭患急,特命都督刘远为浙江总兵官,兼辖苏、松诸郡,数月无所为。廷臣争言大猷才。三十五年三月遂罢远,以大猷代。贼犯西庵、沈庄及清水洼。大猷偕邦政击败之,贼走陶山,诏还世荫。贼自黄浦遁出海,大猷追败之。其年冬,以与平徐海功,加都督佥事。海既平,浙西倭悉靖。独宁波舟山倭负险,官兵环守不能克。是时土兵狼兵悉已遣归,而川、贵所调麻寮、大剌、镇溪、桑植兵六千始至。大猷乘大雪,四面攻之。贼死战,杀土官一人。诸军益竞,进焚其栅,贼多死,其逸出者复殪,贼尽平。加大猷署都督同知。

　　明年,胡宗宪方图汪直,用卢镗言将与通市,大猷力争不可。及直诱入下吏,其党毛海峰等遂据舟山,阻岑港自守。大猷环攻之,时小胜。然苦仰攻,将士先登多死,新倭又大至。朝廷趣宗宪甚急,宗宪遂为大言以对。廷臣竞诋宗宪,并劾大猷。乃夺大猷及参将戚继光职,期一月内平贼。大猷等惧,攻益力,贼益死守。三十七年七月乃自岑港移柯梅,造舟成,泛海去。大猷等横击之,沉其一舟,余贼遂扬帆而南,流劫闽、广。大猷先后杀倭四五千,贼几平。而官军围贼已一年,宗宪亦利其去,阴纵之,不督诸将邀击。比为御史李瑚所劾,则委罪大猷纵贼以自解。帝怒,逮系诏狱,再夺世荫。

陆炳与大猷善,密以己资投严世蕃解其狱,令立功塞上。大同巡抚李文进习其才,与筹军事。乃造独轮车拒敌马。尝以车百辆,步骑三千,大挫敌安银堡。文进上其制于朝,遂置兵车营。京营有兵车,自此始也。文进将袭板升,谋之大猷,果大获,诏还世荫。寇掠广武,大猷拒却之。先论平汪直功,许除罪录用。及是,镇竿有警。川湖总督黄光升荐大猷,即用为镇竿参将。

广东饶平贼张琏数攻陷城邑,积年不能平。四十年七月诏移大猷南赣,合闽、广兵讨之。时宗宪兼制江西,知琏远出,檄大猷急击。大猷谓"宜以潜师捣其巢,攻其必救,奈何以数万众从一夫浪走哉?"乃疾引万五千人登柏嵩岭,俯瞰贼巢。琏果还救,大猷连破之,斩首千二百余级。贼惧,不出。用间诱琏出战,从阵后执之,并执贼魁萧雪峰。广人攘其功,大猷不与较。散余党二万,不戮一人。擢副总兵,协守南、赣、汀、漳、惠、潮诸郡。遂乘胜征程乡盗,走梁宁,擒徐东洲。林朝曦者,独约黄积山大举。官军攻斩积山,朝曦遁,后亦为徐甫宰所灭。大猷寻擢福建总兵官,与戚继光复兴化城,共破海倭。详《继光传》。继光先登,受上赏,大猷但赍银币。

四十二年十月徙镇南赣。明年改广东。潮州倭二万与大盗吴平相掎角,而诸峒蓝松三、伍端、温七、叶丹楼辈日掠惠、潮间。闽则程绍禄乱延平,梁道辉扰汀州。大猷以威名慑群盗,单骑入绍禄营,督使归峒,因令驱道辉归,两人卒为他将所灭。惠州参将谢敕与伍端、温七战,失利。以"俞家军"至,恐之,端乃驱诸酋以归。无何,大猷果至,七被擒。端自缚,乞杀倭自效。大猷使先驱,官军继之,围倭邹塘,一日夜克三巢,焚斩四百有奇,又大破之海丰。倭悉奔崎沙、甲子诸澳,夺渔舟入海。舟多没于风,脱者二千余人,还保海丰金锡都。大猷围之两月,贼食尽,欲走。副将汤克宽设伏邀之,手斩其枭将三人。参将王诏等继至,贼遂大溃。乃移师潮州,以次降蓝松三、叶丹楼。遂使招降吴平,居之梅岭。平未几复叛,造战舰数百,聚众万余,筑三城守之,行劫滨海诸郡县。福建总兵官戚继光袭平,平遁保南澳。四十四年秋入犯福建,把总朱玑等战没于海中。大猷将水兵,继光将陆兵,夹击平南澳,大破之。平仅以身免,奔据饶平凤凰山。继光留南澳。大猷部将汤克宽、李超等蹑贼后,连战不利,平遂掠民舟出海。闽广巡按御史交章论之,大猷坐夺职。平卒为克宽所追击,远遁以免,不敢入犯矣。

河源、翁源贼李亚元等猖獗。总督吴桂芳留大猷讨之,征兵十万,分五哨进。大猷使间携贼党而亲捣其巢,生擒亚元,俘斩一万四百,夺还男妇八万余人。乃还大猷职,以为广西总兵官。故事,以勋臣总两广兵,与总督同镇梧州。帝用给事中欧阳一敬议,两广各置大帅,罢勋臣。乃召恭顺侯吴继爵还京,以大猷代,予平蛮将军印。而以刘显镇广东。两广并置帅,自大猷及显始也。伍端死,其党王世桥复叛,劫执同知郭文通。大猷连败之,其部下执以献。进署都督同知。

海贼曾一本者,吴平党也。既降复叛,执澄海知县,败官军,守备李茂才中炮死。诏大猷暂督广东兵协讨。隆庆二年,一本犯广州,寻犯福建。大猷合郭成、李锡军擒灭之。录功,进右都督。

广西古田僮黄朝猛、韦银豹等,嘉靖末尝再劫曾城库,杀参政黎民表。巡抚殷正茂征兵十四万,属大猷讨之。分七道进,连破数十巢。贼保潮水,巢极巅,攻十余日未下。大猷佯分兵击马浪贼,而密令参将王世科乘雨夜登山设伏。黎明炮发,贼大惊。诸军攀援上,贼尽死。马浪诸巢相继下。斩获八千四百有奇,擒朝猛、银豹,百年积寇尽除。进世荫,为指挥佥事。

大猷为将廉,驭下有恩。数建大功,威名震南服。而巡按李良臣劾其奸贪,兵部力持之,诏还籍候调。起南京右府佥书。未任,以都督佥事为福建总兵官。万历元年秋,海寇突间峡澳,坐失利夺职。复以署都督佥事起后府佥书,领车营训练。三疏乞归。卒,赠左都督,谥武襄。

大猷负奇节,以古贤豪自期。其用兵,先计后战,不贪近功。忠诚许国,老而弥笃,所在有大勋。武平、崖州、饶平皆为祠祀。谭纶尝与书曰:"节制精明,公不如纶。信赏必罚,公不如戚。精悍驰骋,公不如刘。然此皆小知,而公则堪大受。"戚谓戚继光,刘谓刘显也。

子咨皋,福建总兵官。

卢镗,汝宁卫人。嘉靖时由世荫历福建都指挥佥事,为都御史朱纨所任。纨自杀,镗亦论死。寻赦免,以故官备倭福建。迁都指挥。击贼嘉兴,败,责戴罪。寻擢参将,分守浙东滨海诸郡,与副将大猷大破贼王江泾。旋督保靖土兵及蜀将陈正元兵击贼张庄,焚其垒。追击之后港,为贼所败。贼出没台州外海,都指挥王沛败之大陈山。贼登山,官军焚其舟,镗会剿,擒其酋林碧川等,余倭尽灭。别贼掠诸县,指挥闵溶等败死,镗夺职戴罪。

旋以荐擢协守江浙副总兵。贼陷仙居,趋台州,镗破之彭溪,乃与胡宗宪共谋灭徐海。宗宪招汪直,镗亦说日本使善妙令擒直。直与日本贰,卒伏诛。倭犯江北,镗驰援破之,又败北洋倭二十余艘。贼敛舟三沙,复流劫江北。巡抚李遂劾镗纵贼,镗已擢都督佥事,为江南、浙江总兵官,夺职视事。以通政唐顺之荐,复职如初。寻以诛汪直功,进都督同知。倭复犯浙东。水陆十余战,斩首千四百有奇。总督宗宪以荡平闻,镗复增俸赉金。镗擢用由宗宪,宗宪败,给事中丘橓劾镗八罪,逮治,免归。

镗有将略。倭难初兴,诸将悉望风溃败,独镗与汤克宽敢战,名亚俞、戚云。

克宽,邳州卫人。父庆,嘉靖中江防总兵官。克宽承世荫,历官都指挥佥事,充浙江参将。倭犯温州,克宽击败之。别贼寇嘉兴属邑,克宽至海盐被围。偕参政潘恩等拒守,贼不能克,乃焚掠而去。无何,陷乍浦城,转掠奉化、宁海。克宽追围于独山民家,火焚之。贼半死,余夺围遁。

时滨海多被倭患，而将士无纪律，贼至辄奔，议设大将统制江、淮。乃命克宽为副总兵，驻金山卫，提督海防诸军。倭三百人泊崇明南沙。克宽偕佥事任环攻之，败绩。贼移舟宝山，克宽追败之南家觜。贼乃转寇嘉定、上海间，被劾夺官从军。倭二千余分掠苏、松。克宽逆战采淘港，斩首八百余级。都御史王忬荐为浙西参将。遇贼嘉、湖，复失利，诏以白衣办贼。总督张经议捣贼柘林，令克宽将广西土兵屯乍浦，与副将大猷等相掎角。大战王江泾，斩级二千。会赵文华劾经惑克宽言纵倭饱飏，遂并逮问，论死。久之，赦免。

广东用兵，命赴军前自效。从大猷大破倭海丰，还世荫。俄以为惠、潮参将，复从大猷破吴平。平未几复振，克宽已擢狼山副总兵，命留讨贼。俄败之阳江乌猪洋。平窘，奔安南。都御史吴桂芳檄安南协讨，遣克宽以舟师会，夹击平万桥山下。焚其舟，擒斩四百人，平远窜。乃进克宽署都督佥事，为广东总兵官。曾一本突海丰、惠来间，克宽倡议抚之，令居潮阳下洺地。未几，激民变，一本亦反，诏逮克宽讯治。寻赦免，赴蓟镇立功。万历四年，炒蛮入掠古北口。克宽偕参将苑宗儒追出塞，遇伏，战死。

戚继光，字元敬，世登州卫指挥佥事。父景通，历官都指挥，署大宁都司，入为神机坐营，有操行。继光幼倜傥负奇气。家贫，好读书，通经史大义。嘉靖中嗣职，用荐擢署都指挥佥事，备倭山东。改佥浙江都司，充参将，分部宁、绍、台三郡。

三十六年，倭犯乐清、瑞安、临海，继光援不及，以道阻不罪。寻会俞大猷兵，围汪直余党于岑港。久不克，坐免官，戴罪办贼。已而倭遁，他倭复焚掠台州。给事中罗嘉宾等劾继光无功，且通番。方按问，旋以平汪直功复官，改守台、金、严三郡。

继光至浙时，见卫所军不习战，而金华、义乌俗称剽悍，请召募三千人，教以击刺法，长短兵迭用，由是继光一军特精。又以南方多薮泽，不利驰逐，乃因地形制阵法，审步伐便利，一切战舰、火器、兵械精求而更置之。“戚家军”名闻天下。

　　四十年，倭大掠桃渚、圻头。继光急趋宁海，扼桃渚，败之龙山，追至雁门岭。贼遁去，乘虚袭台州。继光手歼其魁，蹙余贼瓜陵江尽死。而圻头倭复趋台州，继光邀击之仙居，道无脱者。先后九战皆捷，俘馘一千有奇，焚溺死者无算。总兵官卢镗、参将牛天锡又破贼宁波、温州。浙东平，继光进秩三等。闽、广贼流入江西。总督胡宗宪檄继光援。击破之上坊巢，贼奔建宁。继光还浙江。

　　明年，倭大举犯福建。自温州来者，合福宁、连江诸倭攻陷寿宁、政和、宁德。自广东南澳来者，合福清、长乐诸倭，攻陷玄钟所，延及龙岩、松溪、大田、古田、蒲田。是时宁德已屡陷。距城十里有横屿，四面皆水路险隘，贼结大营其中。官军不敢击，相守逾年。其新至者营牛田，而酋长营兴化，东南互为声援。闽中连告急，宗宪复檄继光剿之。先击横屿贼。人持草一束，填壕进。大破其巢，斩首二千六百。乘胜至福清，捣败牛田贼，覆其巢，余贼走兴化。急追之，夜四鼓抵贼栅。连克六十营，斩首千数百级。平明入城，兴化人始知，牛酒劳不绝。继光乃旋师。抵福清，遇倭自东营澳登陆，击斩二百人。而刘显亦屡破贼。闽宿寇几尽。于是继光至福州饮至，勒石平远台。

　　及继光还浙后，新倭至者日益众，围兴化城匝月。会显遣卒八人赍书城中，衣刺“天兵”二字。贼杀而衣其衣，绐守将得入，夜斩关延贼。副使翁时器、参将毕高走免，通判奚世亮摄府事，遇害，焚掠一空。留两月，破平海卫，据之。初，兴化告急，时帝已命俞大猷为福建总兵官，继光副之。及城陷，刘显军少，壁城下不敢击。大猷亦不欲攻，需大军合以困之。四十二年四月，继光将浙兵至。于是巡抚谭纶令将中军，显左，大猷右，合攻贼于平海。继光先登，左右军继之，斩级二千二百，还被掠者三千人。纶上功，继光首，显、大猷次之。帝为告谢郊庙，大行叙赍。继光先以横屿功，进署都督佥事，及是进都督同知，世荫千户，遂代大猷为总兵官。

　　明年二月，倭余党复纠新倭万余，围仙游三日。继光击败之城下，又追败之王仓坪，斩首数百级，余多坠崖谷死，存者数千奔据漳浦蔡丕岭。继光分五哨,身持短兵缘崖上,俘斩数百人,余贼遂掠渔舟出海去。久之,倭自浙犯福宁,继光督参将李超等击败之。乘胜追永宁贼,斩馘三百有奇。寻与大猷击走吴平于南澳,遂击平余孽之未下者。

继光为将号令严,赏罚信,士无敢不用命。与大猷均为名将。操行不如,而果毅过之。大猷老将务持重,继光则飙发电举,屡摧大寇,名更出大猷上。

隆庆初,给事中吴时来以蓟门多警,请召大猷、继光专训边卒。部议独用继光,乃召为神机营副将。会谭纶督师辽、蓟,乃集步兵三万,征浙兵三千,请专属继光训练。帝可之。二年五月命以都督同知总理蓟州、昌平、保定三镇练兵事,总兵官以下悉受节制。至镇,上疏言:

蓟门之兵,虽多亦少。其原有七。营军不习戎事,而好末技,壮者役将门,老弱仅充伍,一也。边塞逶迤,绝鲜邮置,使客络绎,日事将迎,参游为驿使,营垒皆传舍,二也。寇至,则调遣无法,远道赴期,卒毙马僵,三也。守塞之卒约束不明,行伍不整,四也。临阵马军不用马,而反用步,五也。家丁盛而军心离,六也。乘障卒不择冲缓,备多力分,七也。七害不除,边备曷修。

而又有士卒不练之失六,虽练无益之弊四。何谓不练?夫边所藉惟兵,兵所藉惟将;今恩威号令不足服其心,分数形名不足齐其力,缓急难使,一也。有火器不能用,二也。弃土著不练,三也。诸镇入卫之兵,嫌非统属,漫无纪律,四也。班军民兵数盈四万,人各一心,五也。练兵之要在先练将。今注意武科,多方保举似矣,但此选将之事,非练将之道,六也。何谓虽练无益?今一营之卒,为炮手者常十也。不知兵法五兵迭用,当长以卫短,短以救长,一也。三军之士各专其艺,金鼓旗帜,何所不蓄,今皆置不用,二也。弓矢之力不强于寇,而欲藉以制胜,三也。教练之法,自有正门,美观则不实用,实用则不美观,而今悉无其实,四也。

　　臣又闻兵形象水,水因地而制流,兵因地而制胜。蓟之地有三。平原广陌,内地百里以南之形也。半险半易,近边之形也。山谷仄隘,林薄翳蓊,边外之形也。寇入平原,利车战。在近边,利马战。在边外,利步战。三者迭用,乃可制胜。今边兵惟习马耳,未娴山战、林战、谷战之道也,惟浙兵能之。愿更予臣浙东杀手、炮手各三千,再募西北壮士,足马军五枝,步军十枝,专听臣训练,军中所需,随宜取给,臣不胜至愿。

又言:"臣官为创设,诸将视为缀疣,臣安从展布。"

　　章下兵部,言蓟镇既有总兵,又设总理,事权分,诸将多观望,宜召还总兵郭琥,专任继光。乃命继光为总兵官,镇守蓟州、永平、山海诸处,而浙兵止弗调。录破吴平功,进右都督。寇入青山口,拒却之。

　　自嘉靖以来,边墙虽修,墩台未建。继光巡行塞上,议建敌台。略言:"蓟镇边垣,延袤二千里,一瑕则百坚皆瑕。比来岁修岁圮,徒费无益。请跨墙为台,睥睨四达。台高五丈,虚中为三层,台宿百人,铠仗糗粮具备。令戍卒画地受工,先建千二百座。然边卒木强,律以军法将不堪,请募浙人为一军,用倡勇敢。"督抚上其议,许之。浙兵三千至,陈郊外。天大雨,自朝至日昃,植立不动。边军大骇,自是始知军令。五年秋,台功成。精坚雄壮,二千里声势联接。诏予世荫,赍银币。

　　继光乃议立车营。车一辆用四人推挽,战则结方阵,而马步军处其中。又制拒马器,体轻便利,遏寇骑冲突。寇至,火器先发,稍近则步军持拒马器排列而前,间以长枪、筤筅。寇奔,则骑军逐北。又置辎重营随其后,而以南兵为选锋,入卫兵主策应,本镇兵专戍守。节制精明,器械犀利,蓟门军容遂为诸边冠。

　　当是时,俺答已通贡,宣、大以西,烽火寂然。独小王子后土蛮徙居插汉地,控弦十余万,常为蓟门忧。而朵颜董狐狸及其兄子长昂交通土蛮,时叛时服。万历元年春,二寇谋入犯。驰喜峰口,索赏不得,则肆杀掠,猎傍塞,以诱官军。继光掩击,几获狐狸。其夏,复犯桃林，不得志去。长昂亦犯界岭。官军斩获多，边吏讽之降，狐狸乃款关请贡。廷议给以岁赏。明年春，长昂复窥诸口不得入，则与狐狸共逼长秃令入寇。继光逐得之以归。长秃者，狐狸之弟，长昂叔父也。于是二寇率部长亲族三百人，叩关请死罪，狐狸服素衣叩头乞赦长秃。继光及总督刘应节等议，遣副将史宸、罗端诣喜峰口受其降。皆罗拜，献还所掠边人，攒刀设誓。乃释长秃。许通贡如故。终继光在镇，二寇不敢犯蓟门。

寻以守边劳，进左都督。已，增建敌台，分所部十二区为三协，协置副将一人，分练士马。炒蛮入犯，汤克宽战死，继光被劾，不罪。久之，炒蛮偕妻大嬖只袭掠边卒，官军追破之。土蛮犯辽东，继光急赴，偕辽东军拒退之。继光已加太子太保，录功加少保。

自顺义受封，朝廷以八事课边臣：曰积钱谷、修险隘、练兵马、整器械、开屯田、理盐法、收塞马、散叛党。三岁则遣大臣阅视，而殿最之。继光用是频荫赉。南北名将马芳、俞大猷前卒，独继光与辽东李成梁在。然蓟门守甚固，敌无由入，尽转而之辽，故成梁擅战功。

自嘉靖庚戌俺答犯京师，边防独重蓟。增兵益饷，骚动天下。复置昌平镇，设大将，与蓟相辅齿。犹时蹢内地，总督王忬、杨选并坐失律诛。十七年间，易大将十人，率以罪去。继光在镇十六年，边备修饬，蓟门宴然。继之者，踵其成法，数十年得无事。亦赖当国大臣徐阶、高拱、张居正先后倚任之。居正尤事与商确，欲为继光难者，辄徙之去。诸督抚大臣如谭纶、刘应节、梁梦龙辈咸与善，动无掣肘，故继光益发舒。

居正殁半岁，给事中张鼎思言继光不宜于北，当国者遽改之广东。继光悒悒不得志，强一赴，逾年即谢病。给事中张希皋等复劾之，竟罢归。居三年，御史傅光宅疏荐，反夺俸。继光亦遂卒。

继光更历南北，并著声。在南方战功特盛，北则专主守。所著《纪效新书》、《练兵纪实》，谈兵者遵用焉。

弟继美，亦为贵州总兵官。

有朱先者，嘉兴人。当继光时，为蓟镇南兵营参将，迁副总兵。后数为广东、福建总兵官。

初起家武举，募海滨盐徒为一军。自胡宗宪为御史至总督，皆倚任。先大小数十战，皆先登，杀倭甚众。以功授都司。

宗宪被逮，先解官护行。宗宪释还，先乃归。御史按福建，巡抚王询侵军费，檄先证之。先曰：“先，王公部将也，不敢诬府主。”御史怒，坐先万金，论死系狱，阅八年始白。万历初，用荐起圉山把总。历登闿帅，以年老谢事归。复起，辞不赴。

先为将有胆智，砥节首公。其处宗宪、询二事，时论以为有国士风。

刘显，南昌人。生而膂力绝伦，稍通文义。家贫落魄，之丛祠欲自经，神护之不死。间行入蜀，为童子师。已，冒籍为武生。

嘉靖三十四年，宜宾苗乱，巡抚张皋讨之。显从军陷阵，手格杀五十余人，擒首恶三人。诸军继进，贼尽平。显由是知名。官副千户，输赏为指挥佥事。

南京振武营初设，用兵部尚书张鏊荐，召令训练。擢署都指挥佥事，佥书浙江都司。迁参将，分守苏、松。倭犯江北，逼泗州，鏊檄显防浦口。显测贼将遁，追击至安东。方暑，披单衣，率四骑诱贼，伏精甲冈下。贼出，斩一人。所乘马中矢，下拔其镞，射杀追者。诱至冈下，大败之去。贼出所俘女子蛊将士，显悉送有司。明日伺贼出，潜毁其舟。贼败走舟，舟已焚，死者无算。显进秩三等。寻迁副总兵，协守江、浙。

三沙倭复劫江北，被围于刘家庄。显以锐卒数千至，巡抚李遂令尽护江北军。显率所部直入，诸营继之，自辰迄酉。贼巢破，逐北至白驹场、茅花墩，斩首六百有奇，贼尽歼。而遂谓贼由三沙来，实卢镗及显罪。显坐停俸。已，应天巡抚翁大立荐显骁勇，请久任，帝可之。振武营兵变后，诸将务姑息，兵益骄。给事中魏元吉荐显署都督佥事，节制其军。显挈蜀卒五百人往，一军帖然。闽贼流入江西，大掠石城、临川、东乡、金溪，杀吏民万计。诏显赴剿，击败之阳湖，贼乃遁。

四十一年五月，广东贼大起。诏显充总兵官镇守。会福建倭患棘，显赴援。与参将戚继光连破贼，贼略尽。而新倭大至，攻陷兴化城。显以兵少，逼城未敢战，被劾。戴罪。贼以间攻据平海卫。他倭劫福清，谋与平海倭合。显及俞大猷合于遮浪，尽歼之。平海倭欲遁，为把总许朝光所邀败。乃尽焚其舟，退还旧屯。戚继光亦至，显与大猷共助击之，遂复兴化。录功，进先所荫世职二秩。江北倭未平，廷议设总兵官于狼山，统制大江南北，改显任之。显行部通州，以敕书许节制知府以下，而同知王汝言不为礼，劾奏，镌其秩。已，移镇浙江。

显有将略，居官不守法度。巡按御史劾之，革任候勘。用巡抚刘畿荐，命充为事官，镇守如故。隆庆改元，以军政拾遗被劾，贬秩视事。用巡抚谷中虚荐，还故官，移镇贵州。广西侬贼者念父子僭称王，攻剿安顺。巡抚阮文中檄显剿，俘斩五百余人。四川巡抚曾省吾议征都掌蛮，令显移镇其地。复被劾罢，省吾奏留之。

都掌蛮者，居叙州戎县，介高、洪、筠连、长宁、江安、纳溪六县间，古泸戎也。成化初为乱，程信讨平之。正德中，普法恶复为乱，马昊讨平之。至是，其酋阿大、阿二、方三等据九丝山，剽远近。其山修广，而四隅峭仄。东北则鸡寇岭、都都寨、凌霄峰三冈，峻壁数千仞。有阿苟者，居凌霄峰，为贼耳目，威仪出入如王者。省吾议讨之，属显军事。起故将郭成、安大朝为佐，调诸土兵，合官军凡十四万人。万历改元三月，毕集叙州，诱执阿苟，攻拔凌霄，进副都都寨。三酋遣其党阿墨固守。官军顿匝月，凿滩以通漕，击斩阿墨，拔其寨。阿大自守鸡冠。显令人诱以官，而分五哨尽壁九丝城下。乘无备，夜半腰絚上，斩关入。迟明，诸将毕至。阿二、方三走保牡猪寨。郭成破鸡冠，获阿大。诸军攻牡猪，擒方三。阿二走，追获于贵州大盘山。克寨六十余，获贼魁三十六，俘斩四千六百，拓地四百余里，得诸葛铜鼓九十三,铜铁锅各一。阿大泣曰:"鼓声宏者为上,可易千牛,次者七八百。得鼓二三,便可僭号称王。鼓山巅,群蛮毕集,今已矣。"锅状如鼎,大可函牛,刻画有文彩。相傅诸葛亮以鼓镇蛮。鼓失,则蛮运终矣。录功,进显都督同知。已而剿余孽,复俘斩千一百有奇。

都掌蛮既灭,显引疾求去,而以有司阻挠为言。诏听显节制,显益行其志。击西川番没舌、丢骨、人荒诸寨,斩其首恶,抚余众而还。建昌傀厦、洗马诸番,咸献首恶。西陲以宁。九年冬卒官。子缝,自有传。

郭成,四川叙南卫人。由世职历官苏松参将,进副总兵。倭犯通州,为守将李锡所败,转掠崇明三沙。成击沉其舟,斩首百三十余级。隆庆元年冬,擢署都督佥事,为广东总兵官。渡海追曾一本大获,进署都督同知。叛将周云翔等杀参将耿宗元,亡入贼中。屯平山大安峒,将寇海丰。成偕南赣军夹击之,斩首千三百余级,获被掠通判潘槐而下六百余人,生系云翔。潮州诸属邑,贼巢以百数。郭明据林樟,胡一化据北山洋,陈一义据马湖,剽劫二十载。成督诸军击杀明等,俘斩千三百有奇。四川都掌蛮为乱,诏成移镇。寻被劾,罢归。

万历改元,命刘显大征,诏成充为事官,为之副。先登九丝山,生系阿大。初,成父为蛮杀,乃以所斩首级及生擒诸蛮置父墓前,剖心致祭,乡人壮之。寻金书南京后府,出为贵州总兵官,镇守铜仁。成有胆智。每苗出掠,潜遣壮士入其寨,斩馘而出,尝挺身入林箐察贼。苗一日数惊,曰:"郭将军至矣。"相戒莫敢犯。复被劾,罢归。

起四川总兵官。永宁宣抚奢效忠卒,其妻奢世统无子,妾奢世续子崇周幼。前总兵刘显因命世续署宣抚印。世统怒,攻夺其落红寨。世续奔永宁。成遣义儿郭天心偕指挥禹嘉绩按问。天心遂据世续永宁私第,罄取其资,而成亦入落红,尽掠奢氏九世之积。效忠弟沙卜遂拒杀裨将三人,执天心等。抚、按交章劾成,下吏,遣成云南。会有松茂之役，荐从军。成乃将七千人，直抵黄沙。屡破贼，与总兵官李应祥尽平河东西诸巢，以功授参将。复偕应祥大破腻乃诸贼，增世职二级。腻乃党杨九乍复出为乱，成讨平之。火落赤扰西宁，四川巡抚李尚思以地近松潘，檄成军松林，游击万鏊军漳腊。寇不敢逼，西陲获安。杨应龙叛，成进讨，无功，戴罪办理。寻卒于官。

李锡，歙人。世新安卫千户。倭警，数有功，为通州守备。屡擢扬州参将，江北副总兵。隆庆元年冬，以署都督佥事为福建总兵官。

海寇曾一本横行闽、广间，俞大猷将赴广西，总督刘焘令会闽师夹击。一本至闽，锡出海御之，与大猷遇贼柘林澳，三战皆捷。贼遁马耳澳复战。会广东总兵官郭成率参将王诏等以师会，次菜芜澳，分三哨进。一本驾大舟力战，诸将连破之，毁其舟。诏生擒一本及其妻，斩首七百余，死水火者万计。时广寇惟一本最强，锡、大猷、成共平之，而锡功最巨。其后一本余党梁本豪复乱，为黄应甲所擒，然视锡时力较易。锡论功，加署都督同知。倭入寇，击却之。

六年春，以征蛮将军代大猷镇广西平乐。府江者，桂林抵梧州驿道也。南北亘五百里，两岸崇山深箐，贼巢盘互。自嘉靖间张岳破平后，至是复猖獗。尝执知州邀重贿。道路梗塞，城门昼闭。大猷议讨之，会罢官去。巡抚郭应聘与锡计，征兵六万，令参将钱凤翔、王世科，都指挥王承恩、董龙各将一军，以副使郑茂、金柱，佥事夏道南监之，锡居中节制。破贼巢数十，斩馘五千有奇，憧酋杨钱甫等悉授首。录功，进世职二等。

柳州怀远，瑶、僮、伶、侗环居之，瑶尤犷悍。侵据县治久，吏民率寓郡城。隆庆时大征古田，诸瑶惧而听命。知县马希武之官，缮城堙，程役过严，诸瑶杀希武及经历等五人，复反。巡抚应聘与总督殷正茂议征之。万历元年正月，锡进次长安镇。会连雨雪，乃退师。益征浙东鸟铳手、湖广永顺钩刀手及狼兵十万人，令参将凤翔、世科，都指挥杨照、戚继美，故参将亦孔昭、鲁国贤，六道并进，监以副使沈子木。锡自统水师，次罗江，独当其冲。时贼屯板江大洲，累石

树栅,潜以舟来袭。锡伏舟败之,水陆并进。会凤翔等亦至,贼悉舟
西遁。追击,连破数巢。贼据枫木大山,前阻堤涧,鼓噪出。诸军奋
击,而别以奇兵绕其后。贼大奔,保天鹅岭。锡以水军截浔江,督诸
将攻斩渠魁二人。乘胜复破数巢,直抵清州界。贼奔大巢,亘数里,
崖壁峭绝,为重栅拒官军,镖弩矢石雨下。妇人裸体扬箕,掷牛羊犬
首为厌胜。诸军大呼直上,四面举火,贼尽歼。先后破巢一百四十,
献馘三千五百有奇,俘获抚降者无算。

永福、永宁、柳城并以贼告,洛容僮又杀典史。锡令王瑞讨永
宁,杨照讨柳城,参将门崇文讨永福,亦孔昭讨洛容,已帅舟师屯理
定江,节制诸军。甫二旬,四道并捷。斩首四千五百有奇,洛容贼首
陶浪金等俱伏诛。锡以功进秩二等。巡按御史唐炼言锡一年内破
贼二百一十四巢,获首功一万二千余级,宜久其任。帝可之。寻从
凌云翼大破罗旁贼,授世荫百户。六年,卒官。

黄应甲者,不知何许人。隆庆中,以浔梧左参将从俞大猷讨平
韦银豹,进秩二等。万历五年屡迁浙江总兵官。改镇广东。龙川鲍
时秀者,妻杜氏,有妖术。乃据义都缑岭,立二十四方大总,自号无
敌峒王,既降复反。应甲讨平之。蜑户苏观升、周才雄招亡命数千
人,纵掠雷、廉间,杀断州千户田治。应甲率五军并进,生擒观升、才
雄,斩首四百余级,其党缚酋长陈泉以降。

未几,梁本豪乱。本豪,故曾一本党,亦蜑户也。一本诛,窜海
中,习水战,远通西洋。且结倭兵为助,杀千户,掠通判以去。十年
六月,总督陈瑞与应甲谋,分水军二,南驻老万山备倭,东驻虎门备
蜑,别以两军备外海,两军扼要害。水军沉蜑舟二十,生擒本豪。诸
军竞进,大破之石茅洲。贼复奔潭洲沙湾,聚舟二百,及倭舟十,相
掎角。诸将合追,先后俘斩各六百有奇,沉其舟二百余,抚降者二千
五百。帝为告郊庙,大行叙赉,应甲等进秩有差。他倭寇琼崖,应甲
斩首二百余,夺其舟。再赐金。旋入金左军府。罢归,卒。

尹凤，字德辉，南京人。锡总兵福建时部将也，世府军后卫指挥同知。凤早孤。读书，娴骑射。嘉靖中举武科，乡、会试皆第一。擢署都指挥佥事，备倭福建。徙佥浙江都司，进福建参将。倭陷福清、南安，连艅出海。凤邀击，沉其七舟。追至外洋，连战浒屿、东洛、七礁，擒斩二百人。击倭梅花洋走之，追至横山，擒斩二百六十。大小凡十数战，内地赖以稍宁。改掌浙江都司，谢病归。隆庆初，以故官莅福建，从锡平曾一本。万历初，累官署都督佥事，提督京城巡捕。未几，谢事归。

张元勋，字世臣，浙江太平人。嗣世职为海门卫新河所百户。沈毅有谋。值倭警，隶戚继光麾下。有功，进千户。从破横屿诸贼，屡进署都指挥佥事，充福建游击将军。隆庆初，破倭福安，改南路参将。从李锡破曾一本，进副总兵。

五年春，擢署都督佥事代郭成为总兵官，镇守广东。惠州河源贼唐亚六、广州从化贼万尚钦、韶州英德贼张廷光劫掠郡县，莫能制。明年，元勋进剿。斩馘六百有奇，亚六等授首，余党悉平。肇庆恩平十三村贼陈金莺等，与邻邑苔村三巢贼罗绍清、林翠兰、谭权伯，藤峒、九迳十寨贼黄飞莺、丘胜富、黄高晖、诸可行、黄朝富等，相煽为乱。故事，两粤惟大征得叙功，雕剿不叙，故诸将不乐雕剿。总督殷正茂与元勋计，令雕剿得论功，诸军争奋。正茂又密遣副将梁守愚、游击王瑞等屯恩平，若常戍者，掩不备，斩翠兰等，生擒绍清、权伯以献。其诸路雕剿者，效首功二千四百有奇，还被掠子女千三百余人，生得金莺，惟高晖等亡去。元勋逐北至藤峒，又生获胜富、可行、朝富等八十人。部将邓子龙等亦获高晖、飞莺。三巢、十寨、十三村诸贼尽平，余悉就抚。

惠、潮地相接，山险木深。贼首蓝一清、赖元爵与其党马祖昌、黄民太、曾廷凤、黄鸣时、曾万璋、李仲山、卓子望、叶景清、曾仕龙等各据险结寨，连地八百余里，党数万人。正茂议大征。会金莺等已灭，诸贼颇惧。廷凤、万璋并遣子入学，祖昌、景清亦伪乞降。正茂知其诈,征兵四万,令参将李诚立、沈思学、王诏,游击王瑞等分将之,元勋居中节制,监司陈奎、唐九德、顾养谦、吴一介监其军,数道并进。贼败,乃凭险自守。官军遍搜深箐邃谷间。而元勋偕九德,追亡至南岭。一日夜驰至养谦所,击破李坑,生得子望等。明年破乌禽嶂。仕龙阻高山,元勋佯余酒高会,忽进兵击擒之。先后获大贼首六十一人,次贼首六百余人,破大小巢七百余所,擒斩一万二千有奇。帝为宣捷,告郊庙,进元勋署都督同知,世荫百户。元勋复讨斩余贼千三百有奇,抚定降者。巨寇皆靖。

潮州贼林道乾之党诸良宝既抚复叛,袭杀官军,掠六百人入海。再犯阳江,败走。乃据潮故巢,居高山巅,不出战,官军营淤泥中。副将李诚立挑战,坠马伤足,死者二百人。贼出掠而败,走巢固守。元勋积草土与贼垒平,用火攻之,斩首千一百余级。时万历二年三月也。捷闻,进世荫一级。遗孽魏朝义等四巢亦降。寻与胡宗仁共平良宝党林凤。惠、潮遂无贼。其冬,倭陷铜鼓石、双鱼城。元勋大破之儒峒,俘斩八百余级。进秩为真。五年,从总督凌云翼大征罗旁贼,斩首万六千余级。进都督,改荫锦衣。寻以疾致仕,卒于家。

元勋起小校。大小百十战,威名震岭南。与广西李锡并称良将。

赞曰:世宗朝,老成宿将以俞大猷为称首,而数奇屡蹶。以内外诸臣攘攻,而掩遏其功者众也。戚继光用兵,威名震寰宇。然当张居正、谭纶任国事则成,厥后张鼎思、张希皋等居言路则废。任将之道,亦可知矣。刘显平蛮引疾,而以有司阻挠为辞,有以夫。李锡、张元勋首功甚盛,而不蒙殊赏,武功所由不竞也。

明史卷二一三
列传第一〇一

徐阶 _{弟陟} _{子璠等}　　高拱 _{郭朴}
张居正 _{曾孙同敞}

　　徐阶,字子升,松江华亭人。生甫周岁,堕眢井,出三日而苏。五岁从父道括苍,堕高岭,衣挂于树不死。人咸异之。嘉靖二年进士第三人。授翰林院编修,予归娶。丁父忧,服除,补故官。阶为人短小白皙,善容止。性颖敏,有权略,而阴重不泄。读书为古文辞,从王守仁门人游,有声士大夫间。

　　帝用张孚敬议欲去孔子王号,易像为木主,笾豆礼乐皆有所损抑。下儒臣议,阶独持不可。孚敬召阶盛气诘之,阶抗辩不屈。孚敬怒曰:"若叛我。"阶正色曰:"叛生于附。阶未尝附公,何得言叛?"长揖出。斥为延平府推官。连摄郡事。出系囚三百,毁淫祠,创乡社学,捕巨盗百二十人。迁黄州府同知,擢浙江按察佥事,进江西按察副使,俱视学政。

　　皇太子出阁,召拜司经局洗马兼翰林院侍讲。丁母忧归。服除,擢国子祭酒,迁礼部右侍郎,寻改吏部。故事,吏部率镉门,所接见庶官不数语。阶折节下之。见必深坐,咨边腹要害,吏治民瘼。皆自喜得阶意,愿为用。尚书熊浃、唐龙、周用皆重阶。阶数署部事,所引用宋景、张岳、王道、欧阳德、范鏦皆长者。用卒,闻渊代,自处前辈,取立断。阶意不乐,求出避之。命兼翰林院学士,教习庶吉士。寻掌院事,进礼部尚书。

帝察阶勤，又所撰青词独称旨，召直无逸殿。与大学士张治、李本俱赐飞鱼服及上方珍馔、上尊无虚日。廷推吏部尚书，不听，不欲阶去左右也。阶遂请立皇太子，不报。复连请之，皆不报。后当冠婚，复请先裕王，后景王，帝不怿。寻以推恩加太子太保。

俺答犯京，阶请释周尚文及戴纶、欧阳安等自效，报可。已，请帝还大内，召群臣计兵事，从之。中官陷寇归，以俺答求贡书进。帝以示严嵩及阶，召对便殿。嵩曰："饥贼耳，不足患。"阶曰："傅城而军，杀人若刈菅，何谓饥贼？"帝然之，问求贡书安在。嵩出诸袖曰："礼部事也。"帝复问阶。阶曰："寇深矣，不许恐激之怒，许则彼厚要我。请遣译者绐缓之，我得益为备。援兵集，寇且走。"帝称善者再。嵩、阶因请帝出视朝。寇寻饱去，乃下阶疏，弗许贡。

嵩怙宠弄权，猜害同列。既仇夏言置之死，而言尝荐阶，嵩以是忌之。初，孝烈皇后崩，帝欲祔之庙，念压于先孝洁皇后，又睿宗入庙非公议，恐后世议祧，遂欲当己世预祧仁宗，以孝烈先祔庙，自为一世，下礼部议。阶抗言女后无先入庙者，请祀之奉先殿，礼科都给事中杨思忠亦以为然。疏上，帝大怒。阶皇恐谢罪，不能守前议。帝又使阶往邯郸落成吕仙祠。阶不欲行，乃以议祔庙解，得缓期。至寇逼城，帝益懈，乃使尚书顾可学行，而内衔阶。摘思忠元旦贺表误，廷杖之百，斥为民，以怵阶。嵩因谓阶可间也，中伤之百方。一日独召对，语及阶。嵩徐曰："阶所乏非才，但多二心耳。"盖以其尝请立太子也。阶危甚，度未可与争，乃谨事嵩，而益精治斋词迎帝意，左右亦多为地者。帝怒渐解。未几，加少保，寻进兼文渊阁大学士，参预机务。密疏发咸宁侯仇鸾罪状。嵩以阶与鸾尝同直，欲因鸾以倾阶。及闻鸾罪发自阶，乃愕然止，而忌阶益甚。

帝既诛鸾，益重阶，数与谋边事。时议减鸾所益卫卒，阶言："不可减。又京营积弱之故，卒不在乏而在冗，宜精汰之，取其廪以资赏费。"又请罢提督侍郎孙桧。帝始格于嵩，久而皆用之。一品满三载，进勋，为柱国，再进兼太子太傅、武英殿大学士。满六载，兼食大学士俸，再录子为中书舍人，加少傅。九载，改兼吏部尚书。赐宴礼部，玺书褒谕有加。帝虽重阶,稍示形迹。尝以五色芝授嵩,使炼药,谓阶政本所关,不以相及。阶皇恐请,乃得之。帝亦渐委任阶,亚于嵩。

杨继盛论嵩罪,以二王为征,下锦衣狱。嵩属陆炳究主使者。阶戒炳曰:"即不慎,一及皇子,如宗社何!"又为危语动嵩曰:"上惟二子,必不忍以谢公,所罪左右耳。公奈何显结宫邸怨也。"嵩慑惧,乃寝。倭蹄东南,帝数以问阶,阶力主发兵。阶又念边卒苦饥,请收畿内麦数十万石,自居庸输宣府,紫荆输大同。帝悦,密传谕行之。杨继盛之劾嵩也,嵩固疑阶。赵锦、王宗茂劾嵩,阶又议薄其罚。及是给事中吴时来,主事董传策、张翀劾嵩不胜,皆下狱。传策,阶里人;时来、翀,阶门生也。嵩遂疏辨,显谓阶主使,帝不听。有所密询,皆舍嵩而之阶。寻加太子太师。

帝所居永寿宫灾,徙居玉熙殿,隘甚,欲有所营建,以问嵩。嵩请还大内,帝不怿。问阶,阶请以三殿所余材,责尚书雷礼营之,可计月而就。帝悦,如阶议。命阶子尚宝丞璠兼工部主事董其役,十旬而功成。帝即日徙居之,命曰万寿宫。以阶忠,进少师,兼支尚书俸,予一子中书舍人。子璠亦超擢太常少卿。嵩乃日屈。嵩子世蕃贪横淫纵状亦渐闻,阶乃令御史邹应龙劾之。帝勒嵩致仕,擢应龙通政司参议。阶遂代嵩为首辅。

已而帝念嵩供奉劳,怜之。又以嵩去,忽忽不乐,乃降谕欲退而修真且传嗣,复责阶等奈何以官与邪物,谓应龙也。阶言:"退而传嗣,臣等不敢奉命。应龙之转,乃二部奉旨行之。"帝乃已。

帝以嵩在直久,而世蕃顾为奸于外,因命阶无久直。阶窥帝意,言苟为奸,在外犹在内,固请入直。帝以嵩直庐赐阶。阶榜三语其中曰:"以威福还主上,以政务还诸司,以用舍刑赏还公论。"于是朝士侃侃,得行其意。袁炜数出直,阶请召与共拟旨。因言:"事同众则公,公则百美基;专则私,私则百弊生。"帝颔之。阶以张孚敬及嵩导帝猜刻,力反之,务以宽大开帝意。帝恶给事御史抨击过当,欲有所行遣。阶委曲调剂,得轻论。会问阶知人之难。阶对曰:"大奸似忠,大诈似信。惟广听纳,则穷凶极恶,人为我撄之;深情隐匿,人为我发之。故圣帝明王,有言必察。即不实,小者置之,大则薄责而容之,以鼓来者。"帝称善。言路益发舒。

寇由墙子岭入,直趋通州。帝方祠厘,兵部尚书杨博不敢奏,谋之阶,檄宣府总兵官马芳、宣大总督江东入援。芳兵先至,阶请亟赏之,又请重东权,俾统诸道兵。寇从通掠香河,阶请亟备顺义,而以奇兵邀之古北口。寇趋顺义不得入,乃走古北口。其后军遇参将郭琥伏而败,颇得其所掠人畜辎重。始帝怒博不早闻与总督杨选之任寇入也,欲罪之未发。阶言:"博虽以祠厘禁不敢闻,而二镇兵皆其所先檄。若选则非尾寇,乃送之出境耳。"帝竟诛选,不罪博。进阶建极殿大学士。

袁炜以疾归,道卒,阶独当国。屡请增阁臣,且乞骸骨。乃命严讷、李春芳入阁,而待阶益隆。以一品十五载考,恩礼特厚,复赐玉带、绣蟒、珍药。帝手书问阶疾,谆恳如家人,阶益恭谨。帝或有所委,通夕不假寐,应制之文未尝逾顷刻期。帝日益爱阶。阶采舆论利便者,白而行之。嘉靖中叶,南北用兵。边镇大臣小不当帝指,辄逮下狱诛窜,阁臣复窃颜色为威福。阶当国后,缇骑省减,诏狱渐虚,任事者亦得以功名终。于是论者翕然推阶为名相。

严讷请告归,命郭朴、高拱入阁,与春芳同辅政,事仍决于阶。阶数请立太子,不报。已而景王之藩,病薨。阶奏夺景府所占陂田数万顷还之民,楚人大悦。帝欲建雩坛及兴都宫殿,阶力止之。鄢懋卿骤增盐课四十万金,阶风御史请复故额。方士胡大顺等劝帝饵金丹,阶力陈其矫诬状,大顺等寻伏法。帝服饵病躁。户部主事海瑞极陈帝失,帝恚甚,欲即杀之,阶力救得系。帝病甚,忽欲幸兴都,阶力争乃止。未几,帝崩。阶草遗诏,凡斋醮、土木、珠宝、织作悉罢,"大礼"大狱、言事得罪诸臣悉牵复之。诏下,朝野号恸感激,比之杨廷和所拟登极诏书,为世宗始终盛事云。

同列高拱、郭朴以阶不与共谋,不乐。朴曰:"徐公谤先帝,可斩也。"拱初侍穆宗裕邸,阶引之辅政,然阶独柄国,拱心不平。世宗不豫时,给事中胡应嘉尝劾拱,拱疑阶嗾之。隆庆元年,应嘉以救考察被黜者削籍去，言者谓拱修旧郤胁阶斥应嘉。阶复请薄应嘉罚，言者又劾拱。拱欲阶拟杖，阶从容譬解，拱益不悦。令御史齐康劾阶，言其二子多干请及家人横里中状。阶疏辨，乞休。九卿以下交章劾，拱誉阶，拱遂引疾归。康竟斥，朴亦以言者攻之，乞身去。

给事、御史多起废籍，恃阶而强，言多过激。帝不能堪，谕阶等处之。同列欲拟谴，阶曰："上欲谴，我曹当力争，乃可导之谴乎。"请传谕令省改。帝亦勿之罪。是年诏翰林撰中秋宴致语，阶言："先帝未撤几筵，不可宴乐。"帝为罢宴。帝命中官分督团营，阶力陈不可而止。南京振武营兵屡哗，阶欲汰之。虑其据孝陵不可攻也，先令操江都御史唐继禄督江防兵驻陵傍，而徐下兵部分散之。事遂定。群小玛殴御史于午门，都御史王廷将纠之。阶曰："不得主名，劾何益？且虑彼先诬我。"乃使人以好语诱大玛，先录其主名。廷疏上，乃分别逮治有差。阶之持正应变，多此类也。

阶所持诤，多宫禁事，行者十八九，中官多侧目。会帝幸南海子，阶谏，不从。方乞休，而给事中张齐以私怨劾阶，阶因请归。帝意亦渐移，许之。赐驰驿。以春芳请，给夫廪，玺书褒美，行人导行，如故事。陛辞，赐白金、宝钞、彩币、袭衣。举朝皆疏留，报闻而已。王廷后刺得张齐纳贿事，劾戍之边。阶既行，春芳为首辅，未几亦归。拱再出，扼阶不遗余力。郡邑有司希拱指，争龁龁阶，尽夺其田，戍其二子。会拱复为居正所倾而罢，事乃解。万历十年，阶年八十。诏遣行人存问，赐玺书、金币。明年卒。赠太师，谥文贞。

阶立朝有相度，保全善类。嘉、隆之政多所匡救。间有委蛇，亦不失大节。

阶弟陟，嘉靖二十六年进士。累官南京刑部侍郎。子璠，以荫官太常卿；琨、瑛，尚宝卿。孙元春，进士，亦官太常卿。元春孙本高，官锦衣千户。天启中拒魏忠贤建祠夺职。崇祯改元以荐起，累官左都督。诸生念祖，国变城破，与妻张，二妾陆、李，皆自缢。

高拱，字肃卿，新郑人。嘉靖二十年进士。选庶吉士。逾年授编修。穆宗居裕邸，出阁讲读，拱与检讨陈以勤并为侍讲。世宗讳言立太子，而景王未之国，中外危疑。拱侍裕邸九年，启王益敦孝谨，敷陈剀切。王甚重之，手书"怀贤忠贞"字赐焉。累迁侍讲学士。

严嵩、徐阶递当国，以拱他日当得重，荐之世宗。拜太常卿，掌国子监祭酒事。四十一年擢礼部左侍郎。寻改吏部兼学士，掌詹事府事。进礼部尚书，召入直庐。撰斋词，赐飞鱼服。四十五年拜文渊阁大学士，与郭朴同入阁。拱与朴皆阶所荐也。

世宗居西苑，阁臣直庐在苑中。拱未有子，移家近直庐，时窃出。一日帝不豫，误传非常，拱遽移具出。始阶甚亲拱，引入直。拱骤贵，负气颇忤阶。给事中胡应嘉，阶乡人也，以劾拱姻亲自危，且睹阶方与拱郤，遂劾拱不守直庐，移器用于外。世宗病亟，勿省也。拱疑应嘉受阶指，大憾之。

穆宗即位，进少保兼太子太保。阶虽为首辅，而拱自以帝旧臣，数与之抗，朴复助之。阶渐不能堪。而是时以勤与张居正皆入阁，居正亦侍裕邸讲。阶草遗诏独与居正计，拱心弥不平。会议登极赏军及请上裁去留大臣事，阶悉不从拱议，嫌益深。应嘉掌吏科，佐部院考察。事将竣，忽有所论救。帝责其牴牾，下阁臣议罚。朴奋然曰："应嘉无人臣礼，当编氓。"阶旁睨拱，见拱方怒，勉从之。言路谓拱以私怨逐应嘉，交章劾之。给事中欧阳一敬劾拱尤力。阶于拱辩疏，拟旨慰留，而不甚谴言者。拱益怒，相与忿诟阁中。御史齐康为拱劾阶，康坐黜。于是言路论拱者无虚日，南京科道至拾遗及之。拱不自安，乞归，遂以少傅兼太子太傅、尚书、大学士养病去。隆庆元年五月也。拱以旧学蒙眷注，性强直自遂，颇快恩怨，卒不安其位去。既而阶亦乞归。

三年冬，帝召拱以大学士兼掌吏部事。拱乃尽反阶所为，凡先朝得罪诸臣以遗诏录用赠恤者，一切报罢。且上疏极论之曰："《明伦大典》颁示已久。今议事之臣假托诏旨，凡议礼得罪者悉从褒显，将使献皇在庙之灵何以为享？先帝在天之灵何以为心？而陛下岁时入庙，亦何以对越二圣？臣以为未可。"帝深然之。法司坐方士王金等子弑父律。拱复上疏曰："人君陨于非命，不得正终，其名至不美。先帝临御四十五载，得岁六十有余。末年抱病，经岁上实，寿考令终，曾无暴遽。今谓先帝为王金所害，诬以不得正终，天下后世视先帝为何如主。乞下法司改议。"帝复然拱言，命减戍。拱之再出，专与阶修郤，所论皆欲以中阶重其罪。赖帝仁柔，弗之竟也。阶子弟颇横乡里。拱以前知府蔡国熙为监司，簿录其诸子，皆编戍。所以扼阶者，无不至。逮拱去位，乃得解。

拱练习政体，负经济才，所建白皆可行。其在吏部，欲遍识人才，授诸司以籍，使署贤否，志爵里姓氏，月要而岁会之。仓猝举用，皆得其人。又以时方忧边事，请增置兵部侍郎，以储总督之选。由侍郎而总督，由总督而本兵，中外更番，边材自裕。又以兵者专门之学，非素习不可应卒。储养本兵，当自兵部司属始。宜慎选司属，多得智谋才力晓畅军旅者，久而任之，勿迁他曹。他日边方兵备督抚之选，皆于是取之。更各取边地之人以备司属，如铨司分省故事，则题覆情形可无捍格，并重其赏罚以鼓励之。凡边地有司，其责颇重，不宜付杂流及迁谪者。皆报可，著为令。拱又奏请科贡与进士并用，勿循资格。其在部考察，多所参伍，不尽凭文书为黜陟，亦不拘人数多寡，黜者必告以故，使众咸服。古田瑶贼乱，用殷正茂总督两广。曰："是虽贪，可以集事。"贵州抚臣奏土司安国亨将叛，命阮文中代为巡抚。临行语之曰："国亨必不叛，若往，无激变也。"既而如其言。以广东有司多贪黩，特请旌廉能知府侯必登，以厉其余。又言马政、盐政之官，名为卿、为使，而实以闲局视之。失人废事，渐不可训。惟教官驿递诸司，职卑禄薄，远道为难。宜铨注近地，以恤其私。诏皆从之。拱所经画，皆此类也。

俺答孙把汉那吉来降，总督王崇古受之，请于朝，乞授以官。朝议多以为不可，拱与居正力主之。遂排众议请于上，而封贡以成。事具《崇古传》。进拱少师兼太子太师、尚书、大学士，改建极殿。拱以边境稍宁，恐将士惰玩，复请敕边臣及时闲暇，严为整顿，仍时遣大臣阅视。帝皆从之。辽东奏捷，进柱国、中极殿大学士。

寻考察科道，拱请与都察院同事。时大学士赵贞吉掌都察院，持议稍异同。给事中韩楫劾贞吉有所私庇。贞吉疑拱嗾之，遂抗章劾拱，拱亦疏辨。帝不直贞吉，令致仕去。拱既逐贞吉，专横益著。尚宝卿刘奋庸上疏阴斥之，给事中曹大野疏劾其不忠十事，皆谪外任。拱初持清操，后其门生、亲串颇以贿闻，致物议。帝终眷拱不衰也。

始拱为祭酒，居正为司业，相友善，拱亟称居正才。及是李春芳、陈以勤皆去，拱为首辅，居正肩随之。拱性直而傲，同官殷士儋辈不能堪，居正独退然下之，拱不之察也。冯保者，中人，性黠，次当掌司礼监。拱荐陈洪及孟冲，帝从之。保以是怨拱，而居正与保深相结。六年春，帝得疾，大渐，召拱与居正、高仪受顾命而崩。初，帝意专属阁臣，而中官矫遗诏命与冯保共事。

神宗即位，拱以主上幼冲，惩中官专政，条奏请诎司礼权，还之内阁。又命给事中雒遵、程文合疏攻保，而己从中拟旨逐之。拱使人报居正，居正阳诺之，而私以语保。保诉于太后，谓拱擅权不可容，太后颔之。明日召群臣入，宣两宫及帝诏。拱意必逐保也，急趋入。比宣诏，则数拱罪而逐之。拱伏地不能起，居正掖之出，傔骡车出宣武门。居正乃与仪请留拱，弗许。请得乘传，许之。拱既去，保憾未释。复构王大臣狱，欲连及拱，已而得寝。居家数年，卒。居正请复其官与祭葬如例。中旨给半葬，祭文仍寓贬词云。久之，廷议论拱功。赠太师，谥文襄，荫嗣子务观为尚宝丞。

郭朴，字质夫，安阳人。嘉靖十四年进士。选庶吉士。累官礼部右侍郎，入直西苑。历吏部左、右侍郎兼太子宾客。南京礼部缺尚书，帝怜朴久次，特加太子少保擢任之。朴辞曰："幸与撰述，不欲远离阙下。"帝大喜，命即以太子少保、礼部尚书、詹事府侍直如故。顷之，吏部尚书欧阳必进罢，即以朴代之。越二年，以父丧去。及严讷由吏部入阁，帝谋代者。时董份以工部尚书行吏部左侍郎事，方受帝眷，而为人贪狡无行。徐阶虑其代讷，急言于帝，起朴故官。朴固请终制，不许。寻以考绩，加太子太保。

四十五年兼武英殿大学士，入预机务，与高拱并命。阶早贵，权重，春芳、讷事之谨，至不敢讲钧礼。而朴与拱乡里相得，事阶稍倨，拱尤负才自恣。及世宗崩，阶草遗诏，尽反时政之不便者。拱与朴不得与闻，大恚，两人遂与阶有隙。言路劾拱者多及朴。拱谢病归，朴不自安，亦求去。帝固留之。时朴已加至少傅、太子太傅矣。御史庞尚鹏、凌儒等攻不止，遂三疏乞归。家居二十余年卒。赠太傅，谥文简。

朴为人长者。两典铨衡，以廉著。辅政二年无过。特以拱故，不容于朝，时颇有惜之者。

张居正，字叔大，江陵人。少颖敏绝伦，十五为诸生。巡抚顾璘奇其文，曰："国器也。"未几，居正举于乡，璘解犀带以赠，且曰："君异日当腰玉，犀不足溷子。"嘉靖二十六年，居正成进士，改庶吉士。日讨求国家典故。徐阶辈皆器重之。授编修，请急归，亡何还职。

居正为人，颀面秀眉目，须长至腹。勇敢任事，豪杰自许。然沉深有城府，莫能测也。严嵩为首辅，忌阶，善阶者皆避匿。居正自如，嵩亦器居正。迁右中允，领国子司业事。与祭酒高拱善，相期以相业。寻还理坊事，迁侍裕邸讲读。王甚贤之，邸中中官亦无不善居正者。面李芳数从问书义，颇及天下事。寻迁右谕德兼侍读，进侍讲学士，领院事。

阶代嵩首辅，倾心委居正。世宗崩，阶草遗诏，引与共谋。寻迁礼部右侍郎兼翰林院学士。月余，与裕邸故讲官陈以勤俱入阁，而居正为吏部左侍郎兼东阁大学士。寻充《世宗实录》总裁，进礼部尚书兼武英殿大学士，加少保兼太子太保，去学士五品仅岁余。时徐阶以宿老居首辅，与李春芳皆折节礼士。居正最后入，独引相体，倨见九卿，无所延纳。间出一语辄中肯，人以是严惮之，重于他相。

高拱以很躁被论去，徐阶亦去，春芳为首辅。亡何赵贞吉入，易视居正。居正与故所善掌司礼者李芳谋，召用拱，俾领吏部，以扼贞吉,而夺春芳政。拱至,益与居正善。春芳寻引去,以勤亦自引,而贞吉、殷士儋皆为所构罢,独居正与拱在,两人益相密。拱主封俺答,居正亦赞之,授王崇古等以方略。加柱国、太子太傅。六年满,加少傅、吏部尚书、建极殿大学士。以辽东战功,加太子太师。和市成,加少师,余如故。

初,徐阶既去,令三子事居正谨。而拱衔阶甚,嗾言路追论不已,阶诸子多坐罪。居正从容为拱言,拱稍心动。而拱客构居正纳阶子三万金,拱以诮居正。居正色变,指天誓,辞甚苦。拱谢不审,两人交遂离。拱又与居正所善中人冯保却。穆宗不豫,居正与保密处分后事,引保为内助,而拱欲去保。神宗即位,保以两宫诏旨逐拱,事具《拱传》,居正遂代拱为首辅。帝御平台,召居正奖谕之,赐金币及绣蟒斗牛服。自是赐赉无虚日。

帝虚己委居正,居正亦慨然以天下为己任,中外想望丰采。居正劝帝遵守祖宗旧制,不必纷更,至讲学、亲贤、爱民、节用皆急务。帝称善。大计廷臣,斥诸不职及附丽拱者。复具诏召群臣廷饬之,百僚皆惕息。帝当尊崇两宫。故事,皇后与天子生母并称皇太后,而徽号有别。保欲媚帝生母李贵妃,风居正以并尊。居正不敢违,议尊皇后曰仁圣皇太后,皇贵妃曰慈圣皇太后,两宫遂无别。慈圣徙乾清宫,抚视帝,内任保,而大柄悉以委居正。

居正为政,以尊主权、课吏职、信赏罚、一号令为主。虽万里外,朝下而夕奉行。黔国公沐朝弼数犯法,当逮,朝议难之。居正擢用其子,驰使缚之,不敢动。既至,请贷其死,锢之南京。漕河通,居正以岁赋逾春,发水横溢,非决则涸,乃采漕臣议,督艘卒以孟冬月兑运,及岁初毕发,少罹水患。行之久,太仓粟充盈,可支十年。互市饶马,乃减太仆种马,而令民以价纳,太仆金亦积四百余万。又为考成法以责吏治。初,部院覆奏行抚按勘者,尝稽不报。居正令以大小缓急为限,误者抵罪。自是,一切不敢饰非,政体为肃。南京小奄醉辱给事中,言者请究治。居正谪其尤激者赵参鲁于外以悦保,而徐说保裁抑其党,毋与六部事。其奉使者,时令缇骑阴诇之。其党以是怨居正,而心不附保。

居正以御史在外,往往凌抚臣,痛欲折之。一事小不合,诟责随下,又敕其长加考察。给事中余懋学请行宽大之政。居正以为风己,削其职。御史傅应祯继言之,尤切。下诏狱,杖戍。给事中徐贞明等群拥入狱,视具橐饘,亦逮谪外。御史刘台按辽东,误奏捷。居正方引故事绳督之,台抗章论居正专恣不法,居正怒甚。帝为下台诏狱,命杖百,远戍。居正阳具疏救之,仅夺其职。已,卒戍台。由是,诸给事御史益畏居正,而心不平。

当是时,太后以帝冲年,尊礼居正甚至,同列吕调阳莫敢异同。及吏部左侍郎张四维入,恂恂若属吏,不敢以僚自处。

居正喜建竖,能以智数驭下,人多乐为之尽。俺答款塞,久不为害。独小王子部众十余万,东北直辽左,以不获通互市,数入寇。居正用李成梁镇辽,戚继光镇蓟门。成梁力战却敌,功多至封伯,而继光守备甚设。居正皆右之,边境晏然。两广督抚殷正茂、凌云翼等亦数破贼有功。浙江兵民再作乱,用张佳允往抚即定,故世称居正知人。然持法严。核驿递,省冗官,清庠序,多所澄汰。公卿群吏不得乘传,与商旅无别。郎署以缺少,需次者辄不得补。大邑士子额隘,艰于进取。亦多怨之者。

时承平久,群盗蝟起,至入城市劫府库,有司恒讳之,居正严其禁。匿弗举者,虽循吏必黜。得盗即斩决,有司莫敢饰情。盗边海钱米盈数,例皆斩,然往往长系或瘐死。居正独亟斩之,而追捕其家属。盗贼为衰止。而奉行不便者,相率为怨言,居正不恤也。

慈圣太后将还慈宁宫,谕居正谓:“我不能视皇帝朝夕,恐不若前者之向学、勤政,有累先帝付托。先生有师保之责,与诸臣异。其为我朝夕纳诲,以辅台德,用终先帝凭几之谊。”因赐坐蟒、白金、彩币。未几,丁父忧。帝遣司礼中官慰问,视粥药,止哭,络绎道路,三宫赙赠甚厚。

户部侍郎李幼孜欲媚居正,倡夺情议,居正惑之。冯保亦固留居正。诸翰林王锡爵、张位、赵志皋、吴中行、赵用贤、习孔教、沈懋学辈皆以为不可,弗听。吏部尚书张瀚以持慰留旨,被逐去。御史曾士楚、给事中陈三谟等遂交章请留。中行、用贤及员外郎艾穆、主事沈思孝、进士邹元标相继争之。皆坐廷杖,谪斥有差。时彗星从东南方起,长亘天。人情汹汹,指目居正,至悬谤书通衢。帝诏谕群臣,再及者诛无赦,谤乃已。于是使居正子编修嗣修与司礼太监魏朝驰传往代司丧,礼部主事曹诰治祭,工部主事徐应聘治丧。居正请无造朝,以青衣、素服、角带入阁治政,侍经筵讲读,又请辞岁俸。帝许之。及帝举大婚礼,居正吉服从事。给事中李涞言其非礼,居正怒,出为佥事。时帝顾居正益重,常赐居正札,称“元辅张少师先生”,待以师礼。

　居正乞归葬父,帝使尚宝少卿郑钦、锦衣指挥史继书护归,期三月,葬毕即上道。仍命抚按诸臣先期驰赐玺书敦谕。范“帝赉忠良”银印以赐之,如杨士奇、张孚敬例,得密封言事。戒次辅吕调阳等“有大事毋得专决,驰驿之江陵,听张先生处分”。居正请广内阁员,诏即令居正推。居正因推礼部尚书马自强、吏部右侍郎申时行入阁。自强素迕居正,不自意得之,颇德居正,而时行与四维皆自昵于居正,居正乃安意去。帝及两宫赐赉慰谕有加礼,遣司礼太监张宏供张饯郊外,百僚班送。所过地,有司饬厨传,治道路。辽东奏大捷,帝复归功居正。使使驰谕,俾定爵赏。居正为条列以闻。调阳益内惭,坚卧,累疏乞休不出。

　居正言母老不能冒炎暑,请俟清凉上道。于是内阁、两都部院寺卿、给事、御史俱上章,请趣居正亟还朝。帝遣锦衣指挥翟汝敬驰传往迎,计日以俟;而令中官护太夫人以秋日由水道行。居正所过,守臣率长跪,抚按大吏越界迎送,身为前驱。道经襄阳,襄王出候,要居正宴。故事,虽公侯谒王执臣礼,居正具宾主而出。过南阳,唐王亦如之。抵郊外,诏遣司礼太监何进宴劳,两宫亦各遣大珰李琦、李用宣谕,赐八宝金钉川扇、御膳、饼果、醪醴,百僚复班迎。入朝,帝慰劳恳笃,予假十日而后入阁,仍赐白金、彩币、宝钞、羊酒,因引见两宫。及秋,魏朝奉居正母行,仪从煊赫,观者如堵。比至,帝与两宫复赐赉加等,慰谕居正母子,几用家人礼。

时帝渐备六宫,太仓银钱多所宣进。居正乃因户部进御览数目陈之,谓每岁入额不敌所出,请帝置坐隅时省览,量入为出,罢节浮费。疏上,留中。帝复令工部铸钱给用,居正以利不胜费止之。言官请停苏、松织造,不听。居正为面请,得损大半。复请停修武英殿工,及裁外戚迁官恩数,帝多曲从之。帝御文华殿,居正侍讲读毕,以给事中所上灾伤疏闻,因请振。复言:"上爱民如子,而在外诸司营私背公,剥民罔上,宜痛钳以法。而皇上加意尊节,于宫中一切用度、服御、赏赉、布施,裁省禁止。"帝首肯之,有所蠲贷。居正以江南贵豪怙势及诸奸猾吏民善逋赋,选大吏精悍者严行督责。赋以时输,国藏日益充,而豪猾率怨居正。

居正服将除,帝召吏部问期日,敕赐白玉带、大红坐蟒、盘蟒。御平台召对,慰谕久之。使中官张宏引见慈庆、慈宁两宫,皆有恩赉,而慈圣皇太后加赐御膳九品,使宏侍宴。

帝初即位,冯保朝夕视起居,拥护提抱有力,小捍格,即以闻慈圣。慈圣训帝严,每切责之,且曰:"使张先生闻,奈何!"于是帝甚惮居正。及帝渐长,心厌之。乾清小珰孙海、客用等导上游戏,皆爱幸。慈圣使保捕海、用,杖而逐之。居正复条其党罪恶,请斥逐,而令司礼及诸内侍自陈,上裁去留。因劝帝戒游宴以重起居,专精神以广圣嗣,节赏赉以省浮费,却珍玩以端好尚,亲万几以明庶政,勤讲学以资治理。帝迫于太后,不得已,皆报可,而心颇衔保、居正矣。

帝初政,居正尝纂古治乱事百余条,绘图,以俗语解之,使帝易晓。至是,复属儒臣纪太祖列圣《宝训》、《实录》分类成书,凡四十:曰创业艰难,曰励精图治,曰勤学,曰敬天,曰法祖,曰保民,曰谨祭祀,曰崇孝敬,曰端好尚,曰慎起居,曰戒游侠,曰正宫闱,曰教储贰,曰睦宗藩,曰亲贤臣,曰去奸邪,曰纳谏,曰理财,曰守法,曰儆戒,曰务实,曰正纪纲,曰审官,曰久任,曰重守令,曰驭近习,曰待外戚,曰重农桑,曰兴教化,曰明赏罚,曰信诏令,曰谨名分,曰裁贡献,曰慎赏赉,曰敦节俭,曰慎刑狱,曰褒功德,曰屏异端,曰饬武

备,曰御戎狄。其辞多警切,请以经筵之暇进讲。又请立起居注,纪
帝言动与朝内外事,日用翰林官四员入直,应制诗文及备顾问。帝
皆优诏报许。

居正自夺情后,益偏恣。其所黜陟,多由爱憎。左右用事之人
多通贿赂。冯保客徐爵擢用至锦衣卫指挥同知,署南镇抚。居正三
子皆登上第。苍头游七入赀为官,勋戚文武之臣多与往还,通姻好。
七具衣冠谒谒,列于士大夫。世以此益恶之。

亡何,居正病。帝频颁敕谕问疾,大出金帛为医药资。四阅月
不愈,百官并斋醮为祈祷。南都、秦、晋、楚、豫诸大吏,亡不建醮。帝
令四维等理阁中细务,大事即家令居正平章。居正始自力,后愈甚
不能遍阅,然尚不使四维等参之。及病革,乞归。上复优诏慰留,称
"太师张太岳先生"。居正度不起,荐前礼部尚书潘晟及尚书梁梦
龙,侍郎余有丁、许国、陈经邦,已,复荐尚书徐学谟、曾省吾、张学
颜,侍郎王篆等可大用。帝为黏御屏。晟,冯保所受书者也,强居正
荐之。时居正已昏甚,不能自主矣。及卒,帝为辍朝,谕祭九坛,视
国公兼师傅者。居正先以六载满,加特进中极殿大学士;以九载满,
加赐坐蟒衣,进左柱国,芳一子尚宝丞;以大婚,加岁禄百石,录子
锦衣千户为指挥佥事;以十二载满,加太傅;以辽东大捷,进太师,
益岁录二百石,子由指挥佥事进同知。至是,赠上柱国,谥文忠,命
四品京卿、锦衣堂上官、司礼太监护丧归葬。于是四维始为政,而与
居正所荐引王篆、曾省吾等交恶。

初,帝所幸中官张诚见恶冯保斥于外,帝使密诇保及居正。至
是,诚复入,悉以两人交结恣横状闻,且谓其宝藏逾天府。帝心动。
左右亦浸言保过恶,而四维门人御史李植极论徐爵与保挟诈通奸
诸罪。帝执保禁中,逮爵诏狱。谪保奉御居南京,尽籍其家金银珠
宝巨万计。帝疑居正多蓄,益心艳之。言官劾篆、省吾并劾居正,篆、
省吾俱得罪。新进者益务攻居正。诏夺上柱国、太师,再夺谥。居
正诸所引用者,斥削殆尽。召还中行、用贤等,迁官有差。刘台赠官,
还其产。御史羊可立复追论居正罪,指居正构辽庶人宪㸅狱。庶人

妃因上疏辩冤，且曰："庶人金宝万计，悉入居正。"帝命司礼张诚及侍郎丘橓偕锦衣指挥、给事中籍居正家。诚等将至，荆州守令先期录人口，锢其门，子女多遁避空室中。比门启，饿死者十余辈。诚等尽发其诸子兄弟藏，得黄金万两，白金十余万两。其长子礼部主事敬修不胜刑，自诬服寄三十万金于省吾、篆及傅作舟等，寻自缢死。事闻，时行等与六卿大臣合疏，请少缓之；刑部尚书潘季驯疏尤激楚。诏留空宅一所、田十顷，赡其母。而御史丁此吕复追论科场事，谓高启愚以舜、禹命题，为居正策禅受。尚书杨巍等与相驳。此吕出外，启愚削籍。后言者复攻居正不已。诏尽削居正官秩，夺前所赐玺书、四代诰命，以罪状示天下，谓当剖棺戮尸而姑免之。其弟都指挥居易，子编修嗣修，俱发戍烟瘴地。

终万历世，无敢白居正者。熹宗时，廷臣稍稍追述之。而邹元标为都御史，亦称居正。诏复故官，予葬祭。崇祯三年，礼部侍郎罗喻义等讼居正冤。帝令部议，复二荫及诰命。十三年，敬修孙同敞请复武荫，并复敬修官。帝授同敞中书舍人，而下部议敬修事。尚书李日宣等言："故辅居正，受遗辅政，事皇祖者十年。肩劳任怨，举废饬驰，弼成万历初年之治。其时中外又安，海内殷阜，纪纲法度莫不修明。功在社稷，日久论定，人益追思。"帝可其奏，复敬修官。

同敞负志节，感帝恩，益自奋。十五年奉敕慰问湖广诸王，因令调兵云南。未复命，两京相继失，走诣福建。唐王亦念居正功，复其锦衣世荫，授同敞指挥佥事。寻奉使湖南，闻汀州破，依何腾蛟于武冈。永明王用廷臣荐，改授同敞侍读学士。为总兵官刘承胤所恶，言翰林、吏部、督学必用甲科，乃改同敞尚宝卿。以大学士瞿式耜荐，擢兵部右侍郎兼翰林侍读学士，总督诸路军务。

同敞有文武才，意气慷慨。每出师，辄跃马为诸将先。或败奔，同敞危坐不去。诸将复还战，或取胜。军中以是服同敞。大将王永祚等久围永州，大兵赴救，胡一青率众迎敌，战败。同敞驰至全州，檄杨国栋兵策应，乃解去。顺治七年，大兵破严关，诸将尽弃桂林走。城中虚无人，独式耜端坐府中。适同敞自灵川至，见式耜。式耜曰："我为留守，当死此。子无城守责，盍去诸。"同敞正色曰："昔人耻独为君子，公顾不许同敞共死乎？"式耜喜。取酒与饮，明烛达旦。侵晨被执。谕之降，不从。令为僧，亦不从。乃幽之民舍，虽异室，声息相闻，两人日赋诗倡和。阅四十余日，整衣冠就刃，颜色不变。既死，同敞尸直立，首坠跃而前者三，人皆辟易。

而居正第五子允修，字建初，荫尚宝丞。崇祯十七年正月，张献忠掠荆州，允修题诗于壁，不食而死。

赞曰：徐阶以恭勤结主知，器量深沉。虽任智数，要为不失其正。高拱才略自许，负气凌人。及为冯保所逐，柴车即路。倾轧相寻，有自来已。张居正通识时变，勇于任事。神宗初政，起衰振隳，不可谓非干济才。而威柄之操，几于震主，卒致祸发身后。《书》曰"臣罔以宠利居成功"，可弗戒哉。

明史卷二一四
列传第一〇二

杨博 子俊民 马森 刘体乾
王廷 毛恺 葛守礼 靳学颜
弟学曾

　　杨博,字惟约,蒲州人。父瞻。御史,终四川佥事。博登嘉靖八年进士,除盩厔知县,调长安。征为兵部武库主事,历职方郎中。

　　大学士翟銮巡九边,以博自随。所过山川形势,土俗好恶,士卒多寡强弱,皆疏记之。至肃州,属番数百遮道邀赏。銮虑来者益众,不能给。博请銮盛仪卫,集诸番辕门外,数以天子宰相至,不悉众远迎,将缚以属吏。诸番罗拜请罪,乃稍赍其先至者,余皆惧不复来。銮还,荐博可属大事。吉囊、俺答岁盗边,尚书张瓒一切倚办博。帝或中夜降手诏;博随事条答,悉称旨。毛伯温代瓒,博当迁,特奏留之。已,迁山东提学副使,转督粮参政。

　　二十五年超拜右佥都御史,巡抚甘肃。大兴屯利,请募民垦田,永不征租。又以暇修筑肃州榆树泉及甘州平川境外大芦泉诸处墩台,凿龙首诸渠。初,罕东属番避土鲁番乱,迁肃州境上,时与居民戕杀。监生李时旸以为言,事下守臣。博为筑金塔、白城七堡,召其长,令率属徙居之。诸番徙七百余帐,州境为之肃清。总兵官王继祖却寇永昌,镇羌参将蔡勋等战镇番、山丹,三告捷,斩首百四十余级。进博右副都御史。以母忧归。仇鸾镇甘肃,总督曾铣劾之,诏逮治。博亦发其贪罔三十事。鸾拜大将军,数毁之,帝不听。服阕,鸾已诛,召拜兵部右侍郎。转左,经略蓟州、保定。

初,俺答薄都城,由潮河川入,议者争请为备。水湍悍,不可城。博缘水势建石墩,置戍守,还督京城九门。时因寇警,岁七月分兵守陴。博曰:"寇至,须镇静,奈何先事自扰。"罢其令。寻迁总督蓟、辽保定军务。博以蓟逼京师,护畿甸陵寝为大,分布诸将,画地为防。

三十三年秋,把都儿及打来孙十余万骑犯蓟镇,攻墙。帝忧甚,数遣骑侦博。博擐甲宿古北口城上,督总兵官周益昌等力御。帝大喜。驰赐绯豸衣,犒军万金。寇攻四昼夜不得入,乃并攻孤山口,登墙。官军断一人腕,乃退屯虎头山。博募死士,夜以火惊其营。寇扰乱,比明悉去。进右都御史,荫子锦衣千户。明年,打来孙复入益昌,击却之。遂擢博兵部尚书,录防秋功,加太子少保。

严嵩父子招权利,诸司为所挠,博一切格不行。嵩恨博,会丁父忧去。兵部尚书许论罢,帝起博代之。博未终丧,疏辞。而帝以大同右卫围急,改博总督宣、大、山西军务。博墨缞驰出关。未至,侍郎江东等以大军进,寇引去。时右卫围六月,守将王德战亡,城中刍粟且尽,士死守无二心。博厚抚恤,奏行善后十事。以给事中张学颜言,留博镇抚。奏躏被寇租,因金其丁壮为义勇,分隶诸将。博以边人不习车战,寇入辄不支,请造偏箱车百辆;有警则右卫车东,左卫车西,使相声援。又以大同墙圮,缮治为急;次则塞银钗、驿马诸岭,以绝窥紫荆路;备居庸南山,以绝窥陵寝畿甸路;修阳神地诸墙堑,以绝入山西路。乃于大同牛心山诸处筑堡九,墩台九十二,接左卫高山站,以达镇城。浚大濠二,各十八里,小濠六十有四。五旬讫功,赐敕奖赉。

帝数欲召博还,又虞边,以问嵩。嵩雅不喜博,请令江东署部事,俟秋防毕徐议之,遂不召。秋防讫,加太子太保,留镇如故。哱素把伶及叛人了都记等数以轻骑寇边,博先后计擒之。又数出奇兵袭寇,寇稍徙帐。因议筑故总督翁万达所创边墙,招还内地民为寇掠者千六百余人。又请通宣、大荒田水利,薄其租。报可。改蓟辽总督。秋防竣,廷议欲召博还,吏部尚书吴鹏不可。郑晓署兵部,争之曰："博在蓟、辽则蓟、辽安，在本兵则九边俱安。"乃召还，加少保。

帝忧边甚，博每先事为防，帝眷倚若左右手。尝语阁臣："自博入，朕每忧边，其语博预为谋。"博上言："今九边，蓟镇为重。请敕边臣逐大同寇，使不得近蓟，宣、大诸将从独石侦情形，预备黄花、古北诸要害，使一骑不得入关，即首功也。"帝是之。

四十二年十月，寇拥众窥蓟州，声言犯辽阳。总督杨选帅师东，博檄止之。又手书三往，卒不从。博拊几曰："败矣。"急征兵入援，寇已溃墙子岭，犯通州。帝叹曰："庚戌事又见矣。"诸路兵先后至。命宣大总督江东统文武大臣分守皇城、京城，镇远侯顾寰以京营兵分布城内外。寇解而东，躏顺义、三河，饱掠去。援兵不发一矢，取道毙及零骑伤残者报首功。帝怏怏，谕博曰："贼复饱扬，何以惩后？"遂诛选。博惧，及徐阶力保持之。帝念博前功，不罪。久之，改吏部尚书。

隆庆改元，请遵遗诏，录建言诸臣，死者皆赠恤。时方计群吏，山西人无一被黜者。给事中胡应嘉劾博庇其乡人，博连疏乞休。并慰留，且斥言者。一品满三考，进少傅兼太子太傅。帝将游南海子，博率同列谏。御史詹仰庇以直言罢，博争之。屯盐都御史庞尚鹏被论，博议留。忤旨，遂谢病归。尚书刘体乾等交章乞留，不听。大学士高拱掌吏部，荐博堪本兵。诏以吏部尚书理兵部事。陈蓟、昌战守方略，谓："议者以守墙为怯，言可听，实无少效。墙外邀击，害七利三；墙内格斗，利一害九。夫因墙守，所谓先处战地而待敌。名守，实战也。臣为总督，尝拒打来孙十万众，以为当守墙无疑。"因陈明应援、申驻守、处京营、谕属夷、修内治诸事，帝悉从之。

博魁梧丰硕，临事安闲有识量。出入中外四十余年，始终以兵事著。六年，高拱罢，乃改博吏部，进少师兼太子太师。明年秋，疾作，三疏乞致仕归。逾年卒。赠太傅，谥襄毅。

拱柄国时欲中徐阶危祸，博造拱力为解。拱亦心动，事获已。其后张居正逐拱，将周内其罪，博毅然争之。及兴王大臣狱，博与都御史葛守礼诣居正力为解。居正愤曰："二公谓我甘心高公耶？"博曰："非敢然也，然非公不能回天。"会帝命守礼偕都督朱希孝会讯，博阴为画计，使校尉怵大臣改供；又令拱仆杂稠人中，令大臣识别，茫然莫辨，事乃白。人以是称博长者。

子俊民，字伯章，嘉靖四十一年进士。除户部立事，历礼部郎中。隆庆初，迁河南提学副使。万历初，历太仆少卿。父博致政，侍归。起故官，累迁兵部左侍郎署部事。时议扯力克嗣封。俊民言："款未可遽罢。惟内修守备，而外勒西部，使尽还巢，申定市额，使无滥索而已。"议遂定。进户部尚书，总督仓场。十九年还理部事。河南大饥，人相食，请发银米各数十万。或议其稽缓，因自劾求罢。疏六上，不允。小人竞请开矿，俊民争不得，税使乃四出。天下骚然，时以咎俊民。在事历三考，累加太子太保。卒官，赠少保。后叙东征转饷功，赠少傅兼太子太傅。

马森，字孔养，怀安人。父俊，晚得子，家人抱之坠，殒焉。俊绐其妻曰"我误也"，不之罪。逾年而举森。嘉靖十四年成进士，授户部主事，历太平知府。民有兄弟讼者，予镜令照曰："若二人老矣，忍伤天性乎？"皆感泣谢去。再迁江西按察使。有进士嬖外妇而杀妻，抚按欲缓其狱，森卒抵之法。

历左布政使，就擢巡抚右副都御史。入为刑部右侍郎，改户部。初，森在江西荐布政使宋淳。淳后抚南、赣，以赃败，森坐调大理卿。屡驳疑狱，与刑部尚书郑晓、都御史周延称为"三平"。病归，起南京工部右侍郎。改户部，督仓场，寻转左。以右都御史总督漕运，兼巡抚凤阳，迁南京户部尚书。隆庆初，改北部。

是时，登极诏书蠲天下田租半。太仓岁入少，不能副经费，而京、通二仓积贮无几。森钩校搜剔，条行十余事。又列上钱谷出入之数，劝帝节俭。帝手诏责令措置，森奏："祖宗旧制，河、淮以南以四百万供京师，河、淮以北以八百万供边。一岁之入，足供一岁之用。后边陲多事，支费渐繁，一变而有客兵之年例，再变而有主兵之年例。其初止三五十万耳，后渐增至二百三十余万。屯田十亏七八，盐法十折四五，民运十逋二三，悉以年例补之。在边则士马不多于昔，在太仓则输入不益于前，而所费数倍。重以诏书蠲除，故今日告匮，视往岁有加。臣前所区画，算及锱铢，不过纾目前急，而于国之大体，民之元气，未暇深虑。愿广集众思，令廷臣各陈所见。"又奏河东、四川、云南、福建、广东、灵州盐课事宜。诏皆如所请。帝尝命中官崔敏发户部银六万市黄金。森持不可，且言，故事御札皆由内阁下，无司礼径传者，事乃止。既又命购珠宝，森亦力争，不听。三年以母老乞终养。赐驰驿归，后屡荐不起。

　　森为考官时，夏言婿出其门，欲介之见言，谢不往。严嵩闻而悦之，森亦不附。为徐阶所重，遂引用之。里居，赞巡抚庞尚鹏行一条鞭法，乡人为立报功祠。万历八年卒。赠太子少保，谥恭敏。

　　刘体乾，字子元，东安人。嘉靖二十三年进士。授行人，改兵科给事中。司礼太监鲍忠卒，其党李庆为其侄鲍恩等八人乞迁。帝已许之，以体乾言止录三人。转左给事中。

　　帝以财用绌，诏廷臣集议。多请追宿逋，增赋额。体乾独上奏曰："苏轼有言'丰财之道，惟在去其害财者。'今之害最大者有二，冗吏、冗费是也。历代官制，汉七千五百员，唐万八千员，宋极冗至三万四千员。本朝自成化五年，武职已逾八万。合文职，盖十万余。今边功升授、勋贵传请、曹局添设、大臣恩荫，加以厂卫、监局、勇士、匠人之属，岁增月益，不可悉举。多一官，则多一官之费。请严敕诸曹，清革冗滥，减奉将不赀。又闻光禄库金，自嘉靖改元至十五年，积至八十万。自二十一年以后，供亿日增，余藏顿尽。进御果蔬，初无定额，止视内监片纸，如数供御。乾没狼籍，辄转鬻市人。其他诸曹，侵盗尤多。宜著为令典，岁终使科道臣会计之，以清冗费。二冗既革，国计自裕。舍是，而督逋、增赋，是扬汤止沸也。"于是部议请汰各监局人匠。从之。

　　累官通政使,迁刑部左侍郎。改户部左侍郎,总督仓场。隆庆初,进南京户部尚书。南畿、湖广、江西银布绢米积逋二百六十余万,凤阳园陵九卫官军四万,而仓粟无一月储。体乾再疏请责成有司,又条上六事,皆报可。

　　马森去,召改北部。诏取太仓银三十万两。体乾言:“太仓银所存三百七十万耳,而九边年例二百七十六万有奇,在京军粮商价百又余万,蓟州、大同诸镇例外奏乞不与焉。若复取以上供,经费安办?”帝不听。体乾复奏:“今国计绌乏,大小臣工所共知。即存库之数,乃近遣御史所搜括,明岁则无策矣。今尽以供无益费,万一变起仓卒,如国计何!”于是给事中李已、杨一魁、龙光,御史刘思问、苏士润、贺一桂、傅孟春交章乞如体乾言,阁臣李春芳等皆上疏请,乃命止进十万两。又奏太和山香税宜如泰山例,有司董之,毋属内臣。忤旨,夺俸半年。

　　帝尝问九边军饷、太仓岁发及四方解纳之数。体乾奏:“祖宗朝止辽东、大同、宣府、延绥四镇,继以宁夏、甘肃、蓟州,又继以固原、山西,今密云、昌平、永平、易州俱列戍矣。各镇防守有主兵。其后增召募,增客兵,而坐食愈众。各镇刍饷有屯田。其后加民粮,加盐课,加京运,而横费滋多。”因列上隆庆以来岁发之数。又奏:“国家岁入不足供所出,而额外陈乞者多。请以内外一切经费应存革者,刊勒成书。”报可。

　　诏市绵二万五千斤,体乾请俟湖州贡。帝不从,趣之急。给事中李已言:“三月非用绵时,不宜重扰商户。”体乾亦复争,乃命止进万斤。逾年诏趣进金花银,且购猫睛、祖母绿诸异宝。已上书力谏,体乾请从已言,不纳。内承运库以白札索部帑十万。体乾执奏,给事中刘继文亦言白札非礼。帝报有旨,竟取之。体乾又乞承运库减税额二十万。为中官崔敏所格,不得请。是时内供已多,数下部取太仓银,又趣市珍珠黄绿玉诸物。体乾清劲有执,每疏争,积忤帝意,竟夺官。给事中光懋、御史凌珃等交章请留,不听。

　　神宗即位,起南京兵部尚书,奏言:“留都根本重地,故额军九万，马五千余匹。今军止二万二千，马仅及半，单弱足虑。宜选诸卫余丁，随伍操练，发贮库草场银买马。"又条上防守四事。并从之。万历二年致仕，卒。赠太子少保。

王廷，字子正，南充人。嘉靖十一年进士。授户部主事，改御史。疏劾吏部尚书汪铉，谪亳州判官。历苏州知府，有政声。累迁右副都御史，总理河道。三十九年转南京户部右侍郎，总督粮储。南京督储，自成化后皆以都御史领之，至嘉靖二十六年始命户部侍郎兼理。及振武营军乱，言者请复旧制，遂以副都御史章焕专领，而改廷南京刑部。未上，复改户部右侍郎兼左佥都御史，总督漕运，巡抚凤阳诸府。

时倭乱未靖。廷建议以江南属镇守总兵官，专驻吴淞，江北属分守副总兵，专驻狼山。遂为定制。淮安大饥，与巡按御史朱纲奏留商税饷军，被诏切让。给事中李邦义因劾廷拘滞，吏部尚书严讷为廷辨，始解。转左侍郎，还理部事。以通州御倭功，加俸二级。迁南京礼部尚书，召为左都御史。奏行慎选授、重分巡、谨刑狱、端表率、严检束、公举劾六事。

隆庆元年六月，京师雨潦坏庐舍，命廷督御史分行赈恤。会朝觐天下官，廷请严禁馈遗，酌道里费，以儆官邪，苏民力。帝谒诸陵，诏廷同英国公张溶居守。中官许义挟刃胁人财，为巡城御史李学道所笞。群珰伺学道早朝，邀击之左掖门外。廷上其状，论成有差。

御史齐康为高拱劾徐阶。廷言："康怀奸党邪，不重惩无以定国是。"帝为谪康，谕留阶。拱遂引疾去。而给事中张齐者，尝行边，受贾人金。事稍泄，阴求阶子瑶居间，瑶谢不见。齐恨，遂摭康疏语复论阶，阶亦引疾去。廷因发齐奸利事，言："齐前奉命赏军宣大，纳盐商杨四和数千金，为言恤边商、革余盐数事，为大学士阶所格。四和抵齐取贿，踪迹颇露。齐惧得罪，乃借攻阶冀自掩。"遂下齐诏狱。刑部尚书毛恺当齐戍，诏释为民。拱起再相，廷恐其修郤，而恺亦阶所引，遂先后乞休以避之。给事中周芸、御史李纯朴讼齐事，谓廷、恺阿阶意。罗织不辜。刑部尚书刘自强复奏:"齐所坐无实,廷、恺屈法徇私。"诏夺恺职,廷斥为民,宥齐,补通州判官。

万历初,齐以不谨罢,恺已前卒。浙江巡按御史谢廷杰讼恺狷洁有古人风,坐按张齐夺官,今齐已黜,足知恺守正。诏复恺官。于是巡抚四川都御史曾省吾言:"廷守苏州时,人比之赵清献。直节劲气,始终无改。宜如毛恺例复官。"诏以故官致仕。十六年给夫廪如制,仍以高年特赐存问。明年卒。谥恭节。

毛恺,字达和,江山人。嘉清十四年进士。授行人,擢御史。坐论洗马邹守益不当投散地,为执政所恶,谪宁国推官。历刑部尚书。太监李芳骤谏忤穆宗,命刑部置重辟。恺奏:"芳罪状未明,非所以示天下公。"芳乃得贳死。恺赠太子少保,谥端简。

葛守礼,字与立,德平人。嘉靖七年,举乡试第一。明年成进士,授彰德推官。巨盗诬富家,株连以百数。守礼尽出之,主狱者谮之御史。会藩府狱久不决,属守礼,一讯即得,乃大惊服。冬至,赵王戒百官朝服贺,守礼独不可。

迁兵部主事。父丧服阕,补礼部。宁府宗人悉锢高墙,后稍得脱,因请封。礼部尚书夏言议量复中尉数人。未上,而言入阁,严嵩代之。守礼适迁仪制郎中,驳不行。故事,郡王绝,近支得以本爵理府事,不得继封。交城、怀仁、襄垣近支绝,以继封请,守礼持之坚。会以疾在告,三邸人乘间行赂,遂得请。旗校诇其事以闻。所籍记赂遗十余万,独无守礼名,帝由是知守礼廉。

迁河南提学副使,再迁山西按察使,进陕西布政使,擢右副都御史,巡抚河南。入为户部侍郎,督饷宣、大。改吏部。自左侍郎迁南京礼部尚书。李本署吏部事,希严嵩指考察廷臣,署守礼下考,勒致仕。后帝问守礼安在,左右谬以老病对。帝为叹惜久之。

隆庆元年起户部尚书。奏言:"畿辅、山东流移日众,以有司变法乱常,起科太重,征派不均。且河南北,山东西,土地硗瘠,正供尚不能给，复重之徭役。工匠及富商大贾，皆以无田免役，而农夫独受其困，此所谓舛也。乞正田赋之规，罢科差之法。又国初征粮，户部定仓库名目及石数价值，通行所司，分派小民，随仓上纳，完欠之数了然可稽。近乃定为一条鞭法，计亩征银。不论仓口，不问石数。吏书夤缘为奸，增减洒派，弊端百出。至于收解，乃又变为一串铃法，谓之伙收分解。收者不解，解者不收，收者获积余之赏，解者任赔补之累。夫钱谷必分数明而后稽核审，今混而为一，是为那移者地也。愿敕所司，酌复旧规。"诏悉举行。于是奏定国计簿式，颁行天下。自嘉靖三十六年以后完欠、起解、追征之数及贫民不能输纳，备录簿中。自府州县达布政，送户部稽考，以清隐漏那移侵欺之弊。又以户部专理财赋，必周知天下仓库盈虚，然后可节缩调剂。祖宗时令天下岁以文册报部，乃请遣御史谭启、马明谟、张问明、赵严分行天下董其事，并承敕以行。覃恩例赏边军，或言士伍虚冒，宜乘给赏汰之。守礼言："此朝廷旷典，乃以贾怨耶？"议乃止。

大学士高拱与徐阶不相能，举朝攻拱。侍郎徐养正、刘自强，拱所厚，亦诣守礼言。守礼不可，养正等遂论拱。守礼寻乞养母归。及拱再相，深德守礼，起为刑部尚书。初，阶定方士王金等狱，坐妄进药物，比子杀父律论死。诏下法司会讯。守礼等议金妄进药无事实，但习故陶仲文术，左道惑众，应坐为从律编戍。给事中赵奋言："法司为天下平。昔则一主于入，而不为先帝地；今则一主于出，而不恤后世议。罪有首而后有从，金等为从，孰为首？将以陶仲文为首，则仲文死已久。为法如此，陛下何赖哉。"疏入，报闻。

寻改守礼左都御史。奏言："畿内地势洼下，河道堙塞，遇潦则千里为壑。请仿古井田之制，浚治沟洫，使旱潦有备。"章下有司。又申明巡抚事宜，条列官箴、士节六事。守礼议王金狱，与拱合，然不附拱。后张居正欲以王大臣事构杀拱，守礼力为解，乃免。阶、拱、居正更用事，交相轧。守礼周旋其间，正色独立，人以为难。万历三年以老乞休。诏加太子少保，驰驿归。六年卒。赠太子太保，谥端肃。

靳学颜,字子愚,济宁人。嘉靖十三年举乡试第一。明年成进
士,授南阳推官,以廉平称。历吉安知府,治行高,累迁左布政使。隆
庆初,入为太仆卿,改光禄。旋拜右副都御史,巡抚山西。应诏陈理
财,凡万余言。言选兵、铸钱、积谷最切。其略曰:

　宋初禁军十万,总天下诸路亦不过十万,其后庆历、治平
间增至百余万。然其时财用不绌。我朝边兵四十万。其后虽
增兵益戍,而主兵多缺,不若宋人十倍其初也。然自嘉靖中即
以绌乏告,何哉?宋虽增兵,而天下无养兵费。我朝以民养兵,
而新军又一切仰太仓。旧饷不减,新饷日增,费一也。周丰镐、
汉西都,率有其名而无实。我朝留都之设,建官置卫,坐食公
帑,费二也。唐、宋宗亲或通名仕版,或散处民间。我朝分封列
爵,不农不仕,吸民膏髓,费三也。有此三者,储畜安得不匮。而
其间尤耗天下之财者,兵而已。夫陷锋摧坚,旗鼓相挡,兵之实
也。今边兵有战时,若腹兵则终世不一当敌。每盗贼窃发,非
阴阳、医药、杂职,则丞贰判簿为之将;非乡民里保,则义勇快
壮为之兵。在北则借盐丁矿徒,在南则借狼土。此皆腹兵不足
用之验也。当限以轮番守戍之法。或远不可征,或弱不可任,
则听其耕商,而移其食以饷边。如免班军而征价,省充发而输
赎,亦变通一策也。欲京兵强,亦宜责以轮番戍守。夫京师去
宣府、蓟镇才数百里,京营九万卒,岁以一万戍二镇,九年而一
周,未为苦也,而怯者与边兵同其劲矣。又以畿辅之卒填京戍
之阙,其部伍、号令、月粮、犒赏亦与京卒同,而畿辅之卒皆亲
兵矣。夫京卒戍蓟镇,则延、固之费可省。戍宣府,则宣府、大
同之气自张。寇畏宣、大之力制其后,京卒之劲当其前,则仰攻
深入之事鲜矣。

　臣又睹天下之民皇皇以匮乏为虑者,非布帛五谷不足也,
银不足耳。夫银,寒不可衣,饥不可食,不过贸迁以通衣食之
用,独奈何用银而废钱?钱益废,银益独行。独行则藏益深,而

银益贵，货益贱，而折色之办益难。豪右乘其贱收之，时其贵出之。银积于豪右者愈厚，行于天下者愈少，更逾数十年，臣不知所底止矣。钱者，泉也，不可一日无。计者谓钱法之难有二：利不仇本，民不愿行。此皆非也。夫朝廷以山海之产为材，以亿兆之力为工，以贤士大夫为役，何本之费？诚令民以铜炭赎罪，而匠役则取之营军，一指麾间，钱遍天下矣。至不愿行钱者，独奸豪尔。请自今事例、罚赎、征税、赐赉、宗禄、官俸、军饷之属，悉银钱兼支。上以是征，下以是输，何患其不行哉。

臣又闻中原者，边鄙之根本也。百姓者，中原之根本也。民有终身无银，而不能终岁无衣，终日无食。今有司夙夜不遑者，乃在银而不在谷，臣窃虑之。国家建都幽燕，北无郡国之卫，所恃为腹心股肱者，河南、山东、江北及畿内八府之人心耳。其人率鸷悍而轻生，易动而难戢，游食而寡积者也。一不如意，则轻去其乡；往往一夫作难，千人响应，前事已屡验矣。弭之之计，不过曰恤农以系其家，足食以系其身，聚骨肉以系其心。今试核官廪之所藏，每府得数十万，则司计者安枕可矣。得三万焉，犹足塞转徙者之望，设不满万，岂得无寒心？臣窃意不满万者多也。

臣近者疏请积谷，业蒙允行。第恐有司从事不力，无以塞明诏。敢即臣说申言之。其一曰官仓，发官银以籴也。一曰社仓，收民谷以充也。官仓非甚丰岁不能举，社仓虽中岁皆可行。唐义仓之开，每岁自王公以下皆有入。宋则准民间正税之数，取二十分之一以为社。诚仿而推之，就土俗，合人情，占岁侯以通其变，计每岁二仓之入以验其功，著为令，而岁岁修之，时其丰歉而敛散之。在官仓者，民有大饥则以振。在民仓者，虽官有大役亦不听贷。借此藏富于民，即藏富于国也。今言财用者，不忧谷之不足，而忧银之不足。夫银实生乱，谷实弭乱。银之不足，而泉货代之。五谷不足，则孰可以代者哉？故曰明君不宝金玉，而宝五谷，伏惟圣明垂意。

疏入，下所司议，卒不能尽行也。

　　寻召为工部右侍郎，改吏部，进左侍郎。学颜内行修洁，见高拱以首辅掌铨，专恣甚，遂谢病归，卒。弟学曾，山西副使。治绩亦有闻。

　　赞曰：明之中叶，边防堕，经费乏。当时任事之臣，能留意于此者鲜矣。若杨博、马森、刘体乾、葛守礼、靳学颜之属，庶几负经济之略者。就其设施与其所建白，究而行之，亦补苴一时而已，况言之不尽行，行之不能久乎。自时厥后，张居正始一整饬。居正殁，一切以空言从事，以迄于亡。盖其坏非朝夕之积矣。

明史卷二一五
列传第一〇三

王治　欧阳一敬　胡应嘉
周弘祖　岑用宾　邓洪震　詹仰庇
骆问礼　杨松　张应治　郑履淳
陈吾德　李已　胡泽　汪文辉
刘奋庸　曹大野

王治,字本道,忻州人。嘉靖三十二年进士。除行人,迁吏科给事中。寇屡盗边,边臣多匿不奏;小胜,文臣辄冒军功。治请临阵斩获,第录将士功;文臣及镇帅不亲搏战者止赐赍。从之。再迁礼科左给事中。

隆庆元年偕御史王好问核内府诸监局岁费。中官崔敏请止之,为给事中张宪臣所劾。得旨:"诏书所载者,自嘉靖四十一年始,听治等详核。不载者,已之。"治等力争,不许。事竣,劾中官赵廷玉、马尹乾没罪,诏下司礼监按问。寻上疏陈四事。"一、定宗庙之礼以隆圣孝。献皇虽贵为天子父,未尝南面临天下;虽亲为武宗叔,然尝北面事武宗。今乃与祖宗诸帝并列,设位于武宗右,揆诸古典,终为未协。臣以为献皇祔太庙,不免递迁。若专祀世庙,则亿世不改。乞敕廷臣博议,务求至当。一、谨燕居之礼以澄化源。人主深居禁掖,左右便佞窥伺百出,或以燕饮声乐,或以游戏骑射。近则损敝精神,

疾病所由生。久则妨累政事，危乱所由起。比者人言籍籍，谓陛下
燕闲举动，有非谅暗所宜者。臣窃为陛下虑之。"其二，请勤朝讲、亲
辅弼。疏入，报闻。

　　进吏科都给事中。劾蓟辽总督都御史刘焘、南京督储都御史曾
于拱不职，于拱遂罢。山西及蓟镇并中寇，治以罪兵部尚书郭乾、侍
郎迟凤翔，偕同官欧阳一敬等劾之。诏罢乾，贬凤翔三秩视事。部
议恤光禄少卿马从谦。帝不许，治疏争。帝谓从谦所犯，比子骂父
律，终不允。治又请追谥何瑭，雪夏言罪，且言大理卿朱廷立、刑部
侍郎詹瀚共锻成夏言、曾铣狱，宜追夺其官。成报可。明年，左右有
言南海子之胜者，帝将往幸。治率同官谏。大学士徐阶、尚书杨博、
御史郝杰等并阻止。皆不听。至则荒莽沮湿，帝甚悔之。治寻擢太
仆少卿，改大理，进太仆卿。忧归，卒。

　　欧阳一敬，字司直，彭泽人。嘉靖三十八年进士。除萧山知县。
征授刑科给事中。劾太常少卿晋应槐为文选郎时劣状，而南京侍郎
博颐、宁夏巡抚王崇古、湖广参政孙弘轼由应槐进，俱当罢。吏部为
应槐等辩，独罢颐官。未几，劾罢礼部尚书董份。

　　三迁兵科给事中。言广西总兵当用都督，不当用勋臣。因劾恭
顺侯吴继爵罢之，以俞大猷代。寇大入陕西，劾总督陈其学、巡抚戴
才，俱夺官。又以军政劾英国公张溶，山西、浙江总兵官董一奎、刘
显，掌锦衣卫都督李隆等九人不职。溶留，余俱贬黜。

　　自严嵩败，言官争发愤论事，一敬尤敢言。隆庆元年正月，吏部
尚书杨博掌京察，黜给事中郑钦、御史胡维新，而山西人无下考者。
吏科给事中胡应嘉劾博挟私愤，庇乡里。应嘉先尝劾高拱，拱修郤，
将重罪之。徐阶等重违拱意，且以应嘉实佐察，初未言。今党同官
妄奏，拟旨斥为民。言路大哗。一敬为应嘉讼，斥博及拱。诋拱奸
险横恶，无异蔡京，且言："应嘉前疏臣与闻，黜应嘉不若黜臣。"会
给事中辛自修、御史陈联芳疏争，阶乃调应嘉建宁推官。一敬寻劾
拱威制朝绅，专柄擅国，亟宜罢。不听。逾月，御史齐康劾阶。诸给

事御史以康受拱指,群集阙下,詈而唾之。一敬首劾康,康亦劾一敬。时康主拱,一敬主阶,互指为党。言官多论康,康竟坐谪。

已。陈兵政八事,部皆议行。南京振武营兵由此罢。湖广巡按陈省劾太和山守备中官吕祥,诏征详还,罢守备官。未几,复遣监丞刘进往代。一敬言:"进故名俊,守显陵无状。肃皇帝下之狱,充孝陵卫净军,今不宜用。"从之。中官吕用等典京营,一敬力谏,事寝。黔国公沐朝弼残恣,屡抗诏旨。一敬请治其罪,报可。俄擢太常少卿。拱再起柄政,一敬惧,即日告归,半道以忧死。时应嘉已屡迁参议,忧归,闻拱再相,亦惊怖而卒。

应嘉,沭阳人。由宜春知县擢吏科给事中。三迁都给事中。论侍郎黄养蒙、李登云及布政使李磐、侯一元不职,皆罢去。登云者,大学士高拱姻也。应嘉策拱必害己,遂并劾拱,言:"拱辅政初,即以直庐为嫌,移家西安门外,贪夜潜归。陛下近稍违和,拱即私运直庐器物于外。臣不知拱何心。"疏入,拱大惧,亟奏辩。会帝崩,得不竟。拱以此衔应嘉。穆宗嗣位,应嘉请帝御文华殿与辅臣面议大政,召访诸卿顾问侍从,令科臣随事驳议。帝纳焉。应嘉居谏职,号敢言。然悻悻好搏击,议者颇以倾危目之。

周弘祖,麻城人。嘉靖三十八年进士。除吉安推官。征授御史,出督屯田、马政。

隆庆改元,司礼中贵及藩邸近侍荫锦衣指挥以下至二十余人。弘祖驰疏请止赉金币,或停世袭,且言:"高皇帝定制,宦侍止给奔走扫除,不关政事。孝宗召对大臣,宦侍必退去百余武,非惟不使之预,亦且不使之闻。愿陛下勿与谋议,假以嚬笑,则彼无乱政之阶,而圣德媲太祖、孝宗矣。臣又闻先帝初载,欲荫太监张钦义子锦衣,兵部尚书彭泽执奏再四。今赵炳然居泽位,不能效泽忠,无所逃罪。"报闻。已,请汰内府监局、锦衣卫、光禄寺、文思院冗员,复嘉靖初年之旧,又请仿行古社仓制。诏皆从之。

　　明年春，言：“近四方地震，土裂成渠，旗竿数火，天鼓再鸣，阴星旋风，天雨黑豆，此皆阴盛之征也。陛下嗣位二年，未尝接见大臣，咨访治道。边患孔棘，备御无方。事涉内庭，辄见挠沮，如阅马、核库，诏出复停。皇庄则亲收子粒，太和则榷取香钱，织造之使累遣，纠劾之疏留中。内臣爵赏谢辞，温旨远出六卿上，尤祖宗朝所绝无者。”疏入，不报。其冬诏市珍宝，魏时亮等争，不听。弘祖复切谏。寻迁福建提学副使。大学士高拱掌吏部，考察言官，恶弘祖及岑用宾等，谪弘祖安顺判官，用宾宜川县丞。

　　用宾，广东顺德人。官南京给事中，多所论劾。又尝论拱很愎，以故拱憾之，出为绍兴知府。既中以察典，遂卒于贬所。而弘祖谪未几，拱罢，量移广平推官。万历中，屡迁南京光禄卿。坐朱衣谒陵免。

　　当隆庆初，以地震言事者，又有邓洪震，宣化人。时为兵部郎中，上疏曰：“入夏以来，淫雨弥月。又京师去冬地震，今春风霾大作，白日无光。近大同又报雨雹伤物，地震有声。陛下临御甫半年，灾异叠见。传闻后宫游幸无时，嫔御相随，后车充斥。左右近习，滥赐予。政令屡易，前后背驰，邪正混淆，用舍犹豫。万一奸宄潜生，寇戎轶犯，其何以待之。”帝纳其言，下礼官议修省。洪震寻以疾归。万历改元，督抚交章论荐，竟不起。

　　詹仰庇，字汝钦，安溪人。嘉靖四十四年进士。由南海知县征授御史。

　　隆庆初，穆宗诏户部购宝珠，尚书马森执奏，给事中魏时亮、御史贺一桂等继争，皆不听。仰庇疏言：“顷言官谏购宝珠，反蒙诘让。昔仲虺戒汤不迩声色，不殖货利；召公戒武王玩人丧德，玩物丧志；汤、武能受二臣之戒，绝去玩好，故圣德光千载。若侈心一生，不可复遏，恣情纵欲，财耗民穷。陛下玩好之端渐启，弼违之谏恶闻，群小乘隙，百方诱惑，害有不胜言者。况宝石珠玑，多藏中贵家，求之愈急，邀直愈多，奈何以有用财，耗之无用之物。今两广需饷，疏请再三，犹靳不予，何轻重倒置乎。"不报。三年正月，中官制烟火，延烧禁中庐舍，仰庇请按治。左右近习多切齿者。

帝颇耽声色，陈皇后微谏，帝怒，出之别宫。外庭皆忧之，莫敢言。仰庇入朝，遇医禁中出。询之，知后寝疾危笃，即上疏言："先帝慎择贤淑，作配陛下，为宗庙社稷内主。陛下宜遵先帝命，笃宫闱之好。近闻皇后移居别宫，已近一载，抑郁成疾，陛下略不省视。万一不讳，如圣德何。臣下莫不忧惶，徒以事涉宫禁，不敢颂言。臣谓人臣之义，知而不言，当死；言而触讳，亦当死。臣今日固不惜死。愿陛下采听臣言，立复皇后中宫，时加慰问，臣虽死贤于生。"帝手批答曰："后无子多病，移居别宫，聊自适，以冀却疾。尔何知内庭事，顾妄言。"仰庇自分得重谴，同列亦危之。及旨下，中外惊喜过望，仰庇益感奋。

亡何，巡视十库，疏言："内官监岁入租税至多，而岁出不置籍。按京城内外园厘场地，隶本监者数十计，岁课皆属官钱，而内臣假上供名，恣意渔猎。利填私家，过归朝宁。乞备核宜留宜革，并出入多寡数，以杜奸欺。再照人主奢俭，四方系安危。陛下前取户部银，用备缓急。今如本监所称，则尽以创鳌山、修宫苑、制秋千、造龙凤舰、治金柜玉盆。群小因乾没，累圣德，亏国计。望陛下深省，有以玩好逢迎者，悉屏出罪之。"宦官益恨。故事，诸司文移往还，及牧民官出教，用"照"字，言官上书无此体。宦官因指"再照人主"语，为大不敬。帝怒，下诏曰："仰庇小臣，敢照及天子，且狂肆屡不悛。"遂廷杖百，除名，并罢科道之巡视库藏者。南京给事中骆问礼、御史余嘉诏等疏救，且言巡视官不当罢。不纳。仰庇为御史仅八月，数进谠言，竟以获罪。

神宗嗣位，录先朝直臣。以仰庇在京时尝为商人居间，不得内召，除广东参议。寻乞归。家居十余年，起官江西。再迁南京太仆少卿。入为左金都御史，进左副都御史。仰庇初以直节负盛名。至是为保位计，颇不免附丽。饶伸以科场事劾大学士王锡爵、左都御史吴时来,仰庇即劾伸。进士薛敷教劾时来及南京右都御史耿定向,仰庇未及阅疏,即论敷教排陷大臣,敷教坐废。及吏部侍郎赵焕、兵部侍郎沈子木相继去,仰庇谋代之,踪迹颇著。给事中王继光、主事姜士昌、员外郎赵南星、南京御史王麟趾等,交章论列。仰庇不自安,屡求去。帝虽慰留,而众议籍籍不止。稍迁刑部右侍郎。移疾归,久之卒。

　　骆问礼,诸暨人。嘉靖末进士。历南京刑科给事中。隆庆三年,陈皇后移别宫,问礼偕同官张应治等上言:"皇后正位中闱,即有疾,岂宜移宫。望亟返坤宁,毋使后世谓变礼自陛下始。"不报。给事张齐劾徐阶,为廷臣所排,下狱削籍。问礼独言齐赃可疑,不当以纠弹大臣实其罪。张居正请大阅,问礼谓非要务,而请帝日亲万几,详览奏章。未几,劾诚意伯刘世延、福建巡抚涂泽民不职,帝并留之。

　　帝初纳言官请,将令诸政务悉面奏于便殿,问礼遂条上面奏事宜。一言"陛下躬揽万几,宜酌用群言,不执己见,使可否予夺,皆合天道,则有独断之美,无自用之失"。二言"陛下宜日居便殿,使侍从官常在左右,非向晦不入宫闱,则涵养熏陶,自多裨益"。三言"内阁,政事根本,宜参用诸司,无拘翰林,则讲明义理,通达政事,皆得其人"。四言"诏旨必由六科,诸司始得奉行,脱有未当,许封还执奏。如六科不封驳,诸司失检察者,许御史纠弹"。五言"顷诏书两下,皆许诸人直言。然所采纳者,除言官与一二大臣外,尽付所司而已。宜益广言路,凡臣民章奏,不惟其人惟其言,令匹夫皆得自效"。六言"陛下临朝决事,凡给事左右,如传旨、接奏章之类,宜用文武侍从,毋使中官参与,则窥窃之渐无自而生"。七言"士习倾危,稍或异同,辄加排陷。自今,凡议国事,惟论是非,不徇好恶。众人言未必得,一人言未必非,则公论日明,士气可振"。八言"政令之出,宜在必行。今所司题复,已报可者未见修举,因循玩愒,习为故常。陛下当明作于上,敕诸臣奋励于下,以挽颓惰之风"。九言"面奏之仪,宜略去繁文务求实用，俾诸臣入而敷奏，退而治事，无或两妨，斯上下之交可久”。十言“修撰、编检诸臣，宜令更番入直，密迩乘舆，一切言动，执简侍书。其耳目所不及者，诸司或以月报，或以季报，令得随事纂缉，以垂劝戒”。

疏奏，帝不悦。宦侍复从中构之，谪楚雄知事。明年，吏部举杂职官当迁者，问礼及御史杨松在举中。帝曰：“此两人安得遽迁，俟三年后议之。”万历初，屡迁湖广副使，卒。

杨松，河南卫人。历官御史，巡视皇城。尚膳少监黄雄征子钱与民哄，兵马司捕送松所。事未决，而内监令校尉趣雄入直，诡言有驾帖。松验问无有，遂劾雄诈称诏旨。帝令黜兵马司官，而镌松三秩，谪山西布政司照磨。神宗立，擢庐州推官，终山西副使。

张应治，秀水人。在垣中抗疏，多可称。为高拱所恶，出为九江知府。终山东副使。

郑履淳，字叔初，刑部尚书晓子也。举嘉靖四十年进士，除刑部主事，迁尚宝丞。

隆庆三年冬疏言：

顷年以来，万民失业，四方多故，天鸣地震，灾害洊臻，正陛下宵旰忧勤时也。夫饥寒迫身，易为衣食，嗷嗷赤子，圣主之所以为资。不及今定周家桑土之谋，切虞廷困穷之惧，则上天所以警动海内者，适足以资他人矣。

今最急莫如用贤。陛下御极三祀矣，曾召问一大臣，面质一讲官，赏纳一谏士，以共画思患豫防之策乎？高亢暌孤，乾坤否隔，忠言重折槛之罚，儒臣虚纳牖之功，宫闱违脱珥之规，朝陛拂同舟之义。回奏蒙谴，补牍奚从？内批径出，封还何自？纪纲因循，风俗玩愒。功罪罔核，文案徒繁。阉寺潜为厉阶，善类渐以短气。言涉宫府，肆挠多端。梗在私门，坚持不破。万众

惶惶,皆谓群小侮常,明良疏隔,自开辟以来,未有若是而永安
者。

　　伏愿奋英断以决大计,勿为小故之所淆;弘浚哲以任君
子,勿为嬖昵之所惑。移美色奇珍之玩,而保疮痍;分昭阳细务
之勤,而和庶政。以蛮裔为关门劲敌,以钱谷为黎庶脂膏。拔
用陆树声、石星之流,嘉纳殷士儋、翁大立诸疏。经史讲筵,日
亲无倦。臣民章奏,与所司面相可否。万几之裁理渐熟,人才
之邪正自知。察变谨微,回天开泰,计无逾于此。

　　疏入,帝大怒,杖之百,系刑部狱数月。刑科舒化等以为言,乃
释为民。神宗立,起光禄少卿,卒。

　　陈吾德,字懋修,归善人。嘉靖四十四年进士。授行人。隆庆
三年擢工科给事中。

　　两广多盗,将吏率虚文罔上。吾德列便宜八事,皆允行。明年
正月朔,日有食之,已而月复食。吾德言:“岁首日月并食,天之大
灾,陛下宜屏斥一切玩好,应天以实。”诏遣中官督织造,吾德偕同
官严用和切谏,报闻。帝从中官崔敏言,命市珍宝,户部尚书刘体
乾、户科都给事中李已执奏,不从。吾德复偕已上疏曰:“伏睹登极
诏书,罢采办,蠲加派,且云‘各监局以缺乏为名,移文苛取,及所司
阿附奉行者,言官即时论奏,治以重典’,海内闻之,欢若更生。比者
左右近习,干请纷纭,买玉市珠,传帖数下。人情惶骇,咸谓诏书不
信,无所适从。迩时府库久虚,民生困瘁,司度支者日夕忧危。陛下
奈何以玩好故,费数十万赏乎!敏等献诌营私,罪不可宥。乞亟谴
斥,以全诏书大信。”帝震怒,杖已百,锢刑部狱,斥吾德为民。

　　神宗嗣位,起吾德兵科。万历元年进右给事中。张居正柄国,
谏官言事必先请,吾德独不往。礼部主事宋儒与兵部主事熊敦朴不
相能,诬敦朴欲劾居正,属尚书谭纶劾罢之。既而诬渐白,吾德遂劾
儒,亦谪之外。居正以吾德不白己,嗛之。未几,争成国公朱希忠赠
定襄王爵,益忤居正。及慈宁宫后室灾,吾德力争,出为饶州知府。

有盗建昌王印章者，遁之南京见获。居正客操江都御史王篆坐吾德部下失盗，谪马邑典史。御史又劾其莅饶时违制讲学，用库金市学田，遂除名为民。居正死，荐起思州推官，移宝庆同知，皆以亲老不赴。后终湖广佥事。

李已，字子复，磁人。嘉靖四十四年进士。除太常博士，擢礼科给事中。隆庆中，频诏户部有所征索。尚书刘体乾辄执奏，已每助之，以是积失帝意。及争珍宝事，遂得祸。未几，刑科给事中舒化等请释已，刑部尚书葛守礼等因言："朝审时，重囚情可矜疑者，咸得末减。已及内犯张恩等十人，谳未定，不列朝审中。苟瘐死犴狴，将累深仁。"帝乃释已，恩等系如故。法司以恩等有内援，欲借以脱已。及已独释，众翕然称帝仁明。

神宗立，荐起兵科都给事中。奏言："陛下初基，弊端尽去，传奉一事，岂可尚蹈故常。内臣即有勤劳，当优以金帛，名器所在，不容滥设。"帝嘉纳之。御史胡涍建言得罪，已首论救。寻劾兵部尚书谭纶去取边将不当。平江伯陈王谟罪废，复夤缘出镇湖广，已力争得寝。擢顺天府丞，迁大理右少卿。疏请改父母诰命，日已暮，逼禁门守者投入。帝怒，谪常州同知。

初，已与吾德并敢言，已尤以直著。两遭摧抑，颇事营进。后为南京考功郎中。九年京察，希张居正指，与尚书何宽置司业张位、长史赵世卿察典，遂得擢南京尚宝卿。三迁右佥都御史，巡抚保定六府。逾年，罢归，卒。

胡涍，字原荆，无锡人。嘉靖末举进士。历知永丰、安福二县，擢御史。神宗即位之六日，命冯保代孟冲掌司礼监，召用南京守备张宏。涍请严驭近习，毋惑诒谀，亏损圣德。保大怒，思倾之。其冬，妖星现，慈宁宫后延烧连房。涍乞遍察掖廷中曾蒙先朝宠幸者，体恤优遇，其余无论老少一概放遣。奏中有"唐高不君，则天为虐"语。帝怒，问辅臣，二语所指为谁。张居正对曰："涍言虽狂悖，心无他。"

帝意未释，严旨谯让。泽惶恐请罪，斥为民。逾年，巡按御史李学诗
荐泽。诏自后有荐者，并逮治泽。久之，卒。

汪文辉，字德充，婺源人。嘉靖四十四年进士。授工部主事。隆
庆四年改御史。

高拱以内阁掌吏部，权势烜赫。其门生韩楫、宋之韩、程文、涂
梦桂等并居言路，日夜走其门，专务搏击。文辉亦拱门生，心独非
之。明年二月疏陈四事，专责言官。其略曰：

　　先帝末年所任大臣，本协恭济务，无少衅嫌。始于一二言
官见庙堂议论稍殊，遂潜察低昂、窥所向而攻其所忌。致颠倒
是非，荧惑圣听，伤国家大体。苟踵承前弊，交煽并构，使正人
不安其位，恐宋元祐之祸，复见于今，是为倾陷。

　　祖宗立法至精密矣，而卒有不行者，非法敝也，不得其人
耳。今言官条奏，率锐意更张。部臣重违言官，轻变祖制，迁就
一时，苟且允覆。及法立弊起，又议复旧。政非通变之宜，民无
画一之守，是为纷更。

　　古大臣坐事退者，必为微其词；所以养廉耻，存国体。今或
掇其已往，揣彼未形，逐景循声，争相诟病，若市井喧哄然。至
方面重臣，苟非甚奸慝，亦宜弃短录长，为人才惜。今或搜抉小
疵，指为大蠹，极言丑诋，使决引去。以此求人，国家安得全才
而用之，是为苛刻。

　　言官能规切人主，纠弹大臣。至言官之短，谁为指之者？今
言事论人或不当，部臣不为奏覆，即愤然不平；虽同列明知其
非，亦莫与辨，以为体貌当如是。夫臣子且不肯一言受过，何以
责难君父哉。是为求胜。

　　此四弊者，今日所当深戒。然其要在大臣取鉴前失，勿用
希指生事之人。希指生事之人进，则忠直贞谅之士远，而颂成
功、誉盛德者日至于前。大臣任己专断，即有阙失，孰从闻之。
盖宰相之职，不当以救时自足，当以格心为本。愿陛下明饬中

外，消朋比之私，还淳厚之俗，天下幸甚。

疏奏，下所司。拱恶其刺己，甫三日，出为宁夏佥事。修屯政，釐浮粮，建水闸，流亡渐归。御史富平孙丕扬忤拱，为希指者所劾。方行勘，文辉抗言曰："毛举细故，齮龁正人，以快当路之私，我固不肯为，诸君亦不可也。"于是缓其事。未几，劾者先得罪去，丕扬竟获免。

神宗嗣位，拱罢政，召为尚宝卿。寻告归。久之，有诏召用。未赴卒。

刘奋庸，洛阳人。嘉靖三十八年进士。授兵部主事。寻改礼部兼翰林待诏，侍穆宗裕邸。进员外郎。穆宗即位，以旧恩，擢尚宝卿。已，藩邸旧臣相继柄用，独奋庸久不调。

大学士高拱亦故讲官也，再起任事，颇专恣，奋庸疾之。隆庆六年三月上疏曰：

> 陛下践阼六载，朝纲若振饬，而大柄渐移；仕路若肃清，而积习仍故。百僚方引领以睹励精之治，而陛下精神志意渐不逮初。臣念潜邸旧恩，谊不忍默。谨条五事，以俟英断。
>
> 一、保圣躬。人主一身，天地人神之主，必志气清明，精神完固，而后可以御万几。望凝神定志，忍性抑情，毋逞旦夕之娱，毋徇无涯之欲，则无疆之福可长保也。
>
> 二、总大权。今政府所拟议，百司所承行，非不奉诏旨，而其间从违之故，陛下曾独断否乎？国事之更张，人才之用舍，未必尽出忠谋，协公论。臣愿陛下躬揽大权，凡庶府建白，阁臣拟旨，特留清览，时出独断，则臣下莫能测其机，而政柄不致旁落矣。
>
> 三、慎俭德。陛下嗣位以来，传旨取银不下数十万，求珍异之宝，作鳌山之灯，服御器用，悉镂金雕玉。生财甚难，靡敝无纪。愿察内帑之空虚，思小民之艰苦，不作无益，不贵异物，则国用充羡，而民乐其生矣。

四、览章奏。人臣进言，岂能皆当。陛下一切置不览，非惟虚忠良献纳之诚，抑恐权奸蔽雍，势自此成。望陛下留神章奏，曲垂容纳。言及君德，则反己自修；言及朝政，则更化善治。听言者既见之行事，而进言者益乐于效忠矣。

五、用忠直。迩岁进谏者，或以勤政，或以节用，或以进贤退不肖，此皆无所利而为之；非若承望风旨，肆攻击以雪他人之愤，迎合权要，交荐拔以树淫朋之党者比也。愿恕狂愚之罪，嘉批鳞之诚，登之有位，以作士气，则谠规日闻，裨益非鲜。

疏入，帝但报闻，不怒也。而附拱者谓奋庸久不徙官，怏怏风刺，相与诋訾之。给事中涂梦桂遂劾奋庸动摇国是。会给事中曹大野亦劾拱十罪，帝斥之。给事中程文因奏拱竭忠报国，万世永赖，奋庸与大野渐构奸谋，倾陷元辅，罪不可胜诛。章并下吏部。拱方掌部事，阳为二臣祈宽。帝不许，竟谪大野乾州判官，奋庸兴国知州。梦桂、文皆拱门生。梦桂极诋奋庸，文则盛称颂拱，又尽举大野奏中语代拱剖析，士论非之。

奋庸谪官两月，会神宗即位，遂擢山西提学佥事。再迁陕西提学副使。以病乞归，卒。

大野，巴县人。其劾拱，张居正实使之。万历中，累迁右副都御史，巡抚江西。以贪劾免。

赞曰：世宗之季，门户渐开。居言路者，各有所主。故其时不患其不言，患其言之冗漫无当，与其心之不能无私；言愈多，而国是愈益淆乱也。汪文辉所陈四弊，有旨哉！论明季言路诸臣，而考其得失，当于是观之。

明史卷二一六
列传第一○四

吴山　　陆树声　子彦章　　瞿景淳

子汝稷　汝说　田一俊　沈懋学　懋学

从孙寿民　黄凤翔　韩世能　　余继登

冯琦　从祖惟讷　从父子咸　王图

刘曰宁　翁正春　刘应秋　子同升

唐文献　杨道宾　陶望龄　李腾芳

蔡毅中　公鼐　　罗喻义

姚希孟　许士柔　顾锡畴

　　吴山，字曰静，高安人。嘉靖十四年进士及第，授编修。累官礼部左侍郎。三十五年改吏部。寻代王用宾为礼部尚书。明年加太子太保。

　　山与严嵩乡里。嵩子世蕃介大学士李本饮山，欲与为婚姻。山不可，世蕃不悦而罢。帝欲用山内阁，嵩密阻之。府丞朱隆禧者，考察罢官，献方术，得加礼部侍郎。及卒请恤，山执不与。裕、景二邸并建，国本未定。三十九年冬，帝忽谕礼部，具景王之藩仪。嵩知帝激于郭希颜疏，欲觇人心，讽山留王。山曰"中外望此久矣"，立具仪以奏，王竟之藩。司礼监黄锦尝窃语山曰："公他日得为编氓幸矣；王之藩，非帝意也。"

明年二月朔，日当食，微阴。历官言："日食不见，即同不食。"嵩以为天眷，趣部急上贺，侍郎袁炜亦为言。山仰首曰："日方亏，将谁欺耶？"仍救护如常仪。帝大怒，山引罪。帝谓山守礼无罪，而责礼科对状。给事中李东华等震惧，劾山，请与同罪。帝乃责山卖直沽名，停东华俸。嵩言罪在部臣。帝乃责东华等，命姑识山罪。吏科梁梦龙等见帝怒山甚，又恶专劾山，乃并吏部尚书吴鹏劾之。诏鹏致仕，山冠带闲住。时皆惜山而深快鹏之去。

穆宗即位，召为南京礼部尚书，坚辞不赴。卒，赠少保，谥文端。

陆树声，字与吉，松江华亭人。初冒林姓，及贵乃复。家世业农。树声少力田，暇即读书。举嘉靖二十年会试第一。选庶吉士，授编修。三十一年请急归。遭父丧，久之起南京司业。未几，复请告去。起左谕德，掌南京翰林院。寻召还春坊，不赴。久之，起太常卿，掌南京祭酒事。严敕学规，著条教十二以励诸生。召为吏部右侍郎，引病不拜。隆庆中，再起故官，不就。神宗嗣位，即家拜礼部尚书。

初，树声屡辞朝命，中外高其风节。遇要职，必首举树声，唯恐其不至。张居正当国，以得树声为重，用后进礼先谒之。树声相对穆然，意若不甚接者，居正失望去。一日以公事诣政府。见席稍偏，熟视不就坐，居正趣为正席。其介介如此。北部要增岁币，兵部将许之，树声力争。岁终，陈四方灾异，请帝循旧章，省奏牍，慎赏赉，防壅蔽，纳谠言，崇俭德，揽魁柄，别忠邪。诏皆嘉纳。

万历改元，中官不乐树声，屡宣诣会极门受旨，且频趣之。比趋至，则曹司常事耳。树声知其意，连疏乞休。居正语其弟树德曰："朝廷行相平泉矣。平泉者，树声别号也。树声闻之曰："一史官，去国二十年，岂复希揆席耶？且虚拘何益。"其冬请愈力，乃命乘传归。辞朝，陈时政十事。语多切中，报闻而已。居正就邸舍与别，问谁可代者。举万士和、林燫。比出国门，士大夫倾城追送，皆谢不见。

树声端介恬雅,悠然物表,难进易退。通籍六十余年,居官未及一纪。与徐阶同里,高拱则同年生。两人相继柄国,皆辞疾不出。为居正所推,卒不附也。已,给廪隶如制,加太子少保,再遣存问。弟树德,自有传。子彦章,万历十七年进士。树声诚毋就馆选,随以行人终养。诏给月俸,异数也。树声年九十七卒。赠太子太保,谥文定。彦章有节概,官至南京刑部侍郎。

瞿景淳,字师道,常熟人。八岁能属文。久困诸生间,教授里中自给。嘉靖二十三年举会试第一,殿试第二,授编修。

郑王厚烷以言事废,徙凤阳。景淳奉敕封其子载堉为世子,摄国事。世子内惧,赆重币,景淳却之。时恭顺侯吴继爵为正使。已受币,惭景淳,亦谢不纳。既而语景淳曰:“上遣使密诇状,微公,吾几中法。”满九载,迁侍读,请急归。

江南久苦倭,总督胡宗宪师未捷。景淳还京,谒大学士严嵩。嵩语之曰:“倭旦夕且平。胡总督才不办,南中人短之,何也?”景淳正色曰:“相公遥度之耳。景淳自南来,目睹倭患。胡君坐拥十万师,南中人不得一安枕卧。相公不欲闻,谁为言者?”嵩愕然谢之。

历侍读学士,掌院事。改太常卿,领南京祭酒事,就迁吏部右侍郎。隆庆元年召为礼部左侍郎。用总校《永乐大典》劳,兼翰林院学士,支二品俸,侍经筵,修《嘉靖实录》。疾作,累疏乞骸骨归。逾年卒。赠礼部尚书,谥文懿。

为编修时,典制诰。锦衣陆炳先后四妻,欲封最后者。属景淳撰词,不可。介严嵩为请,亦不应。橐金以投,卒笑谢之。

子汝稷、汝说。汝稷,字元立。好学,工属文,以荫补官。三迁刑部主事。扶沟知县抶宗人,神宗令予重比。汝稷曰:“是微服至邑庭,官自抶扶沟民耳。”谳上,竟得释。历黄州知府,徙邵武,再守辰州。永顺土司彭元锦助其弟保靖土司象坤,与酉阳冉跃龙相仇杀。汝稷驰檄元锦解兵去,三土司皆安。寻迁长芦盐运使,以太仆少卿致仕。寻卒。

汝说字星卿。五岁而孤。构文成，辄跪荐父木主前。万历中举进士，官至湖广提学佥事。亦以刚正闻。子式耜，别有传。

田一俊，字德万，大田人。隆庆二年会试第一。选庶吉士，授编修，进侍讲。万历五年，吴中行攻张居正夺情，赵用贤等继之，居正怒不测。一俊偕侍讲赵志皋、修撰沈懋学等疏救，格不入。乃会王锡爵等诣居正，陈大义。一俊词尤峻，居正心嫌之。未几，志皋等皆逐，一俊先请告归，获免。

居正殁，起故官。屡迁礼部左侍郎，掌翰林院。辞疾归，未行卒。一俊褆身严苦，家无赢赀。赠礼部尚书。

懋学，字君典，宣城人。父宠，字畏思。嘉靖中举乡试，授行唐知县。以民不谙织纴，置机杼教之。调获鹿，征授御史，官至广西参议。师贡安国、欧阳德，又从王畿、钱德洪游。知府罗汝芳创讲会，御史耿定向聘宠与梅守德共主其席。

懋学少有才名。举万历五年进士第一，授修撰。居正子嗣修，其同年生也。疏既格不入，乃三贻书劝嗣修谏，嗣修不能用。以工部尚书李幼滋与居正善，复贻书为言。幼滋报曰："若所言，宋人腐语，赵氏所以不竞也。张公不奔丧，与揖让征诛，并得圣贤中道，竖儒安足知之。"幼滋初讲学，盗虚名，至是缙绅不与焉。懋学遂引疾归。居数年，卒。福王时，追谥文节。

从孙寿民，字眉生，为诸生有声。崇祯九年行保举法，巡抚张国维以寿民应诏。甫入都，疏劾兵部尚书杨嗣昌夺情。复攻总督熊文灿，言："嗣昌掔军旅权，付文灿兵十二万，饷二百八十余万。使贼面缚与槛，犹应宣布皇威，而后待以不死；今乃讲盟结约，若与国然。天下有授柄于贼，而能制贼者乎？"通政张绍先寝不上。寿民以书

责,绍先乃请上裁,嗣昌皇恐待罪。帝以疏违式,命勿进。寿民遂隐
括两疏上之,留中。少詹事黄道周叹曰:"此何等事,在朝者不言而
草野言之,吾辈愧死矣。"后道周及何楷等相继抗疏,要自寿民发
之。寿民名动天下。未几移疾去,讲学姑山,从游者数百人。福王
时,阮大铖用事。衔寿民劾嗣昌疏有"大铖妄陈条划,鼓煽丰芑"语,
必欲杀之。寿民乃变姓名避之金华山。国变乃归,不复出。

黄凤翔,字鸣周,晋江人。隆庆二年进士及第,授编修。教习内
书堂,辑前史宦官行事可为鉴戒者,令诵习之。《世宗实录》成,进修
撰。

万历五年,张居正夺情,杖诸谏者。凤翔不平,诵言于朝,编纂
章奏,尽载诸谏疏。及居正二子会试,示意,凤翔峻却之。当主南畿
试,以王篆欲私其子,复谢不往。屡迁南京国子祭酒。省母归,起补
北监。时方较刻《十三经注疏》,凤翔言:"顷陛下去《贞观政要》,进
讲《礼经》,甚善。陛下读曾子论孝曰敬父母遗体,则当思珍护圣躬。
诵《学记》言"学然后知不足",则当思缉熙圣学。察《月令》篇以四时
敷政、法天行健,则可见圣治之当勤励。绎《世子》篇陈保傅之教、齿
学之仪,则可见皇储之当早建豫教。"疏入,报闻。

寻擢礼部右侍郎。洮河告警,抗疏言:"多事之秋,陛下宜屏游
宴,亲政事,以实图安攘。为今大计,惟用人、理财二端。宋臣有言,
'平居无极言敢谏之臣,则临难无敌忾致命之士'。邹元标直声劲
节,铨司特拟召用。其他建言迁谪,如潘士藻、孙如法亦拟量移,而
疏皆中寝。士气日摧,言路日塞,平居只怀禄养交,临难孰肯捐躯为
国家尽力哉!昔宋艺祖欲积缣二百万,易辽人首;太宗移内藏上供
物,为用兵养士之资。今户部岁进二十万,初非旧额,积成常供。陛
下富有四海,奈何自营私蓄。窃见都城寺观,丹碧荧煌,梵刹之供
奉,斋醮之祈禳,何一不糜内帑。与其要福于冥漠之鬼神,孰若广施
于孑遗之赤子。"帝不能用。

廷臣争建储,久未得命,帝谕阁臣以明春举行。大学士王家屏

出语礼部,凤翔与尚书于慎行、左侍郎李长春以册立仪上。帝怒,俱夺俸,意复变。凤翔又疏争,不报,遂请告去。

二十年,礼部左侍郎韩世能去,张一桂未任而卒,复起凤翔代之。寻改吏部,拜南京礼部尚书。以养亲归。再起故官,力以亲老辞。久之母卒,遂不出,卒于家。天启初,谥文简。

世能,字存良,长洲人。凤翔同年进士。由庶吉士授编修。与修《世宗、穆宗实录》,充经筵日讲官。历侍读、祭酒、礼部侍郎、教习庶吉士。馆阁文字,是科为最盛。世能尝使朝鲜,赠遗一无所受。

余继登,字世用,交河人。万历五年进士。改庶吉士,授检讨。与修《会典》成,进修撰,直讲经筵。寻进右中允,充日讲官。时讲筵久辍,侍臣无所纳忠。继登与同官冯琦共进《通监》讲义,傅以时政缺失。历少詹事兼侍读学士,充正史副总裁。已,擢詹事掌翰林院。两宫灾,偕诸讲官引《洪范五行传》切谏。不报。进礼部右侍郎。

二十六年,以左侍郎摄部事。陕西、山西地震,南都雷火,西宁钟自鸣,绍兴地涌血。继登于岁终类奏,因请罢一切诛求开采之害民者。时不能用。雷击太庙树,复请帝躬郊祀、庙享,册立元子,停矿税,撤中使。帝优诏报闻而已。

旋擢本部尚书。时将讨播州杨应龙。继登请罢四川矿税,以佐兵食。复上言:“顷者星躔失度,水旱为沴,太白昼现,天不和也。凿山开矿,裂地求砂,致狄道山崩地震,地不和也。间阎穷困,更加诛求,帑藏空虚,复责珠宝,奸民蚁聚,中使鸱张,中外壅隔,上下不交,人不和也。戾气凝而不散,怨毒结而成形,陵谷变迁,高卑易位,是为阴乘阳、邪干正、下叛上之象。臣子不能感动君父,言愈数愈厌,故天以非常之变,警悟陛下,尚可恬然不为意乎?”帝不省。

继登自署部事,请元子册立冠婚。疏累上,以不得请,郁郁成疾。每言及,辄流涕曰:“大礼不举,吾礼官死不瞑目。”病满三月,连章乞休,不许。请停俸,亦不许。竟卒于官。赠太子少保,谥文恪。

继登朴直慎密,寡言笑。当大事,言议侃侃。居家廉约。学士曾朝节尝过其里,蓬蒿满径。及病革,视之,拥粗布衾,羊毳覆足而已。幼子应诸生试,夫人请为一言,终不可。

冯琦,字用韫,临朐人。幼颖敏绝人。年十九,举万历五年进士,改庶吉士,授编修。预修《会典》成,进侍讲,充日讲官,历庶子。三王并封议起,移书王锡爵力争之。进少詹事,掌翰林院事。迁礼部右侍郎,改吏部。涖政勤敏,力抑营竞,尚书李戴倚重之。

二十七年九月,太白、太阴同见于午;又狄道山崩,平地涌大小山五。琦草疏,偕尚书戴上言:

近见太阴经天,太白昼现,已为极异。至山陷成谷,地涌成山,则自开辟以来惟唐垂拱中有之,而今再见也。窃惟上天无私,惟民是听。欲承天意,当顺民心。比来天下赋额,视二十年以前,十增其四。而民户殷足者,则十减其五。东征西讨,萧然苦兵。

自矿税使出,而民间之苦更甚。加以水旱蝗灾,流离载道,畿辅近地,盗贼公行,此非细故也。诸中使衔命而出,所随奸徒,动以千百。陛下欲通商,而彼专困商。陛下欲爱民,而彼专害民。盖近日神奸有二:其一工伺上意,具有成奏,假武弁上之;其一务剥小民,画有成谋,假中官行之。运机如鬼蜮,取财尽锱铢。远近同嗟,贫富交困。贫者家无储蓄,惟恃经营。但夺其数钱之利,已绝其一日之生。至于富民,更蒙毒害。或陷以漏税窃矿,或诬之贩盐盗木。布成诡计,声势赫然。及其得财,寂然无事。小民累足屏息,无地得容。利归群奸,怨萃朝宁。夫以刺骨之穷,抱伤心之痛,一呼则易动,一动则难安。今日犹承平,民已汹汹,脱有风尘之警,天下谁可保信者。夫哮拜诛,关白死,此皆募民丁以为兵,用民财以为饷。若一方穷民倡乱,而四面应之,于何征兵,于何取饷哉!陛下试遣忠实亲信之人,采访都城内外,闾巷歌谣,令一一闻奏,则民之怨苦,居然可睹。天心仁爱，明示咎征，诚欲陛下翻然改悟，坐弭祸乱。

乃礼部修省之章未蒙批答，而奸民搜括之奏又见允行，如纳何其贤妄说，令遍解天下无碍官银。夫四方钱谷，皆有定额，无碍云者，意盖指经费羡余。近者征调频仍，正额犹逋，何从得羡。此令一下，趣督严急，必将分公帑以充献。经费罔措，还派民间，此事之必不可者也。又如仇世亨奏徐萧掘坟一事，以理而论，乌有一墓藏黄金巨万者。借使有之，亦当下抚按复勘。先正其盗墓之罪，而后没墓中之藏。未有罪状未明，而先没入资财者也。片纸朝入，严命夕传，纵抱深冤，谁敢辨理。不但破此诸族，又将延祸多人。但有株连，立见败灭。辇毂之下尚须三覆，万里之外只据单词。遂令狡猾之流，操生杀之柄。此风一倡，孰不效尤。已同告缗之令，又开告密之端。臣等方欲陈诉，而奸人之奏又得旨矣。五日之内，搜取天下公私金银已二百万。奸内生奸，例外创例。臣等前犹望其日减，今更患其日增，不至民困财殚，激大乱不止。伏望陛下穆然远览，亟与廷臣共图修弭，无令海内赤子结怨熙朝，千秋青史贻讥圣德。

不报。

寻转左侍郎，拜礼部尚书。帝将册立东宫，诏下期迫，中官掌司设监者以供费不给为词。琦曰："今日礼为重，不可与争。"其弟户部主事瑗适辇饷银四万出都，琦立追还，给费，事乃克济。

三十年，帝有疾，谕停矿税，既而悔之。琦与同列合疏争，且请躬郊庙祭享，御殿受朝，不纳。湖广税监陈奉以虐民撤还，会陕西黄河竭，琦言辽东高淮、山东陈增、广东李凤、陕西梁永、云南杨荣，肆虐不减于奉，并乞征还，皆不报。南京守备中官邢隆请别给关防征税，琦不可，乃以御前牙关防给之。

时士大夫多崇释氏教，士子作文每窃其绪言，鄙弃传注。前尚书余继登奏请约禁，然习尚如故。琦乃复极陈其弊，帝为下诏戒厉。

琦明习典故，学有根柢。数陈谠论，中外想望丰采，帝亦深眷倚。内阁缺人，帝已简用朱国祚及琦。而沈一贯密揭，言二人年未及艾，何少需之，先用老成者。乃改命沈鲤、朱赓。琦素善病，至是笃。十六疏乞休，不允。卒于官，年仅四十六。遗疏请厉明作，发章奏，补缺官，推诚接下，收拾人心。语极恳挚。帝悼惜之。赠太子少保，天启初，谥文敏。

自琦曾祖裕以下，累世皆进士。裕，字伯顺，以戍籍生于辽东。师事贺钦，有学行。终云南副使。祖惟重，行人。父子履，河南参政。从祖惟健，举人；惟讷，字汝言，江西左布政使，加光禄卿致仕。惟重、惟健、惟讷皆有文名，惟讷最著。

惟健子子咸，字受甫。少孤，事母孝。母疾，不解衣者逾年。母殁，哀毁骨立。万历元年举于乡。再会试不第，遂不复赴。讲求濂、洛之学，尝曰："为学须刚与恒。不刚则堕，不恒则退。"治家宗《颜氏家训》。钟羽正称"子咸信道忘仕则漆雕子，循经蹈古则高子羔"云。

王图，字则之，耀州人。万历十一年进士。改庶吉士，授检讨，以右中允掌南京翰林院事。召充东宫讲官。"妖书"事起，沈一贯欲有所罗织，图，其教习门生也，尽言规之。

累迁詹事，充日讲官，教习庶吉士。进吏部右侍郎，掌翰林院。兄国，方巡抚保定。廷臣附东林及李三才者，往往推毂图兄弟。会孙丕扬起掌吏部，孙玮以尚书督仓场，皆陕西人。诸不悦图者，目为秦党。而是时郭正域、刘曰宁及图并有相望。正域逐去，曰宁卒，时论益归图。叶向高独相久，图旦夕且入阁，忌者益众。适将京察，恶东林及李三才、王元翰者，设词惑丕扬，令发单咨是非，将阴为钩党计。图急言于丕扬，止之。群小大恨。

初，图典庚戌会试。分校官汤宾尹欲私韩敬，与知贡举吴道南盛气相诟谇。比出闱，道南欲劾宾尹，以图沮而止。王绍徽者，图同郡人，宾尹门生也，极誉宾尹于图，而言道南党欲倾宾尹并及图，宜善为计。图正色却之，绍徽怫然去。时宾尹已为祭酒，其先历翰林

京察,当图注考,思先发倾之。乃与绍徽计,令御史金明时劾图子宝
坻知县淑抃赃私巨万。且谓国素疾李三才,图为求解,国怒詈之,图
遂欲以拾遗去国。图兄弟抗章力辩,忌者复伪为淑抃劾国疏,播之
邸抄。图上疏言状,帝为下诏购捕,乃已。及考察,卒注宾尹不谨,
褫其官,明时亦被黜。由是其党大噪。秦聚奎、朱一桂、郑继芳、徐
兆魁、高节、王万祚、曾陈易辈,连章力攻图。图亦连章求去,出郊待
命。温诏屡慰留,坚卧不起,九阅月始予告归。国亦乞休去,未几卒。
四十五年京察,当事者多宾尹、绍徽党,以拾遗落图职。

　　天启三年召起故官。进礼部尚书,协理詹事府。明年,魏忠贤
党刘弘先劾图,遂削籍。寻卒。崇祯初,赠太子太保,谥文肃。淑抃
终户部郎中。

　　刘曰宁,字幼安,南昌人。万历十七年进士。改庶吉士,授编修。
进右中允,直皇长子讲幄。时册立未举,外议纷纭。曰宁旁慰曲喻,
依于仁孝,光宗心识之。矿使四出,曰宁发愤上疏,陈六疑四患,极
言税监李道、王朝诸不法状。疏入,留中。以母病归。起右谕德,掌
南京翰林院,就迁国子祭酒。奉母归,吏进赢金数千,曰“例也”,曰
宁峻却之。寻起少詹事,母丧不赴。服阕,召为礼部右侍郎,协理詹
事府。道卒。赠礼部尚书。天启初,追谥文简。

　　翁正春,字兆震,侯官人。万历中,为龙溪教谕。二十年擢进士
第一,授修撰,累迁少詹事。

　　三十八年九月拜礼部左侍郎,代吴道南署部事。十一月,日有
食之,正春极言缺失,不报。明年秋,万寿节,正春献八箴:曰清君
心,遵祖制,振国纪,信臣僚,宝贤才,谨财用,恤民命,重边防。帝不
省。吉王翊銮请封支子常源为郡王。正春言翊銮之封在《宗藩条
例》已定之后,其支庶宜止本爵。乃授镇国将军。王贵妃薨,久不卜
葬,正春以为言。命偕中官往择地,得吉。中官难以烦费,正春勃然
曰:“贵妃诞育元良,他日国母也,奈何以天下俭乎?”奏上,报可。代

王欲废长子鼎渭，立次子鼎莎，朝议持二十余年。正春集众议上疏，鼎渭卒得立。琉球中山王遣使入贡，正春言：“中山已入于倭，今使臣多倭人，贡物多倭器，绝之便；否亦宜诏福建抚臣量留土物，毋俾入朝。”帝是之。

四十年，进士邹之麟分校乡试，私举子童学贤，为御史马孟祯等所发。正春议黜学贤，谪之麟，而不及主考官。给事中赵兴邦、亓诗教因劾正春徇私。正春求去，不许。顷之，言官发汤宾尹、韩敬科场事。正春坐敬党不谨，敬党大恨。诗教复劾正春，正春疏辩，益求去。帝虽慰留，然自是不安其位。寻改吏部，掌詹事府，以侍养归。

天启元年起礼部尚书，协理詹事府事。抗论忤魏忠贤，被旨谯责。明年，御史赵胤昌希指劾之，正春再疏乞归。帝以正春尝为皇祖讲官，特加太子少保，赐敕驰传，异数也。时正春年逾七十，母百岁，率子孙奉觞上寿，乡闾艳之。未几，卒。崇祯初，谥文简。

正春风度峻整，终日无狎语。倦不倾倚，暑不裸裎，目无流视。见者肃然。明一代，科目职官冠廷对者二人：曹鼐以典史，正春以教谕云。

刘应秋，字士和，吉水人。万历十一年进士及第，授编修，迁南京司业。

十八年冬，疏论首辅申时行言：“陛下召对辅臣，诹以边事，时行不能抒诚谋国，专事蒙蔽。贼大举入犯，既掠洮、岷，直迫临、巩，覆军杀将，频至丧败，而时行犹曰‘掠番’，曰‘声言入寇’，岂洮河以内，尽皆番地乎？辅臣者，天子所与托腹心者也。辅臣先蒙蔽，何责庶僚。故近日敌情有按臣疏而督抚不以闻者，有督抚闻而枢臣不以奏者。彼习见执政大臣喜闻捷而恶言败，故内外相蒙，恬不为怪。欺蔽之端，自辅臣始。夫士风高下，关乎气运，说者谓嘉靖至今，士风三变。一变于严嵩之黩贿，而士化为贪。再变于张居正之专擅，而士竞于险。至于今，外逃贪黩之名，而顽夫债帅多出门下；阳避专擅之迹，而芒刃斧斤倒持手中。威福之权，潜移其向；爱憎之的，明示之趋。欲天下无靡，不可得也。"语并侵次辅王锡爵。时主事蔡时鼎、南京御史章守诚亦疏论时行。并留中。应秋寻召为中允，充日讲官。历右庶子、祭酒。

二十六年有撰《忧危竑议》者，御史赵之翰以指大学士张位，并及应秋。所司言应秋非位党宜留。帝命调外，应秋遂辞疾归。初，御史黄卷索珠商徐性善赇，不尽应，上章籍没之。应秋晋卷启天子好利之端。男子诸龙光奏讦李如松，至荷枷大暑中。应秋言一妄人上书，何必置死地。时词臣率优游养望，应秋独好讥评时事，以此取忌，竟被黜。归数年，卒。崇祯时，赠礼部侍郎，谥文节。

子同升，字晋卿。师同里邹元标。崇祯十年，殿试第一。庄烈帝问年几何，对曰："五十又一。"帝曰："若尚如少年，勉之。"授翰林修撰。杨嗣昌夺情入阁，何楷、林兰友、黄道周言之俱获罪，同升抗疏言："日者策试诸臣，简用嗣昌，良以中外交讧，冀得一效，拯我苍生，圣明用心，亦甚苦矣。都人籍籍谓嗣昌缞绖在身，且入阁非金革比。臣以嗣昌必且哀痛恻怛，上告君父，辞免纶扉；乃循例再疏，遽入办事。夫人有所不忍，而后能及其所忍；有所不为，而后可以有为。臣以嗣昌所忍，觇其所为，知嗣昌心失智短，必不能为国建功。何也？成天下之事在乎志，胜天下之任在乎气；志败气馁，而能任天下事，必无是理。伎俩已穷，苟且富贵。兼枢部以重纶扉之权，借纶扉为解枢部之渐。和议自专，票拟由己。与方一藻、高起潜辈抚同冒功，掩败为胜。岁糜金缯，养患边圉。立心如此，独不畏尧、舜在上乎？曩自陛下切责议和，而嗣昌不可以为臣。今一旦忽易墨缞，而嗣昌不可以为子。若附和党比，缄口全躯，嗣昌得罪名教，臣亦得罪名教矣。"疏入，帝大怒，谪福建按察司知事。移疾归。廷臣屡荐，将召用，而京师陷。

福王立，召起故官，不赴。明年五月，南都不守，江西郡县多失。同升携家将入福建，止雩都，与杨廷麟谋兴复。唐王加同升祭酒。同升乃入赣州，偕廷麟筹兵食。取吉安、临江，加詹事兼兵部左侍郎。

同升已羸疾，日与士大夫讲忠孝大节，闻者咸奋。以廷麟请，抚南、赣，十二月卒于赣州。

唐文献，字元征，华亭人。万历十四年进士第一。授修撰，历詹事。

沈一贯以"妖书"事倾尚书郭正域，持之急。文献偕其僚杨道宾、周如砥、陶望龄往见一贯曰："郭公将不免，人谓公实有意杀之。"一贯，跼蹐酹地若为誓者。文献曰："亦知公无意杀之也，第台省承风下石，而公不早讫此狱，何辞以谢天下。"一贯敛容谢之。望龄见朱赓不为救，亦正色责以大义，愿弃官与正域同死。狱得稍解。然文献等以是失政府意。久之，拜礼部右侍郎，掌翰林院事。

初，文献出赵用贤门，以名节相矜许。同年生给事中李沂劾张鲸被廷杖，文献掖之出，资给其汤药。荆州推官华钰忤税监逮下诏狱，文献力周旋，得无死。掌翰林日，当考察。执政欲庇一人，执不许。卒官。赠礼部尚书，谥文恪。

杨道宾，字惟彦，晋江人。万历十四年进士第二，授编修。累迁国子祭酒，少詹事，礼部右侍郎，掌翰林院事。转左，改掌部事。尝因星变请释逮系知县满朝荐等，又请亟举朝讲大典，皆不报。南京大水，疏陈时政。略言："宫中夜分方寝，日旰未起，致万几怠旷。请夙兴夜寐，以图治功。时御便殿，与大臣面决大政。章疏及时批答，毋辄留中及从内降。"帝优旨报闻。皇太子辍讲已四年，道宾极谏，引唐宦官仇士良语为戒。其冬，天鼓鸣，道宾言："天之视听在民。今民生颠踬，无所赴诉，天若代为之鸣。宜急罢矿使，更张阙政，以和民心。"帝不听。逾年卒官。赠礼部尚书，谥文恪。

陶望龄，字周望，会稽人。父承学，南京礼部尚书。望龄少有文名。举万历十七年会试第一，殿试一甲第三，授编修，历官国子祭酒。笃嗜王守仁说，所宗者周汝登。与弟奭龄皆以讲学名。卒谥文简。

李腾芳，字子实，湘潭人。万历二十年进士。改庶吉士。好学，
负才名。三王并封旨下，腾芳为书诣朝房投大学士王锡爵。略言：
"公欲暂承上意，巧借封王，转作册立。然恐王封既定，大典愈迟。他
日公去而事坏，罪公始谋，何辞以解。此不独宗社忧，亦公子孙祸
也。"锡爵读未竟，遽牵衣命坐，曰："诸人詈我，我何以自明？如子
言，我受教。但我疏必亲书，谓子孙祸何也？"腾芳曰："外廷正以公
手书密揭，无由知其详，公乃欲藉以自解。异日能使天子出公手书
示天下乎？"锡爵怃然泪下，明日遂反并封之诏。

屡迁左谕德。腾芳与昆山顾天埈善。天埈险诐无行，为世所指
名，被劾去，腾芳亦投劾归。时遂有顾党、李党之目。诏论朝士擅去
者罪，贬腾芳太常博士。三十九年京察，复以浮躁谪江西都司理问。
稍迁行人司正，历太常少卿，掌司业事。

光宗立，擢少詹事，署南京翰林院。旋拜礼部右侍郎，教习庶吉
士。御史王安舜劾腾芳骤迁。腾芳辞位，熹宗不许，竟以省母归。天
启初，以故官协理詹事府，寻改吏部左侍郎。丁内艰，加礼部尚书以
归。魏忠贤恶腾芳与杨涟同乡。御史王际逵因论腾芳被察骤起，丁
忧进官，皆非制。遂削夺。

崇祯初，再以尚书协理詹事府。京师戒严，条画守御，多称旨，
代何如宠掌部事。卒官。赠太子太保。

蔡毅中，字宏甫，光山人。祖凤翘，平阳同知。父光，临洮同知。
毅中五岁通《孝经》。父问："读书何为？"对曰："欲为圣贤耳。"万历
二十九年第进士，改庶吉士，授检讨。时矿税虐民，毅中取《祖训》、
《会典》诸书禁戒矿税者，集为二卷，注释以上。大学士沈鲤于毅中
为乡先达，与首辅沈一贯不相能。而温纯参政河南，器毅中于诸生。
至是为都御史，疏侵一贯。一贯疑出毅中手，为鲤地，衔之。遂用计
典，镌秩去。起麻城丞。旋以行人司副召擢尚宝丞。移疾归。四十

五年,以浮躁镌秩。

天启初,大起废籍,补长芦盐运判官。屡迁国子祭酒,擢礼部右侍郎,仍领祭酒事。杨涟劾魏忠贤得严旨,毅中率其属抗疏言:

> 学校者,天下公议所从出也。臣正与诸生讲《为君难》一书,忽接杨涟劾忠贤疏,合监师生千有余人无不鼓掌称庆。乃皇上不下其奏于九卿,而谓一切朝政皆亲裁,以奸当为忠,代之受过,合监师生无不扪心愁叹不已也。臣惟三代以后,汉、隋、唐、宋诸君,其受权当之害与处权当之法,载在《通鉴》。我朝列圣受权当之害与处权当之法,载在实录。臣皆不必多言。但取至近至亲如武宗之处刘瑾,神宗之处冯保二事,愿皇上遵之。瑾在武宗左右,言听计从,一闻诸臣劾奏,夜半自起,擒而杀之。神宗临御方十龄,保左右扶持,尽心竭力。既而少作威福,台省劾奏,未闻举朝公疏,神祖遂不动声色而戍保于南京。

> 今忠贤无保之功,而极瑾之恶。二十四罪,无一不当悉究。举朝群臣欲于朝罢,跪以候旨,忠贤遂要皇上入宫,不礼群臣。今又欲于视学之日,群臣及太学诸生面叩陈请矣,而皇上漫不经意。数日以来,但有及忠贤者,留中不发,如此蒙蔽,其中宁可测哉。乞将涟疏发九卿科道从公究问,即不加刘瑾之诛,而以处冯保之法惩之,则恩威并著,与神祖媲美矣。

疏入,忠贤戟手大诟。毅中乃再疏乞归,不许。已,嗾其党劾罢之。

毅中有至性。四岁父病,吁天请代。公车时,闻母丧,一恸呕血数升,终丧断酒肉,不入内寝。方母病,盛夏思冰,盂水忽冻。庐居,有紫芝、白鸟、千鸦集墓之异。卒,赠礼部尚书。

公鼐,字孝与,蒙阴人。曾祖奎跻,湖广副使。父家臣,翰林编修。鼐举万历二十九年进士,改庶吉士,授编修。屡迁左谕德,为东宫讲官。进左庶子,引疾归。

光宗立,召拜祭酒。熹宗进鼐詹事,乃上疏曰:“近闻南北臣僚,论先帝升遐一事,迹涉怪异,语多隐藏。恐因委巷之讹传,流为湘山之稗说。臣窃痛焉。皇祖在昔,原无立爱之心。只因大典迟回,于是缴还册立之后,有三王并封之事,《忧危竑议》之后,有国本攸关之事。迨庞、刘之邪谋,张差之梃击,而逆乱极矣。臣尝备员宫僚,目睹狂谋孔炽,以归向东宫者为小人,不向东宫者为君子。尽除朝士之清流,阴翦元良之羽翼。批根引蔓,干纪乱常。至今追想,犹为寒心。夫臣子爱君,存其真不存其伪。今实录纂修在即,请将光宗事迹,别为一录。凡一月间明纶善政,固大书特书;其有闻见异词及宫闱委曲之妙用,亦皆直笔指陈,勒成信史。臣虽不肖,窃敢任之。"疏入,不许。

天启元年,褊以纪元甫及半载,言官获谴者至十余人,上疏切谏,并规讽辅臣。忤旨,谯责。寻迁礼部右侍郎,协理詹事府,充实录副总裁。褊好学博闻,磊落有器识。见魏忠贤乱政,引疾归。

初,廷议李三才起用不决,褊扬言曰:"今封疆倚重者,多远道未至。三才犹略素优,家近辇毂,可朝发夕至也。"侍郎邹元标趣使尽言,以言路相持而止。后御史叶有声追论褊与三才为姻,徇私妄荐,遂落职闲住。未几卒。崇祯初,复官赐恤,谥文介。

罗喻义,字湘中,益阳人。万历四十一年进士。改庶吉士,授检讨。请假归。

天启初还朝,历官谕德,直经筵。六年擢南京国子祭酒。诸生欲为魏忠贤建祠,喻义惩其倡者,乃已。忠贤党辑东林籍贯,湖广二十人,以喻义为首。

庄烈帝嗣位,召拜礼部右侍郎,协理詹事府。寻充日讲官,教习庶吉士。

喻义性严冷,闭户读书,不轻接一客。后见中外多故,将吏不习兵,锐意讲武事,推演阵图献之。帝为褒纳。以时方用兵,而督抚大吏不立军府,财用无所资,因言:"武有七德,丰财居其一。正饷之外,宜别立军府,朝廷勿预知。乡士、赏功、购敌,皆取给于是。"又极陈车战之利。帝下军府议于所司,令喻义自制战车。喻义复上言按亩加派之害,而以战车营造职在有司,不肯奉诏。帝不悦,疏遂不行。

明年九月进讲《尚书》,撰《布昭圣武讲义》。中及时事,有"左右之者不得其人"语,颇伤执政;末陈祖宗大阅之规,京营之制,冀有所兴革。呈稿政府,温体仁不怿。使正字官语喻义,令改。喻义造阁中,隔扉诮体仁。体仁怒,上言:"故事,惟经筵进规,多于正讲,日讲则正多规少。今喻义以日讲而用经筵之制,及令删改,反遭其侮,惟圣明裁察。"遂下吏部议。喻义奏辩曰:"讲官于正文外旁及时事,亦旧制也。臣展转敷陈,冀少有裨益。体仁删去,臣诚恐愚忠不获上达,致忤辅臣。今稿草具在,望圣明省览。"吏部希体仁指,义革职闲住,可之。喻义雅负时望,为体仁所倾,士论交惜。濒行乞恩,请乘传,帝亦报可。家居十年,卒。

姚希孟,字孟长,吴县人。生十月而孤,母文氏励志鞠之。稍长,与舅文震孟同学,并负时名。举万历四十七年进士,改庶吉士。座主韩爌、馆师刘一燝器之。两人并执政,遇大事多所咨决。天启初,震孟亦取上第,入翰林,甥舅并持清议,望益重。寻请假归。四年冬还朝,赵南星、高攀龙等悉去位,党祸大作,希孟郁郁不得志。其明年以母丧归。甫出都,给事中杨所修劾其为缪昌期死党,遂削籍。魏忠贤败,其党倪文焕惧诛,使使持厚贿求解,希孟执而鸣之官。

崇祯元年起左赞善。历右庶子,为日讲官。三年秋,与谕德姚明恭主顺天乡试。有武生二人冒籍中式,给事中王猷论之,遂获谴。希孟雅为东林所推,韩爌等定逆案,参其议。群小恶希孟,谋先之。及华允诚劾温体仁、闵洪学,两人疑疏出希孟手,体仁遂借冒籍事修隙,拟旨复试,黜两生下所司,论考官罪,拟停俸半年。体仁意未慊,令再拟。希孟时已迁詹事,乃贬二秩为少詹事,掌南京翰林院。寻移疾归,家居二年,卒。

许士柔,字仲嘉,常熟人。天启二年进士。改庶吉士,授检讨。

崇祯时，历迁左庶子，掌左春坊事。

先是，魏忠贤既辑《三朝要典》，以《光宗实录》所载与《要典》左，乃言叶向高等所修非实，宜重修，遂恣意改削牴牾《要典》者。崇祯改元，毁《要典》而所改《光宗实录》如故。六年，少詹事文震孟言："皇考实录为魏党曲笔，当改正从原录。"时温体仁当国，与王应熊等阴沮之，事遂寝。士柔愤然曰："若是，则《要典》犹弗焚矣。"乃上疏曰："皇考实录总记，于世系独略。皇上娠教之年，圣诞之日，不书也。命名之典，潜邸之号，不书也。圣母出何氏族，受何封号，不书也。此皆原录备载，而改录故削之者也。原录之成，在皇上潜邸之日，犹详慎如彼。新录之进，在皇上御极之初，何以率略如此，使圣朝父子、母后、兄弟之大伦，皆暗而不明，缺而莫考。其于信史谓何。"疏上，不省。

体仁令中书官检穆宗总记示士柔，士柔具揭争之曰："皇考实录与列圣条例不同。列圣在位久，登极后事，编年排纂，则总记可以不书。皇考在位仅一月，三后诞育圣躬皆在未登极以前，不书之总记，将于何书也。穆庙大婚之礼，皇子之生，在嘉靖中，故总记不载，至于册立大典，编年未尝不具载也。皇考一月易世，熹庙之册立当书，皇上之册封独不当书乎？"体仁怒，将劾之，为同列沮止。士柔复上疏曰："累朝实录，无不书世系之例。臣所以抉摘改录，正谓与累朝成例不合也。孝端皇后，皇考之嫡母也，原录具书保护之功，而改录削之，何也？当日国本几危，坤宁调护，真孝慈之极则，顾复之深恩，史官不难以寸管抹杀之，此尤不可解也。"疏上，报闻。

体仁滋不悦。会体仁嗾刘孔昭劾祭酒倪元璐，因言士柔族子重熙私撰《五朝注略》，将以连士柔。士柔亟以《注略》进，乃得解。寻出为南京国子祭酒。

体仁去，张至发当国，益谋逐士柔。先是，高攀龙赠官，士柔草诏词送内阁，未给攀龙家。故事，赠官诰，属诰敕中书职掌。崇祯初，褒恤诸忠臣，翰林能文者或为之，而中书以为侵官。崇祯三年禁诰文骈俪语。至是攀龙家请给，去士柔草制时数年矣，主者仍以士柔前撰文进。中书黄应恩告至发诰语违禁，至发喜，劾士柔，降二级调用。司业周凤翔抗疏辩曰："词林故事，阁臣分属撰文，或手加详定，或发审改，未有径自纠参者也。诰敕用宝，岁有常期，未有十年后用宝进呈，吹求当制者也。赠诰专属中书，崇祯三年所申饬，未有追咎元年之史官，诋为越俎者也。"不报。士柔寻补尚宝司丞，迁少卿，卒。子琪诣阙辨诬，乃复原官。赠詹事兼侍读学士。

顾锡畴，字九畴，昆山人。年十三，以诸生试南京，魏国公以女女之。第万历四十七年进士，改庶吉士，授检讨。

天启四年，魏忠贤势大炽，锡畴偕给事中董承业典试福建，程策大有讥刺。忠贤党遂指为东林，两人并降调。已，更削籍。

崇祯初，召复故官。历迁国子祭酒。疏请复积分法，礼官格不行。锡畴复申言之，且请择监生为州县长。已，请正从祀位次，进士为国子博士者得与考选。帝并允行。省亲归，乞在籍终养。母服除，起少詹事，进詹事，拜礼部右侍郎，署部事。帝尝召对，问理财用人。锡畴退，列陈用人五失，曰铨叙无法，文纲太峻，议论太多，资格太拘，鼓舞未至。请先令用人之地一清其源。"精心鉴别，随才器使，一善也。赦小过而不终废弃，二善也。省议论而专责成，三善也。拔异才而不拘常格，四善也。急奖励而宽督责，五善也。"末极陈耗财之弊，仍归本于用人。帝善其奏。

杨嗣昌疏请抚流寇，有"乐天者保天下"及"善战服上刑"语。锡畴抗言此诸侯交邻事，称引不伦，与嗣昌大忤。嗣昌秉政，诸词臣多攻之，嗣昌颇疑锡畴。会驸马都尉王昺有罪，锡畴拟轻典，嗣昌构之，遂削其籍。十五年，廷臣交荐，召还。御史曹溶、给事中黄云师复言其不当用。帝不听，起为南京礼部左侍郎。

福王立，进本部尚书。时尊福恭王为恭皇帝，将议庙祀，锡畴请别立专庙。俄请补建文帝庙谥、景皇帝庙号及建文朝忠臣赠谥，并从之。东平伯刘泽清言："宋高宗即位南京，即以靖康二年五月为建炎元年，从民望也。乞以今岁五月为弘光元年。"锡畴言明诏已颁，不可追改，乃已。时定大行皇帝庙号为思宗，忻城伯赵之龙言"思"非美称，援证甚核，锡畴亦以为然，疏请改定。大学士高弘图以前议自己出，力持之，遂寝。温体仁之卒也，特谥文忠，而文震孟、罗喻义、姚希孟、吕维祺皆不获谥。锡畴言："体仁得君行政最专且久，其负先帝罪大且深，乞将文忠之谥，或削或改，而补震孟诸臣，庶天下有所劝惩。"报可。遂谥诸人，削体仁谥。

吏部尚书张慎言去位，代者徐石麒未至，命锡畴摄之。时马士英当国，锡畴雅不与合。给事中章正宸、熊汝霖劾之，遂乞祭南海去。明年春，御史张孙振力颂体仁功，请复故谥。遂勒锡畴致仕。

南都失守，锡畴乡邑亦破。时方遭父丧，间关赴闽。唐王命以故官，力辞不拜，寓居温州江心寺。总兵贺君尧挞辱诸生，锡畴将论劾。君尧夜使人杀之，投尸于江。温人觅之三日，乃得棺殓。

赞曰：吴山等雍容馆阁，歚历台省，固所谓词苑之鸿儒，庙堂之岿望也。要其守正自立，不激不争，淳静敦雅，承平士大夫之风流，概可想见矣。

明史卷二一七
列传第一〇五

王家屏　陈于陛　沈鲤
于慎行　李廷机　吴道南

　　王家屏，字忠伯，大同山阴人。隆庆二年进士。选庶吉士，授编修，预修《世宗实录》。高拱兄捷前为操江都御史，以官帑遗赵文华，家屏直书之。时拱方柄国，嘱稍讳，家屏执不可。

　　万历初，进修撰，充日讲官。敷奏剀挚，帝尝敛容受，称为端士。张居正寝疾，词臣率奔走祷祈，独家屏不往。再迁侍讲学士。十二年擢礼部右侍郎，改吏部，甫逾月，命以左侍郎兼东阁大学士入预机务。去史官二年即辅政，前此未有也。

　　申时行当国，许国、王锡爵次之，家屏居末。每议事，秉正持法，不亢不随。越二年，遭继母忧。诏赐银币，驰传，行人护行。服甫阕，诏进礼部尚书，遣行人召还。抵京师，三月未得见。家屏以为言，请因圣节御殿受贺，毕发留中章奏，举行册立皇太子礼。不报。复偕同官疏请。帝乃于万寿节强一临御焉。俄遣中官谕家屏，奖以忠爱。家屏疏谢，复请帝勤视朝。居数日，帝为一御门延见，自是益深居不出矣。

　　评事雒于仁进四箴，帝将重罪之。家屏言："人主出入起居之节，耳目心志之娱，庶官不及知、不敢谏者，辅弼之臣得先知而预谏之，故能防欲于微渺。今于仁以庶僚上言，而臣备位密勿，反缄默苟容，上亏圣明之誉，下陷庶僚蒙不测之威，臣罪大矣，尚可一日立于圣世哉。"帝不怿,留中,而于仁得善去。

十八年以久旱乞罢,言:"迩年以来,天鸣地震,星陨风霾,川竭河涸,加以旱潦蝗螟,疫疠札瘥,调变之难莫甚今日。况套贼跳梁于陕右,土蛮猖獗于辽西,贡市属国复鸱张虎视于宣、大。虚内事外,内已竭而外患未休;剥民供军,民已穷而军食未裕。且议论纷纭,罕持大体;簿书凌杂,祗饰靡文。纲维纵弛,偈玩之习成;名实混淆,侥幸之风启。陛下又深居静摄,朝讲希临。统计臣一岁间,仅两觐天颜而已。间尝一进謇言,竟与诸司章奏并寝不行。今骄阳烁石,小民愁苦之声殷天震地,而独未彻九阍。此臣所以中夜旁皇,饮食俱废,不能自已者也。乞赐罢归,用避贤路。"不报。

时储位未定,廷臣交章请册立。其年十月,阁臣合疏以去就争。帝不悦,传谕数百言,切责廷臣沽名激扰,指为悖逆。时行等相顾错愕,各具疏再争,杜门乞去。独家屏在阁,复请速决大计。帝乃遣内侍传语,期以明年春夏,廷臣无所奏扰,即于冬间议行,否则待逾十五岁。家屏以口敕难据,欲帝特颁诏谕,立具草进。帝不用,复谕二十年春举行。家屏喜,即宣示外廷,外廷欢然。而帝意实犹豫,闻家屏宣示,弗善也,传谕诘责。时行等合词谢,乃已。

明年秋,工部主事张有德以册立仪注请。帝复以为激扰,命止其事。国执争去,时行被人言,不得已亦去,锡爵先以省亲归,家屏遂为首辅。以国谏疏已列名,不当独留,再疏乞罢。不允,乃视事。家屏制行端严,推诚秉公,百司事一无所挠。性忠悫,好直谏。册立期数更,中外议论纷然。家屏深忧之,力请践大信,以塞口语,消宫闱衅。不报。

二十年春,给事中李献可等请豫教,帝黜之。家屏封还御批力谏。帝益怒,遣谪者相属。家屏遂引疾求罢,上言:

汉汲黯有言:"天子置公卿辅弼之臣,宁令从谀承意陷主于不义乎。"每感斯言,惕然内愧。顷年以来,九阍重闭,宴安怀毒,郊庙不飨,堂陛不交。天灾物怪,罔彻宸聪;国计民生,莫关圣虑。臣备员辅弼,旷职鳏官,久当退避。乃今数月间,请朝讲,请庙飨,请元旦受贺,请大计临朝,悉寝不报。臣犬马微诚,不克感回天意,已可见矣。至豫教皇储,自宜早计,奈何厌闻直言,概加贬谪。臣诚不忍明主蒙咈谏之名,熙朝有横施之罚,故冒死屡陈。若依违保禄,淟涊苟容,汲黯所谓“陷主不义”者,臣死不敢出此,愿赐骸骨还田里。

帝得奏不下。次辅赵志皋亦为家屏具揭。帝遂责家屏希名托疾。

家屏复奏,言:

> 名,非臣所敢弃,顾臣所希者陛下为尧、舜之主,臣为尧、舜之臣,则名垂千载,没有余荣。若徒犯颜触忌,抗争偾事,被遣罢归,何名之有!必不希名,将使臣身处高官,家享厚禄,主愆莫正,政乱莫匡,可谓不希名之臣矣,国家奚赖焉。更使臣弃名不顾,逢迎为悦,阿谀取容,许敬宗、李林甫之奸佞,无不可为,九庙神灵必阴殛臣,岂特得罪于李献可诸臣已哉?

疏入,帝益不悦。遣内侍至邸,责以径驳御批,故激主怒,且托疾要君。家屏言:“言涉至亲,不宜有怒。事关典礼,不宜有怒。臣与诸臣但知为宗社大计,尽言效忠而已,岂意激皇上之怒哉?”于是求去益力。或劝少需就大事。家屏曰:“人君惟所欲为者,由大臣持禄,小臣畏罪,有轻群下心。吾意大臣不爱爵禄,小臣不畏刑诛,事庶有济耳。”遂复两疏恳请。诏驰传归。家屏柄国只半载,又强半杜门,以戆直去国,朝野惜焉。阅八年储位始定。遣官赍敕存问,赍金币羊酒。又二年卒,年六十八。赠少保,谥文端。熹宗立,再赠太保,任一子尚宝丞。

家屏家居时,朝鲜用兵。贻书经略顾养谦曰:“昔卫为狄灭,齐桓率诸侯城楚丘,《春秋》高其义;未闻遂与狄仇,连诸侯兵以伐之也。今第以保会稽之耻,激厉朝鲜,以城楚丘之功,奖率将吏,无为主而为客则善矣。”养谦不能用,朝鲜兵数年无功。其深识有谋,皆此类也。

陈于陛,字元忠,大学士以勤子也。隆庆二年进士。选庶吉士,

授编修。万历初，预修世、穆两朝实录，充日讲官。累迁侍讲学士，
擢詹事，掌翰林院。疏请早建东宫。十九年拜礼部右侍郎，领詹事
府事。明年改吏部，进左侍郎，教习庶吉士。奏言元子不当封王，请
及时册立豫教，又请早朝勤政，皆不报。又明年进礼部尚书，仍领詹
事府事。

　　于陛少从父以勤习国家故实。为史官，益究经世学。以前代皆
修国史，疏言："臣考史家之法，纪、表、志、传谓之正史。宋去我朝
近，制尤可考。真宗祥符间，王旦等撰进太祖、太宗两朝正史。仁宗
天圣间，吕夷简等增入真宗朝，名《三朝国》史。此则本朝君臣自修
本朝正史之明证也。我朝史籍，止有列圣实录，正史阙焉未讲。伏
睹朝野所撰次，可备采择者无虑数百种。倘不及时网罗，岁月浸邈，
卷帙散脱，耆旧渐凋，事迹罕据。欲成信史，将不可得。惟陛下立下
明诏，设局编辑，使一代经制典章，犁然可考，鸿谟伟烈，光炳天壤，
岂非万世不朽盛事哉。"诏从之。二十二年三月遂命词臣分曹类纂，
以于陛及尚书沈一贯、少詹事冯琦为副总裁，而阁臣总裁之。

　　其年夏，首辅王锡爵谢政，遂命于陛兼东阁大学士入参机务。
疏陈亲大臣、录遗贤、奖外吏、核边饷、储将才、择边吏六事。末言：
"以肃皇帝之精明，而末年贪黩成风，封疆多事，则倦勤故也。今至
尊端拱，百职不修，不亟图更始，后将安极。"帝优诏答之，而不能
用。帝以军政失察，斥两都言官三十余人。于陛与同官申救至再，
又独疏请宥，俱不纳。以甘肃破贼功，加太子少保。乾清、坤宁两宫
灾，请面对，不报。乞罢，亦不许。其秋，二品三年满，改文渊阁，进
太子太保。

　　时内阁四人。赵志皋、张位、沈一贯皆于陛同年生，遇事无龃
龉。而帝拒谏益甚，上下否隔。于陛忧形于色，以不能补救，在直庐
数太息视日影。二十四年冬病卒于位，史亦竟罢。赠少保，谥文宪。
终明世，父子为宰辅者，惟南充陈氏。世以比汉韦、平焉。

　　沈鲤，字仲化，归德人。祖瀚，建宁知府。鲤，嘉靖中举乡试。师

尚诏作乱,陷归德,已而西去。鲤策贼必再至,急白守臣,捕杀城中通贼者,严为守具。贼还逼,见有备去。奸人倡言屠城,将驱掠居民,鲤请谕止之,众始定。四十四年成进士,改庶吉士,授检讨。大学士高拱,其座主又乡人也,旅见外,未尝以私谒。

神宗在东宫,鲤为讲官,尝令诸讲官书扇。鲤书魏卞兰《太子颂》以进,因命陈大义甚悉。神宗咨美,遂蒙眷。比即位,用宫寮恩,进编修。旋进左赞善。每直讲,举止端雅,所陈说独契帝心。帝极称之。连遭父母丧,帝数问沈讲官何在,又问服阕期,命先补讲官俟之。万历九年还朝。属当辍讲,特命展一日,示优异焉。

明年秋。擢侍讲学士,再迁礼部右侍郎。寻改吏部,进左侍郎。屏绝私交,好推毂贤士不使知。十二年冬,拜礼部尚书。去六品甫二年至正卿。素负物望,时论不以为骤。久之,《会典》成,加太子少保。鲤初官翰林,中官黄锦缘同乡以币交,拒不纳。教习内书堂,侍讲筵,皆数与巨珰接,未尝与交。及官愈高,益无所假借,虽上命及政府指,不徇也。

十四年春,贵妃郑氏生子,进封皇贵妃。鲤率僚属请册建皇长子,进封其母,不许。未几,复以为言,且请宥建储贬官姜应麟等。忤旨谯让。帝既却群臣请,因诏谕少俟二三年。至十六年,期已届,鲤执前旨固请,帝复不从。

鲤素鲠亮。其在部持典礼,多所建白。念时俗侈靡,稽先朝典制,自丧祭、冠婚、宫室、器服率定为中制,颁天下。又以士习不端,奏行学政八事。又请复建文年号,重定《景帝实录》,勿称郕戾王。大同巡抚胡来贡议移祀北岳于浑源,力驳其无据。太庙侑享,请移亲王及诸功臣于两庑,毋与帝后杂祀。进世庙诸妃葬金山者,配食永陵。诸帝陵祀,请各遣官毋兼摄。诸王及妃坟祝板称谓未协者,率请裁定。帝忧旱,步祷郊坛,议分遣大臣祷天下名山大川。鲤言使臣往来驿骚,恐重困民,请斋三日以告文授太常属致之,罢寺观勿祷。帝多可其奏。郑贵妃父成宪为父请恤,援后父永年伯例。鲤力驳之。诏畀葬资五千金,鲤复言过滥。顺义王妻三娘子请封,鲤不予妃号，但称夫人。真人张国祥言肃皇享国久长，由虔奉玄修所致，劝帝效之。鲤劾国祥诋诬导谀，请正刑辟。事亦寝。秦王谊漶故由中尉入继，而乞封其弟郡王，中贵为请，申时行助之，鲤不可。唐府违制请封妾子，执不从。帝并以特旨许之。京师久旱，鲤备陈恤民实政以崇俭戒奢为本，且请减织造。已，京师地震，又请谨天戒，恤民穷。畿辅大侵，请上下交修。词甚切。帝以四方灾，敕廷臣修省，鲤因请大损供亿营建，振救小民。帝每嘉纳。

初，藩府有所奏请，赂中贵居间，礼臣不敢违，辄如志。至鲤，一切格之。中贵皆大怨，数以事间于帝。帝渐不能无疑，累加诘责，且夺其俸。鲤自是有去志。而时行衔鲤不附己，亦忌之。一日，鲤请告，遽拟旨放归。帝曰："沈尚书好官，奈何使去？"传旨谕留。时行益忌。其私人给事中陈与郊为人求考官不得，犯鲤，属其同官陈尚象劾之。与郊复危言撼鲤，鲤求去益力。帝有意大用鲤，微言："沈尚书不晓人意。"有老宫人从子为内竖者，走告鲤；司礼张诚亦属鲤乡人内竖廖某密告之。鲤并拒之，曰："禁中语，非所敢闻。"皆恚而去。鲤卒屡疏引疾归。累推内阁及吏部尚书，皆不用。二十二年起南京礼部尚书，辞弗就。

二十九年，赵志皋卒，沈一贯独当国。廷推阁臣，诏鲤以故官兼东阁大学士入参机务，与朱赓并命。屡辞不允。明年七月始入朝，时年七十有一矣。一贯以士心凤附鲤，深忌之，贻书李三才曰："归德公来必夺吾位，将何以备之？"归德，鲤邑名，欲风鲤辞召命也。三才答书，言鲤忠实无他肠，劝一贯同心。一贯由此并憾三才。鲤既至，即具陈道中所见矿税之害。他日复与赓疏论。皆弗纳。楚假王被讦事起，礼部侍郎郭正域请行勘，鲤是之。及奸人所撰《续忧危宏议》发，一贯辈张皇其事，令其党钱梦皋诬奏正域鲤门生，协造妖言，并罗织鲤奸赃数事。帝察其诬，不问。而一贯辈使逻卒日夜操兵围守其邸。已而事解，复谮鲤诅咒。鲤尝置小屏阁中，列书谨天戒、恤民穷、开言路、发章奏、用大僚、补庶官、起废弃、举考选、释冤狱、撤税使十事，而上书"天启圣聪，拨乱反治"八字。每入阁，辄焚香拜祝之,谗者遂指为诅咒。帝取入视之,曰:"此岂诅咒耶?"谗者曰:"彼诅咒语,固不宣诸口。"赖帝知鲤深,不之信。

先是,阁臣奏揭不轻进,进则无不答者。是时中外捍格,奏揭繁,多寝不下。鲤以失职,累引疾求退。奖谕有加,卒不能行其所请。三十二年叙皮林功,加太子太保。寻以秩满,加少保,改文渊阁。

鲤初相,即请除矿税。居位数年,数以为言。会长陵明楼灾,鲤语一贯、赓各为奏,俟时上之。一日大雨,鲤曰:"可矣。"两人问故,鲤曰:"帝恶言矿税事,疏入多不视,今吾辈冒雨素服诣文华奏之,上讶而取阅,亦一机也。"两人从其言。帝得疏,曰:"必有急事。"启视果心动,然不为罢。明年长至,一贯在告,鲤、庚谒贺仁德门。帝赐食,司礼太监陈矩侍,小珰数往来窃听,且执笔以俟。鲤因极陈矿税害民状,矩亦戚然。鲤复进曰:"矿使出,破坏天下名山大川灵气尽矣,恐于圣躬不利。"矩叹息还,具为帝道之。帝悚然遣矩咨鲤所以补救者。鲤曰:"此无他,急停开凿,则灵气自复。"帝闻为首肯。一贯虑鲤独收其功,急草疏上。帝不怿,复止。然越月果下停矿之命,鲤力也。

鲤遇事秉正不挠。压于一贯,志不尽行。而是时一贯数被论,引疾杜门,鲤乃得行阁事。皇孙生,诏赦天下。中官请征茶蜡凤通,鲤以庆诏旨再执奏,竟报寝。帝乳母翊圣夫人金氏,其夫官都督同知,殁,请以从子继。鲤言都督非世官,乃已。真人张国祥谓皇孙诞生,已有祝厘功,乞三代诰命且世袭詹事主簿。鲤力斥其谬,乃赍以金币。帝惑中贵言,将察核畿辅牧地,谕鲤撰敕。鲤言:"近年以来,百利之源,尽笼于朝廷,常恐势极生变。况此牧地,岂真有豪右隐占新垦未科者?奸民所传,未足深信。"遂止。云南武弁杀税使杨荣。帝怒甚,将遣官逮治。鲤具陈荣罪状,请诛为首杀荣者,而贷其余,乃不果逮。陕西税使梁永求领镇守事,亦以鲤言罢。辽东税使高淮假进贡名,率所统练甲至国门。鲤中夜密奏其不可,诏责淮而止。时一贯虽称疾杜门,而章奏多即家拟旨,鲤力言非故事。

鲤既积忤一贯,一贯将去,虑鲤在,贻己后忧,欲与俱去,密倾之。帝亦嫌鲤方鲠，因鲤乞休，遽命与一贯同致仕。赓疏乞留鲤，不报。既抵家，疏谢，犹极陈急政之弊，以明作进规。年八十，遣官存问，赉银币。鲤奏谢，复陈时政要务。又五年卒，年八十五。赠太师，谥文端。

于慎行，字无垢，东阿人。年十七，举于乡。御史欲即鹿鸣宴冠之，以未奉父命辞。隆庆二年成进士。改庶吉士，授编修。万历初，《穆宗实录》成，进修撰，充日讲官。故事，率以翰林大僚直日讲，无及史官者。慎行与张位及王家屏、沈一贯、陈于陛咸以史官得之，异数也。尝讲罢，帝出御府图画，令讲官分题。慎行不善书，诗成，嘱人书之，具以实对。帝悦，尝大书“责难陈善”四字赐之，词林传为盛事。

御史刘台以劾张居正被逮，僚友悉避匿，慎行独往视之。及居正夺情，偕同官具疏谏。吕调阳格之，不得上。居正闻而怒，他日谓慎行曰：“子吾所厚，亦为此耶？”慎行从容对曰：“正以公见厚故耳。”居正怫然。慎行寻以疾归。居正卒，起故官。进左谕德，日讲如故。时居正已败，侍郎丘橓往籍其家。慎行遗书，言居正母老，诸子覆巢之下，颠沛可伤，宜推明主帷盖恩，全大臣簪履之谊。词极恳挚，时论韪之。由侍讲学士擢礼部右侍郎。转左，改吏部，掌詹事府。寻迁礼部尚书。

慎行明习典制，诸大礼多所裁定。先是，嘉靖中孝烈后升祔，祧仁宗。万历改元，穆宗升祔，复祧宣宗。慎行谓非礼，作《太庙祧迁考》，言：“古七庙之制，三昭三穆，与太祖之庙而七。刘歆、王肃并以高、曾、祖、祢及五世、六世为三昭三穆。其兄弟相传，则同堂异室，不可为一世。国朝，成祖既为世室，与太祖俱百世不迁，则仁宗以下，必实历六世，而后三昭三穆始备。孝宗与睿宗兄弟，武宗与世宗兄弟，昭穆同，不当各为一世。世宗升祔，距仁宗只六世，不当祧仁宗。穆宗升祔，当祧仁宗，不当祧宣宗。”引晋、唐、宋故事为据，其言辨而核。事虽不行，识者服其知礼。又言：“南昌、寿春等十六王，世次既远,宜别祭陵园,不宜祔享太庙。"亦寝不行。

十八年正月疏请早建东宫,出阁讲读。及冬,又请。帝怒,再严旨诘责。慎行不为慑,明日复言:"册立,臣部职掌,臣等不言,罪有所归。幸速决大计,放归田里。"帝益不悦,责以要君疑上,淆乱国本,及僚属皆夺俸。山东乡试,预传典试者名,已而果然。言者遂劾礼官,皆停俸。慎行引罪乞休。章累上,乃许,家居十余年,中外屡荐,率报寝。

三十三年始起掌詹事府。疏辞,复留不下。居二年,廷推阁臣七人,首慎行。诏加太子少保兼东阁大学士,入参机务。再辞不允,乃就道。时慎行已得疾。及廷谢,拜起不如仪,上疏请罪。归卧于家,遂草遗疏,请帝亲大臣、录遗逸、补言官。数日卒,年六十三。赠太子太保,谥文定。

慎行学有原委,贯穿百家。神宗时,词馆中以慎行及临朐冯琦文学为一时冠。

李廷机,字尔张,晋江人。贡入太学,顺天乡试第一。万历十一年,会试复第一,以进士第二授编修。累迁祭酒。故事,祭酒每视事,则二生共举一牌诣前,大书"整齐严肃"四字。盖高皇帝所制,以警师儒者。廷机见之惕然,故其立教,一以严为主。

久之,迁南京吏部右侍郎,署部事。二十七年典京察,无偏私。尝兼署户、工二部事,综理精密。奏行轸恤行户四事,商困大苏。外城陵垣,多所缮治,费皆取公帑奇羡,不以烦民。召为礼部右侍郎,四辞不允,越二年始受任。时已进左侍郎,遂代郭正域视部事。会楚王华奎因正域发其馈遗书,讦讦正域不法数事。廷机意右楚王,而微为正域解。大学士沈一贯欲藉妖书倾正域,廷机与御史沈裕、同官涂宗浚俱署名上趣定皦生光狱,株连遂绝。三十三年夏,雷震郊坛。既率同列条上修省事宜,复言今日阙失,莫如矿税,宜罢撤。不报。其冬,类上四方灾异。秦王谊漶由中尉进封,其庶长子应授本爵,夤缘欲封郡王,廷机三疏力持。王遣人居间,廷机固拒,特旨许之。益府服内请封，亦持不可。

廷机遇事有执，尤廉洁，帝知之。然性刻深，亦颇偏愎，不谙大体。楚宗人华趆以奏讦楚王，抚按官既拟夺爵，锢高墙，廷机援《祖训》谋害亲王例，议置之死。言路势张，政府暨铨曹畏之，不敢出诸外，年例遂废。礼部主事聂云翰论之，廷机希言路意，中云翰察典。给事中袁懋谦劾之。廷机求退，不允。

时内阁只朱赓一人。给事中王元翰等虑廷机且入辅，数阴诋之。三十五年夏，廷推阁臣，廷机果与焉。给事中曹于卞、宋一韩，御史陈宗契不可。相持久之，卒列以上。帝雅重廷机，命以礼部尚书兼东阁大学士入参机务。廷机三辞始视事。元翰及给事中胡忻攻之不已，帝为夺俸，以慰廷机。已而姜士昌、宋焘复以论廷机被黜，群情益愤。廷机力辨求罢，又疏陈十宜去，帝慰谕有加。明年四月，主事郑振先论赓十二罪，并及廷机。廷机累疏乞休，杜门数月不出。言者疑其伪，数十人交章力攻。廷机求去不已，帝屡诏勉留，且遣鸿胪趣出，坚卧不起。待命逾年，乃屏居荒庙，廷臣犹有繁言。至四十年九月，疏已百二十余上，乃陛辞出都待命。同官叶向高言廷机已行，不可再挽，乃加太子太保，赐道里费，乘传，以行人护归。居四年卒。赠少保，谥文节。

廷机系阁籍六年，秉政只九月，无大过。言路以其与申时行、沈一贯辈密相授受，故交章逐之。辅臣以崎嵚受辱，屏弃积年而后去，前此未有也。廷机辅政时，四川巡抚乔璧星锐欲讨镇雄安尧臣，与贵州守臣持议不决。廷机力主撤兵，其后卒无事，议者称之。闽人入阁，自杨荣、陈山后，以语言难晓，垂二百年无人，廷机始与叶向高并命。后周如磐、张瑞图、林烃、蒋德璟、黄景昉复相继云。

吴道南，字会甫，崇仁人。万历十七年进士及第。授编修，进左中允。直讲东宫，太子偶旁瞩，道南即辍讲拱俟，太子为改容。

历左谕德少詹事。擢礼部右侍郎，署部事。历城、高苑牛产犊，皆两首两鼻，道南请尽蠲山东诸税，召还内臣；又因灾异言貂珰敛怨,乞下诏罪己,与天下更新。皆不报。寻请追谥建文朝忠臣。京师久旱,疏言:"天下人情郁而不散,致成旱灾。如东宫天下本,不使讲明经术,练习政务,久置深闱,聪明隔塞,郁一也。法司悬缺半载,谳鞫无人,囹圄充满,有入无出,愁愤之气,上薄日星,郁二也。内藏山积,而闾阎半菽不充,曾不发帑赈救,坐视其死亡转徙,郁三也。累臣满朝荐、卞孔时,时称循吏,因权珰构陷,一系数年,郁四也。废弃诸臣,实堪世用,一斥不复,山林终老,郁五也。陛下诚涣发德音,除此数郁,不崇朝而雨露遍天下矣。"帝不省。

道南遇事有操执,明达政体。朝鲜贡使归,请市火药,执不予。土鲁番贡玉,请勿纳。辽东议开科试士,以严疆当重武,格不行。

父丧归。服阕,即家拜礼部尚书兼东阁大学士预机务,与方从哲并命。三辞不允,久之始入朝。故事,廷臣受官,先面谢乃莅任。帝不视朝久,皆先莅任。道南至,不获见,不敢入直。同官从哲为言,帝令先视事,道南疏谢。居数日,言:"臣就列经旬,仅下瑞王婚礼一疏。他若储宫出讲、诸王豫教、简大僚、举遗佚、撤税使、补言官诸事,廷臣舌敝以请者,举皆杳然,岂陛下简置臣等意。"帝优诏答之,卒不行。迨帝因"梃击"之变,召见群臣慈宁宫。道南始得面谢,自是不获再见。

织造中官刘成死,遣其党吕贵往护,贵嗾奸民留己督造。中旨许之,命草敕。道南偕从哲争,且询疏所从进,请永杜内降,不听。鄱阳故无商税,中官为税使,置关湖口征课。道南极言傍湖舟无所泊,多覆没,请罢关勿征,亦不纳。

道南辅大政不为诡随,颇有时望。岁丙辰偕礼部尚书刘楚先典会试。吴江举人沈同和者,副都御史季文子,目不知书,贿礼部吏,与同里赵鸣阳联号舍。其首场七篇,自坊刻外,皆鸣阳笔也。榜发,同和第一,鸣阳亦中式,都下大哗。道南等亟检举,诏令复试。同和竟日构一文。下吏,戍烟瘴,鸣阳亦除名。

先是,汤宾尹科场事,实道南发之,其党侧目。御史李嵩、周师旦遂连章论道南,而给事中刘文炳攻尤力。道南疏辨乞休,颇侵文

炳。文炳遂极诋，御史张至发助之。道南不能堪，言："台谏劾阁臣，
职也，未有肆口嫚骂者。臣辱国已甚，请立罢黜。"帝雅重道南，谪文
炳外任，夺嵩等俸。御史韩浚、朱阶救文炳，复诋道南。道南益求去。
杜门逾年，疏二十七上，帝犹勉留。会继母讣至，乃赐道里费，遣行
人护归。天启初，以覃恩即家进太子太保。居二年卒。赠少保，谥
文恪。

　　赞曰：传称"道合则服从，不合则去"，其王家屏、沈鲤之谓乎。
廷机虽颇丛物议，然清节不污。若于陛之世德，慎行之博闻，亦足称
羽仪廊庙之选矣。

明史卷二一八
列传第一〇六

申时行　子用懋　用嘉　孙绍芳
王锡爵　弟鼎爵　子衡　　沈一贯
方从哲　沈淮　弟演

　　申时行，字汝默，长洲人。嘉靖四十一年进士第一。授修撰。历左庶子，掌翰林院事。

　　万历五年由礼部右侍郎改吏部。时行以文字受知张居正，蕴藉不立崖异，居正安之。六年三月，居正将归葬父，请广阁臣，遂以左侍郎兼东阁大学士入预机务。已，进礼部尚书兼文渊阁，累进少傅兼太子太傅、吏部尚书、建极殿。张居正揽权久，操群下如束湿，异己者率逐去之。及居正卒，张四维、时行相继柄政，务为宽大。以次收召老成，布列庶位，朝论多称之。然是时内阁权积重，六卿大抵徇阁臣指。诸大臣由四维、时行起，乐其宽，多与相厚善。

　　四维忧归，时行为首辅。余有丁、许国、王锡爵、王家屏先后同居政府，无嫌猜。而言路为居正所遏，至是方发舒。以居正素昵时行，不能无讽刺。时行外示博大能容人，心故不善也。帝虽乐言者讦居正短，而颇恶人论时事，言事者间谪官。众以此望时行，口语相诋諆。诸大臣又皆右时行拄言者口，言者益愤，时行以此损物望。

　　十二年三月，御史张文熙尝言前阁臣专恣者四事，请帝永禁革之。时行疏争曰："文熙谓部院百执事不当置考成簿，送阁察考；吏、兵二部除授，不当一一取裁；督抚巡按行事，不当密揭请教；阁中票拟，当使同官知。夫阁臣不职当罢黜，若并其执掌尽削之，是因噎废食也。至票拟，无不与同官议者。”帝深以为然，绌文熙议不用。御史丁此吕言侍郎高启愚以试题劝进居正，帝手疏示时行。时行曰："此吕以暧昧陷人大辟，恐谗言接踵至，非清明之朝所宜有。"尚书杨巍因请出此吕于外，帝从巍言。而给事御史王士性、李植等交章劾巍阿时行意，蔽塞言路。帝寻亦悔之，命罢启愚，留此吕。时行、巍求去。有丁、国言："大臣国礼所系，今以群言留此吕，恐无以安时行、巍心。"国尤不胜愤，专疏求去，诋诸言路。副都御史石星、侍郎陆光祖亦以为言。帝乃听巍，出此吕于外，慰留时行、国，而言路群起攻之。时行请量罚言者，言者益心憾。既而李植、江东之以大峪山寿宫事撼时行不胜，贬去，阁臣与言路日相水火矣。

　　初，御史魏允贞、郎中李三才以科场事论及时行子用懋，贬官。给事中邹元标劾罢时行姻徐学谟，时行假他疏逐之去。已而占物情，稍稍擢三人官，三人得毋废。世以此称时行长者。时行欲收人心，罢居正时所行考成法；一切为简易，亦数有献纳。尝因灾异，力言催科急迫，征派加增，刑狱繁多，用度侈靡之害。又尝请止抚按官助工赃罚银，请减织造数，趣发诸司章奏。缘尚宝卿徐贞明议，请开畿内水田。用邓子龙、刘綎平陇川，荐郑洛为经略，趣顺义王东归，寝叶梦熊奏以弭杨应龙之变。然是时天下承平，上下恬熙，法纪渐不振。时行务承帝指，不能大有建立。帝每遇讲期多传免。时行请虽免讲仍进讲章。自后为故事，讲筵遂永罢。评事洛于仁进《酒色财气四箴》。帝大怒，召时行等条分析之，将重谴。时行请毋下其章，而讽于仁自引去，于仁赖以免。然章奏留中自此始。

　　十四年正月，光宗年五岁，而郑贵妃有宠，生皇三子常洵，颇萌夺嫡意。时行率同列再请建储，不听。廷臣以贵妃故，多指斥宫闱，触帝怒，被严谴。帝尝诏求直言。郎官刘复初、李懋桧等显侵贵妃。时行请帝下诏，令诸曹建言只及所司职掌，听其长择而献之，不得专达。帝甚悦，众多咎时行者。

时行连请建储。十八年,帝召皇长子、皇三子,令时行入见毓德宫。时行拜贺,请亟定大计。帝犹豫久之,下诏曰:"朕不喜激聒。近诸臣章奏概留中,恶其离间朕父子。若明岁廷臣不复渎扰,当以后年册立,否则俟皇长子十五岁举行。"时行因戒廷臣毋激扰。

明年八月,工部主事张有德请具册立仪注。帝怒,命展期一年。而内阁中亦有疏入。时行方在告,次辅国首列时行名。时行密上封事,言:"臣方在告,初不预知。册立之事,圣意已定。有德不谙大计,惟宸断亲裁,勿因小臣妨大典。"于是给事中罗大纮劾时行,谓阳附群臣之议以请立,而阴缓其事以内交。中书黄正宾复论时行排陷同官,巧避首事之罪。二人皆被黜责。御史邹德泳疏复上,时行力求罢。诏驰驿归。归三年,光宗始出阁讲学,十年始立为皇太子。

四十二年,时行年八十,帝遣行人存问。诏书到门而卒。先以云南岳凤平,加少师兼太子太师、中极殿大学士,诏赠太师,谥文定。

子用懋、用嘉。用懋,字敬中,举进士。累官兵部职方郎中。神宗擢太仆少卿,仍视职方事。再迁右佥都御史,巡抚顺天。崇祯初,历兵部左、右侍郎,拜尚书,致仕归。卒,赠太子太保。用嘉,举人。历官广西参政。孙绍芳,进士,户部左侍郎。

王锡爵,字元驭,太仓人。嘉靖四十一年举会试第一,廷试第二,授编修。累迁至祭酒。

万历五年以詹事掌翰林院。张居正夺情,将廷杖吴中行、赵用贤等。锡爵要同馆十余人诣居正求解,居正不纳。锡爵独造丧次切言之,居正径入不顾。中行等既受杖,锡爵持之大恸。明年进礼部右侍郎。居正甫归治丧,九卿急请召还,锡爵独不署名。旋乞省亲去。居正以锡爵形已短,益衔之,锡爵遂不出。

十二年冬,即家拜礼部尚书兼文渊阁大学士,参机务。还朝,请禁诡谀、抑奔竞、戒虚浮、节侈靡、辟横议、简工作。帝咸褒纳。

初，李植、江东之与大臣申时行、杨巍等相构，以锡爵负时望，且与居正贰，力推之。比锡爵至，与时行合，反出疏力排植等，植等遂悉去。时时行为首辅，许国次之，三人皆南畿人，而锡爵与时行同举会试，且同郡，政府相得甚。然时行柔和，而锡爵性刚负气。十六年，子衡举顺天试第一，郎官高桂、饶伸论之。锡爵连章辨讦，语过忿，伸坐下诏狱除名，桂谪边方。御史乔璧星请帝戒谕锡爵，务扩其量，为休休有容之臣，锡爵疏辨。以是积与廷论忤。

时群臣请建储者众，帝皆不听。十八年，锡爵疏请豫教元子，录用言官姜应麟等，且求宥故巡抚李材，不报。尝因旱灾，自陈乞罢。帝优诏留之。火落赤、真相犯西陲，议者争请用兵，锡爵主款，与时行合。未几，偕同列争册立不得，杜门乞归。寻以母老，连乞归省。乃赐道里费，遣官护行。归二年，时行、国及王家屏继去位，有诏趣召锡爵。二十一年正月还朝，遂为首辅。

先是有旨，是年春举册立大典，戒廷臣毋渎陈。廷臣鉴张有德事，咸默默。及是，锡爵密请帝决大计。帝遣内侍以手诏示锡爵，欲待嫡子，令元子与两弟且并封为王。锡爵惧失上指，立奉诏拟谕旨。而又外虑公论，因言"汉明帝马后、唐明皇王后、宋真宗刘后皆养诸妃子为子，请令皇后抚育元子，则元子即嫡子，而生母不必崇位号以上压皇贵妃"，亦拟谕以进。同列赵志皋、张位咸不预闻。帝竟以前谕下礼官，令即具仪。于是举朝大哗。给事中史孟麟、礼部尚书罗万化等，群诣锡爵第力争。廷臣谏者，章日数上。锡爵偕志皋、位力请追还前诏，帝不从。已而谏者益多，而岳元声、顾允成、张纳陛、陈泰来、于孔兼、李启美、曾凤仪、钟化民、项德祯等遮锡爵于朝房，面争之。李腾芳亦上书锡爵。锡爵请下廷议，不许。请面对，不报。乃自劾三误，乞罢斥。帝亦迫公议，追寝前命，命少俟二三年议行。锡爵旋请速决，且曰："曩元子初生，业为颁诏肆赦，诏书称'祗承宗社'。明以皇太子待之矣。今复何疑而不决哉？"不报。

七月，彗星现，有诏修省。锡爵因请延见大臣。又言："彗渐近紫微，宜慎起居之节，宽左右之刑，寡嗜欲以防疾，散积聚以广恩。"

逾月，复言："彗已入紫微，非区区用人行政所能消弭，惟建储一事可以禳之。盖天王之象曰帝星，太子之象曰前星。今前星既耀而不早定，故致此灾。诚速行册立，天变自弭。"帝皆报闻，仍持首春待期之说。锡爵答奏复力言之，又连章恳请。

十一月，皇太后生辰，帝御门受贺毕，独召锡爵暖阁，劳之曰："卿扶母来京，诚忠孝两全。"锡爵叩头谢，因力请早定国本。帝曰："中宫有出，奈何？"对曰："此说在十年前犹可，今元子已十三，尚何待？况自古至今，岂有子弟十三岁犹不读书者。"帝颇感动。锡爵因请频召对，保圣躬。退复上疏力请，且曰："外廷以固宠阴谋，归之皇贵妃，恐郑氏举族不得安。惟陛下深省。"帝得疏，心益动，手诏谕锡爵："卿每奏必及皇贵妃，何也？彼数劝朕，朕以祖训，后妃不得与外事，安敢辄从。"锡爵上言："今与皇长子相形者，惟皇贵妃子，天下不疑皇贵妃而谁疑？皇贵妃不引为己责而谁责？祖训不与外事者，不与外廷用人行政之事也。若册立，乃陛下家事，而皇三子又皇贵妃亲子，陛下得不与皇贵妃谋乎？且皇贵妃久侍圣躬，至亲且贤，外廷纷纷，莫不归怨，臣所不忍闻。臣六十老人，力捍天下之口，归功皇贵妃，陛下尚以为疑。然则必如群少年盛气以攻皇贵妃，而陛下反快于心乎？"疏入，帝颔之。志皋、位亦力请。居数日，遂有出阁之命。而帝令广市珠玉珍宝，供出阁仪物，计值三十余万。户部尚书杨俊民等以故事争，给事中王德完等又力谏。帝遂手诏谕锡爵，欲易期。锡爵婉请，乃不果易。明年二月，出阁礼成，俱如东宫仪，中外为慰。

锡爵在阁时，尝请罢江南织造，停江西陶器，减云南贡金，出内帑赈河南饥。帝皆无忤，眷礼逾前后诸辅臣。其救李沂，力争不宜用廷杖，尤为世所称。特以阿并封指，被物议。既而郎中赵南星斥，侍郎赵用贤放归，论救者咸遭谴谪，众指锡爵为之。虽连章自明且申救，人卒莫能谅也。锡爵遂屡疏引疾乞休。帝不欲其去，为出内帑钱建醮祈愈。锡爵力辞，疏八上乃允。先累加太子太保，至是命改吏部尚书，进建极殿，赐道里费，乘传，行人护归。归七年，东宫建,遣官赐敕存问,赉银币羊酒。

三十五年,廷推阁臣。帝既用于慎行、叶向高、李廷机,还念锡爵,特加少保,遣官召之。三辞,不允。时言官方厉锋气,锡爵进密揭力诋,中有"上于章奏一概留中,特鄙夷之如禽鸟之音"等语。言官闻之大愤。给事中段然首劾之,其同官胡嘉栋等论不已。锡爵亦自阖门养重,竟辞不赴。又三年,卒于家,年七十七。赠太保,谥文肃。

子衡,字辰玉,少有文名。为举首才,自称因被论,遂不复会试。至二十九年,锡爵罢相已久,始举会试第二人,廷试亦第二。授编修。先父卒。

锡爵弟鼎爵,进士。累官河南提学副使。

沈一贯,字肩吾,鄞人。隆庆二年进士。选庶吉士,授检讨,充日讲官。进讲高宗谅阴,拱手曰:"托孤寄命,必忠贞不二心之臣,乃可使百官总己以听。苟非其人,不若躬亲听览之为孝也。"张居正以为刺已,颇憾一贯。居正卒,始迁左中允。历官吏部左侍郎兼侍读学士,加太子宾客。假归。

二十二年起南京礼部尚书,复召为正史副总裁,协理詹事府,未上。王锡爵、赵志皋、张位同居内阁,复有旨推举阁臣。吏部举旧辅王家屏及一贯等七人名以上。而帝方怒家屏,谯责尚书陈有年。有年引疾去。一贯家居久,故有清望,阁臣又力荐之。乃诏以尚书兼东阁大学士,与陈于陛同入阁预机务,命行人即家起焉。会朝议许日本封贡。一贯虑贡道出宁波为乡郡患,极陈其害,贡议乃止。未几,锡爵去,于陛位第三,每独行己意。一贯柔而深中,事志皋等惟谨。其后于陛卒官,志皋病痹久在告,位以荐杨镐及《忧危竑议》事得罪去,一贯与位尝私致镐书,为赞画主事丁应泰所劾。位疏辨激上怒罢。一贯惟引咎,帝乃慰留之。

时国本未定,廷臣争十余年不决。皇长子年十八,诸请册立冠

婚者益迫。帝责户部进银二千四百万，为册立、分封诸典礼费以困
之。一贯再疏争，不听。二十八年命营慈庆宫居皇长子。工竣，谕
一贯草敕传示礼官，上册立、冠婚及诸王分封仪。敕既上，帝复留不
下。一贯疏趣，则言："朕因小臣谢廷赞乘机邀功，故中辍。俟皇长
子移居后行之。"既而不举行。明年，贵妃弟郑国泰迫群议，请册立、
冠婚并行。一贯因再草敕请下礼官具仪，不报。廷议有欲先冠婚后
册立者，一贯不可，曰："不正名而苟成事，是降储君为诸王也。"会
帝意亦颇悟，命即日举行。九月十又八日漏下二鼓，诏下。既而帝
复悔，令改期。一贯封还诏书，言"万死不敢奉诏"，帝乃止。十月望，
册立礼成，时论颇称之。会志皋于九月卒，一贯遂当国。初，志皋病
久，一贯屡请增阁臣。及是乃简用沈鲤、朱赓，而事皆取决于一贯。
寻进太子太保、户部尚书、武英殿大学士。

自一贯入内阁，朝政已大非。数年之间，矿税使四出为民害。其
所诬劾逮系者，悉滞狱中。吏部疏请起用建言废黜诸臣，并考选科
道官，久抑不下，中外多以望阁臣。一贯等数谏，不省。而帝久不视
朝，阁臣屡请，皆不报。一贯初辅政面恩，一见帝而已。东征及杨应
龙平，帝再御午门楼受俘。一贯请陪侍，赐面对，皆不许。上下否隔
甚，一贯虽小有救正，大率依违其间，物望渐减。

迨三十年二月，皇太子婚礼甫成，帝忽有疾。急召诸大臣至仁
德门，俄独命一贯入启祥宫后殿西暖阁。皇后、贵妃以疾不侍侧，皇
太后南面立稍北，帝稍东，冠服席地坐，亦南面，太子、诸王跪于前。
一贯叩头起居讫，帝曰："先生前。朕病日笃矣，享国已久，何憾。佳
儿佳妇付与先生，惟辅之为贤君。矿税事，朕因殿工未竣，权宜采
取，今可与江南织造、江西陶器俱止勿行，所遣内监皆令还京。法司
释久系罪囚，建言得罪诸臣咸复其官，给事中、御史即如所请补用。
朕见先生只此矣。"言已就卧。一贯哭，太后、太子、诸王皆哭。一贯
复奏："今尚书求去者三，请定去留。"帝留户部陈蕖、兵部田乐，而
以祖陵冲决，削工部杨一魁籍。一贯复叩首，出拟旨以进。是夕，阁
臣九卿俱直宿朝房。漏三鼓，中使捧谕至，具如帝语一贯者。诸大

臣咸喜。

翼日，帝疾瘳，悔之。中使二十辈至阁中取前谕，言矿税不可
罢，释囚、录直臣惟卿所裁。一贯欲不予，中使辄搏颡几流血，一贯
惶遽缴入。时吏部尚书李戴、左都御史温纯期即日奉行，颁示天下，
刑部尚书萧大亨则谓弛狱须再请。无何，事变。太仆卿南企仲劾戴、
大亨不即奉帝谕，起废释囚。帝怒，并二事寝不行。当帝欲追还成
命，司礼太监田义力争。帝怒，欲手刃之。义言愈力，而中使已持一
贯所缴前谕至。后义见一贯唾曰：“相公稍持之，矿税撤矣，何怯
也！”自是大臣言官疏请者日相继，皆不复听。矿税之害，遂终神宗
世。

帝自疾瘳以后，政益废弛。税监王朝、梁永、高淮等所至横暴，
奸人乘机虐民者愈众。一贯与鲤、赓共著论以风，又尝因事屡争，且
揭陈用人行政诸事。帝不省。顾遇一贯厚，尝特赐敕奖之。一贯素
忌鲤，鲤亦自以讲筵受主眷，非由一贯进，不为下，二人渐不相能。
礼部侍郎郭正域以文章气节著，鲤甚重之。都御史温纯、吏部侍郎
杨时乔皆以清严自持相标置，一贯不善也。会正域议夺吕本谥，一
贯、赓与本同乡，寝其议。由是益恶正域并恶鲤及纯、时乔等，而党
论渐兴。浙人与公论忤，由一贯始。

三十一年，楚府镇国将军华越讦楚王华奎为假王。一贯纳王重
贿，令通政司格其疏月余，先上华奎劾华越欺罔四罪疏。正域，楚
人，颇闻假王事有状，请行勘虚实以定罪案。一贯持之。正域以楚
王馈遗书上，帝不省。及抚按臣会勘并廷臣集议疏入，一贯力右王，
嗾给事中钱梦皋、杨应文劾正域，勒归听勘，华越等皆得罪。正域甫
登舟，未行，而“妖书”事起。一贯方衔正域与鲤，其党康丕扬、钱梦
皋等遂捕僧达观、医生沈令誉等下狱，穷治之。一贯从中主其事，令
锦衣帅王之祯与丕扬大索鲤私第三日，发卒围正域舟，执掠其婢仆
乳媪，皆无所得。乃以曒生光具狱。二事错见正域及楚王传中。

始，都御史纯劾御史于永清及给事中姚文蔚，语稍涉一贯。给
事中钟兆斗为一贯论纯，御史汤兆京复劾兆斗而直纯。纯十七疏求

去，一贯佯揭留纯。至岁乙巳，大察京朝官。纯与时乔主其事，梦皋、兆斗皆在黜中。一贯怒，言于帝，以京察疏留中。久之，乃尽留给事、御史之被察者，且许纯致仕去。于是主事刘元珍、庞时雍、南京御史朱吾弼力争之，谓二百余年计典无特留者。时南察疏亦留中，后迫众议始下。一贯自是积不为公论所与，弹劾日众，因谢病不出。

三十四年七月，给事中陈嘉训、御史孙居相复连章劾其奸贪。一贯愤，益求去。帝为黜嘉训，夺居相俸，允一贯归，鲤亦同时罢。而一贯独得温旨，虽赓右之，论者益訾其有内援焉。

一贯之入阁也，为锡爵、志皋所荐。辅政十又三年，当国者四年。枝拄清议，好同恶异，与前后诸臣同。至楚宗、妖书、京察三事，独犯不韪，论者丑之，虽其党不能解免也。一贯归，言者追劾之不已，其乡人亦多受世诋谋云。一贯在位，累加少傅兼太子太傅、吏部尚书、建极殿大学士。家居十年卒。赠太傅，谥文恭。

方从哲，字中涵，其先德清人。隶籍锦衣卫，家京师。从哲登万历十一年进士，授庶吉士，屡迁国子祭酒。请告家居，久不出，时颇称其恬雅。大学士叶向高请用为礼部右侍郎，不报。中旨起吏部左侍郎。为给事中李成名所劾，求罢，不允。

四十一年拜礼部尚书兼东阁大学士，与吴道南并命。时道南在籍，向高为首辅，政事多决于向高。向高去国，从哲遂独相。请召还旧辅沈鲤，不允。御史钱春劾其容悦，从哲乞罢。帝优旨慰留。未几，道南至。会张差梃击事起，刑部以疯癫蔽狱。王之寀钩得其情，庞保、刘成等迹始露。从哲偕道南斥之寀言谬妄，帝纳之。道南为言路所诋，求去者经岁，以母忧归。从哲复独相，即疏请推补阁臣。自后每月必请。帝以一人足办，迄不增置。

从哲性柔懦，不能任大事。时东宫久辍讲，瑞王婚礼逾期，惠王、桂王未择配，福府庄田遣中使督赋，又议令鬻盐，中旨命吕贵督织造，驸马王昺以救刘光复褫冠带，山东盗起，灾异数现，言官翟凤翀、郭尚宾以直言贬，帝遣中使令工部侍郎林如楚缮修咸安宫，宣府缺饷数月。从哲皆上疏力言,帝多不听。而从哲有内援,以名争而已,实将顺帝意,无所匡正。

向高秉政时,党论鼎沸。言路交通铨部,指清流为东林,逐之殆尽。及从哲秉政,言路已无正人,党论渐息。丁巳京察,尽斥东林,且及林居者。齐、楚、浙三党鼎立,务搏击清流。齐人亓诗教,从哲门生,势尤张。

从哲昵群小,而帝怠荒亦益甚。畿辅、山东、山西、河南、江西及大江南北相继告灾,疏皆不发。旧制,给事中五十余员,御史百余员。至是六科只四人,而五科印无所属;十三道只五人,一人领数职。在外,巡按率不得代。六部堂上官仅四五人,都御史数年空署,督抚监司亦屡缺不补。文武大选、急选官及四方教职,积数千人,以吏、兵二科缺掌印不画凭,久滞都下,时攀执政与哀诉。诏狱囚,以理刑无人不决遣,家属聚号长安门。职业尽弛,上下解体。

四十六年四月,大清兵克抚顺,朝野震惊。帝初颇忧惧,章奏时下,不数月泄泄如故。从哲子世鸿杀人,巡城御史劾之。从哲乞罢,不允。长星现东南,长二丈,广尺余,十又九日而灭。是日京师地震。从哲言:“妖象怪征,层现叠出,除臣奉职无状痛自修省外,望陛下大奋乾纲,与天下更始。”朝士杂然笑之。帝亦不省。御史熊化以时事多艰、佐理无效劾从哲,乞用灾异策免。从哲恳求罢,坚卧四十余日,阁中虚无人。帝慰留再三,乃起视事。

明年二月,杨镐四路出师,兵科给事中赵兴邦用红旗督战,师大败。礼部主事夏嘉遇谓辽事之坏,由兴邦及从哲庇李维翰所致,两疏劾之。从哲求罢,不敢入阁,视事于朝房。帝优旨恳留,乃复故,而反擢兴邦为太常少卿。未几,大清兵连克开原、铁岭。廷臣于文华门拜疏,立请批发,又侯旨思善门,皆不报。从哲乃叩首仁德门跪候俞旨,帝终不报。俄请帝出御文华殿,召见群臣,面商战守方略,亦不报。请补阁臣疏十上,情极哀,始命廷推。及推上,又不用。从哲复连请,乃简用史继偕、沈漼,疏仍留中,终帝世寝不下。御史张新诏劾从哲诸所疏揭,委罪君父,诳言欺人,祖宗二百年金瓯坏从哲手。御史萧毅中、刘蔚、周方鉴、杨春茂、王尊德、左光斗,山西参政徐如翰亦交章击之。从哲连疏自明,且乞罢。帝皆不问。自刘光复系狱,从哲论救数十疏。帝特释为民,而用人行政诸章奏终不发。帝有疾数月。会皇后崩,从哲哭临毕,请至榻前起居。召见弘德殿,跪语良久,因请补阁臣、用大僚、下台谏命。帝许之,乃叩头出。帝素恶言官。前此考选除授者,率候命二三年,及是候八年。从哲请至数十疏,竟不下。帝自以海宇承平,官不必备,有意损之。及辽左军兴,又不欲矫前失,行之如旧。从哲独秉国成,卒无所匡救。又用姚宗文阅辽东,龁经略熊廷弼去,辽阳遂失。论者谓明之亡,神宗实基之,而从哲其罪首也。

　　四十八年七月丙子朔,帝不豫,十又七日大渐。外廷忧危,从哲偕九卿台谏诣思善门问安。越二日,召从哲及尚书周嘉谟、李汝华、黄嘉善、黄克缵等受顾命。又二日,乃崩。

　　八月丙午朔,光宗嗣位。郑贵妃以前福王故,惧帝衔之,进珠玉及侍姬八人啖帝。选侍李氏最得帝宠,贵妃因请立选侍为皇后,选侍亦为贵妃求封太后。帝已于乙卯得疾,丁巳力疾御门,命从哲封贵妃为皇太后,从哲遽以命礼部。侍郎孙如游力争,事乃止。辛酉,帝不视朝,从哲偕廷臣诣宫门问安。时都下纷言中官崔文升进泻药,帝由此委顿,而帝传谕有“头目眩晕,身体软弱,不能动履”语,群情益疑骇。给事中杨涟劾文升并及从哲。刑部主事孙朝肃、徐仪世,御史郑宗周并上书从哲,请保护圣体,速建储贰。从哲候安,因言进药宜慎。帝褒答之。戊辰,新阁臣刘一燝、韩爌入直,帝疾已殆。辛未召从哲、一燝、爌,英国公张惟贤,吏部尚书周嘉谟,户部尚书李汝华,礼部侍郎署部事孙如游,刑部尚书黄克缵,左都御史张问达,给事中范济世、杨涟,御史顾慥等至乾清宫。帝御东暖阁凭几,皇长子、皇五子等皆侍。帝命诸臣前,从哲等因请慎医药。帝曰:“十余日不进矣。”遂谕册封选侍为皇贵妃。甲戌复召诸臣,谕册封事。从哲等请速建储贰。帝顾皇长子曰:“卿等其辅为尧、舜。”又语及寿宫,从哲等以先帝山陵对。帝自指曰:“朕寿宫也。”诸臣皆泣。

　　　　　　　明史卷二一八

帝复问:"有鸿胪官进药者安在?"从哲曰:"鸿胪寺丞李可灼自云仙方,臣等未敢信。"帝命宣可灼至,趣和药进,所谓红丸者也。帝服讫,称"忠臣"者再。诸臣出俟宫门外。顷之,中使传上体平善。日晡,可灼出,言复进一丸。从哲等问状,曰:"平善如前。"明日九月乙亥朔卯刻,帝崩。中外皆恨可灼甚,而从哲拟遗旨赉可灼银币。时李选侍居乾清宫,群臣入临,诸阉闭宫门不许入。刘一燝、杨涟力挝之,得哭临如礼,拥皇长子出居慈庆宫。从哲委蛇而已。

初,郑贵妃居乾清宫侍神宗疾,光宗即位犹未迁。尚书嘉谟责贵妃从子养性,乃迁慈宁宫。及光宗崩,而李选侍居乾清宫。给事中涟及御史左光斗念选侍尝邀封后,非可令居乾清,以冲主付托也。于是议移宫,争数日不决。从哲欲徐之。至登极前一日,一燝、燝邀从哲立宫门请,选侍乃移哕鸾宫。明日庚辰,熹宗即位。

先是,御史王安舜劾从哲轻荐狂医,又赏之以自掩。从哲拟太子令旨,罚可灼俸一年。御史郑宗周劾文升罪,请下法司,从哲拟令旨司礼察处。及御史郭如楚、冯三元、焦源溥,给事中魏应嘉,太常卿曹珖,光禄少卿高攀龙,主事吕维祺,先后上疏言:"可灼罪不容诛,从哲庇之,国法安在!"而给事中惠世扬直纠从哲十罪、三可杀。言:"从哲独相七年,妨贤病国,罪一。骄蹇无礼,失误哭临,罪二。梃击青宫,庇护奸党,罪三。恣行胸臆,破坏丝纶,罪四。纵子杀人,蔑视宪典,罪五。阻抑言官,蔽壅耳目,罪六。陷城失律,宽议抚臣,罪七。马上催战,覆没全师,罪八。徇私罔上,鼎铉贻羞,罪九。代营榷税,蠹国殃民,罪十。贵妃求封后,举朝力争,从哲依违两可,当诛者一。李选侍乃郑氏私人,抗凌圣母,饮恨而没。从哲受刘逊、李进忠所盗美珠,欲封选侍为贵妃,又听其久据乾清,当诛者二。崔文开用泻药伤损先帝,诸臣论之,从哲拟脱罪,李可灼进劫药,从哲拟赏赉,当诛者三。"疏入,责世扬轻诋。从哲累求去,皆慰留。已而张泼、袁化中、王允成等连劾之,皆不听。其冬,给事中程注复劾之,从哲力求去,疏六上。命进中极殿大学士,赉银币、蟒衣,遣行人护归。

天启二年四月,礼部尚书孙慎行追论可灼进红丸,斥从哲为弑逆。诏廷臣议。都御史邹元标主慎行疏。从哲疏辨，自请削官阶，投四裔。帝慰谕之。给事中魏大中以九卿议久稽，趣之上。廷臣多主慎行罪从哲，惟刑部尚书黄克缵，御史王志道、徐景濂，给事中汪庆百右从哲，而詹事公鼐持两端。时大学士炉述进药始末，为从哲解。于是吏部尚书张问达会户部尚书汪应蛟合奏言："进药始末，臣等共闻见。辅臣视皇考疾，急迫仓皇，弑逆二字，何忍言。但可灼非医官，且非知脉知医者。以药尝试，先帝龙驭即上升。从哲与臣等九卿未能止，均有罪，乃反赉可灼。及御史安舜有言，只令养病去，罚太轻，何以慰皇考，服中外。宜如从哲请，削其官阶，为法任咎。至可灼罪不可胜诛，而文升当皇考哀感伤寒时，进大黄凉药，罪又在可灼上。法皆宜显僇，以泻公愤。"议上，可灼遣戍，文升放南京，而从哲不罪。无何，慎行引疾去。五年，魏忠贤辑"梃击"、"红丸""移宫"三事为《三朝要典》以倾正人，遂免可灼戍，命文升督漕运。其党徐大化请起从哲，从哲不出。然一时请诛从哲者贬杀略尽矣。

崇祯元年二月，从哲卒。赠太傅，谥文端。三月下文升狱，戍南京。

沈淮，字铭缜，乌程人。

父节甫，字以安。嘉靖三十八年进士。授礼部仪制主事，历祠祭郎中。诏建祠禁内，令黄冠祝厘，节甫持不可。尚书高拱恚甚，遂移疾归。起光禄丞。会拱掌吏部，复移疾避之。万历初，屡迁至南京刑部右侍郎。召为工部左侍郎，摄部事。御史高举言节甫素负难进之节，不宜一岁三迁。吏部以节甫有物望，绌其议。节甫连上疏请省浮费，核虚冒，止兴作，减江、浙织造，停江西瓷器，帝为稍减织造数。中官传奉，节甫持不可，且上疏言之。又尝献治河之策，语凿凿可用。父忧归，卒。赠右副都御史。天启初，淮方柄用，得赐谥端清。

淮与弟演同登万历二十年进士。淮改庶吉士，授检讨。累官南京礼部侍郎，掌部事。西洋人利玛窦入贡，因居南京，与其徒王丰肃等倡天主教，士大夫多宗之。淮奏："陪京都会，不宜令异教处此。"识者韪其言。然淮素乏时誉。与大学士从哲同里闬，相善也。神宗末从哲独当国，请补阁臣，诏会推。亓诗教等缘从哲意摈何宗彦、刘一燝辈，独以淮及史继偕名上。帝遂用之。或曰由从荐哲也。疏未发，明年，神宗崩，光宗立，乃召淮为礼部尚书兼东阁大学士。未至，光宗复崩。天启元年六月，淮始至。

　　故事，词臣教习内书堂，所教内竖执弟子礼。李进忠、刘朝皆淮弟子。李进忠者，魏忠贤始名也。淮既至，密结二人，乃奏言："辽左用兵亟，臣谨于东阳、义乌诸邑及扬州、淮安募材官勇士二百余，请以勇士隶锦衣卫，而量授材官职。"进忠、朝方举内操，得淮奏大喜。诏锦衣官训练募士，授材官王应斗等游击以下官有差。淮又奏募兵后至者复二百余人，请发辽东、四川军前。诏从之。寻加太子太保，进文渊阁，再进少保兼太子太保、户部尚书、武英殿大学士。

　　禁中内操日盛，驸马都尉王昺亦奉诏募兵，愿得帷幄重臣主其事。廷臣皆言淮与朝阴相结，于是给事中惠世扬、周朝瑞等劾淮阳托募兵，阴借通内。刘朝内操，淮使门客诱之。王昺疏，疑出淮教。阉人、戚畹、奸辅内外弄兵，长安片土，成战场矣。淮疏辨，因请疾求罢。帝慰留之。世扬等遂尽发淮通内状，刑部尚书王纪再疏劾淮，比之蔡京。淮亦劾纪保护熊廷弼、佟卜年、刘一爆等。诏两解之。未几，纪以卜年狱削籍，议者益侧目淮。大学士叶向高言："纪、淮交攻，均失大臣体。今以谳狱斥纪，如公论何？"朱国祚至以去就争，帝皆不听。淮不自安，乃力求去。命乘传归。逾年卒。赠太保，谥文定。

　　淮弟演，由工部主事历官南京刑部尚书。

　　赞曰：神宗之朝，于时为豫，于象为蛊。时行诸人有鸣豫之凶，而无干蛊之略，外畏清议，内固恩宠，依阿自守，掩饰取名，弭谐无闻，循默避事。《书》曰"股肱惰哉，万事堕哉"，此孔子所为致叹于

"焉用彼相"也。

明史卷二一九
列传第一○七

张四维 子泰徵　甲徵　　**马自强** 子怡
慥　**许国　赵志皋　张位**
朱赓 子敬循

张四维，字子维，蒲州人。嘉靖三十二年进士。改庶吉士，授编修。隆庆初，进右中允，直经筵，寻迁左谕德。四维偏悗有才智，明习时事。杨博、王崇古久历边陲，善谈兵。四维，博同里而崇古姊子也，以故亦习知边务。高拱深器之。

拱掌吏部，超擢翰林学士。甫两月，拜吏部右侍郎。俺答封贡议起，朝右持不决。四维为交关于拱，款事遂成。拱益才四维，四维亦干进不已，朝士颇有疾之者。御史郜永春视盐河东，言盐法之坏由势要横行，大商专利，指四维、崇古为势要。四维父、崇古弟为大商。四维奏辨，因乞去。拱力护之，温诏慰留焉。

初，赵贞吉去位，拱欲援四维入阁，而殷士儋夤缘得之，诸人遂相构。及御史赵应龙劾士儋，士儋未去，言路复有劾四维者。四维已进左侍郎，不得已引去，无何士儋亦去。东宫出阁，召四维充侍班官。给事中曹大野言四维赂拱得召。四维驰疏辨，求罢，帝不许，趣入朝。未至而穆宗崩，拱罢政，张居正当国，复移疾归。

四维家素封，岁时馈问居正不绝。武清伯李伟，慈圣太后父也，故籍山西，四维结为援。万历二年复召掌詹事府。明年三月，居正请增至阁臣，引荐四维，冯保亦与善，遂以礼部尚书兼东阁大学士入赞机务。当是时，政事一决居正。居正无所推让，视同列蔑如也。四维由居正进，谨事之，不敢相可否，随其后，拜赐进官而已。居正卒，四维始当国。累加至少师、吏部尚书、中极殿大学士。

初，四维曲事居正，积不能堪，拟旨不尽如居正意，居正亦渐恶之。既得政，知中外积苦居正，欲大收人心。会皇子生，颁诏天下，疏言：“今法纪修明，海宇宁谧，足称治平。而文武诸臣，不达朝廷励精本意，务为促急烦碎，致征敛无艺，政令乖舛，中外嚣然，丧其乐生之心。诚宜及此大庆，荡涤烦苛，弘敷惠泽，俾四海烝黎，咸戴帝德，此固人心培国脉之要术也。”帝嘉纳之。自是，朝政稍变，言路亦发舒，诋居正时事。

于是居正党大惧。王篆、曾省吾辈，厚结申时行以为助。而冯保欲因两宫徽号封己为伯，恶四维持之。篆、省吾知之，厚赂保，数短四维；而使所善御史曹一夔劾吏部尚书王国光媚四维，拔其中表弟王谦为吏部主事。时行遂拟旨罢国光，并谪谦。四维以帝慰留，复起视事。命甫下，御史张问达复劾四维。四维窘，求保心腹徐爵、张大受赂保，保意稍解。时行乃谪问达于外，以安四维。四维以时行与谋也，卒衔之。已而中官张诚谮保，保眷大衰，四维乃授意门生李植辈发保奸状。保及篆、省吾皆逐，朝事一大变。

于是四维稍汲引海内正人为居正所沉抑者。虽未即尽登用，然力反前事，时望颇属焉。云南贡金后期，帝欲罪守土官，又诏取云南旧贮矿银二十万，皆以四维言而止。寻以父丧归。服将阕，卒。赠太师，谥文毅。

子泰征、甲征皆四维柄政时举进士。泰征累官湖广参政，甲征工部郎中。

马自强，字体乾，同州人。嘉靖三十二年进士。改庶吉士，授检讨。隆庆中，历洗马，直经筵。迁国子祭酒，振饬学政，请寄不行。迁少詹事兼侍读学士，掌翰林院。

神宗为皇太子出阁，充讲官。敷陈明切，遂受眷。及即位，自强已迁詹事，教习庶吉士，乃擢礼部右侍郎，为日讲官。寻以左侍郎掌詹事府，直讲如故。丁继母忧归。服阕，诏以故官协理詹事府。至则迁吏部左侍郎，仍直经筵。甫两月，廷推礼部尚书。帝遣使询居正尚书得兼讲官否，居正言，事繁不得兼。乃用为尚书，罢日讲，充经筵讲官。

礼官所掌，宗藩事最多，先后条例自相牴牾，黠吏得恣为奸利。自强择其当者俾僚吏遵守，诸不可用者悉屏之。每藩府疏至，应时裁决，榜之部门，明示行止，吏无所牟利。龙虎山正一真人，隆庆时已降为提点，夺印敕。至是，张国祥求复故号，自强寝其奏。国祥乃重贿冯保固求复，自强力持不可，卒以中旨许之。初，俺答通贡市，赏有定额，后边臣徇其求，额渐溢。自强请申故约，滥乞者勿与，岁省费不赀。《世宗实录》成，加太子少保。

六年三月，居正将归葬父。念阁臣在乡里者，高拱与己有深隙，殷士儋多奥援，或乘间以出，惟徐阶老易与，拟荐之自代。已遣使报阶，既念阶前辈，已还，当位其下，乃请增置阁臣。帝即令居正推择，遂以人望荐自强及所厚申时行。诏加自强太子太保兼文渊阁大学士，与时行并参机务。自强初以救吴中行、赵用贤忤居正，自分不敢望，及制下，人更以是多居正。时吕调阳、张四维先在阁。调阳衰，数寝疾不出，小事四维代拟旨，大事则驰报居正于江陵，听其裁决。自强虽持正，亦不能有为，守位而已。

已，居正还朝，调阳谢政，自强亦得疾卒。诏赠少保，谥文庄，遣行人护丧还。

子怡，举人，终参议；愧，进士，尚宝卿。

关中人入阁者，自自强始。其后薛国观继之。终明世，惟二人。

许国，字维桢，歙县人。举乡试第一，登嘉靖四十四年进士。改庶吉士,授检讨。神宗为太子出阁,兼校书。及即位,进右赞善,充日讲官。历礼部左、右侍郎,改吏部,掌詹事府。

十一年四月以礼部尚书兼东阁大学士入参机务。国与首辅申时行善。以丁此昌事与言者相攻,语侵吴中行、赵用贤,由是物议沸然。已而御史陈性学复摅前事劾国,时行右国,请薄罚性学。国再疏求去,力攻言者。帝命鸿胪宣谕,始起视事。南京给事中伍可受复劾国,帝为谪可受官。国复三疏乞休,语愤激,帝不允。性学旋出为广东佥事。先是,帝考卜寿宫,加国太子太保,改文渊阁,以云南功进太子太傅。国以父母未葬,乞归襄事。帝不允,命其子代。御史马象乾以劾中官张鲸获罪,国恳救。帝为霁威受之。

十七年,进士薛敷教劾吴时来,南京御史王麟趾、黄仁荣疏论台规,辞皆侵国。国愤,连疏力诋,并及主事饶伸。伸方攻大学士王锡爵,公议益不直国。国性木强,遇事辄发。数与言者为难,无大臣度,以故士论不附。

明年秋,火落赤犯临洮、巩昌,西陲震动,帝召对辅臣暖阁。时行言款贡足恃,国谓渝盟犯顺,桀骜已极,宜一大创之,不可复羁縻。帝心然国言,而时行为政不能夺。无何,给事中任让论国庸鄙。国疏辨,帝夺让俸。国、时行初无嫌。而时行适为国门生万国钦所论,让则时行门生也,故为其师报复云。福建守臣报日本结琉球入寇,国因言:“今四裔交犯,而中外小臣争务攻击,致大臣纷纷求去,谁复为国家任事者?请申谕诸臣,各修职业,毋恣胸臆。”帝遂下诏严禁。国始终忿疾言者如此。

廷臣争请册立,得旨二十年春举行。十九年秋,工部郎张有德以仪注请,帝怒夺俸。时行适在告,国与王家屏虑事中变,欲因而就之,引前旨力请。帝果不悦,责大臣不当与小臣比。国不自安,遂求去,疏五上,乃赐敕驰传归。逾一日,时行亦罢,而册立竟停。人谓时行以论劾去,国以争执去,为二相优劣焉。

国在阁九年,廉慎自守,故累遭攻击,不能披以污名。卒,赠太保,谥文穆。

赵志皋，字汝迈，兰溪人。隆庆二年进士及第，授编修。万历初，进侍读。张居正夺情，将廷杖吴中行、赵用贤。志皋偕张位、习孔教等疏救，格不上，则请以中行等疏宣付史馆，居正恚。会星变考察京朝官，遂出志皋为广东副使。居三年，再以京察谪其官。居正殁，言者交荐，起解州同知。旋改南京太仆丞，历国子监司业、祭酒，再迁吏部右侍郎，并在南京。寻召为吏部左侍郎。

十九年秋，申时行谢政，荐志皋及张位自代。遂进礼部尚书兼东阁大学士，入参机务。明年春，王家屏罢，王锡爵召未至，志皋暂居首辅。会宁夏变起，兵事多所咨决。主事岳元声疏论锡爵，中言当事者变乱倾危，为主事诸寿贤、给事中许弘纲所驳。志皋再辨，帝皆不问。

二十一年，锡爵还朝，明年五月遂归，志皋始当国。辽东失事，诏褫巡抚韩取善职，逮副使冯时泰诏狱，而总兵官杨绍勋止下御史问。给事中吴文梓等论其失平，志皋亦言：“封疆被寇，武臣罪也。今宽绍勋而深罪文吏，武臣益恣，文吏益丧气。”帝不从，时泰竟谪戍。皇太后诞辰，帝受贺毕，召见辅臣暖阁，志皋论宥御史彭应参。言官乞减织造，志皋等因合词请。寻极论章奏留中之弊，请尽付诸曹议行。帝恶中官张诚党霍文炳，以言官不举发，贬黜者三十余人。志皋等连疏谏，皆不纳。累进少傅，加太子太傅，改建极殿。

时两宫灾，彗星现，日食九分又奇，三殿又灾，连岁间变异迭出。志皋请下罪已诏，因累疏陈时政缺失。而其大者定国本、罢矿税诸事，凡十一条。优诏报闻而已。皇长子年十六时，志皋尝请举冠婚礼。帝命礼官具仪。及仪上，不果行。二十六年三月，志皋等复以为言，终不允。

张居正柄国，权震主。申时行继之，势犹盛。王锡爵性刚负气，人亦畏之。志皋为首辅，年七十余，毫矣，柔而懦，为朝士所轻，诟诨四起。其始为首辅也，值西华门灾，御史赵文炳论之。无何，南京御史柳佐、给事中章守诚言，吏部郎顾宪成等空司而逐志皋，实激帝怒。已而给事中张涛、杨洄,御史冀体、况上进,南京评事龙起雷相继披诋。而巡按御史吴崇礼劾其子两淮运副凤威,凤威坐停俸。未几,工部郎中岳元声极言志皋宜放,给事中刘道亨诋尤力。志皋愤,言:"同一阁臣也,往日势重而权有所归,则相率附之以媒进。今日势轻而权有所分,则相率击之以博名。"因求退益切。帝慰谕之。

初,日本封贡议起,石星力主之。志皋亦冀无事,相与应和。及封事败,议者蜂起,凡劾星者必及志皋。志皋每被言,辄疏辨求退,帝悉勉留。先尝谴言者以谢之,后言者益众,则多寝不下,而留志皋益坚。迨封事大坏,星坐欺罔下狱论死,位亦以杨镐故褫官,而志皋终不问。然志皋已病不能视事,乞休疏累上,御史于永清、给事中桂有根复疏论之。志皋身在床褥,于罢矿、建储诸大政,数力疾草疏争,帝岁时恩赐亦如故。

志皋疾转笃。在告四年,疏八十余上。二十九年秋卒于邸舍。赠太傅,谥文懿。

张位,字明成,新建人。隆庆二年进士。改庶吉士。授编修,预修《世宗实录》。

万历元年,位以前代皆有起居注,而本朝独无,疏言:"臣备员纂修,窃见先朝政事,自非出于诏令,形诸章疏,悉湮没无考。鸿猷茂烈,郁而未章,徒使野史流传,用伪乱真。今史官充位,无以自效。宜日分数人入直,凡诏旨起居,朝端政务,皆据见闻书之,待内阁裁定,为他年实录之助。"张居正善其议,奏行焉。

后以救吴中行、赵用贤忤居正意。时已迁侍讲,抑授南京司业。未行,复以京察,谪徐州同知。居正卒之明年,用给事中冯景隆、御史孙维城荐,擢南京尚宝丞。俄召为左中允,管司业事,进祭酒。疏陈六事,多议行。以礼部右侍郎,教习庶吉士,引疾归。诏起故官,协理詹事府,辞不赴。久之,以申时行荐,拜吏部左侍郎兼东阁大学士,与赵志皋并命。

王锡爵还朝,帝适降谕三王并封,以待嫡为辞。而志皋、位遽请

帝笃修交泰,早兆高禖,议者窃哂之。赵南星以考察事褫官,朝士诋
锡爵者多及位。锡爵去,志皋为首辅。位与志皋相厚善。志皋衰,
位精悍敢任,政事多所裁决。时黜陟权尽还吏部,政府不得侵挠。位
深憾之,事多掣其肘。以故孙铤、陈有年、孙丕扬、蔡国珍皆不安其
位而去。

　　二十四年,两宫灾,矿税议起,位等不能沮。及奸人请税煤炭,
开临清皇店,位与沈一贯乃执奏不可,不报。明年春,偕一贯陈经理
朝鲜事宜。请于开城、平壤建置重镇,练兵屯田,通商惠工,省中国
输挽。且择人为长帅,分署朝鲜八道,为持久计。事下朝鲜议。其
国君臣虑中国遂并其土,疏陈非便,乃寝。顷之,日本封事坏,位力
荐参政杨镐才,请付以朝鲜军务。镐遭父丧,又请夺情视事,且荐邢
玠为总督。帝皆从之。位已进礼部尚书,改文渊阁,以甘肃破贼叙
功,加太子太保,复以延镇功,进少保、吏部尚书,改武英殿。

　　三殿灾,志皋适在告,位偕同列请面慰,不许。乃请帝引咎颁
赦,勤朝讲,发章奏,躬郊庙,建皇储,录废弃,容狂直,宥细过,补缺
官,减织造,停矿使,撤税监,释系囚。帝优诏报之,不能尽行。位又
言:“臣等请停矿税,非遽停之也,盖欲责成抚按,使上不亏国,下不
累民耳。”于是给事中张正学劾位逢迎迁就,宜斥,帝亦不省。位初
官翰林,声望甚重,朝士冀其大用。及入政府,招权示威,素望渐衰。
给事中刘道亨劾位奸贪数十事。位愤,力辨,遂落道亨三官。吕坤、
张养蒙与孙丕扬交好,而沈思孝、徐作、刘应秋、刘楚先、戴士衡、杨
廷兰则与位善,各有所左右。丕扬尝劾位,指道亨为其党。道亨耻
之,劾位以自解。已而赞画主事丁应泰劾杨镐丧师,言位与镐密书
往来,朋党欺罔,镐拔擢由贿位得之。帝怒下廷议。位惶恐奏辨,帝
犹慰留。给事中赵完璧、徐观澜复交章论。位窘,亟奏:“群言交攻,
孤忠可悯。臣心无纤毫愧,惟上矜察。”帝怒曰:“镐由卿密揭屡荐,
故夺哀授任。今乃朋欺隐匿,辱国损威,犹云无愧。”遂夺职闲住。

　　无何,有获妖书名《忧危竑议》者,御史赵之翰言位实主谋。帝
亦疑位怨望有他志,诏除名为民,遇赦不宥。其亲故右都御史徐作、

侍郎刘楚先、祭酒刘应秋、给事中杨廷兰、主事万建昆皆贬黜有差。

位有才,果于自用,任气好矜。其败也,廷臣莫之救。既卒,亦无湔雪之者。天启中,复官,赠太保,谥文庄。

朱赓,字少钦,浙江山阴人。父公节,泰州知州。兄应,刑部主事。赓登隆庆二年进士,改庶吉士,授编修。万历六年,以侍读为日讲官。宫中方兴土木,治苑囿。赓因讲宋史,极言"花石纲"之害,帝为悚然。历礼部左、右侍郎。帝营寿宫于大峪山,命赓往视。中官示帝意欲仿永陵制,赓言:"昭陵在望,制过之,非所安。"疏入,久不下。已,竟如其言。累官礼部尚书,遭继母丧去。

二十九年秋,赵志皋卒,沈一贯独当国,请增置阁臣。帝素虑大臣植党,欲用林居及久废者。诏赓以故官兼东阁大学士参预机务,遣行人召之。再辞,不允。明年四月诣阙,即捐一岁俸助殿工。其秋极陈矿税之害,帝不能用。既而与一贯及沈鲤共献守成、遣使、权宜三论,大指为矿税发,赓手笔也。赓于己邸门获妖书,而书辞诬赓动摇国本,大惧。立以疏闻,乞避位。帝慰谕有加。一贯倡群小穷治不已。赓在告,再贻书一贯,请速具狱无株连,事乃得解。

三十三年大计京官。帝留被察者钱梦皋辈,及南京察疏上,亦欲有所留。赓力陈不可,曰:"北察之留,旨从中出,人犹咎臣等。今若出自票拟,则二百余年大典,自臣坏之,死不敢奉诏。"言官劾温纯及鲤,中使传帝意欲去纯。赓言大臣去国必采公论,岂可于劾疏报允。帝下南察疏,而纯竟去。其冬,工部请营三殿。时方浚河、缮城,赓力请俟之异日。帝皆纳之,不果行。

三十四年,一贯、鲤去位,赓独当国,年七十有二矣。朝政日弛,中外解体。赓疏揭月数上,十不能一下。御史宋焘首讽切赓,给事中汪若霖继之。赓缘二人言,力请帝更新庶政,于增阁臣、补大僚、充言路三事语尤切。帝优诏答之而不行。赓乃素服诣文华门恳请,终不得命。赓以老,屡引疾,阁中空无人。帝谕简阁臣,而廷臣虑帝出中旨如往年赵志皋、张位故事。赓力疾请付廷推,乃用于慎行、李

廷机、叶向高,而召王锡爵于家,以为首辅。给事中王元翰、胡忻以
廷机之用,赓实主之,疏诋廷机并侵赓。赓疏辞,帝为切责言者。既
而姜士昌及煃被谪,言路谓出赓意,益不平。礼部主事郑振先遂劾
赓十二大罪,且言赓与一贯、锡爵为过去、现在、未来三身。帝怒,贬
振先三秩。俄以言官论救,再贬二秩。

　　先,考选科道,吏部拟上七十八人。候命逾年,不下,赓连疏趣
之。三十六年秋,命始下。诸人列言路,方欲见风采,而给事中若霖
先尝忤赓,及是见黜,适当赓病起入直时。众谓赓修郤,攻讦四起,
先后疏论至五十余人。给事中喻安性者,赓里人,为赓上疏言:"今
日政权不由内阁,尽移于司礼。"言者遂交章劾安性,复侵赓。是时
赓已寝疾,乞休疏二十余上。言者虑其复起,攻不已,而赓以十一月
卒于官。遗疏陈时政,语极悲切。赓先加少保兼太子太保,进吏部
尚书、文华殿大学士。及卒,赠太保,谥文懿。御史彭端吾复疏诋赓,
给事中胡忻请停其赠谥,帝不听。

　　赓醇谨无大过,与沈一贯同乡相比,昵给事中陈治则、姚文蔚
等,以故蒙诟病云。

　　子敬循,官礼部郎中,改稽勋。前此无正郎改吏部者,自敬循
始。终右通政。

　　赞曰:四维等当轴处中,颇滋物议。其时言路势张,恣为抨击。
是非瞀乱,贤否混淆,群相敌仇,罔顾国是。诟谇日积,又乌足为定
论乎。然谓光明磊落有大臣之节,则斯人亦不能无愧辞焉。

明史卷二二〇
列传第一〇八

万士和　　王之诰　刘一儒
吴百朋　　刘应节　徐栻　　王遴
毕锵　舒化　李世达
曾同亨　弟乾亨　辛自修　温纯
赵世卿　李汝华

　　万士和，字思节，宜兴人。父吉，桐庐训导，有学术。士和成嘉靖二十年进士，改庶吉士，授礼部主事。父丧除，乞便养母，改南京兵部。累迁江西佥事，岁裁上供瓷器千计。迁贵州提学副使，进湖广参政。抚纳叛苗二十八寨，以功赍银币。三殿工兴，采木使者旁午。士和经画备至，民赖以安。迁江西按察使，之官逾期，劾免。

　　起山东按察使，再迁广东左布政使。政事故专决于左，士和曰："朝廷设二使，如左右手，非有轩轾。"乃约右使分日治事。召拜应天府尹，道迁右副都御史。督南京粮储，奏请便民六事。隆庆初，进户部右侍郎，总督仓场。寻改礼部，进左。引疾归。

　　神宗立，起南京礼部侍郎，署国子监事。万历元年，礼部尚书陆树声去位。张居正用树声言，召士和代之。条上崇俭数事。又以灾祲屡见，奏乞杜幸门、容谠直、汰冗员、抑干请，多犯时忌。俺答及所部贡马，边臣请加官赏。士和言赏赍有成额，毋徇边臣额外请，从之。方士倚冯保求官,士和持不可。成国公朱希忠殁,居正许赠王,士和力争。给事中余懋学言事得罪,士和言直臣不当斥。于是积忤居正。给事中朱南雍承风劾之,遂谢病去。居正殁,起南京礼部尚书,再疏引年不赴。卒,年七十一。赠太子少保,谥文恭。

王之诰,字告若,石首人。嘉靖二十三年进士。授吉水知县。迁户部主事,改兵部员外郎,出为河南佥事。讨师尚诏有功,转参议。调大同兵备副使。以捣板升功,增俸一级,进山西右参政。擢右佥都御史,巡抚辽东。大兴屯田,每营垦田百五十顷,役军四百人。列上便宜八事,行之。召为兵部右侍郎。寻以左侍郎总督宣、大、山西军务。

隆庆元年就进右都御史。俺答犯石州,之诰令山西总兵官申维岳,参将刘宝、尤月、黑云龙四营兵尾之南下,而檄大同总兵官孙吴、山西副总兵田世威等出天门关,遏其东归。巡抚王继洛驻代州不出,维岳不敢前,石州遂陷。杀人数万,所过无孑遗,大掠十有四日而去。事闻,维岳、世威、宝论死,继洛戍边,吴落职。之诰以还守南山,止贬二秩。

明年诏之诰以左侍郎巡视蓟、辽、保定、宣、大、山西,侍郎刘焘巡陕西、延绥、宁夏、甘肃。之诰以疾辞,代以冀练。已,复因给事中张卤言,皆罢不遣。三年起督京营,进右都御史,总督陕西三边军务。以延宁将士捣巢功,予一子官,迁南京兵部尚书。

神宗嗣位,召拜刑部尚书。张居正专政,之诰与有连,每规切之。万历三年乞假送母归,逾时不至,被劾。会之诰亦奏请终养,遂报许。后居正丧父夺情,杖言者阙下。归葬还阙,之诰以召还直臣,收人心为劝。卒,赠太子太保,谥端襄。

时有夷陵刘一儒者,字孟真,亦居正姻也。嘉靖三十八年进士。屡官刑部侍郎。居正当国,尝贻书规之。居正殁,亲党皆坐斥,一儒独以高洁名。寻拜南京工部尚书。甫半岁,移疾归。初,居正女归一儒子，珠琲纨绮盈箱箧，一儒悉扃之别室。居正死，赀产尽入官，一儒乃发向所缄物还之。南京御史李一阳请还一儒于朝，以厉恬让。帝可其奏。一儒竟不赴召，卒于家。天启中，追谥庄介。

吴百朋，字维锡，义乌人。嘉靖二十六年进士。授永丰知县。征拜御史，历按淮、扬、湖广。擢大理寺丞，进右少卿。

四十二年夏，进右佥都御史，抚治郧阳。改提督军务，巡抚南、赣、汀、漳。与两广提督吴桂芳讨平河源贼李亚元、程乡贼叶丹楼，又会师破倭海丰。

初，广东大埔民蓝松山、余大眷倡乱，流劫漳、延、兴、泉间。官军击败之，奔永春。与香僚盗苏阿普、范继祖连兵犯德化，为都指挥耿宗元所败，伪请抚。百朋亦阳罢兵，而诱贼党为内应，先后悉擒之，惟三巢未下。三巢者，和平李文彪据岑冈，龙南谢允樟据高沙，赖清规据下历。朝廷以倭患棘，不讨且十年。文彪死，子珍及江月照继之，益猖獗。四十四年秋，百朋进右副都御史，巡抚如故。上疏曰："三巢僭号称王，旋抚旋叛。广东和平、龙川、兴宁，江西龙南、信丰、安远，蚕食过半。不亟讨，祸不可言。三巢中惟清规跨江、广六县，最逆命，用兵必自下历始。"帝采部义，从之。百朋乃命守备蔡汝兰讨擒清规于苦竹嶂，群贼震慑。

隆庆初，吏部以百朋积苦兵间，稍迁大理卿。给事中欧阳一敬等请留百朋剿贼，诏进兵部右侍郎兼右佥都御史，巡抚如故。百朋奏，春夏用兵妨耕作，宜且听抚，帝从之。寻擢南京兵部右侍郎。乞终养，不许。改刑部右侍郎。父丧归，起改兵部。

万历初，奉命阅视宣、大、山西三镇。百朋以粮饷、险隘、兵马、器械、屯田、盐法、番马、逆党八事核边臣，督抚王崇古、吴兑，总兵郭琥以下，升赏黜革有差。又进边图，凡关塞险隘，番族部落，士马强弱，亭障远近，历历如指掌。以省母归。起南京右都御史，召拜刑部尚书。逾年卒。

刘应节,字子和,潍人。嘉靖二十六年进士。授户部主事。历井陉兵备副使,兼辖三关。三关属井陉道自此始。四十三年以山西右参政擢右佥都御史,巡抚辽东。母丧归。

隆庆元年起抚河南。俺答寇石州,山西骚动,诏应节赴援。已,寇退。会顺天巡抚耿随卿坐杀平民充首功逮治,改应节代之。建议永平西门抵海口距天津止五百里,可通漕,请募民习海道者赴天津领运,同运官出海达永平。部议以漕卒冒险不便,发山东、河南粟十万石储天津,令永平官民自运焉。

四年秋,进右副都御史,巡抚如故。旋进兵部右侍郎兼右佥都御史,代谭纶总督蓟、辽、保定军务。奏罢永平、密云、霸州采矿。又因御史傅孟春言,议诸镇积贮,当计岁丰歉。常时以折色便军,可以积粟;凶岁以本色济荒,可以积银。又明年建议通漕密云,上疏曰:“密云环控潮、白二水,天设之以便漕者也。向二水分流,至牛栏山始合。通州运艘至牛栏山,以上陆运至龙庆仓,输挽甚苦。今白水徙流城西,去潮水不二百武,近且疏渠植坝,合为一流,水深漕便。旧昌平运额共十八万石有奇,今只十四万,密云仅得十万,惟赖召商一法,而地瘠民贫,势难长恃。闻通仓粟多红朽,若漕五万石于密云,而以本镇折色三万五千两留给京军,则通仓无腐粟,京军沾实惠,密云免金商,一举而三善备矣。”报可。

给事中陈渠以蓟镇多虚伍,请核兵省饷。应节上疏曰:“国初设立大宁,蓟门犹称内地。既大宁内徙,三衡反复,一切防御之计,与宣、大相埒,而额兵不满三万。仓卒召外兵,疲于奔命,又半孱弱。于是议减客兵,募土著,而游食之徒,饥聚饱扬。请清勾逃军,而所勾皆老稚,又未必安于其伍。本镇西起镇边,东抵山海,因地制兵,非三十万不可。今主、客兵不过十三万而已。且宣府地方六百里,额兵十五万;大同地方千余里,额兵十三万五千;今蓟、昌地兼二镇,而兵力独不足。援彼例此,何以能守?以今上计,发精兵二十余万,恢复大宁,控制外边,俾畿辅肩背益厚,宣、辽声援相通,国有重关,庭无近寇,此万年之利也。如其不然,集兵三十万,分屯列戍,使首尾相应,此百年之利也。又不然,则选主、客兵十七万,训练有成,不必仰藉邻镇,亦目前苟安之计。今皆不然,征兵如弈棋,请饷如乞籴,操练如搏沙,教战如谈虎。边长兵寡,掣襟肘见。今为不得已之计,姑勾新军补主兵旧额十一万,与入卫客兵分番休息,庶军不告劳,稍定边计。"部议行所司清军,而补兵之说卒不行。

万历元年进右都御史兼兵部右侍郎,总督如故。进南京工部尚书,召为戎政尚书,改刑部。锦衣冯邦宁者,太监保从子,道遇不引避,应节叱下之,保不悦。会云南参政罗汝芳奉表至京,应节出郭与谈禅,给事中周良寅疏论之,遂偕汝芳劾罢。卒,赠太子少保。

初,王宗沐建议海运,应节与工部侍郎徐栻请开胶莱河,张居正力主之。用栻兼金都御史以往,议凿山引泉,计费百万。议者争驳之。召栻还,罢其役。栻,常熟人,累官南京工部尚书。

王遴,字继津,霸州人。嘉靖二十六年进士。除绍兴推官。入为兵部主事,历员外郎。峭直矜节概,不妄交。同官杨继盛劾严嵩及其孙效忠冒功事,下部覆。世蕃自为稿,以属武选郎中周冕。冕发,反得罪。尚书聂豹惧,趣所司以世蕃稿上。遴直前争,豹怒,竟覆如世蕃言。继盛论死,遴为资粥饘,且以女字其子应箕。嵩父子大恚,摭他事下之诏狱。事白复官。及继盛死,收葬之。迁山东佥事,再迁岢岚兵备副使。有威名,为巡抚所忌,劾去。官民相率讼冤,诏许起用。

四十五年擢右佥都御史,巡抚延绥。寇大入定边、固原,总兵官郭江战殁。总督陈其学、陕西巡抚戴才坐免,遴贬俸一秩。隆庆改元,寇六入塞,皆失利去。而御史温如玉论遴不已,解官候勘。后御史杨镈勘上其功,遂以故官巡抚宣府。总兵官马芳骁勇,寇不敢深入。遴乃大兴屯田,边储赖之。秩满,进右副都御史。寻召拜兵部右侍郎。省亲归,起协理戎政。

神宗立,张居正秉政。遴其同年生,然雅不相能。会议阅边,遴请行。命往陕西四镇。峻绝馈遗。事峻,遽移疾归。居正殁,始起南京工部尚书。寻改兵部,参赞机务。守备中官丘得用滥役营军,遴奏禁之,因奏行计安留都十二事。召拜户部尚书。先奉诏蠲除及织造议留共银百七十六万余两,命于太仓库补进,遴言:"陛下历十余年之储积仅三百余万,今因一载蠲除,即收补于库。计十余年之积,不足偿二年取补之资。矧金花额进岁当百万,自六年以后增进二十万,今合六年计之,不啻百万矣。库积非源泉,岁进不已,后将何继?"因言京、通二仓粮积八百万石,足供九年之需,请量改折百五十万石,三年而止。诏许一年。

时尚宝丞徐贞明、御史徐待开京东水田,遴力赞之,议遂决。故事,户部银专供军国,不给他用。帝大婚,暂取济边银九万两为织造费,至是复欲行之,遴执争。未几诏取金四千两为慈宁宫用,遴又力持。皆不纳。已,陈理财七事,请崇节俭、重农务、督逋负、惩贪墨、广储蓄、饬贡市。帝报曰:"事关朕躬者已知之,余饬所司议行。"时释教大盛,遴请汰其壮者归农,聚众修斋者坐左道罪。礼部尚书沈鲤请如遴言。诏已许,后妃宦官多言不便,事中止。

改兵部尚书。辽东总兵官李成梁赂遗偏裨毂,不敢至遴门。遴在户部频执争,已为中官所嫉。会帝阅寿宫,中官持御批索马。遴以为题本当钤印,司礼传奉由科发部,无径下部者,援故事执奏。帝不悦。大学士申时行尝以管事指挥罗秀属遴补锦衣金书,遴格不许。时行乃调旨责遴擅留御批,失敬上体。御史因交章劾遴,遴乞休去,张佳胤代之。给事中张养蒙言:"罗秀本太监滕祥奴,贿入禁卫。往岁营金书,尚书遴持正,为所中伤去。未几秀即躐用,物议沸腾。"于是黜秀,佳胤亦罢。

遴虽退,声望愈重,以年高存问者再三。三十六年卒。赠太子太保。天启中,追谥恭肃。

毕锵,字廷鸣,石埭人。嘉靖三十二年进士。授刑部主事。历郎中,擢浙江提学副使,迁广西右参政,进按察使,再迁湖广左布政使。召为太仆卿,未至,改应天尹。海瑞抚江南,移檄京府,等于属吏，锵却不受。瑞察锵政，更与善。进南京户部右侍郎，督理粮储。

万历二年入为刑部右侍郎。改户部，总督仓场。擢南京户部尚书，谢病去。起南京工部尚书，就改吏部，征为户部尚书。帝以风霾谕所司陈时政，锵以九事上。中言：“锦衣旗校至万七千四百余人，内府诸监局匠役数亦称是。此冗食之尤，宜屏除冒滥。州县丈田滋弊，云南鼓铸不酬工值，官已裁而复置，田欲垦而再停。请酌土俗人情，毋率意更改。至袍服锦绮，岁有积余，何烦频织。天灯费巨万，尤不经。滥予不可不裁，淫巧不可不革。”他所奏，并多切要。近幸从中挠之，不尽行。锵乃引年乞罢。予驰驿归。

锵遇事守正，有物望。年及八十，赐存问，加太子少保。后凡存问者再。其孙汝梗奉表入谢，诏以为太学生。年九十三而卒。赠太子太保，谥恭介。

舒化，字汝德，临川人。嘉靖三十八年进士。授衡州推官。改补凤阳，擢户科给事中。

隆庆初，三迁刑科给事中。帝任宦官，旨多从中下。化言：“法者天下之公，大小罪犯宜悉付法司。不当，则臣等论劾。若竟自救行，则喜怒未必当，而法司与臣等俱虚设。”诏是其言。冬至郊天，闻帝咳声，推论阴阳姤复之渐，请法天养微阳，词甚切直。有诏言灾眚洊至，由部院政事不修，令厂卫密察。化偕同列言：“厂卫徼巡辇下，惟诘奸宄、禁盗贼耳。驾驭百官，乃天子权，而纠察非法，则责在台谏，岂厂卫所得干。今命之刺访，将必开罗织之门，逞机阱之术，祸贻善类，使人人重足累息，何以为治。且厂卫非能自廉察，必属之番校。陛下不信大臣，反信若属耶？”御史刘思贤等亦极陈其害。帝并不从。已而事竟寝。校尉负尸出北安门，兵马指挥孙承芳见之，疑有奸，系狱鞫讯，词连内官李阳春。阳春惧，诉于帝。言尉所负非死者，出外乃死，承芳妄生事，刑校尉。帝信之，杖承芳六十，斥为民。化请以阳春所奏下法司勘问，不纳。

四年热审，请释累臣郑履淳、李芳，及朝审，又请释李已，皆得宥。时高拱当国，路楷、杨顺以构杀沈炼论死。拱欲为楷地，谓顺首祸，顺死，楷可勿坐。化取狱牍示拱曰："狱故无炼名。有之，自楷始。楷诚罪首。"拱又议宥方士王金等罪，化言："此遗诏意，即欲勿罪，宜何辞？"忤拱，出为陕西参政。再疏致仕归。

万历初，累擢太仆少卿。复以疾归。由南京大理卿召拜刑部左侍郎。云南缅贼平，帝御午门楼受俘。化读奏词，音吐洪亮，进止有仪，帝目属之。会刑部缺尚书，手诏用化。化言："陛下仁心出天性。知府钱若赓、知州方复乾以残酷死戍。请饬大小臣僚各遵律例毋淫刑。《大明律》一书，高皇帝揭之两庑，手加更定。今未经详断者或命从重拟议，已经定议者又诏加等处斩，是谓律不足用也。去冬雨雪不时，灾异频见，咎当在此。"帝优诏答之。会续修《会典》，因辑嘉靖三十四年以后事例与刑名相关者三百八十二条，奏之。诏颁示中外。

十四年应诏陈言。请信诏令，清狱讼，速讯谳，严检验，禁冤滥，而以格天安民归本圣心。帝嘉纳焉。帝虑群下欺罔，间有讦发，辄遣官逮捕，牵引证佐，文案累积。化言："主术贵执要，不当侵有司；徒使人归过于上，而下反得缘以饰非。"潞王府小校以事为兵马司吏目所笞，帝怒，逮吏目下诏狱，掠死，又罪其捕卒七人。化争之。诏罪为首一人，余并获宥。

明年，京察拾遗，南京科道论及化。遂三疏乞归，帝不许。会当虑囚，复起视事。中贵传帝意宥重辟三十余人，化争不可。诏卒从其议。寻称病笃，乃听归。卒，赠太子少保，谥庄僖。

李世达，字子成，泾阳人。嘉靖三十五年进士。授户部主事。改吏部，历考功、文选郎中，与陆光祖并为尚书所倚。隆庆初。丁曾祖忧。起右通政，历南京太仆卿。

万历二年以右佥都御史巡抚山东。寻进右副都御史，总理河道。未上，改抚浙江。旋移疾归，起督漕运兼巡抚凤阳。黄河南侵，淮安告警，世达请修石堤捍城；宝应氾光湖风涛险恶，岁漂溺，请开越河杀水势。俱报可。迁南京兵部右侍郎。召改户部，复改吏部，进左侍郎。擢南京吏部尚书，就改兵部，参赞机务。

俄召为刑部尚书。中官张德殴人死，世达请置于理，刑科唐尧钦亦言之，德遂属吏。大兴知县王阶坐挞乐舞生下吏，帝密遣两校尉侦之，谳日为巡风主事孙承荣所拒。校尉还奏，帝怒诘世达。世达言侦伺非大体。承荣竟夺俸。东厂太监张鲸有罪，言官交劾，帝曲贷之。世达执奏，帝乃屏鲸于外。驸马都尉侯拱宸仆毙平民抵法，世达请并坐拱宸。乃革其任，命国学肄礼。罪人焦文粲法不当死，帝怒入之。会朝审，命户部尚书宋纁主笔。世达言于纁，薄文粲罪。忤旨，诘问，复据法以对。帝卒不从。时帝燕居多暴怒，近侍屡以非罪死，世达因灾异上书以讽。浙江饥，或请令罪人出粟除罪。世达言："法不可废，宁赦毋赎。赦则恩出于上，法犹存。赎则力出于下，人滋玩。"识者韪之。

改左都御史。兵马指挥何价虐死三人，御史刘思瑜庇之。世达劾奏，帝镌思瑜秩。复劾罢御史韩介等数人。帝深恶言官，下诏申饬，责以挟私报复。世达言："效忠持正者，语虽过激，心实无他。即或心未可知，而言不可废，并宜容纳。惟缄默依阿，然后加黜罚。则谠言日进，邪说渐消。"报闻。

二十一年与吏部尚书孙铖同主京察，斥政府私人殆尽。考功郎中赵南星被劾贬官，世达力争之，反除南星等名，遂求去，不许。其秋，吏部侍郎赵用贤以绝婚事被讦，世达白其无罪。郎中杨应宿、郑材疏诋世达，遂连章乞休去。归七年卒。赠太子太保，谥敏肃。

曾同亨，字于野，吉水人。父存仁，云南布政使。同亨举嘉靖三十八年进士。授刑部主事。改礼部，迁吏部文选主事。故事，丞簿以下官，听胥吏铨注，同亨悉躬亲之。与陆光祖、李世达齐名。隆庆初，为文选郎中，荐用遗佚几尽。进太常少卿，请急去。

万历初，起大理少卿。历顺天府尹，以右副都御史巡抚贵州。御史刘台得罪张居正。同亨，台姊夫也，给事中陈三谟欲并逐之，奏同亨羸不任职。诏调南京，遂移疾归。九年，京察拾遗，给事中秦燿、御史钱岱等复希居正指，列同亨名。勒休致。

居正卒，起南京太常卿。召为大理卿，迁工部右侍郎。督治寿宫，节浮费三十余万。由左侍郎进尚书。军器自外输，率不中程，奏请半收其直，又请减织造之半。皆报可。汝安王妃乞桥税，同亨拒之。帝竟如妃请。内府工匠，隆庆初数至万五千八百人，寻汰二千五百人，而中官滥增不已。同亨疏请清厘。已得旨，中官复奏寝之。给事中杨其休疏争，弗纳。同亨弟乾亨请裁冗员以裕经费，京卫诸武臣谓减己月俸也，大哗，伺同亨出朝围而噪之。同亨再乞休，不得请。九门工成，加太子少保。力乞去，诏乘传归。起南京吏部尚书，辞不拜。久之，再起故官，累辞乃就职。税使所在虐民，同亨极谏。

三十三年大计京官，与考功郎徐必达持正不挠。是年，北察失执政意，中旨留给事中钱梦皋等；南察及同亨自陈疏，亦久不下。同亨适给由入都，遂引疾。诏加太子太保致仕。

同亨初入吏部，严嵩其乡人，尚书吴鹏则父同年也，同亨无私谒。尝止宿署舍，弥月不归。雅与罗汝芳、耿定向善。尚节杨博痛诋伪儒，同亨曰："此中暗修，非可概斥。即使阳假名义，视呈身进取、恬不知耻者，孰愈哉？"卒年七十有五。赠少保，谥恭端。

弟乾亨，字于健。从罗洪先学。登万历五年进士，除合肥知县，调休宁。擢御史。给事中冯景劾李成梁被谪，乾亨以尚书张学颜右成梁也，并劾之。帝怒，黜为海州判官。稍迁大名推官，历光禄少卿。

十八年冬，敕兼监察御史，阅视大同边务。劾罢总兵官以下十余人。大同土兵岁饷万二千石，兵自征之，民不胜扰。乾亨议留兵二百，余尽汰之。屡奏边备事宜，辄中机要。诸武弁之诟同亨也，大学士王家屏遣谕之曰："天下有叛军，宁有叛臣？若曹于禁地辱大臣，罪且死。"诸人乃散去。尚书石星言贵臣被辱，大伤国体，给事中钟羽正亦言之。不报。家屏密揭力争，乃夺掌后府定国公徐文璧禄半岁，而治首事者以法。

乾亨寻进大理丞，迁少卿。考功郎赵南星以考察事被斥，乾亨
论救，侵执政，复移书辨之。廷推巡抚者三，俱不用。遂引疾归。未
几卒。乾亨言行不苟，与其兄并以名德称。

辛自修，字子吉，襄城人。嘉靖三十五年进士。除海宁知县。
擢吏科给事中。奏言："吏部铨注，遴才要矣，量地尤急。迩京
府属吏以大计去者十之五，岂畿辇下独多不肖哉？地艰而事猥也。
请量地剧易以除官，量事繁简以注考。"吏部善其言，请令抚按举劾
如自修议。巡视京营，劾典营务镇远侯顾寰、协理金都御史李燧，请
戒寰罢燧。从之。历迁礼科都给事中。诚意伯刘世延不法，自修极
论其奸。诏革任禁锢。隆庆元年，给事中胡应嘉言事斥，自修疏救。
未几，论夺尚书顾可学、徐可成，侍郎朱隆禧、郭文英赠谥；以可成
由黄冠，文英由工匠，可学、隆禧俱以方药进也。擢太仆少卿，引疾
归。

万历六年起应天府丞，再迁光禄卿。以右佥都御史巡抚保定六
府。奏减均徭里甲银六万两，增筑雄、任丘二县堤，以御滹沱水患。
每岁防秋，巡抚移驻易州，征所部供费，防秋已罢，征如故，自修奏
已之。入历大理卿，兵部左、右侍郎，擢南京右都御史。御史沈汝梁
者，巡视下江，用馈遗为名，尽括所部赎锾，自修劾奏之。帝方欲惩
贪吏，乃命逮治汝梁，而召自修为左都御史。

十五年大计京官，政府欲庇私人，去异己。吏部尚书杨巍承意
指惟谨，自修患之，先期上奏，请勿以爱憎为喜怒，排抑孤立之人。
帝善其言，而政府不悦。有贪竞者十余辈，皆政府所厚，自修欲去
之。给事中陈与郊自度不免，遂言宪臣将以一眚弃人，一举空国。于
是自修所欲斥者悉获免。已而御史张鸣冈等拾遗，首工部尚书何起
鸣。起鸣故以督工与中官张诚厚，而雅不善自修，遂讦自修挟仇主
使。与郊及给事中吴之佳助之。御史高维崧、赵卿、张鸣冈、左之宜
不平，劾起鸣饰非诡辨。帝先入张诚言，颇疑自修。得疏益不悦，曰：
"朝廷每用一人，言官辄纷纷排击。今起鸣去，尔等举堪此任者？"维

崧等具疏引罪，无他举。帝怒，悉出之外。给事中张养蒙申救，亦夺
俸。刑部主事王德新复疏争，语侵嬖幸。帝下之诏狱，酷刑究主者。
无所承，乃削其籍。自修不自安，亟引疾归。

自修之进也，非执政意，故不为所容。久之，起南京刑部尚书。
复以工部尚书召。未上，卒。赠太子太保，谥肃敏。

德新，安福人，后起官至光禄丞。

温纯，字景文，三原人。嘉靖四十四年进士。由寿光知县征为
户科给事中。隆庆三年，穆宗既禅除，犹不与大臣接。纯请遵祖制
延访群工，亲决章奏，报闻。

屡迁兵科都给事中。倭陷广东广海卫，大杀掠而去。总兵刘焘
以战却闻，纯劾焘欺罔。时方召焘督京营，遂置不问。黔国公沐朝
弼有罪，诏许其子袭爵。纯言事未竟，不当遽袭。中官陈洪请封其
父母，纯执不可。言官李已、石星获谴，疏救之。初，赵贞吉更营制，
三营各统一大将。以恭顺侯吴继爵典五军，而都督袁正、焦泽典神
枢、神机。继爵耻与同列，固辞。帝为罢二人，尽易以勋臣。纯请广
求将才，毋拘世爵，不纳。已，复命文臣三人分督之，时号"六提督"。
纯以政令多门，极陈不便，遂复旧制。俺答请贡市，高拱定议许之。
纯以为弛边备，非中国利。出为湖广参政，引疾归。

万历初，用荐起河南参议。十二年，以大理卿改兵部右侍郎兼
右副都御史，巡抚浙江。入为户部左侍郎，进右副都御史，督仓场。
母忧去。起南京吏部尚书。召拜工部尚书。父老，乞养归。终丧，
召为左都御史。

矿税使四出，有司逮系累累，纯极论其害，请尽释之，不报。已，
诸阉益横，所至剽夺，污人妇女。四方无赖奸人蜂起言利：有请开云
南塞外宝井者；或又言海外吕宋国有机易山，素产金银，岁可得金
十万银三十万；或言淮、扬饶盐利，用其笑，岁可得银五十万。帝并
欣然纳之，远近骇震。纯言："缅人方伺隙，宝井一开，兵端必起。余
元俊一盐犯，数千赃不能输，而欲得五十万金，将安取之？机易山在

海外，必无偏地金银，任人往取；不过假借诏旨，阑出禁物与番人市易，利归群小，害贻国家。乞尽捕诸奸人，付臣等行法，而亟撤税监之害民者。"亦不报。当是时，中外争请罢矿税，帝悉置不省。纯等忧惧不知所出，乃倡诸大臣伏阙泣请。帝震怒，问谁倡者，对曰："都御史臣纯。"帝为霁威，遣人慰谕曰："疏且下。"乃退。已而卒不行。广东李凤、陕西梁永、云南杨荣并以矿税激民变，纯又抗言："税使窃弄陛下威福以十计，参随凭借税使声势以百计，地方奸民窜身为参随爪牙以万计。宇内生灵困于水旱，困于采办、营运、转输，既嚣然丧其乐生之心，安能复胜此千万虎狼耶！愿即日罢矿税，逮凤等置于理。"亦不报。

　　先是，御史顾龙桢巡按广东，与布政使王泮语不合，起殴之，泮即弃官去。纯劾罢龙桢。御史于永清按陕西贪，惧纯举奏，倡同列救龙桢，显与纯异，以胁制纯，又与都给事中姚文蔚比而倾纯。纯不胜愤，上疏尽发永清交构状，并及文蔚，语颇侵首辅沈一贯。一贯等疏辨。帝为下永清、文蔚二疏，而纯劾疏留不下。纯益愤，三疏论之，因力乞罢，乃谪永清。纯遂与一贯忤。给事中陈治则、钟兆斗皆一贯私人，先后劾纯。御史汤兆京不平，疏斥其妄。纯求去，章二十上，杜门者九阅月。帝雅重纯，谕留之。纯不得已，强起视事。及妖书事起，力为沈鲤、郭正域辨诬。楚宗人戕杀抚臣，纯复言无反状。一贯怨益深。

　　三十二年大计京朝官。纯与吏部侍郎杨时乔主之，一贯所欲庇者兆斗及钱梦皋等皆在谪中。疏入，久之忽降旨切责，尽留被察科道官，而察疏仍不下。纯求去益力。梦皋、兆斗既得留，则连章讦纯楚事。言纯曲庇叛人，且诬以纳贿。廷臣大骇，争劾梦皋等。梦皋等亦再疏劾纯求胜。俱留中。已，南京给事中陈嘉训等极论二人阴有所恃，朋比作奸，当亟斥之，而听纯归，以全大臣之体。帝竟批梦皋等前疏，予纯致仕，梦皋、兆斗亦罢归。

　　纯清白奉公。五主南北考察，澄汰悉当。肃百僚，振风纪，时称名臣。卒，赠少保。天启初，追谥恭毅。

　　赵世卿，字象贤，历城人。隆庆五年进士。授南京兵部主事。

　　张居正当国，政尚严。州县学取士不得过十五人；布按二司以下官，虽公事毋许乘驿马；大辟之刑，岁有定额；征赋以九分为率，有司不及格者罚；又数重谴言事者。世卿奏匡时五要。请广取士之额，宽驿传之禁，省大辟，缓催科，而末极论言路当开，言：“近者台谏习为脂韦，以希世取宠。事关军国，卷舌无声。徒摭不急之务，姑塞言责。延及数年，居然高踞卿贰，夸耀士林矣。然此诸人岂尽奥诟无节，忍负陛下哉，亦有所惩而不敢耳。如往岁傅应祯、艾穆、沈思孝、邹元标皆以建言远窜，至今与戍卒伍。此中才之士，所以内自顾恤，宁自同于寒蝉也。宜特发德音，放还诸人，使天下晓然知圣天子无恶直言之意，则士皆慕义输诚，效忠于陛下矣。”居正欲重罪之。吏部尚书王国光曰：“罪之适成其名，请为公任怨。”遂出为楚府右长史。明年京察，复坐以不谨，落职归。

　　居正死，起户部郎中，出为陕西副使。累迁户部右侍郎，督理仓场。世卿饶心计。凡所条奏，酌剂赢缩，军国赖焉。户部尚书陈蕖有疾，侍郎张养蒙避不署事，帝怒，并罢之，而进世卿为尚书。

　　时矿税使四出为害，江西税监潘相至擅捕系宗室。曩时关税所入岁四十余万，自为税使所夺，商贾不行，数年间减三之一，四方杂课亦如之。岁入益寡，国用不支，边储告匮，而内供日繁。岁增金花银二十万，宫帑日充羡。世卿请复金花银百万故额，罢续增数，不许。乞发内库银百万及太仆马价五十万以济边储，复忤旨切责。世卿又请正潘相罪，且偕九卿数陈其害，皆不纳。世卿复言脂膏已竭，闾井萧然，丧乱可虞，揭竿非远，不及今罢之，恐后将无及。帝亦不省。

　　三十二年，苏、松税监刘成以水灾请暂停米税。帝以岁额六万，米税居半，不当尽停，令以四万为额。世卿上言：“乡者既免米税，旋复再征，已失大信于天下。今成欲免税额之半，而陛下不尽从，岂恻隐一念，貂珰尚存，而陛下反漠然不动心乎？”不报。

其夏,雷火毁祖陵明楼,妖虫蚀树,又大雨坏神道桥梁。帝下诏咨实政。世卿上疏曰:

今日实政,孰有切于罢矿税者。古明主不贵异物,今也聚悖入之财,敛苍生之怨,节俭之谓何?是为君德计,不可不罢者一。多取所以招尤,慢藏必将诲盗。鹿台、钜桥,足致倒戈之祸。是为宗社计,不可不罢者二。古者国家无事则预桑土之谋,有事则议金汤之策。安有凿四海之山,榷三家之市,操弓挟矢,戕及良民,毁室逾垣,祸延鸡犬,经十数年而不休者。是为国体计,不可不罢者三。貂珰渔猎,翼虎咆哮。毁掘冢墓则枯骨蒙殃,奸虐子女而良家饮恨。人与为怨,谗噪屡闻,此而不已,后将何极。是为民困计,不可不罢者四。国家财赋不在民则在官,今尽括入奸人之室。故督逋租而逋租绌,稽关税而关税亏,搜库藏而库藏绝,课盐筴而盐筴薄,征赎锾而赎锾消。外府一空,司农若埽。是为国课计,不可不罢者五。天子之令,信如四时。三载前尝曰"朕心仁爱,自有停止之时",今年复一年,更待何日。天子有戏言,王命委草莽。是为诏令计,不可不罢者六。

陛下试思服食宫室,以至营造征讨,上何事不取之民,民何事不供之上。嗟此赤子,曾无负于国,乃民方欢呼以供九重之欲,而陛下不少遂其欲。民方奔走以供九重之劳,而陛下不少慰其劳。民方竭蹶以赴九重之难,而陛下不少恤其难。返之于心,必有不自安者矣。陛下勿谓蠢蠢小民可驾驭自我,生杀自我,而不足介意也。民之心即天之心,今天谴频仍,雷火妖虫,淫雨叠至,变不虚生,其应非远。故今日欲回天意在恤民心,欲恤民心在罢矿税,无烦再计而决者。

帝优答之而不行。

至三十四年三月始诏罢矿使,税亦稍减。然辽东、云南、四川税使自若,吏民尤苦之。云南遂变作,杨荣被戕。而西北水旱时时见告,世卿屡请减租发振,国用益不支。逾月复奏请捐内帑百万佐军用,不从。世卿遂连章求去,至十五上,竟不许。

先是，福王将婚，进部帑二十七万，帝犹以为少，数遣中使趣之。中使出谇语，且劝世卿抗命。世卿以为辱国，疏闻于朝，帝置不问。至三十六年，七公主下嫁，宣索至数十万。世卿引故事力争，诏减三之一。世卿复言："陛下大婚止七万，长公主下嫁止十二万，乞陛下再裁损，一仿长公主例。"帝不得已从之。福王新出府第，设崇文税店，争民利，世卿亦谏阻。

世卿素励清操，当官尽职。帝雅重之。吏部缺尚书，尝使兼署，推举无所私。惟楚宗人与王相讦，世卿力言王非伪，与沈一贯议合。李廷机辅政，世卿力推之。廷臣遂疑世卿党比。于是给事中杜士全、邓云霄、何士晋、胡忻，御史苏为霖、马孟祯等先后劾之，世卿遂杜门乞去。章复十余上，不报。三十八年秋，世卿乃拜疏出城候命。明年十月乘柴车径去，廷臣以闻，帝亦不罪也。家居七年卒，赠太子少保。

李汝华，字茂夫，睢州人。万历八年进士。授兖州推官。征授工科给事中，尝劾戎政尚书郑洛不职。及出阅甘肃边务，洛方经略西事，主和戎。汝华疏洛畏敌贻患，且劾诸将吏侵军资，复请尽垦甘肃闲田。还朝，历吏科都给事中，多所纠摘。

寻迁太常少卿，擢右佥都御史巡抚南、赣。税使四出，议括关津诸税输内府。汝华以税本饷军，力争止之。既而诏四方税务尽领于有司，以其半输税监，进内府，半输户部。独江西潘相勒有司悉由己输。汝华极论相违诏，帝竟如相议，且推行之四方。

汝华在赣十四年，威惠甚著，进秩兵部右侍郎，召拜户部左侍郎。尚书赵世卿去位，遂掌部事。福王庄田四万顷，诏旨屡趣，不能及额。汝华数偕廷臣执争，仅减四之一。及王既之国，诏许自遣使督租，所在驿骚。内使阎时诣汝州，杖二人死。汝华请遵祖制隶有司，尽撤还使者，不纳。畿辅、山东大饥，因汝华言出仓米平粜，且发银以赈。汝华复奏行救荒数事，两地赖之。先是，山东饥，蠲岁赋七十万，是年尽蠲又百七十余万。汝华以边饷不继，请天下税课未入内藏者,暂留一年补其缺,辅臣亦助为言。疏三上,不报。已,进尚书。

四十六年,郑继之去,兼摄吏部事。畿辅、陕西大饥,汝华请赈,皆不报。辽东兵事兴,骤增饷三百万。汝华累请发内帑不得,则借支南京部帑,括天下库藏余积,征宿逋,裁工食,开事例。而辽东巡抚周永春请益兵加赋,汝华议:天下田赋,自贵州外,亩增银三厘五毫,得饷二百万。明年复议益兵增赋如前。又明年四月,兵部以募兵市马,工部以制器,再议增赋。于是亩增二厘,为银百二十万。先后三增赋,凡五百二十万又奇,遂为岁额。当是时,内帑山积,廷臣请发率不应。计臣无如何,遂为一切苟且之计,苟敛百姓。而枢臣征兵,乃远及蛮方,致奢崇明、安邦彦相继反,用师连年。又割四川、云南、广西、湖广、广东所加之赋以饷之,而辽饷仍不充,天下已不可支矣。

汝华练达勤敏,立朝无党阿。官户部久,于国计赢缩,边储虚实,与盐漕屯牧诸大政,皆殚心裁剂。岁比不登,意常主宽恤,独加赋之议不能力持,驯致万方虚耗,内外交证。天启元年得疾乞休,加太子太保致仕。卒,谥恭敏。从子梦辰,自有传。

赞曰:古称文昌政本,七卿之任,盖其重矣,万士和诸人奉职勤虑,异夫依阿保位之流;刘应节、王遴、舒化、李世达尤其卓然者哉。李汝华司邦计,值兵兴饷绌,请帑不应,乃不能以去就争,而权宜取济,遂与哀刻聚敛者同讥。时事至此,其可叹也夫。

明史卷二二一
列传第一〇九

袁洪愈 子一夔 谭希思　　王廷瞻
郭应聘 吴文华　耿定向 弟定理
定力　王樵 子肯堂　魏时亮 陈瓒
郝杰 胡克俭　赵参鲁　张孟男
卫承芳 李祯　丁宾

　　袁洪愈，字抑之，吴县人。举嘉靖二十五年乡试第一。明年成
进士，授中书舍人。擢礼科给事中。劾检讨梁绍儒阿附权要，文选
郎中白璧招权鬻官，尚书万镗、侍郎葛守礼不检下。诏切责镗、守
礼，下璧诏狱，斥绍儒于外。绍儒，大学士严嵩私人也。已，陈边务
数事，诏俱从之。嵩属吏部尚书吴鹏，出为福建佥事。历河南参议、
山东提学副使、湖广参政，所在以清节著。嵩败，召为南京太仆少
卿，就迁太常。隆庆五年以疾归。

　　万历中，起故官。迁南京工部右侍郎，进右都御史，掌南院事，
就改礼部尚书。南京御史谭希思疏论中官、外戚，且请循旧制，内阁
设丝纶簿，宫门置铁牌。诏下南京都察院勘讯，将坐以诬罔。洪愈
已改官，代者未至，乃具言希思所陈，载王可大《国宪家猷》、薛应旗
《宪章录》二书。帝以所据非颁行制书，谪希思杂职。洪愈寻上疏请
禁干谒，又极谏屯田废坏之害，乞令商人中盐，免内地飞挽。皆议

行。

万历十五年就改吏部。其冬引年乞休。帝重其清德，加太子少保致仕。洪愈通籍四十余年，所居不增一椽，出入徒步。卒，年七十四。巡抚周孔教捐金葬之。赠太子太保，谥安节。

子一鹗，以荫，官治中。饘粥不继以死。

希思，茶陵人。历右副都御史，巡抚四川。

王廷瞻，字稚表，黄冈人。父济，参政。廷瞻举嘉靖三十八年进士，授淮安推官。入为御史，督畿辅屯政。穆宗在裕邸，欲易庄田，廷瞻不可。隆庆元年，所部久雨。请自三宫以下及裕府庄田改入乾清宫者，悉蠲其租。诏减十之五。已，言勋戚庄田太滥，请于初给时裁量田数，限其世次，爵绝归官。制可。高拱再辅政，廷瞻常论拱，遂引疾归。

神宗立，起故官。历太仆卿。万历五年以右佥都御史巡抚四川。番屡犯松潘。廷瞻令副使杨一桂、总兵官刘显剿之，歼其魁，群蛮纳款。风村、白草诸番，久居二十八砦，率男妇八千余人来降。复命总兵显讨建昌、傀厦、洗马、姑宰、铁口诸叛番，皆献首恶出降。增俸一级，进右副都御史，抚南、赣。

入为南京大理卿。历两京户部左、右侍郎，以右都御史出督漕运兼巡抚凤阳诸府。宝应氾光湖堤蓄水济运，平江伯陈瑄所筑也。下流无所泄，决为八浅，汇成巨潭，诸盐场皆没。淮流复奔入，势益汹涌。前巡抚李世达等议开越河避其险，廷瞻承之。凿渠千七百七十六丈，为石闸三，减水闸二，石堤三千三十六丈，子堤五千三百九十丈，费公帑二十余万，八月竣事。诏旨褒嘉，赐河名弘济。进廷瞻户部尚书，巡抚如故。

寻改南京刑部尚书。未上，乞归。久之卒。赠太子少保。兄廷陈，见文苑传。

郭应聘，字君宾，莆田人。嘉靖二十九年进士。授户部主事。历郎中，出为南宁知府。迁威远兵备副使，转广东参政。从提督吴桂芳平李亚元，别击贼首张韶南、黄仕良等。迁广西按察使，历左、右布政使。隆庆四年大破古田贼，斩获七千又奇。已，从巡抚殷正茂平古田，再进秩。

正茂迁总督，遂擢应聘右副都御史代之。府江瑶反。府江，上起阳朔，下达昭平，亘三百余里。诸瑶夹江居，怙险剽劫。成化、正德间，都御史韩雍、陈金讨平之，至是攻围荔浦、永安，劫知州杨惟执、指挥胡翰。事闻，大学士张居正奏假便宜，寓书应聘曰：“炎荒瘴疠区，役数万众，不宜淹留，速破其巢，则余贼破胆。”应聘集土、汉兵六万，令总兵官李锡进讨。未行，而怀远瑶亦杀知县马希武反。应聘与正茂议先征府江，三阅月悉定，乃檄锡讨怀远。天大雨雪，无功而还。

怀远，古牂牁，地界湖、贵靖、黎诸州，环郭皆瑶，编氓处其外。嘉靖中征之不克，知县寄居府城，遥示羁縻而已。古田既复，瑶慑兵威愿服属，希武始入其地。议筑城，董作过峻，瑶遂乱，希武见杀。及是，师出无功，应聘益调诸路兵，镇抚白杲、黄土、大梅、青淇侗、僮，以孤贼势，而锡与诸将连破贼，斩其魁，怀远乃下。事皆具《锡传》。初议行师，锡以阳朔金宝岭贼近，欲先灭之。应聘曰：“君第往，吾自有处。”锡行数日，应聘与按察使吴一介出不意袭杀其魁。比怀远克复，阳朔亦定，乃分遣诸将门崇文、杨照、亦孔昭等讨洛容、上油、边山。五叛瑶悉平。神宗大悦，进兵部右侍郎兼右副都御史，巡抚如故。

万历二年召为户部右侍郎，寻以忧归。八年起改兵部，兼右佥都御史，仍抚广西。时十寨初下，应聘与总督刘尧诲奏设三镇隶宾州，以土巡检守之，而统于思恩参将，十寨遂安。进右都御史兼兵部右侍郎，总督两广军务。前总督多受将吏金，应聘悉谢绝。逾年，召掌南京都察院，以吴文华代。顷之，就拜兵部尚书，参赞机务。久之，引疾归。

应聘在广西，奏复陈献章、王守仁祠。刘台谪戍浔州，为傯居供廪饩，殁复赙敛归其丧，像祀之。官南京，与海瑞敦俭素，士大夫不敢侈汰。归七月卒。赠太子少保，谥襄靖。

吴文华，字子彬，连江人。父世泽，府江兵备副使，有威名。文华举嘉靖三十五年进士，授南京兵部主事。历四川右参政，与平土官凤继祖。四迁河南左布政使。万历三年以右副都御史巡抚广西。讨平南乡、陆平、周塘、板寨瑶及昭平黎福庄父子。偕总督凌云翼征河池、咘咳、北三瑶。三瑶未为逆，云翼喜事，杀戮甚惨，得荫袭，文华亦受赏。迁户部右侍郎，请终养归。起兵部右侍郎兼右佥都御史，仍抚广西。迁总督两广军务，巡抚广东。进右都御史。会巡抚吴善、总兵呼良朋讨平严秀珠。岑岗贼李珍、江月照拒命久，文华购擒月照，平珍。寻入为南京工部尚书，就改兵部。引疾去。仍起南京工部，力辞，虚位三年以待。卒，年七十八。赠太子少保，谥襄惠。

耿定向，字在伦，黄安人。嘉靖三十五年进士。除行人，擢御史。严嵩父子窃政，吏部尚书吴鹏婿附之。定向疏鹏六罪，因言鹏婿学士董份总裁会试，私鹏子绍，宜并斥。嵩为营护，事竟寝。出按甘肃，举劾无所私。去任，行笥一肩，有以石经馈者，留境上而去。还督南京学政。

隆庆初，擢大理右寺丞。高拱执政，定向尝讥其褊浅无大臣度，拱嗛之。及拱掌吏部，以考察谪定向横州判官。拱罢，量移衡州推官。

万历中，累官右副都御史。吏部侍郎陆光祖为御史周之翰所劾，光祖已留，定向复颂光祖贤，诋之翰。给事中李以谦言定向挤言官，定向求去，帝不问。历刑部左、右侍郎，擢南京右都御史。御史王藩臣劾应天巡抚周继，疏发逾月不以白定向。定向怒，守故事力争，自劾求罢，且诋藩臣论劾失当。因言故江西巡抚陈有年、四川巡抚徐元泰皆贤，为御史方万山、王麟趾劾罢，今宜召用，而量罚藩臣。藩臣坐停俸二月。于是给事中许弘纲、观政进士薛敷教、南京御史黄仁荣及麟趾连章劾定向。麟趾言:"南台去京师远,章疏先传,人得为计。如御史孙鸣治论魏国公徐邦瑞,陈扬善论主事刘以焕,皆因奏辞豫闻,一则贪缘幸免,一则捃摭被诬。故迩来投揭有迟浃月者,事理宜然,非自藩臣始。"语并侵大学士许国、左都御史吴时来、副都御史詹仰庇。执政方恶言者,勒敷教还籍省过,麟趾、仁荣亦俸停。时已除定向户部尚书督仓场,定向因力辞求退。章屡上,乃许。卒,年七十三。赠太子少保,谥恭简。

定向初立朝有时望。后历徐阶、张居正、申时行、王锡爵四辅,皆能无龃龉。至居正夺情,寓书友人誉为伊尹而贬言者,时议訾之。其学本王守仁。尝招晋江李贽于黄安,后渐恶之,贽亦屡短定向。士大夫好禅者往往从贽游。贽小有才,机辨,定向不能胜也。

贽为姚安知府,一旦自去其发,冠服坐堂皇,上官勒令解任。居黄安,日引士人讲学,杂以妇女,专崇释氏,卑侮孔、孟。后北游通州,为给事中张问达所劾,逮死狱中。

定向弟定理、定力。定理终诸生。与定向俱讲学,专主禅机。定力,隆庆中进士,除工部主事。万历中,累官右佥都御史,督操江,疏陈矿使之患。再迁南京兵部右侍郎。卒,赠尚书。

王樵,字明远,金坛人。父㦂。兵部主事。谏武宗南巡,被杖。终山东副使。樵举嘉靖二十六年进士,授行人。历刑部员外郎。著读律私笺,甚精核。胡宗宪计降汪直,欲赦直以示信。樵言此叛民与他纳降异,直遂诛。迁山东佥事,移疾归。

万历初,张居正柄国,雅知樵,起补浙江佥事,擢尚宝卿。刘台劾居正,居正乞归。诸曹奏留之,樵独请全谏臣以安大臣,略言:"自古明主欲开言路,言不当,犹优容之;大臣欲广上德,人攻己,犹荐拔之。如宋文彦博于唐介是也。今居正留而台得罪,无乃非仁宗待唐介意乎。"居正大恚,出为南京鸿胪卿。旋因星变自陈,罢之。

家居十余年，起南京太仆少卿，时年七十余矣。岁中再迁大理卿，寻拜南京刑部右侍郎。诚意伯刘世延主使杀人，樵当世延革任。寻就擢右都御史。给事中卢大中劾其衰老，帝令致仕。

樵恬澹诚悫，温然长者。邃《经学》，《易》、《书》、《春秋》，皆有纂述。卒，赠太子少保，谥恭简。

子肯堂，字宇泰。举万历十七年进士，选庶吉士，授检讨。倭寇朝鲜，疏陈十议，愿假御史衔练兵海上。疏留中，因引疾归。京察，降调。家居久之，吏部侍郎杨时乔荐补南京行人司副。终福建参政。肯堂好读书，尤精于医。所著证治准绳该博精粹，世竞传之。

魏时亮，字工甫，南昌人。嘉靖三十八年进士。授中书舍人，擢兵科给事中。

隆庆元年正月七日，有诏免朝，越三日复传免。时亮以新政不宜遽怠，上疏切谏。寻以左给事中，副检讨许国使朝鲜。故事，王北面听诏，使者西面。时亮争之，乃南面宣诏。还，进户科给事中，因列上辽东事宜。已，请慎起居，罢游宴，日御便殿省章奏，召大臣裁决。报闻。兴都庄地八千三百顷，中官夺民田，复增八百顷，立三十六庄。帝从抚按奏，属有司征租，还兼并者于民。中官张尧为请，又许之。时亮极谏，不纳。

帝临朝，拱默未尝发一言。及石州陷，有请帝诘问大臣者。越二日，讲罢，帝果问石州破状。中官王本辄从旁诟诸臣欺蔽。帝愠，目慑之，本犹刺刺语。帝不悦而罢。时亮劾本无人臣礼，大不敬，且数其不法数事。疏虽不行，士论壮之。十月初，诏停日讲。时亮率同列言天未沍寒，不宜遽辍。俄请以薛瑄、陈献章、王守仁从祀文庙，章下所司。又言方春东作，宜敕有司释轻系，停讼狱，诏可。

明年六月言：“今天下大患三：藩禄不给也，边饷不支也，公私交困也。宗藩有一时之计，有百世之计。亟立宗学，教之礼让，禄万石者岁捐五之一，二千石者十之一，千石者二十之一，以赡贫宗，立为定制。此一时计也。各宗聚居一城，贫日益甚，宜令就近散处，给闲田使耕以代禄；奸生之孽，重行黜削。此百世计也。边饷莫要于屯盐，近遴大臣庞尚鹏、邹应龙、凌儒经理，事权虽重，顾往河东者兼理四川，往江北者兼理山东、河南，往江南者兼理浙、湖、云、贵，重内地而轻塞下，非初旨也。且一人领数道，旷远难周。请在内地者专责巡抚，令尚鹏等三人分任塞下屯事，久任责成，有功待以不次，则利兴而边储自裕。今天下府库殚虚，百姓困瘁，而建议者欲罄天下库藏输内府，以济旦夕之用，脱州郡有变，何以待之？夫守令以养民为职，要在劝农桑、清徭赋、重乡约、严保甲，而簿书狱讼，催科巧拙不与焉。"疏上，多议行。

其冬复疏言："天下可忧在民穷，能为民纾忧者，知府而已。宜慎重其选，治行卓越，即擢京卿若巡抚，则人自激劝。督学者，天下名教所系，当择学行兼懋者，毋限以时。教行望峻，则召为祭酒或入翰林，以示风励。"下部议，卒不行。

三年擢太仆少卿。初，徐阶、高拱相构，时亮与朝臣攻去拱。已而拱复入，考察言官，排异己者；时亮及陈瓒、张榱已擢京卿，皆被斥。时亮坐不谨，落职。

万历十二年用丘橓、余懋学等荐，起南京大理丞。累迁右副都御史，摄京营戎政，陈安攘要务十四事。寻请以水利、义仓、生养、赋役、清狱、弭盗、善俗七条课守令，岁终报部院及科，计吏时以修废定殿最。又请皇长子出阁讲学。历刑部左、右侍郎，拜南京刑部尚书。逾年卒官。

时亮初好交游，负意气。尝劾罢左都御史张永明，为时论所非。时亮亦悔之。中遭挫抑，潜心性理之学。天启中，谥庄靖。

陈瓒，字廷裸，常熟人。嘉靖三十五年进士。授江西永丰知县。治最，擢刑科给事中。劾罢严嵩党祭酒王才、谕德唐汝楫。迁左给事中。劾文选郎南轩，请录建言废斥者。帝震怒，杖六十除名。隆庆元年起官吏科，请恤杨最、杨爵、罗洪先、杨继盛，而诛奸党之杀

沈炼者。帝可之，杨顺、路楷皆逮治。其冬擢太常少卿。高拱恶瓒
为徐阶所引，瓒已移疾归，竟坐浮躁谪洛川丞，不赴。万历中，累官
刑部左侍郎。初，瓒为拱所恶被斥，及张居正柄政亦恶之，不召。居
正死，始以荐起会稽县丞。其后官侍郎。稽勋郎顾宪成疏论时弊谪
官，瓒责大学士王锡爵曰："宪成疏最公，何以得谴？"锡爵曰："彼执
书生之言，徇道旁之口，安知吾辈苦心。"瓒曰："恐书生之言当信，
道旁之口当察，宪成苦心亦不可不知也。"锡爵默然。瓒前后忤执政
如此。卒官，赠右都御史，谥庄靖。楷见《邹应龙传》。

　　郝杰，字彦辅，蔚州人。父铭，御史。杰举嘉靖三十五年进士，
授行人，擢御史。隆庆元年巡抚畿辅。冬，寇大入永平，疏请蠲被掠
地徭赋，且言："比年罚行于文臣而弛于武弁，及于主帅而略于偏
裨，请饬法以振国威。"俱报可。已，劾蓟督刘焘、巡抚耿随卿观望，
寇退则断死者报首功，又夺辽东将士棒槌崖战绩，并论副使沈应
乾，游击李信、周冕罪。帝为黜应乾，下信、冕狱，敕焘、随卿还籍听
勘。诏遣中官李祐督苏、杭织造，工部执奏，不从。杰言："登极诏书
罢织造甫一年，敕使复遣，非划一之政。且内臣专恣，有司剥下奉
之，损圣德非小。"帝终不听。驾幸南海子，命京营诸军尽从。徐阶、
杨博等谏，不听，杰复争之，卒不从。刑部侍郎洪朝选以拾遗罢，上
疏自辨，杰等劾其违制，遂削职。以尝论高拱非宰辅器，为所嫉。及
拱再召，杰遂请急去。拱罢，起故官。旋以私议张居正逐拱非是，出
为陕西副使。再迁山东左布政使。被劾，降辽东苑马寺卿兼海道兵
备，加山东按察使。

　　十七年擢右佥都御史，巡抚辽东。以督诸将击敌，录一子官。时
李成梁为总兵官，威望甚著，然上功不无抵欺。寇入塞，或敛兵避，
既退，始尾袭老弱，或乘虚捣零部，诱杀附塞者充首功，习以为常。
督抚诸臣庇之，杰独不与比。十九年春，成梁用参将郭梦征策，使副
将李宁袭板升于镇夷堡，获老弱二百八十余级。师旋，为别部所遮，
宁先走，将士数千人失亡大半，成梁饰功邀叙。杰具奏草，直言其

故，要总督塞达共奏。达匿其草，自为奏论功。巡按御史胡克俭驰疏劾宁；词连成梁，亦诋杰。兵部置宁罪不议。克俭大愤，尽发成梁、达隐蔽状。先是，十八年冬，海州被掠十三日，副将孙守廉不战，成梁亦弗救。克俭既劾守廉，申时行、许国庇之，止令听勘。克俭乃言：“臣初劾守廉，时行以书沮臣；及劾宁，又与国谕臣宽其罪。徇私背公，将坏边事。”并历诋一鹗、达及兵科给事中张应登朋奸欺罔，达置杰会稿功罪疏不奏，遂追数成梁前数年冒功状。帝谓成梁前功皆由巡按勘报，克俭悬度妄议。卒置成梁等不问，而心以杰为不欺。

旋就进右副都御史。日本陷朝鲜，达遣裨将祖承训以三千人往，皆没。事闻，杰亦被劾，帝特免之。朝鲜王避难将入辽，杰请择境外善地处之，且周给其从官、卫士，报可。寻迁兵部右侍郎，总督蓟、辽、保定军务。召理戎政，进右都御史。日本封贡议起，杰曰：“平秀吉罪不胜诛，顾加以爵命，荒外闻之，谓中朝无人。”议不合，徙南京户部尚书。移疾归。起南京工部尚书。就改兵部，参赞机务。卒官。赠太子少保。

胡克俭，字共之，光山人。万历十四年进士。由庶吉士改御史，巡按山东。辽东其所辖也，奏禁买功、窃级诸弊。既劾成梁，为要人所忌。会克俭劾左都御史李世达曲庇罪囚，至诋为贼，执政遂言克俭妄排执法大臣，不可居言路，谪蕲水丞。上官以事遣归，里居三十年。光宗立，起光禄少卿。天启中，历刑部右侍郎。五年冬，逆党李恒茂论其衰朽，落职归。崇祯初，复官。卒，赠尚书。克俭本姓扶，冒胡姓，久之始复故。

赵参鲁，字宗传，鄞人。隆庆五年进士。选庶吉士，改户科给事中。万历二年，慈圣太后立庙涿州，祀碧霞元君。部科臣执奏，不从。参鲁斥其不经，且言：“南北被寇，流害生民，兴役浚河，罹及妻子。陛下发帑治桥建庙，已五万又奇。苟移赈贫民，植福当更大。”亦不听。南京中官张进醉辱给事中王颐，给事中郑岳、杨节交章论，未报，参鲁复上言：“进乃守备中官申信党，不并治信无以厌人心。”时信方结冯保，朝议遂夺岳等俸，谪参鲁高安典史。迁饶州推官，擢福建提学佥事，请急归。遭丧，服除，仍督学福建。历南京太常卿。

十七年以右副都御史巡抚福建。申严海禁，戮奸商通倭者。迁大理卿。召为刑部左侍郎，改兵部，旋改吏部。日本封贡议起，参鲁持不可。总督顾养谦不怿，争于朝，且言参鲁熟倭情，宜任。章下廷臣，参鲁复持前说；因著《东封三议》，辨利害甚悉。其后封事卒不成。

拜南京刑部尚书。诚意伯刘世延妄指星象，欲起兵勤王，被劾下吏，参鲁当以死。南京工部主事赵学仕以侵牟为侍郎周思敬所劾，拟戍。学仕移罪家僮，法司予轻比。御史朱吾弼复劾之，并及参鲁；言学仕乃大学士志皋族父，故参鲁庇之。参鲁乞休。吏部尚书孙丕扬等言参鲁履行素高，不当听其去，诏留之。累加太子太保。致仕，卒，谥端简。

张孟男，字元嗣，中牟人。嘉靖四十四年进士。授广平推官。稍迁汉中同知。入为顺天治中，累进尚宝丞。高拱以内阁兼吏部，其妻，孟男姑也，自公事外无私语。拱憾之，四岁不迁。及拱被逐，亲知皆引匿，孟男独留拱邸为治装送之郊。张居正用事，擢孟男太仆少卿。孟男复不附，失居正意，不调。久之，居正败，始累迁南京工部右侍郎。寻召入，以本官掌通政司事。

万历十七年，帝不视朝者八月，孟男疏谏，且言：“岭南人讼故都御史李材功，蔡人讼故令曹世卿枉，章并留中，其人系兵马司，橐饘不继，莫必其生，亏损圣德。”帝心动，乃间一御门。其冬改户部，进左侍郎。寻拜南京工部尚书，就改户部。时留都储峙耗竭，孟男受事，粟仅支二年，不再岁遂有七年之蓄。水衡修仓，发公羡二千金助之。或谓奈何耘人田。孟男曰：“公家事，乃划区畔耶？”南京御史陈所闻劾孟男贪鄙，吏部尚书孙铊言孟男忠诚谨恪，台臣所论，事由郎官，帝乃留之。孟男求去，不允。再疏请，乃听归。久之，召拜故官。

三十年春，有诏罢矿税。已，弗果行。孟男率同列谏，不报。加太子少保。五上章乞归，不许。时矿税患日剧，孟男草遗疏数千言，极陈其害，言："臣备员地官，所征天下租税，皆鬻男市女、胾骨割肉之余也。臣以催科为职，臣得其职，而民病矣。聚财以病民，虐民以摇国，有臣如此，安所用之。臣不胜哀鸣，为陛下杞人忧耳。"属其子上之，明日遂卒。南京尚书赵参鲁等奏其清忠，赠太子太保。

卫承芳，字君大，达州人。隆庆二年进士。万历中，累官温州知府。公廉善抚字。进浙江副使，谢病归。荐起山东参政，历南京鸿胪卿。吏部推太常少卿朱敬循为右通政，以承芳贰之。敬循，大学士赓子也。赓言："承芳臣同年进士，恬淡之操，世罕能及，臣子不当先。"帝许焉。寻迁南京光禄卿，擢右副都御史巡抚江西。严绝馈遗，属吏争自饬，入为南京兵部右侍郎，就拜户部尚书。福王乞芦洲，自江都抵太平南北千余里，自遣内官征课。承芳抗疏争，卒不从。万历间，南京户部尚书有清名者，前有张孟男，后则称承芳。寻就改吏部。卒官。赠太子太保，谥清敏。

李祯，字维卿，安化人。隆庆五年进士。除高平知县，征授御史。万历初，傅应祯以直言下诏狱，祯与同官乔严、给事中徐贞明拥入护视之，坐谪长芦盐运司知事。迁归德推官、礼部主事，三迁顺天府丞。十八年，洮、河有警，极言贡市非策，因历诋边吏四失。帝以纳款二十年，不当咎始事，遂寝其议。以右佥都御史巡抚湖广，言："知县梁道凝循吏，反注下考，宜惩挟私者以励其余。荐举属吏不应专及高秩，下僚如赵蛟、杨果者，亦当显旌之。"蛟、果，万历初以吏员超擢者也。诏皆报可。召为左佥都御史，再迁户部右侍郎。赵用贤以绝婚事被讦，户部郎中郑材复讦之。祯驳材疏，语侵其父洛。材愤，疏诋祯，祯遂乞休，不允。御史宋兴祖请改材他部避祯，全大臣体，乃出材南京。祯寻调兵部，进左侍郎。

二十四年,日本封贡事偾,首辅赵志皋、尚书石星俱被劾。廷臣议战守,章悉下兵部。桢等言:"今所议惟战守封三事。封则李宗城虽征,杨方亨尚在。若遽议罢,无论中国数百人沦于异域,而我兵食未集,势难远征。宜令方亨静俟关白来迎则封,不迎则止。我以战守为实务,而相机应之。且朝鲜素守礼,王师所屯,宜严禁扰掠。"得旨如议。而疏内言志皋、星当去。诏诘桢,止令议战守事,何擅及大臣去留,姑勿问。志皋自是不悦桢。明年,星得罪,命桢摄部事。桢以平壤、王京、釜山皆朝鲜要地,请修建大城,兴屯开镇,且列上战守十五策,俱允行。后又数上方略。

四川被寇。桢言:"川、陕接界,而松潘向无寇患者,以诸番为屏蔽也。自俺答西牧,陇右骚然。其后陇右备严,寇不得逞,而祸乃移之川矣。今诸番强半折入于西部。臣阅地图,从北界迤西间道达蜀地,多不隔三舍。幸层岩叠嶂,屹然天险,如镇房堡为漳腊门户,虹桥关为松城咽喉。关堡之外,或岭或崖,皆可据守。守阿玉岭,则不能越呬际而窥堡。守黄胜场,则不敢逾塞墩而寇关。他如横山、寡石崖尤为要害,皆当亟议防御,令抚镇臣计划以闻。"报可。

桢质直方刚,署事规划颇当。有欲即用为尚书者,志皋以故憾,阴沮之。而张位、沈一贯雅与经略邢玠、经理杨镐通,亦不便桢所为;言桢非将材,惟萧大亨堪任。帝不听。其后玠、镐益无功,志皋等又请罢桢,御史况上进劾桢庸鄙。帝皆不听。甘肃缺巡抚,桢以刘敏宽名上。给事杨应文言敏宽方坐事勘,不当推举。帝以诘桢,桢言:"前奉诏敏宽须巡抚缺用,臣故举之。"帝怒桢不引罪,调之南京。后考察,南京言官拾遗及桢,遂命致仕。

久之,起南京刑部尚书。逾年复引疾,不俟报径归,帝怒。大学士叶向高言:"桢实病,不可深责。十余年来,大臣乞休得请者,百无一二。李廷机、赵世卿皆羁留数载,疏至百余上。今尚书孙丕扬、李化龙又以考察军政疏不下,相率求去。若复蹈桢辙,实伤国体。诸臣求去,约有数端。疾病当去,被言当去,不得其职当去。宜曲体其情,可留留之,不可留则听之。"帝竟夺桢职闲住。未几卒。

丁宾，字礼原，嘉善人。隆庆五年进士。授句容知县。征授御史。大学士张居正，宾座主也，诬刘台以赃，属宾往辽东按之。宾力辞，忤居正意去官。

万历十九年用荐起故官，复以忧去。起南京大理丞。累迁南京右佥都御史兼督操江。江防多懈，宾率将校乘一舟往来周视，增守兵戍要害，部内宴然。南卫世职率赴京师请袭，留滞不得官，宾请就南勘袭。妖民刘天绪左道事觉，兵部尚书孙矿欲穷治之，诏下法司讯鞫。宾兼摄刑部大理事，力平反，论七人死，余皆获释。召拜工部左侍郎，寻擢南京工部尚书。自上元至丹阳道路，尽易以石，行旅颂之。数引年乞罢，光宗立始予致仕。

宾官南都三十年，每遇旱潦，辄请振贷，时出家财佐之。初以御史家居。及丁忧归，连三年大饥，咸捐资以振。至天启五年，复捐粟三千石振贫民，以资三千金代下户之不能输赋者。抚按录上其先后事，时已加太子少保，诏进太子太保，旌其门。以年高，三被存问。崇祯六年卒，年九十一。谥清惠。

赞曰：南京卿长，体貌尊而官守无责，故为养望之地，资地深而誉闻重者处焉。或强直无所附丽，不为执政所喜，则以此远之。袁洪愈诸人类以清强居优闲之地，不竟其用，亦以自全。干时冒进之徒，可以风矣。

明史卷二二二

列传第一一〇

谭纶 徐甫宰 王化 李祐 王崇古 子谦

孙之桢 之采 李棠 方逢时 吴兑

孙孟明 孟明 子邦辅 郑洛 张学颜

张佳胤 殷正茂 李迁 凌云翼

谭纶,字子理,宜黄人。嘉靖二十三年进士。除南京礼部主事。历职方郎中,迁台州知府。

纶沉毅知兵。时东南倭患已四年,朝议练乡兵御贼。参将戚继光请期三年而后用之。纶亦练千人。立束伍法,自裨将以下节节相制。分数既明,进止齐一,未久即成精锐。倭犯栅浦,纶自将击之,三战三捷。倭复由松门、澶湖掠旁六县,进围台州,不克而去。转寇仙居、临海,纶擒斩殆尽。进海道副使,益募浙东良家子教之,而继光练兵已及期,纶因收之以为用,客兵罢不复调。倭自象山突台州,纶连破之马岗、何家礁,又与继光共破之葛埠、南湾。加右参政,会忧去。

以尚书杨博荐起,复将浙兵,讨饶平贼林朝曦。朝曦者,大盗张琏余党也。琏既灭,朝曦据巢不下,出攻程乡。知县徐甫宰严兵待,而遣主簿梁维栋入贼中,谕散其党。朝曦穷,弃巢走,纶及广东兵追擒之。寻改官福建,乞终制去。继光数破贼,浙东略定。倭转入福建。自福宁至漳、泉，千里尽贼窟，继光渐击定之。师甫旋，其众复犯邵武，陷兴化。

四十二年春再起纶。道擢右佥都御史，巡抚福建。倭屯崎头城，都指挥欧阳深搏战中伏死，倭遂据平海卫，陷政知、寿宁，各扼海道为归计。纶环栅断路，贼不得去，移营渚林。继光至，纶自将中军，总兵官刘显、俞大猷将左、右军。令继光以中军薄贼垒，左右军继之，大破贼，复一府二县。诏加右副都御史。纶以延、建、汀、邵间残破甚，请缓征蠲赋。又考旧制，建水砦五，扼海口，荐继光为总兵官以镇守之。倭复围仙游，纶、继光大破贼城下。已而继光破贼王仓坪、蔡丕岑，余贼走，广东境内悉定。纶上疏请复行服，世宗许之。

四十四年冬，起故官，巡抚陕西。未上而大足民作乱，陷七城。诏改纶四川，至已破灭。云南叛酋凤继祖遁入会理，纶会师讨平之。进兵部右侍郎兼右佥都御史，总督两广军务兼巡抚广西。招降岭冈贼江月照等。

纶练兵事，朝廷倚以办贼，遇警辄调，居官无淹岁。迨南寇略平，而边患方未已。隆庆元年，给事中吴时来请召纶、继光练兵。诏征纶还部，进左侍郎兼右佥都御史，总督蓟、辽、保定军务。纶上疏曰：

蓟、昌卒不满十万，而老弱居半，分属诸将，散二千里间。敌聚攻，我分守，众寡强弱不侔，故言者亟请练兵。然四难不去，兵终不可练。

夫敌之长技在骑，非召募三万人勤习车战不足以制敌。计三万人月饷，岁五十四万，此一难也。燕、赵之士锐气尽于防边，非募吴、越习战卒万二千人杂教之，事必无成。臣与继光召之可立至，议者以为不可。信任之不专，此二难也。军事尚严，而燕、赵士素骄，骤见军法必大震骇。且去京师近，流言易生，徒令忠智之士掣肘废功，更酿他患，此三难也。我兵素挡敌，战而胜之，彼不心服。能再破，乃终身创，而忌嫉易生；欲再举，祸已先至。此四难也。

以今之计,请调蓟镇、真定、大名、井陉及督抚标兵三万,分为三营,令总兵参游分将之,而授继光以总理练兵之职。春秋两防,三营兵各移近边。至则遏之边外,入则决死边内。二者不效,臣无所逃罪。又练兵非旦夕可期,今秋防已近,请速调浙兵三千,以济缓急。三年后,边军既练遣还。

诏悉如所请,仍令纶、继光议分立三营事宜。纶因言:"蓟镇练兵逾十年,然竟不效者,任之未专,而行之未实也。今宜责臣纶、继光,令得专断,勿使巡按、巡关御史参与其间。"自兵事起,边臣牵制议论,不能有为,故纶疏言之。而巡抚刘应节果异议,巡按御史刘翾、巡关御史孙代又劾纶自专。穆宗用张居正言,悉以兵事委纶,而谕应节等无挠。

纶相度边隘冲缓,道里远近,分蓟镇为十二路,路置一小将,总立三营:东驻建昌备燕河以东,中驻三屯备马兰、松、太,西驻石匣备曹墙、古石。诸将以时训练,互为犄角,节制详明。是岁秋,蓟、昌无警。异时调陕西、河间、正定兵防秋,至是悉罢。纶初至按行塞上,谓将佐曰:"秣马厉兵,角胜负呼吸者,宜于南;坚壁清野,坐制侵轶者,宜于北。"遂与继光图上方略,筑敌台三千,起居庸至山海,控守要害。纶召入为右都御史兼兵部左侍郎,协理戎政。会台工成,益募浙兵九千余守之。边备大饬,敌不敢入犯。以功进兵部尚书兼右都御史,协理如故。其冬,予告归。

神宗即位,起兵部尚书。万历初,加太子少保。给事中洛遵劾纶不称职。纶三疏乞罢,优诏留之。五年卒官。赠太子太保,谥襄敏。

纶终始兵事垂三十年,积首功二万一千五百。尝战酣,刃血渍腕,累沃乃脱。与继光共事齐名,称"谭、戚"。

徐甫宰,字允平,浙江山阴人。嘉靖中举顺天乡试,除武平知县。武平当闽、粤交,多盗,甫宰筑城立堡者三。上官以程乡盗薮,调之往。既平朝曦,超擢潮州兵备佥事,添注剿寇,任一子千户。已而程乡贼温鉴、梁辉等合上杭贼窥江西。平远知县王化遮击之檀岭，贼败奔瑞金，副使李祐三战皆捷。贼由间道归程乡，甫宰讨擒之，余党悉平。赍银币。已，补潮州分巡佥事兼理兵备事。东莞水兵徐永太等乱，停俸讨贼。甫宰已疾亟，乞归。未几卒。

王化，字汝赞，广西马平人。父尚学，职方郎中。化登乡荐。嘉靖四十年新置平远县，授化知县。以击贼檀岭，有知兵名。田坑贼梁国相既降复叛，约三图贼葛鼎荣等分寇江西、福建。化寄妻子会昌，而身率乡兵往击。贼连败，乃纵反间会昌，言化已殁，化妻计氏恸哭自刎。化怒，追贼益争，获国相于石子岭。迁潮州府同知，仍署县事。计被旌，官为立祠。化举卓异，超擢广东副使。南赣巡抚吴百朋以贪黩劾之，削籍。巡按御史赵淳荐其知兵，乃命以佥事饬惠、潮兵备。久之，考察罢。

李祐，字吉甫，贵州清平卫人。嘉靖二十六年进士。历官江西副使，邀贼瑞金有功。寻败广东贼吴志高、江西下历贼赖清规等，皆赍银币。进江西右参政。偕总兵官俞大猷，大破巨贼李亚元。擢佥都御史，巡抚广东。屡败海寇林道乾、山寇张韶南等。隆庆中，被劾罢归。

王崇古，字学甫，蒲州人。嘉靖二十年进士。除刑部主事。由郎中历知安庆、汝宁二府。迁常镇兵备副使，击倭夏港，追歼之靖江。从巡抚曹邦辅战浒墅。已，偕俞大猷追倭出海。累进陕西按察使，河南右布政使。

四十三年改右佥都御史，巡抚宁夏。崇古喜谭兵，具知诸边厄塞，身历行阵，修战守，纳降附，数出兵捣巢。寇屡残他镇，宁夏独完。隆庆初，加右副都御史。

吉襄子吉能据河套为西陲诸部长，别部宾兔驻牧大、小松山，南扰河、湟番族，环四镇皆寇。总督陈其学无威略，总兵官郭江、黄

演等皆败死,陕西巡抚戴才亦坐免。其冬,进崇古兵部右侍郎兼右
佥都御史,总督陕西、延、宁、甘肃军务。崇古奏给四镇旗牌,抚臣得
用军法督战,又指画地图,分授诸大将赵岢、雷龙等。数有功。着力
兔行牧河东,龙潜出兴武袭破其营,斩获多,加崇古右都御史。吉能
犯边,为防秋兵所遏,移营白城子。龙等出花马池、长城关与战,大
败之。崇古在陕七年,先后获首功甚多。

　自河套以东宣府、大同边外,吉襄弟俺答、昆都力驻牧地也。又
东蓟、昌以北,吉囊、俺答主土蛮居之,皆强盛。俺答又纳叛人赵全
等,据古丰州地,招亡命数万,屋居佃作,号曰板升。全等尊俺答为
帝,为治城郭宫殿;亦自治第,制度如王者,署其门曰开化府。又日
夜教俺答为兵。东入蓟、昌,西掠忻、代,游骑薄平阳、灵石,至潞安
以北。起嘉靖辛丑,扰边者三十年,边臣坐失事得罪者甚众,患视陕
西四镇尤剧。朝廷募获全者官都指挥使,赏千金,卒不能得。边将
士率贿寇求和,或反为用;诸陷寇自拔归者,辄杀之以冒功赏;敌情
不可得,而军中动静敌辄知。四年正月诏崇古总督宣、大、山西军
务。崇古禁边卒阑出,而纵其素通寇者深入为间。又檄劳番、汉陷
寇军民,率众降及自拔者,悉存抚之。归者接踵。西番、瓦剌、黄毛
诸种一岁中降者逾二千人。

　其冬,把汉那吉来降。把汉那吉者,俺答第三子铁背台吉子也。
幼失父,育于俺答妻一克哈屯。长娶大成比妓不相得。把汉自聘我
儿都司女,号三娘子,即俺答外孙女也。俺答见其美,夺之。把汉恚,
又闻崇古方纳降,是年十月率妻子十余人来归。巡抚方逢时以告。
崇古念因此制俺答,则赵全等可除也,留之大同,慰藉甚至。偕逢时
疏闻于朝曰:“俺答横行塞外几五十年,威制诸部,侵扰边圉。今神
厌凶德,骨肉离叛,千里来降,宜给宅舍,授官职,丰饩廪服用,以悦
其心,严禁出入,以虞其诈。若俺答临边索取,则因与为市,责令缚
送板升诸逆,还被掠人口,然后以礼遣归,策之上也。若遂桀骜称
兵,不可理谕,则明示欲杀,以挠其志。彼望生还,必惧我制其死命。
志夺气沮,不敢大逞,然后徐行吾计。策之中也。若遂弃而不求,则

当厚加资养,结以恩信。其部众继降者,处之塞下,即令把汉统领,略如汉置属国居乌桓之制。他日俺答死,子辛爱必有其众。因加把汉名号,令收集余众,自为一部。辛爱必忿争。彼两族相持,则两利俱存,若互相仇杀,则按兵称助。彼无暇侵陵,我遂得休息,又一策也。若循旧例安置海滨,使俺答日南望,侵扰不已;又或给配诸将,使之随营立功,彼素骄贵不受驱策,驾驭苟乖,必滋怨望,顿生扬去之心,终贻反噬之祸,均为无策。"

奏至,朝议纷然。御史饶仁侃、武尚贤、叶梦熊皆言敌情叵测。梦熊至引宋受郭药师、张瑴事为喻。兵部尚书郭乾不能决,大学士高拱、张居正力主崇古议。诏授把汉指挥使,赐绯衣一袭,而黜梦熊于外,以息异议。

俺答方掠西番,闻变急归,调辛爱兵分道入犯,索把汉甚急。辛爱佯发兵,阴择便利,以故俺答不得志。一克哈屯思其孙,朝夕哭,俺答患之。巡抚逢时遣百户鲍崇德入其营,俺答盛气待之曰:"自吾用兵,而镇将多死。"崇德曰:"镇将孰与尔孙?今朝廷待尔孙甚厚,称兵是速其死也。"俺答疑把汉已死,及闻言,心动,使使诇之。崇古令把汉绯袍金带见使者,俺答喜过望,崇德因说之曰:"赵全等且至,把汉夕返。"俺答大喜,屏人语曰:"我不为乱,乱由全等。今吾孙降汉,是天遣之合也。天子幸封我为王,永长北方,诸部孰敢为患。即不幸死,我孙当袭封,彼受朝廷厚恩,岂敢负耶?"遂遣使与崇德俱来,又为辛爱求官,并请互市。崇古以闻,帝悉报可。俺答遂缚全等十余人以献,崇古亦遣使送把汉归。帝以叛人既得,祭告郊庙,磔全等于市。加崇古太子少保、兵部尚书,总督如故。

把汉既归,俺答与其妻抚之泣。遣使报谢,誓不犯大同。崇古令要土蛮、昆都力、吉能等皆入贡,俺答报如约,惟土蛮不至。崇古念土蛮势孤,蓟、昌可无患,命将士勿烧荒捣巢,议通贡市,休息边民。朝议复哗。尚书郭乾谓马市先帝明禁,不宜许。给事中章端甫请敕崇古无邀近功,忽远虑。

崇古上疏曰:"先帝既诛仇鸾,制复言开市者斩,边臣何敢故违禁旨,自陷重辟。担敌势既异昔强,我兵亦非昔怯,不当援以为例。夫先帝禁开马市,未禁北敌之纳款。今敌求贡市,不过如辽东、开原、广宁之规,商人自以有无贸易,非请复开马市也。俺答父子兄弟横行四五十年,震惊宸严,流毒畿辅,莫收遏刘功者,缘议论太多,文网牵制,使边臣无所措手足耳。昨秋,俺答东行,京师戒严,至倡运砖聚灰塞门乘城之计。今纳款求贡,又必责以久要,欲保百年无事,否则治首事之罪。岂惟臣等不能逆料,他时虽俺答亦恐能保其身,不能制诸部于身后也。夫拒敌甚易,执先帝禁旨,一言可决。但敌既不得请,怀愤而去,纵以把汉之故,不扰宣、大,而土蛮三卫岁窥蓟、辽,吉能、宾兔侵扰西鄙,息警无时,财力殚绌,虽智者无以善其后矣。昔也先以克减马价而称兵,忠顺王以元裔而封哈密,小王子由大同二年三贡,此皆前代封贡故事。夫揆之时势,既当俯从,考之典故,非今创始。堂堂天朝,容荒服之来王,昭圣图之广大,以示东西诸部,传天下万世,诸臣何疑惮而不为耶?”因条封贡八事以上。

诏下廷议。定国公徐文璧、侍郎张四维以下二十二人以为可许,英国公张溶、尚书张守直以下十七人以为不可许。尚书朱衡等五人言封贡便、互市不便,独金都御史李棠极言当许状。郭乾悉上众议。会帝御经筵,阁臣面请外示羁縻,内修守备。乃诏封俺答顺义王,名所居城曰归化;昆都力、辛爱等皆授官;封把汉昭勇将军,指挥使如故。俺答率诸部受诏甚恭,使使贡马,执赵全余党以献。帝嘉其诚,赐金币。又杂采崇古及廷臣议,赐王印,给食用,加抚赏,惟贡使不听入京。

河套吉能亦如约请命。以事在陕西,下总督王之诰议。之诰欲令吉能一二年不犯,方许封贡。崇古复上疏曰:“俺答、吉能亲为叔侄,首尾相应。今收其叔而纵其侄,锢其首而舒其臂,俺答必呼吉能之众就市河东宣、大;商贩不能给,而吉能纠俺答扰陕西,四镇之忧方大矣。”帝然其言,亦授吉能都督同知。崇古乃广召商贩,听令贸易。布帛、菽粟、皮革远自江淮、湖广辐辏塞下,因收其税以充犒赏。

其大小部长则官给金缯。岁市马各有数。崇古仍岁诣弘赐堡宣谕威德。诸部罗拜，无敢哗者。自是边境休息。东起延、永，西抵嘉峪七镇，数千里军民乐业，不用兵革，岁省费十七。诏进太子太保。

万历初，召理戎政。给事中刘铉劾崇古行贿营迁，诏责铉妄言。已，加少保，迁刑部尚书，改兵部。初，俺答诸部尝越甘肃掠西番。既通款，其从孙切尽台吉连岁盗番，不得志，求俺答西援。崇古每作书止之，俺答亦报书谢。是年，俺答请与三镇通事约督，欲西迎佛。崇古上言："西行非俺答意，且以迎佛为名不可沮，宜饬边镇严守备，而阴泄其谋于番族以示恩。"于是铉及同官彭应时、南京御史陈堂交章论崇古弛防徇敌。崇古疏辩乞休。帝优诏报之，令勿以人言介意。给事中尹瑾、御史高维崧再劾之，崇古力请致仕，帝乃允归。

俺答既死，辛爱、擂力克相继袭封。十五年诏以崇古竭忠首事，三封告成，荫一子世锦衣千户，有司以礼存问。又二年卒。赠太保，谥襄毅。

崇古身历七镇，勋著边陲。封贡之初，廷议纷呶，有为危言撼帝者。阁臣力持之，乃得成功。顺义归款二十年，崇古乃殁。总督梅友松抚驭失宜，西边始扰，而祸已纾于嘉靖时，宣、大则归款迄明季不变。

子谦，万历五年进士。官工部主事，榷税杭州。罗木营兵变，胁执巡抚吴善言。谦驰谕之乃解。终太仆少卿。孙之桢，以荫累官太子太保、左都督，掌锦衣卫事凡十有七年；之采，万历二十六年进士，官兵部右侍郎，陕西三边总督。

李棠，长沙人。由吏部郎中累迁右副都御史，巡抚南、赣。督金事诸察讨平韶州山贼。终南京吏部右侍郎。仕宦三十年，以介洁称。天启初，追谥恭懿。

方逢时，字行之，嘉鱼人。嘉靖二十年进士。授宜兴知县，再徙宁津、曲周。擢户部主事,历工部郎中,迁宁国知府。广东、江西盗起,诏于兴宁、程乡、安远、武平间筑伸威镇,擢逢时广东兵备副使,与参将俞大猷镇之。已而程乡贼平,移巡惠州。

隆庆初,改宣府口北道,加右参政。旋擢右佥都御史,巡抚辽东。四年正月移大同。俺答犯威远堡,别部千余骑攻靖卤,伏兵却之。其冬,俺答孙把汉那吉来降,逢时告总督王崇古曰:“机不可失也。”遣中军康纶率骑五百往受之。与崇古定计,挟把汉以索叛人赵全等。遣百户鲍崇德出云石堡语俺答部下五奴柱曰:“欲还把汉则速纳款,若以兵来,是趣之死矣。”五奴柱白俺答,邀入营,说以执赵全易把汉。俺答心动,遣火力赤致书逢时。而全方从臾用兵,俺答又惑之,令其子辛爱将二万骑入弘赐堡,兄子永邵卜趋威远堡,自率众犯平虏城。逢时曰:“此必赵全谋也。”全尝投书逢时,言悔祸思汉,欲复归中国。逢时以示俺答,俺答大惊,有执全意。及战,又不利,乃引退。辛爱犹未知,奄至大同。逢时使人持把汉箭示之曰:“吾已与尔父约,以报汝。”辛爱执箭泣曰:“此吾弟铁背台吉故物也,我来求把汉,把汉既授官,又有成约,当更计之。”乃遣部下哑都善入见。逢时晓以大义,犒而遣之。辛爱喜,因使求币,逢时笑曰:“台吉,豪杰也,若纳款,方重加爵赏,何爱此区区,损盛名。”辛爱大惭,复遣哑都善来谢曰:“边人不知书,蒙太师教,幸甚。”俺答使者至故将田世威所,世威亦让之曰:“尔来求和,兵何为者?”使者还报俺答,召辛爱还。辛爱东行,宣府总兵官赵岢遏之,复由大同北去。于是巡按御史姚继可劾逢时辄通寇使,屏人语,导之东行,嫁祸邻镇。大学士高拱曰:“抚臣临机设策,何可泄也。但当观后效,不宜先事辄易。”帝然之。俺答乃遣使定约,夜召全等计事,即帐中缚之送大同。逢时受之,崇古亦送把汉归。逢时以功进兵部右侍郎兼右佥都御史。甫拜命,以忧归。后崇古入理京营,神宗问谁可代者,大学士张居正以逢时对。

万历初,起故官,总督宣、大、山西军务。始逢时与崇古共决大计,而贡市之议崇古独成之。逢时复代崇古,乃申明约信。两人首尾共济,边境遂安。

逢时分巡口北,时亲行塞外,自龙门盘道墩以东至靖湖堡山梁
一百余里,形势联络,叹曰:“此山天险。若修凿,北可达独石,南可
援南山,诚陵京一藩篱也。”及赴阳和,道居庸,出关见边务修举,欲
并遂前计。上疏曰:“独石在宣府北,三面邻敌,势极孤悬,怀、永与
陵寝止限一山,所系尤重。其地本相属,而经行之路尚在塞外,以故
声援不便。若设盘道之险,舍迁就径,自龙门黑峪以达宁远,经行三
十里,南山、独石皆可朝发夕至,不惟拓地百里,亦可渐资屯牧,于
战守皆利。”遂与巡抚吴兑经营修筑,设兵戍守。累进兵部尚书兼右
副都御史,总督如故,加太子少保。

五年召理戎政。时议者争言贡市利害。逢时临赴阙上疏曰:

陛下特恩起臣草土中代崇古任,赖陛下神武,八年以来,
九边生齿日繁,守备日固,田野日辟,商贾日通,边民始知有生
之乐。北部输诚效贡,莫敢渝约,岁时请求,随宜与之,得一果
饼,辄稽首欢笑。有掠人要赏,如打喇明安兔者,告俺答罚治,
即俯首听命。而异议者或曰“敌使充斥为害”,或曰“日益费耗,
彼欲终不可足”,或曰“与寇益狎,隐忧叵测”。此言心则忠矣,
事机或未睹也。

夫使者之入,多者八九人,少者二三人,朝至夕去,守贡之
使,赏至即归,何有充斥。财货之费,有市本,有抚赏,计三镇岁
费二十七万,较之乡时户部客饷七十余万,太仆马价十数万,
十才二三耳。而民间耕获之入,市贾之利不与焉。所省甚多,
何有耗费。乃若所忧则有之,然非隐也。方庚午以前,三军暴
骨,万姓流离,城郭丘墟,刍粮耗竭,边臣首领不保,朝廷为旰
食。七八年来,幸无此事矣。若使臣等处置乖方,吝小费而亏
大信,使一旦肆行侵掠,则前日之忧立现,何隐之有哉?

其所不可知者,俺答老矣,诚恐数年之后,此人既死,诸部
无所统一,其中狡黠互相争构,假托异辞,遂行侵扰。此则时变
之或然,而不可预料者。在我处之,亦惟罢贡绝市,闭关固垒以

待。仍禁边将毋得轻举,使曲常在彼,而直常在我。因机处置,顾后人方略何如耳。夫封疆之事,无定形亦无定机,惟朝廷任用得人,处置适宜,何必拘拘焉贡市非而战守是哉?

臣又闻之,御戎无上策;征战祸也,和亲辱也,赂遗耻也。今曰贡,则非和亲矣;曰市,则非赂遗矣;既贡且市,则无征战矣。臣幸借威灵,制伏强梗,得免斧钺之诛。今受命还朝,不复与闻阃外之事,诚恐议者谓贡市非计,辄有敷陈,国是摇惑。内则边臣畏缩,外则部落携贰,事机乖迕,后悔无及。臣虽得去,而犬马之心实有不能一日忘者,谨列上五事。

至京,复奏上款贡图。

寻代崇古为尚书,署吏部事,加太子太保。以平两广功,进少保。累疏致仕归,御书“尽忠”字赐之。二十四年卒。

逢时才略明练。处置边事,皆协机宜。其功名与崇古相亚,称“方、王”云。

吴兑,字君泽,绍兴山阴人。嘉靖三十八年进士。授兵部主事。隆庆三年由郎中迁湖广参议。调河南,迁蓟州兵备副使。五年秋,擢右佥都御史,巡抚宣府。兑举乡试出高拱门。拱之初罢相也,兑独送至潞河。及拱再起兼吏部,遂超擢之。释褐十三年得节钺,前此未有也。

时俺答初封贡,而昆都力、辛爱阴持两端,助其主土蛮为患。兑有智计,操纵驯服之。尝侦俺答离营猎,从五骑直趋其营。守者愕,控弦。从骑呵之曰:“太师来犒军耳。”皆拜跪迎寻,且献酪。兑遍阅庐帐,抵暮还。市者或潜盗所鬻马,兑使人梏击之,曰:“后复盗,即闭关停市。”诸部追所夺马,并执其人以谢。辛爱复扰边,俺答曰:“宣、大,我市场也。”戒勿动。然辛爱犹桀骜,俺答常以己马代入贡。既得赏赐,抵地不肯受,又遣兵掠车夷。车夷者,不知其所出,自嘉靖中徙至,与史夷杂居,皆宣镇保塞属也。辛爱掠之,以其长革固去,其二比妓来驻龙门教场。兑以史、车唇齿,车被掠,史益孤,奏筑

堡居之。使使诘责辛爱，令还革固而勒其比妓远边。辛爱诱比妓五
兰且沁、威兀慎，岁盗葛峪堡器甲、牛羊。兑皆付三娘子罚治。三娘
子有盛宠于俺答，辛爱嫉妒，数诅詈之。三娘子入贡，宿兑军中，诉
其事，兑赠以八宝冠、百凤云衣、红骨朵云裙，三娘子以此为兑尽
力。辛爱、撦力克相继袭王，皆妻三娘子，三娘子主贡市者三世。昆
都力尝求封王，会病死。其子青把都拥兵至塞，多所要挟。兑谕以
祸福，而耀武震之。青把都惧，贡如初。其女东桂嫁朵颜都督长昂，
尝随父入贡，诉其贫。兑谕其昆弟，每一马分一缯畀之。后东桂报
土蛮别骑掠三岔河东，兑得为备，有功。

　　万历二年春，推款贡功，加兑右副都御史。贡市毕，加兵部右侍
郎兼右佥都御史。五年夏，代方逢时总督宣、大、山西军务。俺答西
掠瓦剌，声言迎佛，寄帑于兑，留旗箭为信。尚书王崇古奏上方略，
使兑谕俺答绕贺兰山后行，勿道甘肃；又阴泄其谋于瓦剌。俺答兵
遂挫，留青海未归。而青把都复附土蛮，其部下时入寇。大学士张
居正令兑趣俺答东还约束之，青把都亦罚治其下，款贡乃益坚。七
年秋，以左侍郎召还部，寻加右都御史，仍佐部事。

　　九年夏，复以本官总督蓟、辽、保定军务兼巡抚顺天。泰宁速把
亥与青把都交通，阴入市宣府，而岁犯辽东以要款。朝廷拒不许，兑
修义州城备之。明年春，速把亥来寇，总兵官李成梁击斩之。其弟
炒花、㛲老撒卜儿悉遁去。诏进兑兵部尚书仍兼右都御史，寻进太
子少保，召拜兵部尚书。御史魏允贞劾兑历附高拱、张居正，且馈冯
保金千两，封识具存。给事王继光亦言兑受将吏馈遗，御史林休征
助之攻。帝乃允兑去，后数年卒。

　　孙孟明，袭锦衣千户，佐许显纯理北司刑。天启初，讞中书汪文
言，颇为之左右。显纯怒，诬孟明藏匿亡命。下本司拷讯，削籍归。
崇祯初，起故官，累迁都督同知，掌卫事。孟明居官贪，以附东林颇
得时誉。

子邦辅袭职,亦理北司刑。崇祯末,给事中姜采、行人司副熊开元以言事同日系诏狱,帝欲置之死,邦辅故缓其狱。帝怒稍解,令严讯主使者。邦辅乃略讯即具狱上,诏予杖百,二人由是获免。

郑洛,字禹秀,安肃人。嘉靖三十五年进士。除登州推官,征授御史。劾罢严嵩党鄢懋卿、万寀、万虞龙。出为四川参议,迁山西参政。佐总督王崇古款俺答有功。

万历二年由浙江左布政使改右佥都御史,巡抚山西。移大同,加右副都御史,入为兵部右侍郎。七年以左侍郎总督宣、大、山西军务。昆都力子满五大令银定入犯,洛奏停贡市,遣使责俺答罚赎驼马牛羊,乃复许款。三娘子佐俺答主贡市,诸部皆受其约束。及辛爱袭封,年老且病,欲妻三娘子。三娘子不从,率众西走,辛爱自追之,贡市久不至。洛计三娘子别属,则辛爱虽王无益,乃使人语之曰:“夫人能归王,不失恩宠,否则塞上一妇人耳。”三娘子听命。辛爱更名乞庆哈,贡市惟谨。洛以功加兵部尚书兼右副都御史。

十四年,乞庆哈死,子撦力克当袭。三娘子以年长,自练兵万人,筑城别居。洛恐贡市无主,复谕撦力克曰:“夫人三世归顺,汝能与之匹,则王,不然封别有属也。”撦力克尽逐诸妾,复妻三娘子。遂以明年嗣封,并奏封三娘子忠顺夫人。洛乃上疏请定市马数,宣府不得逾三万,大同万四千,山西六千,而申饬将吏严备,以防盗窃,且无轻遇其部落驰猎者。帝嘉纳之。御史许守恩劾洛。乞归,不允。自太子少保累加至太子太保,召为戎政尚书。

十八年,洮河用兵,诏兼右都御史,经略陕西、延、宁、甘肃及宣、大、山西边务。松套宾兔等屡越甘肃侵扰河、湟诸番。及俺答迎佛,又建寺于青海,奏赐名仰华,留永邵卜别部把尔户及丙兔、火落赤守之,俱牧海上。他部往来者,率取道甘肃,甘肃镇臣以通款弗禁也。丙兔死,其子真相进据莽剌川,火落赤据捏工川,益并吞番族。河套都督卜失兔亦遣使邀撦力克,撦力克遗洛书,以赴仰华为名。洛使从塞外行,又谕忠顺夫人曰:“彼中抚赏不能多,且王家在东,恐有内顾忧也。”撦力克遂行。未至,把尔户部卒阑入西宁。副总兵李奎方醉,单骑驰之。卒持鞬自白,为奎所斫,遂大噪,射奎死。火落赤、真相进围旧洮州,副总兵李联芳败殁。入临洮、河州、渭源,总兵官刘承嗣失利,游击李芳等皆死。当是时,撦力克已至仰华,火落赤、真相益挟为重,关中大震,惟把尔户不助逆。

事闻,诏洛经略七镇,以佥事万世德、兵部员外郎梁云龙随军赞划,而停撦力克贡市。俄罢总督梅友松,命洛兼领其事。洛以洮河之祸,由纵敌入青海,乃驰至甘肃,令曰:“北部自青海归巢者,听假道;自巢入青海者,即勒兵拒之。”未几,卜失兔至水泉,欲趋青海。总兵官张臣与相持月余,洛设伏掩击之,卜失兔仅以身免。庄秃赖后至,闻之亦退去。

明年,洛与云龙入西宁,控扼青海。撦力克闻之,西徙二百里,还洮河所掠人口,与忠顺夫人输罪请归。火落赤、真相亦夜去,两川余党留莽剌南山。洛虑诸部约结,先遣使趣撦力克北归,别遣云龙、世德收番族以弱其势,而具以状奏闻。言:“自顺义南牧,借途收番,子女牛羊皆有之,生死唯所制。洮河之役,遂为向导,番戎之势不分,则心腹之患无已。臣鼓舞劳来,招回诸番八万余人,皆陛下威德所致。”且具陈收番有六利。是时,撦力克观望不即归,洛与相羁縻,先遣总兵官尤继先击走莽剌余寇。督抚魏学曾、叶梦熊等请决战,梦熊又腾书都下,洛疏持不可。梦熊乃调苗兵三千为先锋,诋洛为秦桧、贾似道。会撦力克北归谢罪,乞复贡市,洛乃进兵青海,走火落赤、真相,焚仰华,置戍西宁、归德而还。

尚书石星以宣、大事急,请速召洛究款战之计。洛既至,与总督萧大亨,巡抚王世扬、邢玠等上疏曰:“撦力克诿罪火落赤、真相,桀骜之状已敛。且其部落数千里,部长十余辈。在巢保疆者,宣镇则青把都兄弟未尝东窥蓟、辽,而兀慎、摆腰五路之在新平,驯服犹故。在西行牧者,不他失未尝窥莽、捏,而大成比妓则又归巢独先。今以一人之罪,概绝诸部,消往日之恩,开将来之隙,臣未见其可。今史二外叛,屡犯边疆,若令顺义王缚献以著信,然后酌议市赏,在我固未为失策也。"议遂定。寻加少保,仍召理戎政。顺义王果缚史二来献,复款如故。

初,阅边给事中张栋言,洮河之衄,殒将丧师,洛为其所轻,故东西移帐自便。太仆寺丞徐琰复诋洛,乞处分以除误国之罪。栋再疏劾洛欺罔,给事中章尚学亦请令洛回宣、大。至是搘力克归,栋又言:"火、真乱首,顺义乱阶,洛宜除凶雪耻,乃虚词诱敌,而重利媚之。今火、真依海为窟,出没如故,洛辄侈然叙文武劳。乞敕所司,毋徇洛请。"洛乃谢病归。尚书星言洛无重利啗敌事,且有威望,不宜久弃。逾三年,官军与番人夹击把尔户于西宁大破之。星复奏洛收番之功,再诏起用。当时以洛有物议,卒不推也。卒,赠太保,谥襄敏。

张学颜,字子愚,肥乡人。生九月失母,事继母以孝闻。亲丧庐墓,有白雀来巢。登嘉靖三十二年进士,由曲沃知县入为工科给事中。迁山西参议,以总督江东劾去官。事白,迁永平兵备副使,再调蓟州。

俺答封顺义王,察罕土门汗语其下曰:"俺答,奴也,而封王,吾顾弗如。"挟三卫窥辽欲以求王。而海、建诸部日强,皆建国称汗。大将王治道、郎得功战死,辽人大恐。隆庆五年二月,辽抚李秋免,大学士高拱欲用学颜,或疑之。拱曰:"张生卓荦倜傥,人未之识也,置诸盘错,利器当见。"侍郎魏学曾后至,拱迎问曰:"辽抚谁可者?"学曾思良久,曰:"张学颜可。"拱喜曰:"得之矣。"遂以其名上,进右佥都御史,巡抚辽东。

辽镇边长二千余里,城砦一百二十所,三面邻敌。官军七万二千,月给米一石,折银二钱五分,马则冬春给料,月折银一钱八分,即岁稔不足支数日。自嘉靖戊午大饥,士马逃故者三之二。前抚王之诰、魏学曾相继绥辑,未复全盛之半。继以荒旱,饿莩枕籍。学颜首请赈恤,实军伍,招流移,治甲仗,市战马,信赏罚。黜懦将数人,创平阳堡以通两河,移游击于正安堡以卫镇城,战守具悉就经划。

大将李成梁敢力战深入,而学颜则以收保为完策,敌至无所亡失,敌退备如初,公私力完,渐复其旧。十一月与成梁破土蛮卓山,进右副都御史。明年春,土蛮谋入寇,闻有备而止。

奸民阑出海上,踞三十六岛。阅视侍郎汪道昆议缉捕,学颜谓缉捕非便。命李成梁按兵海上,示将加诛,别遣使招谕,许免差役。未半载,招还四千四百余口,积患以消。秋,建州都督王杲以索降人不得,入掠抚顺,守将贾汝翼诘责之。杲益憾,约诸部为寇,副总兵赵完责汝翼启衅。学颜奏曰:“汝翼却杲馈遗,惩其违抗,实伸国威,苟缘此罢斥,是进退边将皆敌主之矣。臣谓宜谕王杲送还俘掠,否则调兵剿杀,毋事姑息以蓄祸。”赵完惧,馈金貂,学颜发之。诏逮完,而宣谕王杲如学颜策。诸部闻大兵且出,悉窜匿山谷。杲惧,十二月约海西王台送俘获就款,学颜因而抚之。

辽阳镇东二百余里旧有孤山堡,巡按御史张铎增置险山五堡,然与辽镇声援不接。都御史王之诰奏设险山参将,辖六堡一十二城,分守瑷阳。又以其地不毛,欲移置宽佃,以时绌不果。万历初,李成梁议移孤山堡于张其哈佃,移险山五堡于宽佃、长佃、双墩、长领散等。皆据膏腴,扼要害。而边人苦远役,出怨言。工甫兴,王杲复犯边,杀游击裴承祖。巡按御史亟请罢役,学颜不可,曰:“如此则示弱也。”即日巡塞上,抚定王兀堂诸部,听于所在贸易。卒筑宽佃,斥地二百余里。于是抚顺以北,清河以南,皆遵约束。明年冬,发兵诛王杲,大破之,追奔至红力寨。张居正第学颜功在总督杨兆上,加兵部侍郎。

五年夏,土蛮大集诸部犯锦州,要求封王。学颜奏曰:“敌方凭陵,而与之通,是畏之也。制和者在彼,其和必不可久。且无功与有功同封,犯顺与效顺同赏,既取轻诸部,亦见笑俺答。臣等谨以正言却之。”会大雨,敌亦引退。其冬,召为戎政侍郎,加右都御史。未受代,而土蛮约泰宁速把亥分犯辽、沈、开原。明年正月破敌劈山,杀其长阿丑台等五人,学颜遂还部。逾年,拜户部尚书。

时张居正当国,以学颜精心计,深倚任之。学颜撰会计录以勾稽出纳。又奏列清丈条例，厘两京、山东、陕西勋戚庄田，清溢额、脱漏、诡借诸弊。又通行天下，得官民屯收湖陂八十余万顷。民困赔累者，以其赋抵之。自正、嘉虚耗之后，至万历十年间，最称富庶，学颜有力焉。然是时宫闱用度汰侈，多所征索。学颜随事纳谏，得停发太仓银十万两，减云南黄金课一千两，余多弗能执争。而金花银岁增二十万两，遂为定额。人亦以是少之。

十一年四月改兵部尚书，时方兴内操，选内竖二千人杂厮养训练，发太仆寺马三千给之。学颜执不与马，又请停内操，皆不听。其年秋，车驾自山陵还，学颜上疏曰："皇上恭奉圣母，扶辇前驱，拜祀陵园，考卜寿域，六军将士十余万，部伍齐肃。惟内操随驾军士，进止自恣。前至凉水河，喧争无纪律，奔逸冲突，上动天颜。今车驾已还，犹未解散。谨稽旧制，营军随驾郊祀，始受甲于内库，事毕即还。宫中惟长随内侍许佩弓矢。又律：不系宿卫军士，持寸刃入宫殿门者，绞；入皇城门者，戍边卫。祖宗防微弭乱之意甚深且远。今皇城内被甲乘马持锋刃，科道不得纠巡，臣部不得检阅。又招集厮养仆隶，出入禁苑，万一骤起邪心，朋谋倡乱，哗于内则外臣不敢入，哗于夜则外兵不及知，哗于都城白昼则曰天子亲兵也，驱之不肯散，捕之莫敢撄。正德中，西城练兵之事，良可鉴也。"疏上，宦竖皆切齿，为蜚语中伤。神宗察知之，诘责主使者。学颜得免，然亦不能用也。

考满，加太子少保。云南岳凤、罕虔平，进太子太保。时张居正既殁，朝论大异。初，御史刘台以劾居正得罪，学颜复论其赃私。御史冯景隆论李成梁饰功，学颜亟称成梁十大捷非妄，景隆坐贬斥。学颜故为居正所厚，与李成梁共事久，物论皆以学颜党于居正、成梁。御史孙继先、曾乾亨，给事中黄道瞻交章论学颜。学颜疏辩求去，又请留道瞻，不听。明年，顺天府通判周弘禴又论学颜交通太监张鲸，神宗皆黜之于外。学颜八疏乞休，许致仕去。二十六年卒于家。赠少保。

　　张佳胤，字肖甫，铜梁人。嘉靖二十九年进士。知滑县。巨盗
高章者，诈为缇骑，直入官署，劫佳胤索帑金。佳胤色不变，伪书券
贷金，悉署游徼名，召入立擒贼，由此知名。擢户部主事，改职方，迁
礼部郎中。以风霾考察，谪陈州同知。历迁按察使。

　　隆庆五年冬，擢右佥都御史，巡抚应天十府。安庆兵变，坐勘狱
辞不合，调南京鸿胪卿，就迁光禄。进右副都御史，巡抚保定，道闻
丧归。

　　万历七年起故官，巡抚陕西。未上，改宣府。时青把都已服，其
弟满五大犹桀骜，所部八赖掠塞外史、车二部，总兵官麻锦擒之。佳
胤命锦缚八赖将斩，而身驰赦之，八赖叩头誓不敢犯边。后与总督
郑洛计服满五大。入为兵部右侍郎。

　　十年春，浙江巡抚吴善言奉诏减月饷。东、西二营兵马文英、刘
廷用等构党大噪，缚殴善言。张居正以佳胤才，令兼右佥都御史代
善言。甫入境，而杭民以行保甲故，亦乱。佳胤问告者曰：“乱兵与
乱民合乎？”曰：“未也。”佳胤喜曰：“速驱之，尚可离而二也。”既至，
民剽益甚。佳胤从数卒佯问民所苦，下令除之。众益张，夜掠巨室，
火光烛天。佳胤召游击徐景星谕二营兵，令讨乱民自赎。擒百五十
人，斩其三之一。乃佯召文英、廷用，予冠带。而密属景星捕七人，
并文英、廷用斩之。二乱悉定。帝优诏褒美。寻以左侍郎还部，录
功，加右都御史。

　　未几，拜戎政尚书，寻兼右副都御史，总督蓟、辽、保定军务。以
李成梁击斩逞加努功，加太子少保。成梁破土蛮沈阳，复进太子太
保。召还理部事。叙劳，予一品诰。御史许守恩劾佳胤营获本兵，
御史徐元复劾之，遂三疏谢病归。越二年卒。赠少保。天启初，谥
襄宪。

　　殷正茂，字养实，歙人。嘉靖二十六年进士。由行人选兵科给
事中。劾罢南京刑部侍郎沈应龙。历广西、云南、湖广兵备副使，迁
江西按察使。

　　隆庆初,古田僮韦银豹、黄朝猛反。银豹父朝威自弘治中败官兵于三厄,杀副总兵马俊、参议马铉,正德中尝陷洛容。嘉靖时,银豹及朝猛劫杀参政黎民衷,提督侍郎吴桂芳遣典史廖元招降之。迁元主簿以守,而银豹数反复。隆庆三年冬,廷议大征。擢正茂右佥都御史巡抚广西。正茂与提督李迁调土、汉兵十四万,令总兵俞大猷将之。先夺牛河、三厄险,诸军连克东山凤凰寨,蹙之潮水。廖元诱僮人斩朝猛,银豹穷,令其党阴斩貌类己者以献。捷闻,进兵部右侍郎,巡抚如故。改古田为永宁州,设副使参将镇守。未几,佥事金柱捕得银豹,正茂因自劾。诏磔银豹京师,置正茂不问。

　　寻代迁提督两广军务。当是时,群盗惠州蓝一清、赖元爵,潮州林道乾、林凤、诸良宝,琼州李茂,处处屯结。广中日告警,倭又数为害。正茂议守巡官划地分守,而徙濒海谪戍之民于云南、川、湖,绝倭向导。乃令总兵官张元勋、参政江一麟等先后杀倭千余,以次尽平诸盗。广西巡抚郭应聘亦奏平怀远、洛容瑶,语详元勋及李锡传。正茂以功累加兵部尚书兼右副都御史。倭复陷铜鼓、双鱼,元勋大破之儒峒;犯电白,正茂剿杀千余人。岭表略定。

　　万历三年召为南京户部尚书,以凌云翼代。明年改北部。疏请节用,又谏止采买珠宝。而张居正以正茂所馈鹅厨转奉慈宁太后为坐褥。李幼孜与争宠,嗾言官詹沂等劾之。遂屡引疾。六年致仕归。久之,起南京刑部尚书。居正卒之明年,御史张应诏言,正茂以金盘二,植珊瑚其中,高三尺许,赂居正,复取金珠、翡翠、象牙馈冯保及居正家人游七。正茂疏辨,请告,许之。二十年卒。

　　正茂在广时,任法严,道将以下奉行惟谨。然性贪,岁受属吏金万计。初征古田,大学士高拱曰:“吾捐百万金予正茂,纵乾没者半,然事可立办。”时以拱为善用人。

　　李迁,字子安,新建人。嘉靖二十年进士。隆庆四年官南京兵部右侍郎,以左侍郎总督两广。给事中光懋言两广向设提督,事权划一,今两巡抚相牵掣,不便。乃改迁提督兼巡抚广东,而特命正茂为广西巡抚。后遂为定制。以平银豹功加右都御史。寻讨惠、潮山寇，俘斩千二百余级。召为刑部尚书。引疾归，卒。谥恭介。迁出入中外三十年，不妄取一钱，年近七十，母终，庐墓。

　　凌云翼，字洋山，太仓州人。嘉靖二十六年进士。授南京工部主事。隆庆中，累官右佥都御史，抚治郧阳。疏论卫所兵消耗之弊，凡六事，多议行。

　　万历元年进右副都御史，巡抚江西。三迁兵部左侍郎兼右佥都御史，提督两广军务，代殷正茂。时寇盗略尽，惟林凤遁去。凤初屯钱澳求抚，正茂不许，遂自彭湖奔东番魍港，为福建总兵官胡守仁所败。是年冬，犯柘林、靖海、碣石，已，复犯福建。守仁追击至淡水洋，沉其舟二十。贼失利，复入潮州。参政金浙谕降其党马志善、李成等，凤夜遁。明年秋，把总王望高以吕宋番兵讨平之。

　　寻进征罗旁。罗旁在德庆州上下江界、东西两山间，延袤七百里。成化中，韩雍经略西山颇安辑，惟东山瑶阻深箐剽掠，有司岁发卒戍守。正茂方建议大征，会迁去。云翼乃大集兵，令两广总兵张元勋、李锡将之。四阅月，克巢五百六十，俘斩、招降四万二千八百余人。岑溪六十三山、七山、那留、连城诸处邻境瑶、僮皆惧。贼首潘积善求抚，云翼奏设官戍之。论功，加右都御史兼兵部侍郎，赐飞鱼服。乃改泷水县为罗定州，设监司、参将。积患顿息。六年夏，与巡抚吴文华讨平河池、啼咳、北三诸瑶，又捕斩广东大庙诸山贼。岭表悉定。

　　召为南京工部尚书，就改兵部，以兵部尚书兼右副都御史总督漕运，巡抚淮、扬。河臣潘季驯召入，遂兼督河道。加太子少保。召为戎政尚书，以病归。家居骄纵，给事、御史连章劾之。诏夺官，后卒。

　　云翼有干济才。罗旁之役，继正茂成功。然喜事好杀戮，为当时所讥。

　　赞曰：谭纶、王崇古诸人，受任岩疆，练达兵备，可与余子俊、秦纮先后比迹。考其时，盖张居正当国，究心于军谋边琐。书疏往复，洞瞩机要，委任责成，使得展布，是以各尽其材，事克有济。观于此，而居正之功不可泯也。

明史卷二二三
列传第一一一

盛应期　朱衡　翁大立　潘志伊
潘季驯　万恭　吴桂芳
傅希挚　王宗沐　子士崈　士琦　士昌
从子士性　刘东星　胡瓒　徐贞明
伍袁萃

　　盛应期，字思征，吴江人。弘治六年进士。授都水主事，出辖济
宁诸闸。太监李广家人市私盐至济，畏应期，投盐水中去。会南京
进贡内官诬应期阻荐新船，广从中构逮应期及主事范璋下诏狱。璋
管卫河，亦忤中贵者也。狱具，谪云南驿丞。稍迁禄丰知县。
　　正德初，历云南金事。武定知府凤应死，其妻摄府事，子朝鸣为
寇。应期单车入其境，母子惶怖，归所侵。策凤氏终乱，奏降其秩，
设官制之。寝不行，后卒叛。与御史张璞、副使晁必登抑镇守太监
梁裕。裕劾三人，俱逮下诏狱，璞竟拷死。会乾清宫灾，应期得复职。
四迁至陕西右布政使。擢右副都御史巡抚四川。讨平天全六番招
讨使高文林。会泉江僰蛮普法恶作乱，富顺奸民谢文礼、文义附之。
法恶死，指挥何卿等先后讨诛文礼、文义。应期赍银币，以忧归。
　　嘉靖二年起故官，巡抚江西。宸濠乱后，疮痍未复，奏免杂调缯
钱数十万，请留转输南京米四十七万、银二十万，以食饥民。又令诸

府积谷备荒至百余万。寻进兵部右侍郎，总督两广军务。将行，籍上积谷数。帝以陈洪谟代，而奖赉应期。后洪谟积益多，亦被赉。

应期至广，偕抚宁侯朱麒督参将李璋等，讨平思恩土目刘召，复赉银币。朝议大征岑猛。应期条上方略七事，言广兵疲弱不可用，麒等恚。会御史许中劾应期暴虐，麒等因相与为流言。御史郑洛书复劾应期贿结权贵。应期已迁工部侍郎，引疾归。

六年，黄河水溢入漕渠，沛北庙道口淤数十里，粮艘为阻，侍郎章拯不能治。尚书胡世宁、詹事霍韬、金事江良材请于昭阳湖东别开漕渠，为经久计。议未定，以御史吴仲言召拯还，即家拜应期右都御史以往。应期乃议于昭阳湖东，北进江家口，南出留城口，开浚百四十余里，较疏旧河力省而利永；夫六万五千，银二十万两，克期六月。工未成，会旱灾修省，言者多谓开河非计，帝遽令罢役。应期请展一月竟其功，不听。初，应期请令郎中柯维熊分浚支河，维熊力赞新河之议，至是亦言不便。应期上章自理。帝怒，诏与维熊俱夺职。世宁言："新河之议倡自臣。应期克期六月，今四月，功已八九。缘程工促急，怨讟烦兴。维熊反复变诈，倾大臣，误国事。自古国家偿大事，必责首议，臣请与同罢。"帝不许。后更赦，复官致仕，卒。应期罢后三十年，朱衡循新河遗迹成之，运道蒙利焉。

朱衡，字士南，万安人。嘉靖十一年进士。历知尤溪、婺源，有治声。迁刑部主事，历郎中。出为福建提学副使，累官山东布政使。三十九年进右副都御史巡抚其地。奏言："比辽左告饥，暂弛登、莱商禁，转粟济之。猾商遂窃载他货，往来贩易，并开青州以西路。海岛亡命，阴相搆结，禁之便。"从之。召为工部右侍郎。

四十四年进南京刑部尚书。其秋，河决沛县飞云桥，东注昭阳湖，运道淤塞百余里。改衡工部尚书兼右副都御史，总理河漕。衡驰至决口，旧渠已成陆。而故都御史盛应期所开新河，自南阳以南东至夏村，又东南至留城，故址尚在。其地高，河决至昭阳湖止，不能复东，可以通运，乃定议开新河，筑堤吕孟湖以防溃决。河道都御史潘季驯以为浚旧渠便，议与衡不合。衡持益坚，引鲇鱼、薛沙诸水入新渠，筑马家桥堤以遏飞云桥决口，身自督工。劾罢曹濮副使柴涞，重绳吏卒不用命者，浮议遂起。明年，经事中郑钦劾衡虐民幸功，诏遣给事中何起鸣往勘，工垂竣矣。及秋，河决马家桥，议者纷然谓功不可成。起鸣初主衡议，亦变其说，与给事中王元春、御史黄襄交章请罢衡。会新河已成，乃止。河长一百九十四里。漕艘由境山入，通行至南阳。未几，季驯以忧去，诏衡兼理其事。

　　隆庆元年加太子少保。山水骤溢，决新河，坏漕艘数百。给事中吴时来言：“新河受东、兖以南费、峄、邹、滕之水。以一堤捍群流，岂能不溃。宜分之以杀其势。”衡乃开支河四，泄其水入赤山湖。明年秋，召还部。又明年，衡上疏曰：“先臣宋礼浚治旧渠，测量水平，计济宁平地与徐州境山巅相准，北高南下，悬流三十丈。故鲁桥闸以南稍启立涸，舟行半月始达。东、兖之民增闸挑浅，苦力役者百六十年。属者改凿新渠，远避黄流，舍卑就高，地形平衍，诸闸不烦起闭，舟行日可百余里，夫役漫无事事。近河道都御史翁大立奏请裁革，宜可听。”于是汰闸官五，夫役六千余，以其僦直为修渠费。

　　四年秋，河决睢宁，起季驯总理。明年冬，阅视河道给事中洛遵劾罢季驯，言廷臣可使，无出衡右者。六年正月诏兼左副都御史，经理河道。穆宗崩，大学士高拱以山陵工请召衡。会邳州工亦竣，衡遂还朝。

　　衡先后在部，禁止工作，裁抑浮费，所节省甚众。穆宗时，内府监局加征工料，滥用不訾，衡随时执奏。未几，诏南京织造太监李祐趋办袍缎千八百余匹，衡因言官孙枝、姚继可、严用和、骆问礼先后谏，再疏请，从之。帝切责太监崔敏，传令南京加造缎十余万匹，衡议停新造，但责岁额，得减新造三之二。命造鳌山灯，计费三万余两，又命建光泰殿、瑞祥阁于长信门，衡皆奏止之。及神宗即位，首命停织造，而内臣不即奉诏，且请增织染所颜料。衡奏争，皆得请。皇太后传谕发帑金修涿州碧霞元君庙。衡复争，报闻。

　　衡性强直，遇事不挠，不为张居正所喜。万历二年，给事中林景旸劾衡刚愎。衡再疏乞休。诏加太子太保,驰驿归。其年夏,大雨坏昭陵棱恩殿,追论督工罪,夺宫保。卒年七十三。子维京,自有传。

　　翁大立,余姚人。嘉靖十七年进士。累官山东左布政使。三十八年以右副都御史巡抚应天、苏州诸府。苏州以倭警募壮士,后兵罢无所归,群聚剽夺。大立得其主名,捕甚急。恶少惧,夜劫县卫狱,纵囚自随,攻都御史行署,大立率妻子遁。知府王道行督兵力拒之,乃斩葑门,奔入太湖为盗。命大立戴罪捕贼,寻被劾罢。久之,起故官,巡抚山东。遭丧不赴。

　　隆庆二年命督河道。朱衡既开新河,漕渠便利。大立因颂新河之利有五,而请浚回回墓以达鸿沟,引昭阳之水沿鸿沟出留城,以溉湖下腴田千顷。未几,又请凿邵家岭,令水由地浜沟出境山,入漕河。帝皆从之。

　　三年七月,河大决沛县,漕艘阻不进。帝从大立请,大行赈贷。大立又请漕艘后至者贮粟徐州仓,平价出粜。诏许以三万石赉民。大立以下民昏垫、闾阎愁困状,帝莫能周知,乃绘图十二以献。且言:“时事可忧,更不止此。东南财赋区,而江海泛溢,粒米不登,京储可虑一也。边关千里,悉遭洪水,墩堡倾颓,何恃以守,可虑二也。畿辅、山东、河南,淫雨既久,城郭不完,寇盗无备,可虑三也。江海间飓风鼓浪,舟舰战卒,悉入波流,海防可虑四也。淮、浙盐场咸泥尽没,灶户流移,商贾不至,国课可虑五也。望陛下以五患十二图付公卿博议,速求拯济之策。”帝留图备览,下其奏于所司。

　　当是时,黄河既决,淮水复涨。自清河县至通济闸抵淮安城西淤三十余里,决方、信二坝出海,平地水深丈余,宝应湖堤往往崩坏。山东沂、莒、郯城水溢,从沂河、直河出邳州,人民多溺死。大立奔走经营,至四年六月,鸿沟、境山诸工,及淮流疏浚,次第告成。帝喜,赐赉有差。时大立已升工部右侍郎,旋改兵部为左。会代者陈大宾未至,而山东沙、薛、汶、泗诸水骤涨,决仲家浅诸处,黄河又暴至,茶城复淤。已而淮自泰山庙至七里沟亦淤十余里。其明年遂为给事中宋良佐劾罢。

万历二年起南京刑部右侍郎,就改吏部。明年入为刑部右侍郎,再迁南京兵部尚书。六年致仕归。

先是,隆庆末,有锦衣指挥周世臣者,外戚庆云侯裔也。家贫无妻,独与婢荷花儿居。盗入其室,杀世臣去。把总张国维入捕盗,惟荷花儿及仆王奎在,遂谓二人奸杀其主。狱成,刑部郎中潘志伊疑之,久不决。及大立以侍郎署部事,愤荷花儿弑主,趣志伊速决。志伊终疑之,乃委郎中王三锡、徐一忠同谳。竟无所平反,置极刑。逾数年,获真盗。都人竞称荷花儿冤,流闻禁中。帝大怒,欲重谴大立等。会给事中周良寅、萧彦复劾之,乃追夺大立职,调一忠、三锡于外。志伊时已知九江府,亦谪知陈州。

志伊,吴江人。进士,终广西右参政。历官有声。

潘季驯,字时良,乌程人。嘉靖二十九年进士。授九江推官。擢御史,巡按广东。行均平里甲法,广人大便。临代去,疏请饬后至者守其法,帝从之。进大理丞。四十四年由左少卿进右佥都御史,总理河道。与朱衡共开新河,加右副都御史。寻以忧去。

隆庆四年,河决邳州、睢宁。起故官,再理河道,塞决口。明年,工竣,坐驱运船入新溜漂没多,为勘河给事中洛遵劾罢。

万历四年夏,再起官,巡抚江西。明年冬,召为刑部右侍郎。是时,河决崔镇,黄水北流,清河口淤淀,全淮南徙,高堰湖堤大坏,淮、扬、高邮、宝应间皆为巨浸。大学士张居正深以为忧。河漕尚书吴桂芳议复老黄河故道,而总河都御史傅希挚欲塞决口,束水归漕,两人议不合。会桂芳卒,六年夏,命季驯以右都御史兼工部左侍郎代之。季驯以故道久湮,虽浚复,其深广必不能如今河,议筑崔镇以塞决口,筑遥堤以防溃决。又:“淮清河浊,淮弱河强,河水一斗,沙居其六,伏秋则居其八,非极湍急,必至停滞。当借淮之清以刷河之浊,筑高堰束淮入清口,以敌河之强,使二水并流,则海口自浚。

即桂芳所开草湾亦可不复修治。"遂条上六事,诏如议。

明年冬,两河工成。又明年春,加太子太保,进工部尚书兼左副都御史。季驯初至河上,历虞城、夏邑、商丘,相度地势。旧黄河上流,自新集经赵家圈、萧县,出徐州小浮桥,极深广。自嘉靖中北徙,河身既浅,迁徙不常,曹、单、丰、沛常苦昏垫。上疏请复故河。给事中王道成以方筑崔镇高堰,役难并举。河南抚按亦陈三难,乃止。迁南京兵部尚书。十一年正月召改刑部。

季驯之再起也,以张居正援。居正殁,家属尽幽系,子敬修自缢死。季驯言:"居正母逾八旬,且暮莫必其命,乞降特恩宥释。"又以治居正狱太急,宣言居正家属毙狱者已数十人。先是,御史李植、江东之辈与大臣申时行、杨巍相讦。季驯力右时行、巍,痛诋言者,言者交怒。植遂劾季驯党庇居正,落职为民。

十三年,御史李栋上疏讼曰:"隆庆间,河决崔镇,为运道梗。数年以来,民居既奠,河水安流,咸曰:'此潘尚书功也。'昔先臣宋礼治会通河,至于今是赖,陛下允督臣万恭之请,予之谥荫。今季驯功不在礼下,乃当身存之日,使与编户齿,宁不隳诸臣任事之心,失朝廷报功之典哉。"御史董子行亦言季驯罪轻责重。诏俱夺其俸。其后论荐者不已。

十六年,给事中梅国楼复荐,遂起季驯右都御史,总督河道。自吴桂芳后,河漕皆总理,至是复设专官。明年,黄水暴涨,冲入夏镇,坏田庐,居民多溺死。季驯复筑塞之。十九年冬,加太子太保、工部尚书兼右都御史。

季驯凡四奉治河命,前后二十七年,习知地形险易。增筑设防,置官建闸,下及木石椿埽,综理纤悉,积劳成病。三疏乞休,不允。二十年,泗州大水,城中水三尺,患及祖陵。议者或欲开傅宁湖至六合入江,或欲浚周家桥入高、宝诸湖,或欲开寿州瓦埠河以分淮水上流,或欲弛张福堤以泄淮口。季驯谓祖陵王气不宜轻泄,而巡抚周寀、陈于陛,巡按高举谓周家桥在祖陵后百里,可疏浚,议不合。都给事中杨其休请允季驯去。归三年卒,年七十五。

万恭,字肃卿,南昌人。嘉靖二十三年进士。授南京文选主事,历考功郎中。寿王丧过南京,中贵欲令朝王妃,恭厉声曰:"礼不朝后,况妃乎!"遂止。就迁光禄少卿,入改大理。

四十二年,寇逼通州,帝方急兵事。以兵部右侍郎蔡汝楠、协理戎政侍郎喻时不胜任,调之南京,欲代以郑晓、杨顺、葛缙,手诏问徐阶。阶以晓文士,顺、缙匪人,请命吏部推择。帝乃谕尚书严讷越格求之,遂以湖广参政李燧代时,而命恭代汝楠。恭列上选兵、议将、练兵车、火器诸事,皆报可。明年,燧罢,众将推恭,恭引疾。及用赵炳然,恭起视事。于是给事中胡应嘉劾恭奸欺。恭奏辩,部议调恭。诏勿问。恭不自安,力请剧边自效。乃命兼佥都御史,巡抚山西。甫至,寇犯龙须墩,恭伏兵击却之。未几,寇五万骑至朔州川,恭与战老高墓。列车为阵,发火器,寇少却。忽风起,火反焚车,寇复大至。诸将殊死战,寇乃去。事闻,赍银币。巡抚故无旗牌,恭请得之。冰河州县患套寇东掠,岁凿冰以防,恭为筑墙四十里。教人以耕及用水车法,民大利之。浃岁,以内艰归。

隆庆初,给事中岑用宾等拾遗及恭。吏部尚书杨博议,仍用之边方。暨服阕,恭遂不出。六年春,给事中刘伯燮荐恭异才。会河决邳州,运道大阻,已遣尚书朱衡经理,复命恭以故官总理河道。恭与衡筑长堤,北自磨脐沟迄邳州直河,南自离林迄宿迁小河口,各延三百七十里。费帑金三万,六十日而成。高、宝诸河,夏秋泛滥,岁议增堤,而水益涨。恭缘堤建平水闸二十余,以时泄蓄,专令浚湖,不复增堤,河遂无患。

恭强毅敏达,一时称才臣。治水三年,言者劾其不职,竟罢归。家居垂二十年卒。孙燫自有传。

吴桂芳,字子实,新建人。嘉靖二十三年进士。授刑部主事。有崔鉴者,年十三,忿父妾凌母,手刃之。桂芳为著论拟赦。尚书闻渊曰:"此董仲舒《春秋》断狱,柳子厚《复雠议》也。"鉴遂得宥。

及渊入吏部，欲任以言职。会闻继母病，遽请归，留之不可。起补礼部，历迁扬州知府。御倭有功，迁俸一级。又建议增筑外城。扬有二城，自桂芳始。历浙江左布政使，进右佥都御史，巡抚福建。父丧归。起故官，抚治郧阳。寻进右副都御史总理河道，未任。两广总督张臬以非军旅才被劾罢，部议罢总督，改桂芳兵部右侍郎兼右佥都御史，提督两广军务兼理巡抚。

两广群盗河源李亚元、程乡叶丹楼连岁为患，潮州旧倭屯据邹塘。桂芳先讨倭。以降贼伍端为前驱，官军继进，一日夜克三巢，焚斩四百余人。帝深嘉之，令与南赣提督吴百朋乘胜灭贼。而新倭寇福建者为戚继光所败，流入境。桂芳、百朋会调土、汉兵，乘其初至急击之。倭惧，悉奔甲子崎沙，夺渔舟入海。暴风起，皆覆溺死。脱者还海丰，副总兵汤克宽擒斩殆尽。因建议海道副使辖东莞以西至琼州，领番夷市舶，更设海防佥事，巡东莞以东至惠潮，专御倭寇。又进讨亚元、丹楼，平之。

降贼王西桥、吴平已抚复叛。西桥掠东莞，败都指挥刘世恩兵，执肇庆同知郭文通以求抚。桂芳擒斩之，进讨平。平初据南澳，为戚继光、俞大猷所败，奔饶平凤凰山，掠民舟出海，自阳江奔安南。桂芳檄安南万宁宣抚司进剿，遣克宽以舟师会之，夹击平万桥山下。乘风纵火，平军死无算，擒斩三百九十余人。参将傅应嘉言平已擒，后复云溺死。福建巡抚汪道昆奏闻，桂芳不肯，曰："风火交炽时，何以知其必死也。"平党林道乾复窥南澳，时议设参将戍守。桂芳言："澳中地险而腴。元时曾设兵戍守，戍兵即据以叛，此御盗生盗也，不如戍柘林便。"从之。召为南京兵部右侍郎，寻改北部。隆庆初，转左，以疾乞归。言官数论荐。

万历三年冬，即家起故官，总督漕运兼巡抚凤阳。明年春，桂芳以淮、扬洪潦奔流，惟云梯关一径入海，致海涌横沙，河流泛溢，而兴、盐、高、宝诸州县所在受灾，请益开草湾及老黄河故道以广入海之路，修筑高邮东西二堤以蓄湖水。皆下所司议行。未几，草湾河工告成。是年秋，河决曹县、徐州、桃源，给事中刘铉疏议漕河，语侵桂芳。桂芳疏辩曰："草湾之开，以高、宝水患冲啮，疏以拯之，非能使上游亦不复涨也。今山阳以南诸州县，水落播种，斗米四分，则臣斯举亦既得策矣。若徐、邳以上，非臣所属，臣何与焉。"因请罢。御史邵陛言："诸臣以河涨归咎草湾，阻任事气，乞策励桂芳，益底厥绩，而诘责河臣傅希挚旷职。"从之。

其明年，希挚议塞崔镇决口，束水归漕，而桂芳欲冲刷成河以为老黄河入海之道。廷议以二人意见不合，改希挚抚陕西，以李世达代。未几，又改世达他任，命桂芳兼理河漕。六年正月诏进工部尚书兼右副都御史，居职如故。未逾月，卒。寻以高邮湖堤成，赠太子少保。

傅希挚，衡水人。累官右佥都御史，巡抚山东。隆庆末，户部以饷乏议裁山东、河南民兵，希挚争之而止。改总理河道。以茶城淤塞，开梁山以下宁洋山，出右洪口。万历五年进右副都御史，巡抚陕西。已迁户部右侍郎，坐陇右矿贼未靖，论罢。起总督漕运，历南京户、兵二部尚书。召理戎政，以老被劾。加太子少保致仕。

王宗沐，字新甫，临海人。嘉靖二十三年进士。授刑部主事。与同官李攀龙、王世贞辈，以诗文相友善。宗沐尤习吏治。历江西提学副使。修白鹿洞书院，引诸生讲习其中。

三迁山西右布政使。所部岁浸，宗沐因入觐上疏曰："山西列郡俱荒，太原尤甚。三年于兹，百余里不闻鸡声。父子夫妇互易一饱，命曰'人市'。宗禄八十五万，累岁缺支，饥疫死者几二百人。夫山西，京师右掖。自故关出真定，自忻、代出紫荆，皆不过三日。宣、大之粮虽派各郡，而运本色者皆在太原。饥民一聚，蹂践劫夺，岁供宣、大两镇六十七万饷，谁为之办。此可深念者一也。四方奏水旱者以十分上，部议常裁而为三，所免不过存留而已。今山西所谓存留者，二镇三关之输也。存留乃反急于起运，是山西终不蒙分毫之宽。此可深念者二也。开疆万山之中，岩阻巉绝，太原民不得至泽、潞，安望就食他所。独真定米稍可通。然背负车运，率二斗而致一斗，甫至寿阳，则价已三倍矣。是可深念者三也。饥民相聚为盗，招之不可，势必仆杀。小则支库金，大则请内帑。与其发帑以赏杀盗之人，孰若发帑使不为盗。此可深念者四也。近丘富往来诱惑，边民妄传募人耕田不取租税。愚民何知，急不暇择，长边八百余里，谁要之者。彼诱而众，我逃而虚。此可深念者五也。"因请缓征逋赋，留河东新增盐课以给宗禄。寻改广西左布政使，再补山东。

隆庆五年，给事中李贵和请开胶莱河。宗沐以其功难成，不足济运，遗书中朝止之。拜右副都御史，总督漕运兼巡抚凤阳，极陈运军之苦，请亟优恤。又以河决无常，运道终梗，欲复海运，上疏曰："自会通河开浚以来，海运不讲已久。臣近官山东，尝条期议。巡抚都御史梁梦龙毅然试之，底绩无壅，而虑者辄苦风波。夫东南之海，天下众水之委也，茫渺无山，趋避靡所，近南水暖，蛟龙窟宅。故元人海运多惊，以其起自太仓、嘉定而北也。若自淮安而东，引登、莱以泊天津，是谓北海，中多岛屿，可以避风。又其地高而多石，蛟龙有往来而无窟宅。故登州有海市，以石气与水气相搏，映石而成，石气能达于水面，以石去水近故也。北海之浅，是其明验。可以佐运河之穷，计无便于此者。"因条上便宜七事。明年三月遂运米十二万石自淮入海，五月抵天津。叙功，与梦龙俱进秩，赐金币。而南京给事中张焕言："比闻八舟漂没，失米三千二百石。宗沐预计有此，私令人籴补。夫米可补，人命可补乎？宗沐掩饰视听，非大臣谊。"宗沐疏辩求勘。诏行前议，习海道以备缓急。未几，海运至即墨，飓风大作，覆七舟。都给事中贾三近、御史鲍希颜及山东巡抚傅希挚俱言不便，遂寝。时万历元年也。

宗沐以徐、邳俗犷悍，多奸猾，滨海盐徒出没，六安、霍山矿贼窃发，奏设守将。又召豪侠巨室三百余人充义勇，责令捕盗，后多以功给冠带。迁南京刑部右侍郎，召改工部。寻进刑部左侍郎，奉敕阅视宣、大、山西诸镇边务。母丧归。九年，以京察拾遗罢，不叙。居家十余年卒。赠刑部尚书。天启初，追谥襄裕。

子士崧、士琦、士昌，从子士性，皆进士。士崧官刑部主事。士琦历重庆知府。播州宣慰使杨应龙叛，承总督邢玠檄至松坎抚定之。遂进兵备副使，治其地。寻以山东参政监军朝鲜有功，超擢河南右布政使。坐应龙复叛，降湖广右参政。历山东右布政使，佐余宗浚封顺义王，进秩赐金。擢右副都御史巡抚大同，被劾拟调。未几卒。

士昌由龙溪知县擢兵科给事中。寇犯固原、甘肃，方议诸将罪，而延绥两以捷闻。兵部请告庙宣捷，士昌奏止之。改礼科。矿税兴，疏言：“近日御题黄蘗，遍布关津；圣旨朱牌，委亵蒜屋。遂使三家之村，鸡犬悉尽；五都之市，丝粟皆空。且税以店名，无异北齐之市肆；官从内遣，何啻西苑之斜封。”不报。二十九年，帝将册立东宫，而故缓其期。士昌偕同官杨天民极谏，谪贵州镇远典史。屡迁大理右丞署事，与张问达共定张差狱。旋进右少卿，擢右佥都御史，巡抚福建。归卒。

士性，字恒叔，由确山知县征授礼科给事中。首陈天下大计，言朝廷要务二，曰亲章奏，节财用；官司要务三，曰有司文网，督学科条，王官考核；兵戎要务四，曰中州武备，晋地要害，北寇机宜，辽左战功。疏凡数千言，深切时弊，多议行。诏制鳌山灯。未几，慈宁宫火，士性请停前诏，帝纳之。杨巍议黜丁此吕，士性劾巍阿辅臣申时行，时行纳巍邪媚，皆失大臣谊。寝不行。时行，士性座主也。久之，疏言：“朝廷用人，不宜专取容身缄默，缓急不足恃者。请召还沈思孝、吴中行、艾穆、邹元标、黄道瞻、蔡时鼎、闻道立、顾宪成、孙如法、姜应麟、马应图、王德新、卢洪春、彭遵古、诸寿贤、顾允成等。忤旨，不报。迁吏科给事中，出为四川参议，历太仆少卿。河南缺巡抚，廷推首王国，士性次之。帝特用士性。士性疏辞，言资望不及国。帝疑其矫，且谓国实使之，遂出国于外，调士性南京。久之，就迁鸿胪卿，卒。

刘东星,字子明,沁水人。隆庆二年进士。改庶吉士,授兵科给事中。大学士高拱摄吏部,以非时考察,谪蒲城县丞。徙卢氏知县,累迁湖广左布政使。

万历二十年擢右佥都御史,巡抚保定。时朝鲜以倭难告。王师调集,悉会天津,而天津、静海、沧州、河间皆被灾。东星请漕米十万石平粜,民乃济。召为左副都御史。进吏部右侍郎,以父老请侍养归,濒行而父卒。

二十六年,河决单之黄堌,运道堙阻,起工部左侍郎兼右佥都御史,总理河漕。初,尚书潘季驯议开黄河上流,循商、虞而下,历丁家道口出徐州小浮桥,即元贾鲁所浚故道也,朝廷以费巨未果。东星即其地开浚。起曲里铺至三仙台,抵小浮桥。又浚漕渠自徐、邳至宿。计五阅月工竣,费仅十万。诏嘉其绩,进工部尚书兼右副都御史。

明年渠邵伯、界首二湖。又明年奉开泇河。泇界滕、峄间,南通淮、海,引漕甚便。前总督翁大立首议开浚,后尚书朱衡、都御史傅希挚复言之。朝廷数遣官行视,迄无成划。河臣舒应龙尝凿韩庄,工亦中辍。东星力任其役。初议费百二十万,及工起费止七万,而渠已成十之三。会有疾,求去。屡旨慰留。卒官。后李化龙循其遗迹,与李三才共成之,漕永便焉。

东星性俭约。历官三十年,敝衣蔬食如一日。天启初,谥庄靖。

胡瓒,字伯玉,桐城人。万历二十三年进士。授都水主事。分司南旺司兼督泉闸,驻济宁。泗水所注,瓒修金口坝遏之。造舟汶上,为桥于宁阳,民不病涉。河决黄堌,瓒忧之。会刘东星来总河漕,瓒与往复论难,谓黄堌不杜,势且易黄而漕;漕南北七百里,以涓涓之泉,安能运万千又奇之艘,使及期飞渡。赞东星浚贾鲁故道,益治汶、泗间泉数百。寻源竟委,著《泉河史》上之。瓒治泉,一夫浚一泉,各有分地,省其勤惰而赏罚之。冬则养其余力,不征于官。以疏浚运道有功,增秩一等。二十七年督修琉璃河桥。三年桥成,省费七万又奇。累官江西左参政。予告归,久之卒。

徐贞明,字孺东,贵溪人。父九思,见循吏传。贞明举隆庆五年进士。知浙江山阴县,敏而有惠。万历三年征为工科给事中。会御史傅应祯获罪,贞明入狱调护,坐贬太平府知事。十三年累迁尚宝司丞。

初,贞明为给事中,上水利、军班二议,谓:

> 神京雄据上游,兵食宜取之畿甸,今皆仰给东南。岂西北古称富强地,不足以实廪而练卒乎。夫赋税所出,括民脂膏,而军船夫役之费,常以数石致一石,东南之力竭矣。又河流多变,运道多梗,窃有隐忧。闻陕西、河南故渠废堰,在在有之;山东诸泉,引之率可成田;而畿辅诸郡,或支河所经,或涧泉自出,皆足以资灌溉。北人未习水利,惟苦水害,不知水害未除,正由水利未兴也。盖水聚之则为害,散之则为利。今顺天、真定、河间诸郡,桑麻之区,半为沮洳,由上流十五河之水惟泄于猫儿一湾,欲其不泛滥而壅塞,势不能也。今诚于上流疏渠浚沟,引之灌田,以杀水势,下流多开支河,以泄横流,其淀之最下者,留以潴水,稍高者,皆如南人筑圩之制,则水利兴,水患亦除矣。

> 至于永平、滦州抵沧州、庆云,地皆萑苇,土实膏腴。元虞集欲于京东滨海地筑塘捍水以成稻田。若仿集意,招徕南人,俾之耕艺,北起辽海,南滨青齐,皆良田也。宜特简宪臣,假以事权,毋阻浮议,需以岁月,不取近功。或抚穷民而给其牛种,或任富室而缓其征科,或选择健卒分建屯营,或招徕南人许其占籍。俟有成绩,次及河南、山东、陕西。庶东南转漕可减,西北储蓄常充,国计永无绌矣。

其议军班则言:

> 东南民素柔脆,莫任远戍。今数千里勾军,离其骨肉。而

军壮出于户丁，帮解出于里甲，每军不下百金。而军非土著，志不久安，辄赂卫官求归。卫官利其赂，且可以冒饷也，因以纵之。是困东南之民，而实无补于军政也。宜仿匠班例，军户应出军者，岁征其钱，而召募土著以足之便。

事皆下所司。兵部尚书谭纶言勾军之制不可废。工部尚书郭朝宾则以水田劳民，请俟异日。事遂寝。

及贞明被谪，至潞河，终以前议可行，乃著潞水客谈以毕其说。其略曰：

西北之地旱则赤地千里，潦则洪流万顷，惟雨旸时若，庶乐岁无饥，此可常恃哉？惟水利兴而后旱潦有备，利一。中人治生必有常稔之田，以国家之全盛独待哺于东南，岂计之得哉？水利兴则余粮栖亩皆仓庚之积，利二。东南转输其费数倍。若西北有一石之入，则东南省数石之输，久则蠲租之诏可下，东南民力庶几稍苏，利三。西北无沟洫，故河水横流，而民居多没。修复水田则可分河流，杀水患，利四。西北地平旷，寇骑得以长驱。若沟洫尽举，则田野皆金汤，利五。游民轻去乡土，易于为乱。水利兴则业农者依田里，而游民有所归，利六。招南人以耕西北之田，则民均而田亦均，利七。东南多漏役之民，西北罹重徭之苦，以南赋繁而役减，北赋省而徭重也。使田垦而民聚，则赋增而北徭可减，利八。沿边诸镇有积贮，转输不烦，利九。天下浮户依富家为佃客者何限，募之为农而简之为兵，屯政无不举矣，利十。塞上之卒，土著者少。屯政举则兵自足，可以省远募之费，苏班戍之劳，停摄勾之苦，利十一。宗禄浩繁，势将难继。今自中尉以下量禄之田，使自食其土，为长子孙计，则宗禄可减，利十二。修复水利，则仿古井田，可限民名田。而自昔养民之政渐可举行，利十三。民与地均，可仿古比闾族党之制，而教化渐兴，风俗自美，利十四也。

谭纶见而美之曰："我历塞上久，知其必可行也。"已而顺天巡抚张国彦、副使顾养谦行之蓟州、永平、丰润、玉田，皆有效。及是贞明还朝，御史苏瓒、徐待力言其说可行，而给事中王敬民又特疏论荐，帝乃进贞明少卿，赐之敕，令往会抚按诸臣勘议。

时瓒方奉命巡关，复献议曰："治水与垦田相济，未有水不治而田可垦者。畿辅为患之水莫如芦沟、滹沱二河。芦沟发源于桑干，滹沱发源于泰戏，源远流长。又合深、易、濡、泡、沙、滋诸水，散入各淀，而泉渠溪港悉注其中。以故高桥、白洋诸淀，大者广围一二百里，小亦四五十里。每当夏秋淫潦，膏腴变为泻卤，菽麦化为萑苇，甚可惜也。今治水之策有三：浚河以决水之壅，疏渠以杀淀之势，撤曲防以均民之利而已。"帝并下贞明。

贞明乃躬历京东州县，相原隰，度土宜，周览水泉分合，条列事宜以上。户部尚书毕锵等力赞之，因采贞明疏，议为六事：请郡县有司以垦田勤惰为殿最，听贞明举劾；地宜稻者以渐劝率，宜黍宜粟者如故，不遽责其成；召募南人，给衣食农具，俾以一教十；能垦田百亩以上，即为世业，子弟得寄籍入学，其卓有明效者，仿古孝弟力田科，量授乡遂都鄙之长；垦荒无力者，贷以谷，秋成还官，旱潦则免；郡县民壮，役止三月，使疏河芟草，而田则募专工。帝悉从之。其年九月遂命贞明兼监察御史领垦田使，有司挠者劾治。

贞明先诣永平，募南人为倡。至明年二月，已垦至三万九千余亩。又遍历诸河，穷源竟委，将大行疏浚。而奄人、勋戚之占闲田为业者，恐水田兴而己失其利也，争言不便，为蜚语闻于帝。帝惑之。三月，阁臣申时行等以风霾陈时政，力言其利。帝意终不释。御史王之栋，畿辅人也，遂言水田必不可行，且陈开滹沱不便者十二。帝乃召见时行等，谕令停役。时行等请罢开河，专事垦田。已，工部议之栋疏，亦如阁臣言。帝卒罢之，而欲追罪建议者，用阁臣言而止。贞明乃还故官。寻乞假归。十八年卒。

贞明识敏才练，慨然有经世志。京东水田实百世利，事初兴而即为浮议所挠，论者惜之。初议时，吴人伍袁萃谓贞明曰："民可使由，不可使知。君所言，得无太尽耶？"贞明问故。袁萃曰："北人惧东南漕储派于西北,烦言必起矣。"贞明默然。已而之栋竟劾奏如袁萃言。

袁萃,字圣起,吴县人。举万历五年会试。又三年释褐,授贵溪知县。擢兵部主事,进员外郎,署职方事。李成梁子如桢求为锦衣大帅,袁萃力争,寝之。出为浙江提学佥事。巡抚牒数十人寄学,立却还之。历广东海北道副使。中官李敬辖珠池,其参随擅杀人,袁萃捕论如法。请告归。所撰《林居漫录》、《弹园杂志》多贬斥当世公卿大夫,而于李三才、于玉立尤甚云。

赞曰:事功之难立也,始则群疑朋兴,继而忌口交铄,此劳臣任事者所为腐心也。盛应期诸人治漕营田,所规划为军国久远大计,其奏效或在数十年后。而当其时浮议滋起,或以辍役,或以罢官,久之乃食其利,而思其功。故曰"可与乐成,难与虑始。"信夫。

明史卷二二四
列传第一一二

严清　宋纁　陆光祖　孙钺
<small>子如法</small>　陈有年　孙丕扬
蔡国珍　杨时乔

　　严清，字公直，云南后卫人。嘉靖二十三年进士。除富顺知县。公廉恤民，治声大起。忧归，补邯郸。入为工部主事，历郎中。董作京师外城，修九陵，吏无所侵牟，工成加俸。连丁内外艰。服除，补兵部，擢保定知府。故事，岁籍民充京师库役，清罢之。赈荒弭盗，人以比前守吴岳。历迁易州副使，陕西参政，四川按察使、右布政使。并以清望，荐章十余上。

　　隆庆二年以右佥都御史巡抚贵州。未上，改四川。清久宦川中，僚吏惮其风采，相率厉名行，少墨败者。郡县卒岁团操成都，清罢之。番人入贡，裁为定额。痛绝强宗悍吏，毁者亦众。陕西贼流入境，巡按御史王廷瞻劾清纵寇。大学士赵贞吉言：“贼起郧、陕，贻害川徼，即有罪，当罪守土臣，不宜专责巡抚。臣蜀人，深知清约己爱人，省事任怨。今蜀地岁荒民流，方倚清如父母，奈何弃之。任事臣欲为国家利小民，必得罪豪右。论者不察，动以深文求之。顷海瑞既去，若清复罢，是任事之臣皆不免弹击，惟全躯保位为得计矣。”疏奏，不允，命解官听调。清遂不出。

　　万历二年起抚山西。未赴，改贵州。历两京大理卿，三迁刑部尚书。张居正当国,尚书不附丽者独清。居正既卒,籍冯保家,得廷臣馈遗籍,独无清名,神宗深重焉。会吏部尚书梁梦龙罢,即以清代。日讨故实,辨官材,自丞佐下皆亲署,无一幸进者。中外师其廉俭,书问几绝。甫半岁,得疾归。帝数问阁臣:"严尚书病愈否?"十五年,兵部缺尚书。用杨博故事,特诏起补。遣使趣行,而清疾益甚,不能赴。又三年卒。赠太子太保,谥恭肃。

清初拜尚书,不能具服色,束素犀带以朝。或嘲之曰:"公释褐时,七品玳瑁带犹在耶?"清笑而已。

宋缫,字伯敬,商丘人。嘉靖三十八年进士。授永平推官。擢御史,出视西关,按应天诸府。隆庆改元,再按山西。俺答陷石州,将士捕七十七人,当斩。缫讯得其诬,释者殆半。静乐民李良雨化为女,缫言此阳衰阴盛之象,宜进君子退小人,以挽气运。帝嘉纳之。擢顺天府丞,寻以右佥都御史巡抚保定诸府。核缺伍,汰冗兵,罢诸道援兵防御,省饷无算。

万历初,与张居正不合,引疾归。居正卒,廷臣交荐,以故官抚保定。获鹿诸县饥,先振后以闻。帝以近畿宜俟命,令灾重及地远者便宜振贷,余俱奏闻。寻迁南京户部右侍郎。召还部,进左,改督仓场。请减额解赎银,民壮弓兵诸役已裁者,勿征民间工食。

十四年迁户部尚书。民壮工食已减半,复有请尽蠲者,缫因并历日诸费奏裁之。有司征赋惧缺额,鞭挞取盈,缫请有司考成,视灾伤为上下。山西连岁荒,赖社仓获济,缫请推行天下,以纸赎为籴本,不足则劝富人,或令民输粟给冠带。又言:"边储大计,最重屯田、盐笑。近诸边年例银增至三百六十一万,视弘治初八倍,宜修屯政,商人垦荒中盐。"帝皆称善。圣节赏赉,诏取部帑银二十万两,缫执奏,不从。潞王将之国,复取银三十万两市珠宝,缫亦力争,乃减三之一。故事,金花银岁进百万两,帝即位之六年,增二十万,遂以为常。缫三请停加额,终不许。

缫为户部五年,值四方多灾。为酌盈虚,筹缓急,奏报无需时,上下赖之。而都御史吴时来以吏部尚书杨巍年老求去,忌缵名出己上,两疏劾,缵因杜门乞休,帝不许。及巍去,卒以缵代之。巍在部,不能止吏奸,且遇事辄请命政府。缵绝请寄,奖廉抑贪,罪黜吏百余人,于执政一无所关白。会文选员外郎缺官,缵拟起邹元标。奏不下,再疏趣之。大学士申时行遂拟旨切责,斥元标南京。顷之,以序班盛名昭注官有误,时行劾奏之。序班刘文润迁詹事府录事,时行又劾文润由输粟进,不当任清秩。时殿阁中书无不以赀进者,时行独争一录事,缵知其意,五疏乞休。福建佥事李琯言:"时行庇巡抚秦燿,而缵议罢之。仇主事高桂,而缵议用之。以故假小事龃龉,使不得安其位。"帝不纳琯言,亦不允缵请。无何,缵卒官。诏赠太子太保,谥庄敬。

　　缵凝重有识,议事不苟。石星代为户部,尝语缵曰:"某郡有奇羡,可济国需。"缵曰:"朝廷钱谷,宁蓄久不用,勿使搜括无余。主上知物力充羡,则侈心生矣。"星怃然。有郎言漕粮宜改折。缵曰:"太仓之储,宁红腐不可匮绌,一旦不继,何所措手?"中外陈奏,帝多不省,或直言指斥,辄曰"此沽名耳",不罪。于慎行称帝宽大,缵愀然曰:"言官极论得失,要使人主动心;纵罪及言官,上意犹有所儆省。概置勿问,则如痿痹不可疗矣。"后果如其言。

　　陆光祖,字与绳,平湖人。祖淞,父杲,皆进士。淞,光禄卿。杲,刑部主事。光祖年十七,与父同举于乡。寻登嘉靖二十六年进士,除浚县知县。兵部尚书赵锦檄畿辅民筑塞垣,光祖言不便。锦怒,劾之。光祖言于巡抚,请输雇值,民乃安。郡王夺民产,光祖裁以法。

　　迁南京礼部主事,请急归。补祠祭主事,历仪制郎中。严讷为尚书,雅重光祖,议无不行。及讷改吏部,调光祖验封郎中,改考功。王崇古、张瀚、方逢时、王一鹗挂物议,力雪之。既而改文选,益务汲引人才,登进耆硕几尽。又破格擢廉能吏王化、江东、邵元善、张泽、李琯、郭文通、蔡琮、陈永、谢佩。或由乡举贡士,或起自书吏。由是下僚竞劝,讷亦推心任之,故光祖得行其志。左侍郎朱衡衔光祖,有后言,御史孙丕扬遂以专擅劾光祖。时已迁太常少卿,坐落职闲住。

大学士高拱掌吏部,谋倾徐阶。阶宾客皆避匿,光祖独为排解。及拱罢,杨博代为吏部,义之,特起南京太仆少卿。未上,擢本寺卿。又就进大理卿。半道丁父艰。万历五年起故官。张居正以夺情杖言者,光祖遗书规之。及王用汲劾居正,居正将中以危祸,光祖时入为大理卿,力解得免。居正与光祖同年相善,欲援为助,光祖无诡随。及迁工部右侍郎,以议漕粮改折忤居正,御史张一鲲论之,光祖遽引归。

十一年冬,荐起南京兵部右侍郎。甫旬日,召为吏部。悉引居正所摈老成人,布九列。李植、江东之力求居正罪,光祖言居正辅翼功不可泯,与言路左。植辈以丁此吕故攻尚书杨巍,光祖右巍诋言者。言者遂群攻光祖,乃由左侍郎出为南京工部尚书。御史周之翰劾光祖附宗人炳得清华,帝不问。御史杨有仁遂劾光祖受赇请属,巍力保持之,事得寝,光祖竟引疾去。

十五年起南京刑部尚书,就改吏部。率同官劾东厂太监张鲸,且乞宥李沂。已,言国本未定,由鲸构谋,请除之以安宗社。及帝召还鲸,复率同官极谏。入为刑部尚书。帝尝书其名御屏。吏部尚书宋纁卒,遂用光祖代,而以赵锦代光祖。御史王之栋言二人不当用。帝怒,贬之栋杂职。时部权为内阁所夺,纁力矫之,遂遭挫,光祖不为慑。尝以事与大学士申时行迕。时行不悦,光祖卒无所徇。时行谢政,特旨用赵志皋、张位,时行所密荐也。光祖言,辅臣当廷推,不当内降。帝命不为后例。

二十年大计外吏,给事中李春开、王遵训、何伟、丁应泰,御史刘汝康皆先为外吏,有物议,悉论黜之。又举许孚远、顾宪成等二十二人,时论翕然称焉。顷之,以推用饶伸、万国钦忤旨,文选郎王教以下尽逐。光祖谓事由己,引罪乞休,为郎官祈宥,不许。及会推阁臣,廷臣循故事,首光祖名。诏报曰:“卿前请廷推,推固宜首卿。”光祖知不能容,日怀去志。无何,以王时槐、蔡悉、王樵、沈节甫老成魁艾,特推荐之,给事中乔胤遂劾光祖及文选郎邹观光。光祖遂力求去,许驰驿。在籍五年卒。赠太子太保,谥庄简。

光祖清强有识,练达朝章。每议大政,一言辄定。初官礼部,将擢尚宝少卿,力让时槐。丕扬劾罢光祖,后再居吏部,推毂之甚力。赵用贤、沈思孝以论此吕事与光祖左,后亦数推挽之。御史蔡时鼎、陈登云尝劾光祖,光祖引登云为知己。时鼎视鹾两淮,以建言罢,商人讦于南刑部,光祖时为尚书,雪其诬,罪妄诉者。人服其量。

孙鑨,字文中。父升,字志高,都御史燧季子也。嘉靖十四年进士及第。授编修,累官礼部侍郎。严嵩枋国,升其门生也,独无所附丽。会南京礼部尚书缺,众不欲行,升独请往。卒,赠太子少保,谥文恪。升尝念父死宸濠之难,终身不书宁字,亦不为人作寿文。居官不言人过,时称笃行君子。四子,鑨、铤锍、矿。铤,南京礼部右侍郎。锍,太仆卿。矿自有传。

鑨举嘉靖三十五年进士,授武库主事。历武选郎中,尚书杨博深器之。世宗斋居二十年,谏者辄获罪。鑨请朝群臣,且力诋近幸方士,引赵高、林灵素为喻。中贵匿不以闻,鑨遂引疾归。

隆庆元年起南京文选郎中。万历初,累迁光禄卿。引疾归。里居十年,坐卧一小楼,宾客罕见其面。起故官,进大理卿。都御史吴时来议律例,多纵弛,鑨力争之。帝悉从驳议。历南京吏部尚书,寻改兵部,参赞机务。命甫下,会陆光祖去。廷推代者再,乃召为吏部尚书。

吏部自宋纁及光祖为政,权始归部。至鑨,守益坚。故事,冢宰与阁臣遇不避道,后率引避。光祖争之,乃复故。然阴戒驺人异道行,至鑨益径直。张位等不能平,因欲夺其权。建议大僚缺,九卿各举一人,类奏以听上裁,用杜专擅。鑨言:"廷推,大臣得共衡可否,此'爵人于朝,与众共之'之义,类奏启幸途,非制。"给事中史孟麟亦言之。诏卒如位议。自是吏部权又渐散之九卿矣。

二十一年大计京朝官,力杜请谒。文选员外郎吕胤昌,鑨甥也,首斥之。考功郎中赵南星亦自斥其姻。一时公论所不予者贬黜殆

尽,大学士赵志皋弟预焉。由是执政皆不悦。王锡爵方以首辅还朝,
欲有所庇。比至而察疏已上,庇者在黜中,亦不能无憾。会言官以
拾遗论劾稽勋员外郎虞淳熙、职方郎中杨于廷、主事袁黄。铖议谪
黄,留淳熙、于廷。诏黄方赞划军务,亦留之。给事中刘道隆遂言淳
熙、于廷不当议留,乃下严旨责部臣专权结党。铖言:"淳熙,臣乡
人,安贫好学。于廷力任西事,尚书石星极言其才。今宁夏方平,臣
不敢以功为罪。且既名议复,不嫌异同。若知其无罪,以谏官一言
而去之,自欺欺君,臣谊不忍为也。"帝以铖不引罪,夺其俸,贬南星
三官,淳熙等俱勒罢。

　　铖遂乞休,且白南星无罪。左都御史李世达以己同掌察,而南
星独被谴,亦为南星、淳熙等讼。帝皆不听。于是金都御史王汝训,
右通政魏允贞,大理少卿曾乾亨,郎中于孔兼,员外郎陈泰来,主事
顾允成、张纳升、贾严,助教薛敷教交章讼南星冤,而泰来词尤切。
其略曰:

　　　　臣尝四更京察。其在丁丑,张居正以夺情故,用御史朱琏
　　谋,借星变计吏,箝制众口。署部事方逢时,考功郎中刘世亨依
　　违其间。如蔡文范、习孔教辈并挂察籍,不为众所服。辛巳,居
　　正威福已成,王国光唯诺惟谨,考功郎中孙惟清与吏科秦燿谋
　　尽锢建言诸臣吴中行等。今辅臣赵志皋、张位,抚臣赵世卿亦
　　挂名南北京察,公论冤之。丁亥,御史王国力折给事中杨廷相、
　　同官马允登之邪议。而尚书杨巍素性模棱,考功郎徐一楷立调
　　停之划。泾、渭失辩,亦为时议所讥。独今春之役,旁咨博采,
　　核实称情,邪诌尽屏,贪墨必汰;乃至铖割渭阳之情,南星忍
　　秦、晋之好,公正无逾此者。元辅锡爵兼程赴召,人或疑其欲干
　　计典。今其亲故皆不能庇,欲甘心南星久矣。故道隆章上,而
　　专权结党之旨旋下。

　　　　夫以吏部议留一二庶僚为结党,则两都大僚被拾遗者二
　　十有二人,而阁臣议留者六,詹事刘虞夔以锡爵门生而留,独
　　可谓之非党耶?且部权归阁,自高拱兼摄以来,已非一日。尚

书自张瀚、严清而外,选郎自孙鑨、陈有年而外,莫不奔走承命。其流及于杨巍,至刘希孟、谢廷寀而扫地尽矣。尚书宋纁稍欲振之,卒为故辅申时行觭龁以死。尚书陆光祖、文选郎王教、考功郎邹观光矢志澄清,辅臣王家屏虚怀以听,铨叙渐清。乃时行身虽还里,机伏垣墙,授意内珰张诚、田义及言路私人,教、观光遂不久斥逐。

今祖其故智,借拾遗以激圣怒,是内珰与阁臣表里,箝勒部臣,而陛下未之察也。

疏入,帝怒,谪孔兼、泰来等。世达又抗疏论救,帝怒,尽斥南星、淳熙、于廷黄为民。

铣乃上疏言:"吏部虽以用人为职,然进退去留,必待上旨。是权固有在,非臣部得专也。今以留二庶僚为专权,则无往非专矣。以留二司属为结党,则无往非党矣。如避专权结党之嫌,畏缩选懦,使铨职之轻自臣始,臣之大罪也。臣任使不效,徒洁身而去,俾专权结党之说终不明于当时,后来者且以臣为戒,又大罪也。"固请赐骸骨,仍不允。铣遂杜门称疾。疏累上,帝犹温旨慰留,赐羊豕、酒酱、米物,且敕侍郎蔡国珍暂署选事,以需铣起。铣坚卧三月,疏至十上,乃许乘传归。居三年卒。赠太子太保,谥清简。

铣尝曰:"大臣不合,惟当引去。否则有职业在,谨自守足矣。"其志节如此。

子如法,官刑部主事。以谏阻郑贵妃进封,贬潮阳典史。久之,移疾归。廷臣累荐,悉报寝。卒,赠光禄少卿。

陈有年,字登之,余姚人。父克宅,字即卿,正德九年进士。嘉靖中官御史。哭争"大礼",有大僚欲去,克宅扼其项曰:"奈何先去为人望?"其人愧而止。俄系狱廷杖。获释。先后按贵州、河南,多所弹劾。吏部尚书廖纪姻为所劾罢,恶之,出为松潘副使。累迁右副都御史,巡抚贵州。都匀苗王阿向作乱,据凯口囤。克宅与总兵官杨仁攻斩阿向。论功,进秩。旋移抚苏、松。既行,而阿向党复叛,坐罢官候勘。巡抚汪珊讨平贼,推功克宅。克宅已卒,乃赐恤典。

有年举嘉靖四十一年进士,授刑部主事。改吏部,历验封郎中。万历元年,成国公朱希忠卒,其弟锦衣都督希孝贿中官冯保援张懋例乞赠王,大学士张居正主之。有年持不可,草奏言:“今典:功臣殁,公赠王,侯赠公,子孙袭者,生死止本爵。懋赠王,廷议不可,即希忠父辅亦言之。后竟赠,非制。且希忠无勋伐,岂当滥宠。”左侍郎刘光济署部事,受指居正为删易其稿。有所力争,竟以原奏上。居正不怿,有年即日谢病去。

十二年起稽勋郎中,历考功、文选,谢绝请寄。除目下,中外皆服。迁太常少卿,以右佥都御史巡抚江西。尚方所需陶器,多奇巧难成,后有诏许量减,既而如故。有年引诏旨请,不从。内阁申时行等固争,乃免十之三。南畿、浙江大祲,诏禁邻境闭籴,商舟皆集江西,徽人尤众。而江西亦岁俭,群乞有年禁遏。有年疏陈济急六事,中请稍弛前禁,令江西民得自救。南京御史方万山劾有年违诏。帝怒,夺职归。荐起督操江,累迁吏部右侍郎。改兵部,又改吏部。尚书孙𬭎、左侍郎罗万化皆乡里,有年力引避,朝议不许。

寻由左侍郎擢南京右都御史。二十一年与吏部尚书温纯共典京察,所黜咸当。未几遂代纯位。其秋,𬭎谢事,召拜吏部尚书。止宿公署中,见宾则于待漏所。引用僚属,极一时选。

明年,王锡爵将谢政,廷推阁臣,诏无拘资品。有年适在告,侍郎赵参鲁、盛讷,文选郎顾宪成往咨之,列故大学士王家屏、故礼部尚书沈鲤、故吏部尚书孙𬭎、礼部尚书沈一贯、左都御史孙丕扬、吏部侍郎郈邓以赞、少詹事冯琦七人名上。盖𬭎、丕扬非翰林为不拘资,琦四品为不拘品也。家屏以争国本去位,帝意雅不欲用。又推及吏部尚书、左都御史非故事,严旨责让。谓:“不拘资品乃昔年陆光祖自为内阁地。今推𬭎、丕扬,显属徇私。前吏部尝两推阁臣,可具录姓名以上。”于是备列沈鲤、李世达、罗万化、陈于陛、赵用贤、朱赓、于慎行、石星、曾同亨、邓以赞等。而世达故左都御史也,帝复不悦。谓:"诏旨不许推都御史,何复及世达。家屏旧辅臣,不当擅议起用。"乃命于陛、一贯入阁,而谪宪成及员外郎黄缙、王同休,主事章嘉祯、黄中色为杂职。锡爵首疏救,有年及参鲁等疏继之,帝并不纳。赵志皋、张位亦佯为言。而二人者故不由廷推,因谓:"辅臣当出特简,廷推由陆光祖交通言路为之,不可为法。"帝喜。降旨再谯责,遂免缙等贬谪,但停俸一年。给事中卢明诹疏救宪成。帝怒,贬明诹秩,斥宪成为民。

有年抗疏言:"阁臣廷推,其来旧矣。曩杨巍秉铨,臣署文选,廷推阁臣六人,今元辅锡爵即是年所推也。臣邑前有两阁臣,弘治时谢迁,嘉靖时吕本,并由廷推,官止四品,而耿裕、闻渊则以吏部尚书居首。是廷推与推及吏部,皆非自今创也。至不拘资品,自出圣谕,臣敢不仰承。"因固乞骸骨。帝得疏,以其词直,温旨慰答。有年自是累疏称疾乞罢。帝犹慰留,赉食物、羊酒。有年请益力。最后,以身虽退,遗贤不可不录,力请帝起废。帝报闻。有年遂杜门不出。数月中,疏十四上。乃予告,乘传归。归装,书一篋,衣一笥而已。二十六年正月卒,年六十有八。四月诏起南京右都御史,而有年已前卒。赠太子太保,谥恭介。

故事,吏部尚书未有以他官起者。屠滽掌都察院,杨博、严清掌兵部,皆用原衔领之。南京兵部尚书杨成起掌南院,亦领以故衔。有年以右都御史起,盖帝欲用之,而政府阴抑之也。

有年风节高天下。两世贶仕,无宅居其妻孥,至以油幕障漏。其归自江西,故庐火,乃僦一楼居妻孥,而身栖僧舍。其刻苦如此。

孙丕扬,字叔孝,富平人。嘉靖三十五年进士。授行人。擢御史。历按畿辅、淮、扬,矫然有风裁。隆庆中,擢大理丞。以尝劾高拱,拱门生给事中程文诬劾丕扬,落职候勘。拱罢,事白,起故官。

万历元年擢右佥都御史,巡抚保定诸府。以严为治,属吏皆惴惴。按行关隘,增置敌楼三百余所,筑边墙万余丈。录功,进右副都御史。中官冯保家在畿内,张居正属为建坊,丕扬拒不应。知二人必怒，五年春引疾归。其冬大计京官，言路希居正指劾之。诏起官时，调南京用。御史按陕西者，知保等憾不已，密讽西安知府罗织其赃。知府遣吏报御史，吏为虎噬。及再报，则居正已死，事乃解。起应天府尹。召拜大理卿，进户部右侍郎。

十五年，河北大饥。丕扬乡邑及邻县蒲城、同官至采石为食。丕扬伤之，进石数升于帝，因言："今海内困加派，其穷非止啖石之民也。宜宽赋节用，罢额外征派及诸不急务，损上益下，以培苍生大命。"帝感其言，颇有所减罢。

寻由左侍郎擢南京右都御史，以病归。召拜刑部尚书。丕扬以狱多滞囚，由公移牵制。议刑部、大理各置籍，凡狱上刑部，次日即详谳大理，大理审允，次日即还刑部，自是囚无淹系。寻奏："五岁方恤刑，恐冤狱无所诉。请敕天下抚按，方春时和，令监司按行州县，大录系囚，按察使则录会城囚。死罪矜疑及流徒以下可原者，抚按以达于朝，期毋过夏月。轻者立遣，重者仍听部裁，岁以为常。"帝报从之。已，条上省刑省罚各三十二事。帝称善，优诏褒纳。自是刑狱大减。有内竖杀人，逃匿禁中。丕扬奏捕，卒论戍。改左都御史。陈台规三事，请专掌印、重巡方、久巡城，著为令。已，又言："闾阎民瘼非郡邑莫济，郡邑吏治非抚按监司莫清。抚按监司风化，非部院莫饬。请立约束颁天下，奖廉抑贪，共励官箴。"帝咸优诏报许。

二十二年拜吏部尚书。丕扬挺劲不挠，百僚无敢以私干者，独患中贵请谒。乃创为掣签法，大选急选，悉听其人自掣，请寄无所容。一时选人盛称无私，然铨政自是一大变矣。

二十三年大计外吏。九江知府沈铁尝为衡州同知，发巡抚秦燿罪，江西提学佥事马犹龙尝为刑部主事，定御史祝大舟赃贿，遂为庇者所恶。考功郎蒋时馨黜之，丕扬不能察。及时馨为赵文炳所劾，丕扬力与辨雪。谓衅由丁此吕，此吕坐逮。丕扬又力诋沈思孝，于是思孝及员外郎岳元声连章讦丕扬。丕扬请去甚力。其冬，帝以军政故，贬南京言官三十余人。丕扬犹在告，偕九卿力谏，弗纳。已而

帝恶大学士陈于陛论救,谪诸言官边方。丕扬等复抗疏谏,帝益怒,
尽除其名。

　　初,帝虽以凤望用丕扬,然不甚委信。有所推举,率用其次。数
请起废,辄报罢。丕扬以志不行,已怀去志,及是杜门逾半岁。疏十
三上,多不报。至四月,温谕勉留,乃复起视事。主事赵学仕者,大
学士志皋族弟也,坐事议调,文选郎唐伯元辄注饶州通判。俄学仕
复以前事被讦,给事中刘道亨因劾吏部附势,语侵丕扬。博士周献
臣有所陈论,亦颇侵之。丕扬疑道亨受同官周孔教指,献臣又孔教
宗人,益疑之,复三疏乞休。最后贻书大学士张位,恳其拟旨允放。
位如其言。丕扬闻,则大恚,谓位逐己,上疏诋位及道亨、孔教、献
臣、思孝甚力。帝得疏,不直丕扬。位亦疏辩求退,帝复诏慰留,而
位同官陈于陛、沈一贯亦为位解。丕扬再被责让,许驰传去。

　　久之,起南京吏部尚书,辞不就。及吏部尚书李戴免,帝难其
代,以侍郎杨时乔摄之。时乔数请简用尚书。帝终念丕扬廉直,三
十六年九月召起故官。屡辞,不允。明年四月始。入都,年七十有
八矣。三十八年大计外吏,黜陟咸当。又奏举廉吏布政使汪可受、
王佐、张偲等二十余人,诏不次擢用。

　　先是,南北言官群击李三才、王元翰,连及里居顾宪成,谓之东
林党。而祭酒汤宾尹谕德顾天埈各收召朋徒,干预时政,谓之宣党、
昆党;以宾尹宣城人,天埈昆山人也。御史徐兆魁、乔应甲、刘国缙、
郑继芳、刘光复、房壮丽,给事中王绍徽、朱一桂、姚宗文、徐绍吉、
周永春辈,则力排东林,与宾尹、天埈声势相倚,大臣多畏避之。至
是,继芳巡按浙江,有伪为其书抵绍徽、国缙者,中云"欲去福清,先
去富平;欲去富平,先去耀州兄弟"。又言"秦脉斩断,吾辈可以得
志"。福清谓叶向高,耀州谓王国、王图,富平即丕扬也。国时巡抚
保定,图以吏部侍郎掌翰林院,与丕扬皆秦人,故曰"秦脉"。盖小人
设为挑激语,以害继芳辈,而其书乃达之丕扬所。丕扬不为意,会御
史金明时居官不职,虑京察见斥,先上疏力攻图并诋御史史记事、
徐缙芳,谓为图心腹。及图、缙芳疏辩,明时再劾之,因及继芳伪书

事。国缙疑书出缙芳及李邦华、李炳恭、徐良彦、周起元手，因目为"五鬼"；五人皆选授御史候命未下者也。当是时，诸人日事攻击，议论纷呶，帝一无所问，则益植党求胜，朝端哄然。

及明年三月大计京官。丕扬与侍郎萧云举、副都御史许弘纲领其事，考功郎中王宗贤、吏科都给事中曹于汴、河南道御史汤兆京、协理御史乔允升佐之。故御史康丕扬、徐大化，故给事中钟兆斗、陈治则、宋一韩、姚文蔚，主事郑振先、张嘉言及宾尹、天埈、国缙咸被察，又以年例出绍徽、应甲于外。群情翕服，而诸不得志者深衔之。当计典之初举也，兆京谓明时将出疏要挟，以激丕扬。丕扬果怒，先期止明时过部考察，特疏劾之。旨下议罪，而明时辩疏复犯御讳。帝怒，褫其职。其党大哗。谓明时未尝要挟兆京，只以劾图一疏实之，为图报复。于是刑部主事秦聚奎力攻丕扬，为宾尹、大化、国缙、绍徽、应甲、嘉言辩。时部院察疏犹未下，丕扬奏趣之，因发聚奎前知绩溪、吴江时贪虐状。帝方向丕扬，亦褫聚奎职。由是党人益愤，谓丕扬果以伪书故斥绍徽、国缙，且二人与应甲尝攻三才、元翰，故代为修隙，议论汹汹。弘纲闻而畏之。累请发察疏，亦若以丕扬为过当者。党人借其言，益思撼丕扬。礼部主事丁元荐入朝，虑察疏终寝，抗章责弘纲，因尽发昆、宣党构谋状。于是一桂、继芳、永春、兆魁、宗文争击元荐，为明时等讼冤。赖向高调获，至五月察疏乃下。给事中彭惟成、南京给事中高节，御史王万祚、曾成易犹攻讦不已。丕扬以人言纷至，亦屡疏求去，优诏勉留。先是，杨时乔掌察，斥科道钱梦皋等十人，特旨留任。至是丕扬亦奏黜之，群情益快。

丕扬以白首趋朝，非荐贤无以报国。先后推毂林居耆硕，若沈鲤、吕坤、郭正域、丘度、蔡悉、顾宪成、赵南星、邹元标、冯从吾、于玉立、高攀龙、刘元珍、庞时雍、姜士昌、范涞、欧阳东凤辈。帝雅意不用旧人，悉寝不报。丕扬又请起故御史钱一本等十三人，故给事中钟羽正等十五人，亦报罢。丕扬齿虽迈，帝重其老成清德，眷遇益隆。而丕扬乞去不已，疏复二十余上。既不得请，则于明年二月拜疏径归。向高闻之，急言于上。诏令乘传，且敕所司存问。既而丕扬疏谢，因陈时政四事，帝复优诏报之。家居二年卒，年八十三。赠太保。天启初，追谥恭介。

　　蔡国珍，字汝聘，奉新人。嘉靖三十五年进士。乡人严嵩当国，欲罗致门下。国珍不应，乞就南，为刑部主事。盗七十余人久系，潐得其情，减释过半。就改吏部，进郎中。出为福建提学副使，以侍养归。遭母丧。服除，遂不出。家居垂二十年。

　　张居正既卒，朝议大起废籍。万历十一年仍以故官莅福建。迁湖广右参政，分守辰沅。洞蛮乱，将吏议剿，国珍檄谕之，遂定。历浙江左布政使，以右佥都御史提督操江。召为左副都御史，历吏部左、右侍郎，与尚书孙鑨、陈有年综核铨政。擢南京吏部尚书。

　　二十四年闰八月，孙丕扬去国，帝久不除代。部事尽弛，其年十二月竟废大选。阁臣及言官数为言，明年二月始命国珍为吏部尚书。三殿灾，率诸臣请修省。旋有诏起废。国珍列三等，人品正大、心术光明者，文选郎王教等二十四人，才有足录、过无可弃者，给事中乔允等三十三人，因人违误、衅非己作者，给事中耿随龙等三十六人，并请录用。竟报寝。明年三月偕廷臣诣文华门请举皇长子册立、冠婚，言必得请方退。帝遣中官谕曰：“此大典，稍需时耳，何相挟若是。”乃顿首出。给事中戴士衡劾文选郎白所知赃私，国珍为辨，且求罢。帝不听，除所知名。御史况上进因论国珍八罪。帝察其诬，不问。国珍遂称疾，累疏乞休。先是，丕扬坐忤张位去官，位欲援同己者为助，以国珍乡人，汲引甚力。及秉铨，一守成宪，不为位用。位恶之，国珍乃怀去志。至是，帝忽怒吏部，贬黜诸郎二十二人。国珍求去益力，许乘传归。

　　初，杨巍为吏部，与内阁相比，得居位八年。自宋纁、陆光祖力与阁抗，权虽归部，身不见容，故自纁至国珍卒未浃岁去，惟丕扬阅二年。时咸议阁臣忮，而惜纁等用未竟也。国珍素以学行称，风力不及孙鑨、陈有年，而清操似之，均为时望所属。家居十三年卒，年八十四。赠太子太保,谥恭靖。

杨时乔,字宜迁,上饶人。嘉靖四十四年进士。除工部主事。榷税杭州,令商人自署所入,输之有司,无所预。隆庆元年冬,上时政要务,言:"几之当慎者三:以日勤朝讲为修德之几,亲裁章奏为出令之几,听言能断为图事之几。弊之最重者九:曰治体怠弛,曰法令数易,曰赏罚无章,曰用度太繁,曰鬻官太滥,曰庄田扰民,曰习俗侈靡,曰士气卑弱,曰议论虚浮。势之偏重者三:宦寺难制也,宗禄难继也,边备难振也。"疏入,帝褒纳,中外传诵焉。

擢礼部员外郎,迁南京尚宝丞。万历初,以养亲去。服除,起南京太仆丞,复迁尚宝。移疾归。时乔雅无意荣进,再起再告。阅十七年始荐起尚宝卿,四迁南京太常卿。疏请议建文帝谥,祠祀死节诸臣。就迁通政使。秩满,连章乞休,不允。

三十一年冬,召拜吏部左侍郎。时李戴已致仕,时乔至即署部事。绝请谒,谢交游,止宿公署,苟且不及门。及大计京朝官,首辅沈一贯欲庇其所私,惮时乔方正,将令兵部尚书萧大亨主之,次辅沈鲤不可而止。时乔乃与都御史温纯力锄政府私人。若给事中钱梦皋,御史张似渠、于永清辈,咸在察中,又以年例出给事中钟兆斗于外。一贯大愠,密言于帝,留察疏不下。梦皋亦假楚王事再攻郭正域,谓主察者为正域驱除。帝意果动,特留梦皋;已,尽留科道之被察者,而严旨责时乔等报复。时乔等惶恐奏辨,请罢斥,帝不问。梦皋既留,遂合兆斗累疏攻纯,并侵时乔。时乔求去。已而员外郎贺灿然请斥被察科道,亦诋纯挟权斗捷,顾独称时乔。又言"陛下睿断躬操,非阁臣所能窃弄",意盖为一贯解。时乔以与纯共事,复疏请贬黜,不报。及纯去,梦皋、兆斗亦引归。帝复降旨谯让,谓"祖宗朝亦常留被察科道,何今日揣疑君父,诬诋辅臣"。因责诸臣朋比,令时乔策励供职,而尽斥灿然及刘元珍、庞时雍辈。时乔叹曰:"主察者逐,争者者亦窜矣,尚可腼颜居此乎?"九疏引疾,竟不得请。时中外缺官多不补,而群臣省亲养病给假,及建言迕误被谴者,充满林下，率不获召。时乔乃备列三百余人，三疏请录用。三十四年，皇长孙生，有诏起废，时乔复列上迁谪邹元标等九十六人，削籍范儁等一百十人。帝卒不省。

明年大计外吏。时乔已偕副都御史詹沂受事，居数日，帝忽命户部尚书赵世卿代时乔，遂中辍；盖去冬所批察疏，至是误发之也。辅臣朱赓谓非体，立言于帝。帝亦觉其误，即日收还。时乔坚辞不肯任，吏科陈治则劾其怨怼无人臣礼。有旨诘责，时乔乃再受事。永年伯王栋卒，其子明辅请袭。时乔以外戚不当传世，固争之，弗听。时一贯已罢，言路争击其党。而李廷机者，一贯教习门生也，阁臣缺，众多推之；惟给事中曹于汴、宋一韩，御史陈宗契持不可。时乔卒从众议。未几，又推黄汝良、全天叙为侍郎，诸攻一贯者，益不悦。给事中王元翰、胡忻遂交劾时乔。时乔疏辨，力求罢。

当是时，帝委时乔铨柄，又不置右侍郎，一人独理部事，铨叙平允。然堂陛捍格，旷官废事，日甚一日，而中朝议论方嚣，动见掣肘。时乔官位未崇，又自温纯去，久不置都御史，益无以镇压百僚。由是上下相凌，纪纲日紊，言路得收其柄。时乔亦多委蛇，议者谅其苦心，不甚咎也。秉铨凡五年。最后起故尚书孙丕扬。未至，而时乔已卒。箧余一敝裘，同列赙禭以殓。诏赠吏部尚书，谥端洁。

时乔受业永丰吕怀，最不喜王守仁之学，辟之甚力，尤恶罗汝芳。官通政时具疏斥之曰："佛氏之学，初不淆于儒。乃汝芳假圣贤仁义心性之言，倡为见性成佛之教，谓吾学直捷，不假修为。于是以传注为支离，以经书为糟粕，以躬行实践为迂腐，以纲纪法度为桎梏。逾闲荡检，反道乱德，莫此为甚。望敕所司明禁，用彰风教。"诏从其言。

赞曰：古者冢宰统百官，均四海，即宰相之任也。后代政柄始分，至明中叶，旁挠者众矣。严清诸人，清公素履，秉正无亏，彼岂以进退得失动其心哉。孙丕扬创掣签法，虽不能辨材任官，要之无任心营私之弊，苟非其人，毋宁任法之为愈乎！盖与时宜之，未可援古义以相难也。

明史卷二二五
列传第一一三

张瀚　王国光　梁梦龙
杨巍　李戴　赵焕　郑继之

　　张瀚，字子文，仁和人。嘉靖十四年进士。授南京工部主事。历庐州知府，改大名。俺答围京师，诏遣兵部郎中征畿辅民兵入卫。瀚立阅户籍，三十丁简一人，而以二十九人供其饷，得八百人。驰至真定，请使者阅兵，使者称其才。累迁陕西左布政使，擢右副都御史，巡抚其地。甫半岁，入为大理卿。进刑部右侍郎，俄改兵部，总督漕运。

　　隆庆元年改督两广军务。时两广各设巡抚官，事不关督府。瀚请如三边例，乃悉听节制。大盗曾一本寇掠广州，诏切责瀚，停总兵官俞大猷、郭成俸。已，一本浮海犯福建，官军迎击大破之，赉银币。已，复犯广东，陷碣石卫，叛将周云翔等杀雷琼参将耿宗元，与贼合。廷议镌瀚一秩调用。已而成大破贼，获云翔。诏还瀚秩，即家俟召。再抚陕西。迁南京右都御史，就改工部尚书。

　　万历元年，吏部尚书杨博罢，召瀚代之。秩满，加太子少保。时廷推吏部尚书，首左都御史葛守礼，次工部尚书朱衡，次瀚。居正恶守礼戆，厌衡骄，故特拔瀚。瀚资望浅，忽见擢，举朝益趋事居正，而瀚进退大臣率奉居正指。即出己意，舆论多不协。以是为御史郑准、王希元所劾。居正顾之厚，不纳也。御史刘台劾居正，因论瀚抚陕狼籍又唯诺居正状。

比居正遭丧，谋夺情，瀚心非之。中旨令瀚谕留居正，居正又自为牍，讽瀚属吏，以复旨请。瀚佯不喻，谓"政府奔丧，宜予殊典，礼部事也，何关吏部"。居正复令客说之，不为动，乃传旨责瀚久不奉诏，无人臣礼。廷臣惴恐，交章留居正，瀚独不与，抚膺太息曰："三纲沦矣！"居正怒。嗾给事中王道成、御史谢思启撼他事劾之，勒致仕归。居正殁，帝颇念瀚。诏有司给有廪，年及八十，特赐存问。卒，赠太子少保，谥恭懿。

王国光，字汝观，阳城人。嘉靖二十三年进士。授吴江知县。邻邑有疑狱来质，讯辄得情。调仪封，擢兵部主事。改吏部，历文选郎中。屡迁户部右侍郎，总督仓场。谢病去。

隆庆四年起刑部左侍郎，拜南京刑部尚书。未上，改户部，再督仓场。神宗即位，还理部事。时簿牒繁冗，自州县达部，有缮书、输解、交纳诸费，公私苦之。国光疏请裁并，去繁文十三四，时称简便。户部十三司，自弘治来，以公署隘，惟郎中一人治事，员外郎、主事止除官日一赴而已。郎中力不给，则委之吏胥，弊益滋。国光尽令入署，职务得修举。边饷告匮，而诸边岁出及屯田、盐课无可稽。国光请敕边臣核实，且划经久策以闻。甘肃巡抚廖逢节等各条上其数，耗蠹为损。

万历元年奏言："国初，天下州县存留夏税秋粮可一千二百万石。其时议主宽大，岁用外，计赢银百万有余。使有司岁征无缺，则州县积贮自丰，水旱盗贼不能为灾患。今一遭兵荒，辄留京储，发内帑。由有司视存留甚缓，苟事催科则谓扰民，弊遂至此。请行天下抚按官，督所司具报出入、存留、逋负之数，臣部得通融会计，以其余济边。有司催征不力者，悉以新令从事。"制可。京军支粮通州者，候伺甚艰。国光请遣部郎一人司之，名坐粮厅。投牒验发，无过三日，诸军便之。天下钱谷散隶诸司，国光请归并责成：畿辅府州县归福建司，南畿归四川司，盐课归山东司，关税归贵州司，淮、徐、临、德诸仓归云南司，御马、象房及二十四马房刍料归广西司。遂为定制。

三年,京察拾遗。国光为南京给事、御史所劾。再疏乞罢,帝特留之。明年复固以请,乃诏乘传归。濒行,以所辑条例名《万历会计录》上之。帝嘉其留心国计,令户部订正。及书成,诏褒谕焉。

五年冬,吏部尚书张瀚罢,起国光代。陈采实政、别繁简、责守令、恤卑官、罢加纳数事,皆允行。寻以考绩,加太子太保。八年当考察外吏,请毋限日期。诏许之,且命违误者听从公辩雪。明年大计京朝官,徇张居正意,置吴中行等五人于察籍。

国光有才智。初掌邦计,多所建白。及是受制执政,声名损于初。给事中商尚忠论国光铨选私所亲,而给事中张世则出为河南佥事,憾国光,劾其鬻官黩货。国光再奏辩,帝再慰留,责世则挟私,贬仪真丞。及居正卒,御史杨寅秋劾国光六罪。帝遂怒,落职闲住。已,念其劳,命复官致仕。

梁梦龙,字乾吉,真定人。嘉靖三十二年进士。改庶吉士。授兵科给事中,首劾吏部尚书李默。帝方顾默厚,不问。出核陕西军储。劾故延绥巡抚王轮、督粮郎中陈灿等,废斥有差。

历吏科都给事中。帝怒礼部尚书吴山,梦龙恶独劾山得罪清议,乃并吏部尚书吴鹏劾罢之。尝上疏,言:“相臣贤否,关治道污隆。请毋拘资格,敕在廷公举名德宿望之臣,以光圣治。”帝疑诸臣私有所推引,责令陈状。梦龙惶恐谢罪,乃夺俸。擢顺天府丞。坐京察拾遗,出为河南副使。河决沛县,尚书朱衡议开徐、邳新河,梦龙董其役。三迁河南右布政使。

隆庆四年擢右佥都御史,巡抚山东。是秋,河决宿迁,覆漕粮八百艘。朝议通海运,以属梦龙。梦龙言:“海道南自淮安至胶州,北自天津至海仓,各有商艇往来其间。自胶州至海仓,岛人及商贾亦时出入。臣等因遣人自淮安转粟二千石,自胶州转麦千五百石,入海达天津,以试海道,无不利者。由淮安至天津,大要两旬可达。岁五月以前,风势柔顺,扬帆尤便。况舟由近洋,洋中岛屿联络,遇风可依。苟船非朽敝，按占候以行，自可无虞。较元人殷明略故道，安便尤甚。丘濬所称'傍海通运'即此是也。请以河为正运，海为备运。万一河未易通，则海运可济，而河亦得悉心疏浚，以图经久。又海防綦重，沿海卫所玩愒岁久，不加缮饬，识者有未然之忧。今行海运兼治河防，非徒足裨国计，兼于军事有补。"章下户部。部议海运久废，猝难尽复，请令漕司量拨粮十二万石，自淮入海以达天津。工部给银，为海艘经费。报可。已而海运卒不行，事具王宗沐传。明年冬，迁右副都御史，移抚河南。

神宗初，张居正当国。梦龙其门下士，特爱之，召为户部右侍郎。寻改兵部，出赍辽东有功将士。五年以兵部左侍郎进右都御史，总督蓟、辽、保定军务。李成梁大破土蛮于长定堡，帝为告庙宣捷，大行赏赉，官梦龙一子。已，给事中光懋言："此乃保塞内属之部，游击陶承喾假馘贪赉掩袭之，请坐以杀降罪。"兵部尚书方逢时曲为解，梦龙等亦辞免恩荫。及土蛮三万骑入东昌堡，成梁击败之。宁前复警，梦龙亲率劲卒三千出山海关为成梁声援，分遣两参将遮击，复移继光驻一片石邀之，敌引去。前后奏永奠堡、丁字泊、马兰峪、养善木、红土城、宽奠、广宁右屯、锦、义、大宁堡诸捷，累赐敕奖励，就加兵部尚书。以修筑黄花镇、古北口边墙，加太子少保，再荫子至锦衣世千户。召入掌部务，疏陈军政四事。寻录防边功，加太子太保。

十年六月，居正殁，吏部尚书王国光劾罢，梦龙代其位。逾月，御史江东之劾梦龙浼徐爵赂冯保得吏部，以孙女聘保弟为子妇，御史邓练、赵楷复劾之，遂令致仕。家居十九年卒。天启中，赵南星讼其边功，赠少保。崇祯末，追谥贞敏。

杨巍，字伯谦，海丰人。嘉靖二十六年进士。除武进知县。擢兵科给事中。操江佥都御史史褒善已迁大理卿，巍言："东南倭患方剧，参赞、巡抚俱论罪，褒善独幸免，又夤缘美迁，请并吏部罚治。"帝怒，停选司俸，还褒善故官。

巍既忤吏部，遂出为山西佥事。已，迁参议，分守宣府。寇入犯，偕副将马芳击斩其部长，赉银币。寻为阳和兵备副使。擢右金都御史，巡抚宣府。录捣巢功，进秩二级。逾年，以养母归。归二年，诏起巡抚陕西。增补屯戍军伍，清还屯地之夺于藩府者。隆庆初，进右副都御史，移抚山西。所部驿递银岁征五十四万，巍请减四之一。修筑沿边城堡，檄散大盗李九经党。复乞养母去。

神宗立，起兵部右侍郎。万历二年改吏部，进左，又以终养归。母年逾百岁卒。十年起南京户部尚书，旋召为工部尚书。有诏营建行宫，近功德寺。巍争之，乃止。明年改户部，迁吏部尚书。明制，六部分莅天下事，内阁不得侵。至严嵩，始阴挠部权。迨张居正时，部权尽归内阁，逡巡请事如属吏，祖制由此变。至是，申时行当国。巍素厉清操，有时望，然年耄骫骳，多听其指挥。御史丁此吕论科场事，时行及余有丁、许国辈皆恶之。巍论谪此吕，为御史江东之、李植等所攻，与时行俱乞罢。帝从诸大臣请，慰留巍等而戒谕言者，巍乃起复视事。

当居正初败，言路张甚，帝亦心疑诸大臣朋比，欲言官摘发之以杜壅蔽。诸大臣惧见攻，政府与铨部阴相倚以制言路。先是，九年京察，张居正令吏部尽除异己者。十五年复当大计。都御史辛自修欲大有所澄汰，巍徇政府指持之。出身进士者，贬黜仅三十三人，而翰林、吏部、给事、御史无一焉。贤否混淆，群情失望。十七年夏，帝久不视朝，中外疑帝以张鲸不用故托疾。巍率同列请以秋日御殿。至十月，巍等复请。帝不悦，责以沽名。

巍初扬历中外，甚有声。及秉铨，素望大损。然有清操，性长厚，不为刻核行。明年以年几八十，屡疏乞归。诏乘传、给廪隶如故事。归十五年，年九十二而卒。赠少保。

李戴，字仁夫，延津人。隆庆二年进士。除兴化知县，有惠政。擢户科给事中。广东以军兴故，增民间税。至万历初乱定，戴奏正之。累迁礼科都给事中。出为陕西右参政，进按察使。张居正尚名法，四方大吏承风刻核，戴独行之以宽。由山西左布政使擢右副都御史,巡抚山东。岁凶,累请蠲振。入为刑部侍郎。累进南京户部尚书。召拜工部尚书。以继母忧去。

二十六年,吏部尚书蔡国珍罢。廷推代者七人,戴居末,帝特擢用之。当是时,赵志皋、沈一贯辅政,虽不敢挠部权,然大僚缺人,九卿及科道掌印者咸得自举听上裁,而吏部诸曹郎亦由九卿推举,尚书不得自择其属,在外府佐及州县正、佐官则尽用掣签法,部权日轻。戴视事,谨守新令,幸无罪而已。

明年,京察。编修刘纲、中书舍人丁元荐、南京评事龙起雷尝以言事忤当路,咸置察中,时议颇不直戴。而是时国本未定,皇长子冠婚久稽,戴每倡廷臣直谏。及矿税害剧,戴率九卿言:"陈增开矿山东,知县吴宗尧逮。李道抽分湖口,知府吴宝秀等又逮。天下为增、道者何限,有司安所措手足。且今水旱频仍,田里萧耗,重以东征增兵益饷,而西事又见告矣。民不聊生,奸宄方窃发,奈何反为发其机,速其变哉!"不报。

山西税使张忠奏调夏县知县韩薰简僻。戴以内官不当擅举刺,疏争之。湖广陈奉屡奏逮有司,戴等又极论,且言:"奉及辽东高淮擅募劲卒横民间,尤不可不问。"帝亦弗听。已,复偕同列言:"自去夏六月不雨至今,路殣相望,巡抚汪应蛟所奏饥民十八万人。加以频值寇警,屡兴征讨之师,按丁增调,履亩加租,赋额视二十年前不啻倍之矣。疮痍未起,而采榷之害又生。不论矿税有无,概勒取之民间,此何理也。天下富室无几,奸人肆虐何极。指其屋而恐之曰'彼有矿',则家立破矣;'彼漏税',则橐立罄矣。持无可究诘之说,用无所顾畏之人,茕茕小民,安得不穷且乱也。湖广激变已数告,而近日武昌尤甚。此辈宁不爱性命哉?变亦死,不变亦死,与其吞声独死,毋宁与仇家俱靡。故一发不可遏耳。陛下可视为细故耶?"亦不报。

三十年二月,帝有疾,诏罢矿税、释系囚、录建言遣谪诸臣。越日,帝稍愈,命矿税采榷如故。戴率同官力谏。时释罪、起废二事,犹令阁臣议行,戴即欲疏名上请,而刑部尚书萧大亨谓释罪必当奏闻。方具疏上，太仆卿南企仲以二事久稽，劾戴等不能将顺。帝怒，并停前诏。戴引罪求罢，帝不许。自是请起废者再，率九卿乞停矿税者四，皆不省。稽勋郎中赵邦清素刚介，为给事中张凤翔所劾，疑出文选郎中邓光祚、验封郎中侯执躬意，辨疏侵之。御史沈正隆、给事中田大益文章劾邦清。邦清愤，尽发光祚、执躬私事。光祚亦腾疏力攻，部中大哄，戴无所裁抑。御史左宗郢、李培遂劾戴表率无状，戴引疾乞去。帝谕留，为贬邦清三秩，允光祚、执躬归，群嚣乃息。

明年冬，妖书事起。锦衣官王之桢等与同官周嘉庆有隙，言妖书，嘉庆所为，下诏狱穷治。嘉庆，戴甥也。比会鞫，戴引避。帝闻而恶之。会王士骐通书事发，下部议。士骐奏辨。帝谓士骐不宜辨，责戴不能钳属官。戴引罪，而疏纸误用印，复被谯让，罪其司属。戴疏谢，用印如故。帝怒，令致仕，夺郎中以下俸。

戴秉铨六年，温然长者，然声望出陆光祖诸人下。赵志皋、沈一贯柄政，戴不敢为异，以是久于其位，而铨政益颓废矣。卒赠少保。

赵焕，字文光，掖县人。嘉靖四十四年进士。授乌程知县。入为工部主事，改御史。万历三年，中官张宏请遣其党榷真定材木，焕及给事中侯于赵执奏，不从。张居正遭父丧，言官交章请留，焕独不署名。擢顺天府丞，累迁左佥都御史。

十四年三月，风霾求言。焕请恢圣度，纳忠言，谨嚬笑，信政令，时召大臣商榷治理，次第举行实政，弊在内府者一切报罢，而饬戒督抚有司务求民瘼。帝嘉纳焉。寻迁工部右侍郎。改吏部，进左。乞假去。起南京右都御史，以亲老辞。时焕兄辽东巡抚佥都御史燿亦乞归养。吏部言二人情同，燿为长子，且任封疆久，可听其归。乃趣焕就职。寻召为刑部尚书。议日本贡事，力言非策。男子诸龙光讦奏李如松通倭下吏，并及其党陈仲登枷赤日中，期满戍瘴乡。焕以盛暑必毙，而二人罪不当死，两疏力争。忤旨，诘责。复以议浙江巡按彭应参狱失帝意，遂引疾归。再起南京右都御史，就改吏部尚书,皆不赴。家居十六年。召拜刑部尚书,寻兼署兵部。

四十年二月,孙丕扬去,改署吏部。时神宗怠于政事,曹署多空。内阁惟叶向高,杜门者已三月。六卿止一焕在,又兼署吏部,吏部无复堂上官。兵部尚书李化龙卒,召王象乾未至,亦不除侍郎。户、礼、工三部各止一侍郎而已。都察院自温纯罢去,八年无正官。故事,给事中五十人,御史一百十人,至是皆不过十人。焕累疏乞除补,帝皆不报。其年八月,遂用焕为吏部尚书,诸部亦除侍郎四人。既而考选命下,补给事中十七人,御史五十人,言路称盛。

然是时朋党已成,中朝议论角立。焕素有清望,骤起田间,于朝臣本无所左右,顾雅不善东林。诸攻东林者乘间入之。所举措,往往不协清议,先后为御史李若星、给事中孙振基所劾。帝皆优诏慰留之。已,兵部主事卜履吉为署部事都御史孙玮所论。焕以履吉罪轻,拟夺俸三月。给事中赵兴邦劾焕徇私。焕疏辨,再乞罢。向高言:"今国事艰难,人才日寡。在野者既赐环无期,在朝者复晨星无几,乃大小臣工日寻水火,甚非国家福也。臣愿自今以后共捐成心,忧国事,议论听之言官,主张听之当事。使大臣得展布而毋苦言官之掣肘,言官得发舒而毋患当事之摧残,天下事尚可为也。"因请谕焕起视事,焕乃出。

明年春,以年例出振基及御史王时熙、魏云中于外。三人尝力攻汤宾尹、熊廷弼者,又不移咨都察院,于是御史汤兆京守故事争,且诋焕。焕屡疏讦辩,杜门不出,诏慰起之。兆京以争不得,投劾径归。其同官李邦华、周起元、孙居相,及户部郎中贺烺交章劾焕擅权,请还振基等于言路。帝为夺诸臣俸,贬烺官以慰焕。焕请去益力。九月遂叩首阙前,出城待命,帝犹遣谕留。给事中李成名复劾焕伐异党同,焕遂称疾笃,坚不起。逾月,乃许乘传归。

四十六年,吏部尚书郑继之去国。时党人势成,清流斥逐已尽。齐党亓诗教势尤张。以焕为乡人老而易制,力引焕代继之,年七十有七矣。比至,一听诗教指挥,不敢异同,由是素望益损。帝终以焕清操委信之。及明年七月,辽东告警,焕率廷臣诣文华门固请帝临朝议政。抵暮，始遣中官谕之退，而诸军机要务废阁如故。焕等复具疏趣之，且作危语曰："他日蓟门蹂躏，敌人叩阍，陛下能高枕深宫，称疾谢却之乎？"帝由是谦焉。考满当增秩，寝不报。焕寻卒，恤典不及。光宗立，始赐如制。熹宗初，赠太子太保。

郑继之，字伯孝，襄阳人。嘉靖四十四年进士。除余干知县。迁户部主事，历郎中。迁宁国知府，进四川副使，以养亲归。服除，久之不出。

万历十九年用给事中陈尚象荐，起官江西，进右参政。召为太仆少卿，累迁大理卿。东征师罢，吏部尚书李戴议留戍兵万五千，令朝鲜供亿。继之曰："既留兵，自当转饷，奈何疲敝属国。"议者韪之。为大理九年，擢南京户部尚书，就改吏部。

四十一年，吏部尚书赵焕罢。时帝虽倦勤，特谨铨部选，久不除代。以继之有清望，明年二月乃召之代焕。继之久处散地，无党援。然是时言路持权，齐、楚、浙三党尤横，大僚进退惟其喜怒。继之故楚产，习楚人议论，且年八十余，耄而愦，遂一听党人意指。文选郎中王大智者，继之所倚信。其秋以年例出御史宋槃、潘之祥，给事中张键，南京给事中张笃敬于外，皆尝攻汤宾尹、熊廷弼者也。时定制，科道外迁必会都察院吏科，继之不令与闻。比考选科道，中书舍人张光房，知县赵运昌、张廷拱、旷鸣鸾、濮中玉当预，而持议颇右于玉立、李三才，遂见抑，改授部曹。大智同官赵国琦以为言。大智怒，构于继之逐之去。由是御史孙居相、张五典、周起元等援年例故事以争，且为光房等五人称枉，吏科都给事中李瑾亦以失职抗疏劾大智。御史唐世济则右吏部，诋居相等。居相、瑾怒，交章劾世济。给事中、御史复助世济排击居相。居相再疏力攻大智，大智乃引疾去。继之亦觉其非，不为辩。

至明年二月，胡来朝为文选，出兵科都给事中张国儒、御史马孟祯、徐良彦于外，复不咨都察院、吏科。国儒已陪推京卿，法不当出外；孟祯、良彦则素忤党人，故来朝抑之。继之不能禁。时居相等已去国，独瑾再争，诋继之、来朝甚力。来朝等不能难，其党思以众力胜之，于是诸御史群起攻瑾。瑾争之强，疏三上。来朝等亦三疏诋讦，词颇穷。来朝乃言："年例协赞之旨，实秉国者调停两祖，非可为制，乞改前令从事。"帝一无所处分。瑾方奉使，自引去。其秋，给事中梅之焕，御史李若星、张五典年例外转，所司复不预闻。吏科韩光裕、御史徐养量稍言之，然势孤竟不能争也。

时缙云李铦刑部尚书兼署都察院，亦浙党所推毂。四十五年大计京官，继之与铦司其事，考功郎中赵士谔、给事中徐绍吉、御史韩浚佐之。所去留悉出绍吉等意，继之受成而已。一时与党人异趣者，贬黜殆尽，大僚则中以拾遗，善类为空。

继之以笃老累疏乞休，帝辄慰留不允。明年春，稽首阙下，出郊待命。帝闻，命乘传归。又数年卒，年九十二。赠少保。

赞曰：张瀚、王国光、梁梦龙皆以才办称，杨巍、赵焕、郑继之亦负清望，及秉铨政蒙诟议焉。于时政府参怀，言路胁制，固积重难返，然以公灭私之节，诸人盖不能无愧云。

明史卷二二六
列传第一一四

海瑞 何以尚　丘橓　吕坤
郭正域

　　海瑞,字汝贤,琼山人。举乡试。入都,即伏阙上平黎策,欲开道置县,以靖乡土。识者壮之。署南平教谕。御史诣学宫,属吏咸伏谒,瑞独长揖,曰:"台谒当以属礼,此堂,师长教士地,不当屈。"迁淳安知县。布袍脱粟,令老仆艺蔬自给。总督胡宗宪尝语人曰:"昨闻海令为母寿,市肉二斤矣。"宗宪子过淳安,怒驿吏,倒悬之。瑞曰:"曩胡公按部,令所过毋供张。今其行装盛,必非胡公子。"发橐金数千,纳之库,驰告宗宪,宗宪无以罪。都御史鄢懋卿行部过,供具甚薄,抗言邑小不足容车马。懋卿恚甚。然素闻瑞名,为敛威去,而属巡盐御史袁淳论瑞及慈谿知县霍与瑕。与瑕,尚书韬子,亦抗直不诣懋卿者也。时瑞已擢嘉兴通判,坐谪兴国州判官。久之,陆光祖为文选,擢瑞户部主事。

　　时世宗享国日久,不视朝,深居西苑,专意斋醮。督抚大吏争上符瑞,礼官辄表贺。廷臣自杨最、杨爵得罪后,无敢言时政者。四十五年二月,瑞独上疏曰:

　　　　臣闻君者,天下臣民万物之主也,其任至重。欲称其任,亦惟以责寄臣工,使尽言而已。臣请披沥肝胆,为陛下陈之。

　　　　昔汉文帝贤主也,贾谊犹痛哭流涕而言。非苟责也,以文帝性仁而近柔,虽有及民之美,将不免于怠废,此谊所大虑也。

陛下天资英断,过汉文远甚。然文帝能充其仁恕之性,节用爱人,使天下贯朽粟陈,几致刑措。陛下则锐精未久,妄念牵之而去,反刚明之质而误用之。至谓遐举可得,一意修真,竭民脂膏,滥兴土木,二十余年不视朝,法纪弛矣。数年推广事例,名器滥矣。二王不相见,人以为薄于父子。以猜疑诽谤戮辱臣下,人以为薄于君臣。乐西苑而不返,人以为薄于夫妇。吏贪官横,民不聊生,水旱无时,盗贼滋炽。陛下试思今日天下,为何如乎?

迩者严嵩罢相,世蕃极刑,一时差快人意。然嵩罢之后犹嵩未相之前而已,世非甚清明也,不及汉文帝远甚。盖天下之人不直陛下久矣。古者人君有过,赖臣工匡弼。今乃修斋建醮,相率进香,仙桃天药,同辞表贺。建宫筑室,则将作竭力经营;购香市宝,则度支差求四出。陛下误举之,而诸臣误顺之,无一人肯为陛下正言者,谀之甚也。然愧心馁气,退有后言,欺君之罪何如!

夫天下者,陛下之家。人未有不顾其家者,内外臣工皆所以奠陛下之家而盘石之者也。一意修真,是陛下之心惑。过于苛断,是陛下之情偏。而谓陛下不顾其家,人情乎?诸臣徇私废公,得一官多以欺败,多以不事事败,实有不足当陛下意者。其不然者,君心臣心偶不相值也,而遂谓陛下厌薄臣工,是以拒谏。执一二之不当,疑千百之皆然,陷陛下于过举,而恬不知怪,诸臣之罪大矣。记曰"上人疑则百姓惑,下难知则君长劳",此之谓也。

且陛下之误多矣,其大端在于斋醮。斋醮所以求长生也。自古圣贤垂训,修身立命曰"顺受其正"矣,未闻有所谓长生之说。尧、舜、禹、汤、文、武圣之盛也,未能久世,下之亦未见方外士自汉、唐、宋至今存者。陛下受术于陶仲文,以师称之。仲文则既死矣,彼不长生,而陛下何独求之。至于仙桃天药,怪妄尤甚。昔宋真宗得天书于乾祐山,孙奭曰"天何言哉?岂有书

也"。桃必采而后得,药必制而后成。今无故获此二物,是有足
而行耶?曰"天赐者",有手执而付之耶?此左右奸人,造为妄
诞以欺陛下,而陛下误信之,以为实然,过矣。

陛下又将谓悬刑赏以督责臣下,则分理有人,天下无不可
治,而修真为无害己乎?太甲曰:"有言逆于汝心,必求诸道;有
言逊于汝志,必求诸非道。"用人而必欲其唯言莫违,此陛下之
计左也。既观严嵩,有一不顺陛下者乎?昔为同心,今为戮首
矣。梁材守道守官,陛下以为逆者也,历任有声,官户部者至今
首称之。然诸臣宁为嵩之顺,不为材之逆,得非有以窥陛下之
微,而潜为趋避乎?即陛下亦何利于是。

陛下诚知斋醮无益,一旦翻然悔悟,日御正朝,与宰相、侍
从、言官讲求天下利害,洗数十年之积误,置身于尧、舜、禹、
汤、文、武之间,使诸臣亦得自洗数十年阿君之耻,置其身于
皋、夔、伊、傅之列,天下何忧不治,万事何忧不理。此在陛下一
振作间而已。释此不为,而切切于轻举度世,敝精劳神,以求之
于系风捕影、茫然不可知之域,臣见劳苦终身,而终于无所成
也。今大臣持禄而好谀,小臣畏罪而结舌,臣不胜愤恨。是以
冒死,愿尽区区,惟陛下垂听焉。

帝得疏,大怒,抵之地,顾左右曰:"趣执之,无使得遁。"宦官黄
锦在侧曰:"此人素有痴名。闻其上疏时,自知触忤当死,市一棺,诀
妻子,待罪于朝,僮仆亦奔散无留者,是不遁也。"帝默然。少顷复取
读之,日再三,为感动太息,留中者数月。尝曰:"此人可方比干,第
朕非纣耳。"会帝有疾,烦懑不乐,召阁臣徐阶议内禅,因曰:"海瑞
言俱是。朕今病久,安能视事。"又曰:"朕不自谨惜,致此疾困。使
朕能出御便殿,岂受此人诟詈耶?"遂逮瑞下诏狱,究主使者。寻移
刑部,论死。狱上,仍留中。户部司务何以尚者,揣帝无杀瑞意,疏
请释之。帝怒,命锦衣卫杖之百,锢诏狱,昼夜搒讯。越二月,帝崩,
穆宗立,两人并获释。

帝初崩,外庭多未知。提牢主事闻状,以瑞且见用,设酒馔款

之。瑞自疑当赴西市,恣饮啖,不顾。主事因附耳语:"宫车适晏驾,先生今即出大用矣。"瑞曰:"信然乎?"即大恸,尽呕出所饮食,陨绝于地,终夜哭不绝声。既释,复故官。俄改兵部。擢尚宝丞,调大理。

隆庆元年,徐阶为御史齐康所劾,瑞言:"阶事先帝,无能救于神仙土木之误,畏威保位,诚亦有之。然自执政以来,忧勤国事,休休有容,有足多者。康乃甘心鹰犬,搏噬善类,其罪又浮于高拱。"人韪其言。

历两京左、右通政。三年夏,以右佥都御史巡抚应天十府。属吏惮其威,墨者多自免去。有势家朱丹其门,闻瑞至,黝之。中人监织造者,为减舆从。瑞锐意兴革,请浚吴淞、白茆,通流入海,民赖其利。素疾大户兼并,力摧豪强,抚穷弱。贫民田入于富室者,率夺还之。徐阶罢相里居,按问其家无少贷。下令飙发凌厉,所司惴惴奉行,豪有力者至窜他郡以避。而奸民多乘机告讦,故家大姓时有被诬负屈者。又裁节邮传冗费。士大夫出其境率不得供顿,由是怨颇兴。都给事中舒化论瑞迂滞不达政体,宜以南京清秩处之,帝犹优诏奖瑞。已而给事中戴凤翔劾瑞庇奸民,鱼肉缙绅,沽名乱政,遂改督南京粮储。瑞抚吴甫半岁。小民闻当去,号泣载道,家绘像祀之。将履新任,会高拱掌吏部,素衔瑞,并其职于南京户部,瑞遂谢病归。

万历初,张居正当国,亦不乐瑞,令巡按御史廉察之。御史至山中视,瑞设鸡黍相对食,居舍萧然,御史叹息去。居正惮瑞峭直,中外交荐,卒不召。十二年冬,居正已卒,吏部拟用左通政。帝雅重瑞名,畀以前职。明年正月召为南京右佥都御史,道改南京吏部右侍郎,瑞年已七十二矣。疏言衰老垂死,愿比古人尸谏之义,大略谓:"陛下励精图治,而治化不臻者,贪吏之刑轻也。诸臣莫能言其故,反借待士有礼之说,交口而文其非。夫待士有礼,而民则何辜哉?"因举太祖法剥皮囊草及洪武三十年定律枉法八十贯论绞,谓今当用此惩贪。其他规切时政,语极剀切。独劝帝虐刑,时议以为非。御史梅鹍祚劾之。帝虽以瑞言为过,然察其忠诚,为夺鹍祚俸。

帝屡欲召用瑞，执政阴沮之，乃以为南京右都御史。诸司素偷惰，瑞以身矫之。有御史偶陈戏乐，欲遵太祖法予之杖。百司惴恐，多患苦之。提学御史房寰恐见纠擿欲先发，给事中钟宇淳复怂恿，寰再上疏丑诋。瑞亦屡疏乞休，慰留不允。十五年，卒官。

瑞无子。卒时，佥都御史王用汲入视，葛帏敝籝，有寒士所不堪者。因泣下，醵金为敛。小民罢市。丧出江上，白衣冠送者夹岸，酹而哭者百里不绝。赠太子太保，谥忠介。

瑞生平为学，以刚为主，因自号刚峰，天下称刚峰先生。尝言：“欲天下治安，必行井田。不得已而限田，又不得已而均税，尚可存古人遗意。”故自为县以至巡抚，所至力行清丈，颁一条鞭法。意主于利民，而行事不能无偏云。

始救瑞者何以尚，广西兴业人，起家乡举。出狱，擢光禄丞。又以劾高拱坐谪。拱罢，起雷州推官，终南京鸿胪卿。

丘橒，字茂实，诸城人。嘉靖二十九年进士。由行人擢刑科给事中。三十四年七月，倭六七十人失道流劫，自太平直逼南京。兵部尚书张时彻等闭城不敢出，阅二日引去。给事御史劾时彻及守备诸臣罪，时彻亦上其事，词多隐护。橒劾其欺罔，时彻及侍郎陈洙皆罢。帝久不视朝，严嵩专国柄。橒言权臣不宜独任，朝纲不宜久弛，严嵩深憾之。已，劾嵩党宁夏巡抚谢淮、应天府尹孟淮贪黩，谢淮坐免。是年，嵩败，橒劾由嵩进者顺天巡抚徐绅等五人，帝为黜其三。

迁兵科都给事中。劾南京兵部尚书李遂、镇守两广平江伯陈王谟、锦衣指挥魏大经咸以贿进，大经下吏，王谟革任。已，又劾罢浙江总兵官卢镗。寇犯通州，总督杨选被逮。及寇退，橒偕其僚陈善后事宜，指切边弊。帝以橒不早劾选，杖六十，斥为民，余谪边方杂职。橒归，敝衣一箧，图书一束而已。隆庆初，起任礼科，不至。寻擢南京太常少卿，进大理少卿。病免。神宗立，言官交荐。张居正恶之，不召。

万历十一年秋起右通政。未上,擢左副都御史,以一柴车就道。既入朝,陈吏治积弊八事,言:

> 臣去国十余年,士风渐靡,吏治转污,远近萧条,日甚一日。此非世运适然,由风纪不振故也。如京官考满,河南道例书称职。外吏给由,抚按官概与保留。以朝廷甄别之典,为人臣交市之资。敢徇私而不敢尽法,恶无所惩,贤亦安劝。此考绩之积弊,一也。

> 御史巡方,未离国门,而密属之姓名,已盈私牍。甫临所部,而请事之竿牍,又满行台。以豸冠持斧之威,束手俯眉,听人颐指。此请托之积弊,二也。

> 抚按定监司考语,必托之有司。有司则不顾是非,侈加善考,监司德且畏之。彼此结纳,上下之分荡然。其考守令也,亦如是。此访察之积弊,三也。

> 贪墨成风,生民涂炭,而所劾罢者大都单寒软弱之流。苟百足之虫,傅翼之虎,即赃秽狼藉,还登荐剡。严小吏而宽大吏,详去任而略见任。此举劾之积弊,四也。

> 惩贪之法在提问。乃豺狼见遗,狐狸是问,徒有其名。或阴纵之使去,或累逮而不行,或批驳以相延,或朦胧以幸免。即或终竟其事,亦必博长厚之名,而以尽法自嫌。苞苴或累万金,而赃止坐之铢黍。草菅或数十命,而罚不伤其毫厘。此提问之积弊,五也。

> 荐举纠劾,所以劝徼有司也。今荐则先进士而举监,非有凭藉者不与焉。劾则先举监而进士,纵有訾议者罕及焉。晋接差委,专计出身之途。于是同一官也,不敢接席而坐,比肩而行。诸人自分低昂,吏民观瞻顿异。助成骄纵之风,大丧贤豪之气。此资格之积弊,六也。

> 州县佐贰虽卑,亦临民官也,必待以礼,然后可责以法。今也役使谴诃,无殊舆录。独任其污黩害民,不屑禁治。礼与法,两失之矣。学校之职,贤才所关。今不问职业,而一听其所为。

及至考课，则曰"此寒官也"，概与上考。若辈知上官不我重也，则因而自弃；知上官必我怜也，又从而日偷。此处佐贰教职之积弊，七也。

科场取士，故有门生、座主之称。若巡按，举劾其职也。乃劾者不任其怨，举者独冒为恩。尊之为举主，而以门生自居，筐筐问遗，终身不废。假明扬之典，开贿赂之门，无惑乎清白之吏不概见于天下也。方今国与民俱贫，而官独富。既以官而得富，还以富而市官。此馈遗之积弊，八也。

要此八者，败坏之源不在于外，从而转移亦不在于下也。昔齐威王烹一阿大夫，封一即墨大夫，而齐国大治。陛下诚大奋乾刚，痛惩吏弊，则风行草偃，天下可立治矣。

疏奏，帝称善。敕所司下抚按奉行，不如诏者，罪。

顷之，言："故给事中魏时亮、周世选，御史张槚、李复聘以忤高拱见黜，文选郎胡汝桂以忤尚书被倾，宜赐甄录。御史于应昌构陷刘台与王宗载同罪，宗载遣戍而应昌止罢官。劳堪巡抚福建，杀侍郎洪朝选。御史张一鲲监应天乡试，王篆子之鼎贪缘中式。钱岱监湖广乡试，先期请居正少子还就试，会居正卒不果，遂私中篆子之衡。曹一夔身居风宪，盛称冯保为顾命大臣。朱琏则结冯保为父，游七为兄。此数人者，得罪名教，而亦止罢官。此纲纪所以不振，人心所以不服。臣初入台，誓扫除积弊。今待罪三月，而大吏恣肆，小吏贪残，小民怨咨，四方赂遗如故，臣不职可见。请罢斥以儆有位。"时已迁刑部右侍郎。帝优诏报之。召时亮、世选、槚、复聘、汝桂还，削应昌、堪、一鲲、一夔、琏籍，贬岱三秩。未几，偕中官张诚往籍张居正家。还，转左侍郎，增俸一秩。寻拜南京吏部尚书，卒官。赠太子太保，谥简肃。

榉强直好搏击，其清节为时所称云。

吕坤，字叔简，宁陵人。万历二年进士。为襄垣知县，有异政。

调大同,征授户部主事,历郎中。迁山东参政、山西按察使、陕西右布政使。擢右佥都御史,巡抚山西。居三年,召为左佥都御史。历刑部左、右侍郎。

二十五年五月疏陈天下安危。其略曰:

　　窃见元旦以来,天气昏黄,日光黯淡,占者以为乱征。今天下之势,乱象已形,而乱势未动。天下之人,乱心已萌,而乱人未倡。今日之政,皆播乱机使之动,助乱人使之倡者也。臣敢以救时要务,为陛下陈之。自古幸乱之民有四。一曰无聊之民。饱温无由,身家俱困,因怀逞乱之心,冀缓须臾之死。二曰无行之民。气高性悍,玩法轻生,居常爱玉帛子女而不得,及有变则淫掠是图。三曰邪说之民。白莲结社,遍及四方,教主传头,所在成聚。倘有招呼之首,此其归附之人。四曰不轨之民。乘衅蹈机,妄思雄长。惟冀目前有变,不乐天下太平。陛下约己爱人,损上益下,则四民皆赤子,否则悉为寇雠。

　　今天下之苍生贫困可知矣。自万历十年以来,无岁不灾,催科如故。臣久为外吏,见陛下赤子冻骨无兼衣,饥肠不再食,垣舍弗蔽,苦稿未完;流移日众,弃地猥多;留者输去者之粮,生者承死者之役。君门万里,孰能仰诉。今国家之财用耗竭可知矣。数年以来寿宫之费几百万,织造之费几百万,宁夏之变几百万,黄河之溃几百万,今大工、采木费,又各几百万矣。土不加广,民不加多,非有雨菽涌金,安能为计。今国家之防御疏略可知矣。三大营之兵以卫京师也,乃马半羸敝,人半老弱。九边之兵以御外寇也,皆勇于挟上,怯于临戎。外卫之兵以备征调资守御也,伍缺于役占,家累于需求,皮骨仅存,折冲奚赖。设有千骑横行,兵不足用,必选民丁。以怨民斗怨民,谁与合战。

　　人心者,国家之命脉也。今日之人心,惟望陛下收之而已。关、陇气寒土薄,民生实艰。自造花绒,比户困趣逼。提花染色,日夜无休,千手经年,不成一匹。他若山西之绸,苏、松之锦绮,岁额既盈,加造不已。至饶州磁器,西域回青,不急之须,徒累小民敲骨。陛下诚一切停罢,而江南、陕西之人心收矣。

以采木言之。丈八之围,非百年之物。深山穷谷,蛇虎杂居,毒雾常多,人烟绝少,寒暑饥渴瘴疠死者无论矣。乃一木初卧,千夫难移,倘遇阻艰,必成伤殒。蜀民语曰"入山一千,出山五百",哀可知也。至若海木,官价虽一株千两,比来都下,为费何止万金。臣见楚、蜀之人,谈及采木,莫不哽咽。苟损其数,增其值,多其岁月,减其尺寸,而川、贵、湖广之人心收矣。

以采矿言之。南阳诸府,比岁饥荒。生气方苏,菜色未变。自责报殷户,而半已惊逃。自供应矿夫工食、官兵口粮,而多至累死。自都御史李盛春严旨切责,而抚按畏罪不敢言。今矿沙无利,责民纳银,而奸人仲春复为攘夺侵渔之计。朝廷得一金,郡县费千倍。诚敕戒使者,毋散砂责银,有侵夺小民若仲春者,诛无赦,而四方之人心收矣。

官店租银收解,自赵承勋造四千之说,而皇店开。自朝廷有内官之遣,而事权重。夫市井之地,贫民求升合丝毫以活身家者也,陛下享万方之富,何赖于彼?且冯保八店,为屋几何,而岁有四千金之课。课既四千,征收何只数倍。不夺市民,将安取之?今豪家遣仆设肆,居民尚受其殃,况特遣中贵,赐之敕书,以压卵之威,行竭泽之计,民困岂顾问哉。陛下撤还内臣,责有司输课,而畿甸之人心收矣。

天下宗室,皆九庙子孙。王守仁、王锦袭盖世神奸。籍隔数千里,而冒认王彘子孙;事隔三百年,而妄称受寄财产。中间伪造丝纶,假传诏旨,明欺圣主,暗陷亲王,有如楚王衔恨自杀,陛下何辞以谢高皇帝之灵乎?此两贼者,罪应诛殛,乃止令回籍,臣恐万姓惊疑。诚急斩二贼以谢楚王,而天下宗藩之心收矣。

崇信伯费甲金之贫,十厢珠宝之诬,皆通国所知也。始误于科道之风闻,严追犹未为过。今真知其枉,又加禁锢,实害无辜。请还甲金革去之禄,复五城厂卫降斥之官,而勋戚之人心收矣。

法者,所以平天下之情。其轻其重,太祖既定为律,列圣又增为例。如轻重可以就喜怒之情,则例不得为一定之法。臣待罪刑部三年矣,每见诏狱一下,持平者多拂上意,从重者皆当圣心。如往年陈恕、王正甄、常照等狱,臣等欺天罔人,已自废法,陛下犹以为轻,俱加大辟。然则律例又安用乎!诚俯从司寇之平,勉就祖宗之法,而囹圄之人心收矣。

自古圣明之君,岂乐诽谤之语。然而务求言赏谏者,知天下存亡,系言路通塞也。比来驱逐既多,选补皆罢。天阍邃密,法座崇严,若不广达四聪,何由明照万里。今陛下所闻,皆众人之所敢言也,其不敢言者,陛下不得闻矣。一人孤立万乘之上,举朝无犯颜逆耳之人,快在一时,忧贻他日。陛下诚释曹学程之系,还吴文梓等官,凡建言得罪者,悉分别召用,而士大夫之心收矣。

朝鲜密迩东陲,近吾肘腋,平壤西邻鸭绿,晋州直对登、莱。倘倭夷取而有之,籍众为兵,就地资食,进则断我漕运,退则窥我辽东。不及一年,京城坐困,此国家大忧也。乃彼请兵而二三其说,许兵而延缓其期;力穷势屈,不折入为倭不止。陛下诚早决大计,并力东征,而属国之人心收矣。

四方输解之物,营办既苦,转运尤艰。及入内库,率至朽烂,万姓脂膏,化为尘土。倘岁一稽核,苦窳者严监收之刑,朽腐者重典守之罪。一整顿间,而一年可备三年之用,岁省不下百万,而输解之人心收矣。

自抄没法重,株连数多。坐以转寄,则并籍家资。诬以多赃,则互连亲识。宅一封而鸡豚大半饿死,人一出则亲戚不敢藏留。加以官吏法严,兵番搜苦,少年妇女,亦令解衣。臣曾见之,掩目酸鼻。此岂尽正犯之家、重罪之人哉。一字相牵,百口难解。奸人又乘机恐吓,挟取资财,不足不止。半年之内,扰遍

京师，陛下知之否乎？愿慎抄没之举，释无辜之系，而都下之人
心收矣。

　　列圣在御之时，岂少宦官宫妾，然死于棰楚者，未之多闻
也。陛下数年以来，疑深怒盛。广廷之中，狼藉血肉，宫禁之内，
惨戚啼号。厉气冤魂，乃聚福祥之地。今环门守户之众，皆伤
心侧目之人。外表忠勤，中藏恚毒。既朝暮不能自保，即九死
何爱一身。陛下卧榻之侧，同心者几人，暮夜之际，防患者几
人，臣窃忧之。愿少霁威严，慎用鞭扑，而左右之人心收矣。

　　祖宗以来，有一日三朝者，有一日一朝者。陛下不视朝久，
人心懈弛已极，奸邪窥伺已深，守卫官军只应故事。今乾清修
造，逼近御前。军夫往来，谁识面貌。万一不测，何以应之。臣
望发宫钥于质明，放军夫于日昃。自非军国急务，慎无昏夜传
宣。章奏不答，先朝未有。至于今日，强半留中。设令有国家
大事，邀截实封，扬言于外曰"留中矣"，人知之乎？愿自今章疏
未及批答者，日于御前发一纸，下会极门，转付诸司照察，庶君
臣虽不面谈，而上下犹无欺蔽。

　　臣观陛下昔时励精为治，今当春秋鼎盛，曾无夙夜忧勤之
意，惟孜孜以患贫为事。不知天下之财，止有此数，君欲富则天
下贫，天下贫而君岂独富。今民生憔悴极矣，乃采办日增，诛求
益广，敛万姓之怨于一言，结九重之仇于四海，臣窃痛之。使六
合一家，千年如故，即宫中虚无所有，谁忍使陛下独贫。今禁城
之内，不乐有君。天下之民，不乐有生。怨讟愁叹，难堪入听。
陛下闻之，必有食不能咽，寝不能安者矣。臣老且衰，恐不得复
见太平，吁天叩地，斋宿七日，敬献忧危之诚。惟陛下密行臣
言，翻然若出圣心警悟者，则人心自悦，天意自回。苟不然者，
陛下他日虽悔，将何及耶。

　　疏入，不报。坤遂称疾乞休，中旨许之。于是给事中戴士衡劾
坤机深志险，谓石星大误东事，孙钅广滥杀无辜，坤顾不言，曲为附
会，无大臣节。给事中刘道亨言往年孙丕扬劾张位，位疑疏出坤手，

故使士衡劾坤。位奏辨。帝以坤既罢，悉置不问。

初，坤按察山西时，尝撰《闺范图说》，内侍购入禁中。郑贵妃因加十二人，且为制序，属其伯父承恩重刊之。士衡遂劾坤因承恩进书，结纳宫掖，包藏祸心。坤持疏力辨。未几，有妄人为《闺范图说》跋，名曰《忧危竑议》，略言："坤撰《闺范》，独取汉明德后者，后由贵人进中宫，坤以媚郑贵妃也。坤疏陈天下忧危，无事不言，独不及建储，意自可见。"其言绝狂诞，将以害坤。帝归罪于士衡等，其事遂寝。

坤刚介峭直，留意正学。居家之日，与后进讲习。所著述，多出新意。初，在朝与吏部尚书孙丕扬善。后丕扬复为吏部，屡推坤左都御史未得命，言："臣以八十老臣保坤，冀臣得亲见用坤之效。不效，甘坐失举之罪，死且无憾。"已，又荐天下三大贤，沈鲤、郭正域，其一即坤。丕扬前后推荐，疏至二十余上，帝终不纳。福王封国河南，赐庄田四万顷。坤在籍，上言："国初分封亲藩二十有四，赐田无至万顷者。河南已封周、赵、伊、徽、郑、唐、崇、潞八王，若皆取盈四万，占两河郡县且半，幸圣明裁减。"复移书执政言之。会廷臣亦力争，得减半。卒，天启初，赠刑部尚书。

郭正域，字美命，江夏人。万历十一年进士。选庶吉士，授编修，与修撰唐文献同为皇长子讲官。皆三迁至庶子，不离讲帷。每讲毕，诸内侍出相揖，惟二人不交一言。

出为南京祭酒。诸生纳赀许充贡，正域奏罢之。李成梁孙以都督就婚魏国徐弘基家，骑过文庙门，学录李维极执而挞之。李氏苍头数十人蹴邸门，弘基亦至。正域曰："今天子尚皮弁拜先圣，人臣乃走马庙门外乎？且公侯子弟入学习礼，亦国子生耳，学录非挞都督也。"令交相谢而罢。

三十年征拜詹事，复为东宫讲官。旋擢礼部右侍郎，掌翰林院。三十一年三月，尚书冯琦卒，正域还署部事。夏，庙飨，会日食，正域言："《礼》，当祭日食，牲未杀，则废。朔旦宜专救日，诘朝享庙。"从之。方泽陪祀者多托疾。正域谓祀事不虔,由上不躬祀所致。请下诏饬厉,冬至大祀,上必亲行。帝然之,而不能用。

初,正域之入馆也,沈一贯为教习师。后服阕授编修,不执弟子礼,一贯不能无望。至是,一贯为首辅,沈鲤次之。正域与鲤善,而心薄一贯。会台官上日食占,曰:"日从上食,占为君知佞人用之,以亡其国。"一贯怒而罢之,正域曰:"宰相忧盛危明,顾不若瞽史邪?"一贯闻之怒。两淮税监鲁保请给关防,兼督江南、浙江织造,鲤持不可,一贯拟予之,正域亦力争。秦王以嫡子久未生,请封其庶长子为世子,屡诏趣议。前尚书冯琦持不上,正域亦执不许。王复请封其他子为郡王,又不可,一贯使大珰以力命胁之。正域榜于门曰:"秦王以中尉进封,庶子当仍中尉,不得为郡王。妃年未五十,庶子亦不得为世子。"一贯无以难。及建议欲夺黄光升、许论、吕本谥,一贯与朱赓皆本同乡也,曰:"我辈在,谁敢夺者!"正域授笔判曰:"黄光升当谥,是海瑞当杀也。许论当谥,是沈炼当杀也。吕本当谥,是鄢懋卿、赵文华皆名臣,不当削夺也。"议上,举朝韪之,而卒不行。

正域既积忤一贯,一贯深憾之。会楚王华奎与宗人华趆等相讦,正域复与一贯异议,由此几得危祸。先是,楚恭王得废疾,隆庆五年薨,遗腹宫人胡氏孪生子华奎、华壁。或云内官郭纶以王妃兄王如言妾尤金梅子为华奎,妃族人如绰奴王玉子为华壁。仪宾汪若泉尝讦奏之,事下抚按。王妃持甚坚,得寝。万历八年,华奎嗣王,华壁亦封宣化王。宗人华趆者,素强御忤王。华趆妻,如言女也。是年遣人讦华奎异姓子也,不当立。一贯属通政使沈子木,格其疏勿上。月余楚王劾华趆疏至,乃上之。命下部议。未几,华趆入都诉通政司邀截实封及华奎行贿状,楚宗与名者,凡二十九人。子木惧,召华趆令更易月日以上。旨并下部。正域请敕抚按公勘,从之。

初,一贯属正域毋言通政司匿疏事。及华趆疏上,正域主行勘。一贯言亲王不当勘,但当体访。正域曰:"事关宗室,台谏当亦言之。"一贯微笑曰:"台谏断不言也。"及帝从勘议,楚王惧,奉百金为正域寿,且属毋竟楚事,当酬万金,正域严拒之。已而湖广巡抚赵可怀、巡按应朝卿勘上，言详审无左验，而王氏持之坚，诸郡主县主则云"罔知真伪"，乞特遣官再问。诏公卿杂议于西阙门，日晏乃罢。议者三十七人，各具一单，言人人殊。李廷机以左侍郎代正域署部事，正域欲尽录诸人议，廷机以辞太繁，先撮其要以上。一贯遂嗾给事中杨应文、御史康丕扬劾礼部壅阏群议，不以实闻。正域疏辨，且发子木匿疏、一贯阻勘及楚王馈遗状。一贯益恚，谓正域遣家人导华越上疏，议令楚王避位听勘，私庇华越。

当是时，正域右宗人，大学士沈鲤右正域，尚书赵世卿、谢杰，祭酒黄汝良则右楚王。给事中钱梦皋遂希一贯指论正域，词连次辅鲤。应文又言正域父懋尝笞辱于楚恭王，故正域因事陷之。正域疏辨，留中不报。一贯、鲤以楚事皆求去，廷机复请再问。帝以王嗣位二十余年，何至今始发，且夫讦妻证，不足凭，遂罢楚事勿按。正域四疏乞休去。楚王既得安，遂奏劾正域，大略如应文言；且讦其不法数事，请褫正域官。诏下部院集议。廷机微刺正域，而谓其已去可无苛求。给事中张问达则谓藩王欲进退大臣，不可训，乃不罪正域而令巡按御史勘王所讦以闻。

俄而妖书事起。一贯以鲤与己地相逼，而正域新罢，因是陷之，则两人必得重祸，乃为帝言臣下有欲相倾者为之。盖微引其端，以动帝意。亡何，锦衣卫都督王之桢等四人以妖书有名，指其同官周嘉庆为之。东厂又捕获妖人㽦生光。巡城御史康丕扬为生光讼冤，言妖书、楚事同一根底，请稍缓其狱，贼兄弟可授首阙下。意指正域及其兄国子监丞正位。帝怒，以为庇反贼，除其名。一贯力救始免。丕扬乃先后捕僧人达观、医者沈令誉等，而同知胡化则告妖书出教官阮明卿手。未几，厂卫又捕可疑者一人曰毛尚文。数日间银铛旁午，都城人人自危。嘉庆等皆下诏狱。嘉庆旋以治无验，令革任回籍。令誉故尝往来正域家，达观亦时时游贵人门，尝为正域所榜逐，尚文则正域仆也。一贯、丕扬等欲自数人口引正域，而化所讦阮明卿，则钱梦皋婿。梦皋大恚，上疏显攻正域，言："妖书刊播，不先不后，适在楚王疏入之时。盖正域乃沈鲤门徒，而沈令誉者，正域食客,胡化又其同乡同年,群奸结为死党。乞穷治根本,定正域乱楚首恶之罪,勒鲤闲住。"帝令正域还籍听勘,急严讯诸所捕者。达观拷死,令誉亦几死,皆不承。法司迫化引正域及归德。归德,鲤所居县也。化大呼曰:"明卿,我仇也,故讦之。正域举进士二十年不通问,何由同作妖书? 我亦不知谁为归德者。"帝知化枉,释之。

都督陈汝忠掠讯尚文,遂发卒围正域舟于杨村,尽捕媪婢及佣书者男女十五人,与生光杂治,终无所得。汝忠以锦衣告身诱尚文曰:"能告贼,即得之。"令引令誉,且以乳媪龚氏十岁女为征。比会讯,东厂太监陈矩诘女曰:"汝见妖书版有几?"曰:"盈屋。"矩笑曰:"妖出仅二三纸,版顾盈屋邪?"诘尚文曰:"令誉语汝刊书何日?"尚文曰:"十一月十六日。"戎政尚书王世扬曰:"妖书以初十日获,而十六日又刊,将有两妖书邪?"拷生光妻妾及十岁儿,以针刺指爪,必欲引正域,皆不应。生光仰视梦皋、丕扬,大骂曰:"死则死耳,奈何教我迎相公指,妄引郭侍郎乎?"都御史温纯等力持之,事渐解,然犹不能具狱。

光宗在东宫,数语近侍曰:"何为欲杀我好讲官?"诸人闻之皆惧。詹事唐文献偕其僚杨道宾等诣一贯争之,李廷机亦力为之地,狱益解。刑部尚书萧大亨具爰书,犹欲坐正域。郎中王述古抵稿于地,大亨乃止。遂坐生光极刑,释诸波及者,而正域获免。方狱急时,逻卒围鲤舍及正域舟,铃柝达旦。又声言正域且逮,迫使自裁。正域曰:"大臣有罪,当伏尸都市,安能自屏野外。"既而幸无事,乃归。归三年,巡按御史史学迁勘上楚王所讦事,无状。给事顾士琦因请召还正域,不报。

正域博通载籍,勇于任事,有经济大略,自守介然,故人望归之。扼于权相,遂不复起,家居十年卒。后四年,赠礼部尚书。光宗遗诏,加恩旧学,赠太子少保,谥文毅,官其子中书舍人。

赞曰:海瑞秉刚劲之性,憨直自遂,盖可希风汉汲黯、宋包拯。苦节自厉,诚为人所难能。丘橓、吕坤,虽非瑞匹,而指陈时政,炳炳

凿凿，鲠亮有足称者。郭正域持楚，与执政异趣，险难忽发，懂而后
免，危矣哉。以妖书事与坤相首尾，故并著焉。

明史卷二二七
列传第一一五

庞尚鹏　宋仪望　张岳
李材　陆树德　萧廪
贾三近　李颐　朱鸿谟
萧彦 _{弟雍} _{查铎} 孙维城　谢杰
郭惟贤　万象春　钟化民
吴达可

　　庞尚鹏,字少南,南海人。嘉靖三十二年进士。除江西乐平知县。擢御史。偕给事中罗喜偰出核南京、浙江军饷,请罪参将戚继光、张四维,而尽发胡宗宪失律、贪淫及军兴督抚侵军需状。还朝,出按河南。巡抚蔡汝楠欲会疏进白鹿,尚鹏不可。改按浙江。民苦徭役,为举行一条鞭法。按治乡官吕希周、严杰、茅坤、潘仲骖子弟僮奴,请夺希周等冠带。诏尽黜为民。
　　尚鹏介直无所倚。所至搏击豪强,吏民震慑。已,督畿辅学政。隆庆元年请帝时御便殿,延见大臣,恤建言得罪者马从谦等。已,又申救给事中胡应嘉,论大学士郭朴无相臣体。擢大理石右寺丞。
　　明年春,朝议兴九边屯、盐。擢尚鹏右佥都御史,与副都御史邹应龙、唐继禄分理。尚鹏辖两淮、长芦、山东三运司,兼理畿辅、河南、山东、江北、辽东屯务。抵昌平，劾内侍张恩擅杀人，两淮巡盐孙以仁赃罪，皆获谴。其秋，应龙等召还，命尚鹏兼领九边屯务。疏列盐政二十事，釐利大兴。乃自江北躬历九边，先后列上屯政便宜，江北者四，蓟镇者九，辽东、宣、大者各十一，宁夏者四，甘肃者七。奏辄报可。

尚鹏权既重，自负经济才，慷慨任事。诸御史督盐政者以事权见夺，欲攻去之。河东巡盐郜永春劾尚鹏行事乖违，吏部尚书杨博议留之。会中官恶博，激帝怒，谯让，罢博而落尚鹏职，汰屯盐都御史官。时三年十二月也。明年复坐按浙时验进宫币不中程，斥为民。

神宗立，御史计坤亨等交荐，保定巡抚宋纁亦白其无罪。万历四年冬，始以故官抚福建。奏蠲逋饷银，推行一条鞭法。劾罢总兵官胡守仁，属吏咸奉职。张居正夺情，重谴言者。尚鹏移书救，居正深衔之。会拜左副都御史，居正令吏科陈三谟以给由岁月有误劾之，遂罢去。家居四年卒。浙江、福建暨其乡广东皆以徭轻故德尚鹏，立祠祀。天启中，赐谥惠敏。

宋仪望，字望之，吉安永丰人。嘉靖二十六年进士。授吴县知县。民输白粮京师，辄破家。仪望令诸区各出公田，计役授田赡之。禁火葬，刱子游祠，建书院，惠绩甚著。

征授御史。劾大将军仇鸾挟寇自重，疏留中。已，陈时务十二策。巡盐河东，请开桑乾河通宣、大饷道，言："河发源金龙池下瓮城驿古定桥，会众水，东流千余里，入卢沟桥。其间惟大同卜村有丛石，宣府黑龙湾石崖稍险，然不逾五十里，水浅者犹二三尺，疏凿甚易。曩大同巡抚侯钺尝乘小艇赴怀来，历卜村、黑龙湾，安行无虞。又自怀来溯流，载米三十石达之古定河，足利漕可征。"时方行挖运，率三十石致一石。仪望疏至，下廷议。兵部尚书聂豹言："河成便漕，兼制敌骑。"工部尚书欧阳必进言："道远役重。"遂报罢。

仪望寻省母归。还朝，发胡宗宪、阮鹗奸贪状，鹗被逮。二人皆严嵩私人，嵩由是不悦。及受命督三殿门工，嵩子世蕃私贾人金，属必进俾与工事，仪望执不可。工竣，叙劳，擢大理右寺丞。世蕃以为德，仪望请急归，无所谢，世蕃益怒。会灾异考察京官，必进迁吏部，遂坐以浮躁，贬夷陵判官。嵩败，擢霸州兵备佥事。请城涿州，除马户逋税。进大名兵备副使，改福建。与总兵官戚继光合兵破倭，因列海防善后事。诏从其请。

隆庆二年，吏部尚书杨博欲黜仪望，考功郎刘一儒持之，乃镌二秩，补四川佥事。四迁大理少卿。

万历二年，张居正当国，雅知仪望才，擢右佥都御史，巡抚应天诸府。奏减属郡灾赋。海警稍定，将吏讳言兵，仪望与副使王叔果修战备。倭果至，御之黑水洋，斩获多，进右副都御史。先有诏雪建文诸臣，仪望创表忠祠祀之南京。宋忠臣杨邦乂，仪望乡人也，葬江宁，岁久渐湮，仪望为封其墓，载其祠祀典。故太常卿袁洪愈、祭酒姜宝皆不为居正所喜，仪望荐之朝，渐失居正意。四年稍迁南京大理卿。逾年改北，被劾罢归。

仪望少师聂豹，私淑王守仁，又从邹守益、欧阳德、罗洪先游。守仁从祀，仪望有力焉。家居数年卒。

张岳，字汝宗，余姚人。嘉靖三十八年进士。授行人。擢礼科给事中。巡视内府库藏，奏行厘弊八事。已，又陈时政，极言讲学者以富贵功名鼓动士大夫，谈虚论寂，靡然成风。又今吏治方清，独兵部无振刷，推用总兵黄印、韩承庆等，非庸即狡。曹司条例淆乱无章，胥吏朋奸，搏噬将校，其咎必有所归。时徐阶当国，为讲学会，而杨博在兵部，意盖指二人也。博奏辨乞罢，帝慰留之。博自是恶岳。及掌吏部，岳已迁工科左给事中，遂出为云南参议。再迁河南参政。

万历初，张居政雅知岳，用为太仆少卿。再迁南京右佥都御史，督操江。甫到官，会居正父丧谋夺情，南京尚书潘晟及诸给事、御史，咸上疏请留居正。岳独驰疏请令驰驿奔丧，居正大怒。会大计京官，给事中傅作舟等承风劾岳，贬一秩调外，岳遂归。久之，操江佥都御史吕藿、给事中吴绾知居正憾未释，摭劾岳落职间住。

甫两月,居正死,南京御史方万山荐岳,劾作舟。作舟坐斥,起岳四川参议。旋擢右佥都御史,巡抚南、赣。入为左佥都御史,献时政四议。其一言宗藩宜以世次递杀,亲尽则停,俾习四民之业。其一言治河之策,夏镇固当开,沽头亦不可废。并报寝。进左副都御史,上疏评议廷臣贤否,为给事中袁国臣等所论。时已迁刑部右侍郎,坐罢归。

李材,字孟诚,丰城人,尚书遂子也。举嘉靖四十一年进士,授刑部主事。素从邹守益讲学。自以学未成,乞假归。访唐枢、王畿、钱德洪,与问难。

隆庆中还朝。由兵部郎中稍迁广东佥事。罗旁贼猖獗,村袭破之周高山,设屯以守。贼有三巢在新会境。调副总兵梁守愚由恩平,游击王瑞由德庆入,身出肇庆中道,夜半斩贼五百级,毁庐舍千余,空其地,募人田之。亡何,倭五千攻陷电白,大掠而去。材追破之石城,设伏海口,伺其遁而歼之,夺还妇女三千余。会奸人引倭自黄山间道溃而东。材声言大军数道至以疑贼,而返故道迎击,尽杀之。又追袭雷州倭至英利,皆遁去,降贼渠许恩于阳江。录功,进副使。

万历初,张居正柄国,不悦材,遂引疾去。居正卒,起官山东。以才调辽东开原。寻迁云南洱海参政,进按察使,备兵金腾。金腾地接缅甸,而孟养、蛮莫两土司介其间,叛服不常。缅部目曰大曩长、曰散夺者,率数千人据其地。材谓不收两土司无以制缅,遣人招两土司来归,而间讨抗命夷阿坡。居顷之,缅遣兵争蛮莫,材合两土司兵败缅众,杀大曩长,逐散夺去。缅帅莽应里益兵至孟养,复击沈其舟,斩其将一人,乃退。有猛密者,地在缅境,数为缅侵夺,举族内徙,有司居之户碗。至是,缅势稍屈,材资遣还故土。亡何,缅人驱象阵大举复仇,两土司告急。材遣游击刘天俸率把总寇崇德等出威缅,渡金沙江,与孟养兵会遮浪迎击之。贼大败,生擒绣衣贼将三人。巡抚刘世曾、总兵官沐昌祚以大捷闻,诏令覆勘。未上,而材擢右佥都御史,抚治郧阳。

材好讲学,遣部卒供生徒役,卒多怨。又徇诸生请,改参将公署为学宫。参将米万春讽门卒梅林等大噪,驰入城,纵囚毁诸生庐,直趋军门,挟赏银四千,汹汹不解。居二日,万春胁材更军中不便十二事,令上疏归罪副使丁惟宁、知府沈铗等,材隐忍从之。惟宁责数万春,万春欲杀惟宁,跳而免,材遂复劾惟宁激变。诏下铗等吏,贬惟宁三官,材还籍候勘。时十五年十一月也。

御史杨绍程勘万春首乱,宜罪。大学士申时行庇之,置不问,旋调天津善地去。而材又以云南事被讦,遂获重谴。初,有诏勘征缅功,巡按御史苏酂言斩馘不及千,破城拓地皆无验,猛密地尚为缅据,材、天俸等虚张功伐,副使陈严之与相附和,宜并罪。帝怒,削世曾籍,夺昌祚禄一年,材、严之、天俸俱逮下诏狱。刑部尚书李世达、左都御史吴时来、大理少卿李栋等,当材、天俸徒,严之镌秩。帝不怿,夺郎中、御史、寺正诸臣俸,典诏狱李登云等亦解官。于是改拟遣戍。特旨引红牌说谎例,坐材、天俸斩,严之除名。大学士时行等数为解,给事中唐尧钦等亦言:"材以夷攻夷,功不可泯。奏报偶虚,坐以死,假令尽虚无实,掩罪为功,何以罪之?设不幸失城池,全军不返,又何以罪之?"帝皆不听。幽系五年,论救者五十余疏。已,天俸以善用火器,释令立功,时行等复为材申理,皆不省。

亡何,孟养使入贡,具言缅人侵轶,天朝救援,破敌有状,闻典兵者在狱,众皆流涕,而楚雄士民阎世祥等亦相率诣阙讼冤。帝意乃稍解,命再勘。勘至,材罪不掩功。大学士王锡爵等再疏为言,帝故迟之,至二十一年四月,始命戍镇海卫。

材所至,辄聚徒讲学,学者称见罗先生。系狱时,就问者不绝。至戍所,学徒益众。许孚远方巡抚福建,日相过从,材以此忘羁旅。久之赦还。卒年七十九。

陆树德,字与成,尚书树声弟也。嘉靖末进士。除严州推官。行取当授给事、御史,会树声拜侍郎,乃授刑部主事。

隆庆四年改礼科给事中。穆宗御朝讲,不发一语。树德言:"上下交为泰，今睽隔若此，何以劘君德，训万几？"不报。屡迁都给事中。六年四月诏辍东宫讲读，树德言："自四月迄八月，为时甚遥，请非盛暑，仍御讲筵。"不听。穆宗颇倦勤，树德言："日月交蚀，旱魃为灾，当及时修省。"及帝不豫，又请谨药饵，善保护，仲夏亢阳月，宜益慎起居。帝不悦，疏皆留中。内臣请祈福戒坛，已得旨，树德言："戒坛度僧，男女扰杂，导淫伤化。陛下欲保圣躬，宜法大禹之恶旨酒，成汤之不迩声色，何必奉佛。"

　　未几，穆宗崩，神宗嗣位，中官冯保挤司礼孟冲而代之。树德言："先帝甫崩，忽传冯保掌司礼监，果先帝意，何不传示数日前，乃在弥留后。果陛下意，则哀痛方深，万几未御，何暇念中官。"疏入，保大恨。比议祧庙，树德请毋祧宣宗，仍祀睿宗世室，格不行。已，极陈民运白粮之患，请领之漕臣，从之。

　　树德居言职三年，疏数十上，率侃直。会树声掌礼部，乃量迁尚宝卿。历太常少卿，南京太仆卿，以右佥都御史巡抚山东。树德素清严，约束僚吏，屏绝声伎。山东民壮改民兵，戍蓟门，隆庆末令岁输银二万四千，罢其戍役。寻命增输三万，树德请如河南例罢之。帝不从，而为免增输之数。德府白云湖故民田，为王所夺，后已还民，王复结中官谋复之。树德争不得，乞休归。久之卒。

　　萧廪，字可发，万安人。祖乾元以御史劾刘瑾，廷杖下狱，终云南副使。廪举嘉靖末进士，授行人。隆庆三年擢御史。因地震，请加礼中宫。已，出核西四镇兵食。斥将吏隐占卒数万人归伍。固原州海剌都之地，密迩松山，为楚府牧地。廪言楚府封武昌，牧地在塞下，与寇接，王所收四五百金，而奸充窟穴，弊甚大，宜谕使献之朝廷。诏可。已，改巡茶马。七苑牧地，养马八千七百余匹，而占地五万五千三百顷有奇。廪但给万二千二百余顷，岁益课二万。

　　万历元年巡按浙江。请祀建文朝忠臣十二人，从祀王守仁于文庙。寻擢太仆少卿，再迁南京太仆卿。九年，由光禄卿改右佥都御史，巡抚陕西。时方核天下隐田，大吏争希张居正指增赋，廪令如额而止。境内回回部常群行拾麦穗，间或草窃，耀州以变告。廪抚谕之，戮数人，变遂定；令拾麦毋带兵器，俦偶不得至十人。

进右副都御史，移抚浙江。先以赏贡使，岁增造彩币二千。廪请均之福建及徽、宁诸府，从之。已，请减上供织造，不许。迁工部右侍郎，召改刑部。进兵部左侍郎，以官卒。赠尚书。

廪初从欧阳德、邹守益游。制行醇谨，故所至有立。

贾三近，字德修，峄县人。隆庆二年进士。选庶吉士，授吏科给事中。四年六月疏言："善治者守法以宜民，去其太甚而已。今庙堂之令不信于郡县，郡县之令不信于小民。蠲租矣而催科愈急，振济矣而追逋自如，恤刑矣而冤死相望。正额之输，上供之需，边疆之费，虽欲损毫厘不可得。形格势制，莫可如何。且监司考课，多取振作集事之人，而轻宽平和易之士，守令虽贤，安养之心渐移于苛察，抚字之念日夺于征输，民安得不困。乞戒有司务守法，而监司殿最毋但取旦夕功，失惇大之体。"已，复疏言："抚按诸臣遇州县长吏，率重甲科而轻乡举。同一宽也，在进士则为抚字，在举人则为姑息。同一严也，在进士则为精明，在举人则为苛戾。是以为举人者，非华颠豁齿不就选；人或裹足毁裳，息心仕进。夫乡举岂乏才良，宜令勉就是途，因行激劝。"诏皆俞允。再迁左给事中，勘事贵州。中道罢遣，遂请急归。

神宗嗣位，起户科给事中。万历元年，平江伯陈王谟以太后家姻，贪缘得镇湖广。三近劾其垢秽，乃不遣。给事中雒遵、御史景嵩、韩必显劾谭纶被谪，三近率同列救之，诏增供用库黄蜡岁二万五千，三近等又谏，皆不从。时方行海运，多覆舟，以三近言罢其役。肃王缙熮，隆庆间用贿以辅国将军袭封，至是又请复庄田，三近再疏争，遂弗予。初，有令征赋以八分为率，不及者议罚。三近请地凋敝者减一分，诏从之。中官温泰请尽输关税、盐课于内库，三近言课税本饷边，今屯田半芜，开中法坏，塞下所资惟此，苟归内帑，必误边计。议乃寝。顷之，擢太常少卿。再迁南京光禄卿，请假归。

　　十二年召掌光禄，其秋拜右佥都御史，巡抚保定。畿辅大饥，振贷有方。召拜大理卿。未上，以亲老归养。起兵部右侍郎，复以亲老辞，不许。寻卒。

　　李颐，字惟贞，余干人。隆庆二年进士。授中书舍人。博习典故，负才名。万历初，擢御史。同官胡涍、景嵩、韩必显，给事中洛遵相继获谴，抗疏申救，不听。清军湖广、广西，请免土民远戍，只充傍近卫所军，制可。忤张居正，出为湖州知府。迁苏松兵备副使、湖广按察使。郧阳兵变，知府沈铁且得罪，颐为白其冤，而密奸首乱者。以母丧归。

　　起故官，莅陕西，进河南右部政使。擢右佥都御史，巡抚顺天。进右副都御史。以定乱兵，进兵部右侍郎。长昂桀骜，颐与总兵王保擒其心腹小郎儿等七人，贼遂奢。已别部伯牙入寇，督将士败之罗文峪，进左侍郎。久之，进右都御史。

　　时矿税使四出。马堂驻天津，王忠驻昌平，王虎驻保定，张晔驻通州。颐疏言：“燕京王气所钟，去陵寝近，开凿必损灵气。”又言：“畿辅地荒岁俭，而敕使诛求不遗纤屑，恐临清激变之惨，复见辇毂下。”已，辽东税使高淮诬劾山海同知罗大器，颐复言：“内监外僚，初无统摄，且辽阳矿税何预蓟门？若皆效淮所为，有司将无遗类。陛下奉天之权，制驭宇内，今尽落宦竖手，朝奏夕报，如响应声。纵所劾当罪，尚非所以为名，何况无辜，暴加摧折。”皆不报。颐在镇十年，威望大著。中使惮颐廉正，畿民少安。二十九年，以工部右侍郎代刘东星管理河道。议上筑决口，下疏故道，为经久计。甫两月，以劳卒。赠兵部尚书。

　　颐仕宦三十余年，敝车羸马，布衣蔬食。初为御史，首请祀胡居仁于文庙，寝未行。见居仁裔孙希祖幼且贫，字以女，养之于家。弟谦早卒，以己荫畀其子。

　　朱鸿谟，字文甫，益都人。隆庆五年进士。授吉安推官。识邹元标于诸生,厚礼之。擢南京御史。元标及吴中行等得罪,鸿谟疏救,语侵居正,斥为民。

鸿谟归,杜门讲学,不入城市。居正卒,起居官,出按江西。奏蠲水灾赋,请减饶州磁器,不报。又疏荐建言削籍者。忤旨,夺俸。擢光禄少卿。由大理少卿擢右佥都御史,提督操江。改抚应天、苏州十府。引二祖节俭之德,请裁上供织造,报闻。吴中徭役不均,令一以田为准,不及百亩者无役,县为立籍,定等差。贵游子弟恣里中,无赖者与共为非,远近讹言谓不轨谋。鸿谟尽捕之,上疏告变。朝议将用兵,兵部主事伍袁萃亟言于尚书石星,令覆勘,乃解。鸿谟寻入为刑部右侍郎,卒官。不能敛,僚属醵金以办。赠刑部尚书,谥恭介。

萧彦,字思学,泾县人。隆庆五年进士。除杭州推官。万历三年擢兵科给事中。自塞上多警,边吏辄假招降幸赏。彦言:“议招逆党,为中国通亡设耳,乃欲以此招漠北敌人。夫李俊、满四等休养百年,称乱一旦,降人不可处内地,明矣。宜一切报罢。”从之。以工科左给事中阅视陕西四镇边务。还奏训兵、储饷十事,并允行。

寻进户科都给事中。初,行丈量法,延、宁二镇益田万八千余顷。总督高文荐请三年征赋,彦言:“西北垦荒永免科税,祖制也。况二镇多沙碛,奈何定永额,使初集流庸怀去志。”遂除前令。诏购金珠,已,停市,而命以其直输内库。彦言不当虚外府以实内藏,不听。寻上言:“察吏之道,不宜视催科为殿最。昨隆庆五年诏征赋不及八分者,停有司俸。至万历四年则又以九分为及格,仍令带征宿负二分,是民岁输十分以上也。有司惮考成,必重以敲扑。民力不胜,则流亡随之。臣以为九分与带征二议。不宜并行。所谓宽一分,民受一分之赐也。”部议允行。未几,浙江巡抚张佳胤复以旧例请,部又从之。彦疏争,乃诏如新令。诏取黄金三千二百两,彦请纳户部言减其半,不从。

擢太常少卿,以右佥都御史巡抚贵州。都匀答千岩苗叛,土官蒙诏不能制,彦檄副使杨寅秋破擒之。宣慰安国亨诡言献大木,被赏。及征木无有,为彦所劾。国亨惧,诬商夺其木,讦彦于朝。帝怒,欲罪彦。大学士申时行等言国亨反噬,轻朝廷,帝乃止。

改抚云南。时用师陇川,副将邓子龙不善御军,兵大噪,守备姜忻抚定之。而其兵素骄,给饷少缓,遂作乱。鼓行至永昌,趋大理,抵澜沧,过会城。彦调土、汉兵夹攻之,斩首八十,胁从皆抚散。事闻,赍银币。自缅甸叛,孟养、车里二宣慰久不贡。至是修贡,彦抚纳之。

寻以副都御史抚治郧阳。进兵部右侍郎,总制两广军务。日本蹒朝鲜。会暹罗入贡,其使请勤王,尚书石星因令发兵捣日本。彦言暹罗处极西,去日本万里,安能飞越大海,请罢其议,星执不从。既而暹罗兵卒不出。召拜户部右侍郎,寻卒。

彦从同县查铎学,有志行。服官明习天下事,所在见称。后赠右都御史,谥定肃。

弟雍,广东按察使。宦绩亚于彦,而学过之。时称“二萧”。

查铎,字子警,嘉靖四十五年进士。隆庆时,为刑科左给事中。忤大学士高拱,出为山西参议。万历初,官广西副使,移疾归。缮水西书院,讲王畿、钱德洪之学,后进多归之。

孙维城,字宗甫,丘县人。隆庆五年进士。历知潜、太康、任丘三县。万历十年擢南京御史。初,张居正不奔丧,宁国诸生吴仕期欲上书谏。未发,太平同知龙宗武告之操江胡槚以闻于居正。会有伪为海瑞劾居正疏者,播之邸抄。宗武意仕期,遂置狱,榜掠七日而卒。居正死,仕期妻讼冤,维城疏言状。槚已擢刑部侍郎,宗武湖广参议,皆落职戍边,天下快之。中官田玉提督太和山请兼行分守事,帝许之,维城援祖制力陈不可。

俄以救言官范儁,夺俸一年。忤座主大学士许国,出为永平知府。迁赤城兵备副使。缮亭障二百六十所,招史、车二部千余人。以功屡进按察使，兵备如故。部长安兔挟五千骑邀赏，维城请于督、抚，革其市赏而责之，戢不敢肆。寻以右布政使移守宣府，改广东左布政使。

二十九年拜右佥都御史，巡抚延绥。河套常犯顺，罢贡市十余年。后复松山，筑边城，诸部长恐，益侵轶。至是，吉囊、卜庄等乞款。闻巡抚王见宾当去，请益切。在宁夏者曰著宰，亦请之巡抚杨时宁。两镇交奏，给事中桂有根请听边臣自主。维城方代见宾，时宁亦迁去，以黄嘉善代，二人并申约束。维城又条善后六事，款事复坚。

初，维城在宣府，与总兵官麻承恩不相能。会承恩亦移镇延绥。一日，维城见城外积沙及城，命余丁除之。承恩给其众曰："食不宿饱，且塞沙可尽乎？"卒遂噪，维城晓之曰："除城沙，以防寇耳，非谓塞上沙也。"卒悟而散。维城因自劾，帝慰留维城，治哗者。然维城竟坐是得疾，不数月卒。将吏入视其橐，仅俸数金，赙而归其丧。

谢杰，字汉甫，长乐人。万历初进士。除行人。册封琉球，却其馈。其使入谢，仍以金馈，卒言于朝而返之。历两京太常少卿。南京岁祀懿文太子，以祠祭司官代，杰言："祝版署御名，而遣贱者将事，于礼为亵。请如哀冲、庄敬二太子例，遣列侯。"帝是之，乃用南京五府金书。累迁顺天府尹。以右副都御史巡抚南、赣。属吏被荐者以贿谢，杰曰："贿而后荐，干戈之盗。荐而后贿，衣寇之盗。"人以为名言。进南京刑部右侍郎。

二十五年春，杰以帝荒于政事，疏陈十规。言："前此两宫色养维一，今则定省久旷，庆贺亦疏。孝安太后发引，并不亲送。前此太庙时飨皆躬亲，今则皆遣代。前此经筵临御，圣学日勤，今则讲官徒设，讲席久虚。前此披星视朝，今则高拱深居，累年不出。前此岁旱步祷郊坛，今则圜丘大报，久缺斋居；宸宫告灾，亦忘修省。前此四方旱涝，多发帑金，今则采矿榷税。前此用财有节，今则岁进月输；而江右之磁，江南之纻，西蜀之扇，关中之绒，率取之逾额。前此乐闻谠言，今则封事甫陈，严纶随降，但经废弃，永不赐环。前此抚恤宗室,恩义有加,今则楚藩见诬,中珰旋出,以市井奸宄间骨肉懿亲。前此官盛任使,下无旷鳏,今则大僚屡虚,庶官不补。是陛下孝亲、尊祖、好学、勤政、敬天、爱民、节用、听言、亲亲、贤贤,皆不克如初矣。"不报。召为刑部左侍郎,擢户部尚书督仓场。时四方遇灾,率请改折,杰请岁运必三百万以上方许议折,从之。三十二年卒官。

初,杰父教谕廷衮家居老矣,族人假其名通赋。县令刘禹龙言于御史逮之。杰代讯,几毙。后抚赣,禹龙家居,未尝修隙,时服其量。

郭惟贤,字哲卿,晋江人。万历二年进士。自清江知县拜南京御史。张居正既死,吴中行、赵用贤等犹未录。会皇长子生,诏赦天下,惟贤因请召诸臣。冯保恶其言,谪江山丞。保败,还故官。劾左都御中陈炌希权臣指,论罢御史赵耀、赵应元,不可总宪纪。炌罢去。又荐王锡爵、贾三近、孙铖、何源、孙丕扬、耿定向、曾同亨、詹仰庇,皆获召。主事董基谏内操被谪,惟贤救之,忤旨,调南京大理评事。给事中阮子孝、御史潘惟岳等交章救。帝怒,夺俸有差。惟贤寻迁户部主事。历顺天府丞。

二十年以右佥都御史巡抚湖广。景王封德安,土田倍诸藩,国绝赋额犹存。及帝弟潞王之国卫辉,悉以景赋予王。王奏赋不及额,帝为夺监司以下俸,责抚按急奏报。惟贤言:"景府赋额皆奸民投献,妄张其数。臣为王履亩,增赋二万五千,非复如往者虚数,王反称不足,何也?且潞去楚远,莫若征之有司,转输潞府。会典皇庄及勋戚官庄,遇为蠲减视民田。今襄、汉水溢,王佃民流亡过半,请蠲如例。"又言:"长沙、宝庆、衡州三卫军戍武冈,而永州、宁远诸卫远戍广西,瘴疠死无数。请分番迭戍武冈,罢其戍广西者。"帝悉报许。承天守备中官以征兴邸旧赋,请罪潜江知县及诸佃民,旨下抚按勾捕。惟贤言:"臣抚楚,事无不当问。今中官问,而臣等为勾捕,臣实不能。"帝直其言而止。寻请以太和山香税充王府通禄,免加派小民,又请以周敦颐父辅成从祀启圣。诏皆从焉。

入为左佥都御史。言行取不宜久停，言官不宜久系，台员不宜久缺。已，复言天下多故，乃自大僚至监司率有缺不补，政日废弛，且建言获谴者不下百余人，效忠者皆永弃，帝不纳。寻迁左副都御史。请早建皇储，慎简辅弼，亟行考选，尽下推举诸疏，俱不报。久之，以忧归。起户部左侍郎，未上卒。赠右都御史。天启初，谥恭定。

万象春，字仁甫，无锡人。万历五年进士。选庶吉士，授工科给事中。皇女生，诏户部、光禄寺各进银十万两。象春力谏，不听。

屡迁礼科都给事中。郑贵妃有盛宠，而帝耽于酒。象春因慈宁宫灾疏谏，报闻。时宗室繁衍，岁禄不继，象春议变通。会河南巡抚褚铁亦奏其事，帝即命象春遍诣河南、山西、陕西诸王府，计画以闻。象春抵河南方集议，而周府诸宗人疑铁疏出宗正睦㮮意，群殴睦㮮几死。象春以状闻，帝为夺诸人岁禄。象春复以次诣秦、晋诸藩，奏上便宜十五事，多著为令。真人张国祥乞三年一觐，象春言左道无民社寄，不当在述职之列。时诏许后父永年伯王伟乘肩舆，象春言："勋戚不乘舆，祖制也。固安伯陈景行、武清伯李伟，太后父，衰白封，始赐肩舆。定国公徐文璧班首重臣，嗣爵久，故亦蒙殊典。今伟非三人比，乞寝前命。"皆不许。孟秋将享庙，帝斋宿宫中，象春言当在便殿，不当于内寝。帝怒，停俸三月。已，因灾异，言："外吏贪残不当遣缇骑逮问，宫禁邃密不当宿重兵，廷臣建言贬黜当叙迁，内臣有犯当付外廷按治。"帝报闻。象春在谏垣久，前后七十余疏，多关军国计。请复建文年号，加景帝庙谥，尤为时所称。

出为山东参政。妖贼郭大通为乱，计擒之。历山西左布政使。二十五年以右副都御史巡抚山东。倭躏朝鲜，滨海郡邑悉戒严。象春拊军民，供馈运，应机立办。中使陈增以矿税至，象春疏论其害。福山知县韦国贤忤增被侵辱，象春力保持之，增遂劾国贤沮挠，象春党庇。诏逮国贤，夺象春俸，遂引疾归。起南京工部右侍郎，未上卒。赠右都御史。

钟化民,字维新,仁和人。万历八年进士。授惠安知县,多异政。御史安九域荐于朝,以俸未及期,移知乐平,治复最。

征授御史。与同官何卓、王慎德交章请建储,不报。出视陕西茶马,言:"边塞土寒,独畜马为业。今虑其阑出为厉禁,于是民间孳息与境内贸易俱废,公私缓急亦无所资。请听逾境贩鬻,特不得入番中。又曩宁夏乏饷,岁发万金易米二万七千石,后所司乾没,滥征之民。请以垦田粟补之,永停征派。"俱报可。巡按山东,岁旱请蠲振先发后闻。坐宁夏时取官银交际,为尚宝丞周弘礿所劾,调行人司正。

累迁仪制郎中。沈王珵尧由支庶嗣,请封其庶子为郡王,化民持不可。帝传谕曰:"第予虚名,令藉是婚娶耳。"化民奏曰:"沈王子与元子孰亲?王子不即封,虑妨婚娶。元子不即立,不虑妨豫教乎?"帝怒,以化民辞直无以难。帝命并封三王,化民与顾允成等面诘王锡爵于朝房。寻进光禄丞。

二十二年,河南大饥,人相食,命化民兼河南道御史往振。荒政具举,民大悦。既竣,绘图以进。帝嘉之,褒谕者再。擢太常少卿。二十四年以右佥都御史巡抚河南,讨平南阳矿盗。夹河贼啸聚数千人,复督兵破之。时方采矿,抗疏力谏。

化民短小精悍,多智计。居官勤厉,所至有声。遍历八府,延父老问疾苦。劳瘁卒官,士民相率颂于朝。诏赠右副都御史,赐祠曰忠惠。

吴达可,字安节,宜兴人,尚书俨从孙也。万历五年进士。历知会稽、上高、丰城,并有声。

选授御史。疏请御经筵勤学,时与大臣台谏面议政务,报闻。大学士赵志皋久疾乞休,未得请。达可力言志皋衰庸,宜罢,不纳。二十八年正月请因始和布令,举皇长子册立冠婚礼,简辅臣补台谏,撤矿税中使,不报。视盐长芦。岁侵,绘上饥民十四图,力请振贷。税使马堂、张日华议加盐税,奸商妄称嘉靖中大同用兵贷其赀三万六千金，请于盐课补给，户部许之。达可皆抗争，事得已。

改按江西。税使潘相殴折辅国将军谋圮肢，并系宗人宗达，诬以劫课，劾上饶知县李鸿主使。帝切责谋圮等，夺鸿官。达可言："宗人无故受刑，又重之以诘责，将使天潢人人自危。鸿无辜，不当黜。愿亟正相罪，复鸿官。"同官汤兆京亦极论相罪，且言辽东高淮、陕西梁永、山东陈增、广东李凤、云南杨荣皆元恶，为民害，不可一日留。皆弗听。鸿，吴人，大学士申时行之婿。万历十六年举北闱乡试，为吏部郎中高桂所攻。后七年成进士。至是，抗相，以强直称。相又请开广信铜塘山，采取大木，凿泰和斌姥山石膏，达可复极谏不可，阁臣亦争之乃寝。

还掌河南道事。佐温纯大计京官。寻陈新政要机，痛规首辅沈一贯。疏留中。擢太仆少卿，再迁南京太仆卿。召改光禄，进通政使。镇抚史晋以罪罢，妄投封章诋朝贵。达可封其疏而劾之，晋寻得罪。奏请正疏式、屏谗邪、重驳正、惩奸宄数事，帝嘉纳焉。寻上疏乞休去。卒，赠右副都御史。

赞曰：庞尚鹏诸人历官中外，才谞干局，咸有可称。贾三近陈时政，多长者之言，其言资格，深中积弊。谢杰却属吏馈，亦无愧杨震云。

明史卷二二八
列传第一一六

魏学曾 叶梦熊 梅国桢 李化龙
江铎

魏学曾，字惟贯，泾阳人。嘉靖三十二年进士。除户部主事，迁郎中。中官为商人请支刍粮银钜万，学曾持不可，乃已。寻擢光禄少卿，进右佥都御史，巡抚辽东。隆庆初，土蛮大入永平。学曾入驻山海，檄诸将王治道等追击至义院口，大捷。进右副都御史。学曾乃易置将吏，招纳降附，厘屯田二千余顷，数破敌，被赏赉。以疾去。起兵部右侍郎，提督神枢营。旋改吏部，转左侍郎。

穆宗崩，大学士高拱欲去冯保，属言官论劾。学曾遗书大学士张居正曰：“外人皆言公与保有谋，遗诏亦出公手。今日之事，不宜复护此阉。”居正怒。及拱被逐，举朝失色，学曾独大言曰：“上践阼伊始，辄逐顾命大臣，且诏出何人，不可不明示百官。”要诸大臣诣居正邸争之。诸大臣多不往，居正亦辞以疾。自是益忤。出为南京右都御史。未上，给事中宗弘暹希居正指劾之。诏以故官候调，学曾遂归。居正殁逾年，起南京户部右侍郎。召为右都御史，督仓场。寻以南京户部尚书致仕。

万历十八年，顺义王扯力克西赴青海，火落赤、真相犯洮河，副总兵李奎、李联芳先后被杀。朝命尚书郑洛经略七镇兼领总督，洛固辞总督。明年春，阁臣王锡爵荐学曾。起兵部尚书，总督陕西、延、宁、甘肃军务。时洛专主款。学曾至，与议不合，陕西巡抚叶梦熊助之。初，顺义王封，梦熊以谏沮坐得罪，学曾亦为高拱言不便。至是，扯力克助叛，学曾、梦熊欲遂讨之，诋洛玩寇，会扯力克东归，火洛赤诸部亦徙去，学曾奏扯力克虽归，阴留精兵二万于嘉峪，欲助火落赤、真相。其说本采诸道路，朝士乃争附和之。锡爵意悔，具疏言状，又遗书责梦熊。而兵部尚书石星以顺义既东，宣、大事急，召洛还定抚议，置学曾疏不问。未几，河套部长土昧明安入市毕，要请增赏。学曾令总兵官杜桐、神木参将张刚、孤山游击李绍祖出不意击斩明安，俘馘四百八十余级，夺马畜器械称是。学曾以功加太子少保。而明安子摆言太声言复仇，号召诸部。

明年，哱拜反，遂煽诸部为乱。拜，西部人也。嘉靖中得罪其部长，父兄皆见杀，拜跳脱来降，骁勇屡立战功。前督抚王崇古、石茂华先后奏加副总兵，遂多畜亡命。子承恩，拜梦妖物入妻施胁而生；狼形枭啼，性狠戾。拜老，承恩袭父爵。十九年，洮、河告警，御史周弘礿举承恩及指挥土文秀、拜义子哱云等。巡抚党馨檄文秀西援，拜谒经略郑洛，愿与子承恩从出师。馨恶其自荐，抑损之，拜以故心怨。至金城，见诸镇兵皆出其下。比贼退，取道塞外还，寇骑遇之皆辟易，遂有轻中外心。馨数裁拜，且按承恩罪棰之二十，云、文秀亦以他故怨馨。会戍卒请衣粮久弗给，拜遂嗾军锋刘东旸、许朝作乱。二十年三月杀馨及副使石继芳，逼总兵官张维忠缢死。云、文秀杀游击梁琦，守备马承光、东旸，称总兵，奉拜为谋主，承恩、朝为左、右副总兵，云、文秀为左、右参将。承恩遂陷玉泉营、中卫、广武，河西望风靡。惟文秀徇平虏，参将萧如薰坚守不下。贼既取河西四十七堡，且渡河，复诱河套著力兔、宰僧犯平虏、花马池。全陕皆震动。

学曾檄副总兵李昫率游击吴显趋灵州，别遣游击赵武趋鸣沙州，沿河扼贼南渡，而自驻花马池，当贼冲。昫等渡河，贼将多遁去，四十七堡皆复，惟宁夏镇城尚为贼据。著力兔等中外相呼应，拜、文秀攻赵武于玉泉。云引著力兔攻平虏，如薰设伏射杀云。昫救武，围亦解。四月，昫引兵与故总兵牛秉忠抵镇城下。帝已擢董一奎为总兵，李贲副之，已，复擢如薰代一奎，而以麻贵代贲。未至，昫等攻城。贼于东西二门各出骁骑三千搏战,步卒列火车为营。官军击之,夺其车百辆,追奔入湖,贼溺死无算。副总兵王通战尤力。家丁高益等乘胜入北门,后兵不继被杀,通亦负伤,榆林游击俞尚德战死。翼日,朝、文秀胁庆王上东城,乞暂罢兵,诡言愿献首恶。会官军粮尽,乃引退,休近堡。

学曾日夜趣刍饷,调延绥、庄浪、兰、靖、榆林兵。道回远,所治舟亦未具,乃驻花马池,俟军至移灵州。顷之,延绥游击姜显谟、都司萧如蕙,甘州故总兵张杰及麻贵军皆至,复抵镇城攻之。贼计延绥、榆林兵出内虚,勾黄台吉妻,令其子舍达大、从子火落赤、土昧铁雷掠旧安边、砖井堡以牵我兵。承恩复以间合寇兵,伏延汉渠,掠粮车二百。学曾自花马池还灵州,被围,救至而解。贵等数攻城不能克,贼杀庆王妃,尽掠其宫人金帛。牛秉忠战伤右股,乃复退师。帝用尚书星言,赐学曾尚方剑督战。会宁夏巡抚朱正色、甘肃巡抚叶梦熊、监军御史梅国桢,诸大将刘承嗣、董一奎、李如松先后至军,六月复攻城,连战不下。

梦熊,字男兆,归善人。嘉靖四十年进士。由福清知县入为户部主事,转饷宁夏。改御史,以谏受把汉那吉降,贬部阳丞。累迁赣州知府,平黄乡贼。迁浙江副使,改永平。万历十七年冬,由山东布政使擢右佥都御史,巡抚贵州。寻改陕西,进右副都御史。以请讨扯力克,与经略洛议相左。廷议方右洛,绌其议不用。会扯力克东归,洛亦还宣、大,乃移梦熊甘肃,与学曾共事。梦熊有胆决,敢任事。会拜反,上疏自请讨贼,帝然之。以六月至灵州,与学曾合。

国桢,字克生,麻城人。少雄杰自喜,善骑射。举万历十一年进士。除固安知县。中官诣国桢请收责于民,国桢伪令民鬻妻以偿。民夫妇哀恸,中官为毁券。擢御史,会拜反,学曾师久无功。时宁远伯李成梁方被论,廷议欲遣为大将,未敢决,国桢独疏保之。乃遣成梁子如松为提督,将辽东、宣、大、山西诸镇兵以往。而国桢监其军,遂与如松至宁夏。

初，学曾欲招东旸、朝，令杀拜父子赎罪，遣卒叶得新往。四人方约同死，折得新胫，置之狱。巡抚朱正色以贼诡请降，而张杰尝总宁夏兵，故与拜善，遣杰入城招之。朝乃舁得新见杰，得新大骂贼，被杀，杰亦系不遣。而学曾以贼求抚为之请，帝切责。及是，城中百户姚钦、武生张遐龄射书城外，约内应，夜半举火。外兵不至，贼杀其党五十人，钦缒城出，来奔。当是时，贼外以求抚缓兵，而阴结寇为助，然粮尽，势且困。七月，学曾与梦熊、国桢定计，决黄河大坝水灌之，水抵城下。时套寇卜失兔、庄秃赖以三万骑犯定边、小盐池，用土昧铁雷为前锋，而别遣宰僧以万骑从花马池西沙拜口入，为拜声援。麻贵击之右沟，寇稍挫，分趋下马关及鸣沙洲。学曾令游击龚子敬扼沙湃口，而檄延绥总兵官董一元捣土昧铁雷巢，斩首百三十余级，寇大惊引去。遇子敬，围之十重，子敬死，寇亦去，贼援遂绝。学曾益决大坝水。八月，河决堤坏，复缮治之，城外水深八九尺，东西城崩百余丈。著力兔、宰僧复入李刚堡。如松、贵等击败之，追奔至贺兰山。贼益惧求款，未决，会学曾得罪罢。朝命以梦熊代，梦熊遂成功。

初，学曾之遣人招东旸、朝也，留固原十余日以俟之，帝责其玩寇；李昫渡河又稍迟，松山、河套寇先入，官军用是再失利。学曾尝上疏令监军无与兵事，帝为饬国桢如其言，国桢颇憾之。及至军，劾诸将观望，而颇以玩寇为学曾罪。给事中许子伟亦劾学曾惑于招抚，误国事。国桢又言佥事随府从城上跃下，贼令四人下取，我军咫尺不敢前；又北寇数万断我粮道，杀戮无算，匿不以奏。帝遂大怒，逮学曾至京。然学曾逮未逾月，城坏而大军入，贼竟以破灭。

梦熊既代学曾，亦赐尚方剑。时调度灵州，独国桢监军宁夏。贼被围久，食尽无援，而城受水浸，益大崩。国桢挟诸将趋南关。秉忠先登，国桢大呼，诸将毕登。贼退据大城，攻数日不下。国桢使间绐东旸、朝、承恩互相杀，以降贳其罪。三人内猜疑，东旸、朝遂先诱杀承恩党文秀。承恩亦与其党周国柱诱东旸、朝杀之；尽悬东旸、朝、文秀首城上，开门降。如松率兵围拜家。拜仓皇缢，阖室自焚死。梦熊自灵州驰至，下令尽诛拜党及降人二千，慰问宗室士庶。宁夏平。梦熊、正色、国桢各上捷奏，而俘承恩献京师。帝御门受贺，诏磔承恩于市，梦熊、正色、国桢各荫世官，如松功第一，如薰、贵、秉忠等加恩有差。学曾初夺职为民，叙功，以原官致仕。

学曾任事劳勤。灌城招降之策，本其所建。及宣捷，帝召见大学士赵志皋、张位，志皋、位力为学曾解，尚书星以下多白学曾无罪。国桢亦上疏言："学曾应变稍缓，臣请责诸将以振士气，而逮学曾之命，发自臣疏，窃自悔恨。学曾不早雪，臣将受万世讥。"如松亦言："学曾被逮时，三军雨泣。"梦熊亦推功学曾。帝初不听，既而复其官。居家数年卒。梦熊以功进右都御史。

初，卜失兔为都督，其部长切尽台吉最用事。切尽台吉死，卜失兔不能制诸部。经略郑洛专事羁縻。学曾以洮河之变恶诸部为逆，袭杀明安。会拜反，著力兔、宰僧遂声言与拜为一家，而卜失兔、庄秃赖亦引兵助之。及拜诛，切尽台吉之比吉率著力兔、宰僧、庄秃赖等顿首花马池塞下，悔罪求款。梦熊为奏请。帝以梦熊初主学曾，责其前后异议，令要诸部缚叛赎罪。著力兔等求款益坚，梦熊乃与巡抚田乐奏上四镇款战机宜，俟朝议。中外相仗莫敢决，卜失兔遂率诸部大入定边。总兵官麻贵等击却之，梦熊以功加太子少保。未几，切尽台吉从子青把都儿犯甘肃，总兵官杨浚、副总兵何崇德御之，斩首六百余级。梦熊复加太子太保、兵部尚书。寻入为南京工部尚书，而以都御史李汶代。自洮河变后，寇颇轻中国。招抚议既绝，诸部数入犯，四镇遂频岁用兵云。梦熊虽功多，其品望远出学曾下。卒官。

国桢既招降承恩，以梦熊贪功杀降劾其罪。梦熊奏辨，言："拜所畜家人皆死士，缓一二日东旸、朝党复集，必再乱。臣宁负杀降名，以绝祸本。"帝为下诏和解之。论功，擢国桢太仆少卿。逾年，迁右佥都御史，巡抚大同。久之，迁兵部右侍郎，总督宣、大、山西军务。在镇三年，节省市赏银十五万两有奇。父丧归，未起而卒。赠右都御史。

　　李化龙,字于田,长垣人。万历二年进士。除嵩县知县。年甫二十,胥吏易之。化龙阴察其奸,悉召置之法,县中大治。迁南京工部主事,历右通政使。

　　二十二年夏,擢右佥都御史,巡抚辽东。初,总兵官李成梁破杀泰宁速把亥,其子把兔儿弟炒花据旧辽阳以北,居两河之中,益结土蛮为患。其年四月,把兔儿围辽阳,朵颜小歹青、福余伯言儿分犯锦、义,掠清细河,巡抚韩取善坐兔。化龙受事甫两月,把兔儿与伯言儿等寇镇武,又约土蛮子卜言台周犯右屯。把兔儿先至吴家坟。化龙与总兵官董一元定计先击把兔、伯言儿,伯言儿中流矢死,把兔被伤。卜言台周至,攻右屯不利,亦解去。于是把兔、小歹青、卜言台周益相结,谋复前耻。化龙与一元严备之。一元又出塞,捣巢有功,而把兔伤重竟死,边塞慑服。详具一元传。化龙进兵部右侍郎。

　　明年,小歹青悔祸款塞,请开木市于义州,且告朵颜长昂将犯边。已,长昂果犯锦、义,副总兵李如梅击却之。歹青言既信,化龙遂许其请。上疏曰:

　　　环辽皆敌也,迤北土蛮种类多不可数。近边者,直宁前则长昂,直锦、义则小歹青,直广宁、辽、沈则把兔、炒花、花大,直开、铁则伯言、暖兔,其在东边海西则猛骨孛罗、那林孛罗、卜寨,皆与辽地项背相望。并墙围猎,则刁斗声相闻,盖肘腋忧也。自那卜被剿,数年东陲无事。去年把兔、伯言战死,炒花、花大一败涂地。今伯言子宰赛受罚,入市广宁,辽、沈、开、铁间警报渐希。所未驯伏者,惟小歹青与长昂耳。

　　　小歹青素凶狡,雄长诸部。西助长昂,东助炒花。大举动以数万,小窃则飞骑出没锦、义间。自周之望、柏朝翠战殁,无敢以一矢加遗。凌河上下方数百里,野多暴骨,民无宁宇。远虑者每以河西不保为虞。今乃叩关求市,臣遍询将领及彼地居民,佥言木市开有五利。

河西无木，皆在边外，叛乱以来，仰给河东，以边警又不时至。故河西木贵于玉，市通则材木不可胜用。利一。所疑于歹青者无信耳。彼重市为生路，当市时必不行掠。即今年市而明年掠，我已收今年不掠之利矣。利二。辽东马市，成祖所开，无他赏，本听商民与交易。木市与马市等，有利于民，不费于官。利三。大举之害酷而希，零窃之害轻而数。小歹青不掠锦、义，零窃少矣。又西不助长昂，东不助炒花，则敌势渐分。即宁前、广宁患亦渐减。且大举先报，又得预为备。利四。零窃既希，边人益得修备。利五。

疏入，从之。化龙寻以病去，木市亦停止。其后总兵官马林复议开市，与巡抚李植相左，论久不决，小歹青遂复为寇云。

二十七年三月，化龙起故官，总督湖广、川、贵军务兼巡抚四川，讨播州叛臣杨应龙。应龙之先曰杨铿。明初内附，授宣慰使。应龙性猜狠嗜杀。数从征调，恃功骄蹇。知川兵脆弱，阴有据蜀志，间出剽州县。嬖小妻田雌凤，诱杀妻张氏，屠其家。用诛罚立威，所属五司七姓不堪其虐，走贵州告变。巡抚叶梦熊疏请大征。诏不听，逮系重庆狱。应龙诡将兵征倭自效，得脱归。复逮，不出。四川巡抚王继光发兵讨，覆于白石，应龙诿罪诸苗。朝廷命邢玠总督。值东西用兵，势未能穷治，因招抚之。应龙益结生苗，夺五司七姓地，并湖广四十八屯以界之，岁出侵掠。是年二月败官军于飞练堡，都司杨国柱、指挥李廷栋等皆死。已，复破杀綦江参将房嘉宠、游击张良贤，投尸蔽江下。伪军师孙时泰请直取重庆，捣成都，劫蜀王为质，而应龙迁延，声言争地界，冀曲赦如曩时。化龙至成都，征兵未至，亦谬为好语縻之。

帝闻綦江破，大怒。追褫前四川、贵州巡抚谭希思、江东之职，而赐化龙剑，假便宜讨贼。贼焚东坡、烂桥，梗湖、贵路，又焚龙泉，走都司杨惟忠。化龙劾诸大帅不用命者，沈尚文逮治，童远镇、刘綖皆革职充为事官。诸军大集，化龙先檄水西兵三万守贵州，断招苗路，乃移重庆，大誓文武。明年二月分八道进兵。川师四路：总兵官刘綎由綦江,总兵官马孔英由南川,总兵官吴广由合江,副将曹希彬受广节制,由永宁。黔师三路:总兵官童元镇由乌江,参将朱鹤龄受元镇节制,统宣慰使安疆臣由沙溪,总兵官李应祥由兴隆。楚师一路分两翼,总兵官陈璘由偏桥,副总兵陈良玭受璘节制,由龙泉。每路兵三万,官兵三之,土司七之。贵州巡抚郭子章驻贵阳,湖广巡抚支可大移沅州,化龙自将中军策应。帝以楚地辽阔,又擢江铎为金都御史,巡抚偏、沅。湖广设偏沅巡抚,自铎始也。

推官高折枝先以南川兵进,据桑木镇,綎复自綦江入。应龙以劲兵二万属其子朝栋曰:"尔破綦江,驰南川,尽焚积聚,彼无能为也。"比抗诸路兵皆大败,应龙顿足叹曰:"吾不用时泰计,今死矣!"或言水西佐贼,化龙诘之疆臣,斩贼使,二氏交遂绝。乌江兵败绩,逮下元镇于理,诸将益奋。綎先入娄山关,直抵海龙囤,璘、疆臣兵亦至。贼势急,上囤死守,遣使诈降。化龙檄诸将斩使,焚书。以綎与应龙有旧,谕无通贼,綎械其人以自明。八路兵皆会囤下,筑长围困之,更番迭攻。六月,綎破土、月二城,应龙窘,与二妾俱缢。明晨,官军入城,七子皆被执。诏磔应龙尸并子朝栋于市。自出师至灭贼,凡百有十四日。播自唐乾符中入杨氏二十九世,八百余年,至应龙而绝。以其地置遵义、平越二府,分属川、贵。

化龙初闻父丧,以金革起复,至是乞归终制。三十一年四月起工部右侍郎,总理河道,与淮、扬巡抚李三才奏开淤河,由直河入泇口抵夏镇二百六十里,避黄河吕梁之险。再以忧去,未代。叙前平播功,晋兵部尚书,加少保,荫一子世锦衣指挥使。

三十五年夏,起戎政尚书。化龙以京营根本,奏陈十一滥、十二苦、十九宜,又上屯政十二事,皆置不理。兵部自二十七年后,左、右侍郎皆空署。未几,尚书萧大亨亦致仕,化龙掌部事。三十七年正月,京师讹言寇至,民争避匿,边民逃入都门者亦数万,九门昼闭。辅臣言兵部尚书惟一人,何以应猝变,帝亦不报。辽战士二万余皆老弱,而税监高淮肆虐,辽人切齿。化龙请停税课且增兵万人,又条上兵食款战之策,帝皆不报。一品秩满,加柱国、少傅兼太子太保。

卒官,年七十。谥襄毅,赠少师,加赠太师。

化龙具文武才。播州之役,以刘綖骄蹇,先摧挫之而荐其才,故綖为尽力。开河之功,为漕渠永利,详见《河渠志》。

江铎,字士振,仁和人。高祖玭,景泰时为礼科给事中。劾石亨怙宠网上,有直声。官至山东参政。曾祖澜,正德时南京礼部尚书。卒谥文昭。祖晓,嘉靖中工部侍郎。父圻,万历初广西提学佥事。父母疾,尝药舐粪。居丧寝苫三年,经寝室必俯其首,妻经夫庐亦然。卒,门人私谥为孝端先生。自玭至铎五世皆进士。而晓弟晖,正德中为庶吉士,与舒芬等谏南巡受杖。世宗时,由编修出为河南佥事。

铎登第在万历二年。授刑部主事。累官山西按察使,擢抚偏、沅。夹攻杨应龙有功,与郭子章皆荫一子世锦衣指挥。丁母艰去。夺情,命留讨皮林诸洞蛮,平之。详具《陈璘传》。以劳疾归。卒,赠兵部右侍郎。

赞曰:哱拜一降人耳,虽假以爵秩而凭藉未厚。仓猝发难,据镇城,联外寇,边鄙为之骚然,武备之弛有由来矣。杨应龙恶稔贯盈,自速殄灭。然盘踞积久,地形险恶,非师武臣力,奏绩岂易言哉。李化龙之功可与韩雍、项忠相埒,较宁夏之役,难易悬殊矣。

明史卷二二九
列传第一一七

刘台 冯景隆 孙继先　傅应祯

王用汲　吴中行 子亮 元

从子宗达 **赵用贤** 孙士春 **艾穆**

乔璧星 叶春及 **沈思孝** 丁此吕

　　刘台,字子畏,安福人。隆庆五年进士。授刑部主事。万历初,改御史。巡按辽东,坐误奏捷,奉旨谯责。四年正月,台上疏劾辅臣张居正,曰:

　　　　臣闻进言者皆望陛下以尧、舜,而不闻责辅臣以皋、夔。何者?陛下有纳谏之明,而辅臣无容言之量也。高皇帝鉴前代之失,不设丞相,事归部院,势不相摄,而职易称。文皇帝始置内阁,参预机务。其时官阶未峻,无专肆之萌。二百年来,即有擅作威福者,尚惴惴然避宰相之名而不敢居,以祖宗之法在也。乃大学士张居正偃然以相自处,自搞拱被逐,擅威福者三四年矣。谏官因事论及,必曰:"吾守祖宗法。"臣请即以祖宗法正之。

　　　　祖宗进退大臣以礼。先帝临崩,居正托疾以逐拱,既又文致之王大臣狱。及正论籍籍,则抵拱书,令勿惊死。既迫逐以示威,又遗书以市德,徒使朝廷无礼于旧臣。祖宗之法若是乎?

祖宗朝，非开国元勋，生不公，死不王。成国公朱希忠，生非有奇功也，居正违祖训，赠以王爵。给事中陈吾德一言而外迁，郎中陈有年一争而斥去。臣恐公侯之家，布贿厚施，缘例陈乞，将无底极。祖宗之法若是乎？

祖宗朝，用内阁冢宰，必由廷推。今居正私荐用张四维、张瀚。四维在翰林，被论者数矣。其始去也，不任教习庶吉士也。四维之为人也，居正知之熟矣。知之而顾用之。夫亦以四维善机权，多凭藉，自念亲老，且暮不测，二三年间谋起复，任四维，其身后托乎？瀚生平无善状。巡抚陕西，赃秽狼籍；及骤躐铨衡，唯诺若簿吏，官缺必请命居正，所指授者，非楚人亲戚知识，则亲戚所援引也；非宦楚受恩私故，则恩故之党助也。瀚惟日取四方小吏，权其贿赂，而其他则徒拥虚名。闻居正贻南京都御史赵锦书，台谏毋议及冢宰，则居正之胁制在朝言官，又可知矣。祖宗之法如是乎？

祖宗朝，诏令不便，部臣犹訾阁拟之不审。今得一严旨，居正辄曰“我力调剂故止是”；得一温旨，居正又曰“我力请而后得之”。由是，畏居正者甚于畏陛下，感居正者甚于感陛下。威福自己，目无朝廷。祖宗之法若是乎？

祖宗朝，一切政事，台省奏陈，部院题覆，抚按奉行，未闻阁臣有举劾也。居正定令，抚按考成章奏，每具二册，一送内阁，一送六科。抚按延迟，则部臣纠之。六部隐蔽，则科臣纠之。六科隐蔽，则内阁纠之。夫部院分理国事，科臣封驳奏章，举劾，其职也。阁臣衔列翰林，止备顾问，从容论思而已。居正创为是说，欲胁制科臣，拱手听令。祖宗之法若是乎？

至于按臣回道考察，苟非有大败类者，常不举行，盖不欲重挫抑之。近日，御史俞一贯以不听指授，调之南京。由是巡方短气，莫敢展布，所惮独科臣耳。居正于科臣既啖之以迁转之速，又恐之以考成之迟，谁肯舍其便利，甘彼龃龉，而尽死言事哉。往年，赵参鲁以谏迁，犹曰外任也；余懋学以谏罢，犹曰禁锢也；今傅应祯则谪戍矣，又以应祯故，而及徐贞明、乔岩、李祯矣。摧折言官，仇视正士。祖宗之法如是乎？

至若为固宠计，则献白莲白燕，致诏旨责让，传笑四方矣。规利田宅，则诬辽王以重罪，而夺其府地，今武冈王又得罪矣。为子弟谋举乡试，则许御史舒鳌以京堂，布政施尧臣以巡抚矣。起大第于江陵，费至十万，制拟宫禁，遣锦衣官校监治，乡郡之脂膏尽矣。恶黄州生儒议其子弟幸售，则假县令他事穷治无遗矣。编修李维桢偶谈及其豪富，不旋踵即外斥矣。盖居正之贪，不在文吏而在武臣，不在内地而在边鄙。不然，辅政未几，即富甲全楚，何由致之？宫室舆马姬妾，奉御同于王者，又何由致之？

在朝臣工，莫不愤叹，而无敢为陛下明言者，积威之劫也。臣举进士，居正为总裁。臣任部曹，居正荐改御史。臣受居正恩亦厚矣，而今敢讼言攻之者，君臣谊重，则私恩有不得而顾也。愿陛下察臣愚悃，抑损相权，毋俾偾事误国，臣死且不朽。疏上，居正怒甚，廷辩之，曰："在令，巡按不得报军功。去年辽东大捷，台违制妄奏，法应降谪。臣第请旨戒谕，而台已不胜愤。后傅应祯下狱，究诘党与。初不知台与应祯同邑厚善，实有所主。乃妄自惊疑，遂不复顾藉，发愤于臣。且台为臣所取士，二百年来无门生劾师长者，计惟一去谢之。"因辞政，伏地泣不肯起。帝为降御座手掖之，慰留再三。居正强诺，犹不出视事，帝遣司礼太监孙隆赍手敕宣谕，乃起。遂捕台至京师，下诏狱，命廷杖百，远戍。居正阳具疏救，乃除名为民，而居正恨不已。台按辽东时，与巡抚张学颜不相得。至是学颜为户部，诬台私赎锾，居正属御史于应昌巡按辽东核之，而令王宗载巡抚江西，廉台里中事。应昌、宗载等希居正意，实其事以闻，遂戍台广西。台父震龙、弟国，俱坐罪。台至浔州未几，饮于戍主所，归而暴卒。是日居正亦卒。

明年，御史江东之讼台冤，劾宗载、应昌。诏复台官，罢宗载、应昌，下所司廉问。南京给事中冯景隆因言辽东巡抚周咏与应昌共陷台，应昌已罢，咏尚为蓟辽总督，亦宜罢。南京御史孙继先亦发学颜陷台罪。帝方向学颜。以景隆疏中并劾李成梁，学颜为成梁讼。继先又并劾学颜、成梁。乃谪景隆蓟州判官，继先临清州判官，置学颜不问。已而江西巡抚曹大野、辽东巡抚李松，勘报宗载、应昌等朋比倾陷皆有状。刑部以故入论，奏宗载等遣戍、除名、降黜有差。赠台光禄少卿，荫一子。天启初，追谥毅思。

冯景隆，浙江山阴人。万历五年进士。尝讼赵世卿冤，且请召张位、习孔教，申救御史魏允贞，至是谪官。后量移南阳推官。

孙继先，字胤甫，盂人。隆庆五年进士。居正既败，继先请召吴中行、赵用贤、艾穆、沈思孝、邹元标并及余懋学、赵应元、傅应祯、朱鸿谟、孟一脉、王用汲。又荐魏学曾、宋缰、张岳、毛纲、胡执礼、王锡爵、贾三近、温纯、曹科、陈有年、朱光宇、赵参鲁等诸人。既坐谪，终南京吏部主事。

傅应祯，字公善，安福人。隆庆五年进士。除零陵知县。歼洞庭剧寇，论杀祁阳巨猾，民赖以安。调知溧水。

万历三年征授御史。张居正当国，应祯其门生也，有所感愤，疏陈重君德、苏民困、开言路三事，言：

> 迩者雷震端门兽吻，京师及四方地震叠告，曾未闻发诏修省，岂真以天变不足畏耶？真定抽分中使，本非旧典，正统间尝暂行之，先帝纳李芳言，已诏罢遣，而陛下顾欲踵行失德之事，岂真以祖宗不足法耶？给事中朱东光奏陈保治，初非折槛解衣者比，乃竟留中不报，岂真以人言不足恤耶？此三不足者，王安石以之误宋，不可不深戒也。

> 陛下登极初，自隆庆改元以前逋租，悉赐蠲除，四年以前免三征七，恩至渥也。乃上轸恤已至，而下延玩自如，曾未有担负相属者，何哉？小民一岁之入，仅足给一岁，无遗力以偿负也。近乃定输不及额者，按抚听纠，郡县听调。诸臣畏谴，督趣

倍严。致流离接踵，怨咨愁叹，上彻于天。是岂太平之象，陛下
所乐闻者哉？请下明诏，自非官吏乾没，并旷然除之。民困既
苏，则灾沴自弭。

　　陛下登极初，召用直臣石星、李已，臣工无不庆幸。近则赵
参鲁纠中涓而谪为典史，余懋学陈时政而锢之终身，他如胡执
礼、裴应章、侯于赵、赵焕等封事累上，一切置之，如初政何？臣
请擢参鲁京职，还懋学故官，为人臣进言者劝。

疏奏，居正以疏中王安石语侵己，大怒，诏旨切责；以其词及懋
学，执下诏狱，穷治党与。应祯濒死无所承，乃谪戍定海。给事中严
用和、御史刘天衢等疏救，不听。方应祯下狱，给事中徐贞明偕御史
李祯、乔岩入视之。绵衣帅余荫以闻，三人亦坐谪。

十一年，用御史孙继先言，召复官。帝将幸昌平阅寿宫，而蓟镇
告警，应祯止帝勿行，且陈边备甚悉。优诏答之。俄擢南京大理寺
丞。将行，奏荐海内知名士三十七人。寻移疾归，三年而卒。赠本
寺右少卿。应祯与同邑刘台同举进士，为御史，同忤居正得祸，乡人
并祠祀之。

　　王用汲，字明受，晋江人。为诸生时，郡被倭，客兵横市中。会
御史按部至，用汲言状。知府曰："此何与诸生事？"用汲曰："范希文
秀才时，以天下为己任，矧乡井之祸乃不关诸生耶？"举隆庆二年进
士，授淮安推官。稍迁常德同知，入为户部员外郎。

　　万历六年，首辅张居正归葬其亲，湖广诸司毕会。巡按御史赵
应元独不往。居正嗛之。及应元事竣得代，即以病请。佥都御史王
篆者，居正客也，素憾应元，且迎合居正意，属都御史陈炌劾应元规
避，遂除名。用汲不胜愤，乃上言：

　　御史应元以不会葬，得罪辅臣，遂为都御史炌所论，坐托
疾欺罔削籍，臣窃恨之。夫疾病人所时有，今在廷大小诸臣，曾
以病请者何限。御史陆万钟、刘光国、陈用宾皆以巡方事讫引
疾，与应元不异也，炌何不并劾之。即炌当世宗朝，亦养病十余

年。后夤缘攀附,骤列要津。以退为进,宜莫如炌。己则行之,而反以责人,何以服天下。陛下但见炌论劾应元,以为恣情趋避,罪当罢斥。至其意所从来,陛下何由知之。

如昨岁星变考察,将以弭灾也,而所挫抑者,半不附宰臣之人。如翰林习孔教,则以邹元标之故;礼部张程,则以刘台之故;刑部浮躁独多于他部,则以艾穆、沈思孝而推戈;考后劣转赵志皋,又以吴中行、赵用贤而迁怒。盖能得辅臣之心,则虽屡经论列之潘晟,且得以不次蒙恩;苟失辅臣之心,则虽素负才名之张岳,难免以不及论调。臣不意陛下省灾塞咎之举,仅为宰臣酬恩报怨之私。且凡附宰臣者,亦各藉以酬其私,可不为太息矣哉!

孟子曰"逢君之恶其罪大",臣则谓逢相之恶其罪更大也。陛下天纵圣明,从谏勿咈。诸臣熟知其然,争欲碎首批鳞以自见。陛下欲织锦绮,则抚臣、按臣言之;欲采珍异,则部臣、科臣言之;欲取太仓光禄,则台臣、科臣又言之。陛下悉见嘉纳,或遂停止,或不为例。至若辅臣意之所向,不论是否,无敢一言以正其非,且有先意结其欢,望风张其焰者,是臣所谓逢也。今大臣未有不逢相之恶者,炌特其较著者尔。

以臣观之,天下无事不私,无人不私,独陛下一人公耳。陛下又不躬自听断,而委政于众所阿奉之大臣。大臣益得成其私而无所顾忌,小臣益苦行私而无所诉告,是驱天下而使之奔走乎私门矣。陛下何不日取庶政而勤习之,内外章奏躬自省览,先以意可否焉,然后宣付辅臣,俾之商榷。阅习既久,智虑益弘,几微隐伏之间自无逃于天鉴。夫威福者,陛下所当自出;乾纲者,陛下所当独揽。寄之于人,不谓之旁落,则谓之倒持。政柄一移,积重难返,此又臣所日夜深虑,不独为应元一事已也。

疏入,居正大怒,欲下狱廷杖。会次辅吕调阳在告,张四维拟削用汲籍,帝从之。居正以罪轻,移怒四维,厉色待之者累日。

用汲归,屏居郭外,布衣讲授,足不践城市。居正死,起补刑部。

未上，擢广东佥事。寻召为尚宝卿，进大理少卿。会法司议胡檟、龙宗武杀吴仕期狱，傅以谪戍。用汲驳奏曰：“按律，刑部及大小官吏，不依法律、听从上司主使、出入人罪者，罪如之。盖谓如上文，罪斩、妻子为奴、财产入官之律也。仕期之死，檟非主使者乎？宗武非听上司主使者乎？今仅谪戍，不知所遵何律也。”上欲用用汲言，阁臣申时行等谓仕期自毙，宜减等，狱遂定。寻迁顺天府尹。历南京刑部尚书，致仕。

用汲为人刚正，遇事敢为。自尹京后，累迁皆在南，以强直故也。卒，赠太子太保，谥恭质。

吴中行，字子道，武进人。父性，兄可行，皆进士。性，尚宝丞。可行，检讨。中行甫冠举乡试，性诚无躁进，遂不赴会试。隆庆五年成进士，选庶吉士，授编修。

大学士张居正，中行座主也。万历五年，居正遭父丧，夺情视事。御史曾士楚、吏科都给事中陈三谟倡疏奏留，举朝和之，中行独愤。适彗出西南，长竟天，诏百官修省，中行乃首上疏曰：“居正父子异地分暌，音容不接者十有九年。一旦长弃数千里外，陛下不使匍匐星奔，凭棺一恸，必欲其违心抑情，衔哀茹痛于庙堂之上，而责以讦谟远猷，调元熙载，岂情也哉！居正每自言谨守圣贤义理，祖宗法度。宰我欲短丧，子曰：‘予有三年之爱于其父母乎？’王子请数月之丧，孟子曰：‘虽加一日愈于已。’圣贤之训何如也？在律，虽编氓小吏，匿丧有禁；惟武人得墨衰从事，非所以处辅弼也。即云起复有故事，亦未有一日不出国门，而遽起视事者。祖宗之制何如也？事系万古纲常，四方视听，惟今日无过举，然后后世无遗议。销变之道无逾此者。”

疏即上，以副封白居正。居正愕然曰：“疏进耶？”中行曰：“未进不敢白也。”明日，赵用贤疏入。又明日，艾穆、沈思孝疏入。居正怒，谋于冯保，欲廷杖之。翰林院侍讲赵志皋、张位、于慎行、张一桂、田一俊、李长春，修撰习孔教、沈懋学俱具疏救，格不入。学士王锡爵乃会词臣数十人，求解于居正，弗纳。遂杖中行等四人。明日，进士邹元标疏争，亦廷杖。五人者，直声震天下。中行、用贤并称吴、赵。南京御史朱鸿谟疏救五人，亦被斥。中行等受杖毕，校尉以布曳出长安门，舁以板扉，即日驱出都城。中行气息已绝，中书舍人秦柱挟医至，投药一匕，乃苏。舆疾南归，刲去腐肉数址窝，大者盈掌，深至寸，一肢遂空。

九年大计京官，列五人察籍，锢不复叙。居正死。士楚当按苏、松，怃然曰："吾何面目见吴、赵二公！"遂引疾去。三谟已擢太常少卿，寻与士楚俱被劾削籍。廷臣交荐中行，召复故官，进右中允，直经筵。大学士许国攻李植、江东之，诋中行、用贤为其党。中行奏辨，因乞罢，不许。再迁右谕德。御史蔡系周劾植，复侵中行，中行求去，章四上。诏赐白金、文绮，驰传归。言者屡荐，执政抑不召。久之，起侍讲学士，掌南京翰林院。同里金事徐常吉尝讼中行，事已解，给事中王嘉谟复撼旧事劾之，命家居俟召。寻卒。后赠礼部右侍郎。

子亮、元，从子宗达。亮官御史，坐累贬官，终大理少御。元，江西布政使。宗达，少傅、建极殿大学士。亮尚志节，与顾宪成诸人善。而元深疾东林，所辑《吾征录》，诋毁不遗力。兄弟异趣如此。

赵用贤，字汝师，常熟人。父承谦，广东参议。用贤举隆庆五年进士，选庶吉士。

万历初，授检讨。张居正父丧夺情，用贤抗疏曰："臣窃怪居正能以君臣之义效忠于数年，不能以父子之情少尽于一日。臣又窃怪居正之勋望积以数年，而陛下忽败之一旦。莫若如先朝杨溥、李贤故事，听其暂还守制，刻期赴阙，庶父子音容乖暌阻绝于十有九年者，得区区稍伸其痛于临穴凭棺之一恸也。国家设台谏以司法纪、任纠绳，乃今晓晓为辅臣请留，背公议而徇私情，蔑至性而创异论。臣愚窃惧士气之日靡，国是之日淆也。"疏入，与中行同杖除名。用贤体素肥，肉溃落如掌，其妻腊而藏之。用贤有女许御史吴之彦子镇。之彦惧及，深结居正，得巡抚福建。过里门，不为用贤礼，且坐镇于其弟下，曰"婢子也"，以激用贤。用贤怒，已察知其受居正党王篆指，遂反币告绝。之彦大喜。

居正死之明年，用贤复故官，进右赞善。江东之、李植辈争向之，物望皆属焉。而用贤性刚，负气傲物，数訾议大臣得失。申时行、许国等忌之。会植、东之攻时行，国遂力诋植、东之，而阴斥用贤、中行，谓："昔之专恣在权贵，今乃在下僚；昔颠倒是非在小人，今乃在君子。意气感激，偶成一二事，遂自负不世之节，号召浮薄喜事之人，党同伐异，罔上行私，其风不可长。"于是用贤抗辨求去，极言朋党之说，小人以之去君子、空人国，词甚激愤。帝不听其去。党论之兴遂自此始。

寻充经筵讲官。再迁右庶子，改南京祭酒。荐举人王之士、邓元锡、刘元卿，清修积学。又请建储，宥言官李沂罪。居三年，擢南京礼部右侍郎。以吏部郎中赵南星荐，改北部。寻以本官兼教习庶吉士。

二十一年，王锡爵复入内阁。初，用贤徙南，中行、思孝、植、东之已前贬，或罢去，故执政安之。及是，用贤复以争三王并封语侵锡爵，为所衔。会改吏部左侍郎，与文选郎顾宪成辨论人才，群情益附，锡爵不便也。用贤故所绝婚吴之彦者，锡爵里人，时以佥事论罢，使其子镇讦用贤论财逐婿，蔑法弃伦。用贤疏辨，乞休。诏礼官平议。尚书罗万化以之彦其门生，引嫌力辞。锡爵乃上议曰："用贤轻绝，之彦缓发，均失也。今赵女已嫁，难问初盟；吴男未婚，无容反坐。欲折其衷，宜听用贤引疾，而曲贷之彦"。诏从之。用贤遂免归。户部郎中杨应宿、郑材复力诋用贤，请据律行法。都御史李世达、侍郎李祯疏直用贤，斥两人谄诐，遂为所攻。高攀龙、吴弘济、谭一召、孙继有、安希范辈皆坐论救褫职。自是朋党论益炽。中行、用贤、植、东之创于前，元标、南星、宪成、攀龙继之。言事者益裁量执政，执政日与枝柱，水火薄射，讫于明亡云。

用贤长身耸肩，议论风发，有经济大略。苏、松、嘉、湖诸府，财赋敌天下半,民生坐困。用贤官庶子时,与进士袁黄商榷数十昼夜,条十四事上之。时行、锡爵以为吴人不当言吴事,调旨切责,寝不行。家居四年卒。天启初,赠太子少保、礼部尚书,谥文毅。

孙士春、士锦,崇祯十年同举进士。士春,字景之。第三人及第,授编修。明年,兵部尚书杨嗣昌夺情视事,未几入阁。少詹事黄道周劾之,下狱。士春上疏曰:"嗣昌墨缞视事,戏已罔效。陛下简入纶扉,自应力辞新命。乃阅其奏牍,徒计岁月久近间,绝无哀痛恻怛之念,何奸悖一至此也。陛下破格夺情,曰人才不足故耳。不知人才所以不振,正由爱功名、薄忠孝致之。且无事不讲储材,有事轻言破格,右用人无弊之道也。臣祖用贤,首论故相夺情,几毙杖下,腊败肉示子孙。臣敢背家学,负明主,坐视网常扫地哉?"帝怒,谪广东布政司照磨。祖孙并以攻执政夺情斥,士论重之。后复故官,终左中允。

艾穆,字和父,平江人。以乡举署阜城教谕,邻郡诸生赵南星、乔璧星皆就学焉。入为国子助教。张居正知穆名,欲用为诰敕房中书舍人,不应。

万历初,擢刑部主事。进员外郎,录囚陕西。时居正法严,决囚不如额者罪。穆与御史议,止决二人。御史惧不称,穆曰:"我终不以人命博官也。"还朝,居正盛气谯让。穆曰:"主上冲年,小臣体好生德,佐公平允之治,有罪甘之。"揖而退。

及居正遭丧夺情,穆私居叹息,遂与主事沈思孝抗疏谏曰:"自居正夺情,妖星突见,光逼中天。言官曾士楚、陈三谟甘犯清议,率先请留,人心顿死,举国如狂。今星变未销,火灾继起。臣敢自爱其死,不洒血一为陛下言之。陛下之留居正也,动曰为社稷故。夫社稷所重,莫如纲常。而元辅大臣者,纲常之表也。纲常不顾,何社稷之能安?且事偶一为之者,例也;而万世不易者,先王之制也。今弃先王之制,而从近代之例,如之何其可也。居正今以例留,腆颜就列矣。异时国家有大庆贺、大祭祀，为元辅者，欲避则害君臣之义，欲出则伤父子之情。臣不知陛下何以处居正，居正又何以自处也。徐庶以母故辞于昭烈曰：'臣方寸乱矣。'居正独非人子而方寸不乱耶？位极人臣，反不修匹夫常节，何以对天下后世！臣闻古圣帝明王劝人以孝矣，未闻从而夺之也。为人臣者，移孝以事君矣，未闻为所夺也。以礼义廉耻风天下犹恐不足，顾乃夺之，使天下为人子者，皆忘三年之爱于其父，常纪坠矣。异时即欲以法度整齐之，何可得耶！陛下诚眷居正，当爱之以德，使奔丧终制，以全大节；则纲常植而朝廷正，朝廷正而百官万民莫不一于正，灾变无不可弭矣。"

时吴中行、赵用贤请令居正奔丧，葬毕还朝，而穆、思孝直请令终制，故居正尤怒。中行、用贤杖六十，穆、思孝皆八十加梏拲，置之诏狱。越三日，以门扉舁出城，穆遣戍凉州。创重不省人事，既而复苏，遂诣戍所。穆，居正乡人也。居正语人曰："昔严分宜时未有同乡攻击者，我不得比分宜矣。"九年，大计，复置穆、思孝察籍。

及居正死，言官交荐，起户部员外郎。迁四川佥事，屡迁太仆少卿。十九年秋，擢右佥都御史，巡抚四川。故崇阳知县周应中、宾州知州叶春及行义过人，穆举以自代，不报。既之官，有告播州宣慰使杨应龙叛者，贵州巡抚叶梦熊请征之。蜀人多言应龙强，未易轻举，穆亦不欲加兵，与梦熊异。朝命两抚臣会勘，应龙不愿赴贵州，乃逮至重庆，对簿论斩，输赎，放之还。穆病归，未几卒。后应龙复叛，议者追咎穆，夺其职。

乔璧星，临城人。官右佥都御史，亦巡抚四川。

叶春及，归善人。由乡举授福清教谕。上书陈时政，缅缅三万言。终户部郎中。

沈思孝，字纯父，嘉兴人。举隆庆二年进士。又三年，谒选。高拱署吏部，欲留为属曹，思孝辞焉，乃授番禺知县。殷正茂总制两广，欲听民与番人互市，且开海口诸山征其税，思孝持不可。

　　万历初，举卓异，又为刑部主事。张居正父丧夺情，与艾穆合疏谏。廷杖，戍神电卫。居正死，召复官，进光禄少卿。政府恶李植、江东之及思孝辈。思孝迁太常少卿，御史龚仲庆希指诋之，思孝遂求去，不许。寻迁顺天府尹，坐宽纵冒籍举人，贬三秩视事。思孝御三品服自若，被劾，调南京太仆卿，仍贬三秩。未几，谢病归。

　　吏部尚书陆光祖起为南京光禄卿。寻进右佥都御史，巡抚陕西。宁夏哮拜叛，诏思孝移驻下马关，为总督魏学曾声援。思孝以兵少，请募浙江及宣、大骑卒各五千，发内帑供军，并乞宥故都御史李材罪，令立功。诏思孝近地召募，而罢材勿遣。思孝与学曾议军事不合，给事中侯庆远劾思孝舍门户而守堂奥，设逻卒以卫妻孥，不任封疆事。改抚河南，辞不赴。

　　顷之，召为大理卿。中官郝金诈传懿旨下狱，刑部薄其罪，思孝驳诛之。帝悦，进工部左侍郎。陕西织羊绒为民患，以思孝奏，减十之四。进右都御史，协理戎政。初，廷推李祯为首，思孝次之，帝特用思孝。或疑有奥援，给事中杨东明、邹廷彦相继疏劾。帝以廷彦受东明指，谪东明，夺廷彦俸。

　　二十三年，吏部尚书孙丕扬掌外察，黜参政丁此吕。思孝与东之素善此吕。会御史赵文炳劾文选郎蒋时馨受贿，时馨疑思孝嗾之，遂讦思孝先庇此吕，后求吏部不得，以此二事憾己，遂结江东之、刘应秋等，令李三才属文炳。帝恶时馨，罢其官。思孝等疏辨，且求去。丕扬言时馨无罪，此吕受赃有状，思孝不当庇。因上此吕访单，乞归。访单者，吏部当察时，咨公论以定贤否，廷臣因得书所闻以投掌察者。事率核实，然间有因以中所恶者。帝降诏慰留丕扬，逮此吕，诘让思孝。御史俞价、强思、冯从吾，给事中黄运泰、祝世禄，皆为时馨讼冤，语侵思孝、东之。给事中杨天民、马经纶、马文卿又各疏劾思孝，大抵言文炳之疏由思孝，藉以摇丕扬也。思孝屡乞罢，因诋丕扬负国。员外郎岳元声言大臣相攻，宜两罢，似并论丕扬、思孝，而其指特攻时馨以及丕扬。疏方上，文炳忽变其说，谓："元声、东之述思孝意，迫之救此吕、劾时馨，非己意也。"帝皆置不问。

　　思孝素以直节高天下，然尚气好胜，动辄多忤，以此吕故，颇被物议。然时馨、此吕皆非端人，丕扬、思孝亦各有所左右。其明年，御史林培请辨忠邪，又力诋思孝、东之；且言："丕扬杜门半载，辞疏十上，意必得请而后已。思孝则杜门未几，近见从吾、运泰等罢，谓朝廷不难去言官五六人以安我。此人不去，为朝端害。"帝顾思孝厚，谪培官。乾清宫灾，思孝请行皇长子冠礼以回天心。又以日本封事大坏，请亟修战守备，并论赵志皋、石星误国。其秋，丕扬去位，思孝亦引疾，诏驰传归，朝端议论始息。久之，丕扬复起为吏部，御史史记事复诋思孝与顾天埈合谋欲构陷丕扬。顾宪成、高攀龙力辨其诬，而思孝卒矣。天启中，赠太子少保。

　　丁此吕，字右武，新建人。万历五年进士。由漳州推官征授御史。慈宁宫灾，请撤鳌山，停织造、烧造，还建言谴谪诸臣，去张居正余党，速诛徐爵、游七。报闻。寻劾礼部侍郎高启愚命题示禅授意，谪潞安推官。语详《李植传》。寻迁太仆丞，历浙江右参政。考察论黜，复遣官逮之。大学士赵志皋等再疏乞宥，且言此吕有气节，未必果贪污。丕扬亦言此吕无逮问条，乞免送诏狱。帝皆不从，逮下镇抚，谪戍边。

　　赞曰：刘台诸人，皆以论张居正得罪。罚最重者，名亦最高。用汲之免也，幸耳。平心论之，居正为相，于国事不为无功；诸人论之，不无过当。然闻谤而不知惧，忿戾怨毒，务快己意。亏盈好还，祸酿身后。传曰："惟善人能受尽言。"于戏难哉！

明史卷二三〇
列传第一一八

蔡时鼎　万国钦　王教　饶伸

兄位　刘元震　元霖　**汤显祖**　李琯

逯中立　卢明诹　杨恂　冀体　朱爵

姜士昌　宋焘　马孟祯　汪若霖

　　蔡时鼎，字台甫，漳浦人。万历二年进士。历知桐乡、元城，为治清严。征授御史，太和山提督中官田玉兼分守事，时鼎言不可，并及玉不法状。御史丁此吕以劾高启愚被谪，时鼎论救，语侵杨巍、申时行。报闻。已，巡盐两淮。悉捐其羡为开河费，置属邑学田。

　　还朝，会戚畹子弟有求举不获者，诬顺天考官张一桂私其客冯诗、章维宁及编修史钶子记纯，又滥取冒籍者五人。帝怒，命诗、维宁荷枷，解一桂、钶官。时行等为之解。帝益怒，夺钶职，下诗、维宁吏。法司廷鞫无验，忤旨被让。卒枷二人一月，而调一桂南京。时鼎以事初纠发不由外廷，径从中出，极言宵人蜚语直达御前，其渐不可长；且尽疑大臣言官有私，则是股肱耳目举不可信，所信者谁也？帝怒，手札谕阁臣治罪。会时行及王锡爵在告，许国、王家屏仅拟停俸，且请稍减诗、维宁荷校之期，以全其命。帝不从，责时鼎疑君讪上，降极边杂职。又使人诇知发遣冒籍者多宽纵，责府尹沈思孝对状。国、家屏复上言："人君贵明不贵察。苟任一己见闻，猜防苛密,纵听断精审,何补于治;且使奸人乘机得中伤善类,害胡可言。愿停察访以崇大体,宥言官以彰圣度。"帝不怿,手诏诘让。是日,帝思时行,遣中使就第劳问。而国等既被责,具疏谢,执争如初。会帝意稍解,乃报闻。时鼎竟谪马邑典史,告归。居二年,吏部拟序迁,不许。御史王世扬请如石星、海瑞、邹元标例,起之废籍,不报。已,起太平推官,进南京刑部主事,就改吏部。

十八年冬,复疏劾时行,略言:"比年天灾民困,纪纲紊斁,吏治混淆。陛下深居宫阙,臣民呼吁莫闻。然群工进言,犹蒙宽贷。乃辅臣时行则树党自坚,忌言益甚。不必明指其失,即意向稍左,亦辄中伤。或显斥于当时,或徐退于后日。致天下谀佞成风,正气消沮。方且内托之乎雅量,外托之乎清明,此圣贤所以重似是之防,严乱德之戒也。夫营私之念重,则奉公之意必衰;巧诈之机熟,则忠诚之节必退。自张居正物故,张四维忧去,时行即为首辅。惩前专擅,矫以谦退;鉴昔严苛,矫以宽平。非不欲示休休之量,养和平之福,无如患得患失之心胜,而不可则止之义微。貌退让而心贪竞,外包容而中忮刻。私伪萌生,欲盖弥著。夫居正之祸在徇私灭公,然其持法任事,犹足有补于国。今也改革其美,而绍述其私;尽去其维天下之心,而益巧其欺天下之术。徒思邀福一身,不顾国祸,若而人者,尚可俾相天下哉!"因历数其十矣,劝之省改。疏留中。寻进南京礼部郎中。卒官。贫不具含殓,士大夫赙而治其丧。

万国钦,字二愚,新建人。万历十一年进士。授婺源知县。征拜御史。言事慷慨,不避权贵。十八年劾吏部尚书杨巍,被诘让。里居尚书董份,大学士申时行、王锡爵座主也,属浙江巡按御史奏请存问。国钦言份谄事严嵩,又娶尚书吴鹏已字之女,居乡无状,不宜加隆礼,事遂寝。

初,吏部员外郎赵南星、户部主事姜士昌疏斥政府私人。给事中李春开以出位纠南星、士昌,而其党陈与郊为助。刑部主事吴正志上疏,言春开、与郊媚政府,干清议,且论御史林祖述保留大臣之非。于是御史赫瀛集诸御史于朝堂，议合疏纠正志，以台体为辞。国钦与周孔教独不署名。瀛大恚，盛气让国钦。国钦曰："冠豸冠，服豸服，乃日以保留大臣倾善类为事，我不能苟同。"瀛气夺，疏不果上，而正志竟谪宜君典史。奄人袁进等殴杀平民，国钦再疏劾之。

十八年夏，火落赤诸部频犯临洮、巩昌。七月，帝召见时行等于皇极门，咨以方略，言边备废弛，督抚乏调度，欲大有所振饬。时行以款贡足恃为言。帝曰："款贡亦不足恃。若专务媚敌，使心骄意大，岂有餍足时。"时行等奉谕而退。未几，警报狎至，乃推郑洛为经略尚书行边，实用以主款议也。国钦抗疏劾时行，曰："陛下以西事孔棘，特召辅臣议战守，而辅臣于召对时乃饰词欺罔。陛下怒贼侵轶，则以为攻抄熟番。临、巩果番地乎？陛下责督抚失机，则以为咎在武臣。封疆偾事，督抚果无与乎？陛下言款贡难恃，则云通贡二十年，活生灵百万。西宁之败，肃州之掠，独非生灵乎？是陛下意在战，时行必不欲战；陛下意在绝和，时行必俗与和。盖由九边将帅，岁馈金钱，漫无成画。寇已残城堡，杀吏民，犹谓计得。三边总督梅友松意专媚敌。前奏顺义谢恩西去矣，何又围我临、巩？后疏盛夸战绩矣，何景古城全军皆覆？甘肃巡抚李廷仪延贼入关，不闻奏报，反代请赎罪。计马牛布帛不及三十金，而杀掠何止万计。欲仍通市，臣不知于国法何如也。此三人皆时行私党，故敢朋奸误国乃尔。"因列上时行纳贿数事。帝谓其淆乱国事，诬污大臣，谪剑州判官。

初，国钦疏上，座主许国责之曰："若此举，为名节乎，为国家乎？"国钦曰："何敢为名节，惟为国事耳。即言未当，死生利害听之。"国无以难。

二十年，吏部尚书陆光祖拟量移国钦为建宁推官，饶伸为刑部主事。帝以二人皆特贬，不宜迁，切责光祖，而尽罢文选郎中王教，员外郎叶隆光，主事唐世尧、陈遴玮等。大学士赵志皋疏救，亦被谯责。国钦后历南京刑部郎中，卒。

王教，淄川人。佐光神圣澄清吏治。给事中胡汝宁承权要旨劾之,事旋白。竟坐推国钦、伸,斥为民。

　　饶伸,字抑之,进贤人。万历十一年进士。授工部主事。十六年,庶子黄洪宪典顺天试,大学士王锡爵子衡为举首,申时行婿李鸿亦预选。礼部主事于孔兼疑举人屠大壮及鸿有私。尚书朱赓、礼科都给事中苗朝阳欲寝其事。礼部郎中高桂遂发愤谪可疑者八人,并及衡,请得覆试。锡爵疏辨,与时行并乞罢。帝皆慰留之,而从桂请,命覆试。礼部侍郎于慎行以大壮文独劣,拟乙置之。都御史吴时来及朝阳不可。桂直前力争,乃如慎行议,列甲乙以上。时行、锡爵调旨尽留之,且夺桂俸二月。衡实有才名,锡爵大愤,复上疏极诋桂。伸乃抗疏言:“张居正三子连占高科,而辅臣子弟遂成故事。洪宪更谓一举不足重,居然置之选首。子不与试,则录其婿,其他私弊不乏闻。覆试之日,多有不能文者。时来闵分优劣,蒙面与桂力争,前朦胧拟请。至锡爵讦桂一疏,剑戟森然,乖对君之体。锡爵柄用三年,放逐贤士,援引憸人。今又巧护己私,欺罔主上,势将为居正之续。时来附权蔑纪,不称宪长。请俱赐罢。”

　　疏既入,锡爵、时行并杜门求去。而许国以典会试入场,阁中遂无一人。中官送章奏于时行私第,时行仍封还。帝惊曰:“阁中竟无人耶?”乃慰留时行等而下伸诏狱。给事中胡汝宁、御史林祖述等复劾伸及桂,以媚执政。御史毛在又侵孔兼,谓桂疏其所使。孔兼奏辨求罢。于是诏诸司严约所属,毋出位沽名,而削伸籍,贬桂三秩,调边方,孔兼得免。

　　伸既斥,朝士多咎锡爵。锡爵不自安,屡请叙用。起伸南京工部主事,改南京吏部。引疾归,遂不复出。熹宗即位,起南京光禄寺少卿。天启四年累官刑部左侍郎。魏忠贤乱政,请告归。所辑《学海》六百余卷,时称其浩博。

　　兄位。累官工部右侍郎。母年百岁,与伸先后以侍养归。
　　先是,任丘刘元震、元霖兄弟俱官九列,以母年近百岁,先后乞养亲归,与伸兄弟相类。一时皆以为荣。元震,字元东,隆庆五年进士。由庶吉士,万历中历官吏部侍郎。天启中,赠礼部尚书,谥文庄。元霖,万历八年进士。历官工部尚书。福王开邸洛阳,有所营建。元霖执奏,罢之。卒,赠太子太保。

　　汤显祖,字若士,临川人。少善属文,有时名。张居正欲其子及第,罗海内名士以张之。闻显祖及沈懋学名,命诸子延致。显祖谢弗往,懋学遂与居正子嗣修偕及第。显祖至万历十一年始成进士。授南京太常博士,就迁礼部主事。

　　十八年,帝以星变严责言官欺蔽,并停俸一年。显祖上言曰:"言官岂尽不肖,盖陛下威福之柄潜为辅臣所窃,故言官向背之情,亦为默移。御史丁此吕首发科场欺蔽,申时行属杨巍劾去之。御史万国钦极论封疆欺蔽,时行讽同官许国远谪之。一言相侵,无不出之于外。于是无耻之徒,但知自结于执政。所得爵禄,直以为执政与之。纵他日不保身名,而今日固已富贵矣。给事中杨文举奉诏理荒政,征贿钜万。抵杭,日宴西湖,鬻狱市荐以渔厚利。辅臣乃及其报命,擢首谏垣。给事中胡汝宁攻击饶伸,不过权门鹰犬,以其私人,猥见任用。夫陛下方责言官欺蔽,而辅臣欺蔽自如。失今不治,臣谓陛下可惜者四。朝廷以爵禄植善类,今直为私门蔓桃李,是爵禄可惜也。群臣风靡,罔识廉耻,是人才可惜也。辅臣不越例予人富贵,不见为恩,是成宪可惜也。陛下御天下二十年。前十年之政,张居正刚而多欲,以群私人,嚣然坏之。后十年之政,时行柔而多欲,以群私人,靡然坏之。此圣政可惜也。乞立斥文举、汝宁,诚谕辅臣,省愆悔过。"帝怒,谪徐闻典史。稍迁遂昌知县。二十六年上计京师,投劾归。又明年大计,主者议黜之。李维桢为监司,力争不得,竟夺官。家居二十年卒。

　　显祖意气慷慨,善李化龙、李三才、梅国桢。后皆通显有建竖,而显祖蹭蹬穷老。三才督漕淮上,遣书迎之,谢不往。

显祖建言之明年,福建佥事李琯奉表入都,列时行十罪,语侵王锡爵。言惟锡爵敢恣睢,故时行益贪戾,请并斥以谢天下。帝怒,削其籍。甫两月,时行亦罢。琯,丰城人。万历五年进士,尝官御史。既斥归,家居三十年而卒。

显祖子开远,自有传。

逯中立,字与权,联城人。万历十年进士。由行人擢吏科给事中。遇事敢言。行人高攀龙,御史吴弘济,南部郎谭一召、孙继有、安希范咸以争赵用贤之罢被斥,中立抗疏曰:“诸臣率好修士,使踉伏田野,诚可惜也。陛下怒言者,则曰'出朕独断',辅臣王锡爵亦曰'至尊亲裁'。臣谓所斥者非正人也,则断自宸衷,固陛下去邪之明;即拟自辅臣,亦大臣为国之正。若所斥者果正人也,出于辅臣之调旨,而有心斥逐者为妒贤;即出于至尊之亲裁,而不能匡救者为窃位。大臣以人事君之道,当如是乎?陛下欲安辅臣,则罢言者;不知言者罢,辅臣益不自安。”疏入,忤旨,停俸一岁。

寻进兵科右给事中。有诏修国史,锡爵举故詹事刘虞夔为总裁。虞夔,锡爵门生也,以拾遗劾罢。诸御史言不当召。而中立诋虞夔尤力,并侵锡爵,遂寝召命。未几,文选郎顾宪成等以会推阁臣事被斥,给事中卢明诹救之,亦贬秩。中立上言:“两年以来,铨臣相继屏斥。尚书孙铖去矣,陈有年杜门求罢矣,文选一署空曹逐者至再三,而宪成又继之。臣恐今而后,非如王国光、杨巍,则不能一日为冢宰;非如徐一槚,谢廷采、刘希孟,则不能一日为选郎。臧否混淆,举错倒置,使黜陟重典寄之权门,用舍斥罚视一时喜怒,公议壅阏,烦言滋起。此人才消长之机,理道废兴之渐,不可不深虑也。且会推阁臣,非自十九年始。

皇祖二十八年廷推六员,而张治、李本二臣用;即今元辅锡爵之入阁,亦会推也。盖特简与廷推,祖宗并行已久。廷推必谐于公议,特简或由于私援。今辅臣赵志皋等不稽故典,妄激圣怒,即揭救数语,譬之强笑,而神不偕来,欲以动听难矣。方今疆场交耸,公私耗敝，群情思乱，识者怀忧。乃朝议纷纭若尔，岂得不长叹息哉！"帝怒，严旨责让，斥明诹为民，而贬中立陕西按察司知事。引疾归，家居二十年卒。熹宗时，赠光禄少卿。

卢明诹，黄岩人。万历十四年进士。

杨恂，字伯纯，代人。万历十一年进士。授行人，擢刑科给事中。锦衣冗官多至二千人，请大加裁汰，不用。累迁户科都给事中。朝鲜用兵，冒破帑金不赏。恂请严敕边臣，而劾武库郎刘黄裳侵耗罪。黄裳卒罢去。寻上节财四议，格不行。

王锡爵谢政，赵志皋代为首辅。御史柳佐、章守诚劾之。志皋乞罢，不许。御史冀体极论志皋不可不去。帝怒，责对状。体抗辞不屈，贬三秩，出之外，以论救者众，竟斥为民。恂复论志皋，并及张位。其略曰："今之议执政者，金曰拟旨失当也，贪鄙无为也。是固可忧，而所忧有大于是者。许茂橚罢间锦衣，厚赍金玉为奸，被人缉获。使大臣清节素孚，彼安敢冒昧如此！乃缉获者被责，而行贿者不问。欲天下澄清，其可得耶？可忧者一。杨应龙负固不服，执政贪其重饵，与之交通。如近日綦江捕获奸人，得所投本兵及提督巡捕私书。其余四缄及黄金五百、白金千、虎豹皮数十，不言所投。臣细询播人，始嗫嚅言曰'求票拟耳'。夫票拟，辅臣事也，而使小丑得以利动哉？可忧者二。推升者，吏部职也。迩来创专擅之说以蛊惑圣聪，陛下入其言而疑之。于是内托上意，外诿廷推，或正或陪，惟意所欲。苟两者俱无当，则驳令更推；少不如意，谴谪加焉。倘谓简在帝心，非政府所预，何所用者非梓里姻亲，则门墙密契也？如是而犹曰吏部专擅乎？可忧者三。言官，天子耳目，纠绳献纳，其职也。迩来进朋党之说以激圣怒，陛下纳其谮而恶之。于是假托天威，肆行胸臆。非显斥于建白之时，则阴中于迁除之日。倘谓断自宸衷，无可挽救，何所斥者非宿昔积怨，则近日深仇也？如是而犹谓言官结党乎？可忧者四。首辅志皋日薄西山，固无足责。位素负物望，乃所为若斯；且其机械独深，朋邪日众，将来之祸，更有难言者。请罢志皋而防位,严饬陈于陛、沈一贯,毋效二人所为。"

疏入,忤旨。命镌一级,出之外。志皋、位疏辨,且乞宥恂,于陛、一贯亦论救。乃以原品调陕西按察经历。引疾归。久之,吏部尚书蔡国珍奉诏起废。及恂,未召卒。

冀体,武安人。被废,累荐不起,卒于家。

其时以论志皋获谴者又有朱爵,开州人。由茌平知县召为吏科给事中。尝论时政阙失,因疏志皋、位寝阁壅蔽罪,不报。寻切谏三王并封,且论救朱维京、王如坚等,复劾志皋、位私同年罗万化为吏部。坐谪山西按察知事,卒于家。天启中,赠太仆少卿。

姜士昌,字仲文,丹阳人。父宝,字廷善。嘉靖三十二年进士。官编修。不附严嵩,出为四川提学佥事。再转福建提学副使,累迁南京国子监祭酒。请罢纳粟例,复积分法,又请令公侯伯子弟及举人尽入监肄业,诏皆从之。累官南京礼部尚书。尝割田千亩以赡宗族。

士昌五岁受书,至"惟善为宝",以父名辍读拱立。师大奇之。举万历八年进士,除户部主事,进员外郎。请帝杜留中,录遗直,举召对,崇节俭。寻进郎中。以省亲去。

还朝,言吏部侍郎徐显卿构陷张位,少詹事黄洪宪力挤赵用贤,宜黜之以警官邪;主事邹元标、参政吕坤、副使李三才素著直谠,宜拔擢以厉士节。又请复连坐之法,慎巡抚之选,旌苦节之士,重赇吏之罚。疏入,给事中李春开劾其出位。遂下诏禁诸司毋越职刺举。已,因风霾,请早建国本。贵妃父郑承宪乞改造父茔,诏与五千金。士昌言:"太后兄陈昌言止五百金,而妃家乃十之,何以示天下?"弗纳。稍迁陕西提学副使,江西参政。

三十四年,大学士沈一贯、沈鲤相继去国。明年秋,士昌赍表入都,上疏言:

　　　皇上听一贯、鲤并去,舆论无不快一贯而惜鲤。夫一贯招权罔利，大坏士风吏道，恐天下林居贞士与己龃龉，一切阻遏，以杜将来。即得罪张居正诸臣，皇上素知其忠义、注意拔擢者，皆摈不复用，甚则借他事处之。其直道左迁诸人、久经迁转在告者，一贯亦摈不复用。在廷守正不阿、魁磊老成之彦，小有同异，亦巧计罢之。且空部院以便于择所欲用，空言路以便于恣所欲为，空天下诸曹与部院、言路等，使人不疑。至于己所欲用所欲为者，又无不可置力而得志；所不欲者，辄流涕语人曰"吾力不能得之皇上'。善则归己，过则归君，人人知其不忠。

夫鲤不肥身家，不择利便，惟以众贤效力君，较一贯忠邪远甚。一贯既归，货财如山，金玉堆积；鲤家徒壁立，贫无余赀，较一贯贪廉远甚。一贯患鲤邪正相形，借妖书事倾害，非皇上圣明，几至大误。臣以为辅臣若一贯憸邪异常，直合古今奸臣卢杞、章惇而三矣。然竟无一人以鲤、一贯之贤奸为皇上正言别白者，臣窃痛之。

且一贯之用，由王锡爵所推毂。今一贯去，以锡爵代首揆，是一贯未尝去也。锡爵素有重名，非一贯比。然器量褊狭，嫉善如仇。高桂、赵南星、薛敷教、张纳陛、于孔兼、高攀龙、孙继有、安希范、谭一召、顾宪成、章嘉祯等一黜不复。项闻锡爵有疏请录遗佚。谓宜如其所请，召还诸臣，然后敦趣就道，不然，恐锡爵无复出理也。至论劾一贯诸臣，如刘元珍、庞时雍、陈嘉训、朱吾弼，亦亟宜召复，以为尽忠发奸者之劝。至于他臣，以触忤被中伤异同致罢去者，请皆以次拂拭用之。

说者谓皇上于诸臣，虽三下明诏，意若向用，实未欲用者，臣独以为不然。皇上初尝罢傅应祯、余懋学、邹元标、艾穆、沈思孝、吴中行、赵用贤、朱鸿谟、孟一脉、赵世卿、郭惟贤、王用汲等，后又尝谪魏允贞、李三才、黄道瞻、谭希思、周弘禴、江东之、李植、曾乾亨、冯景隆、马应图、王德新、顾宪成、李懋桧、董基、张鸣冈、饶伸、郭实、诸寿贤、顾允成、彭遵古、薛敷教、吴正志、王之栋等，旋皆擢用。顷年改调铨曹邹观光、刘学曾、李复

阳、罗朝国、赵邦柱、洪文衡等于南京,亦俱渐还清秩。而邹元
标起自戍所,累蒙迁擢,其后未有一言忤主,而谓皇上忽复怒
之,而调之南,而锢不复用,岂不厚诬皇上也哉。盖皇上本无不
用诸臣之心,而辅臣实决不用诸臣之策也。说者谓俗流世坏,
宜用洁清之臣表率之。然古今廉相独推杨绾、杜黄裳,以其能
推贤荐士耳。王安石亦有清名,乃用其学术驱斥诸贤,竟以祸
宋。为辅臣者可不鉴于此哉。

其意以阴讽李廷机。廷机大恚,疏辨曰:"人才起用,臣等不惟不敢
干至尊之权,亦何敢侵吏部职。"士昌见疏,复贻书规之,廷机益不
悦,然帝尚未有意罪士昌也。会朱赓亦疏辨如廷机指,帝乃下士昌
疏,命罪之。吏部侍郎杨时乔,副都御史詹沂请薄罚,不许。诏镌三
秩为广西佥事。御史宋焘论救,复诋一贯,刺廷机。帝益怒,谪焘平
定判官,再谪士昌兴安典史。

　　士昌好学,励名检。居恒愤时疾俗,欲以身挽之。故虽居散僚,
数有论建,竟龃龉以终。士昌谪之明年,礼部主事郑振先劾赓等大
罪十二,亦镌三秩,调边方用。

　　宋焘,泰安人。万历二十九年进士。自庶吉士授御史,任气好
搏击。出按应天诸府,疏斥首辅朱赓。廷臣继有请,皆责备辅臣,其
端自焘发也。及坐谪,旋请假归。卒于家。天启初,赠士昌太常少
卿,焘光禄少卿。

　　马孟祯,字泰符,桐城人。万历二十六年进士。授分宜知县。将
内召,以征赋不及四分,为户部尚书赵世卿所劾,诏镌二秩。甫三
日,而民逋悉完。邹元标、万国钦辈亟称之。

　　续授御史。文选郎王永光,仪制郎张嗣诚,都给事中姚文蔚、陈
治则,以附政府擢京卿,南京右都御史沈子木年几八十未谢政,孟
祯并疏论之。大学士李廷机被劾奏辨,言入仕以来,初无大谬。孟
祯驳之曰:"廷机在礼部昵邪妄司官彭遵古,而聂云翰建言忤时,则

抑之至死。秉政未几，姜士昌、宋焘、郑振先皆得罪。姚文蔚等滥授京堂，陈用宾等屡拟宽旨。犹不谓之谬哉？”王锡爵辞召，密疏痛诋言者。孟祯及南京给事中段然并上疏极论。寻陈金商之害，发工部郎陈民志、范钫黩货罪。又陈通壅蔽、录直臣、决用舍、恤民穷、急边饷五事。请召用邹元标、赵南星、王德完，放廷机还田里。皆不报。

三十九年夏，怡神殿灾。孟祯言：“二十年来，郊庙、朝讲、召对、面议俱废，通下情者惟章奏。而疏入旨出悉由内侍，其彻御览奥果出圣意否，不得而知，此朝政可虑也。臣子分流别户，入主出奴，爱憎由心，雌黄信口，流言蜚语，腾入禁庭，此士习可虑也。畿辅、山东、山西、河南，比岁旱饥。民间卖女鬻儿，食妻啖子，铤而走险，急何能择。一呼四应，则小盗合群，将为豪杰之藉，此民情可虑也。”帝亦不省。

吏部侍郎萧云举佐京察，有所庇，孟祯首疏攻之。论者日众，云举引去。山海参将李获阳忤税监，下狱死，孟祯为讼冤，因请贷卜孔时、王邦才、满朝荐、李嗣善等之在狱者，且言：“楚宗一狱，死者已多，今被锢高墙者，谁非高皇帝子孙，乃令至是。”皆弗听。四十二年冬，考选科道，中书舍人张光房，知县赵运昌、张廷拱、旷鸣鸾、濮中玉，以言论忤时，抑不得与。孟祯不平，具疏论之。是时三党势张，忌孟祯谠直，出为广东副使。移疾不赴。

天启初，起南京光禄少卿，召改太仆。以忧归。魏忠贤得志，为御史王业浩所论，遂削籍。崇祯初，复官。

孟祯少贫。既通显，家无赢资。惟衔赵世卿抑己，既入台即疏劾世卿，人以为隘。

汪若霖，字时甫，光州人。父治，保定知府。若霖举万历二十年进士，授行人。

三十三年擢户科给事中。言“有司贪残，率从轻论，非律；边吏竭脂膏，外媚敌，内媚要津，而京军十万半虚冒，非计。”兵部尚书萧大亨被劾求去，吏部议留，若霖力诋部议。云南民变，杀税使杨荣，诏从巡抚陈用宾言，命四川丘乘云兼领。若霖言："用宾养成荣恶，今不直请罢税，而倡议领于四川，负国甚。乞亟斥用宾，追寝前命。"皆不报。

进礼科右给事中。自正月至四月不雨，若霖上疏曰："臣稽《洪范传》，言之不从，是谓不乂，厥罚恒旸。今郊庙宜亲，朝会宜举，东宫讲习宜开，此下累言之，而上不从者也。又有上言之而中变者：税务归有司，权珰犹侵夺；起废有明诏，启事犹沉阁是也。有上屡言之而久不决、下数言之而上不断者：中外大僚之推补，被劾诸臣之进退是也。凡此皆言不从之类。积郁成灾，天人恒理。陛下安得漠然而已哉！"时南京户、工二部缺尚书，礼部缺侍郎，廷推故尚书徐元泰、贵州巡抚郭子章、故詹事范醇敬。若霖言："三人不足任，且举者不能无私。请自今廷推勿以一人主持，众皆画诺。宜籍举主姓名，复祖宗连坐之法。"诏申饬如若霖言，所推悉报寝。兵部主事张汝霖，大学士朱赓婿也。典试山东，所取士有篇章不具者。若霖疏劾之，停其俸。中官杨致中枉法拷杀指挥郑光擢，若霖率同官列其十罪，不报。

朱赓独相，朝事益弛。若霖言："陛下独相一赓，而又昼接无闻，补牍莫应，此最大患也。方今纪网坏，政事壅，人才耗，庶职空，民力穷，边方废，宦竖横，资贼繁，士大夫几忘廉耻礼义，而小民愁苦冤痛之声彻于寰内。辅臣宜慨然任天下重，收拾人心，以效之当宁。如徒谦让未遑，或以人言，轻怀去就，则陛下何赖焉？"赓乃缘若霖指，力请帝急行新政。帝亦不省。

五月朔，大雨雹。若霖谓用人不广，大臣专权之象，具疏切言之。已而京师久雨，坏田庐。若霖复言大臣比周相倚，小臣趋风，其流益甚；意复诋赓及新辅李廷机辈也。三十六年巡视库藏，见老库止银八万，而外库萧然，诸边军饷逋至百余万。疏请集议长策，亦留中。

先是，吏部列上考选应授科道者，知县新建汪元功、进贤黄汝亨、南昌黄一腾与焉。赓党给事中陈治则推毂元功、汝亨。若霖劾二人嚣竞，吏部因改拟部曹。治则怒劾一腾交搆。帝以言官纷争，留部疏。廷臣屡请乃下，而责若霖首倡烦言，并元功、汝亨、一腾各贬一级，出之外。廷臣论救，皆不省。若霖遂出为颍州判官，卒。

赞曰：明至中叶以后，建言者分曹为朋，率视阁臣为进退。依阿取宠则与之比，反是则争。比者不容于清议，而争则名高。故其时端揆之地，遂为抨击之业，而国是淆矣。虽然，所言之是非，阁臣之贤否，黑白判然，固非私怨恶之所得而加，亦非可尽委之沽直好事，谓人言之不足恤也。

明史卷二三一
列传第一一九

顾宪成　欧阳东凤　吴炯　　顾允成

张纳陛　贾岩　诸寿贤　彭遵古　　钱一本

子春　于孔兼　陈泰来　　史孟麟

薛敷教　安希范　吴弘济　谭一召

孙继有　刘元珍　庞时雍　　叶茂才

　　顾宪成,字叔时,无锡人。万历四年举乡试第一。八年成进士,授户部主事。大学士张居正病,朝士群为之祷,宪成不可。同官代之署名,宪成手削去之。居正卒,改吏部主事。请告归三年,补验封主事。

　　十五年大计京朝官,都御史辛自修掌计事。工部尚书何起鸣在拾遗中,自修坐是失执政意。给事中陈与郊承风旨并论起鸣、自修,实以攻自修而庇起鸣。于是二人并罢,并责御史纠起鸣者四人。宪成不平,上疏语侵执政,被旨切责,谪桂阳判官。稍迁处州推官。丁母忧,服除,补泉州推官。举公廉第一。

　　擢吏部考功主事,历员外郎,会有诏三皇子并封王。宪成偕同官上疏曰:

　　　　皇上因《祖训》立嫡之条,欲暂令三皇子并封王,以待有嫡立嫡,无嫡立长。臣等伏而思之,"待"之一言,有大不可者。太子,天下本。豫定太子,所以固本。是故有嫡立嫡,无嫡立长,就见在论是也,待将来则非也。"我朝建储家法,东宫不待嫡,元子不并封。廷臣言甚详,皇上概弗省,岂皇上创见有加列圣之上乎？有天下者称天子,天子之元子称太子。天子系乎天,君与天一体也;太子系乎父,父子一体也。主畅承祧,于是乎在,不可得而爵。今欲并封三王,元子之封何所系乎？无所系,则难乎其为名;有所系,则难乎其为实。

皇上以为权宜云耳。夫权宜者,不得已而行之也。元子为太子,诸子为藩王,于理顺,于分称,于情安,有何不得已而然乎"耦尊钧大,逼所由生。皇上以《祖训》为法,子孙以皇上为法。皇上不难创其所无,后世讵难袭其所有。自是而往,幸皆有嫡可也,不然,是无东宫也。又幸而如皇上之英明可也,不然,凡皇子皆东宫也。无乃启万世之大患乎？皇后与皇上共承宗祧,期于宗祧得人而已。皇上之元子诸子,即皇后之元子诸子。恭妃、皇贵妃不得而私之,统于尊也。岂必如辅臣王锡爵之请,须拜皇后为母,而后称子哉？

况始者奉旨,少待二三年而已,俄改二十年,又改于二十一年,然犹可以岁月期也。今曰"待嫡",是未可以岁月期也。命方布而忽更,意屡迁而愈缓。自并封命下,叩阍上封事者不可胜数,至里巷小民亦聚族而窃议,是孰使之然哉,人心之公也。而皇上犹责辅臣以担当。锡爵夙夜趣召,乃排群议而顺上旨,岂所谓担当;必积诚感悟纳皇上于无过之地,乃真担当耳。不然,皇上且不能如天下何,而况锡爵哉！

皇上神明天纵,非溺宠狎昵之比。而不谅者,见影而疑形,闻响而疑声,即臣等有不能为皇上解者。皇上盛德大业,比隆三五。而乃来此意外之纷纷,不亦惜乎。伏乞令皇元子早正储位,皇第三子、皇第五子各就王爵。父父子子,君君臣臣,兄兄弟弟。宗庙之福,社稷之庆,悉在是矣。

宪成又遗书锡爵,反覆辨论。其后并封议遂寝。

　　二十一年京察。吏部尚书孙鑨、考功郎中赵南星尽黜执政私人,宪成实左右之。及南星被斥,宪成疏请同罢,不报。寻迁文选郎中。所推举率与执政牴牾。先是,吏部缺尚书,锡爵欲用罗万化,宪成不可,乃用陈有所。后廷推阁臣,万化复不与。锡爵等皆恚,万化乃获推,会帝报罢而止。及是,锡爵将谢政,廷推代者。宪成举故大学士王家屏,忤帝意,削籍归。事具《有年传》。

　　宪成既废,名益高,中外推荐无虑百十疏,帝悉不报。至三十六年,始起南京光禄少卿,力辞不就。四十年卒于家。天启初,赠太常卿。魏忠贤乱政,其党石三畏追论之,遂削夺。崇祯初,赠吏部右侍郎,谥端文。

　　宪成姿性绝人,幼即有志圣学。暨削籍里居,益覃精研究,力辟王守仁“无善无恶心之体”之说。邑故有东林书院,宋杨时讲道处也,宪成与弟允成倡修之,常州知府欧阳东凤与无锡知县林宰为之营构。落成,偕同志高攀龙、钱一本、薛敷教、史孟麟、于孔兼辈讲学其中,学者称泾阳先生。当是时,士大夫抱道忤时者,率退处林野,闻风响附,学舍至不能容。宪成尝曰:“官辇毂,志不在君父,官封疆,志不在民生,居水边林下,志不在世道,君子无取焉。”故其讲习之余,往往讽议朝政,裁量人物。朝士慕其风者,多遥相应和。由是东林名大著,而忌者亦多。

　　既而淮抚李三才被论,宪成贻书叶向高、孙丕扬为延誉。御史吴亮刻之邸抄中,攻三才大哗。而其时于玉立、黄正宾辈附丽其间,颇有轻浮好事名。徐兆魁之徒遂以东林为口实。兆魁腾疏攻宪成,恣意诬诋。谓浒墅有小河,东林专其税为书院费;关使至,东林辄以书招之,即不赴,亦必致厚馈;讲学所至,仆从如云,县令馆毂供亿,非二百金不办;会时必谈时政,郡邑行事偶相左,必令改图;及受黄正宾贿。其言绝无左验。光禄丞吴炯上言为一一致辨,因言:“宪成贻书救三才,诚为出位,臣尝咎之,宪成亦自悔。今宪成被诬,天下将以讲学为戒,绝口不谈孔、孟之道,国家正气从此而损,非细事也。”疏入,不报。嗣后攻击者不绝,比宪成殁,攻者犹未止。凡救三才者，争辛亥京察者，卫国本者，发韩敬科场弊者，请行勘熊廷弼者，抗论张差梃击者，最后争移宫、红丸者，忤魏忠贤者，率指目为东林，抨击无虚日。借魏忠贤毒焰，一网尽去之。杀戮禁锢，善类为一空。崇祯立，始渐收用。而朋党势已成，小人卒大炽，祸中于国，迄明亡而后已。

欧阳东凤，字千仞，潜江人。年十四丧父，哀毁骨立。母病呕血，跪而食之。举于乡，县令悯其贫，遗以田二百亩，谢不受。万历十七年进士，除兴化知县。大小坏堤，请振于上官不应，遂自疏于朝。坐越奏停俸，然竟如所请。屡迁南京刑部郎中，擢平乐知府。抚谕生瑶，皆相亲如子弟。因白督学监司，择其俊秀者入学，瑶渐知礼让。税使横行，东凤力抗之。以才调常州。布帷瓦器，胥吏不能牟一钱，擒奸人剧盗且尽。宪成辈讲学，为建东林书院。居四年，谢事归。起山西副使，擢南京太仆少卿，并辞不就。卒于家。

吴炯，字晋明，松江华亭人。万历十七年成进士，授杭州推官。入为兵部主事，乞假归。恬静端介，不骛荣利。家居十二年，始起故官。久之，进光禄丞。天启中，累迁南京太仆卿。魏忠贤私人石三畏追论炯党庇宪成，落职间住。崇祯初，复官。炯家世素封。无子，置义田以赡族人。郡中贫士及诸生赴举者，多所资给。尝输万金助边，被诏旌奖。

顾允成，字季时，宪成弟。性耿介，厉名节。举万历十一年会试，十四年始赴殿试。对策中有曰：“陛下以郑妃勤于奉侍，册为皇贵妃，廷臣不胜私忧过计。请立东宫，进封王恭妃，非报罢则峻逐。或不幸贵妃弄威福，其戚属左右窃而张之，内外害可胜言。顷张居正阁上行私，陛下以为不足信，而付之二三匪人。恐居正之专，尚与陛下二。此属之专，遂与陛下一。二则易间，一难图也。”执政骇且恚，置末第。

　　会南畿督学御史德清人房寰，连疏诋都御史海瑞，允成不胜愤。偕同年生彭遵古、诸寿贤抗疏劾之，略言："寰妒贤丑正，不复知间羞耻事。臣等自幼读书，即知慕瑞，以为当代伟人。寰大肆贪污，闻瑞之风，宜愧且死，反敢造言遑诬，臣等所为痛心。因劾其欺罔七罪。始寰疏出，朝野多切齿。而政府庇之，但拟旨谯让。及得允成等疏，谓寰已切让，不当出位妄奏，夺三人冠带，还家省愆，且令九卿约束办事进士，毋妄言时政。南京太仆卿沈思孝上言："二三年来，今日以建言防人，明日以越职加人罪，且移牒诸司约禁，而进士观政者，复令堂官钳束之。夫禁其作奸犯科可也，而反禁其谠言直谏；教其砥行立节可也，而反教以缄默取容。此风一开，流弊何极。谏官避祸希宠不言矣，庶官又不当言；大臣持禄养交不言矣，小臣又不许言。万一权奸擅朝，倾危宗社，陛下安从闻之。臣历稽先朝故事，练纲、邹智、孙磐、张璁并以书生建言，未闻以为罪，独奈何锢允成等耶？"疏入，忤旨被责，三人遂废。寰复诋瑞及思孝，其言绝狂诞。自是获罪清议，出为江西副使。给事中张鼎思劾其奸贪，寰亦讦鼎思请寄事。诸给事不平，连章攻寰，寰与鼎思并谪，遂不复振。

　　久之，南京御史陈邦科请录用允成等，不许。巡按御史复言之，诏许教授用。允成历任南康、保定。入为国子监博士，迁礼部主事。三王并封制下，偕同官张纳陛、工部主事岳元声合疏谏曰："册立大典，年来无敢再渎者，以奉二十一年举行之明诏。兹既届期，群臣莫不引领。而元辅王象爵易驾趣朝，一见礼部尚书罗万化、仪制郎于孔兼，即戒之弗言，慨然独任，臣等实喜且慰。不意陛下出禁中密札，竟付锡爵私邸，而三王并封之议遂成；即次辅赵志皋、张位亦不预闻。夫天下事非一家私议。元子封王，祖宗以来未有此礼，锡爵安得专之，而陛下安得创之。当是时，光禄丞朱维京、给事中王如坚疏先入。帝震怒，戍极边。维京同官涂杰、王学曾继之，斥为民。及是谏者益众，帝知不可尽斥，但报"遵旨行"。已而竟寝。

　　未几，吏部尚书孙钺等以拾遗事被责。允成谓阁臣张位实为之，上疏力诋位，因及锡爵。纳陛亦抗章极论，并侵附执政者。帝怒。

谪允成光州判官,纳陛邓州判官。皆乞假归,不复出。

纳陛,字以登,宜兴人。年十六,从王畿讲学。举万历十七年进士。由刑部主事改礼部。生平尚风节。乡邑有利害,辄为请于有司而后已。东林书院之会,纳陛与焉。又与同邑史孟麟、吴正志为丽泽大会,东南人士争赴之。

时与允成等同以部曹争三王并封,又争拾遗事者,户部主事涂人贾岩,亦贬曹州判官。投劾归,卒。天启中,赠允成、纳陛下光禄少卿,岩尚宝丞。

诸寿贤,字延之,昆山人。既释褐,上疏愿放归田,力学十年,然后从政。章下所司,寝不奏。既斥归。久之,起南阳教授。入为国子助教,擢礼部主事。戚里中贵干请,辄拒之。遘疾,请告归,授徒自给。久之卒。

彭遵古,麻城人,终光禄少卿。

钱一本,字国瑞,武进人。万历十一年进士。除庐陵知县,征授御史。入台即发原任江西巡按祝大舟贪墨状,大舟至遣戍。已,论请从祀曹端、陈真晟、罗伦、罗洪先于文庙。出按广西。

帝以张有德请备大礼仪物,复更册立东宫期,而申时行柄国,不能匡救。一本上论相、建储二疏。其论相曰:

昨俞旨下辅臣,令辅臣总政。夫朝廷之政,辅臣安得总之。内阁代方拟旨,本顾问之遗,遇有章奏,阁臣宜各拟一旨。今一出时行专断。皇上断者十一,时行断者十九。皇上断谓之圣旨,时行断亦谓之圣旨。惟嫌怨所在,则以出自圣断为言,罪何可胜诛。所当论者一。

评事洛于仁进四药之箴,陛下欲见之施行,辅臣力劝留中。既有言及辅臣之章,亦尽留中不下。道吾君以遂非文过如此,复安望其尽忠补过耶?所当论者二。

科场弊窦,污人齿颊,而敢拟原无私弊之旨,以欺吾君。臣请执政子弟有中式而被人指摘者，除名改荫。又与见从仕籍者，暂还里居，俟父致政，乃议进止。毋令犬马报主之心，不胜其牛马子孙之计。所当论者三。

大臣以身殉国，安复有家。乃以远臣为近臣府库，又合远近之臣为内阁府库。开门受赂自执政始，而岁岁申馈遗之禁何为哉？所当论者四。

墨敕斜封，前代所患；密启言事，先臣弗为。今阁臣或有救援之举，或有密勿之谋，类具揭帖以进；虽格言正论，谠议忠谋，已类斜封密启之为，非有公听并观之正。况所言公，当与天下公言之；所言私，忠臣不私。奈何援中书之故事，启留中之弊端，昭恩怨之所由，示威福之自己。所当论者五。

我国家仿古为治，部院即分职之六卿，内阁好论道之三公。未闻三公可尽揽六卿之权，归一掌握，而六卿又颡首屏气，唯唯听命于三公，必为请教而后行也。所当论者六。

三公职在论道。师，道之教训。今讲幄经年不御，是何师也？傅，傅之德义。今外帑匮乏，私藏充盈不，能一为救正，是何傅也？保，保其身体。今圣躬常年静摄，尚以多疾为辞，是何保也？其兼衔必曰太子之师、傅、保，而册立皇元子之仪，至今又复改迟，臣不知其所兼者何职矣。所当论者七。

翰林一途，谓之储相。累赏蹑级，循列卿位，以觊必得。遂使国家命相之大任，仅为阁臣援引之私物。庸者习软熟纳之态，黠者瓷怂陵侵夺之谋。外推内引，珰阁表里。始进不正，安望其终。故自来内阁之臣一据其位，远者二十年，近者十年，不败不止。嵩之鉴不远，而居正蹈之；居正之鉴不远，而时行又蹈之。继其后者庸碌罢驽，或甚于时行；褊隘执拗，又复为居正。若非大破常格，公天下以选举，相道终未可言。所当论者八。

先民询刍荛之言，明王设诽谤之木。今大臣惧人攻己，而欲钳天下之口，不目之为奸、为邪、为浮薄，必詈之为逸、为谤、为小人。目前之耳目可涂，身后之是非难罔。所当论者九。

君臣之分，等于天地。今上名之曰总政，己亦居之曰总政。以其身居于宠利之极，耐弹忍辱，必老死于位而后已。古所谓元老大臣，乃如是其不知进退存亡者耶？大臣既无难进易退之节，天下安有顽廉懦立之风。举一世之人心风俗，糜烂于墦登垄之坑，滔滔而莫之止。是故陛下之治，前数年不胜其操切惨刻，而势焰烁人；后数年不胜其姑息委靡，而贤愚共贯。前之政自居正总，今之政自时行总，而皆不自朝廷总故也。所当论者十。

然君道莫先论相，而取人亦在君身，愿陛下勿以国本为儿戏。昔孔子经告君，而先之修身、劝贤。大抵谗夫女谒货利之交，一有惑溺，则内之心志决不清明，外之身体决不强固。矧以艳处之褒姒，而为善谮之骊姬，狐媚既以蛊其心，鹿台又复移其志。陛下之方寸，臣知其不能自持者多矣，抑何以贵德尊士，而修身取人哉！

其论国本曰：

陛下所以迟迟建储者，谓欲效皇祖世宗之为耳。然皇祖中年尝立庄敬为太子，封皇考为裕王，非终不立太子也。矧今日事体又迥然不同。皇贵妃宠过皇后。其处心积虑，无一日而不萌夺嫡之心，无一日而不思援立其子之计。此世宗时所无也。凡子必依于母，皇元子之母压于皇贵妃之下。陛下曰"长幼有序"，皇贵妃曰"贵贱有等"。倘一日遂其夺嫡之心，不审陛下何以处此。此世宗时所无也。景王就封，止皇考一人在京。今则章服不别，名分不正。弟既恃母之宠而朝夕近幸，母又觊子之立而日夜树功。此世宗时所无也。传闻陛下先曾失言于皇贵妃，皇贵妃执此为信。及今不断，蛊惑日深，刚断日馁，事体日难。此世宗时所无也。

前者有旨不许诸司激扰，愈致迟延，非陛下预设机阱，以御天下言者乎！使届期无一人言及，则佯为不知，以冀其迟延。有一人言及，则御之曰"此来激扰我也"，改迟一年。明年又一人言及，则又曰"此又来激扰我也"，又改二三年。必使天下无一人敢言而后已，庶几依违迁就，以全其衽席昵爱之私，而曾不顾国本从此动摇，天下从此危乱。臣以为陛下之御人至巧，而为谋则甚拙也。此等机智不可以罔匹夫匹妇，顾欲以欺天下万世耶！

疏入，留中。

时廷臣相继争国本，惟一本言最戆直。帝衔之。无何，杖给事孟养浩。中旨以养浩所逞之词根托一本，造言诬君，摇乱大典，遂斥为民。屡荐，卒不用。一本既罢归，潜心《六经》、濂、洛诸书，尤研精《易》学。与顾宪成辈分主东林讲席，学者称启新先生。里居二十五年，预克卒日，赋诗志之，如期而逝。天启初，赠太仆寺少卿。

子春，字若木，万历三十二年进士。历知高阳、献二县，征授御史。太仆少卿徐兆魁攻李三才，因痛诋顾宪成。春三疏首发其憸邪。出按湖广，请予礼部侍郎郭正域及光禄少卿顾宪成恤典。楚宗人以评伪王事，锢高墙者甚众，春为讼冤，寻复请释回故宗家属，语甚切至。咸宁知县满朝荐久系，奏请释之，因请并释王邦才、卞孔时。又再疏劾守备中官杜茂，且备陈采榷之害，言："臣不忍皇上听小人之谋，名出汉桓、唐德下，为我明基祸之主。"帝以湖广地为福王庄田。春三疏力争，帝降旨切责。

叶向高致政去，方从哲为首辅。春抗疏言："今天下人材则朝虚野实，货财则野虚朝实。从哲不能救正，而第于福王则无事不曲从。臣尝叹皇上有为尧、舜之资，而辅佐无人。仅得王家屏、沈鲤，又俱不信用。其余大抵庸恶陋劣，奸回娼嫉之徒，不意至从哲而风益下。臣闻从哲每向人言，辄云内相之意，是甘为万安、焦芳，曾赵志皋、沈一贯之不若也。"从哲疏辨乞去。帝慰留，而责春妄言渎奏，出福建右参议。寻丁父艰。天启初，起故官。召为尚宝少卿，历迁光禄卿。五年，魏忠贤党门克新劾春倚恃东林，父作子述，削籍归。

崇祯九年召拜通政使。迁户部右侍郎，历尚书。总督仓场，条行厘弊十事。以劳瘁予告。未几，起南京户部尚书。疏请皇太子出阁，从之。累疏引疾，不允。九年条上战守之策，并论贼三可击状。帝如议敕行。十一年，黄道周、刘同升等谏杨嗣昌夺情，被贬谪。范景文等疏救，春名与焉。明年正月削景文籍，置春不问。春为御史，甚有声。及居大僚，循职无咎。会上疏请改折白粮，忤旨，罢归。是年卒。

于孔兼，字元时，金坛人。万历八年进士。授九江推官。入为礼部主事，再迁仪制郎中。疏论都御史吴时来晚节不终，不当谥忠恪，因请谥杨爵、陈瓒、孟秋。乃夺时来谥，而谥爵忠介。

大学士王家屏以争册立求去。孔兼上言："陛下徇内嬖之情，而摇主鬯之器。不纳辅臣之言，反重谏官之罚。且移怒吏部，削籍三人。夫万国钦获罪申时行，饶伸获罪王锡爵，非获罪于陛下也。辅臣于数千里外，能遥制朝权若此，毋乃陛下以此示恩，欲其复来共成他图耶。自陛下有近日之举，而善类寒心，邪臣彭掌。将来逢君必巧。豫教无期，申生、杨广再见于今，此宗庙之不利，非直臣等忧也。"帝得疏，怒甚。已，竟留中。

明年正月，有诏并封三王。孔兼与员外郎陈泰来合疏争曰："立嫡之训，自古有之。然历考祖宗以来，未有虚东宫之位以候嫡子者。昔陛下正位东宫，年甫六岁，仁圣皇太后方在盛年，先皇帝曾不少待，陛下岂不省记乎？地远则嫌生，礼殊则分定。愿收还新谕，建储、封王一时并举，宗社幸甚。"未报。

孔兼又言："陛下坚持待嫡之说，既疑群臣谤讪，又谓朝纲倒持，遂欲坐谏者以无礼于君之罪。夫谓元子当立不容绘者，君子也。此有礼于君者，王如坚诸人是也。谓并封可行逢上意者，小人也。此无礼于君者，许梦熊一人是也。今欲以无礼之罪，而加之有礼于其君者，何以服人心，昭国法？臣又惟巫蛊之谤启于尧母；承乾之诛成于偏爱。自古乱臣，未有不窥人君之隙而逢迎以其奸者。始锡爵之两谕并拟，其负国误君大矣。既不能转移君心决计于初，乃以杜门求去为计。夫前无失策，一去可以成名。失而后争，争而不得，虽去不足塞责矣。人谓锡爵言无不尽。特苦陛下听断之不行。臣则云陛下悔心已萌，特忧锡爵感孚之未至。若姑云徐徐，坐视君父之过举，锡爵纵不为宗社计，独不为身名计乎？”会廷臣多谏者，其事竟寝。

亡何，考功郎中赵南星坐京察削籍。孔兼、泰来各疏救。帝积前恨，谪孔兼安吉判官，泰来饶平典史。孔兼投牒归。家居二十年，杜门读书，矩矱整肃，乡人称之无间言。

泰来，字伯符，平湖人。年十九，举万历五年进士，授顺天教授，进国子博士。见执政与言路相水火，上书规之，坐是五年不调。

南京礼部郎中马应图，泰来同邑又同年生也，十三年上疏讥切执政，又力诋给事中齐世臣、御史龚懋贤、蔡系周、孙愈贤、吴定，而盛称吴中行、赵用贤、沈思孝、李植诸人。忤旨，谪大同典史。给事中王致祥、御史柴祥等希执政意，复连章劾应图，且言泰来为点定奏章。帝以应图既贬不问。泰来引疾归。久之，起礼部主事，进员外郎。疏请建储，不报。逾年遂卒，年三十六。天启中，孔兼、泰来俱赠光禄少卿。

于氏为金坛望族。孔兼祖湛，户部侍郎。兄文熙，大名兵备副使。再从弟仕廉，南京户部侍郎，有清望。

史孟麟，字际明，宜兴人。万历十一年进士。授庶吉士，改吏科给事。疏劾少詹事黄洪宪典试作奸，左都御史吴时来沮抑言路。执政庇之，格不行。员外郎赵南星、主事姜士昌相继劾两人，并及副都御史詹仰庇。执政滋不说。吏科都给事中陈与郊素附执政，属同官李春开三疏讦南星、士昌妄言。帝止下春开疏，而留南星、士昌奏不发。给事王继光、万自约不平，复抗章论时来等，词甚峻切。孟麟亦上疏力攻春开，语并侵执政，因求罢，不许。孟麟竟自引归。春开亦谢病去，后以考察。孟麟寻召为兵科右给事中。

二十年，大学士赵志皋、张位言"凡会议会推，并令廷臣类奏，取自上裁，用杜专权"。孟麟疏争曰："自臣通籍以来，窃见阁臣侵部院之权，言路希阁臣之指，官失其守，言失其责久矣。陛下更置辅臣，与天下更始，政事归六部，公论付言官，天下方欣欣望治，奈何忽有此令？曩太祖罢中书省，分设六部，恐其专也；而官各有职，不相侵越，则又惟恐其不专。盖以一事任一官，则专不为害；即使败事，亦罪所归。此祖宗建官之意也。今令诸臣各书所见，类奏以听上裁，则始以一部之事，分而散之于诸司；究以诸司之权，合而收之于禁密。事事虽上裁，旨由阁拟。脱有私意奸其间，内托上旨，外诿廷言，谁执其咎？又脱有冯保、张居正者，夤缘为奸，授意外廷，小人趋承，扶同罔上，朝廷不得察其非，当官不能争其是，又谁执其咎？臣窃谓政权分之六部，不可以为专。惟六部不专，则必有专之者。是乃收揽威权之渐，必不可从也。"忤旨，不纳。

再迁吏科都给事中。三王并封议起，孟麟、于孔兼等诣王锡爵邸争之。又进《或问》一篇，别白尤力。尚书孙鑨、考功郎中赵南星掌癸巳京察，孟麟实佐之。南星以谗言斥，孟麟亦引疾归。召拜太仆少卿，复以疾去。

孟麟素砥名节，复与东林讲会，时望益重。家居十五年，召起故官，督四夷馆。会睹梃击事，疏请册立皇太孙，绝群小觊觎之望。且救御史刘光复。帝怒，谪两浙盐运判官。熹宗立，稍迁南京礼部主事。累擢太仆卿，卒。

薛敷教，字以身，武进人。祖应旂，字仲常。嘉靖十四年进士。由慈谿知县屡迁南京考功郎中，主京察。大学士严嵩尝为给事中王晔所劾，嘱尚宝丞诸杰贻书应旂，令黜晔。应旂反黜杰，嵩大怒。应旂又黜常州知府符验，嵩令御史桂荣劾应旂挟私黜郡守，谪建昌通判。历浙江提学副使。应旂雅工场屋文字，与王鏊、唐顺之、瞿景淳齐名。其阅文所品题，百不失一。以大计罢归，顾宪成兄弟方少，从之学，敷教遂与善，用风节相期许。及举万历十七年进士，与高攀龙同出赵南星门,益以名教自任。

　　会南京御史王藩臣疏劾巡抚周继,不具揭都察院,为其长耿定向所劾。左都御史事吴时来因请申饬宪规,藩臣坐停俸。敷教上言:"时来壅遏言路,代人狼噬。而二三辅臣,曲学险诐,又故绳庶采,以崇九列,塞主上聪明。宜严党邪之禁,更易两都台长,以清风宪。"疏上,大学士申时行等疏言:"故事,御史建白,北京即日投揭台长,南京则以三日。藩臣废故事,薄罚未为过。必如敷教言,将尽抑大臣而后可耶?"副都御史詹仰庇劾敷教扇惑人心,淆乱国是。诏敷教归,省过三年,以教职用。大学士许国以敷教其门生而疏语侵己,尤愤,自请罢斥。因言:"迩来建言成风,可要名,可躐秩,又可掩过,故人竞趋之为捷径,此风既成,莫可救止。方今京师讹言东南赤旱,臣未为忧,而独忧此区区者,彼止一时之灾,此则世道之虑也。"时来亦乞休,力诋敷教及主事饶伸。帝慰留国、时来。都给事中陈与郊复上疏极诋建言诸臣,帝亦不问。

　　二十年夏,起敷教凤翔教授,旋迁国子助教。明年力争三王并封,又上书王锡爵。寻以救南星,谪光州学正。省母归,遂不复出。

　　敷教裋身严苦,垢衣粝食,终身未尝受人馈。家居二十年,力持清议,大吏有举动,多用敷教言而止。后与宪成兄弟及攀龙辈讲学。卒,赠尚宝司丞。

　　安希范,字小范,无锡人。万历十四年进士。授行人。迁礼部主事,乞便养母,改南京吏部。

　　二十一年,行人高攀龙以赵用贤去国,疏争之,与郑材、杨应宿相讦。攀龙谪揭阳典史。御史吴弘济复争,亦被黜。希范上疏曰:"近年以来,正直之臣不安于位。赵南星、孟化鲤为选郎,秉公持正,乃次第屏黜。赵用贤节概震天下,止以吴镇竖子一疏而归,使应宿、材得窥意指,交章攻击。至如孙鑨之清修公正,李世达之练之刚明,李桢之孤介廉方,并朝廷仪表。鑨、世达先后去国,桢亦坚怀去志,天下共惜诸臣不用,而疑阁臣娼嫉不使竟其用也。高攀龙一疏,正直和平，引陛下忠臣，亦辅臣诤友。至如应宿辨疏，涂面丧心，无复人理。明旨下高科勘议，未尝不是攀龙非应宿。及奉处分之诏，则应宿仅从薄谪，攀龙反窜炎荒。辅臣误国不忠，无甚于此。乃动辄自文，诿之宸断。坐视君父过举，弼违补衮之谓何！苟俟降斥之后，阳为申救以愚天下耳目，而天下早已知其肺腑矣。吴弘济辨别君子小人，较若苍素，乃与攀龙相继得罪。臣之所惜，不为二臣，正恐君子皆退，小人皆进，谁为受其祸者。乞陛下立斥应宿、材，为小人媚灶之戒；复攀龙、弘济官，以奖忠良；并严谕阁臣王锡爵，无挟私植党，仇视正人。则相业光而圣德亦光矣。”时南京刑部郎中谭一召、主事孙继有方以劾锡爵被谴。希范疏入，帝怒，斥为民。

希范恬静简易，与东林讲学之会。熹宗嗣位，将起官，先卒。赠光禄少卿。

吴弘济，字春阳，秀水人。希范同年进士。由蒲圻知县擢御史。连劾福建巡抚司汝济、大理卿吴定、戎政侍郎郝杰、蓟辽总督顾养谦，不纳。三王并封诏下，偕同官抗疏争。既而以论应宿、攀龙事，贬二秩调外。王锡爵等疏救，给事、御史、执政疏每上，辄重其罚，竟斥为民。未几卒。熹宗时，赠官如希范。

谭一召，大庾人。孙继有，余姚人。一召疏曰：“辅臣锡爵再辅政以来，斥逐言者无虚月。攀龙、弘济之黜，一何甚也。自赵南星秉公考察，锡爵含怒积愤。故南星一挂弹章而斥，于孔兼、薛敷教、张纳陛等以申救而斥，孟化鲤等以推张栋而斥，李世达、孙铖又相继罢去矣。怒心横生，触事辄发，又安知是非公论耶！”继有疏曰：“吴弘济救攀龙则黜，黄纪贤、吴文梓救弘济则罚，郑材倾陷善类，而黜罚不加，何其舛也。今所指为攀龙罪者，以攀龙谓陛下不亲一事，批答尽出辅臣。然疏内初无此语，何以服攀龙心？然此犹小者耳。本兵、经略，安危所系，乃匪人石星、宋应昌任之，岂不误国家大计哉！”与一召疏并上。帝怒曰：“近罪攀龙，出朕独断。小臣无状，诋诬阁臣，朋奸党恶，不可不罪。其除一召名，谪继有极边杂职。”给事

中叶继美疏救二人及希范。帝益怒,并除继有名,遣官逮希范、一
召,夺继美俸一年。锡爵力救,诏免逮。诸人遂废于家。继有终知
府。

　　刘元珍,字伯先,无锡人。万历二十三年进士。初授南京礼部
主事,进郎中,亲老归养。起南京职方,厘汰老弱营军,岁省银二万
有奇。

　　三十三年京察。吏部侍郎杨时乔、都御史温纯,尽黜政府私人
钱梦皋等。大学士沈一贯密为地,诏给事、御史被黜者皆留,且不下
察疏。元珍方服阕需次,抗疏言:“一贯自秉政以来,此昵憸人,丛集
奸慝,假至尊之权以售私,窃朝廷之恩以市德,罔上下忠,孰大于
是!近见梦皋有疏,每以党加人。从古小人未有不以朋党之说先空
善类者。所关治乱安危之机,非细故也。”疏奏,留中。一贯亟自辨,
乞明示独断之意,以释群疑。梦皋亦诋元珍为温纯鹰犬。疏皆不报。
未几,敕谕廷臣以留用言官之故,贬元珍一秩,调边方。一贯佯救,
给事、御史侯庆远、叶永盛等亦争之,不从。时员外郎贺灿然、南京
御史朱吾弼相继论察典。而主事庞时雍则直攻一贯欺罔者十,误国
者十;且曰:“一贯之富贵日崇,陛下之社稷日坏。顷南郊雷震,正当
一贯奏请颁行敕谕之时。意者天厌其奸,以警悟陛下,俾早除谗慝
乎。”帝得疏怒,命并元珍、灿然贬三秩,调极边。顷之,庆远及御史
李楠等申救。帝益怒,夺其俸,谪元珍等极边杂职。俄御史周家栋
指陈时政,语过激。帝迁怒元珍等,皆除其名。然察疏亦下,诸被留
者皆自免去。

　　光宗即位,起元珍光禄少卿。时辽、沈既没,故赞画主事刘国缙
入南四卫,以招抚军民为名,投牒督饷侍郎,令发舟南济。议者欲推
为东路巡抚,元珍上疏言:“国缙乃李成梁义儿,成梁弃封疆,国缙
为营免,遂基祸本。杨镐、李如柏丧师,国缙甫为赞画,即奏保二人,
欲坐杜松违制。创议用辽人,冒官帑二十万金募土兵三万,曾不得
一卒之用。被劾解官,乃忽拥数万众,欲问道登、莱,窜处内地。万

一敌中间谍阑入其间,何以备之?"疏下兵部巡抚议,遂寝。

未几,元珍卒官。初,元珍罢归,以讲学为事。表节义,恤鳏寡,行义重于时。

时雍,汶上人。万历二十年进士。知丹徒县,历户、兵二部主事。既除名,未及起用而卒。

叶茂才,字参之,无锡人。万历十七年进士。除刑部主事,以便养改南京工部。榷税芜湖,课登,辄纵民舟去。既而课羡,请以饷边卒,不取一钱。就改吏部,进郎中,三迁南京大理丞。复引疾。

四十年起京太仆少卿。时朝士方植党争权。祭酒汤宾尹、修撰韩敬既败,其党犹力庇之。御史汤世济者,敬邑人也。疏陈时政,阴诋发敬奸弊者。茂才驰疏驳之。其党给事中官应震辈遂连疏力争。茂才更具揭发其隐,因移疾乞休。世济益恚,偕同年金汝谐、牟志夔攻之不已。茂才再疏折之,竟自引去。当是时,党人悉踞言路,凡他曹有言,必合力逐之。茂才既去,党人益专,无复操异议者。天启初,召为太仆少卿,改太常,皆不赴。四年擢南京工部右侍郎。明年抵官。甫三月,以时政日非,谢病归。友人高攀龙被逮,赴水死,使者将逮其子,茂才力救免之。未几卒。

茂才恬淡寡嗜好。通籍四十年,家食强半。始同邑顾宪成、允成、安希范、刘元珍及攀龙并建言去国,直声震一时,茂才只以醇德称。及官太仆,清流尽斥,邪议益棼,遂奋身与抗,人由是服其勇。时称"东林八君子",宪成、允成、攀龙、希范、元珍、武进钱一本、薛敷教及茂才也。

赞曰:成、弘以上,学术醇而士习正,其时讲学未盛也。正、嘉之际,王守仁聚徒于军旅之中,徐阶讲学于端揆之日,流风所被,倾动朝野。于是搢绅之士,遗佚之老,联讲会,立书院,相望于远近。而名高速谤,气盛招尤,物议横生,党祸继作,乃至众射之的,咸指东

林。甘陵之部,洛、蜀之争,不烈于是矣。宪成诸人,清节媕修,为士
林标准。虽未尝激扬标榜,列"君宗"、"顾"、"俊"之目,而负物望者
引以为重,猎时誉者资以梯荣,附丽游扬,薰莸猥杂,岂讲学初心实
然哉。语曰"为善无近名",士君子亦可以知所处矣。

明史卷二三二
列传第一二○

魏允贞　弟允中　刘廷兰　　王国
余懋衡　李三才

　　魏允贞,字懋忠,南乐人。万历五年进士。授荆州推官。大学
士张居正归葬,群吏趋事恐后,允贞独不赴,且挟其奴。

　　治行最,征授御史。吏部尚书梁梦龙罢。允贞言:"铨衡任重。
往者会推之前,所司率受指执政或司礼中官,以故用非其人。"帝纳
其言,特用严清,中外翕服。俄劾兵部尚书吴兑。兑引去。

　　已,陈时弊四事,言:"言居正窃柄,吏、兵二部迁除必先关白,
故所用悉其私人。陛下宜与辅臣精察二部之长,而以其职事归之。
使辅臣不侵部臣之权以行其私,部臣亦不乘辅臣之间以自行其私,
则官方自肃。自居正三子连登制科,流弊迄今未已。请自今辅臣子
弟中式,俟致政之后始许廷对,庶幸门稍杜。逢居正恶闻谠言,每遇
科道员缺,率择才性便给、工谄媚、善逢迎者授之,致昌言不闻,佞
臣得志。自今考选时,陛下宜严敕所司,毋循故辙。俺答自通市以
来,边备懈弛。三军月饷,既克其半以充市赏,复克其半以奉要人,
士无宿饱,何能御寇。至辽左战功,尤可骇异。军声则日振于前,生
齿则日减于旧。奏报失真,迁叙逾格,赏罚无章,何以能国哉!"疏
入,下都察院。

　　先是,居正既私其子,他辅臣吕调阳子兴周,张四维子泰征、甲
征,申时行子用懋,皆相继得举。甲征、用懋将廷对,而允贞疏适上。

四维大惧，言："臣待罪政府，无所不当闻。今因前人行私，而欲臣不
预闻吏、兵二部事，非制也。"因为子白诬，且乞骸骨。时行亦疏辨。
帝并慰留，而责允贞言过当。户部员外郎李三才奏允贞言是，并贬
秩调外。允贞得许州判官。给事中御史周邦杰、赵卿等论救，不纳。
允贞虽谪，然自是辅臣居位，其子无登第者。久之，累迁右通政。

　　二十一年以右佥都御史巡抚山西。允贞素刚果，清操绝俗。以
所部地瘠民贫，力裁幕府岁供及州县冗费，以其银数万缮亭障，建
烽堠，置器市马易粟。又奏免平阳岁额站银八万，以所省邮传羡补
之。雁门、平定军以逋屯粮审徙，允贞奏除其租，招令复业。岢岚互
市，省抚赏银六万。汾州有两郡王，宗人与军民杂处，知州秩卑不能
制，奏改为府。自款市成，边政废。允贞视要害，筑边墙万有余丈。
政声大著。谤亦数嘉其能。会诏中官张忠采矿山西，允贞抗疏极谏，
不报。已，西河王知㷷请开解州、安邑、绛县矿，以仪宾督之。指挥
王守信请开平定、稷山诸矿。帝并报允。允贞恐民愈扰，请令忠兼
领，亦不纳。

　　三殿灾，诏求直言。允贞言咎在辅臣，历数赵志皋、张位罪。且
曰："前二臣以二月加恩，逾月两宫灾。今年又加恩，而三殿复灾。天
意昭然。"位等力辨，求罢。帝慰留，责允贞边臣不当言朝事，因屡推
不用，遂肆狂言，夺俸五月。顷之，允贞疏举遗贤，请召还王家屏、陈
有年、沈鲤、李世达、王汝训及小臣史孟麟、张栋、万国钦、马经纶、
顾宪成、赵南星、邹元标等，疏留中。以久次，进右副都御史。

　　二十八年春，疏陈时政缺失，言："行取诸臣，几经论荐，陛下犹
不轻予一官。彼鲁坤、马堂、高淮、孙朝辈，试之何事，举之何人，乃
令其衔命横行，生杀予夺，恣出其口。廷臣所陈率国家大计，一皆寝
阁，甚者严谴随之。彼报税之徒，悉无赖奸人，乡党不齿，顾乃朝奏
夕报，如响应声。臣不解也。胥徒入乡，民间犹扰，况缇骑四出，如
虎若狼，家室立破。如吴宝秀、华钰诸人，祸至惨矣，而陛下曾不一
念及。钱谷出入，上下相稽，犹多奸弊。赖使手握利权，动逾数万。
有司不敢问，抚按不敢闻，岂无吮膏血以自肥者，而陛下曾不一察

及。金取于滇,不足不止。珠取于海,不罄不止。锦绮取于吴越,不极奇巧不止。乃元老听其投间,直臣几于永锢,是陛下之爱贤士,曾不如爱珠玉锦绮也。"疏奏,亦不省。

先是,张忠以开矿至,后孙朝复至榷税,诛求百方,允贞每事裁抑。会忠杖死太平典史武三杰,朝使者逼杀建雄县丞李逢春,允贞疏暴其罪。朝怒,劾允贞抗命沮挠。帝留允贞疏不下,而下朝疏于部院。吏部尚书李戴、都御史温纯等力称允贞贤,请下允贞疏平议。帝并留中。山西军民数千恐允贞去,相率诣阙诉冤,两京言官亦连章论救。帝乃两置不问。明年,忠以夏县知县袁应春抗礼,劾贬之。允贞请留应春,不报。

允贞父已九十余,允贞岁岁乞侍养,章二十上。廷议以敕使害民,非允贞不能制,固留之。其年五月请益力,始听归。士民为立祠。已,阅视者奏允贞守边劳,即家进兵部右侍郎。寻卒。天启初,追谥介肃。

弟允中、允孚。允中为诸生,副使王世贞大器之。岁乡试,世贞戒门吏曰:"非魏允中第一,无伐鼓以传也。"已而果然。时无锡顾宪成、漳浦刘廷兰并为举首,负俊才,时人称"三解元"。寻与廷兰举万历八年进士。张居正专政,灾异见,而中外方竞颂功德。允中、廷兰各上书座主申时行,劝之补救。时行不能用。允中寻授太常博士,擢吏部稽勋主事,调考功。未几卒。允孚官刑部郎中,亦有名。

廷兰与兄廷蕙、廷芥亦皆举进士,有名。世所称"南乐三魏"、"漳浦三刘"者也。

王国,字之桢,耀州人。万历五年进士。选庶吉士,改御史。

出视畿辅屯田,清成国公朱允祯等所侵地九千六百余顷。张居正疾笃,疏荐其座主潘晟入内阁,帝从之。国与同官魏允贞、雷士桢及给事中王继光、孙炜、牛惟炳、张鼎思抗言不可,寝其命。已,极论

中官冯保罪。且言："居正死，保令徐爵索其家名琴七、夜光珠九、珠
廉五、黄金三万、白金十万。居正简修躬赍至保邸，而保扬言陛下取
之，诬污圣德。"因发曾省吾、五簏表里结纳状。国疏自外至，与李植
疏先后上。帝已纳植言罪保，植遂受知，而国亦由此显名。还朝，荐
王锡爵、陆树声、胡执礼、耿定向、海瑞、胡直、颜鲸、魏允贞。寻出督
南畿学政，以疾归。

　　起掌河南道。首辅申时行欲置所不悦者十九人察典，吏部尚书
杨巍等依违其间，国力持不可。时行以御史马允登资在国前，乃起
允登掌察，而国佐之。诸御史咸集，允登书十九人姓名，曰："诸人可
谓公论不容者矣。"国熟视，叱曰："诸人独忤执政耳。天日监临，何
出此语。"允登意不回。国怒，奋前欲殴允登。允登走，国环柱逐之，
同列救解。事闻，两人并调外，国得四川副使。移疾归。而十九人
赖国以免。

　　久之，起故官，莅山西。改督河南学政，迁山东参政。所在以公
廉称。召为太仆少卿。复出为山西副使，历南京通政使。三十七年
以兵部右侍郎兼右佥都御史巡抚保定。岁凶，屡上宽恤事宜。大盗
刘应第、董世耀聚众称王，剽劫远近，督兵讨灭之。进右都御史，巡
抚如故。

　　国刚介，与弟吏部侍郎图并负时望，为党人所忌。乞休归，卒。

　　余懋衡，字持国，婺源人。万历二十年进士。除永新知县。征
授御史。时以殿工，矿税四出，骄横。懋衡上疏言："与其骚扰里巷，
榷及鸡豚，曷若明告天下，稍增田赋，共襄殿工。今避加赋之名，而
为竭泽之计，其害十倍于加赋。"忤旨，停俸一年。

　　巡按陕西。税监梁永辇私物于畿辅，役人马甚众。懋衡奏之。
永大恨，使其党乐纲贿膳夫毒懋衡。再中毒，不死。拷膳夫。获所
予贿及余蛊。遂上疏极论永罪，言官亦争论永，帝皆不省。永虑军
民为难，召亡命撰甲自卫。御史王基洪声言永必反，陈永斩关及杀
掠吏民状。巡抚顾其志颇为永讳，永乃藉口辨。帝疑御史言不实。

而咸宁、长安二知县持永益急。永党王九功辈多私装,恐为有司所迹,托言永遣,乘马结阵驰去。县隶追及之华阴,相格斗,已皆被系,懋衡遂以返逆闻。永窘甚,抓牙尽亡,独纲在,乃教永诬劾咸宁知县满朝荐,朝荐被逮。永不久迹撤还,关中始靖。懋衡寻以忧归。起掌河南道事。擢大理右寺丞。引疾去。

天启元年起历大理左少卿,进右佥都御史,与尚书张世经共理京营戎政。进右副都御史,改兵部右侍郎,俱理戎政。三年八月廷推南京吏部尚书,以懋衡副李三才;推吏部左侍郎,以曹于汴副冯从吾。帝皆用副者。大学士叶向高等力言不可,弗听。懋衡、于汴亦以资后三才等,力辞新命,引疾归。

明年十月再授前职。懋衡以珰势方张,坚卧不起。既而奸党张讷丑诋讲学诸臣,以懋衡、从吾及孙慎行为首,遂削夺。崇祯初,复其官。

李三才,字道甫,顺天通州人。万历二年进士。授户部主事,历郎中。与南乐魏允贞、长垣李化龙以经济相期许。及允贞言事忤执政,抗疏直之,坐谪东昌推官。再迁南京礼部郎中。会允贞、化龙及邹元标并官南曹,益相与讲求经世务,名籍甚。迁山东佥事。所部多大猾积盗。广设方略,悉擒灭之。迁河南参议,进副使。两督山东、山西学政,擢南京通政参议,召为大理少卿。

二十七年以右佥都御史总督漕运,巡抚凤阳诸府。时矿税使四出。三才所部,榷税则徐州陈增、仪真暨禄,盐课则扬州鲁保,芦政则沿江邢隆,棋布千里间。延引奸徒,伪镂印符,所至若捕叛亡,公行攘夺。而增尤甚,数窘辱长吏。独三才以气凌之,裁抑其爪肆恶者,且密令死囚引为党,辄捕杀之,增为夺气。

然奸民以矿税故,多起为盗。浙人赵一平用妖术倡乱。事觉,窜徐州,易号古元,妄称宋后。与其党孟鲸、马登儒辈聚亡命,署伪官,期明年二月诸方并起。谋泄,皆就捕。一平亡之宝坻,见获。

三才再疏陈矿税之害,言:"陛下爱珠玉,民亦慕温饱;陛下爱子孙，民亦恋妻孥。奈何陛下欲崇聚财贿，而不使小民享升斗之需；欲绵祚万年，而不使小民适朝夕之乐。自古未有朝廷之政令、天下之情形一至于斯，而可幸无乱者。今阙政猥多，而陛下病源则在溺志货财。臣请涣发德音，罢除天下矿税。欲心既去，然后政事可理。”逾月未报，三才又上言：“臣为民请命，月余未得请。闻近日章奏，凡及矿税，悉置不省，此宗社存亡所关，一旦众畔土崩，小民皆为敌国，风驰尘骛，乱众麻起，陛下块然独处，即黄金盈箱，明珠填屋，谁为守之。”亦不报。三十年，帝有疾，诏罢矿税，俄止之。三才极陈国势将危，请亟下前诏，不听。

清口水涸阻漕。三才议浚渠建闸，费二十万，请留漕粟济之。督储侍郎赵世卿力争，三才遂引疾求去。帝恶其委避，许之。淮扬巡按御史崔邦亮，巡漕御史李思孝，给事曹于汴，御史史学迁、袁九皋交章乞留。而学迁言：“陛下以陈增故，欲去三才，托词解其官。年来中使四出，海内如沸。李盛春之去以王虎，魏允贞之去以孙朝，前漕臣李志之去亦以矿税事。他监司守令去者，不可胜数，今三才复继之。淮上军民以三才罢，欲甘心于增，增避不敢出。三才不当去可知。”疏仍不答。三才遂去淮之徐州。连疏请代，未得命。会侍郎谢杰代世卿督储，复请留。乃命三才供事俟代者，帝亦竟不遣代也。

明年九月复疏言：“乃者迅雷击陵，大风拔木，洪水滔天，天变极矣。赵古元方磔于徐，李大荣旋枭于亳，而睢州巨盗又复见告，人离极矣。陛下每有征求，必曰‘内府匮乏’。夫使内府果乏，是社稷之福也，所谓貌瘦而天下肥也。而其实不然。陛下所谓匮乏者，黄金未遍地，珠玉未际天耳。小民饔飧不饱，重以征求，箠楚无时，桁杨满路，官惟丐罢，民惟请死，陛下宁不惕然警悟邪！陛下毋谓臣祸乱之言为未必然也；若既已然矣，将置陛下何地哉！”亦不报。既而睢盗就获，三才因奏行数事，部内晏然。

歙人程守训以赀官中书，为陈增参随。纵横自恣，所至鼓吹，盛仪卫，许人告密，刑拷及妇孺。畏三才，不敢至淮。三才劾治之，得赃数十万。增惧为己累，并搜获其奇珍异宝及僭用龙文服器。守训及其党俱下吏伏法,远近大快。

三十四年,皇孙生。诏并矿税,释逮系,起废滞,补言官,既而不尽行。三才疑首辅沈一贯尼之,上疏阴诋一贯甚力。继又言:"恩诏已颁,旋复中格,道路言前日新政不过乘一时喜心,故旋开旋蔽。"又谓:"一贯虑沈鲤、朱赓逼己。既忌其有所执争,形己之短,又耻其事不由己,欲坏其成。行贿左右,多方蛊惑,致新政阻格。"帝得疏,震怒。严旨切责,夺俸五月。其明年,暨禄卒。三才因请尽撤天下税使,帝不从,命鲁保兼之。

是时顾宪成里居,讲学东林,好臧否人物。三才与深相结,宪成亦深信之。三才尝请补大僚,选科道,录遗佚。因言:"诸臣祗以议论意见一触当涂,遂永弃不收,要之于陛下无忤。今乃假天子威以锢诸臣,复假忤主之名以文己过。负国负君,罪莫大此。"意为宪成诸人发。已,复极陈朝政废坏,请帝奋然有为,与天下更始。且力言辽左阽危,必难永保状。帝皆置不省。

三才挥霍有大略,在淮久,以折税监得民心。及淮、徐岁侵,又请振恤,镯马价。淮人深德之。屡加至户部尚书。

会内阁缺人,建议者谓不当专用词臣,宜与外僚参用,意在三才。及都御史缺,需次内召。由是忌者日众,谤议纷然。工部郎中邵辅忠遂劾三才大奸似忠,大诈似直,列具贪伪险横四大罪,御史徐兆魁继之。三才四疏力辨,且乞休。给事中马从龙,御史董兆舒、彭端吾,南京给事中金士衡相继为三才辨。大学士叶向高言三才已杜门待罪,宜速定去留,为漕政计。皆不报。已而南京兵部郎中钱策,南京给事中刘时俊,御史刘国缙、乔应甲,给事中王绍徽、徐绍吉、周永春、姚宗文、朱一桂、李瑾,南京御史张邦俊、王万祚,复连章劾三才。而给事中胡忻、曹于汴,南京给事中段然,御史史学迁、史记事、马孟祯、王基洪,又交章论救。朝端聚讼,迄数月未已。宪成乃贻书向高,力称三才廉直,又贻书孙丕扬力辨力。御史吴亮素善三才,即以两书附传邸报中,由是议者益哗。应甲复两疏力讦,至列其十贪五奸。帝皆不省。三才亦力请罢,疏至十五上。久不得命,遂自引去。帝亦不罪也。

三才既家居，忌者虑其复用。四十二年，御史刘光复劾其盗皇木营建私第至二十二万有奇。且言三才与于玉立遥执相权，意所欲用，铨部辄为推举。三才疏辨，请遣中官按问。给事中刘文炳、御史李征仪、工部郎中聂心汤、大理丞王士昌，助光复力攻三才。征仪、心汤，三才尝举吏也。三才愤甚，自请籍其家。工部侍郎林如楚言宜遣使覆勘。光复再疏，并言其侵夺官厂为园囿。御史刘廷元遂率同列继之，而潘汝祯又特疏论劾。既而巡按御史颜思忠亦上疏如光复指。三才益愤，请诸臣会勘，又请帝亲鞫。乃诏征仪偕给事中吴亮嗣往。

其明年，光复坐事下狱。三才阳请释之，而复力为东林辨白，曰："自沈一贯假撰妖书，擅僇楚宗，举朝正人攻之以去。继汤宾尹、韩敬科场作奸，孽由自取，于人何尤。而今之党人动与正人为仇，士昌、光复尤为戎首。挺身主盟，力为一贯、敬报怨。腾说百端，攻击千状。以大臣之贤者言之，则叶向高去矣，王象乾、孙玮、王图、许弘纲去矣，曹于汴、胡忻、朱吾弼、叶茂才、南企仲、朱国祯等去矣，近又攻陈荐、汪应蛟去矣。以小臣之贤者言之，梅之焕、孙振基、段然、吴亮、马孟祯、汤兆京、周起元、史学迁、钱春等去矣，李朴、鲍应鳌、丁元荐、庞时雍、吴正志、刘宗周等去矣。合于己则留，不合则逐，陛下第知诸臣之去，岂知诸党人驱之乎？今奸党仇正之言，一曰东林，一曰淮抚。所谓东林者，顾宪成读书讲学之所也。从之游者如高攀龙、姜士昌、钱一本、刘元珍、安希范、岳元声、薛敷教，并束身厉名行，何负国家哉？偶曰东林，便成陷阱。如邹元标、赵南星等被以此名，即力阻其进。所朝上而夕下者，惟史继偕诸人耳。人才邪正，实国祚攸关，惟陛下察焉。"疏入，众益恨之。亮嗣等既往勘，久之无所得。第如光复言还报，遂落职为民。

天启元年，辽职失。御史房可壮连疏请用三才。有诏廷臣集议。通政参议吴殿邦力言不可用，至目之为盗臣。御史刘廷宣复荐三才，言："国家既惜其才，则用之耳，又何议。然广宁已有王化贞，不若用之山海。"帝是其言,即欲用三才,而廷议相持未决。詹事公鼐力言宜用,刑部侍郎邹元标、金都御史王德完并主之。已,德完迫众议,忽变前说。及署议,元标亦不敢主。议竟不决,事遂寝。三年起南京户部尚书,未上卒。后魏忠贤乱政,其党御史石三畏追劾之。诏削籍,夺封诰。崇祯初复官。

三才才大而好用机权,善笼络朝士。抚淮十三年,结交遍天下。性不能持廉,以故为众所毁。其后击三才者,若邵辅忠、徐兆魁辈,咸以附魏忠贤名丽逆案。而推毂三才,若顾宪成、邹元标、赵南星、刘宗周,皆表表为时名臣。故世以三才为贤。

赞曰:朋党之成也,始于矜名,面成于恶异。名盛则附之者众。附者众,则不必皆贤而胥引之,乐其与己同也。名高则毁之者亦众。毁者不必不贤而怒而斥之,恶其与己异也。同异之见岐于中,而附者毁者争胜而不已,则党日众,而为祸炽矣。魏允贞、王国、余懋衡皆以卓荦闳伟之概,为众望所归。李三才英迈豪俊,倾动士大夫,皆负重名。当世党论之盛,数人者实为之魁,则好同恶异之心胜也。《易》曰"涣其群,元吉"。知此者,其惟圣人乎。

明史卷二三三
列传第一二一

姜应麟 从子思睿　　陈登云

罗大纮 黄正宾　　李献可 舒弘绪

陈尚象　丁懋逊　吴之佳　叶初春　杨其休　董嗣成

贾名儒　张栋　　孟养浩　　朱维京

王如坚　　王学曾 涂杰　　张贞观

樊玉衡 子鼎遇　维城　孙自一

谢廷赞 兄廷谅　　杨天民　　何选

冯生虞　任彦棻

　　姜应麟,字泰符,慈谿人。父国华,嘉靖中进士。历陕西参议,有廉名。

　　应麟举万历十一年进士,改庶吉士,授户科给事中。贵妃郑氏有殊宠,生子常洵,诏进封为皇贵妃。而王恭妃育皇长子已五岁,无所益封。中外籍籍,疑帝欲立爱。十四年二月,应麟首抗疏言:“礼贵别嫌,事当慎始。贵妃所生陛下第三子犹亚位中宫,恭妃诞育元嗣翻令居下。揆之伦理则不顺,质之人心则不安,传之天下万世则不正,非所以重储贰,定众志也。伏请俯察舆情,收还成命。其或情不容已,请先封恭妃为皇贵妃,而后及于郑妃,则礼既不违,情亦不废。然臣所议者末，未及其本也。陛下诚欲正名定分，别嫌明微，莫若俯从阁臣之请，册立元嗣为东宫，以定天下之本，则臣民之望慰，宗社之庆长矣。"疏入，帝震怒，抵之地，遍召大珰谕曰："册封贵妃，初非为东宫起见，科臣奈何讪朕！"手击案者再。诸珰环跪叩首，怒稍解，遂降旨："贵妃敬奉勤劳，特加殊封。立储自有长幼，姜应麟疑君卖直，可降极边杂职。于是得大同广昌典史。吏部员外郎沈璟、刑部主事孙如法继言之，并得罪。两京申救者疏数十上，皆不省。自后言者蜂起，咸执"立储自有长幼"之旨，以责信于帝。帝虽厌苦之，终不能夺也。

应麟居广昌四年，量移余干知县。以父忧归。服阕，至京，会吏部数以推举建言诸臣得重谴，应麟遂不复补。家居二十年。光宗立，起太仆少卿。给事中薛凤翔劾应麟老病失仪，遂引疾去。崇祯三年卒，赠太常卿。

从子思睿，字颛愚。少孤，事母孝。举天启二年进士，授行人。崇祯三年擢御史。明年春，陈天下五大弊：曰加派病民，曰邮传过削，曰搜剔愈精，头绪愈乱，曰惩毖愈甚，颓废愈多，曰督责愈急，蒙蔽愈深。忤旨，切责。其冬遣宦官监视边务，抗疏切谏。已，劾首辅周延儒以家人周文郁为副将，弟素儒为锦衣，叔父人瑞为中书，受赇行私，请罢斥。已，论救给事中魏润，御史李曰辅、王绩粲。

巡按云南。陛辞，历指诸弊政，而言："举朝拯焚救溺之精神，专用摘抉细微，而以察吏诘戎予夺大柄仅付二三阉寺。厝火自安，不知变计，天下安望太平！"忤旨，切责。

还朝，值帝撤还二部总理诸镇监视内臣。思睿请并撤监视京营关、宁者。因诋向来秉政大臣阿承将顺之罪，意指温体仁也。体仁二子俨、伉数请嘱提学佥事黎元宽。会元宽以文体险怪论黜，遂发其二子私书。思睿劾体纵子作奸，以元宽揭为据。体仁谓揭不出元宽手，思睿等群谋排陷。元宽上疏证明，思睿再劾体仁以"群谋"二字成陷人之阱，但知有子，不知有君。帝怒，夺俸五月。出视河东盐政。安邑有故都御史曹于汴讲学书院,思睿为置田构学舍,公余亲莅讲授。代还,乞假归里。未几卒。

陈登云,字从龙,唐山人。万历五年进士。除鄢陵知县。政最,征授御史。出按辽东,疏陈安攘十策,又请速首功之赏。改巡山西。还朝,会廷臣方争建储。登云谓议不早决,由贵妃家阴沮之。十六年六月遂因灾异抗疏,劾妃父郑承宪,言:"承宪怀祸藏奸,窥觊储贰。日与貂珰往来,绸缪杯酌,且广结山人、术士、缁黄之流。曩陛下重惩科场冒籍,承宪妻每扬言事由己发,用以恐喝勋贵,簧鼓朝绅。不但惠安遭其虐焰,即中宫与太后家亦谨避其锋矣。陛下享国久长,自由敬德所,而承宪每对人言,以为不立东宫之效。干挠盛典,蓄隐邪谋,他日何所不至。苟不震奋乾刚,断以大义,虽日避殿撤乐、素服停刑,恐天心未易格,天变未可弭也。"疏入,贵妃、承宪皆怒,同列亦为登云危,帝竟留中不下。

久之,疏论吏部尚书陆光祖,又论贬四川提学副使冯时可,论罢应天巡抚李涞、顺天巡抚王致祥,又论礼部侍郎韩世能、尚书罗万化、南京太仆卿徐用检。朝右皆惮之。时方考选科道,登云因疏言:"近岁言官,壬午以前怵于威,则摧刚为柔;壬午以昵于情,则化直为佞。其间岂无刚直之人,而弗胜龃龉,多不能安其身。二十年来,以刚直擢京卿者百止一二耳。背公植党,逐嗜乞怜,如所谓'七豺'、'八狗'者,言路顾居其半。夫台谏为天下持是非,而使人贱辱至此,安望其抗彦直绳,为国家锄大奸、歼巨蠹哉!与其误用而斥之,不若慎于始进。"因条数事以献。

出按河南。岁大饥,人相食。副使崔应麟见民啖泽中雁矢,襄示登云,登云即进之于朝。帝立遣寺丞钟化民赍帑金振之。登云巡方者三,风裁峻厉。以久次当擢京卿,累寝不下,遂移疾归。寻卒。

罗大纮,字公廓,吉水人。万历十四年进士。授行人。十九年八月迁礼科给事中。甫拜命,即上《定制书》数千言。已,复言视朝宜勤,语皆切直。

先有诏以二十年春册立东宫,至是工部主事张有德以预备仪物请。帝怒,命夺俸三月,更缓册立事。尚书曾同亨请如前诏,忤旨,切让。大纮复以为言,诏夺俸如有德。大学士许国、王家屏连署阁臣名,乞收新命,纳诸臣请,帝益怒。首辅申时行方在告,闻帝怒,乃密揭言:"臣虽列名公疏,实不与知。"帝喜,手诏褒答,而揭与诏俱发礼科。故事,阁臣密揭无发科者。时行惭惧,亟谋之礼科都给事中胡汝宁,遣使取揭。时独大纮守科,使者给取之。及往索,时行留不发。大纮乃抗疏曰:"臣奉职无状,谨席稿以待。独念时行受国厚恩,乃内外二心,藏奸蓄祸,误国卖友,罪何可胜言。夫时行身虽在告,凡翰林迁改之奏皆俨然首列其名,何独于建储一事深避如此。纵陛下赫然震怒,加国等以不测之威,时行亦当与分过。况陛下未尝怒,而乃沮塞睿聪,摇动国本,苟自献其乞怜之术,而遏主上悔悟之萌。此臣之所大恨也。假令国等得请,将行庆典而恩泽加焉,时行亦辞之乎?盖其私心妄意陛下有所牵系,故阳附廷臣请立之议,而阴缓其事,以为自交宫掖之谋。使请之而得,则明居羽翼之功;不得,则别为集菀之计。其操此术以愚一世久矣,不图今日乃发露之也。"疏入,帝震怒,命贬边方杂职。俄以六科钟羽正等论救,斥为民,羽正等夺俸。中书舍人黄正宾复抗疏力诋时行。帝怒,下狱拷讯,斥为民。时行亦不安,无何,竟引去。

大纮志行高卓。乡人以配里先达罗伦、罗洪先,号为"三罗"。天启中,赠光禄少卿。

正宾,歙人。以赀为舍人,直武英殿。耻由赀入官,思树奇节,至是遂见推清议。后李三才、顾宪成咸与游,益有声士大夫间。熹宗立,起故官。再迁尚宝少卿,引病归。魏忠贤下汪文言狱,词连正宾。坐赃千金,遣戍大同。壮烈帝嗣位,复官,致仕。崇祯元年六月,魏党徐大化、杨维垣已罢官,犹潜居辇下,交通奄寺,正宾在都,抗疏发其奸。勒两人归田里,都人快之。而疏有"潜通宦寺"语,帝令指名。正宾以赵伦、于化龙对。帝以其妄,斥回籍。

李献可,字尧俞,同安人。万历十一年进士。除武昌推官。课最,征授户科给事中。屡迁礼科都给事中。

二十年正月偕六科诸臣疏请豫教,言:"元子年十有一矣,豫教之典当及首春举行。倘谓内庭足可诵读,近侍亦堪辅导,则禁闼幽间,岂若外朝之清肃;内臣忠敬,何如师保之尊严。"疏入,帝大怒,摘疏中误书弘治年号,责以违旨侮君,贬一秩外,余夺俸半岁。大学士王家屏封还御批,帝益不悦。吏科都给事中钟羽正言:"献可之疏,臣实赞成之,请与同谪。"吏科给事中舒弘绪亦言"言官可罪,豫教必不可不行"。帝益怒,出弘绪南京,而羽正及献可并以杂职徙边方。大学士赵志皋论救,被旨谯让。吏科右给事中陈尚象复争之,坐斥为民。户科左给事孟养浩,御史邹德泳,户、兵、刑、工四科都给事中丁懋逊、张栋、吴之佳、杨其休,礼科左给事中叶初春,各上疏救。帝益怒,廷杖养浩百,除其名。德泳、懋逊等六人并贬一秩,出之外。献可、羽正、弘绪亦除名。

当是时,帝一怒而斥谏官十一人,朝士莫不骇叹,然谏者卒未已。礼部员外郎董嗣成、御史贾名儒特疏争之,御史陈禹谟、吏科左给事中李周策亦偕其僚论谏。帝怒加甚,夺嗣成职,名儒谪边方,德泳、懋逊等咸削籍,禹谟等停俸有差。礼部尚书李长春等亦疏谏,帝复诘让。献可等遂废于家。久之,吏部尚书蔡国珍、侍郎杨时乔先后请收叙,咸报寝。

天启初,录先朝言事诸臣。献可已前卒,诏赠光禄卿。

弘绪、名儒皆献可同年进士。尚象、懋逊、之佳、初春、其休、嗣成皆万历八年进士。

弘绪,通山人。由庶吉士改给事中。天启中,赠光禄少卿。

尚象,都匀人。以中书舍人为给事中。尝劾罢尚书沈鲤,为士论所非。至是以直言去,国人始称焉。天启中,赠官如弘绪。

懋逊,沾化人。为余姚知县,有治绩,入为吏科给事中。既削籍。里居三十年。光宗立,起太仆少卿,累迁工部左侍郎。卒,赠尚书。

之佳,长洲人。初为襄阳知县。初春,吴县人。初为顺德知县。并以治行征。至是与张栋并斥,称“吴中三谏”。天启初,赠之佳太仆少卿,初春光禄少卿。之佳孙适,亦兵科给事中。敢言。

其休,青城人。由苏州推官擢吏科给事中。内官张德殴杀人,帝令司礼按问,蔽罪其下。其休乞并付德法司,竟报许。帝数不视朝。十七年正月,其休以万邦入觐,请临御以风励诸臣。他论奏甚众。罢归,卒,赠太常少卿。

嗣成,乌程人。祖份,礼部尚书。父道醇,南京给一中。仍世贵显。嗣成以气节著,士论多之。

名儒,真定人。赠官如初春。

栋,字伯任,昆山人。万历五年进士。除新建知县。征授工科给事中。请尽蠲天下逋租,格不行。时蠲租例,相沿但蠲存留,不及起运。栋请无拘故事,从之。再迁刑科左给事中。吴中白粮为累,民承身辄破家,栋请令出赀助漕舟附载。申时行、王锡爵绌其议,栋遂移疾归。起兵科都给事中。劾去南京户部尚书张西铭、刑部侍郎詹仰庇。军政拾遗,劾恭顺侯吴继爵、宣城伯卫国本、忻城伯赵泰修、宣府总兵官李迎恩。继爵留,余并罢。已,言边臣叙功不宜及内阁、部、科,帝亦从焉。遣视固原边备。时经略郑洛方议和,栋言扯力克负固不归,卜失兔杰黠如故,火落赤、真相雄据海上,不可使洛委责以去。因论兵部尚书王一鹗。会一鹗已卒,洛亦报扯力克东归,遂寝其奏。栋又言:“洮、河失事,陛下赫然震怒。命洛视师,岂止欲其虚词媚敌,博一顺义东归毕事耶?今火、真依海为窟,出没自如,不宜叙将吏功。”报闻。母卒,栋年已六十,毁瘠庐墓,竟卒于墓所。天启中。赠太常少卿。

德泳,祭酒守益孙。养浩、羽正自有传。

孟养浩,字义甫,胡广咸宁人。万历十一年进士。授行人。擢户科给事中，迁左给事中。帝严谴李献可，养浩疏谏曰："人臣即至狂悖，未有敢于侮君者，陛下岂真以其侮而罪之耶？献可甫跻礼垣，骤议钜典。一字之误，本属无心，乃遽蒙显斥。臣愚以为有五不可。元子天下本，豫教之请，实为宗社计。陛下不惟不听，且从而罚之，是坐忍元子失学，而敝帚宗社也。不可者一。长幼定序，明旨森严，天下臣民既晓然谅陛下无他矣。然豫教、册立，本非两事。今日既迟回于豫教，安知来岁不游移于册立，是重启天下之疑。不可者二。父子之恩，根于天性，豫教之请，有益元子明甚。而陛下罪之，非所以示慈爱。不可者三。古者引裾折槛之事，中主能容之。陛下量侔天地，奈何言及宗社大计，反震怒而摧折之，天下万世谓陛下何如主。不可者四。献可等所论，非二三言官之私言，实天下臣民之公言也。今加罪献可，是所罪者一人，而实失天下人之心。不可者五。祈陛下收还成命，亟行豫教。"帝大怒，言册立已谕于明年举行，养浩疑君惑众，殊可痛恶。令锦衣卫杖之百，削籍为民，永不叙用。中外交荐，悉报寝。

光宗立，起太常少卿。半岁中迁至南京刑部右侍郎。未之官，卒。

朱维京，字大可，工部尚书衡子也。举万历年进士，授大理评事，进右寺副。九年京察，谪汝州同知，改知崇德。入为屯田主事，再迁光禄丞。火落赤败盟，经略郑洛主和，督抚魏学曾、叶梦熊主战。维京请召洛还，专委学曾等经理。及学曾以宁夏事被逮，复抗疏救之。

二十一年，三王并封诏下，维京首上疏曰："往奉圣谕，许二十一年册立，廷臣莫不延颈企踵。今忽改而为分封，是向者大号之颁，徒戏言也，何以示天下？圣谕谓立嗣以嫡，是已。但元子既长，欲少迟册立，以待中宫正嫡之生，则祖宗以来实无此制。考英宗之立，以宣德三年；宪宗之立，以正统十四年；孝宗之立，以成化十一年。少者止一二龄，多亦不过五六龄耳。维时中宫正位，嫡嗣皆虚，而祖宗曾不少待。即陛下册立亦在先帝二年之春。近事不远，何不取而证之。且圣人为政，必先正名。今分封之典，三王并举。冠服宫室混而无别，车马仪仗杂而无章，府僚庶采涫而无办。名既不正，弊实滋多。且令中宫苟耀前星，则元子退就藩服，嫡庶分定，何嫌何疑。今预计将来，坐格成命，是欲愚天下，而实以天下为戏也。夫人臣以道事君，不可则止。陛下虽有并封之意，犹不遽行，必以手诏咨大学士王锡爵，锡爵纵不能如李沆引烛之焚，亦当为李泌造膝披陈，转移圣心而后已。如其不然，王家屏之高踪自在，陛下优礼辅臣，必无韩瑗、来济之辱也。奈何嚜无一语，若胥吏之承行，惟恐或后。彼杨素、李勣千古罪人。其初心岂不知有公论，惟是患得患失之心胜，遂至不能自持耳。”

帝震怒，命谪戍极边。锡爵力救，得为民。家居甫二年，卒。天启时，赠太常少卿。

王如坚，字介石，安福人。万历十四年进士。授怀庆推官。入为刑科给事中，抗疏争三王并封，其略曰：

谨按十四年正月圣谕“元子幼小，册立事俟二三年举行”，是明言长子之为元子也。又十八年正月诏旨“朕无嫡子，长幼自有定序”，是明示伦次之不可易也。已而十九年八月，奉旨“册立之事，改于二十一年举行”，此则陛下虽怒群臣激聒，辄更定期，未尝遽寝册立之事。乃今已届期，忽传并封为王，以待嫡嗣。臣始而疑，既而骇。陛下言犹在耳，岂忘之耶？曩者谓二三年举行，已迟至二十年矣，二十年举行又改至二十一年矣，今二十一年倏改为并封，是陛下前此灼然之命，尚不自坚，今日群臣将何所取信。

夫立嫡之条，《祖训》为废嫡者戒也。今日有嫡可废乎？且陛下欲待正嫡，意非真待也。古王者后宫无偏爱，故适后多后嗣。后世爱有所专，则天地之交不常泰，欲后嗣之繁难矣。我祖宗以来，中宫诞生者有几？国本早定，惟元子是属。或二三龄而立,或五六龄而立。即陛下春宫受册时,止六龄耳,宁有待嫡之议与潞王并封之诏哉?今皇长子且十二龄矣,闻皇后抚育无间己出。元子早定一日,即慰中宫一日之心。后素贤明,何有舍当前之冢嗣,而觊幸不可知之数耶?宫闱之内,衽席之间,左右近习之辈,见形生疑,未必不以他意窥陛下。即如昨岁册立之旨,方待举行,而宗室中已有并封之疏,安知非机事外泄,彼得量朝廷之浅深。

夫别名号,辨嫌疑,礼之善经也。元子与众子,其间冠服之制,卤簿之节,恩宠之数,接见之仪,迥然不齐矣。一日并封而同号,则有并大之嫌,逼长之患。执狐疑而来谗贼,几微之际,不可不慎。苟谓涣命新颁,难于遽改。则数年已定之明旨,尚可移易,今纶言初发,何不可中止也。

帝怒甚,命与朱维京皆戍极边。王锡爵疏救,免戍为民。寻卒。天启中,赠光禄少卿。

王学曾,字唯吾,南海人。万历五年进士。授醴陵知县,调崇阳。擢南京御。时吏民有罪,辄遣官校逮捕。学曾疏请止之,不纳。十三年,慈宁宫成,诸督工内侍俱荫锦衣。学曾论其太滥,且劾工部尚书杨兆谀谄中官。兆惶恐,引罪。已,言龙江关密迩芜湖,芜湖已征税,龙江不宜复征,格不行。光山牛产一犊若麟,有司欲以闻,巡抚臧惟一不可。帝命礼部征之,尚书沈鲤谏,惟一亦疏论,不听。学曾抗言:“麟生牛腹,次日即毙,则祥者已不祥矣。不祥之物,所司未尝上闻,陛下何自闻之?毋亦左右小人以奇怪惑圣心也。今四方灾旱,老稚流离,啼饥号寒之声,陛下不闻;北敌枭张,士卒困苦,呻吟嗟怨之状,陛下不闻;宗室贫穷,饔飧弗给,愁困涕洟之态,陛下不闻;而独已毙之麟闻。彼为左右者,岂诚忠于陛下乎?愿收还成命,内臣语涉邪妄者,即严斥之。”帝责其要名沽直,降兴国判官。时御史蔡时鼎亦以言获罪。南京御史王藩臣、给事中王嗣美等交章救两人。帝怒,夺俸一级。

学曾累迁南京刑部主事，召为光禄丞。与少卿涂杰合疏争三王并封，忤旨，皆削籍。后数年，吏部尚书蔡国珍疏请起用，不纳。卒于家。

杰，新建人。隆庆五年进士。由龙游知县入为御史。擢官光禄。熹宗时，赠学曾光禄少卿，杰太仆少卿。

张贞观，字惟诚，沛人。万历十一年进士。除益都知县，擢兵科给事中。出阅山西边务。五台奸人张守清招亡命三千余人，擅开银矿，又缔姻潞城、新宁二王。帝纳巡按御史言，敕守清解散徒党，谕二王绝姻。守清乞输课于官，开矿如故。贞观力争，乃已。前巡抚沈子木、李采菲皆贪。子木夤缘为兵部侍郎，贞观并追劾之。子木坐贬，采菲夺职。还，进工科右给事中。泗州淮水大溢，几啮祖陵。贞观往视，定分黄道淮之策。

再迁礼科都给事中。三王并封制下，贞观率同列力争。沛王珵尧由郡王进封，其诸弟止应为将军，珵尧为营得郡王。贞观及礼部尚书罗万化守故事极谏。不纳。时郊庙祭享率遣官代行，贞观力请帝亲祀。俄秋享，复将遣官。贞观再谏，不报。明年正月，有诏皇长子出阁讲读。而兵部请护卫，工部奏仪仗，礼部进仪注，皆留中。又止令预告奉先殿，朝谒两宫，他礼皆废。于是贞观等上言："礼官议，御门受贺、皇长子见群臣之礼，载在旧仪；即诸王加冠，亦以成礼而贺，贺毕谒见。元子初出，乃不当诸王一冠乎？且谒谢止两宫，而缺然于陛下及中宫母妃之前，非所以教孝；贺靳于二皇子，则漠然于兄弟长幼之间，非所以序别。"疏入，忤旨，夺俸一年。

工科给事中黎道照上言："元子初就外傅，陛下宜示之身教。乃采办珠玉珍宝，费至三十六万有奇，又取太仆银十万充赏，非作法于初之意。且贞观等秉礼直谏，职也，不宜罚治。"给事中赵璧等亦言之。帝怒，夺诸臣俸，谪贞观杂职。大学士王锡爵等切救，乃贬三秩。顷之，都给事中许弘纲、御史陈惟芝等连章申论，帝竟除贞观名，言官亦停俸。中外交荐，卒不起。天启中卒，赠太常少卿。

樊玉衡，字以齐，黄冈人。万历十一年进士。由广信推官征授御史。京察，谪无为判官。稍迁全椒知县。

二十六年四月，玉衡以册立久稽，上言："陛下爱贵妃，当图所以善处之。今天下无不以册立之稽归过贵妃者，而陛下又故依违，以成其过。陛下将何以托贵妃于天下哉？由元子而观则不慈，由贵妃而观则不智，无一可者。愿早定大计，册立、冠婚诸典次第举行，使天下以元子之安为贵妃功，岂不并受其福，享令名无穷哉？"疏奏，帝及贵妃怒甚。旨一日三四拟，祸且不测。大学士赵志皋等力救，言自帝即位未尝杀谏臣。帝乃焚其疏，忍而不发。再逾月，以《忧危竑议》连及，遂永戍雷州。长子鼎遇伏阙请代者再，不许。

光宗立，起南京刑部主事，以老辞。疏陈亲贤、远奸十事，优诏答之。寻命以太常少卿致仕，卒于家。

子维城，举万历四十七年进士。除海盐知县，迁礼部主事。天启七年坐事谪上林苑典簿。庄烈帝即位，魏忠贤未诛，抗疏言："高皇帝定律，人臣非有大功，朦胧奏请封爵者，所司及封受之人俱斩。今魏良卿、良栋、鹏翼，白丁乳臭儿，并叨封爵，皆当按律诛。忠贤所积财，半盗内帑，籍还太府，可裕九边数岁之饷。"因请褒恤杨涟、万璟等一十四人，召还贺逢圣、文震孟、孙必显等三十二人，亟正张体乾、许显纯、杨寰等罪。其月，又言："崔呈秀虽死，宜剖棺戮尸。'五虎'、'五彪'之徒，乃或赐驰驿，或仅令还乡，何以服人心，昭国典？"末斥吏科陈尔翼请缉东林遗孽之非，乞释御史方震孺罪。帝并采纳之。

崇祯元年迁户部主事，进员外郎。历泉州知府、福建副使。八年以大计罢归。十六年，黄州城南门哭五日夜。众知祸必至，倾城走，妇女多不及行。三月二十四日，张献忠破黄冈，知县孙自一、县丞吴文燮死之。贼欲屈维城，抗声大骂，刃洞胸而死。贼遂驱妇女堕城，稍缓，辄断其腕，血淋淳土石间。三日而城平，复杀之以实堑焉。自一，光山人。

谢廷赞，字曰可，金溪人。父相，由乡举为东安知县。初，岁饥，吏伪增户口冒振，继者遂按籍征赋，民困甚。相为请，得减户千三百。奸人杀四人，弃其尸，狱三年不决。相祷于神，得尸所在，狱遂成。

廷赞举万历二十六年进士。未授官，即极论矿税之害。旋授刑部主事。先是，训二十八年春举行册立、冠婚之礼。将届期，都御史温纯、礼科给事中杨天民、御史冯应凤相继言，不报。廷赞上疏言阁员当补，台省当选，矿税当撤，冠婚、册立当速，诏令当信。持疏跪文华门，候命逾时。帝震怒，遣中官田义诘责。越数日，命大学士赵志皋、沈一贯拟敕谕，令礼部具仪。比拟谕进，竟不发。志皋、一贯趣之，帝乃言因廷赞出位邀功，以致少待，命示诸司静俟。遂褫廷赞职为民，并夺尚书萧大亨，侍郎邵杰、董裕俸一岁，贬郎中徐如珂、员外郎林耀，主事钟鸣陛、曹文伟三秩，调极边。是岁册立之礼不行，廷赞归。侨寓维扬，授徒自给。久之，卒。天启中，赠尚宝卿。

兄廷谅，字友可。万历二十三年进士。授南京刑部主事。帝命李廷机入阁，又召王锡爵。廷谅言“廷机才弱而暗，锡爵气高而扬，均不宜用”。又曰：“储君之立为王也，自锡爵始；举人之有考察也，自廷机始；巡按之久任也，自赵世卿始；章疏之留中也，自申时行始；年例之不举，考察之不下也，自沈一贯始。此皆乱人国者也。”疏入，留中。终顺庆知府。

杨天民，字正甫，山西太平人。万历十七年进士。除朝城知县。调繁诸城，有异政，擢礼科给事中。时方纂修国史，与御中牛应元请复建文年号，从之。二十七年，狄道山崩，下成池，山南涌大小山五。天民言：“平地成山，惟唐垂拱间有之，而唐遂易为周。今虎狼之使吞噬无穷，狗鼠之徒攘夺难厌。不市而征税，无矿而输银。甚且毁庐坏冢，籍人赀产，非法行刑。自大吏至守令，每被谴逐。郡邑不肖者，反助虐交欢，藉润私橐。嗷嗷之众，益无所归命，怀乐祸心，有土崩之势。天心仁爱，亟示谴告，陛下尚不觉悟，翻然与天下更始哉!"不报。文选郎中梅守峻贪黩，将擢太常少卿，天民劾罢之。延绥总兵官赵梦麟潜师袭寇，以大捷闻，督抚李汶、王见宾等咸进秩予荫。寇乃大入，杀军民万计，汶等又妄奏捷。天民再疏论之，夺见宾职，梦麟戍边，汶亦被谴。

天民寻进右给事。册立久稽，再疏请，不报。无何，贵妃弟郑国泰疏请皇长子先冠婚后册立，天民斥其非。国泰惧，委罪都指挥李承恩，夺其俸。顺天、湖广乡试文多用二氏语，天民请罪考官杨道宾、顾天埈等，疏留中。

二十九年五月，天民复偕同官上言，请早定国本。帝大怒，谪天民及王士昌杂职，余夺俸一年，以士昌亦给事礼科也。时御史周盘等公疏请，亦夺俸。天民得贵州永从典史。至十月，帝迫廷议，始立东宫，而天民等卒不召。天民幽愤卒。天启中，赠光禄少卿。

初，天民去诸城，民为立祠。其后长吏不职，父老率聚哭祠下。

何选，字靖卿，宛平人。万历十一年进士。除南昌知县，征授御史。廷臣争国本多获谴，选语郑贵妃弟国泰，令以朝野公论、郑氏祸福恳言于贵妃，俾妃自请。国泰犹豫，选厉色责之曰："若不及今为身家计，吾侪群击之，悔无及矣。"国泰惧，乃入告于妃，且疏请早定，以释危疑。帝意不怿。已，知出选指，深衔之。

未几，吏部拟调验封员外郎邹元标于文选，疏六日不下，选以为言。帝忆前事，谪湖广布政司照磨。稍迁南京通政司经历。刑部缺员外郎，吏部拟用选。帝憾未释，谓特降官不当推举，切让尚书孙丕扬等，谪文选郎中冯行虞、员外郎冯养志等极边，而斥选为民。以阁臣言，稍宽生虞、养志等罚。南京给事中任彦襄抗章论救，语侵阁臣。帝复怒，谪彦襄于外，生虞仍以杂职调边方。旋以言官论救，并斥彦襄为民。于是御史许闻造上言："陛下顷岁以来，谓公忠为比周,谓论谏为激扰;离铨衡之所贤,挠刑官之所执。光禄太仆之帑,括取几空;中外大小之官,县缺不补。敲扑遍于宫闱,桁杨接于道路。论救忠良,则愈甚其罪;谏止贡献,则愈增其额。奏牍沉阁而莫稽,奄寺纵横而无忌。今欲摘陈一事,则虑陛下益甚其事;欲摘救一人,则虑陛下益罪其人。陛下执此拒建言之臣,诸臣因此而塞进言之路。迩年以来,诸臣謇谔之风,视昔大沮矣。"不报。

生虞,大足人。彦蘷,任城人。天启中,赠选光禄少卿,生虞太常少卿。

赞曰:野史载神宗金合之誓。都人子之说,虽未知信否,然恭妃之位久居郑氏下,固有以滋天下之疑矣。姜应麟等交章力争,不可谓无羽翼功。究之郑氏非褒、姒之煽处,国泰亦无驷、钧之恶戾,积疑召谤,被以恶声。诗曰:"时靡有争,王心载宁"。诸臣保其好争也。

明史卷二三四
列传第一二二

卢洪春 范俊　董基　王就学等　　李懋桧
李沂 周弘礿　潘士藻　　雒于仁
马经纶 林熙春　林培　　刘纲
戴士衡　曹学程 子正儒　郭实
翁宪祥　徐大相

卢洪春,字思仁,东阳人。父仲佃,广西布政使。洪春举万历五年进士,授旌德知县,擢礼部祠祭主事。

十四年十月,帝久不视朝,洪春上疏曰:"陛下自九月望后连日免朝,前日又诏头眩体虚,暂罢朝讲。时享太庙,遣官恭代,且云'非敢偷逸,恐弗成礼'。臣愚捧读,惊惶欲涕。夫礼莫重于祭,而疾莫甚于虚。陛下春秋鼎盛,诸症皆非所宜有。不宜有而有之,上伤圣母之心,下骇臣民之听,而又因以废祖宗大典,臣不知陛下何以自安也。抑臣所闻更有异者。先二十六日传旨免朝,即闻人言籍籍,谓陛下试马伤额,故引疾自讳。果如人言,则以一时驰骋之乐,而昧周身之防,其为患犹浅。倘如圣谕,则以目前衽席之娱,而忘保身之术,其为患更深。若乃为德之累,则均焉而已。且陛下毋谓身居九重,外廷莫知。天子起居,岂有寂然无闻于人者。然莫敢直言以导陛下,是将顺之意多,而爱敬之心薄也。陛下平日遇颂谀必多喜,遇谏诤必多怒，一涉宫闱，严谴立至，郭肯触讳，以蹈不测之祸哉。群臣如是，非主上福也。愿陛下以宗社为重，毋务矫托以滋疑。力制此心，慎加防检。勿以深宫燕间有所恣纵，勿以左右近习有所假借，饬躬践行，明示天以章律度，则天下万世将慕义无穷。较夫挟数用术，文过饰非，几以聋瞽天下之耳目者，相去何如哉。”

疏入，帝震怒。传谕内阁百余言，极明谨疾遣官之故。以洪春悖妄，命拟旨治罪。阁臣拟夺官，仍论救。帝不从，廷杖六十，斥为民。诸给事中申救，忤旨，切让。诸御史疏继之，帝之，帝怒，夺俸有差。洪春遂废于家，久之卒。光宗嗣位，赠太仆少卿。

御史范俊尝陈时政。帝方疾，见俊疏中“防人欲”语，斥之。主事董基以谏内操谪官。其后员外郎王就学因谏帝托疾不送梓宫，寻罢去。皆与洪春疏相类。

范俊，字国士，高安人。万历五年进士。为义乌知县，征授御史。十二年正月陈时政十事，语皆切至，而中言“人欲宜防，力以靡曼麴糵为戒”。先是，慈宁宫灾，给事中邹元标疏陈六事，忤帝意。及帝遘微疾，大臣方问安，而俊疏适入。帝恚曰：“向未罪元标，致俊复尔，当重惩之。”申时行等拟镌秩。帝犹怒，将各予杖。是夜大雷雨，明日朝门外水三尺余。帝怒少霁，时行等亦力救，乃斥为民。明年，给事中张维新请推用遣谪诸臣，诏许量移，惟俊不叙。给事中孙世祯、御史方万山等言俊不宜独遗，坐夺俸。自是屡荐不起，里居数十年卒。天启初，复官，赠光禄少卿。

董基，字巢雄，掖县人。万历八年进士。授刑部主事。十二年，帝集内竖三千人，授以戈甲，操于内廷。尚书张学彦谏，不纳。基抗疏曰：“内廷清严地，无故聚三千之众，轻以凶器尝试，窃为陛下危之。陛下以为行幸山陵，有此三千人可无恐乎？不知此皆无当实用。设遇健卒劲骑，立见披靡，车驾不可恃以轻出也。夫此三千人安居美食，筋力柔靡，一日使执锐衣坚，蒙寒犯暑，臣闻顷者竟日演练，中竭瀕死者数人，若辈未有不怨者。聚三千蓄怨之人于肘腑，危无逾此者。且自内操以来，赏赉已二万金。长此不已，安有殚竭，有用之财，縻之无用之地，诚可惜也。"疏入，忤旨，命贬二秩，调边方。九卿、给事、御史交章论救，且请纳基言，不听。竟谪基万全都司都事。

明年，兵科给事中王致祥言："祖宗法，非宿卫士不得持寸兵。今授群不逞利器，出入禁门，祸不细。"大学士申时行亦语司礼监曰："此事系禁廷，诸人擐甲执戈未而入。设奸人窜其中，一旦缓急，外廷不得闻，宿卫不及备。此公等剥肤患也。"中官悚然，乘间力言。帝乃留致祥疏，即日罢之。会谪降官皆量移，基亦迁南京礼部主事，终南京大理卿。致祥，忻州人。降庆五年进士。历官右佥都御史，巡抚顺天。

王就学，字所敬，武进人。万历十四年进士。授户部主事。三王并封议起，朝论大哗。就学，王锡爵门人也，偕同年生钱允元往规之，为流涕。会庶吉士李胜芳投锡爵书，与就学语相类。锡爵悟，并封诏得寝。就学改礼部，进员外郎，寻调吏部。二十四年，孝安陈太后梓宫发引，帝嫡母也，当送门外，以有疾，遣官代行。吏部侍郎孙继皋言之。帝怒，抵其疏于地。就学抗疏曰："人子于亲惟送死为大事。今乃靳一攀送，致圣孝不终。岂独有乖古礼，即圣心岂能自安。于此而不用其情，乌乎用其情？于此而可忍，乌乎不可忍？恐难以宣诸诏谕，书诸简册，传示天下万世也。"疏奏，不省。逾二年，诏甄别吏部诸郎，斥就学为民。寻卒于家。

继皋抗疏未几，给事中刘道亨劾文选员外郎蔡梦麟紊铨政，并及继皋。乞罢，不报。及三殿灾，大臣自陈，皆慰留，独继皋致仕去。卒，赠礼部尚书。继皋，字以德，无锡人。万历二年进士第一。

李懋桧，字克苍，安溪人。万历八年进士。除六安知州，入为刑部员外郎。

十四年三月，帝方忧旱，命所司条上便宜。懋桧及部郎刘复初等争言皇贵妃及恭妃册封事，章一日并上。帝怒，欲加重谴，言者犹不已。阁臣请帝诏诸曹建言止及所司职掌，且不得专达，以慰解帝意。居数日，帝亦霁威，诸疏皆留中。而懋桧疏又有保圣躬、节内供、御近习、开言路、议蠲振、慎刑罚、重举刺、限田制七事，亦寝不行。

　　明年，给事中邵庶因论诚意伯刘世延，刺及建言诸臣。懋桧上言："庶因世延条奏，波及言者，欲概绝之。'防人之口，甚于防川'，庶岂不闻斯语哉？今天下民穷财殚，所在饥馑，山、陕、河南，妇子仳离，僵仆满道，疾苦危急之状，盖有郑侠所不能图者，陛下不得闻且见也。迩者雷击日坛，星坠如斗，天变示儆于上；畿辇之间，子弑父，仆弑主，人情乖离于下。庶以为海内尽无可言已乎？夫在廷之臣，其为言官者十仅二三。言官不必皆智，不为言官者不必皆愚。无论往事，即如迩岁冯保、张居正交通乱政，其连章保留，颂功谀德，若陈三谟、曾士楚者，并出台垣，而请金剑引裾杖谪以去者，非庶僚则新进书生也。果若庶言，天下幸无事则可，脱有不虞之变，陛下何从而知。庶复以堂上官禁止司属为得计，伏睹《大明律》，百工技艺之人，若有可言之事，直至御前奏闻，但有阻遏者斩。《大明会典》及皇祖《卧碑》亦屡言之。百工技艺之人，若有可言之事，直至御前奏闻，但有遏者斩。《大明会典》及皇祖《卧碑》亦屡言之。百工技艺之人，有言尚不敢阻，况诸司百执事乎？庶言一出，志士解体，善言日壅，主上不得闻其过，群下无所献其忠，祸天下必自庶始。陛下必欲重百官越职之禁，不若严言官失职之罚。当言不言，坐以负君误国之罪。轻则记过，重则褫官。科道当迁，一视其章奏多寡得失为殿最，则言官无不直言，庶官无事可言，出位之禁无庸，太平之效自致矣。"

　　帝责其沽名，命贬一秩。科道合救，不允。庶偕同列胡时麟、梅国楼、郭显忠复交章论劾，乃再降一秩，为湖广按察司经历。历礼部主事，以忧归，屡荐不起。家居二十年，始起故官。进南京兵部郎中。天启初，终太仆少卿。

　　李沂，字景鲁，嘉鱼人。万历十四年进士。改庶吉士。十六年冬，授吏科给事中。中官张鲸掌东厂，横肆无惮。御史何出光劾鲸死罪八，并及其党锦衣都督刘守有、序班邢尚智。尚智论死，守有除名，鲸被切让，而任职如故。御史马象乾复劾鲸，诋执政甚力，帝下象乾诏狱。大学士申时行等力救，且封还御批，不报。许国、王锡爵复各申救，乃寝前命，而鲸竟不罪。外议谓鲸以金宝献帝获免。

　　沂拜官甫一月，上疏曰："陛下往年罪冯保，近日逐宋坤，鲸恶百保而万坤，奈何独濡忍不去？若谓其侍奉多年，则坏法亦多年；谓痛加省改，犹足供事，则未闻可驯虎狼使守门户也。流传鲸广献金宝，多方请乞，陛下犹豫未忍断决。中外臣民初未肯信，以为陛下富有四海，岂爱金宝；威如雷霆，岂徇请乞。及见明旨许鲸策励供事，外议藉藉，遂谓为真。亏损圣德，夫岂浅鲜！且鲸奸谋既遂，而国家之祸将从此始，臣所大惧也。"

　　是日，给事中唐尧钦亦具疏谏。帝独手沂疏，震怒，谓沂欲为冯保、张居正报仇，立下诏狱严鞫。时行等乞宥，不从。谳上，诏廷杖六十，斥为民。御批至阁，时行等欲留御批，中使不可，持去。帝特遣司礼张诚出监杖。时行等上疏，俱诣会极门候进止。帝言："沂置贪吏不言，而独谓朕贪，谤诬君父，罪不可宥。"竟杖之。太常卿李尚智、给事中薛三才等抗章论救，俱不报。国、锡爵以言不见用，引罪乞归。锡爵言："廷杖非正刑，祖宗虽间一行之，亦未有诏狱、廷杖并加于一人者。故事，惟盗贼大逆则有打问之旨，今岂可加之言官。"帝优诏慰留锡爵，卒不听其言。

　　初，冯保获罪，实鲸为之，故帝云然。或谓鲸罪不至如保。张诚掌司礼，素德保，授意言者发之，事秘莫能明也。其时，周弘禴、潘士藻皆以忤鲸得罪，而沂祸为烈。家居十八年，未召而卒。光宗嗣位，赠光禄少卿。

　　弘禴，字元孚，麻城人。倜傥负奇，好射猎。举万历二年进士，授户部主事。降无为州同知，迁顺天通判。

　　十三年春上疏指斥朝贵,言:"兵部尚书张学颜被论屡矣。陛下以学颜故,逐一给事中、三御史,此人心所共愤也。学颜结张鲸为兄弟,言官指论学颜而不敢及鲸,畏其势耳。若李植之论冯保,似乎忠说矣,实张宏门客乐新声为谋主。其巡按顺天,纳娼为小妻,猖狂干纪,则恃宏为内援也。鲸、宏既窃陛下权,而植又窃司礼势,此公论所不容。《祖训》,大小官许至御前言事。今吏科都给事中齐世臣乃请禁部曹建言。曩居正窃权,台省群颂功德,而首发其奸者,顾在艾穆、沈思孝,部曹言事果何负于国哉?居正恶员外郎管志道之建白也,御史龚懋贤因诬以老疾;恶主事赵世卿之条奏也,尚书王国光遂锢以王官。论者切齿,为其附权奸而弃直言,长壅蔽之祸也。今学颜、植交附鲸、宏,鲸敢窃柄,世臣岂不闻?己不敢言,奈何反欲人不言乎?前此长吏垣者周邦杰、秦耀。当居正时,耀则甘心猎犬,邦杰则比迹寒时蝉。今耀官太常,邦杰官太仆矣,谏职无补,坐跻京卿,尚谓台省足恃乎?而乃禁诸臣言事也。夫逐一人之言者,其罪小;禁诸臣之言者,其罪大。往者,严嵩及居正不敢明立此禁,何世臣无忌惮一至此哉!乞放学颜、植归里,出耀、世杰于外,屏张鲸使间居,而夺世臣谏职,严敕司礼张诚等止掌内府礼仪,毋干政事,天下幸甚。"帝怒,谪代州判官,再迁南京兵部主事。

　　十七年,帝始倦勤,章奏多留中不下。弘礽疏谏,且请早建皇储,不报。寻召为尚宝丞。明年冬,命监察御史阅视宁夏边务。巡抚金都御史梁问孟、巡茶御史钟化民,取官帑银交际,弘礽疏发之。诏褫问孟职,调化民于外。河东有秦、汉二坝,弘礽请以石为之,浚渠北达鸳鸯诸湖,大兴水利。还朝,以将材荐哱承恩、土文秀、哱云。明年,承恩等反,坐谪澄海典史。投劾归,卒于家。天启初,以尝请建储,赠太仆少卿。

　　潘士藻,字去华,婺源人。万历十一年进士。授温州推官。擢御史,巡视北城。慈宁宫近侍侯进忠、牛承忠私出禁城,狎妇女。逻者执之,为所殴,诉于士藻。私牒司礼监治之。帝恚曰:"东厂何事?

乃自外庭发。"杖两阉,毙其一。鲸方掌东厂,怒。会火灾修省,士藻言:"今天下之患,莫大于君臣之意不通。宜仿祖制,及近时平台暖阁召对故事,而议所当施罢。撤大工以俟丰岁,蠲织造、烧造以昭俭德,免金花额外征以佐军食。且时召讲读诸臣,问以经史。对贤人君子之时多,自能以敬易肆,以义夺欲。修省之实,无过于此。"鲸乃激帝怒,谪广东布政司照磨。科道交章论救,不听。寻擢南京吏部主事。再迁尚宝卿,卒官。

　　雒于仁,字少泾,泾阳人。父遵,吏科都给事中。神宗初即位,冯保窃权。帝御殿,保辄侍侧。遵言:"保一侍从之仆,乃敢立天子宝座,文武群工拜天子邪,抑拜中官邪?欺陛下幼冲,无礼至此!"遵乃大学士高拱门生。保疑遵受拱指,遂谋逐拱。遵疏留中。寻劾兵部尚书谭纶,因荐海瑞。吏部尚书杨博称纶才,诋瑞迂滞,疏遂寝。顷之,纶陪祀日坛,咳不止。御史景嵩、韩必显劾纶衰病。居正素善纶,而冯保欲缘是为遵罪,因传旨诘嵩、必显欲用何人代纶,令会遵推举,遵等惶惧不敢承。俱贬三秩,调外。遵得浙江布政司照磨。保败,屡迁光禄卿。改右佥都御史,巡抚四川。罢归,卒。

　　于仁举万历十一年进士。历知肥乡、清丰二县,有惠政。十七年入为理寺评事。疏献四箴以谏。其略曰:

　　　臣备官岁余,仅朝见陛下者三。此外惟闻圣体违和,一切传免。郊祀庙享遣官代行,政事不亲,讲筵久辍。臣知陛下之疾,所以致之者有由也。臣闻嗜酒则腐肠,恋色则伐性,贪财则丧志,尚气则戕生。陛下八珍在御,觞酌是耽,卜昼不足,继以长夜。此其病在嗜酒也。宠"十俊"以启幸门,溺郑妃,靡言不听。忠谋摈斥,储位久虚。此其病在恋色也。传索帑金,括取弊帛。甚且掠问宦官,有献则已,无则谴怒。李沂之疮痍未平,而张鲸之赏贿复入。此其病在贪财也。今日搒宫女,明日扶中官,罪状未明,立毙杖下。又宿怨藏怒于直臣,如范俊、姜应麟、孙如法辈,皆一谪不申,赐环无日。此其病在尚气也。四者之病,胶绕身心,岂药石所可治?今陛下春秋鼎盛,犹经年不朝,过此以往,更当何如?

孟轲有取于法家拂士,今邹元标其人也。陛下弃而置之,臣有以得其故矣。元标入朝,必首言圣躬,次及左右。是以明知其贤,忌而弗用。独不思直臣不利于陛下,不便于左右,深有利于宗社哉。陛下之溺此四者,不曰操生杀之权,人畏之而不敢言,则曰居邃密之地,人莫知而不能言。不知鼓钟于宫,声闻于外,幽独之中,指视所集。且保禄全躯之士可以威权惧之,若怀忠守义者,即鼎锯何避焉。臣今敢以四箴献。若陛下肯用臣言,即立诛臣身,臣虽死犹生也。惟陛下垂察。

酒箴曰:耽彼麴蘖,昕夕不辍,心志内惛,威仪外缺。神禹疏狄,夏治兴隆。进药陛下,酖醴勿崇。

色箴曰:艳彼妖姬,寝兴在侧,启宠纳侮,争妍误国。成汤不迩,享有遐寿。进药陛下,内嬖勿厚。

财箴曰:竞彼镠镣,锱铢必尽,公帑称盈,私家悬磬。武散鹿台,八百归心,隋炀剥利,天命难谌。进药陛下,货贿勿侵。

气箴曰:逞彼忿怒,恣睢任情,法尚操切,政鳌公平。虞舜温恭,和以致祥,秦皇暴戾,群怨孔彰。进药陛下,旧怨勿藏。疏入,帝震怒。会岁暮,留其疏十日。所云"十俊",盖十小阉也。

明年正旦召见阁臣申时行等于毓德宫,手于仁疏授之。帝自辨甚悉,将置之重典。时行等委曲慰解,见帝意不可回,乃曰:"此疏不可发外,恐外人信以为真。愿陛下曲赐优容,臣等即传谕寺卿,令于仁去位可也。"帝乃颔之。居数日,于仁引疾,遂斥为民。久之卒。天启初,赠光禄少卿。

马经纶,字主一,顺天通州人。万历十七年进士。除肥城知县,入为御史。

二十三年冬,兵部考选军政。帝谓中有副千户者,不宜擅署四品职。责部臣徇私,兵科不纠发。降武选郎韩范、都给事中吴文梓杂职。镌员外郎曾伟芳，主事江中信、程僖、陈楚产，给事中刘仕瞻三秩，调极边。以御史区大伦、俞价、强思，给事中张同德言事忤旨，亦镌三秩。而五城御史夏之臣、朱凤翔、涂乔迁、时偕行、杨述中籍中官客用家，不称旨，并谪边远典史。又以客用资财匿崇信伯费甲金家，刑部拷讯无实，谪郎中徐维濂于外。一时严旨频下，且不得千户主名，举朝震骇。时东厂太监张诚失帝意。诚家奴锦衣副千户霍文炳当迁指挥佥事，部臣先已奏请，而帝欲寻端罪言官，遂用是为罪。旋移怒两京科道，以为缄默，命掌印者尽镌三秩。于是给事中耿随龙、邹廷彦、黎道昭、孙羽侯、黄运泰、毛一公，御史李宗延、顾际明、袁可立、綦才、吴礼嘉、王有功、李固本，南京给事中伍文焕、费必兴、卢大中，御史柳佐、聂应科、李文熙等十九人俱调外，留者并停俸一年。又令吏部列上职名，再罢御史冯从吾、薛继茂、王慎德、姚三让四人。大学士赵志皋、陈于陛、沈一贯及九卿各疏争，尚书石星请罢职以宽诸臣，皆不纳。于陛又特疏申救。帝怒，命降诸人杂职，悉调边方。尚书孙丕扬等以诏旨转严，再疏乞宥。帝益怒，尽夺职为民。经纶愤甚，抗疏曰：

　　　　顷屡奉严旨，斥逐南北言官。臣幸蒙恩，罚俸供职，今日乃臣谏净之日矣。陛下数年以来，深居静摄。君臣道否，中外俱抱隐忧。所恃言路诸臣，明目张胆为国家裁辨邪正，指斥奸雄。虽庙堂处分，未必尽协舆论，而缙绅公议，颇足维持世风，此高庙神灵实鉴佑之。所资台省耳目之用大矣，陛下何为一旦自涂其目邪？

　　　　夫以兵部考察之故，而罪兵科是已。乃因而蔓及于他给事，又波连于诸御史。去者不明署其应得之罪，留者不明署其姑恕之由。虽圣意渊微，未易窥测，而道路传说，啧有烦言。陛下年来厌苦言官，动辄罪以渎扰，今忽变而以箝口罪之。

　　　　夫以无言罪言官，言官何辞。臣窃观陛下所为罪言官者，犹浅之乎罪言官也。乃言官今日之箝口不言者，有五大罪焉。陛下不郊天有年矣，曾不能援故典排闼以诤，是陷陛下之不敬天者。罪一。陛下不享祖有年矣,曾不能开至诚牵裾以诤,是陷陛下之不敬祖者。罪二。陛下辍朝不御,停讲不举,言官言之而不能卒复之,是陷陛下不能如祖宗之勤政。罪三。陛下去邪不决,任贤不笃,言官言之而不能强得之,是陷陛下不能如祖宗之用人。罪四。陛下好货成癖,御下少恩,肘腋之间,从怨蓄变,言官俱虑之,而卒不能批鳞谏止,是陷陛下甘弃初政,而弗获克终。罪五。言官负此大罪,陛下肯奋然励精而以五罪罪之,岂不当哉!奈何责之箝口不言者,不于此而于彼也。

日者廷臣交章论救,不惟不肯还职,而且落职为民。夫诸臣本出草莽,今还初服,亦复何憾。独念朝廷之过举不可遂,大臣之忠恳不可拂。陛下不听阁疏之救,改降级而为杂职,则辅臣何颜?是自离其腹心也。不听部疏之救,改杂职而为编氓,则九卿何颜?是自戕其股肱也。夫君臣一体,元首虽明,亦赖股肱腹心耳目之用。今乃自塞其耳目,自离其腹心,自戕其股肱,陛下将谁与共理天下事乎!

夫人君受命于天,与人臣受命于君一也。言官本无大罪,一旦震怒,罪以失职,无一敢抗命者。既大失人心,必上拂天意。万一上天震怒,以陛下之不郊不禘、不朝不讲、不惜才、不浅货,咎失人君之职,而赫然降非常之灾,不知陛下尔时能抗天命否乎?臣不能抗君,君不能抗天,此理明甚,陛下独不思自为社稷计乎?

帝大怒,亦贬三秩,出之外。

经纶既获谴,工科都给事中海阳林熙春等上疏曰:“陛下怒言官缄默,斥逐三十余人,臣等不胜悚惧。今御史经纶慷慨陈言,窃意必温旨褒嘉,顾亦从贬斥。是以建言罪邪,抑以不言罪邪?臣等不能解也。前所罪者,既以不言之故,今所罪者又以敢言之故,令臣等安所适从哉。陛下诚以不言为溺职,则臣等不难进忧危之苦词;诚以直言为忤旨,则臣等不难效暗默之成习。但恐庙堂之上,率诣佞取容,非君上之福也。臣等富贵荣辱之念岂与人殊。然宁为此不为

彼者,毋亦沐二百余年养士之恩,不负君父,且不负此生耳。陛下奈
何深怒痛疾,而折辱至是哉!"帝益怒,谪熙春茶盐判官,加贬经纶
为典史。熙春遂引疾去。是日,御史定兴鹿久征等亦上疏,请与诸
臣同罪,贬泽州判官。二疏列名凡数十人,悉夺俸。

顷之,南京御史东莞林培疏陈时政。帝追怒经纶,竟斥为民。既
归,杜门却扫凡十年。卒,门人私谥闻道先生。

培由乡举为新化知县。县僻陋,广置社学教之。民有死于盗者,
不得。祷于神,随蝴蝶所至获盗,时惊为神,劾授南京御史,劾罪诚
意伯刘世延,置其抓牙于法。已,上书言徐维濂不当谪;陕西织花
绒、购回青扰民,宜罢;湖广以鱼鲊、江南以织造并夺抚按官俸,苏
州通判至以织造故褫官,皆不可训;并论及沈思孝等。帝怒,谪福建
盐运知事。造归,卒。

天启初,复经纶官,赠太仆少卿。培赠光禄少卿,熙春亦还故
职。屡迁大理卿,年老乞罢。时李宗延、柳佐辈咸官于朝,颂其先朝
建言事。诏加户部右侍郎,致仕。

刘纲,邛州人。祖,文恂,孝子。父,应辰,举乡试不仕,亦以孝
义闻。纲举万历二十三年进士,改庶吉士。二十五年七月上疏曰:

去岁两宫灾,诏示天下,略无禹、汤罪己之诚,文、景蠲租
之惠,臣已知天心之未厌矣。比大工肇兴,伐木榷税,采石运
甓,远者万里,近者亦数百里。小民竭膏血不足供费,绝筋骨不
足任劳,鬻妻子不能偿贷。加以旱魃为灾,野无青草,人情胥
怨,所在如仇。而天下不悔祸,三殿复灾。《五行志》曰:"君不
思道,厥灾烧宫。"陛下试自省,昼之为、夜之息,思在道乎,不
在道乎?

凡敬天法祖,亲贤远奸,寡欲保身,贱货慎德,俱谓之道,
反是非道矣。陛下比年以来,简禋祀,罢朝讲,弃股肱,阁耳目,
断地脉,忽天象,君臣有数载之隔,堂陛下若万里而遥。陛下深

居静摄，所为祈天永命者何状，即外廷有不知，上天宁不见邪？今日之灾，其应以类，天若曰：皇之不极，于谁会归，何以门为？朝仪久旷，于谁禀仰，何以殿为？元宰素餐，有污政地，何以阁为？其所以示警戒，劝更新者，至深切矣。尚可因循玩愒，重怒上帝哉！

　　臣闻五行之性，忌积喜畅。积者，灾之伏也，请冒死而言积之状。皇长子冠婚、册立久未举行，是曰积典。大小臣僚以职事请，强半不报，是曰积牍。外之司府有官无人，是曰积缺。罪斥诸臣，概不录叙，是曰积才。阃外有扬帆之丑，中原起揭竿之徒，是曰积寇。守边治河，诸臣虚词罔上，恬不为怪，是曰积玩。诸所为积，陛下不能以明断决，元辅赵志皋不能以去就争，天应随之，毫发不爽。陛下何不召九卿、台谏面议得失，见兔顾犬，未为晚也。若必专任志皋，处堂相安，小之斁政事而羞士类，大之丛民怨而益天怒。天下大计奈何以此匪人当之！此不可令关白诸酋闻也。

帝得疏，恚甚，将罪之。以方遘殿灾，留中不报。

　　已而授编修。居二年，京察。坐浮躁，调外任，遂归。明年卒。故事，翰林与政府声气相属。纲直攻志皋短，故嗛之不置，假察典中之。明世以庶吉士专疏建言者，前惟邹智，后则刘之纶与纲，并四川人。

　　戴士衡，字章尹，莆田人。万历十七年进士。除新建知县，擢吏科给事中。

　　蓟州总兵官王保滥杀南兵，士衡极论其罪。已，请亟补言官，劾石星误国大罪五。山东税使陈增请假便宜得举刺将吏，淮、扬鲁保亦请节制有司，士衡力争。仁圣太后梓宫发引，帝不亲送，士衡言：“母子至情，送死大事，奈何于内庭数武地，靳一举足劳。今山陵竣事，愿陛下扶杖出迎神主，庶少慰圣母之灵，答臣民之望。”锦衣千户郑一麟奏开昌平银矿。士衡以地逼天寿山，抗疏争。皆不报。

二十五年正月极陈天下大计,言:"方今事势不可知者三:天意也,人心也,气运也。大可虑者五:纪纲废弛也,戎狄侵陵也,根本动摇也,武备疏略也,府藏殚竭也。其切要而当亟正者一,则君心也。陛下高拱九重,目不睹师保之容,耳不闻丞弼之议,美丽当前,燕惰自佚,即欲殚聪明以计安社稷,其道无由。诚宜时御便殿,召执政大臣讲求化理,则心清欲寡,政事自修。"亦不报。

日本封事败,再劾星及沈惟敬、杨方亨,且列上防倭八事。多议行。俄劾南京工部尚书叶梦熊、刑部侍郎吕坤、蓟辽总督孙矿及通政参议李家春。时矿已罢,宜春自引归,坤亦以直谏去。给事中刘道亨右坤,力诋士衡,谓其受大学士张位指。士衡亦劾道亨与星同乡,为星报复,帝以言官互争,皆报寝。寻劾罢文选郎中白所知。

帝恶吏部郎,贬黜者二十二人,因诘责吏科朋比。都给事中刘为楫、杨廷兰、张正学、林应元及士衡俱引罪。诏贬为楫一秩,与廷兰等并调外。士衡得蕲州判官。无何,诏改远方,乃授陕西盐课副提举。未赴,会《忧危竑议》起,竟坐遣戍。

先是,士衡再劾坤,谓潜进《闺范图说》,结纳宫闱,因请举册立、冠婚诸礼。帝不悦。至是有跋《闺范》后者,名曰《忧危竑议》,诬坤与贵妃从父郑承恩、户部侍郎张养蒙、山西巡抚魏允贞、吏科给事中程绍、吏部员外郎邓光祚及道亨、所知等同盟结纳,羽翼贵妃子。承恩大惧。以坤、道亨、所知故与士衡有隙,而全椒知县樊玉衡方上疏言国本,指斥贵妃,遂妄指士衡实为之,玉衡与其谋。帝震怒,贵妃复泣诉不已,夜半传旨逮下诏狱拷讯。比明,命永戍士衡廉州、玉衡雷州。御史赵之翰复言:"是书非出一人,主谋者张位,奉行者士衡,同谋者右都御史徐作、礼部侍郎刘楚先、国子祭酒刘应秋、故给事中杨廷兰、礼部主事万建昆也。诸臣皆位心腹爪牙,宜并斥。"帝入其言,下之部院。时位已落职闲住,署事侍郎裴应章、副都御史郭惟贤力为作等解,不听。夺楚先、作官,出应秋于外,廷兰、建昆谪边方,应章等复论救。帝不悦,斥位为民。

士衡等再更赦,皆不原。四十五年,士衡卒戍所。巡按御史田生金请脱其戍籍，释玉衡生还，帝不许。天启中，赠太仆少卿。

曹学程，字希明，全州人。万历十一年进士。历知石首、海宁。治行最，擢御史。

帝命将援朝鲜。已而兵部尚书石星听沈惟敬言，力请封贡。乃以李宗城、杨方亨为正副使，往行册封礼。未至日本，而惟敬言渐不售，宗城先逃归。帝复惑星言，欲遣给事中一人充使，因察视情实。学程抗疏言："迩者封事大坏，而方亨之揭，谓封事有绪。星、方亨表里应和，不足倚信。为今日计，遣科臣往勘则可，往封则不可。石星很很自用，赵志皋碌碌依违，东事之溃裂，元辅、枢臣俱不得辞其责。"

初，朝鲜甫陷，御史郭实论经略宋应昌不足任，并陈七不可。帝以实沮挠，谪怀仁典史。后已迁刑部主事。会封贡议既罢，而朝鲜复恳请之。帝乃追怒前主议者，以实倡首，斥为民。并敕石星尽录异议者名，将大谴责。志皋等力解乃已。及遣使不得要领，因欲别遣，已而罢之，即以方亨为正使矣。而学程方督畿辅屯田，不知也。疏入，帝大怒，谓有暗嘱关节，逮下锦衣卫严讯。搒掠无所得，移刑部定罪。尚书萧大亨请宥，帝不许，命坐逆臣失节罪斩。刑科给事中侯廷佩等讼其冤。志皋及陈于陛、沈一贯言尤切，皆不纳。自是救者不绝，多言其母年九十余，哭子待毙。帝卒弗听，数遇赦亦不原。

其子正儒，朝夕不离犴狴。见父憔悴骨立，呕血仆地，久之乃苏，因刺血书奏乞代父死，终不省。三十四年九月始用朱赓言，谪戍湖广宁远卫。久之，放归，卒。天启初，赠太仆少卿。崇祯时，旌正儒为孝子。

郭实，字伯华，高邑人。万历十一年进士。授朝邑知县，选授御史。御史王麟趾劾湖广巡抚秦耀结政府状，谪徐沟丞。实复劾耀，耀乃罢。比去任，侵赃赎银钜万，为衡州同知沈铁所发，下吏戍边。

故事,抚按赃赎率贮州县为公费,自耀及都御史李采菲,御史沈汝梁、祝大舟咸以自润败。自是率预灭其籍,无可稽矣。实以论朝鲜事黜。久之,封贡不成,星下吏。给事中侯廷佩请还实官,不许。家居十五年,起南京刑部主事,终大理右寺丞。

翁宪祥,字兆降,常熟人。万历二十年进士。为鄞县知县。课最,入为礼科给事中。以忧去。

补吏科,疏陈铨政五事。其一论掣签法,言:“使尽付之无心,则天官之职一吏可代。苟为不然,则地本预拟,何必于大廷中为掩饰之术。请亟停罢。”时不能从,故事,正郎不奉使,抚按必俟代,至是多反之。而江西巡抚许弘纲以父忧径归,广西巡抚杨芳亦以忧乞免代,宪祥极言非制。弘纲贬官,芳亦被责。言者诋朱赓、李廷机辄被谴,宪祥疏论。已,劾云南巡抚陈用宾、两广总督戴耀,并不报。

是时大僚多缺。而侍郎杨时乔、杨道宾旬日间相继物故,吏、礼二部长贰遂无一人。兵部止一尚书,养疴不出。户、刑、工三部暨都察院堂上官,俱以人言注籍。通政大理亦无见官。宪祥言九卿俱旷,甚伤国体。因陈补缺官、起遗佚数事,报闻。

屡迁刑科都给事中。吏部尚书孙丕扬、副都御史许弘纲以考察为言路所攻,求去。宪祥言:“一时贤者,直道难容,相率引避。国是如此,可为寒心。”既而军政拾遗,疏为锦衣都督王之桢所挠,久不下。罪人陈用宾等已论死,疏亦留中。宪祥皆抗章论驳。知县满朝荐、李嗣善,同知王邦才,以忤税使系狱,力请释之。会冬至停决囚,复请推缓刑德意,宥累臣、矜楚狱。帝皆不报。

寻调吏科。四十一年命辅臣叶向高典会试,给事中曾六德以论救被察官坐贬,旨皆从内出。宪祥力谏。中官黄勋、赵禄、李朝用、胡滨等不法,亦连疏弹劾。久之,擢太常少卿。居数年卒。

徐大相,字觉斯,江西安义人。万历四十四年进士。授东昌推官。改武学教授,稍迁国子博士。四十七年九月朔,百僚将早朝,司礼中官卢受传免。众趋出，受从后姗侮。大相愤，归草二疏。一论辽左事，一论受奸邪。时接疏者即受也。见辽事疏曰："此小臣，亦敢言事。"及帝阅第二疏，顾受曰："此即论汝罪者。"受错愕，叩头流血请罪，曰："奴当死。"疏乃留中。是日，南京国子学录乔拱璧亦疏劾受，不报。明年迁兵部主事。

天启二年调吏部稽勋主事，移考功。明年进验封员外郎。进士薛邦瑞为其祖蕙请谥，大相与尚书张问达议如其请。熹宗方恶恤典冗滥，镌大相三秩，出之外。问达等引罪，不问。大学士叶向高、都御史赵南星等连疏救，乃改镌二秩。大相方候命，群奄党受者数十辈，持梃噪于门。比搜大相橐，止俸金七十两，乃哄然散。家居，杜门读书，里人罕见其面。

崇祯元年起故官。俄改考功，迁验封郎中。历考功、文选。奏陈遵明旨、疏淹滞、破请托、肃官评、正选规、重掌篆、崇礼让、励气节、抑侥幸、核吏弊十事，帝即命饬行。故尚书孙丕扬等二十六人为魏忠贤削夺，大相请复其官，帝不许。旋以起废忤旨，贬秩视事。给事中杜三策言大相端廉，起废协舆论，不当谴，不听。父忧归，卒于家。

赞曰：神宗中年，德荒政圮。怀忠发愤之士，宜其激昂抗词以匡君失。然纳谏有方，务将以诚意。绞讦摩上，君子弗为。谓其忠厚之意薄，而炫沽之情胜也。洛于仁、马经纶诋讥谯让，几为侪偶所不能堪矣。圣人取讽谏，意者殆不如是乎？

明史卷二三五
列传第一二三

王汝训　余懋学　　张养蒙
孟一脉　何士晋　陆大受　张庭
李俸　王德完　蒋允仪
邹维琏　吴羽文

　　王汝训，字古师，聊城人。隆庆五年进士。除元城知县。万历初，入为刑部主事。改兵部，累迁光禄少卿。吏科都给事中海宁陈与郊者，大学士王锡爵门生，又附申时行，恣甚。汝训抗疏数其罪，言："与郊今日荐巡抚，明日荐监司。每疏一出，受贿狼籍。部曹吴正一发其奸，身投荒徼。吏部尚书杨巍亦尝语侍郎赵焕，谓为小人。乞速罢遣。且科道以言为职，乃默默者显，谔谔者绌。直犯乘舆，屡荷优容。稍涉当涂，旋遭摈斥。言官不难于批鳞，而难于借剑，此何为也？天下惟公足以服人。今言者不论是非，被言者不论邪正，模棱两可，曲事调停，而曰务存大体。是惩议论之纷纭，而反致政体之决裂也。乞特敕吏部，自后迁转科道，毋恶异喜同，毋好谀丑正。"是时，巍以政府故，方厚与郊。闻汝训言引己且刺之，大恚，言："臣未尝诋与郊。汝训以寺臣攻言路，正决裂政体之大者。"乃调汝训南京。顷之，御史王明复劾与郊并及巍，诏夺明俸，擢与郊太常少卿。都人为之语曰："欲京堂，须弹章。"与郊寻以忧去。后御史张应扬追

劾其交通文选郎刘希孟，考选纳贿，并免官。未几，其子杀人论死，
与郊悒悒卒。

　　汝训入为太常少卿。孟秋飨庙，帝不亲行。汝训极谏。帝愠甚，
以其言直，不罪也。寻进太仆卿，调光禄。汝训先为少卿，寺中岁费
二十万，至是滥增四万有奇。汝训据《会典》，请尽裁内府冗食，不
许。

　　二十二年改左佥都御史。旋进右副都御史，巡抚浙江。汝训性
清介，方严疾恶。巡按御史南昌彭应参亦雅以强直名，相与力锄豪
右。乌程故尚书董份、祭酒范应期里居不法，汝训将绳之。适应参
行部至，应期怨家千人遮道陈牒。应参持之急，檄乌程知县张应望
按之。应期自缢死，其妻吴氏诣阙诉冤。帝命逮应参、应望诏狱，革
汝训职，诘吏部都察院任用非人。尚书孙丕扬、都御史衷贞吉等引
罪，且论救。帝意未释，谪救应参者给事中乔胤等于外。言官讼汝
训、应参亦及胤，帝愈怒。疏入，辄重胤谴，至除名，而谪应望戍烟
瘴，应参为民。

　　汝训家居十五年，起南京刑部右侍郎。召改工部，署部事。初，
矿税兴，以助大工为名。后悉输内帑，不以供营缮。而四方采木之
需多至千万，费益不訾。汝训屡请发帑佐工，皆不报。在部岁余，力
清夙弊。中官请乞，辄执奏不予，节冗弗数万。卒，赠工部尚书，谥
恭介。

　　余懋学，字行之，婺源人。隆庆二年进士。授抚州推官，擢南京
户科给事中。万历初，张居正当国，进《白燕白莲颂》。懋学以帝方
忧旱，下诏罪己，与百官图修禳。而居正顾献瑞，非大臣谊，抗疏论
之。已，论南京守备太监申信不法，帝为罢信。久之，陈崇惇大、亲
謇谔、慎名器、戒纷更、防佞诐五事。时居正方务综核，而懋学疏与
之忤，斥为民，永不叙录。居正死，起懋学故官，奏夺成国公朱希忠
王爵，请召还光禄少卿岳相、给事中魏时亮等十八人。帝俱报可。寻
擢南京尚宝卿。

十三年，御史李植、江东之等以言事忤执政。同官蔡系周、孙愈贤希执政指，纷然攻讦，懋学上言：

诸臣之不能容植等，一则以科场不能无私，而恶植等之讦发；一则以往者常保留居正，而忌吴中行、沈思孝等之召用。二疑交于中，故百妒发于外也。夫威福自上，则主势尊。植等三臣，陛下所亲擢者也，乃举朝臣工百计排之；假令政府欲用一人，诸臣敢力挫之乎？臣谨以臣工之十蠹为陛下言之。

今执政大臣一政之善辄矜赞导之功，一事之失辄诿挽回之难，是为诬上。其蠹一。

进用一人，执政则曰我所注意也，冢宰则曰我所推毂也，选郎则曰我所登用也。受爵公朝，拜恩私室，是为招权。其蠹二。

陛下天纵圣明，犹虚怀纳谏。乃二三大僚，稍有规正，辄奋袂而起，恶声相加，是为讳疾。其蠹三。

中外臣工，率探政府意向，而不恤公论。论人则毁誉视其爱憎，行政则举置徇其喜怒，是为承望。其蠹四。

君子立身，和而不同。今当路意有所主，则群相附和，敢于抗天子，而难于违大臣，是为雷同。其蠹五。

我国家谏无专官，今他曹稍有建白，不曰出位，则曰沽名，沮忠直之心，长壅蔽之渐，是为阻抑。其蠹六。

自张居正蒙蔽主聪，道路以目，今余风未殄，欺罔日滋。如潘季驯之斥，大快人心，而犹累牍连章为之申雪，是为欺罔。其蠹七。

近中外臣僚或大臣交攻，或言官相讦，始以自用之私，终之好胜之习。好胜不已，必致忿争，忿争不已，必致党比。唐之牛、李，宋之洛、蜀，其初岂不由一言之相失哉？是为竞胜。其蠹八。

佞谀成风，日以浸甚。言及大臣，则等之伊、傅；言及边帅，则拟以方、召；言及中官，则夸吕、张复出；言及外吏，则颂卓、鲁重生。非藉结欢，即因邀赂，是为佞庚。其蠹九。

　　国家设官，各有常职。近两京大臣务建白以为名高，侵职掌而听民讼。长告讦之风，失具瞻之体，是为乖戾。其蠹十也。

　　懋学夙以直节著称，其摘季驯不无过当。然所言好胜之弊，必成朋党，后果如其言。累迁南京户部右侍郎，总理漕储。疏白程任卿、江时之冤，二人遂得释。二十一年以拾遗论罢。卒，赠工部尚书。天启初，追谥恭穆。

　　张养蒙，字泰亨，泽州人。万历五年进士。选庶吉士，历吏科左给事中。少负才名，明习天下事。居言职，慷慨好建白。以南北多水旱，条上治奸民、恤流民、爱富民三事，帝嘉纳之。锦衣都指挥罗秀营金书，兵部尚书王遴格不行，失欢权要而去，秀竟夤缘得之。养蒙疏发其状，事具《遴传》。御史高维嵩等言事被谪，养蒙偕同官论救，复将疏讼之。忤旨，夺俸。

　　寻迁工科都给事中。都御史潘季驯奏报河工，养蒙上言曰："二十年来，河几告患矣。当其决，随议塞，当其淤，随议浚，事竣辄论功。夫淤决则委之天灾而不任其咎，浚塞则归之人事而共蒙其赏。及报成未久，惧有后虞，急求谢事，而继者复告患矣。共故皆由不久任也。夫官不久任，其弊有三：后先异时也，人己异见也，功罪难执也。请仿边臣例，增秩久任，斯职守专而可责成功。"帝深然之。

　　有诏潞安进绸二千四百匹。未几，复命增五千。养蒙率同官力争，且曰："从来传奉织造，具题者内臣，拟旨者阁臣，抄发者科臣。今径下部，非祖制。"不从。出为河南右参政。寻召为太仆少卿，四迁左副都御史。

　　二十四年极谏时政阙失，言：

　　　　迩来殿廷希御，上下不交。或疑外臣不可尽信，或疑外事未可尽从。君臣相猜，政事积废。致市猾得以揣意旨，左右得以播威权。惟利是闻，祸将胡底。谨以三轻二重之弊为陛下陈之。

一、部院之体渐轻。或虚其位而不补，或用其人而不任。如冬官一曹，亚卿专署，已为异事，乃冢宰何官，数月虚位。法司议刘世延罪，竟尔留中，主事刘冠南疏入即发。何小臣听而大臣不听，单疏下而公疏不下哉！以至户曹三疏谏开矿，臣院九疏催行取，皆置不报。议大事则十疏而九不行，遇廷推则十人而九不用。夫大臣师表百僚，奈何轻之至此。

一、科道之职渐轻。五科都给事中久虚不补，御史曹学程一系不释，考选台谏，屡请屡格，乃至服阕补任，亦皆废阁。是不欲言路之充也。夫政无缺失，何惮人言？徒使唯诺风成，謇谔意绝，国是将何定乎？

一、抚按之任渐轻。如开矿一事，抚按有言，咸蒙切责。于是郑一麟以千户而妄劾李盛春。夫阉人、武弁得以制巡抚之命，纪网不倒置乎？一珰得志，诸珰效尤，抚按敛手，何有于监司？从此陛下之赤子将无人拊循矣。

一、进献之途渐重。下僚捐俸，儒士献资，名为助工，实怀觊幸。甚者百户王守仁以谋复世爵，妄构楚府，而使陛下恩薄于懿亲；主簿张以述以求复旧秩，妄献白鹿，而使陛下德损于玩物。部臣纠之不听，言官纠之不听，业已明示好恶，大开受献之门。将见媚子宵人投袂竞起，今日献灵瑞，明日贡珍奇，究使败节文官、偾军武帅，凭藉钱神，邀求故物，不至如嘉靖末年之浊乱不止也。

一、内差之势渐重。中使纷然四出，乞请之章无日不上，批答之旨无言不温。左右藉武弁以营差，武弁藉左右以网利，共构狂言，诳惑天听。陛下方厌外臣沮挠。谓欲办家事，必赖家奴，于是有言无不立听。岂武弁皆急君，而朝绅尽误国乎？今奸宄实繁有徒。采矿不已，必及采珠；皇店不止，渐及皇庄。继而营市舶，继而复镇守，内可以谋坐营，外可以谋监军。正德敝风，其鉴不远。

凡此三轻二重，势每相因，德与财不并立，中与外不两胜，惟陛下早见而速图之。不报。

又明年六月，两宫三殿继灾。养蒙复上疏曰："近日之灾，前古未有。自非君臣交儆，痛革敝风，恐虚文相遝，大祸必至。臣请陛下躬谒郊庙，以谢严谴；立御便殿，以通物情；早建国本，以系人心；停银矿、皇店之役，杜四海乱阶；减宦官宫妾之刑，弭萧墙隐祸。然此皆应天实事，犹非应天实心也。罪己不如正己，格事不如格心。陛下平日成心有四。一曰好逸。朝享倦于躬临，章奏倦于省览。古帝王乾健不息，似不如此。一曰好疑。疑及近侍，则左右莫必其生；疑及外庭，则僚采不安于位。究且谋以疑败，奸以疑容。古帝王至诚驭物，似不如此。一曰好胜。奋厉威严以震群工，喜谄谀而恶鲠直，厌封驳而乐顺从。古帝王予违汝弼，似不如此。一曰好货。以聚敛为奉公，以投献为尽节。古帝王四海为家，似不如此。愿陛下戒此四者，亟图更张，庶天意可回，国祚可保。"帝亦不省。

寻迁户部右侍郎。时再用师朝鲜，命养蒙督饷。事宁，予一子官。三十年尚书陈蕖称疾乞罢。诏养蒙署事。会养蒙亦有疾在告，固辞。给事中夏子阳劾其托疾，遂罢归。卒于家。天启初，赐谥毅敏。

孟一脉，字淑孔，东阿人。隆庆五年进士。为平遥知县。以廉能擢南京御史。万历六年五月上言："近上两宫徽号，覃恩内外，独御史傅应祯，进士邹元标，部郎艾穆、沈思孝，投荒万里，远绝亲闻，非所以广锡类溥仁施也。"疏入，忤张居正，黜为民。

居正死，起故官，疏陈五事，言：

近再选宫女至九十七人，急征一时，辇下甚扰。一世。

中外奏，宜下部臣议覆，阁臣拟旨，脱有不当，台谏得纠驳之。今乃不任臣工，颛取宸断，明旨一出，臣下莫敢犯颜。二也。

士习邪正，系世道污隆。今廉耻日丧，营求苟且。亟宜更化救弊，先实行而后才华。三也。

东南财赋之区，靡于淫巧，民力竭矣，非陛下有以倡之乎？

数年以来,御用不给。今日取之光禄,明日取之太仆,浮梁之磁,南海之珠,玩好之奇,器用之巧,日新月异。遇圣节则有寿服,元宵则有灯服,端阳则有五毒吉服,年例则有岁进龙服。以至覃恩锡赍,小大毕沾;谒陵犒赐,耗费巨万。锱铢取之,泥沙用之。于是民间习为丽侈,穷耳目之好,竭工艺之能,不知纪极。夫中人得十金,即足供终岁之用。今一物而常兼中人数家之产。或刻沉檀,镂犀象,以珠宝金玉饰之。周鼎、商彝、秦铊、汉鉴,皆搜求于海内。穷岁月之力,专一器之工;罄生平之资,取一盼之适。殊不知财贿易尽,嗜欲无穷。陛下诚能恭俭节约以先天下,禁彼浮淫,还之贞朴,则财用自裕,而风俗亦淳。四也。

边疆之臣,日弛戎备,上下蒙蔽,莫以实闻。由边臣相继为本兵,题覆处分,尽在其口。言出而中伤随之,谁肯为无益之谈,自取祸败哉?渔夫舍饵以得鱼,未闻以饵养鱼者也。今以中国之文帛绮绣为蕃戎常服,虽曰贡市,实则媚之。边臣假贡市以赂戎,戎人肆剽窃而要我。彼此相欺,以诳君父。幸其不来,来则莫御。所谓以饵养鱼者也。请明诏枢臣,洗心易虑。战守之备,一一讲求,付之边臣。使将识敌情,兵识将意,庶乎臂指如意,国可无虞。五也。

疏入,忤旨,谪建昌推官。屡迁南京右通政。移疾归。

四十一年,起右佥都御史,巡抚南、赣。居三年,廷推左副都御史。未得命,给事中官应震论其纵子骄恣。疏虽留中,一脉竟引疾去。年八十一卒。

一脉初以直谏著声。晚膺节钺,年力已衰,不克有所表树云。

何士晋,字武莪,宜兴人。父其孝,得士晋晚。族子利其资,结党致之死。继母吴氏匿士晋外家。读书稍懈,母辄示以父血衣。士晋感厉,与人言,未尝有笑容。

万历二十六年举进士。持血衣诉之官,罪人皆抵法。初授宁波推官,擢工科给事中。首疏请通章奏、缓聚敛。俄言:"衮职有阙,廷臣言虽逆耳,每荷优容。独论及辅臣,必欲借主威以泄愤。是陛下负拒谏之名,辅臣收固宠之实,天下所以积愤辅臣而不能平也。如孙矿、郭子章、戴耀、沈子木,宜舍不舍,公论乖违,辅臣赓安得不任其咎?"无何,劾左都督王之桢久掌锦衣,为内阁抓牙,中枢心腹。又劾大学士王锡爵逢君贼善,召命宜停;户部尚书赵世卿误国,无大臣体。已,复言:"朝端大政,宜及今早行者,在放辅臣以清政地,罢大臣被论者以伸公议。斥王之桢以绝祸源,释卜孔时、王邦才等以苏冤狱。"

初,皇长孙生,有诏起废,列上二百余人。阅三年,止用顾宪成等四人。士晋请大起废籍。瑞王将婚,诏典礼视福王,费当十九万。初,帝弟潞王婚费不及其半,士晋请视潞王。帝将崇奉太后,诏建灵应宫,士晋以非礼力争,且曰:"圣母所注念者东宫出讲,诸王早婚,与遗贤之登进也,乃诸臣屡请不应。而不时内降者,非中贵之营求,即鬼神之香火,何也?"帝皆不省。

未几,有张差梃击之事。王之寀钩得差供,帝迁延不决,士晋三上疏趣之。当是时,变起非常,中外咸疑谋出郑国泰,然无敢直犯其锋者。郎中陆大受稍及之,国泰大惧,急出揭自明,人言益籍籍。士晋乃抗疏曰:

陛下与东宫,情亲父子,势共安危,岂有祸逼萧墙,不少动念者。候命逾期,旁疑转棘。窃详大受之疏,未尝实指国泰主谋,何张皇自疑乃尔?因其自疑,人益不能无疑,然人之疑国泰,不自今日始也。陛下试问国泰,三王之议何由起?《闺范》之序何由进?妖书之毒何由搆?此基祸之疑也。孟养浩等何由杖?戴士衡等何由戍?王德完等何由锢?此挑激之疑也。南宗顺,刑余也,而阴募死士千人,谓何?顺义王,外寇也,而各宫门守以重兵,谓何?王曰乾,逆徒也,而疏中先有庞保、刘成名姓,谓何?此不轨之疑也。三者积疑至今日,忽有张差一事,正与往者举措相符,安得令人不疑!且今日之疑国泰,又非张差一事已也。恐骑虎难下，骇鹿走险，一击不效，别有阴谋。陛下不急护东宫，则东宫为孤注。万一东宫失护，而陛下又转为孤注矣。

国泰欲释人疑，惟明告贵妃，力求陛下速执保、成下吏。如果国泰主谋，是乾坤之大逆，九庙之罪人，非但贵妃不能庇，即陛下亦不能庇也。借剑尚方，请自臣始。或别有主谋，无与国泰事，请令国泰自任，凡皇太子、皇长孙起居悉属国泰保护，稍有疏虞，罪即坐之，则臣与在廷诸臣亦愿陛下保全国泰身，无替恩礼。若国泰畏有连引，预荧惑圣聪，久稽廷讯，或潜散党与，俾之远逃，或阴毙张差，以冀灭口，则罪愈不容诛矣。惟圣明裁察。

疏入，帝大怒，欲罪之。念事已有迹，恐益致人言。而吏部先以士晋为东林党，拟出为浙江佥事，候命三年未下。至是，帝急简部疏，命如前拟。东部言阙官已补，请改命。帝不许。命调前补者。吏部又以士晋积资已深，秩当参议。帝怒，切责尚书，夺郎中以下俸。士晋之官四年，移广西参议。光宗立，擢尚宝少卿，迁太仆。

天启二年以右佥都御史巡抚广西。安南入犯，督将吏屡击却之。四年擢兵部右侍郎，总督两广军务，兼巡抚广东。明年四月，魏忠贤大炽，争梃击者率获罪。御史田景新希旨，诬叛臣安邦彦贿士晋十万金，阻援兵。遂除士晋名，征赇助饷。士晋愤郁而卒。有司征赃急，家人但输数百金，产已罄。会庄烈帝立，获免，复官赐恤。

陆大受，字凝远，武进人。万历三十五年进士。授行人，屡迁户部郎中。福王将之国，诏赐庄田四万顷。大受请大减田额，因劾郑国泰骄恣乱法状，疏留中。王之采发张差事，大受抗疏言："青宫何地，张差何人，敢白昼持梃直犯储跸，此乾坤何等时耶！业承一内官，何以不知其名？业承一大第，何以不知其所？彼三老、三太互相表里，而霸州武举高顺宁者，今皆匿于何地？奈何不严竟而速断耶？"户部主事蒲州张庭者，大受同年生也，亦上言："奸人突入大内，狙击青宫，陛下宜何如震怒，立穷主谋。乃廷臣交章，一无批答，何也？君侧藏奸，上下蒙蔽，皆由陛下精神偏注，皇太子召甚稀，而前此册立、选婚及近时东宫出讲、郭妃卜葬诸事，陛下皆弗胜迟回，强而后可。彼宦寺者安得不妄生测度，阴蓄不逞，以侥幸于万一哉！"皆不报。

大受寻出为抚州知府，以清洁著闻。居二年，徐绍吉、韩浚以京察夺其官。庭再迁郎中，被齮龁。引退，抑郁以死。

又有闻喜李俸者，为刑部郎中。当诸司会鞫时，张差语涉逆谋，郎中胡士相等相顾不敢录。俸力争，乃得入狱词，遂为郑氏党所恶。及迁凤翔知府，诸党人以言慑之，不敢之任。后复中以京察，卒于家。

天启初，御史张慎言、方震孺、魏光绪、杨新期交章讼三人冤。乃赠庭、俸光禄寺少卿，大受起补韶州。已，都御史高攀龙请加庭、俸荫谥，不果。大受未几卒。

王德完，字子醇，广安人。万历十四年进士。选庶吉士，改兵科给事中。西陲失事，德完言："诸边岁糜饷数百万，而士气日衰，戎备日废者，以三蠹未除，二策未审也。何为三蠹？一曰欺，边吏罔上也。二曰徇，市赏增额也。三曰虚，边防鲜实也。何谓二策？有目前之策，有经久之策。谨守誓盟，苟免搏噬，此计在目前。大修战具，令贼不敢窥边，则百年可保无事，此计在经久。今经略郑洛主款，巡抚叶梦熊又言战，边臣不协，安望成功。"帝为饬二臣。石星为本兵，德完上十议以规时，帝纳之。已，请裁李成梁父子权，劾褫黔国公沐昌祚冠服，罢巡抚朱孟震、贾待问、郭四维，少卿杨四知、赵卿。又发广东总督刘继文、总兵官李栋等冒功罪。半岁章数十上，率军国大计。

累迁户科都给事中。上筹画边饷议，言："诸边岁例，弘、正间止四十三万，至嘉靖则二百七十余万，而今则三百八十余万。惟力行节俭，足以补救。盖耗蠹之弊，外易剔而内难除。宜严劾内府诸库，汰其不急。又加意屯田、盐法，外开其源，而内节其流，庶几国用可足。"时弗能用。倭寇久蹒朝鲜，再议封贡。德完言："封则必贡，贡则必市，是沈惟敬误经略，经略误总督，总督误本兵，本兵误朝廷也。"后封果不成。德完寻以疾归。

二十八年起任工科。极陈四川采木、榷税及播州用兵之患。又言三殿未营，不宜复兴玄殿、龙舟之役。皆不报。已，劾湖广税使陈奉四大罪。再疏极论，谓奉必激变。奉果为楚人所攻，仅以身免。寻因祷雨言："今出虎兕以噬群黎，纵盗贼而吞赤子，幽愤沉结，叩诉无从，故雨泽缘天怒而屯，螟螣因人妖而出。愿尽撤矿税之使，释逮系之臣，省愆赎过，用弭灾变。"不报。四川妖人韩应龙奏请榷盐、采木。寻旬知府蔡如川、赵州知州甘学书，以忤税使被逮。德完皆力争。复劾山东税使陈增、畿辅税使王虎罪。不报。

已极陈国计匮乏，言："近岁宁夏用兵，费百八十余万；朝鲜之役，七百八十余万；播州之役，二百余万。今皇长子及诸王册封、冠婚至九百三十四万，而袍服之费复二百七十余万，冗费如此，国何以支？"因请减织造，止营建，亟完殿工，停买珠宝，慎重采办，大发内帑，语极切至。帝亦不省。

时帝宠郑贵妃，疏皇后及皇长子。皇长子生母王恭妃几殆，而皇后亦多疾。左右多窃意后崩，贵妃即正中宫位，其子为太子。中允黄辉，皇长子讲官也，从内侍微探得其状，谓德完曰："此国家大事，且夕不则，书之史册，谓朝廷无人。"德完乃属辉具草。十月上疏言："道路喧传，谓中宫役使仅数人，伊郁致疾，岋危弗自保，臣不胜惊疑。宫禁严秘，虚实未审。臣即愚昧，决知其不然。第台谏之官得风闻言事。果中宫不得于陛下以致疾欤？则子于父母之怒，当号泣几谏。果陛下眷遇中宫有加无替与？则于子父母之谤，当昭雪辨明。衡是两端，皆难缄默。敢效汉朝袁盎却坐之议，陈其愚诚。"疏入，帝震怒，立下诏狱拷讯。尚书李戴、御史周盘等连疏论救。忤旨，切责，御史夺俸有差。大学士沈一贯力疾草奏为德完解，帝亦不释。旋廷杖百，除其名。复传谕廷臣："诸臣为皇长子耶，抑为德完耶？如为皇长子，慎无扰渎。必欲为德完，则再迟册立一岁。"廷臣乃不复言。然帝自是惧外廷议论，眷礼中宫，始终无间矣。

光宗立，召为太常少卿。俄擢左金都御史。天启元年，京师获间谍，词连司礼中官卢受。德完请出受南京。

初，德完直声震天下。及居大僚，持论每与邹元标等异。杨镐、李如桢丧师论死，廷臣急欲诛之。德完乃上疏请酌公论，或遣戍立功，或即时正辟，盖设两途以俟帝宽之。且因荐顺天府丞邵辅忠、通政参议吴殿邦，以两人尝力攻李三才也。疏出，果宽镐等。于是给事中魏大中再疏论之，德完亦力辨。帝为诘责大中，事乃已。

德完寻进户部右侍郎。给事中朱钦相、倪思辉言事获罪，疏救之。明年，迁左。亡何卒官。其后，辅忠、殿邦以党逆败，金为德完惜之。

蒋允仪，字闻韶，宜兴人。万历四十四年进士。授桐乡知县，移嘉兴。

天启二年擢御史。时广宁已失，熊廷弼、王化贞俱论死，而兵部尚书张鹤鸣如故，纠之者反获谴。允仪不平，疏诋其同罪佚罚。因言：“近言官稍进苦口，辄见龃龉，迁谪未已，申之戒谕。使诸臣不遵明谕，而引裾折槛以甘斥逐，天下事犹可为也；使诸臣果遵明谕，而箝口结舌以保禄位，天下事尚忍言哉！顷者，恒旸不雨，二麦无秋，皇上于宫中祈祷，反得冰雹之灾。变不虚生，各以类应。夫以坤维之厚重而震撼于妖孽，以须眉之丈夫而交关于妇寺，以籍丛炀灶之奸而托之奉公洁己，是皆阴胁阳之征也。”报闻。鹤鸣既屡被劾，因诋劾者为群奸朋谋，而反与前尚书黄嘉善、崔景荣并以边功晋宫保。允仪益愤，言：“鹤鸣既以斩级微功邀三次之赏，即当以失地大罪伏不赦之辜。且以七百里之榆关，兼旬而后至，畏缩无丈夫气，偃蹇无人臣礼。犹且觍颜哆口评经、抚功罪，若身在功罪外者。陛下试问鹤鸣，为本兵，功罪杀于边臣，今日经、抚俱论辟，鹤鸣应得何罪，又问鹤鸣，旧日经、抚俱论辟，嘉善、景荣应得何罪，赫然震怒，论究如法，庶封疆不致破坏。”帝不用。

　　会议红丸事，力诋方从哲，请尽夺官阶、禄荫。其党恶之。徐州旧设参将，山东盗炽，以允仪请，改设总兵。寻疏论四川监司周著、林宰、徐如珂等功，请优叙。而劾总督张我续退缩，请罢斥。不从。

　　逾月，请杜传宣、慎爵赏、免立枷、除苛政。且言：“向者丁巳之察。凡抗论国本系籍正人者，莫不巧加罗织。阴邪盛而阳气伤，致有今日之祸。今计期已迫，愿当事者早伐邪谋，亟培善类。”疏入，魏忠贤、刘朝辈皆不悦。以丁巳主察之人不指名直奏，责令置对。允仪言：“丁巳主察者郑继之、李志也，考功科道则赵士谔、徐绍吉、韩浚也。当日八法之处分，台省之例转，大僚之拾遗，黑白颠倒，私意横行。凡抗论建藩，催请之国，保护先帝，有功国本者，靡不痛加催抑；必欲败其名，锢其身，尽其伦类而后快。于是方从哲独居政府，元诗教、赵兴邦等分部要津。凡疆圉重臣，皆贿赂请托而得，如李维翰、杨镐、熊廷弼、李如柏、如桢，何一不出其保举。迨封疆破坏，图圉充塞，而此辈宴然无恙。臣所以痛心辽事，追恨前此当轴之人也。”中旨将重谴允仪，以大学士叶向高言，停俸半岁。

　　已，复因灾祲上言：“内降当停，内操当罢。陵工束手，非所以展孝思；直臣久废，非所以光圣德。东南杼柚已空，重以屡次之加派；金吾冒滥已极，加以非分之袭封。圣心一转移，天下无不顺应。区区修禳虚文，安能格上穹哉！”帝不能用。

　　巡按陕西，条上筹边八事。太常少卿王绍徽家居，与里人冯从吾不协。允仪重从吾，薄绍徽。魏忠贤擢绍徽佐都察院用事。五年，允仪还朝，即出为湖广副使。其冬又使给事中苏兆先劾其为门户渠魁，遂削籍。

　　崇祯元年荐起御史，言：“奸党王绍徽创《点将录》，献之逆奄。其后效之者有《同志》、《天监》、《盗柄》诸录，清流遂芟刈无遗。乞加削夺，为倾陷忠良之戒。”从之。其冬掌河南道事，陈计吏八则。明年佐都御史曹于汴，大计京官，贬黜者二百余人，坐不谨者百人，仕路为清。寻擢太仆少卿。

　　四年六月以右佥都御史抚治郧阳。诸府标兵止五百，饷六千，不及一大郡监司。且承平久，人不知兵，而属城率庳薄，无守具。六年，流贼将窥湖广。兵部令移镇襄阳，郧阳益虚。其冬，贼大至，陷郧西上津。明年陷房县、保康。允仪兵少，不能御，上章乞援，且请罪。会贼入川，郧得少缓。中官陈大金与左良玉来援，副使徐景麟见其多携妇女，疑为贼，用炮击之，士马多死。大金怒，诉诸朝，命逮景麟，责允仪陈状。已而并逮允仪下狱，戍边，而以卢象升代。十五年，御史杨尔铭、给事中倪二祯相继论荐，未及用而卒。

邹维琏，字德辉，江西新昌人。万历三十五年进士。授延平推官。耿介有节。巡抚袁一骥以私憾撼布政宝子称罪，维琏以去就争。监司欲为一骥建生祠，维琏抗词力阻。行取，授南京兵部主事，进员外郎。辽左用兵，疏陈数事。寻以忧去。

天启三年起官职方，进郎中。刑部主事谭谦益荐妖人宋明时能役神兵复辽左地，魏忠贤阴主之。维琏极言其妖妄。忠贤怒，矫旨谯责。海内方用师，将帅悉贿进，职方尤冗秽。维琏素清严，请寄皆绝。因极论债帅之弊，讥切中官、大臣。

吏部尚书赵南星知其贤，调为稽勋郎中。时言路横恣，凡用吏部郎，必咨其同乡居言路者。给事中傅櫆、陈良训、章允儒以南星不先咨己，大怒，共诟谇维琏。及维琏调考功，櫆等益怒，交章力攻。又以江西有吴羽文，例不当用，两人迫羽文去，以窘辱维琏。维琏愤，拜疏求罢，即日出城。疏中以章惇攻苏轼，蔡京逐司马光为言，櫆等愈怒。櫆遂显攻魏大中、左光斗以及维琏。自是朝端水火，诸贤益不安其位矣。维琏欲去不得，诏留视事。乃严核官评，无少假借。

杨涟劾魏忠贤，被旨切责。维琏抗疏曰："忠贤大奸大恶，罄竹难书。陛下怜其小信小忠，不忍割弃。岂知罪恶既盈，即不忍不可得。汉张让、赵忠，灵帝以父母称之；唐田令孜，僖宗亦以阿父称之；我朝王振、曹吉祥、刘瑾，亦尝宠之群臣之上。有一人老死牖下，获保富贵哉？今陛下以太阿授忠贤，非所以为宗社计，亦非所以为忠贤计也。若夫黄扉元老，九列巨卿，安可自处于商辂、刘健、韩文下?"疏入,责其渎奏。崔呈秀坐赃被劾,维琏论戍边。诸媚珰者力别其是非,请托,拒不听,诸逆党交憾。及赵南星去国,维琏愿与俱去,忠贤即放归。无何,张讷劾南星,追论维琏调部非法,诏削籍。复搆入汪文言狱,下吏,戍贵州。

崇祯初,起南京通政参议,就迁太仆少卿,疏陈卜相、久任、纳言、议谥、筹兵五事。五年二月擢右佥都御史,代熊文灿巡抚福建。海寇刘香乱,遣游击郑芝龙击破之。海外红夷据彭湖,挟互市,后徙台湾,渐泊厦门。维琏屡檄芝龙防遏之,不听。明年夏,芝龙剿贼福宁,红夷乘间袭陷厦门城,大掠。维琏急发兵水陆进,芝龙亦驰援,焚其三舟,官军伤亦众。寇乃泛舟大洋,转掠青港、荆屿、石湾。诸将御之铜山,连战数日,始败去。维琏在事二年,劳绩甚著。会当国者温体仁辈雅忌维琏,而闽人宦京师者腾谤于朝,竟坐是罢官。八年春,叙却贼功,诏许起用。旋召拜兵部右侍郎,遘疾不赴,卒于家。

吴羽文既谢病归,至崇祯六年始复出。历考功文选郎中。帝以积疑吏部有私,选郎十一人遣黜大半,迁者三人而已。羽文痛绝诸弊,数与温体仁牴牾。贼毁皇陵,有诏肆赦。体仁令刑部尚书冯英以逆案入诏内。羽文执止之,而议起钱龙锡、李邦华等。侦事者诬羽文纳二人赇,下狱。羽文用高凤翔为大名知府。凤翔故尝会小罚,言者复谓其徇私,坐谪戍。侍郎吴甡等交荐,复官,未赴卒。羽文,字长卿,南昌人。万历四十一年进士。

赞曰:王汝训诸人建言,挺謇谔之节,洊历卿贰,不陨厥问。余懋学之言十蠹,有以哉。邹维琏抗魏奄,拒逆党,仅坐谪戍,幸矣。

明史卷二三六
列传第一二四

李植 羊可立　江东之　汤兆京
金士衡　王元翰　孙振基
子必显 丁元荐 于玉立　李朴
夏嘉遇

　　李植,字汝培。父承式,自大同徙居江都,官福建布政使。植举万历五年进士,选庶吉士,授御史。十年冬,张居正卒,冯保犹用事。其党锦衣指挥同知徐爵居禁中,为阅章奏,拟诏旨如故。居正党率倚爵以自结于保,爵势益张。而帝雅衔居正、保,未有以发。御史江东之首暴爵奸,并言兵部尚书梁梦龙与爵交欢,以得吏部,宜斥。帝下爵狱,论死,梦龙罢去。植遂发保十二大罪。帝震怒,罪保。植、东之由是受知于帝。

　　明年,植巡按畿辅,请宽居正所定百官乘驿之禁,从之。帝用礼部尚书徐学谟言,将卜寿宫于大峪山。植扈行阅视,谓其地未善。欲偕东之疏争,不果。明年,植还朝。时御史羊可立亦以追论居正受帝知。三人更相结,亦颇引吴中行、赵用贤、沈思孝为重。执政方忌中行、用贤,且心害植三人宠。会争御史丁此吕事及论学谟卜寿宫之非,与申时行等相挂,卒被斥去。

　　初,兵部员外郎稽应科、山西提学副使陆㮚、河南参政戴光启为乡会试考官，私居正子嗣修、懋修、敬修。居正败，此吕发其事。又言："礼部侍郎何洛文代嗣修、懋修撰殿试策，而侍郎高启愚主南京试，至以'舜亦以命禹'为题，显为劝进。"大学士申时行、余有丁、许国皆嗣修等座主也，言考官止据文艺，安知姓名，不宜以此为罪，请敕吏部核官评，以定去留。尚书杨巍议黜洛文，改调应科、㩾，留启愚、光启，而言此吕不顾经旨，陷启愚大逆。此吕坐谪。植、东之及同官杨四知、给事中王士性等不平，交章劾巍，语侵时行。东之疏言："时行以二子皆登科，不乐此吕言科场事。巍虽庇居正，实媚时行。"时行、巍并求去。帝欲慰留时行，召还此吕，以两解之。有丁、国言不谪此吕，无以安时行、巍心。国反覆诋言者生事，指中行、用贤为党。中行、用贤疏辨求去，语皆侵国，用贤语尤峻。国避位不出。于是左都御史赵锦，副都御史石星，尚书王遴、潘李驯、杨兆，侍郎沈鲤、陆光祖、舒化、何起鸣、褚铁，大理卿温纯及都给事中齐世臣、御史刘怀怒等，极论时行、国、巍不宜去。主事张正鹄、南京郎中汪应蛟、御史李彦、蔡时鼎、黄师颜等又力攻请留三臣者之失。中行亦疏言："律禁上言大臣德政。迩者袭请留居正遗风，辅臣辞位，群起奏留，赞德称功，联章累牍。此谄谀之极，甚可耻也。祖宗二百余年以来，无谏官论事为吏部劾罢者，则又壅蔽之渐，不可长也。"帝竟留三臣，责言者如锦等指。其后，启愚卒为南京给事中刘一相劾去，时行亦不能救也。

　　帝追仇居正甚。以大臣阴相庇，独植、东之、可立能发其奸，欲骤贵之，风示廷臣。一相又劾锦衣都督刘守有匿居正家资。帝乃谕内阁黜守有，超擢居正所抑丘橓、余懋学、赵世卿及植、东之凡五人。时行等力为守有解，言橓等不宜骤迁。帝重违大臣意，议虽寝，心犹欲用植等。顷之，植劾刑部尚书潘季驯朋党奸逆，诬上欺君，季驯坐削籍。帝遂手诏吏部擢埴太仆少卿，东之光禄少卿，可立尚宝少卿，并添注。廷臣益忌植等。

　　十三年四月旱，御史蔡系周言："古者，朝有权臣，狱有冤囚，则旱。植数为人言，'至尊呼我为儿，每观没入宝玩则喜我。'其无忌惮如此。陛下欲雪柱,而刑部尚书之柱,先不得雪。今日之旱,实由于植。"又曰:"植迫欲得中行柄国,以善其后;中行欲得植秉铨,而骋其私。倘其计得行,势必尽毒善类,今日旱灾犹其小者。"其他语绝狂诞。所称尚书,谓季驯也。疏上,未报,御史龚懋贤、孙愈贤继之。东之发愤上疏曰:"思孝、中行、用贤及张岳、邹元标数臣,忠义天植,之死不移,臣实安为之党,乐从之游。今指植与交欢为党,则植犹未若臣之密,顾先罢臣官。"不允。可立亦抗言:"奸党怀冯、张私惠,造不根之辞,以倾建言诸臣,势不尽去臣等不止。"乞罢职。章下内阁,时行等请诘可立奸党主名。帝仍欲两为之解,寝阁臣奏,而敕都察院:"自今谏官言事,当顾国家大体,毋以私灭公,犯者必罪。"植、东之求去,不许。给事御史齐世臣、吴定等交章劾可立不当代植辨。报曰:"朕方忧旱,诸臣何纷争?"乃已。七月,御史龚仲庆又劾植、中行、思孝为邪臣,帝恶其排挤,出之外。世臣及御史顾钤等连章论救,不听。

是时,竞用学谟言,作寿宫于大峪山。八月,役既兴矣,大学士王锡爵,植馆师,东之、可立又尝特荐之于朝,锡爵故以面折张居正,为时所重。三人念时行去,锡爵必为首辅,而寿宫地有石,时行以学谟故主之,可用是罪也,乃合疏上言:"地果吉则不宜有石,有石则宜奏请改图。乃学谟以私意主其议,时行以亲故赞其成。今凿石以安寿宫者,与曩所立表,其地不一。朦胧易徙,若弈棋然,非大臣谋国之忠也。"时行奏辨,言:"车驾初阅时,植、东之见臣直庐,力言形龙山不如大峪。今已二年,忽创此议。其借事倾臣明甚。"帝责三人不宜以葬师术责辅臣,夺俸半岁。三人以明习葬法荐侍郎张岳、太常何源。两人方疏辞,锡爵忽奏言耻为植三人所引,义不可留,因具奏不平者八事。大略言:"张、冯之狱,上志先定,言者适投其会,而辄自附于用贤等撄鳞折槛之党。且谓舍建言别无人品;建言之中,舍采摭张、冯旧事,别无同志。以中人之资,乘一言之会,超越朝右,日寻戈矛。大臣如国、巍、化辈,曩尝举为正人。一言相左,日谋剚刃,皆不平之大者。"御史韩国桢,给事中陈与郊、王敬民等因迭攻植等，帝下敬民疏，贬植户部员外郎，东之兵部员外郎，可立大理评事。张岳以诸臣纷争，具疏评其贤否，颇为植、东之、可立地，请令各宣力一方，以全终始。于时行、国、锡爵、巍、化、光祖、世臣、定、愈贤皆褒中寓刺，而力诋季驯、懋贤、系周、仲庆，惟中行、用贤、思孝无所讥贬。帝责岳颂美大臣，且支蔓，不足定国是，岳坐免。帝犹以植言寿宫有石数十丈，如屏风，其下皆石，恐宝座将置于石上。闰月，复躬往视之，终谓大峪吉，遂调三人于外。御史柯挺因自言习葬法，力称大峪之美，获督南畿学政。而植同年生给事中卢达亦承风请正三人罪，士论哂之。

植、东之、可立自以言事见知，未及三岁而贬。植得绥德知州。旋引疾归。居十年，起沅州知州。屡官右佥都御史，巡抚辽东。时二十六年也。植垦土积粟，得田四万亩，岁获粮万石。户部推其法九边。以倭寇退，请因师旋，选主、客锐卒，驱除宿寇，恢复旧辽阳。诏下总督诸臣详议，不果行。奏税监高淮贪暴，请召还，不报。后淮激变，委阻挠罪于植。植疏辨乞休，帝慰留之。明年，锦、义失事，巡按御史王业弘劾植及诸将失律。植以却敌闻，且诋业弘。业弘再疏劾植欺蔽，诏解官听勘。勘已，命家居听用，竟不召。卒，赠兵部右侍郎。

可立，汝阳人。由安邑知县为御史，与植等并擢。已，由评事调大名推官。终山东佥事。

江东之，字长信，歙人。万历五年进士。由行人擢御史。首发冯保、徐爵奸，受知于帝。佥都御史王宗载尝承张居正指，与于应昌共陷刘台，东之疏劾之。故事，御史上封事，以必副封白长官。东之持入署，宗载迎谓曰：“江御史何言？”曰：“为死御史鸣冤。”问为谁？曰：“刘台也。”宗载失气反走，遂与应昌俱得罪。

东之出视畿辅屯政，奏驸马都尉侯拱宸从父豪夺民田，置于理。先是，皇子生，免天下田租三之一，独不及皇庄及勋戚庄田。东之为言，减免如制。还朝，擢光禄少卿，改太仆。坐争寿宫事，与李植、羊可立皆贬。东之得霍州知州，以病免。久之，起邓州，进湖广金事。三迁大理寺右少卿。

二十四年以右金都御史巡抚贵州。击高寨叛苗，斩首百余级。京察，被劾免官。复以遣指挥杨国柱讨杨应龙败绩事，黜为民。愤恨抵家卒。

东之官行人时，刑部郎舒邦儒阖门病疫死，遗孤一岁，人莫敢过其门。东之经纪其丧，提其孤归。乳之。舒氏卒有后。

汤兆京，字伯闳，宜兴人。万历二十年进士。除丰城知县。治最，征授御史。连劾礼部侍郎朱国祚、蓟辽总督万世德，帝不问。巡视西城，贵妃宫阉竖涂辱礼部侍郎敖文祯，兆京弹劾，杖配南京。时矿税繁兴，奸人竞言利。有谓开海外机易山，岁可获金四十万者，有请征徽、宁诸府契税，鬻高淳诸县草场者，帝意俱向之。兆京偕同官金忠士、史学迁、温如璋交章力谏，不报。出按宣府、大同，请罢税使张晔，矿使王虎、王忠，亦不纳。

掌河南道。佐孙丕扬典京察，所遣黜皆当，而被黜者之党争相攻击。兆京亦十余疏应之。其词直，卒无以夺也。详具《丕扬传》中。寻出按顺天府。守陵中官李浚诬军民盗陵木，逮系无虚日。兆京按宣府时奏之，浚亦诬讦兆京。帝遣使按验，事已白，而诸被系者犹未释，兆京悉纵遣之。东厂太监卢受纵其下横都市，兆京论如法。

还复掌河南道。福王久不之国，兆京倡给事御史伏阙固请，卒不得命。南京缺提学御史，吏部尚书赵焕调浙江巡按吕图南补之，寻以年例出三御史于外，皆不咨都察院。兆京引故事争。图南之调，为给事中周永春所劾，弃官归。兆京及御史王时熙、汪有功为图南申雪，语侵永春并及焕，二人连章辨，兆京亦争之强。帝欲安焕，为稍夺兆京俸。兆京以不得其职，拜疏径归。御史李邦华、周起元、孙居相遂助兆京攻焕。帝亦夺其俸，然焕亦引去。

兆京居官廉正，遇事慷慨。其时党势已成，正人多见龃龉。兆

京力维持其间,清议倚以为重。屡遭排击,卒无能一言污之者。天
启中,赠太仆少卿。

　　金士衡,字秉中,长洲人。父应征,云南参政,以廉能称。士衡
举万历二十年进士,授永丰知县,擢南京工科给事中。疏陈矿税之
害,言:“曩者采于山,榷于市,今则不山而采,不市而榷矣。刑余小
丑,市井无藉,安知远谋,假以利柄,贪饕无厌。杨荣启衅于丽江,高
淮肆毒于辽左,孙朝造患于石岭,其尤著者也。今天下水旱盗贼,所
在而有。萧、砀、丰、沛间河流决堤,居人为鱼鳖,乃复横征巧取以蹙
之。兽穷则攫,鸟穷则啄,祸将有不可言者。”

　　甘肃地震,复上疏曰:“往者湖广冰雹,顺天昼晦,丰润地陷,四
川星变,辽东天鼓震,山东、山西则牛妖、人妖,今甘肃天鸣地裂,山
崩川竭矣。陛下明知乱征,而泄泄从事,是以天下戏也。”因极言边
糈告匮,宜急出内帑济饷,罢撤税使,毋事掊克,引鹿台、西园为戒。
帝皆不听。南京督储尚书王基、云南巡抚陈用宾拾遗被劾,给事中
钱梦皋、御史张以渠等考察被黜,为沈一贯所庇,帝皆留之。士衡疏
争。侍郎周应宾、黄汝良、李廷机当预推内阁。士衡以不协人望,抗
章论。姜士昌、宋焘言事得罪,并申救之。给事中王元翰言军国机
密不宜抄传,诏并禁章奏未下者。由是中朝政事,四方寂然不得闻。
士衡力陈其非便。疏多不行。帝召王锡爵为首辅,以被劾奏辨,语
过愤激,士衡驰疏劾之。

　　寻擢南京通政参议。时元翰及李三才先后为言者所攻,士衡并
为申雪。三十九年大计京官。掌南察者,南京吏部侍郎史继偕,齐、
楚、浙人之党也,与孙丕扬北察相反,凡助三才、元翰者悉斥之。士
衡亦谪两浙盐运副使,不赴。天启初,起兵部员外郎。累迁太仆少
卿。引疾去,卒于家。

　　先是,杨应龙伏诛,贵州宣慰使安疆臣邀据故所侵地。总督王
象乾不许。士衡遂劾象乾起衅。后象乾弟象恒巡抚苏、松,以兄故
颇衡士衡。廉知其清介状,称说不置云。

王元翰，字伯举，云南宁州人。万历二十九年进士。选庶吉士。三十四年改吏科给事中。意气陵厉，以谏诤自任。时廷臣习偷惰，法度尽弛。会推之柄散在九列科道。率推京卿，每署数倍旧额。而建言诸臣，一斥不复。大臣被弹，率连章诋讦。元翰悉疏论其非。

寻进工科右给事中，巡视厂库，极陈惜薪司官多之害。其秋上疏，极言时事败坏，请帝昧爽视朝，廷见大臣，言官得随其后，日陈四方利病。寻复陈时事，言：“辅臣，心膂也。朱赓辅政三载，犹未一觏天颜，可痛哭者一。九卿强半虚悬，甚者阖署无一人。监司、郡守亦旷年无官，或一人绾数符。事不切身，政自苟且，可痛哭者二。两都台省寥寥几人。行取入都者，累年不被命。庶常散馆亦越常期。御史巡方事竣，遣代无人。威令不行，上下胥玩，可痛哭者三。被废诸臣久沦山谷。近虽奉诏叙录，未见连茹汇征。苟更阅数年，日渐销铄。人之云亡，邦国殄瘁，可痛哭者四。九边岁饷缺至八十余万，平居冻馁，脱巾可虞；有事怨愤，死绥无望。塞北之患未可知也。京师十余万兵，岁糜饷二百余万，大都市井负贩游手而已。一旦有急，能驱使赴敌哉？可痛哭者五。天子高拱深居，所恃以通下情者，只章疏耳，今一切高阁。慷慨建白者莫不曰‘吾知无济，第存此议论耳’。言路惟空存议论，世道何如哉？可痛哭者六。榷税使者满天下，致小民怨声彻天，降灾召异。方且指殿工以为名，借停止以愚众。是天以回禄警陛下，陛下反以回禄剥万民也。众心离叛，而犹不知变，可痛哭者七。郊庙不亲，则天地祖宗不相属；朝讲不御，则伏机隐祸不上闻。古今未有如此而天下无事者。且青宫辍讲，亦已经年，亲宦官宫妾，而疏正人端士，独奈何不为宗社计也！可痛哭者八。”帝皆不省。

武定贼阿克作乱。元翰上言：“克本小丑，乱易平也。至云南大害，莫甚贡金、榷税二事。民不堪命，至杀税使，而征榷如故。贡金请减，反增益之。众心愤怒，使乱贼假以为名。贼首纵扑灭，虐政不除，滇之为滇，犹未可保也。”俄言：“矿税之设，本为大工。若捐内帑数百万金,工可立竣,毋徒苦四方万姓。"疏皆不报。寻两疏劾贵州巡抚郭子章等凡四人,言:"子章曲庇安疆臣,坚意割地,贻西南大忧。且尝著《妇寺论》,言人主当隔绝廷臣,专与宦官宫妾处,乃相安无患。子章罪当斩。"不纳。

先是,廷推阁臣。元翰言李廷机非宰相器。已而黄汝良推史部侍郎,全天叙推南京礼部侍郎。汝良,廷机邑人;天叙,朱赓同乡也。元翰极论会推之弊,讥切政府,二人遂不用。至是,将推两京兵部尚书萧大亨、孙矿为吏部尚书。元翰亦疏论二人,并言职方郎申用懋为大亨谋主,太常少卿唐鹤征为矿谋主,亦当斥。寻因灾异,乞亟罢赓、大亨及副都御史詹沂。且言:"近更有二大变。大小臣工志期得官,不顾嗤笑,此一变也。陛下不恤人言,甚至天地谴告,亦悍然弗顾,此又一变也。有君心之变,然后臣工之变因之。在今日,挽天地洪水寇贼之变易,挽君心与臣工之变难。"又言:"陛下三十年培养之人才,半扫除于申时行、王锡爵,半禁锢于沈一贯、朱赓。"因荐邹元标、顾宪成等十余人。无何,又劾给事中喻安性、御史管橘败群丛秽,皆不报。掌厂内官王道不法,疏暴其罪,亦弗听。

元翰居谏垣四年,力持清议。摩主阙,抵贵近,世服其敢言。然锐意搏击,毛举鹰鸷,举朝咸畏其口。吏科都给事中陈治则与元翰不相能。御史郑继芳,其门人也,遂劾元翰盗库金,克商人资,奸赃数十万。元翰愤甚,辨疏诋继芳北鄙小贼,语过激。于是继芳党刘文炳、王绍徽、刘国缙等十余疏并攻之,而史记事、胡忻、史学迁、张国儒、马孟祯、陈于廷、吴亮、金士衡、高节、刘兰辈则连章论救。帝悉不省。元翰乃尽出其筐箧,舁置国门,纵吏士简括,恸哭辞朝而去。吏部坐擅离职守,谪刑部检校。后孙丕扬主京察,斥治则、国缙等,亦以浮躁坐元翰,再贬湖广按察知事。

方继芳之发疏也,即潜遣人围守元翰家。及元翰去,所劾赃无有,则谓寄之记事家。两党分争久不息。而是时劾李三才者亦指其贪,诸左右元翰者又往往左右三才,由是臣僚益相水火,而朋党之势成矣。

天启初,累迁刑部主事。魏忠贤乱政,其党石三畏劾之,削籍。庄烈帝即位,复官。将召用,为尚书王永光所尼。元翰乃流寓南都,十年不归。卒,遂葬焉。

孙振基,字肖冈,潼关卫人。万历二十九年进士。除莘县知县,调繁安丘。三十六年四月以治行征,与李成名等十七人当授给事中,先除礼部主事。四十年十月命始下,振基得户科。时吏部推举大僚,每患乏才,振基力请起废。

韩敬者,归安人也,受业宣城汤宾尹。宾尹分校会试,敬卷为他考官所弃。宾尹搜得之,强总裁侍郎萧云举、王图录为第一。榜发,士论大哗。知贡举侍郎吴道南欲奏之,以云举、图资深,嫌挤排前辈,隐不发。及廷对,宾尹为敬夤缘得第一人。后宾尹以考察褫官,敬亦称病去,事三年矣。会进士邹之麟分校顺天乡试,所取童学贤有私,于是御史孙居相并宾尹事发之。下礼官,会吏部都察院议,顾不及宾尹事。振基乃抗疏请并议,未得命。礼部侍郎翁正春等议黜学贤,谪之麟,亦不及宾尹等。振基谓议者庇之,再疏论劾。帝乃下廷臣更议。御史王时熙、刘策、马孟祯亦疏论其事,而南京给事中张笃敬证尤力。方宾尹之分校也,越房取中五人,他考官效之,竞相搜取,凡十七人。时宾尹虽废,中朝多其党,欲藉是宽敬。正春乃会九卿赵焕及都给事中翁宪祥、御史余懋衡等六十三人议坐敬不谨,落职间住。御史刘廷元、董元儒、过庭训,敬同乡也,谓敬关节果真,罪非止不谨,执不署名,意欲迁延为敬地。正春等不从,持初议上。廷元遂疏劾之,公议益愤。振基、居相、笃敬及御史魏云中等连章论列。给事中商周祚亦敬同乡,议并罪道南。孟祯以道南发奸,不当罪,再疏纠驳。帝竟如廷元等言,敕部更核。廷元党亓诗教遂劾正春首鼠两端,正春寻引去。

会熊廷弼之议亦起。初,宾尹家居,尝夺生员放天德妻为妾,不从,投缳死。诸生冯应祥、芮永缙辈讼于官,为建祠,宾尹耻之。后永缙又发诸生梅振祚、宾祚朋淫状。督学御史熊廷弼素交欢宾尹,判牒言此施、汤故智,欲藉雪宾尹前耻。又以所司报永缙及应祥行劣,杖杀永缙。巡按御史荆养乔遂劾廷弼杀人媚人,疏上,径自引归。廷弼亦疏辨。都御史孙玮议镌养乔秩,令廷弼解职候勘。时南北台谏议论方嚣,各有所左右。振基、孟祯、云中策及给事李成名、麻僖、陈伯友,御史李邦华、崔尔进、李若星、潘之祥、翟凤翀、徐良彦等持勘议甚力。而笃敬及给事中官应震、姜性、吴亮嗣、梅之焕、亓诗教、赵兴邦,御史黄彦士,南京御史周远等驳之,疏凡数十上。振基及诸给事御史复极言廷弼当勘,斥应震等党庇,自是党廷弼者颇屈。帝竟纳玮言,令廷弼解职。其党大恨。吏部尚书赵焕者,惟诗教言是听,乃以年例出振基及云中、时熙于外。振基得山东佥事,玮亦引去。

振基劲直敢言。居谏垣仅半岁,数有建白。既去,科场议犹未定,策复上疏极论。而宾尹党必欲十七人并罪,以宽敬。孙慎行代正春,复集廷臣议。仍坐敬关节,而为十七人昭雪。疏竟留中。宾尹、敬有奥援,外廷又多助之,故议久不决。笃敬复上疏论敬,阴诋诸党人。诸党人旋出之外,并逐慎行。既而居相、策引去,之祥外迁。孟祯不平,疏言:“廷弼听勘一事,业逐去一总宪,外转两言官矣,独介介于之祥。敬科场一案,亦去两侍郎、两言官矣,复断断于笃敬,毋乃已甚乎。”孟祯遂亦调外。凡与敬为难者,朝无一人。敬由是得宽典,仅谪行人司副。盖七年而事始竣云。振基到官,寻以忧去,卒于家。

子必显,字克孝。万历四十四年进士。官文选员外郎,为尚书赵南星所重。天启五年冬,魏忠贤罗织清流,御史陈睿谟劾其世投门户,遂削籍。崇祯二年起验封郎中,移考功。明年移文选。尚书王永光雅不喜东林,给事中常自裕因劾其推举不当数事,且诋以贪污。御史吴履中又劾其紊乱选法。必显两疏辨,帝不听。谪山西按察司经历,量移南京礼部主事。道出柘城、归德,适流贼来犯,皆为设守,完其城。一时推知兵。历尚宝司丞、大理左寺丞。十一年冬,都城被兵,兵部两侍郎皆缺,尚书杨嗣昌请不拘常格,博推才望者迁补,遂擢必显右侍郎。甫一月,无疾而卒。

丁元荐,字长孺,长兴人。父庆诏,江西金事。元荐举万历十四年进士。请告归。家居八年,始谒选为中书舍人。甫期月,上封事万言,极陈时弊。言今日事势可寒心者三:饥民思乱也,武备积弛也,日本封贡也。可浩叹者七:征敛苛急也,赏罚不明也,忠贤废锢也,辅臣妒嫉也,议论滋多也,士习败坏也,褒功恤忠未备也。坐视而不可救药者二,则纪网、人心也。其所言辅臣,专斥首辅王锡爵,元荐座主也。

二十七年京察。元荐家居,坐浮躁论调。阅十有二年,起广东按察司经历,移礼部主事。甫抵官,值京察事竣,尚书孙丕扬力清邪党,反为其党所攻。副都御史许弘纲故共掌察,见群小横甚。畏之,累疏请竣察典,语颇示异。群小藉以攻丕扬。察疏犹未下,人情杌陧,虑事中变,然无敢言者。元荐乃上言弘纲持议不宜前却,并尽发诸人隐状。党人恶之,交章论劾无虚日。元荐复再疏辨晰,竟不安其身而去。其后邪党愈炽,正人屏斥殆尽,至有以"《六经》乱天下"语入乡试策问者。元荐家居不胜愤,复驰疏阙下,极诋乱政之叛高皇,邪说之叛孔子者。疏虽不报,党人益恶之。四十五年京察,遂复以不谨削籍。

天启初,大起遗佚。元荐格于例,独不召。至四年,廷臣交讼其冤,起刑部检校,历尚宝少卿。明年,朝事大变,复削其籍。

元荐初学于许孚远,已,从顾宪成游。慷慨负气,遇事奋前,屡蹶无少挫。通籍四十年,前后服官不满一载。同郡沈淮召入阁,邀一见,谢不往。尝过高攀龙,请与交欢,辞曰:"吾老矣,不能涉嫌要津。"遽别去。当东林、浙党之分,浙党所弹射东林者,李三才之次则元荐与于玉立。

玉立,字中甫,金坛人。万历十一年进士。除刑部主事,进员外郎。二十年七月疏陈时政阙失,言:"陛下宠幸贵妃,宴逸无度。恣行威怒,鞭笞群下,宫人奄竖无辜死者千人。夫人怀必死之心,而使处肘腋房闼间,倘因利乘便,甘心一逞,可不寒心。田义本一奸竖,陛下宠信不疑。迩者奏牍或下或留,推举或用或否,道路籍籍,咸谓义簸弄其间。盖义以陛下为城社,而外廷之憸邪又以义为城社。党合谋连,其祸难量。且陛下一惑于嬖幸,而数年以来,问安视膳,郊庙朝讲,一切不行。至边烽四起,祸乱成形,犹不足以动忧危之情,夺晏安之习。是君身之不修,未有甚于今日者矣。夫宫庭震惊,而陛下若罔闻,何以解两宫之忧?深拱禁中,开夤缘之隙,致邪孽侵权。而陛下未察其奸,何以杜旁落之渐?万国钦辈未尝忤主,而终于禁锢,何以励骨鲠之臣?上下隔越,国议、军机无由参断,而陛下称旨下令,终不出闺闼之间,何以尽大臣之谋?忠良多摈,邪佞得名,何以作群臣之气?远近之民,皆疑至尊日求般乐,不顾百姓涂炭,何以系天下之心?”因力言李如松、麻贵不可为大将,郑洛不当再起,石星不堪为本兵。疏入,不报。

寻进郎中,谢病归。久之,起故官。康丕扬辈欲以妖书陷郭正域,玉立独左右之。会有言医人沈令誉实为妖书者,搜其箧,得玉立与吏部郎中王士骐书,中及其起官事。帝方下吏部按问,而玉立遽疏辨。帝怒,褫其官。

玉立倜傥好事。海内建言废锢诸臣,咸以东林为归。玉立与通声气,东林名益盛。而攻东林者,率谓玉立遥制朝权,以是诟病东林。玉立居家久之,数被推荐。三十七年稍起光禄丞,辞不赴。言者犹踦齕不已,御史马孟祯抗章直之,帝皆不省。又三年,以光禄少卿召,终不出。天启初,录先朝罪谴诸臣,玉立已前卒,赠尚宝卿。

李朴,字继白,朝邑人。万历二十九年进士。由彰德推官入为户部主事。

四十年夏,朴以朝多朋党,清流废锢,疏请破奸党,录遗贤,因为顾宪成、于玉立、李三才、孙丕扬辨谤,而荐吕坤、姜士昌、邹元标、赵南星。帝不听。明年再迁郎中。齐、楚、浙三党势盛,稍持议

论者,群噪逐之。主事沈正宗、贺烺皆与相抟,坐贬官。朴性戆,积愤不平。其年十二月上疏曰:

> 朝廷设言官,假之权势,本责以纠正诸司,举刺非法,非欲其结党逞威,挟制百僚,排斥端人正士也。今乃深结戚畹近侍,制大僚;日事请寄,广纳赂遗;褒衣小车,遨游市肆,狎比娼优;或就饮商贾之家,流连山人之室。身则鬼蜮,反诬他人。引盖明欺至尊不览章奏,大臣柔弱无为,故猖狂恣肆,至于此极。臣谓此辈皆可斩也。

> 孙玮、汤兆京、李邦华、孙居相、周起元各争职掌,则群攻之。今或去或罚,惟存一居相,犹谓之党。夫居相一人耳,何能为?彼浙江则姚宗文、刘廷元辈,湖广则官应震、吴亮嗣、黄彦士辈,山东则亓诗教、周永春辈,四川则田一甲辈,百人合为一心,以挤排善类,而赵兴邦辈附丽之。陛下试思居相一人敌宗文辈百人,孰为有党耶?

> 乃攻东林者,今日指为乱政,明日目为擅权,不知东林居何官?操何柄?在朝列言路者,反谓无权,而林下投闲杜门乐道者,反谓有权,此不可欺三尺竖子,而乃以欺陛下哉!

> 至若黄克缵赃私巨万,已败犹见留;顾宪成清风百代,已死犹被论;而封疆坐死如陈用宾,科场作奸如韩敬,趋时鬻爵如赵焕,杀人媚人如熊廷弼,犹为之营护,为之称冤。国典安在哉!

> 望俯察臣言,立赐威断,先斩臣以谢诸奸,然后斩诸奸以谢天下,宗社幸甚。

疏奏,台谏皆大恨。宗文等及其党力诋,并侵居相,而一甲且罗织其赃私。

帝雅不喜言官,得朴疏,心善之。会大学士叶向高、方从哲亦谓朴言过当,乃下部院议罚。而朴再疏发亮嗣、应震、彦士、一甲赃私,及宗文、廷元庇韩敬、兴邦媚赵焕状,且言:"诗教为群凶盟主,实社稷巨蠹,陛下尤不可不察。"帝为下诏切责言官,略如朴指。党人益怒,排击无虚日。侍郎李汝华亦以属吏出位妄言劾朴。部院议镌朴三级，调外任，帝持不下。

至明年四月，吏部奉诏起废，仆名预焉。于是党人益哗，再起攻朴，并及文选郎郭存谦。存谦引罪，攻者犹未已。朴益愤，复陈浙人空国之由，追咎沈一贯，诋宗文及毛一鹭甚力，以两人皆浙产也。顷之，又再疏劾宗文、一鹭及其党董定策等。帝皆置不问。其年六月，始用阁臣言，下部院疏，谪朴州同知。自后党人益用事，遂以京察落其职。

天启初，起用，历官参议。卒，赠太仆少卿。魏忠贤窃柄，御史安伸追论，诏夺其赠。崇祯初，复焉。

夏嘉遇，字正甫，松江华亭人。万历三十八年进士。授保定推官。

四十五年用治行征。当擢谏职，先注礼部主事。帝久倦勤，方从哲独柄国。碌碌充位，中外章奏悉留中。惟言路一攻，则其人自去，不待诏旨。台谏之势积重不返，有齐、楚、浙三方鼎峙之名。齐则给事中亓诗教、周永春，御史韩浚。楚则给事中官应震、吴亮嗣。浙则给事中姚宗文、御史刘廷元，而汤宾尹辈阴为之主。其党给事中赵兴邦、张延登、徐绍吉、商周祚，御史骆骏曾、过庭训、房壮丽、牟志夔、唐世济、金汝谐、彭宗孟、田生金、李征仪、董元儒、李嵩辈，与相倡和，务以攻东林排异己为事。其时考选久稽，屡趣不下，言路无几人，盘踞益坚。后进当入为台谏者，必钩致门上，以为羽翼，当事大臣莫敢撄其锋。

诗教者，从哲门生，而吏部尚书赵焕乡人也。焕耄昏，两人一听诗教。诗教把持朝局，为诸党人魁。武进邹之麟者，浙人党也。先坐事谪上林典簿，至是为工部主事，附诗教、浚。求吏部不得，大恨，反攻之，并诋从哲。诗教怒，焕为黜之麟。时嘉遇及工部主事钟惺、中书舍人尹嘉宾、行人魏光国皆以才名，当列言职。诗教辈以与之麟善，抑之，俾不与考选。以故嘉遇不能无怨。

四十七年三月，辽东败书闻，嘉遇遂抗疏言："辽左三路丧师，虽缘杨镐失策，揆厥所由，则以纵贷李维翰故。夫维翰丧师辱国，罪不容诛，乃仅令回籍听勘。谁司票拟，则阁臣方从哲也；谁司纠驳，则兵科赵兴邦也。参貂白锭，赂遗绎络，国典边防，因之大坏。惟陛下立断。"疏入，未报。从哲力辨，嘉遇再疏劾力，并及诗教。于是诗教、兴邦及亮嗣、延登、壮丽辈交章力攻。诗教谓嘉遇不得考选，故挟私狂逞。嘉遇言："诗教于从哲，一心拥戴，相倚为奸。凡枚卜、考选诸大政，百方挠阻，专务壅蔽，遏绝主聪。遂致网纪不张，戎马驰突，臣窃痛之。今内治尽坏，纵日议兵食、谈战守，究何益于事？故臣为国击奸，冀除祸本，虽死不避，尚区区计升沉得丧哉！"

时兴邦以右给事中掌兵科。先有旨，俟辽东底宁，从优叙录。至是嘉遇连劾，吏部遂立擢为太常少卿。嘉遇益愤，疏言："四路奏功，兴邦必将预其赏。则今日事败，兴邦安得逃其罚？且不罚已矣，反从而超陟之。是臣弹章适为荐剡，国家有如是法纪哉！"疏奏，诸御史复合词攻嘉遇。嘉遇复疏言："古人有云，见无礼于君者逐之，如鹰鹯之逐鸟雀也。诗教、兴邦谓臣不得台谏而怒。夫爵位名秩，操之天也，人臣何敢干？必如所言，是考选予夺二臣实专之。此无礼于君者一。事宁优叙，非明旨乎？乃竟蔑而弃之。此无礼于君者二。魏光国疏论诗教，为通政沮格。夫要截实封者斩。自来奸臣不敢为，而诗教为之。此无礼于君者三。二奸每事请托，一日以七事属职方郎杨成乔。成乔不听，遂逐之去。诗教以旧憾欲去其乡知府，考功郎陈显道不从，亦逼之去。夫吏、兵二部，天子所以驭天下也，而二奸敢侵越之。此无礼于君者四。有臣如此，臣义岂与俱生哉！"

先是，三党诸魁交甚密，后齐与浙渐相贰。布衣汪文言者，素游黄正宾、于玉立之门，习知党人本末。后玉立遣之入都，益悉诸党人所为，策之曰："浙人者，主兵也，齐、楚则应兵。成功之后，主欲逐客矣，然柄素在客，未易逐，此可撺也。"遂多方设奇间之，诸人果相疑。而邹之麟既见恶齐党，亦交斗其间。扬言齐人张凤翔为文选，必以年例斥宗文、廷元。于是齐、浙之党大离。及是嘉遇五疏力攻，诗教辈亦窘。而浙人唐世济、董元儒遂助嘉遇排击。自是亓、赵之势顿衰，兴邦竟不果迁，自引去。时论快焉。

　　光宗立，嘉遇乞改南部，就迁吏部员外郎。天启中，赵南星秉铨，召为考功员外郎，改文选署选事。时左光斗、魏大中以嘉遇与之麟、韩敬同年相善，颇疑之。已，见嘉遇公廉，亦皆亲善。及陈九畴劾谢应祥，语连嘉遇，镌三级，调外，语具《南星传》。未几，党人张讷诬劾南星，并及嘉遇，遂除名。寻锻炼光斗、大中狱，诬嘉遇尝行贿。逮讯论徒，愤恨发病卒。崇祯初，赠太常少卿。

　　赞曰：李植、江东之诸人，风节自许，矫首抗俗，意气横厉，抵排群枉，迹不违乎正。而质之矜而不争，群而不党之义，不能无疢心焉。"古之矜也廉，今之矜也忿戾"，圣人所为致慨于末世之益衰也。

明史卷二三七
列传第一二五

傅好礼　姜志礼　包见捷
田大益　冯应京 何栋如　王之翰
卜孔时 吴宗尧　吴宝秀
华钰 王正志

　　傅好礼，字伯恭，固安人。万历二年进士。知泾县，治最，入为御史。尝陈时政，请节游宴，停内操，罢外戚世封，止山陵行幸，又上崇实、社渐诸疏。语皆剀直。

　　巡按浙江。岁大侵，条上荒政。行部湖州，用便宜发漕折银万两，易粟振饥民。改按山东。泰安州同知张寿朋当贬秩，文选郎谢廷采用为永平推官，谓州同知六品，而推官七品也。好礼驰疏劾其非制，廷采坐停俸，寿朋改调。好礼寻谢病归。召进光禄少卿，改太常。时税使四出，海内骚然。

　　二十六年冬，奸民张礼等伪为官吏，群小百十人分据近京要地，税民间杂物，弗予，捶至死。好礼极论其害，因言："自朝鲜用兵，饥民富者贫，贫者死，思乱已久，奈何又虐征。国家纵贫，亦不当头会箕敛，括细民续命之脂膏；况奸徒所得千万，输朝廷者什一耳，陛下何利为之。"奏入，四日未报，复具疏请。帝大怒，传旨镌三级，出之外。大理卿吴定疏救。帝益怒，谪好礼大同广昌典史，定镌三级，调边方。言官复交章论救，斥定为民。既而帝思好礼言，下其疏，命厂卫严缉，逮礼等二十八人诏狱，其害乃除。

好礼之官，未几，请急归。家居十五年卒。天启中，赠太常卿。

姜志礼，字立之，丹阳人。万历十七年进士。历建昌、衢州推官，入为大理评事。三十三年以囚多瘐死，疏言："犴狴之间，一日毙十五人。积日而计，亦何纪极。又况海内小民，罹灾祲而转死沟壑，及为矿税所罗织、貂珰所攫噬、含冤毕命者，又复何限！乞亟为矜宥，勿久淹系，且尽除矿税，毋使宵人窃弄魁柄，贼虐烝黎。"不报。历刑部员外，出为泉州知府，迁广东副使，并有声。

进山东右参政，分守登、莱。福王封国河南，诏赐田二百万亩，跨山东、湖广境。既之国，遣中贵徐进督山东赋，势甚张。志礼抗疏曰："臣所辖二郡，民不聊生，且与倭邻，不宜有藩府庄田以扰兹土也明甚。且自高皇帝迄今累十余世，封王子弟多矣，有赐田二万顷，延连数十郡者乎？继此而封，尚有瑞、惠、桂三王也。倘比例以请，将予之乎，不予之乎？况国祚灵长，久且未艾。嗣是天家子姓，各援今日故事以请，臣恐方内土田，不足共诸藩分裂也。"帝大怒，贬三秩为广西佥事。久之，迁江西参议。

天启三年由浙江副使入为尚宝少卿，寻进卿。河南进玉玺，魏忠贤欲志礼疏献之。志礼不可。忠贤怒，令私人劾其衰老，遂乞休。诏加太常少卿致仕，已而削夺。崇祯初，复官。

志礼性淳朴，所居多政绩，亦以行谊称于乡。

包见捷，云南临安卫人。万历十七年进士。改庶吉士，授户科给事中，屡迁都给事中。

奸人李本立请采珠广东，帝命中官李敬偕往。见捷极言其害，不听。时小人蜂起言利。千户李仁请税湖口商舟，命中官李道往。主簿田应璧请卖两淮没官余盐，令税使鲁保兼理。见捷等并力争。顷之，令道、保节制有司。见捷又陈不便者数事。皆不报。益都知县吴宗尧劾税使陈增不法，见捷因请尽罢矿税。无已，先撤增还。未几，天津税使王朝死，见捷请勿遣代。忤旨，切责。以马堂代朝。见捷又劾堂、保及浙江刘忠。帝不纳，益遣高采、暨禄、李凤榷税于京口、仪真、广东，并专敕行事。又以奸人阎大经言，命高淮征税辽东。见捷等累请停罢，至是言："辽左神京肩臂，视他镇尤重。奸徒敢为祸首，陛下不惩以三尺，急罢开采，则辽事必不可为，而国步且随之矣。"辽东抚按及山海主事吴钟英相继争。皆不纳。

时中外争矿税者无虑百十疏，见捷言尤数，帝心衔之。居数日，又率司官极论，乃谪见捷贵州布政司都事，余停俸一年。大学士沈一贯、给事中赵完璧等先后论救，完璧等亦坐停俸。见捷寻引疾去。

三十四年起兴业知县。累迁太仆少卿。久之，以右佥都御史巡抚江西。光宗即位，召拜吏部右侍郎。明年卒官。

田大益，字博真，四川定远人。万历十四年进士。授钟祥知县。擢兵科给事中，疏论日本封贡可虞。又言："东征之役，在将士，则当据今日之斩馘以论功；在主帅，则当视后日之成败以定议。"时韪其言。母丧除，起补户科。

二十八年十月疏言："陛下受命日久，骄泰乘之，布列豺狼，殄灭善类，民无所措，靡不蓄怨含愤，觊一旦有事。愿陛下惕然警觉，敬天地，严祖宗，毋轻臣工，毋戕民命，毋任阉人，毋纵群小，毋务暴刻，毋甘怠荒，急改败辙，遵治规用，保祖宗无疆之业。"未几，极陈矿税六害，言：

　　内臣务为劫夺，以应上求。矿不必穴，则税不必商；民间丘陇阡陌，皆矿也，官吏农工，皆入税之人也。公私骚然，脂膏殚竭。向所谓军国正供，反致缺损。即令有司威以刀锯，只足驱民而速之乱耳。此所谓敛巧必蹶也。

　　陛下尝以矿税之役为裕国爱民。然内库日进不已，未尝少佐军国之需。四海之人，方反唇切齿，而冀以计智甘言，掩天下耳目，其可得乎。此所谓名伪必败也。

　　财积而不用，崇将随之。脱巾不已，至于揭竿，适为奸雄睥睨之资。此时虽家给人予，亦且蹴之覆之而不可及矣。此所谓贿聚必散也。

　　夫众心不可伤也。今天下上自簪缨，下至耕夫贩妇，茹苦含辛、撯擊侧目、而无所控诉者，盖已久矣。一旦土崩势成，家为仇，人为敌，众心齐倡，而海内因以大溃。此所谓怨极必乱也。

　　国家全盛二百三十余年，已属阳九，而东征西讨以求快意。上之荡主心，下之耗国脉。二竖固而良医走，死气索而大命倾。此所谓祸迟必大也。

　　陛下矜奋自贤，沈迷不返。以豪珰奸弁为腹心，以金钱珠玉为命脉。药石之言，袖如充耳。即令逄、干剖心，皋、夔进谏，亦安能解其惑哉。此所谓意迷难救也。

　　此六者，今之大忠。臣畏死不言，则负陛下，陛下拒谏不纳，则危宗社。愿深察而力反。

皆不报。

　　明年疏论湖广税监陈奉，救佥事冯应京。忤旨，切责。时武昌民以应京被逮，群聚鼓噪，欲杀奉，奉逃匿楚府以免。大益因上言：“陛下驱率狼虎，飞而食人，使天下之人，剥肤而吸髓，重足而累息，以致天灾地坼，山崩川竭。衅自上开，愤由怨积，奈何欲涂民耳目，以自解释，谩曰权宜哉！今楚人以奉故，沈使者不返矣，且欲甘心巡抚大臣矣。中朝使臣不敢入境侦缓急，逾两月矣。四方观听，惟在楚人。臣意陛下必且旷然易虑，立罢矿税，以靖四方，奈何犹恋恋不能自割也？夫天下至贵，而金玉珠宝至贱也。积金玉珠宝若泰山，不可市天下尺寸地，而失天下，又何用金玉珠宝为哉！今四方万姓，见陛下遇楚事而无变志，知祸必不解，必且群起为变。此时即尽戮诸珰以谢天下，宁有济耶？”帝怒，留中。

　　又明年迁兵科都给事中。时两京缺尚书三，侍郎十，科道九十四，天下缺巡抚三，布按监司六十六，知府二十五。大益力请简补，亦不听。

三十一年，江西税监潘相请勘合符牒勿经邮传。巡按御史吴达可驳之，不听。大益复守故事力争，竟如相请。内使王朝尝言，近京采煤岁可获银五千，乃率京营兵劫掠西山诸处。煤户汹汹，朝以沮挠闻。有旨逮治，皆入都城诉失业状。沈一贯等急请罢朝，且拟敕谕抚按，未得命。大益言："国家大柄莫重于兵。朝擅役禁军，请急诛，为无将之戒。"御史沈正隆，给事中杨庆文、白瑜亦疏谏。帝俱不纳。俄用中官陈永寿奏，乃召朝还。辽东税监高淮拥精骑数百至都城。大益言："祖制，人臣不得弄兵。淮本扫除之役，敢盗兵权，包祸心，罪当诛。"帝亦不问。

明年八月极陈君德缺失，言："陛下专志财利，自私藏外，绝不措意。中外群工因而泄泄。君臣上下，曾无一念及民。空言相蒙，人怨天怒，妖祲变异，罔不毕集。乃至皇陵为发祥之祖而灾，孝陵为创业之祖而灾，长陵为奠鼎之祖而亦灾，天欲蹶我国家，章章明矣。臣观十八年来，乱政亟行，不可枚举，而病源止在货利一念。今圣谕补缺官矣，释系囚矣，然矿税不撤，而群小犹盗横，间阎犹朘削，则百工之展布实难，而罪罟之罗织必众。缺官虽补，系囚虽释，曾何益哉！陛下中岁以来，所以掩聪明之质，而甘蹈贪愚暴乱之行者，止为家计耳。不知家之盈者，国必丧。如夏桀陨于瑶台，商纣焚于宝玉，幽、厉启戎于荣夷，桓、灵绝统于私鬻，德宗召难于琼林，道君兆祸于花石。覆辙相仍，昭然可鉴。陛下迩来乱政，不减六代之季。一旦变生，其何以托身于天下哉！"居月余，复以星变乞固根本，设防御，罢矿税。帝皆不省。又明年，以久次添注太常少卿，卒官。

大益性骨鲠，守官无他营。数进危言，卒获免祸。盖时帝倦勤，上章者虽千万言，大率屏置勿阅故也。

冯应京，字可大，盱眙人。万历二十年进士。为户部主事。督蓟镇军储，以廉干闻。寻改兵部，进员外郎。

二十八年擢湖广佥事，分巡武昌、汉阳、黄州三府。绳贪墨，摧奸豪，风采大著。税监陈奉恣横，巡抚支可大以下唯诺惟谨，应京独以法裁之。奉掊克万端，至伐冢毁屋，剚孕妇，溺婴儿。其年十二月有诸生妻被辱，诉上官。市民从者万余，哭声动地，蜂涌入奉廨。诸司驰救乃免。应京捕治其爪牙。奉怒，阳饷食而置金其中。应京复暴之，益惭恨。明年正月置酒邀诸司，以甲士千人自卫，遂举火箭焚民居。民群拥奉门。奉遣人击之，多死，碎其尸，掷诸途。可大噤不敢出声，应京独抗疏列其十大罪。奉亦诬奏应京挠命，凌敕使。帝怒，命贬杂职，调边方。给事中田大益、御史李以唐等交章劾奉，乞宥应京。帝益怒，除应京名。是时，襄阳通判邸宅、推官何栋如、枣阳县知县王之翰亦忤奉被劾。诏宅、之翰为民，栋如遣逮。俄以都给事中杨应文论救，遂并逮应京、宅、之翰三人。顷之，奉又诬劾武昌同知卞孔时抗拒，孔时亦被逮。

　　缇骑抵武昌，民知应京获重谴，相率痛哭。奉乃大书应京名，列其罪，榜之通衢。士民益愤，聚数万人围奉廨。奉窜，逃匿楚王府。遂执其爪牙六人，投之江，并伤缇骑。晋可大助虐，焚其府门，可大不敢出。奉潜遣参随三百人，引兵追逐，射杀数人，伤者不可胜计。日已晡，犹纷挐。应京囚服坐槛车，晓以大义，乃稍稍解散。奉匿楚府，逾月不敢出，亟请还京。大学士沈一贯因极言奉罪，请立代还。言官亦争以为请。帝未许。俄江西税监李道亦奏奉侵匿状，乃召还，隶其事于承天守备杜茂。顷之，东厂奏缇骑有死者。帝愠甚，手诏内阁，欲究主谋。一贯言民心宜静，请亟遣重臣代可大拊循，因以侍郎赵可怀荐。帝乃褫可大官，令可怀驰往。未至，可大已遣兵护奉行。舟车相衔，数里不绝。可怀入境，亦遣使护之。奉得迤逦去。

　　应京之就逮也，士民拥槛车号哭，车不得行。既去，则家为位祀之。三郡父老相率诣阙诉冤，帝不省。吏科都给事中郭如星、刑科给事中陈维春更连章劾奉。帝怒，谪两人边方杂职，系应京等诏狱，拷讯久之不释。应京乃于狱中著书，昕夕无倦。三十二年九月，星变修省。廷臣多请释系囚，于是应京及宅、栋如获释。之翰先瘐死，而孔时系狱如故。

应京志操卓荦,学求有用,不事空言,为淮西士人之冠。出狱三年卒。天启初,赠太常少卿,谥恭节。

何栋如,无锡人。居官守正。既为奉所陷,襄阳人赴阙诉冤,不听。及出狱,削籍归,家居十七年。天启初,始起南京兵部主事。会辽阳陷。时议募兵,栋如自请行。遂赍帑金赴浙江,得六千七百人。甫至而广宁复陷,又自请出关视形势。乃进太仆少卿,充军前赞画。栋如志锐而才疏。初在浙,不能无浮费。所募兵畏出关,多逃亡。及两疏论熊廷弼、王化贞功罪,给事中蔡思充、朱童蒙,御史陈保泰遂交章劾之。栋如疏辨,因请非时考察京官,用清朋党。朝贵大恨,遂下诏狱。榜掠备至。五年秋,坐赃戍滁阳。崇祯初,复官。致仕卒。

王之翰,绛州人。官枣阳。力阻开矿,遂被逮拷死。天启初,赠光禄少卿。

孔时既长系,廷臣救者数十上。帝皆不省。四十一年,万寿节,叶向高复以为言,乃削籍放还。熹宗立,起南京刑部员外郎。

吴宗尧,字仁叔,歙县人。万历二十三年进士。授益都知县。性强项。中官陈增以开矿至,诬奏福山知县韦国贤阻挠,被逮削籍。守令多屈节如属吏,宗尧独具宾主礼。增党程守训,宗尧邑子也。宗尧恶其奸,不与通。驿丞金子登说增开孟丘山矿,宗尧叱其欺罔。子登惧,搆于增。日征千人凿人,多捶死;又诬富民盗矿,三日捕系五百人。

二十六年九月,宗尧尽发增不法事。帝得疏意动,持不下。会给事中包见捷极论增罪,请撤还。帝责增,令检下。见捷同官郝敬复请治增罪,帝乃不悦,责宗尧狂逞要名。已而山东巡抚尹应元劾增背旨虐民二十罪。帝遂发怒,切责应元,削宗尧籍。敬复抗疏谏,帝益怒,夺俸一年,并夺庆元俸。增遂劾宗尧阻挠矿务,且令守训诬许之。帝既遣逮治，御史刘景辰、给事中侯庆远争之，不听。使者至，民大哗，欲杀增。宗尧行，民哭声震地。既至，下诏狱拷讯，系经年。礼部郎鲍应鳌等言于沈一贯曰："南康守吴宝秀已得安居牖下，宗尧何独不然？"一贯揭入，即释为民，未几卒。天启时，赠光禄少卿，赐祭，录一子。

吴宝秀，字汝珍，平阳人。万历十七年进士。授大理评事。历寺正，出为南康知府。湖口税监李道横甚，宝秀不与通。漕舟南还，乘风扬帆入湖口。道欲榷其货，遣卒急追之，舟覆有死者。道遣吏捕漕卒，宝秀拒不发。道怒，劾宝秀及星子知县吴一元、青山巡检程资阻挠税务，诏俱逮治。给事中杨应文等请下抚按公勘。大学士沈一贯、吏部尚书李戴、国子祭酒方从哲等交章为言，俱不报。宝秀妻陈氏恸哭，请偕行，宝秀不可。乃括余资及簪珥付其妾曰："夫子行，以为路费。"夜自经死。

宝秀至京，下诏狱。大学士赵志皋上言："顷臣卧病，闻中外人情汹汹，皆为矿税一事。南康守吴宝秀逮系时，其妻至投缳自尽，阖郡号呼，几成变乱。事关民生向背，宗社安危，臣不敢以将去之身，隐默而不言。"星子民陈英者，方庐墓，约儒士熊应凤等走京师，伏阙讼冤，乞以身代。于是抚按及南北诸臣论救者疏十余上，帝皆不省。一日，司礼田义汇诸疏进御前，帝怒，掷地。义从容拾起，复进之，叩首曰："阁臣跪候朝门外，不奉处分不敢退。"帝怒稍平，取阅阁臣疏，命移狱刑部。皇太后亦闻陈氏之死，从容为帝言。至九月，与一元等并释为民。归家，逾年卒。

初，南康士民建祠，特祀陈氏，后合宝秀祀之。天启中，赠太仆少卿，赐祭，录其一子。

华钰，字德夫，丹徒人。万历二十三年进士。授荆州推官。税监陈奉仆直驰府署中，钰笞之。奉佯谢，衔之刺骨。奉所受敕止江税，乃故移之市，又倍蓰征之。稍与辨，辄殴击破南。商贾怖匿，负担者不敢出其途。钰白御史严戢，奉益恨。奉欲榷沙市税，沙市人群起逐之，奉疑钰所使。已，欲榷黄州团风镇税，复为镇民所逐，奉又疑经历车任重教之。遂上疏极论钰、任重阻挠罪，并及巡按御史曹楷、襄阳知府李商耕、黄州知府赵文焕、荆门知州高则巽等数十人。帝切责楷，贬商耕等三人官，钰、任重皆被逮。时二十七年八月也。

　　既至，下镇抚狱讯治，俾引御史楷。钰坚不承，系狱中。初，吴宗尧、吴宝秀皆不久即释。帝欲痛折辱以惧之，于是钰与冯应京、王正志等先后十余人悉长系。廷臣论救章数上，皆不报。狱中有鸟，形类鹤而小，怪鸣，则逮者至。一夕，鸟鸣甚哀。钰起坐俟之，则应京至。居久之，语钰以主静穷理之学，日相与研究。三十二年六月，长陵灾，肆赦，钰与任重并释为民。家居四年卒。天启中，赠尚宝少卿，赐祭，录一子。

　　王正志，祥符人。万历二十六年进士。除富平知县。二十八年，税使梁永、赵钦肆虐，正志捕其党李英杖杀之，因极论二人不法罪。钦亦以李英事讦奏，帝怒，命逮之。给事中陈惟春言正志劾钦罪多，宜提讯；钦所劾正志事宜下抚按核实，免其逮系。御史李时华亦言近日所逮吴应鸿、劳养魁、蔡如川、甘学书及正志等，俱宜敕下抚按勘虚实，不得以一人单词枉害良善。皆不报。未几，梁永亦讦正志。帝命诸抗违欺隐者悉指名劾奏，重治之。宦官益张，长吏皆丧气。正志系诏狱四年，三十一年夏，瘐死。天启时，赠祭，荫子，皆视钰。

　　自矿税兴，中使四出，跆藉有司。谤书一闻，驾贴立下。二十四年，则辽东参将梁心；二十五年，则山东福山知县韦国贤；二十六年，则山东益都知县吴宗尧；二十七年，则江西南康知府吴宝秀、星子知县吴一元、山东临清守备王炀；二十八年，则广东新会在籍通判吴应鸿，举人劳养魁、钟声朝、梁斗辉，云南寻甸知府蔡如川，赵州知州甘学书及正志；二十九年，则湖广按察佥事冯应京、襄阳通判邸宅、推官何栋如、枣阳知县王之翰、武昌同知卞孔时、江西饶州通判陈奇可；三十年，则凤阳临淮知县林锦；三十四年，则陕西咸阳知县宗时际；三十五年，则陕西咸宁知县满朝荐；三十七年，则辽东海防同知王邦才、参将李获阳；皆幽系诏狱，久者至十余年。炀、应鸿、获阳毙狱中，其他削籍、贬官有差。至士民幽系死亡者，尤不可胜纪也。

赞曰：神宗二十四年，军府千户仲春请开矿助大工，遂命户部锦衣官各一人同仲春开采。给事中程绍言嘉靖中采矿，费帑金三万余，得矿银二万八千五百，得不偿失，因罢其役。给事中杨应文继言之。皆不纳。由是卑秩冗僚，下至市井黠桀，奋起言利。而珰使四出，毒流海内，民不聊生，至三十三年乃罢。嗣是军兴征发，加派再三。府库未充，膏脂已竭，明室之亡于是决矣。

明史卷二三八
列传第一二六

李成梁　子如松　如柏　如桢　如樟　如梅
麻贵　兄锦

　　李成梁,字汝契。高祖英自朝鲜内附,授世铁岭卫指挥佥事,遂家焉。成梁英毅骁健,有大将才。家贫,不能袭职,年四十犹为诸生。巡按御史器之,资入京,乃得袭。积功为辽东险山参将。

　　隆庆元年,土蛮大入永平。成梁赴援有功,进副总兵,仍守险山。寻协守辽阳。三年四月,张摆失等屯塞下,成梁迎击斩之,歼其卒百六十有奇。余众远徙,遂空其地。录功,进秩一等。

　　四年九月,辛爱大入辽东。总兵官王治道战死。擢成梁署都督佥事代之。当是时,俺答虽款塞,而插汉部长土蛮与从父黑石炭,弟委正、大委正,从弟暖兔、拱兔,子卜言台周,从子黄台吉势方强。泰宁部长速把亥、炒花,朵颜部长董狐狸、长昂佐之。东则王杲、王兀堂、清佳砮、杨吉砮之属,亦时窥塞下。十年之间,殷尚质、杨照、王治道三大将皆战死。成梁乃大修戎备,甄拔将校,收召四方健儿,给以厚饩,用为选锋。军声始振。

　　明年五月,敌犯盘山驿,指挥苏成勋击走之。无何,土蛮大入。成梁遇于卓山,麾副将赵完等夹击,断其首尾。乘胜抵巢,馘部长二人,斩首五百八十余级。进署都督同知,世荫千户。又明年十月,土蛮六百骑营旧辽阳北河,去边二百余里,俟众集大举。成梁击走之。万历元年,又击走之前屯。已,又破走之铁岭镇西诸堡。增秩二等。

朵颜兀鲁思罕以四千骑毁墙入，成梁御却之。

　　建州都指挥王杲故与抚顺通马市。及是，诱杀备御裴承祖，成梁谋讨之。明年十月，杲复大举入。成梁檄副将杨腾、游击王惟屏分屯要害，而令参将曹簋挑战。诸军四面起，敌大奔，尽聚杲寨。寨地高，杲深沟坚垒以自固。成梁用火器攻之，破数栅，矢石雨下。把总于志文、秦得倚先登，诸将继之。杲走高台，射杀志文。会大风起，纵火焚之，先后斩馘千一百余级，毁其营垒而还。进左都督，世荫都指挥同知。杲大创，不能军，走匿阿哈纳寨。曹簋勒精骑往。杲走南关。都督王台执以献，斩之。

　　三年春，土蛮犯长勇堡，击败之。其冬，炒花大会黑石炭、黄台吉、卜言台周、以儿邓、暖兔、拱兔、堵剌儿等二万余骑，从平虏堡南掠。副将曹簋驰击，遂转掠沈阳。见城外列营，乃据西北高墩。成梁邀战，发火器。敌大溃，弃辎重走。追至河沟，乘胜渡河，击斩以千计。加太子太保，世荫锦衣千户。

　　明年，黑石炭、大委正营大清堡边外，谋锦、义。成梁率选锋驰二百里，逼其营，攻破之。杀部长四人，获级六十有奇。

　　五年五月，土蛮复入，联营河东，而遣零骑西掠。成梁掩其巢，得利而还。明年正月，速把亥纠土蛮大入，营劈山。成梁驰至丁字泊，敌方分骑绕墙入。成梁夜出塞二百里，捣破劈山营，获级四百三址，馘其长五人。加太保，世荫本卫指挥使。

　　三月，游击陶承誉击敌长定堡，献馘四百七十有奇。帝已告谢郊庙，大行赏赉，荫成梁世指挥佥事。有言所杀乃土蛮部曲，因盗牛羊事觉，惧罪来归，承誉掩杀之。给事中光懋因请治承誉杀降罪，御史勘如懋言。兵部尚书方逢时，督抚梁梦龙、周咏先与承誉同叙功，力为解。卒如御史奏，尽夺诸臣恩命。

　　六月，敌犯镇静堡，复击退之。十二月，速把亥、炒花、暖兔、拱兔会土蛮黄台吉，大、小委正，卜儿亥，慌忽太等三万余骑壁辽河攻东昌堡，深入至耀州。成梁遣诸将分屯要害以遏之，而亲提锐卒，出塞二百余里，直捣圜山。斩首八百四十，及其长九人，获马千二百匹。敌闻之,皆仓皇走出塞。论功,封宁远伯,岁禄八百石。

是时,土蛮数求贡市,关吏不许。大恨。七年十月复以四万骑自前屯锦川营深入。成梁命诸将坚壁,自督参将杨粟等遏其冲。会戚继光亦来援,敌遂退。俄又与速把亥合壁红土城,声言入海州,而分兵入锦、义。成梁逾塞二百余里,直抵红土城,击败之,获首功四百七十有奇。

迤东都督王兀堂故通市宽奠,后参将徐国辅弟国臣强抑市价,兀堂乃与赵锁罗骨数遣零骑侵边。明年三月以六百骑犯瑷阳及黄冈岭,指挥王宗义战死。复以千余骑从永奠入,成梁击走之,追出塞二百里。敌以骑卒拒,而步卒登山鼓噪。成梁大败之,斩首七百五十,尽毁其营垒。捷闻,并录红土城功,予成梁世袭。其秋,兀堂复犯宽奠,副将姚大节击破之。兀堂由是不振。

土蛮数侵边不得志,忿甚,益征诸部兵分犯锦、义及右屯、大凌河。以城堡坚,不可克,而成梁及蓟镇兵亦集,乃引去。无何,复以二万余骑从大镇堡入攻锦州。参将熊朝臣固守,而遣部将周之望、王应荣出战,颇有斩获。矢尽,皆战死。敌乃分掠小凌河、松山、杏山。成梁驰援,始出境。

九年正月,土蛮复与黑石炭,大、小委正,卜言台周,脑毛大,黄台吉,以儿邓,暖兔,拱兔,炒户儿聚兵塞下,谋入广宁。成梁帅轻骑从大宁堡出。去塞四百余里,至袄郎兔大战。自辰迄未,敌不支败走。官军将还,敌来追。成梁逆击,且战且行。先后斩首三百四十,及其长八人。录功,增岁禄百石,世荫一等。

四月,黑石炭、以儿邓、小歹青、卜言兔入辽阳。副将曹簠追至长安堡,遇伏,失千总陈鹏以下三百十七人,马死者四百六十匹,遂大掠人畜而去。簠等下吏,成梁不问。十月,土蛮复连速把亥等十余万骑攻围广宁,不克,转掠团山堡、盘山驿及十三山驿,攻义州。成梁御却之。

十年三月,速把亥率弟炒花、子卜言兔入犯义州。成梁御之镇夷堡,设伏待之。速把亥入,参将李平胡射中其胁,坠马,苍头李有

名前斩之。寇大奔，追馘百余级。炒花等恸哭去。速把亥为辽左患
二十年，至是死。帝大喜，诏赐甲第京师，世荫锦衣指挥使。

　　初，王杲死，其子阿台走依王台长子虎儿罕。以王台献其父，尝
欲报之。王台死，虎儿罕势衰，阿台遂附北关合攻虎儿罕。又数犯
孤山、汛河。成梁出塞，遇于曹子谷，斩首一千有奇，获马五百。阿
台复纠阿海连兵入，抵沈阳城南浑河，大掠去。成梁从抚顺出塞百
余里，火攻古勒塞，射死阿台。连破阿海寨，击杀之，献馘二千三百。
杲部遂灭。录功，增岁禄百石，世荫指挥佥事。

　　北关清佳砮、杨吉砮素仇南关。王台没，屡侵台季子猛骨孛罗，
且藉土蛮、暖兔、慌忽太兵侵边境。其年十二月，巡抚李松使备御霍
九皋许之贡市。清佳砮、杨吉砮率二千余骑诣镇北关谒。松、九皋
见其兵盛，谯让之，则以三百骑入。松先伏甲于旁，约二人不受抚则
炮举甲起。顷之，二人抵关，据鞍不逊，松叱之，九皋麾使下，其徒遽
拔刀击九皋，并杀侍卒十余人。于是军中炮鸣，伏尽起，击斩二人并
其从骑，与清佳砮子兀孙孛罗、杨吉砮子哈儿哈麻尽歼焉。成梁闻
炮，急出塞，击其留骑，斩首千五百有奇。余众刑白马，攒刀，誓永受
约束，乃旋师。录功，增岁禄二百石，改前荫指挥佥事为锦衣卫指挥
使。方成梁之出塞也，炒花等以数万骑入蒲河及大宁堡。将士防御
六日，始出塞。

　　十三年二月，把兔儿欲报父速把亥之怨，偕从父炒花、姑婿花
大纠西部以儿邓等以数万骑入掠沈阳。既退，驻牧辽河，声犯开原、
铁岭。成梁与巡抚李松潜为浮桥济师，逾塞百五十里，疾掩其帐。寇
已先觉，整众逆战。成梁为叠阵，亲督前阵击，而松以后阵继之，斩
首八百有奇。捷闻，增岁禄百石，改荫锦衣指挥使为都指挥使。

　　其年五月，敌犯沈阳，伏精骑塞下，诱官军。游击韩元功追袭
之，败死。闰九月，诸部长复犯蒲河，杀裨将数人，大剽掠，而西部银
灯亦窥辽、沈。成梁令部将李平胡出塞三百五十里，捣破银灯营，斩
首一百八级。诸部长闻之，始引去。

　　十四年二月，土蛮部长一克灰正纠把兔儿、炒花、花大等三万

骑,约土蛮诸子共驰辽阳挟赏。成梁侦得之,率副将杨变,参将李宁、李兴、孙守廉以轻骑出镇边堡。昼伏夜行二百余里,至可可毋林。大风雷,敌不觉。既至,风日晴朗,敌大惊,发矢如雨。将士冒死陷阵,获首功九百,斩其长二十四人。其年十月,敌七八万骑犯镇夷诸堡,阅五日始去。

十五年春,东西部连营入犯。其秋八月,复以七万骑犯镇夷堡。十月,把汉大成纠土蛮十万骑由镇夷、大清二堡入,数日始出。

北关既被创,后清佳砮子卜寨与杨吉砮子那林孛罗渐强盛,数与南关虎儿罕子歹商搆兵。成梁以南关势弱,谋讨北关以辅翼之。明年五月率师直捣其巢。卜寨走,与那林孛罗合,凭城守。城四重,攻之不下。用巨炮击之,碎其外郭,遂拔二城,斩馘五百余级。卜寨等请降,设誓不复叛,乃班师。

十七年三月,敌犯义州,复入太平堡,把总朱永寿等一军尽没。九月,脑毛大合白洪大、长昂三万骑复犯平虏堡,备御李有年、把总冯文升皆战死,成梁选锋没者数百人。敌大掠沈阳蒲河、榆林,八日始去。明年二月,卜言台周,黄台吉,大、小委正结西部又汉塔塔儿五万余骑复深入辽、沈、海、盖。成梁潜遣兵出塞袭之,遇伏,死者千人。成梁乃报首功二百八十,得增禄荫。土蛮族弟土墨台猪借西部青把都、恰不慎及长昂、滚兔十万骑深入海州。成梁不敢击,纵掠数日而去。十九年闰二月,成梁乘给事侯先春阅视,谋邀捣巢功,使副将李宁等出镇夷堡潜袭板升,杀二百八十人。师还遇敌,死者数千人。成梁及总督蹇达不以闻。巡按御史胡克俭尽发其先后欺罔状,语多侵政府。疏虽不行,成梁由是不安于位。及先春还朝,诋尤力,帝意颇动。成梁再疏辞疾,言者亦踵至。其年十一月,帝竟从御史张鹤鸣言,解成梁任,以宁远伯奉朝请。明年,哱拜反宁夏,御史梅国桢请用成梁,给事中王德完持不可,乃寝。

成梁镇辽二十二年,先后奏大捷者十,帝辄祭告郊庙,受廷臣贺,蟒衣金缯岁赐稠叠。边帅武功之盛,二百年来未有也。其始锐意封拜,师出必捷,威振绝域。已而位望益隆,子弟尽列崇阶,仆隶无不荣显。贵极而骄,奢侈无度。军资、马价、盐课、市赏,岁乾没不资,全辽商民之利尽笼入己。以是灌输权门,结纳朝士,中外要人无不饱其重赇,为之左右。每一奏捷,内自阁部,外自督抚而下,大者进官荫子,小亦增俸赍金。恩旋优渥,震耀当世。而其战功率在塞外,易为缘饰。若敌入内地,则以坚壁清野为词,拥兵观望;甚或掩败为功,杀良民冒级。阁部共为蒙蔽,督抚、监司稍忤意,辄排去之,不得举其法。先后巡按陈登云、许守恩廉得其杀降冒功状,拟论奏之,为巡抚李松、顾养谦所沮止。既而物议沸腾,御史朱应毂、给事中任应征、佥事李琯交章抨击。事颇有迹,卒赖奥援,反诘责言者。及申时行、许国、王锡爵相继谢政,成梁失内主,遂以去位。

成梁诸虞功率藉健儿。其后健儿李平胡、李宁、李兴、秦得倚、孙守廉辈皆富贵,拥专城。暮气难振,又转相掊克,士马萧耗。迨成梁去辽,十年之间更易八帅,边备益弛。

二十九年八月,马林获罪。大学士沈一贯言成梁虽老,尚堪将兵。乃命再镇辽东,年已七十有六矣。是时,土蛮、长昂及把兔儿已死,寇钞渐稀。而开原、广宁之前复开马、木二市。诸部耽市赏利,争就款。以故成梁复镇八年,辽左少事。以阅视叙劳,加至太傅。

当万历初元时,兵部侍郎汪道昆阅边,成梁献议移建孤山堡于张其哈剌佃,险山堡于宽佃,沿江新安四堡于长佃、长岭诸处,仍以孤山、险山二参将戍之,可拓地七八百里,益收耕牧之利。道昆上于朝,报可。自是生聚日繁,至六万四千余户。及三十四年,成梁以地孤悬难守,与督、抚蹇达、赵楫建议弃之,尽徙居民于内地。居民恋家室,则以大军驱迫之,死者狼籍。成梁等反以招复逃人功,增秩受赏。兵科给事中宋一韩力言弃地非策。巡按御史熊廷弼勘奏如一韩言,一韩复连章极论。帝素眷成梁,悉留中不下。久之卒,年九十。

弟成材,参将。子如松、如柏、如桢、如樟、如梅皆总兵官;如梓、如梧、如桂、如楠亦皆至参将。

如松,字子茂,成梁长子。以父荫为都指挥同知,充宁远伯勋卫。骁果敢战，少从父谙兵机。再迁署都督佥事，为神机营右副将。

万历十一年出为山西总兵官。给事中黄道瞻等数言如松父子不当并居重镇，大学士申时行请保全之，乃召佥书右府。寻提督京城巡捕。给事中邵庶尝劾如松及其弟副总兵如柏不法，且请稍抑，以全终始，不纳。十五年复以总兵官镇宣府。巡抚许守谦阅操，如松引坐与并。参政王学书却之，语不相下，几攘臂。巡按御史王之栋因劾如松骄横，并诋学书，帝为两夺其俸。已复被论，给事中叶初春请改调之，乃命与山西李迎恩更镇。其后，军政拾遗，给事中阅视，数遭论劾。帝终眷之不为动，召佥书中府。

二十年，哱拜反宁夏，御史梅国桢荐如松大将才，其弟如梅、如梓并年少英杰，宜令讨贼。乃命如松为提督陕西讨逆军务总兵官，即以国桢监之。武臣有提督，自如松始也。已命尽统辽东、宣府、大同、山西诸道援军。六月抵宁夏。如松台权任既重，不欲受总督制，事辄专行。兵科许弘纲等以为非制，尚书石星亦言如松敕书受督臣节度，不得自专，帝乃下诏申饬。先是，诸将董一奎、麻贵等数攻城不下。如松至，攻益力。用布囊三万，实以土，践之登，为炮石所却。如樟夜攀云梯上，不克。游击龚子敬提苗兵攻南关，如松乘势将登，亦不克，乃决策水攻。拜窘，遣养子克力盖往色套寇，如松令部将李宁追斩之。已，套寇以万余骑至张亮堡。如松力战，手斩士卒畏缩者，寇竟败去。水侵北关，城崩。如松及萧如薰等佯击北关诱贼，而潜以锐师袭南关，攀云梯而上。拜及子承恩自斩叛党刘东旸、许朝乞贷死。于是如松先登，如薰及麻贵、刘承嗣等继之，尽灭拜族。录功，进都督，世荫锦衣指挥同知。

会朝鲜倭患棘，诏如松提督蓟、辽、保定、山东诸军，克期东征。弟如柏、如梅并率师援剿。如松新立功，气益骄，与经略宋应昌不相下。故事，大帅初见督师，甲胄庭谒，出易冠带，始加礼貌。如松用监司谒督抚仪，素服侧坐而已。十二月，如松至军，沈惟敬自倭归，言倭酋行长愿封，请退平壤迤西，以大同江为界。如松叱惟敬憸邪，欲斩之。参谋李应试曰："藉惟敬绐倭封，而阴袭之，奇计也。"如松以为然，乃置惟敬于营，誓师渡江。

　　二十一年正月四日，师次肃宁馆。行长以为封使将至，遣牙将二十人来迎，如松檄游击李宁生缚之。倭猝起格关，仅获三人，余走还。行长大骇，复遣所亲信小西飞来谒，如松慰遣之。六日，次平壤。行长犹以为封使也，伫风月楼以待，群倭花衣夹道迎。如松分布诸军，抵平壤城，诸将逡巡未入，形大露，倭悉登陴拒守。是夜，袭如柏营，击却之。明旦，如松下令诸军无割首级，攻围缺东面。以倭素易朝鲜军，令副将祖承训诡为其装，潜伏西南。令游击吴惟忠攻迤北牡丹峰。而如松亲提大军直抵城下，攻其东南。倭炮矢如雨，军少却。如松斩先退者以徇。募死士，援钩梯直上。倭方轻南面朝鲜军，承训等乃卸装露明甲。倭大惊，急分兵捍拒，如松已督副将杨元等军自小西门先登，如柏等亦从大西门入。火器并发，烟焰蔽空。惟忠中炮伤胸，犹奋呼督战。如松马毙于炮，易马驰，堕堑，跃而上，麾兵益进。将士无不一当百，遂克之。获首功千二百有奇。倭退保风月楼。夜半，行长渡大同江，遁还龙山。宁及参将查大受率精卒三千潜伏东江间道，复斩级三百六十。乘胜逐北，十九日，如柏遂复开城。所失黄海、平安、京畿、江源四道并复。酋清正据咸镜，亦遁还王京。

　　官军既连胜，有轻敌心。二十七日再进师。朝鲜人以贼弃王京告。如松信之，将轻骑趋碧蹄馆。距王京三十里，猝遇倭，围数重。如松督部下鏖战。一金甲倭搏如松急，指挥李有声殊死救，被杀。如柏、宁等奋前夹击，如梅射金甲倭堕马，杨元兵亦至，斫重围入，倭乃退，官军丧失甚多。会天久雨，骑入稻畦中不得逞。倭背岳山，面汉水，联营城中，广树飞楼，箭炮不绝，官军乃退驻开城。二月既望，谍报倭以二十万众入寇。如松令元军平壤，扼大同江，接饷道；如柏等军宝山诸处为声援；大受军临津；留宁、承训军开城；而身自东西调度。闻倭将平秀嘉据龙山仓，积粟数十万，密令大受率死士从间焚之。倭遂乏食。

　　初，官军捷平壤，锋锐甚，不复问封贡事。及碧蹄败衄，如松气大索,应昌、如松急欲休息,而倭亦刍粮并绝,且惩平壤之败,有归志,于是惟敬款议复行。四月十八日,倭弃王京遁,如松与应昌入城,遣兵渡汉江尾倭后,将击其惰归。倭步步为营,分番迭休,官军不敢击。倭乃结营釜山,为久留计。时兵部尚书石星力主封贡,议撤兵,独留刘𬘩拒守。如松乃以十二月班师。论功,加太子太保,增岁禄百石。言者诋其和亲辱国,屡攻击之。帝不问。

二十五年冬,辽东总兵董一元罢,廷推者三,中旨特用如松。言路复交章力争,帝置不报。如松感帝知,气益奋。明年四月,土蛮寇犯辽东。如松率轻骑远出捣巢,中伏力战死。帝痛悼,令具衣冠归葬,赠少保、宁远伯,立祠,谥忠烈。以其弟如梅代为总兵官,授长子世忠锦衣卫指挥使,掌南镇抚司,仍充宁远伯勋卫,复荫一子本卫指挥使,世袭。恤典优渥,皆出特恩云。

世忠未久卒,无子。弟显忠由荫历辽东副总兵,当嗣爵,朝臣方恶李氏,无为言者。至崇祯中,如松妻武氏诉于朝。章下部议,竟寝。后庄烈帝念成梁功,显忠子尊祖得嗣宁远伯。闯贼陷京师,遇难。

如柏,字子贞,成梁第二子。由父荫为锦衣千户。尝与客会饮,炮声彻大内,下吏免官。再以荫为指挥佥事。数从父出塞有功,历密云游击、黄花岭参将,蓟镇副总兵。万历十六年,御史任养心言:"李氏兵权太盛。姻亲厮养分操兵柄,环神京数千里,从横蟠据,不可动摇。如柏贪淫,跋扈尤甚。不早为计,恐生他变。"帝乃解如柏任。于是成梁上书乞罢,并请尽罢子弟官,帝慰留不许。久之,起故官,署宣府参将。引疾归。

如松之御倭朝鲜也,诏如柏署都督佥事,先率师赴援。既拔平壤,如柏疾趋开城,攻克之,斩首百六十有奇。师旋,进都督同知,为五军营副将。寻出为贵州总兵官。二十三年改镇宁夏。著力兔犯平虏、横城,如柏邀之,大获,斩首二百七十有奇。进右都督。再以疾归,家居二十余年,会辽东总兵官张承荫战殁,文武大臣英国公张惟贤等合疏荐如柏,诏以故官镇辽东。蒙古炒花入犯,督诸将击却之。

始成梁、如松为将，厚畜健儿，故所向克捷。至是，父兄故部曲已无复存，而如柏暨诸弟放情酒色，亦无复少年英锐。特以李氏世将，起自废籍中。顾如柏中情怯，惟左次避敌而已。我大清师临河，如柏故引军防懿路。及杨镐四路出师，令如柏以一军出鸦鹘关。甫抵虎拦路，镐闻杜松、马林两军已覆，急檄如柏还。大清哨兵二十人见之，登山鸣螺，作大军追击状，如柏军大惊，奔走相蹴死者千余人。御史给事中交章论劾，给事中李奇珍连疏争尤力。帝终念李氏，诏还候勘。既入都，言者不已。如柏惧，遂自裁。

如桢，成梁第三子。由父荫为指挥使。屡加至右都督，并在锦衣。尝掌南、北镇抚司，提督西司房，列环卫者四十年。最后，军政拾遗，部议罢职，章久留不下。如桢虽将家子，然未历行阵，不知兵。及兄如柏革任，辽人谓李氏世镇辽东，边人惮服，非再用李氏不可，巡抚周永春以为言。而是时如柏兄弟独如桢在，兵部尚书黄嘉善遂徇其请，充如桢名上，帝即可之。时万历四十七年四月也。

如桢藉父兄势，又自以锦衣近臣，不肯居人下。未出关，即遣使与总督汪可受讲钧礼，朝议哗然，嘉善亦特疏言之。如桢如快快去。既抵辽，经略杨镐使守铁岭。铁岭故李氏宗族坟墓所在。当如柏还京，其族党部曲高资者悉随之而西，城中为空。后镐以孤城难守，令如桢还屯沈阳，仅以参将丁碧等防守，力益弱。大清兵临城，如桢拥兵不救，城遂失。言官交章论列，经略熊廷弼亦论如桢十不堪，乃罢任。天启初，言者复力攻，下狱论死。崇祯四年，帝念成梁勋，特免死充军。

如樟，亦由父荫，历都指挥佥事。从兄如松征宁夏，无登有功，累进都督佥事。历广西、延绥总兵官。

如梅，字子清。亦由父荫，历都指挥佥事。从兄如松征日本，却敌先登。屡迁辽东副总兵。二十四年，炒花、卜言兔将入犯，如梅谋先袭之。督部将方时新等出塞三百里，直捣其庐帐，斩首百余级而还。明年，如梅与参政杨镐谋复从镇西堡出塞，潜袭敌营，失利，损部将十人，士卒百六十人。如梅以血战重创，免罪。

日本封事败，其年八月进署都督佥事，充御倭副总兵，赴朝鲜援剿。时麻贵三路进师，令如梅将左军，与右军共攻蔚山。如梅偕参将杨登山骑兵先进，设伏海滨，而令游击摆赛以轻骑诱贼，斩首四百有奇，余贼遁归岛山。副将陈寅冒矢石奋呼上，破栅两重。至第三栅，垂拔。杨镐为总理，宿与如梅昵，不欲寅功出其上，遽鸣金收军。翌日，如梅至，攻之，不能拔。已而贼援至，如梅军先奔，诸军亦相继溃。赞画主事丁应泰劾镐，并劾如梅当斩者二，当罪者十，帝不纳。旋用为御倭总兵官。会其兄如松战殁，即命如梅驰代之。逾年，坐拥兵畏敌，劾罢。久之，起佥书左府。四十年，镐巡抚辽东，力荐如梅为帅。不得，至以死争。给事中麻僖、御史杨州鹤力持不可，乃止。

成梁诸子，如松最果敢，有父风，其次称如梅。然躁动，非大将才，独杨镐深信。后复倚任其兄如柏，卒以致败。

麻贵，大同右卫人。父禄，嘉靖中为大同参将，从镇帅刘汉袭板升，大获。俺答围右卫，禄与副将尚表固守，乘间击斩其部长，寇乃引退。辛爱犯京东，禄以宣府副总兵入卫，与子游击锦并有却敌功。

贵由舍人从军，积功至都指挥佥事，充宣府游击将军。隆庆中，迁大同新平堡参将。冠大入，掠山阴、怀仁、应州。将吏并获罪，独贵与兄副将锦拒战有功，受赏。

万历初，再迁大同副总兵。十年冬，以都督佥事充宁夏总兵官。无何，徙镇大同。时诸部纳款久，扯力克袭封顺义王，奉中国益虔。贵频以安边劳蒙赐赍。

十九年为阅视少卿曾乾亨所劾，谪戍边。明年，宁夏哱拜反。廷议贵健将知兵，且多畜家丁，乃起戍中为副将，总兵讨贼。屡攻城不

克。其五月，哱拜以套寇五百骑围平虏堡，贵选精卒三百间道驰却
之。俄以总督魏学曾命抚著力兔、银定、宰僧于横城。啖以重利，皆
不应，贵乃还攻城。宁夏总兵董一奎攻其南，固原总兵李煦攻其西，
故总兵刘承嗣攻其北，牛秉忠攻其东，贵以游兵主策应。哱拜自北
门出战，将往勾套部，贵逐之入城，别遣将马孔英、麻承诏等击套寇
援兵，俘斩百二十人。拜初与套部深相结，诸部长称之为王。日坐
著力兔帐中，主筹画，至是不敢复出。俄朝命萧如薰代董一奎，尽将
诸道援兵，以贵为副。而李如松军亦至，攻益急。贼奉黄金、绣蟒于
卜失兔等，请急徇灵州，先据下马关，沮让道。卜失兔与庄秃赖果合
兵犯定边，而宰僧从花马池西沙湃入。贵迎击，挫宰僧于石沟。会
董一元捣土昧巢，诸部长俱解去。贼复乞援于著力兔，拥众大入。如
松率劲骑迎战张亮堡，自卯迄巳，敌锐甚。会贵及李如樟等兵至，夹
击之，寇乃却。逐北至贺兰山，获首级百二十余。持示贼，贼益恂惧。
无何城破，贼尽平。贵以功增秩，予荫。寻擢总兵官，镇守延绥。

二十二年七月，卜失兔纠诸部深入定边，营张春井。贵乘虚捣
其帐于套中，斩首二百五十有奇。还自宁塞，复邀其零骑。会寇留
内地久，转掠至下马关。宁夏总兵萧如薰不能御，总督叶梦熊急檄
贵赴援。督副将萧如兰等连战晒马台、薛家洼，斩首二百三十有奇，
获畜产万五千。帝为告庙宣捷，进署都督同知，予世荫。明年，卜失
兔复入塞，掠八日而还。顺义王扯力克约之纳款，不从，复拟大入。
贵勒兵万五千人：游击阎逢时等出红山为中军，参将师以律等出高
家堡、神木、孤山为左军，参将孙朝梁等出定边、安边、平山为右军，
而自以大军当一面。衔枚疾趋，逾塞六十里。寇莫知所防，大溃。俘
斩四百有奇，获马驼牛羊千五百。再进秩，予荫。寻以病归。

二十五年，日本封事败，起贵备倭总兵官，赴朝鲜。已，加提督，
尽统南北诸军。贵驰至王京，倭已入庆州，据闲山岛，围南原。守将
杨元遁，全州守将陈愚衷亦遁，倭乘势逼王京。贵别遣副将解生守
稷山，朝鲜亦令都体察使李元翼出忠清道遮贼锋。生颇有斩获功，
参将彭友德亦破贼青山。倭将行长退屯井邑，清正还庆州。经略邢

玠、经理杨镐先后至,分兵三协:左李如梅,右李芳春、解生,中高策。贵与镐督左右协兵专攻清正。策驻宜宁,东援两协,西扼行长。诸军至庆州,倭悉退屯蔚山,如梅诱败之。清正退保岛山,筑三寨自固。游击茅国器率死士拔其寨,斩馘六百五十,诸军遂进围其城。城新筑以石,坚甚,将士仰攻多死。围十日,倭袭败生兵。明年正月二日,行长来援,九将兵俱溃。贼张旗帜江上,镐大惧,仓皇撤师,以捷奏。既而败状闻,帝罢镐,责贵以功赎。与刘綎、陈璘、董一元分四路。贵居东,当清正,数战有功。会平秀吉死,官军益力攻。十一月,清正先遁,贵遂入岛山、西浦,诸路共俘斩二千二百有奇。明年三月,旋师。进右都督,予世荫。

三十八年命贵镇辽东。泰宁炒花素桀骜,九子各将兵,他部宰赛、暖兔又助之。边将畏战,但以增岁赏为事,寇益无所忌。明年,临边要赏,将士出不意击之,拔营遁,徙额力素居焉。其地忽天鸣地震,炒花惊惧,再徙渡老河,去边几四百里,其第三子色特晒之,南移可可毋林,伺隙入犯。贵伏兵败之,追北至白云山,斩馘三百四十有奇。色特愤,谋复仇。纠宰赛、以儿邓,皆不应。乃东纠卜言顾伯要儿,西纠哈剌汉乃蛮,合犯清河,皆溃。以儿邓等惧,代炒花求款,边境乃宁。明年,插汉虎墩兔以三万骑入掠穆家堡。御之败去。其夏,贵引病乞罢,诏乘传归。

贵果毅骁捷,善用兵,东西并著功伐。先后承特赐者七,锡世荫者六。及殁,予祭葬。称一时良将焉。

兄锦,少从父行阵,有战功。累官千总,协守大同右卫。千户魏昂者,坐罪亡入沙漠,引寇至城下,挟取妻子,锦伏甲擒之。俺答围城,数突围,城卒完。寻以杀人,并父夺官下吏。当事以塞上方用兵,而锦父子兄弟并敢战,曲法贷之。屡迁宣府游击将军。以勤王功,进秩一等,迁大同参将。隆庆初,进本镇副总兵,从赵岢出塞败寇兵,与弟贵并有保境功。俺答纳款,锦招塞外叛人归者甚众。万历五年擢山西总兵官。寻改镇宣府,卒。

　　锦子承勋,辽东副总兵,都督佥事,南京后府佥书。从子承恩,都督同知,宣府、延绥、大同总兵官。更历诸镇,以勇力闻。后起援辽东,屡退避,下狱当死。诏内马八百匹免罪,其家遂破。承诏,宁夏参将。从平哱拜有功。后为苍头所弑。承训,蓟镇副总兵。承宣,洮、岷副总兵。承宗,辽东副总兵。天启初,战死沙岭。

　　麻氏多将才。人以方铁岭李氏,曰"东李西麻"。

　　赞曰:自俺答款宣、大,蓟门设守固,而辽独被兵。成梁遂擅战功,至剖符受封,震耀一时,倘亦有天幸欤?麻贵宣力东西,勋阀可称。两家子弟多历要镇,是以时论以李、麻并列。然列戟拥麾,世传将种,而恇怯退避,隳其家声。语曰"将门有将",诸人得无愧乎!

明史卷二三九
列传第一二七

张臣 子承荫　孙应昌　全昌　德昌

董一元 王保　杜桐 弟松　子文焕

孙弘域　萧如薰　达云 尤继先

官秉忠　柴国柱　李怀信

　　张臣，榆林卫人。起行伍，为队长。骁捷精悍，博战好陷坚。从千总刘朋守黄甫川。朋遇寇丧马被围，臣单骑驰救，射中其魁，夺马载朋归，由此知名。旋代朋职，屡战跨马梁、李家沟、高家堡、田家梁、西红山，并有功，迁宣府膳房堡守备。寇尝大入，环攻堡，欲生得臣。臣召麾下酌水为酒。欢呼歌饮，寇莫测所为，不敢登。臣夜决围出，取他道以归。上官壮之，擢延绥入游击将军。

　　隆庆元年九月，土蛮大入昌黎、抚宁、乐亭、卢龙，游骑至滦河。诸将莫敢战，臣独勒兵赴之。辽帅王治道曰：“敌众我寡，往必无利。”臣不顾，率所部千人摄甲直驰。呼声震山谷，寇以数骑尝，奋前斩之。追至棒槌崖，斩首百十余级，坠崖死伤者无算。事宁，蓟镇诸将悉获罪，臣以功增秩二级。无何，寇潜入场子岭，参将吴昂被杀，命臣代之。寻进副总兵，领总督标下事，改守蓟镇西协。

　　万历初，录秋防功，进署都督佥事。炒蛮潜入古北口，参将范宗儒追至十八盘山，战殁，余众被围。臣急偕游击高廷礼等驰救，寇始去，坐镌一秩。五年春，以总兵官镇守宁夏。顺义王俺答报怨瓦剌，欲取道贺兰，臣不可，俺答恚，语不逊。臣夜决汉、唐二渠水，道不通，复陈兵赤木口，俺答乃从山后去。三岁互市，毋敢哗者。阅边给事中以苛礼责望，劾罢之。

十一年，小阿卜户犯黑峪关，守将陈文治以下俱逮系。诏起臣副总兵，驻守马兰峪。会朵颜长昂屡扰边，蓟镇总兵官杨四畏不能御，乃调四畏保定，而徙臣代之。长昂雅惮臣，使其从母土阿、妻东桂款关乞降，乃抚赏如初。猛可真者，俺答弟老把都弃妾也，坐与小阿卜户犯黑峪关，罢岁赏。既纳款，复猖獗，以谩词报边臣，而令大嬖只代为谢罪。大嬖只者，顺义王乞庆哈弃妾也。臣等测其诈，令将士出塞捕二十三人，系之狱，令还我被掠人。猛可真以所爱者五人在俘中，许献还所掠，亲叩关索故赏。臣等并召大嬖只入演武场，谯责甚厉。两妇叩头请死，乃贷之。先后献还八十余人，中有被拘数十年者。臣以功纪录优叙。寻进署都督同知，召金书左府事。出为陕西总兵官，镇守固原。

十八年春，移镇甘肃。火落赤犯洮、河，卜失兔将往助之，其母泣沮，不从，遂携妻女行，由永昌宋家庄穴墙入。臣逆战水泉三道沟，手格杀数人，夺其坐纛。卜先兔及其党炒胡儿并中流矢走，臣亦被创。将士斩级以百数，生获其爱女及牛马羊万八百有奇。卜失兔仰天大恸曰：“伤哉我女，悔不用母言，以至此也。”自是不敢归巢，与宰僧匿西海。已，属宰僧谢罪，其母及顺义王亦代为言，乃还其女，而使归套。臣以功进秩为真。

时诸部长桀骜甚，经略郑洛专主款。臣以为不足恃，上书陈八难、五要。大略云：边薄兵寡，饷绌寇骄，诸部顺逆难明，宜复额兵，严勾卒，足粮饷，分敌势，明赏罚。且以创重乞归，帝不许。后二年，谢病去。臣更历四镇，名著塞垣，为一时良将。

子承荫，由父荫积功至延绥副总兵。勇而有谋，尤精骑射，数鏖战未尝挫衄。万历三十七年代王威为延绥总兵官。沙计及猛克什力数犯边。是年冬，复犯波罗、神木。承荫邀却之，追斩八十余人。沙计欲修贡，守臣恶其反覆，拒之，益徙近边，以数千骑犯双山堡。承荫击走之，俘斩百二十有奇。四十年，沙计复入塞。承荫遮击之向水，斩首百七十余级。积前功，进署都督同知，世荫本卫副千户。是岁，辽东总兵官麻贵罢，敕承荫驰代之。蟒金诸部近宁前，守将祖天寿间出猎，被围曹庄，将士死者二百三十人，被掠者六百余人，天寿以数骑免。事闻，论死。承荫初抵任，获免。敖克等犯中后所，拒斩其二长，余走出塞。时虎墩兔、炒花、暖兔、宰赛逼处辽境，无岁不犯边。承荫未至时，虎墩兔以三万骑犯穆家堡，参将郎名忠等遏斩其四十余骑。及再举，守将梁汝贵袭破其营。已而乃蛮诸部连犯中后所、连山驿，副总兵李继功等力战，殪其魁，徐引去。自是虎墩兔所属贵英哈等三十余部悉奉约束，辽西得少安。承荫旋以病去。甫岁余，起守蓟镇。未至，复改镇辽东。

　　四十六年四月，我太祖高皇帝起兵，拔抚顺，巡抚李维翰趣承荫赴援。承荫急率副将颇廷相、参将浦世芳、游击梁汝贵等诸营并发，次抚顺。承荫据山险，分军三，立营浚濠，布列火器。甫交锋，大清兵蹴之，大溃。承荫、世芳皆战死。廷相、汝贵已溃围出，见失主将，亦陷阵死。将士死者万人，生还者十无一二，举朝震骇。既而抚安、三岔儿、白家冲三堡连失，诏逮维翰，赠承荫少保，左都督，立祠曰精忠，世荫指挥佥事。廷相以下，赠荫有差。

　　承荫子应昌、全昌、德昌。应昌嗣祖臣职，当为指挥佥事。以父阵亡，增三秩为都司佥书，经略杨镐用为左翼游击。四路出师，使从李如柏。天启元年，迁大同井坪参将，调延绥。二年秋，河套入犯，不能御，免归。督师孙承宗召置麾下，命驻锦州。承宗去，高第尽撤松、锦守具，应昌亦归。

　　崇祯二年，总督杨鹤檄应昌署定边镇将事。河套入寇，击斩百二十余级，擢昌平副总兵，鹤遂荐应昌以副将镇定边。四年春，神一元陷保安，应昌偕左光先破斩一元。其弟一魁代领其众，围庆阳。应昌及杜文焕趋战，围始解。不沾泥围米脂，应昌偕王承恩击走之。杨鹤抚一魁，处之宁塞，而杀其党茹成名。贼党张孟金、黄友才惧，挟一魁以叛。延绥巡抚张福臻令应昌及马科击之，斩首千七百余级。友才走，一魁守不下。其冬，洪承畴代鹤，命参政戴君恩、总兵曹文诏同应昌讨之。数败贼，贼弃城走。文诏偕应昌击败之驸马沟。明年春，应昌擒友才。混天猴陷宜君、鄜州，袭靖边，应昌追败之，射伤贼将白广恩。八月，山西总兵官马士麟病免，擢应昌都督佥事代之。言者谓宁武卒善逃，宜令应昌率所部三千人以从，报可。王之臣陷临县。其地倚黄云山，榆林河水出焉，入于黄河。城三面峭壁，西阻水。巡抚许鼎臣、总督张宗衡督兵攻。贼与土寇田福、田科等相倚，久不拔。会王自用陷辽州，逼会城。鼎臣还，专以恢复责应昌。六年春，贼约福劫官军，抚标中军陈国威因伪称之臣往逆，斩福头悬城下，急击，贼始降。

　　应昌在关中，威名甚著。及是选懦逗挠，务与贼相避。总督宗衡五檄之不赴，奏诸朝，限应昌与文诏三月平贼。应昌避贼不击，杀良民冒功，为巡按御史李嵩、兵科祝世美所劾。帝乃遣近侍为应昌内中军。七月，部卒溃鸣谦驿。监视中官刘允中劾其避贼，帝犹贷之，令会剿畿南贼。久之，击贼平山，伪报首功，连为允中及巡按御史冯明玠、真定巡抚周堪赓所劾，帝令图功自赎。七年春，追贼灵宝，稍有功。已，击贼均州五岭山，败绩。身中一矢，退还河南。其弟全昌为宣府总兵官。宣府有警，令应昌援，又无功，命解职候勘。

　　八年，洪承畴出师河南，令率私家士马以从。三月抵信阳。会贼大入秦，承畴命应昌及邓玘、尤翟文防汉江南北。玘死，承畴以贼必由凤县栈道直入略阳，改命应昌、翟文自郧阳转赴兴安、汉中，以会左光先、赵光远诸军。至六月，艾万年、曹文诏相继战殁，贼尽趋西安，承畴急檄应昌及光先还救。八月，李自成陷咸阳。越二日，应昌、光先兵至，击斩四百四十余级，获军师一人。及全昌兵败陷贼，其溃卒归关中，掠沿河州县。山西巡抚吴甡请令应昌收置麾下，应昌已得疾，不能军。无何卒。

全昌由荫叙,历官灵州参将。崇祯四年与同官赵大胤击点灯子于中部,已,连战郃阳、韩城,首功多。巡抚练国事请加二将副将衔。大胤驻耀州、富平间,扼贼西路;全昌驻韩城、郃阳间,扼贼东路。五年七月代应昌为定边副总兵。曹文诏追贼陇州、平、凤界,全昌及马科率千人应之,殄灭殆尽。

明年五月擢署都督佥事,充总兵官,镇守宣府。应昌方镇山西,兄弟接壤为大帅。明年七月,大清兵西征插汉,旋师入其境。攻围龙门、新城、赤城,克保安州,薄镇城,全昌婴城固守。已而大清兵西行,全昌进兵应州。帝以其孤军,敕吴襄、尤世威赴援,不应。全昌至浑源,以捷闻,还军葛峪、羊房口。襄等复不援。八月,大清兵再入其境。闰八月四日克万全右卫,他城堡多失守。既解严,兄应昌以罪解职,命全昌并将其军。兵科常自裕言文臣张宗衡等重论,而武臣轻贷,非法。于是全昌与文诏并戍边。用山西巡抚吴甡请,命全昌、文诏为援剿总兵官,与猛如虎等破高加计。

八年春,会洪承畴于汝宁,击败汝州贼。俄西入关,与祖大弼败贼泾阳。未几,败贼醴泉。五月与贺人龙败老回回于秦王岭。寻解凤翔围,走贼秦州,败之张家川。已而都司田应龙、张应龙战死,艾万年、曹文诏相继殁,官军益衰,贼尽趋西安。承畴急檄全昌及曹变蛟先赴渭、华格其前,亲督军尾其后,却贼红乡沟,贼乃南入商、洛。承畴又命全昌及赵光远提兵三千截潼关大峪口,部卒大哗,阑入荥泽,劫库杀人。河南巡抚元默请急援卢氏,不听。光远擅归关中,全昌迤逦至颍州。九月中,追蝎子块于沈丘瓦店,战败被执,贼挟之攻蕲、黄。全昌因代贼求抚,总理卢象升不许,责全昌丧师辱国,曰“贼果欲降,可灭其党示信”。贼不听命。久之,全昌脱归,谒象升阳和。象升令募兵山、陕。寻荐之朝,令赴军前立功,帝不许。十年四月,以杨嗣昌言逮付法司,谪戍边卫。

德昌,崇祯初为清水营守备。三年夏,剿王嘉胤被伤,坐夺官。

久之，起历保定参将，连破土寇仁义王。十四年春，总督杨文岳命从虎大威以五千人援开封，不敢进。其冬，擢保定副总兵，仍从文岳，数有功。十六年卒。赠特进荣禄大夫，左都督。

　　董一元，宣府前卫人。父旸，嘉靖中为宣府游击将军。俺答犯滴水崖，力战死。赠官锡荫，春秋世祀。兄一奎，都督佥事。历镇山西、延绥、宁夏三边，以勇敢著。

　　一元勇如兄，而智略过之。嘉靖时，历蓟镇游击将军。土蛮、黑石炭等以万余骑犯一片石，总兵官胡镇御之，一元功最，超俸三级，迁石门寨参将。隆庆初，破敌棒槌崖，功复最。再进二级，迁副总兵，驻防古北口。移守宣府。

　　万历十一年以都督佥事为昌平总兵官，寻徙宣府。十五年徙蓟州。久之，劾罢。郑洛经略洮河，命一元练兵西宁。火落赤入犯，一元击之西川，多所斩获。寻以副总兵协守宁夏，擢延绥总兵官。哱拜之乱，套中诸部长悉助之。一元乘其西掠，轻骑捣土昧巢，获首功百三十，驱其畜产而还，寇内顾引去。进署都督同知，入为中府佥事。

　　辽东自李成梁后，代以杨绍勋，一岁三失事。尤继先继之，半岁病去。廷议择帅，乃以命一元。泰宁速把亥为官军所杀，其次子把兔儿常欲复仇。从父炒花及姑婿花大助之，势益强。西部卜言台周，故插汉土蛮子也，部众十余万，与把兔儿东西相倚，数侵边。至是卜言合一克灰正、脑毛大诸部，声犯广宁。而把兔儿以炒花、花大、暖兔、伯言儿之众营旧辽阳，将入掠镇武、锦、义。一元与巡抚李化龙策曰："卜言虽众，然去边远，我特患把兔儿及炒花耳。今其众不过万骑，破之则西部将不战走。"乃遣副将孙守廉驰右屯御西部，而亲将大军匿镇武外，为空营待之。寇骑驰入营，大笑，以为怯，乃深入。官军忽从中起，奋呼陷阵，自午至酉。寇大奔，逐北七十余里，至白沙堝。俘斩五百四十有奇，获马驼二千计。伯言儿中矢死，把兔儿亦伤，余众终夜驰，天明驻马环哭。其明日，卜言台周入右屯，攻五日夜。守廉等固守，乃引去。时二十二年十月也。捷闻，帝大喜，祭告郊庙，宣捷行赏，进一元左都督，加太子太保，荫本卫世指挥使。兵部尚书石星以下亦进秩有差。

伯言儿最慓悍，诸部倚以为强。尝诱杀庆云守备王凤翔，坐革岁赏。至是被歼，诸部为夺气，其部下遂纳款。把兔儿、炒花及卜言台周、瓜兔儿、歹青复临边驻牧，期以明年正月略辽、沈东西。一元虑岁晏不备，为寇所乘，乃先西巡以遏其锋。化龙亦留弱卒广宁，数西发以疑寇。一元提健卒，踏冰渡河，监军杨镐与之俱。度墨山，天大雪，将士气益奋。行四百里，三日夜乃抵其巢。斩首百二十级，获牛马甲仗无算，全师而还。把兔儿以镇武创重，叹曰："我竟不获报父仇乎？"未几死，其众散乱，诸部悉远遁。一元以功进世荫二秩。久之，以病归，命王保代。

朝鲜再用师，诏一元隶总督邢玠麾下，参赞军事。寻代李如梅为御倭总兵官。时兵分四路。一元由中路，御石曼子于泗州，先拔晋州，下望晋，乘胜济江，连毁永春、昆阳二寨。贼退保泗州老营，攻下之，游击卢得功阵殁。前逼新寨。寨三面临江，一面通陆，引海为濠，海艘泊寨下千计，筑金海、固城为左右翼。一元分马步夹攻。步兵游击彭信古用大楛击寨，碎其数处。众军进逼贼濠，毁其栅。忽营中炮裂，烟焰涨天。贼乘势冲击，固城援贼亦至。骑兵诸将先奔，一元亦还晋州。事闻，诏斩游击马呈文、郝三聘，落信古等职，充为事官；一元亦夺官保，贬秩三等。会关白死，倭遁走。石曼子为陈璘所歼，一元得还故秩，赏银币。久之卒。一元历镇冲边，并著劳绩。与麻贵、张臣、杜桐、达云为边将选云。

王保，榆林卫人。骁勇绝伦，起行伍，积功为延绥参将。万历十六年迁延绥、定边副总兵。十九年冬，擢署都督佥事，充昌平总兵官，寻改山西。蓟镇总兵官张邦奇被劾，命保与易任。自嘉靖庚戌后，蓟镇重于他镇。穆宗有诏，获大小部长者破格酬，他镇不得比。迨俺答款塞，宣、大、山西三镇烽烟寂然。陕西四镇以火落赤败盟，

始复用兵，然寇弱易御。独泰宁、插汉诸部时时犯辽东。而蓟门密
迩王畿，与辽帅俱慎选。以保有威望，用之。朵颜长昂当张臣镇蓟
时纳款。居五六年，复连寇石门路、木马峪、花场谷，遂罢其市赏。后
偕银灯寇山海关。已，又驰喜峰口要赏。邦奇佯许增市，诱杀其通
事二十五人。长昂益怒，犯大青山。顷之，遣其党小郎儿等潜伏喜
峰口，射杀侦卒。会保已至，遂擒之。长昂每资小郎儿筹策，惧而谢
罪，献还被掠人畜，保乃释还小郎儿。长昂补五贡，边吏始补二赏，
互市如初。御史陈遇文援穆宗诏以请，进保署督同知，副将张守愚
以下皆进秩。

　　蓟三协南营兵，戚继光所募也，调攻朝鲜，撤还，道石门，鼓噪，
挟增月饷。保诱令赴演武场，击之，杀数百人，以反闻。给事中戴士
衡、御史汪以时言南兵未尝反，保纵意击杀，请遣官按问。巡关御史
马文卿庇保，言南兵大逆有十，尚书石星附会之，遂以定变功进保
秩为真，荫子。督抚孙矿、李颐等亦进官受赐，时论尤之。

　　二十三年冬，顺义王扯力克弟赶兔率三军犯白马关及东西台，
为守备徐光启，副将李芳春、戴延春所却。明年秋，复偕部长倒布犯
黑谷顶，败而去。保度其再至，分营开连口及横河儿。寇果驰横河。
官军夜半疾抵石塘岭，袭其营。寇大惊溃，乘势追出塞。其冬，复犯
罗文峪，败去。诏代一元镇辽东。朝鲜再用师，敕保防海，卒于海州。
赠左都督。

　　子学书，宣府总兵官。学诗、学礼并副总兵。学书既里居，守榆
林城，拒李自成，不屈死。

　　杜桐，字来仪，昆山人，徙延安卫。万历初，由世荫累官清水营
守备，以谋勇著。迁延绥入卫游击将军，改古北口参将。用总督梁
梦龙荐，擢延绥副总兵。十四年就拜署都督佥事，充总兵官。

　　时卜失兔以都督同知为套中主，威令不行，其下各雄长，志常
叵测。朔漠素无痘症，自嘉靖庚戌深入石州，染此症，犯者辄死。打
儿汉者，卜失兔祖吉能部落也，数将命奉贡，累官指挥同知。一日，

互市还，与其侪秃退台吉等俱染痘死。秃退子阿计疑边吏鸩其父，思乱。及卜失兔西助火落赤共扰河西，诸部遂蠢动。十九年冬，打儿汉子土昧与他部明安互市讫，复临边要赏，声犯内地。桐与巡抚贾仁元计先出兵袭之。乃令参将张刚自神木，游击李绍祖自孤山，桐率轻骑自榆林，三道并出。遇寇力战，大破之，斩首四百七十余级，馘明安而还。延绥自吉能纳款，塞上息肩二十年，自此兵端复开。明安子摆言太日思报复，寇钞无已时矣。桐先被劾罢，以是役功，超授右都督金书后府。

二十一年以总兵官镇保定。二十四年徙延绥。明年再徙镇宁夏。著力兔、宰僧入犯，逆战水塘沟，俘斩百二十。寇益纠诸部连犯平虏、兴武，桐督诸将马孔英、邓凤、萧如蕙等连破之，斩首二百余级。而延绥将士亦数捣巢，诸部长惧，乞款，词甚哀。三十年，二镇抚臣孙维城、黄嘉善协谋抚之，乃复贡市。论功，文臣自内阁以下悉进官。桐以先去职，但赉银币，许复用而已。久之，卒于家。桐自偏裨至大帅，积首功一千八百，时服其勇。

弟松，字来清。有胆智，勇健绝伦。由舍人从军，累功为宁夏守备。万历二十二年，卜失兔掠张春井，大入下马关。松偕游击史见、李经以二千余骑邀击马莲井，小胜，误入伏中，见战死，松、经皆重伤，士卒死过半。麻贵援军至，松复裹创力战，寇始败走。时松已进游击将军，论功迁延绥参将。贵大举捣巢，松以右军出清平塞，多所斩获，进副总兵。寻以本官改宁夏东路。松为净廉，尚气不能容物。尝因小忿剃发为僧，部议听其归。寻起孤山副总兵。三十三年擢署都督金事，代李如樟镇延绥。明年，套寇犯安边、怀远，松大破之，改镇蓟州。

三十六年夏，代李成梁镇辽东。十二月败敌连山驿。赖晕歹者，朵颜长昂子也，狡黠为边患。与从父蟒金潜入蓟镇河流口，大掠去。复结黄台吉谋犯喜峰口。松受总督王象乾指，潜捣黄台吉帐，以牵蓟寇。乃从宁远中左所夜驰至哈流兔，掩杀拱兔部落百四十余级。

以大捷闻，邀重赏。副使马拯谓拱兔内属，不当剿，彼且复仇，与松相讦。松忿，邀赏愈急，诏予之。拱兔果以无罪见剿怒，小歹青又数激之，乃以五千骑攻陷大胜堡，执守将耿尚仁支解之。深入小凌河，肆焚掠。游击于守志遇于山口，大败，死千余人，守志亦重创。松驻大凌河，不敢救。辽人多咎松，朝议谓松前仅抵锦州边十里，未尝出塞，所杀乃保塞部落，悉缚杀之，非阵斩。松愈忿，言抚按诸臣附会马拯，害其奇功。自提兵出塞，将捣巢以雪前耻，而所得止五级，士马多陷大凌河。松益惭愤，数欲自经，尽焚其铠胄器仗，置一切疆事弗问。兵部以闻，乃勒松归里，而以王威代之。

　　松既废，时多惜其勇，然恶其偾事，无推谷之者。至四十三年，河套寇大入，令松以轻骑捣火落赤营。获首功二百有奇，复叙用。逾二年，蓟、辽多事，特设总兵官镇山海关，以松任之。四十六年，张承荫战殁，诏松驰援辽阳。明年二月，杨镐议四路出师。以抚顺最冲，令松以六万兵当之，故总兵赵梦麟、保定总兵王宣为佐。期三月二日抵二道关，会李如柏等并进。松勇而无谋，刚愎使气。二十九日夜，出抚顺关，日驰百余里，抵浑河。半渡，河流急，不能尽渡。松醉趣之，将士多溺河中。松遂以前锋进，连克二小寨，松喜。三月朔乘势趋撒尔湖谷口。时大清方筑城界凡山上，役夫万五千，以精骑四百护之。闻松军至，精骑则尽伏谷口以待。松军过将半，伏兵尾击之，追至界凡渡口，与筑城夫合据山旁吉林崖。明日，松引大军围崖，别遣将营撒尔湖山上。松军攻崖，方战，大清益千人助之，已又续遣二旗兵趋界凡以为援，而遣六旗兵攻松别将于撒尔湖山。明日，六旗兵大战，破撒尔湖山军，死者相枕藉。所遣助吉林崖者，自山驰下击松军，二旗兵亦直前夹击，松兵大败，松与梦麟、宣皆殁于阵。横书尸亘山野，流血成渠。大清兵逐北二十里，至勺琴山而还。时车营五百尚阻浑河，而松已败。顷之，马林、刘綎两军亦败，独李如柏一军遁还。事闻，朝议多咎松轻进。天启初，赠少保左都督，世荫千户，立祠赐祭。宣亦赠官，立祠，世荫指挥佥事。宣，榆林人。梦麟，见父《岢传》。

桐子文焕,字弢武。由荫叙,历延绥游击将军,累进参将、副总兵。四十三年擢都督佥事、宁夏总兵官。延绥被寇,文焕赴救,大破之。明年遂代官秉忠镇延绥。屡败寇安边、保宁,长乐,斩首三百有奇。西路火落赤、卜言太惧,相率降。沙计数盗边,为文焕所败,遂纳款。既而复与吉能、明爱合,驻高家、柏林边,要封王、补赏十事。文焕袭其营,斩首百五十。火落赤诸部落攒刀立誓,献罚九九。九九者,部落中罚驼马牛羊数也。已,沙计又伏兵沙沟,诱杀都指挥王国安,纠猛克什力犯双山堡,复犯波罗。文焕击破之,追奔二十余里。当是时,套寇号十万。然其众分四二十枝,多者二三千,少不及千骑,屡不得志。沙计乃与吉能、明爱、猛克什力相继纳款,延绥遂少事。文焕寻以疾归。

天启元年再镇延绥。诏文焕援辽,文焕乃遣兵出河套,捣巢以致寇。诸部大恨,深入固原、庆阳,围延安,扬言必缚文焕,掠十余日始去。命解职候勘。奢崇明围成都,总督张我续请令文焕赴救。至则围已解,偕诸军复重庆。崇明遁永宁,文焕顿不进。寻擢总理,尽统川、贵、湖广军。度不能制贼,谢病去。坐延绥失事罪,戍边。七年起镇宁夏。宁、锦告警,诏文焕驰援,俄令分镇宁远。进右都督,调守关门。寻引疾去。

崇祯元年录重庆功,荫指挥佥事。三年,陕西群盗起,五镇总兵并以勤王行。总督杨鹤请令文焕署延镇事,兼督固原军。数败贼,贼亦日益多。会山西总兵王国梁击王嘉胤于河曲,大败,贼入据其城。部议设一大将,兼统山、陕军协讨。乃令文焕为提督,偕曹文诏驰至河曲,绝让道以困之。神一元陷宁塞,文焕家破。遂留文诏,令文焕西还。四年,御史吴牲劾其杀延川难民冒功,给事中张承诏复劾之,下狱褫职。十五年用总督杨文岳荐,以故官讨贼。无功,复谢病归。

子弘域,天启初历延绥副总兵。七年夏,文焕援辽,即擢总兵

官,代镇宁夏。积资至右都督。崇祯中,提督池河、浦口二营练兵,
遏贼南渡,颇有功。十三年移镇浙江。寻谢病去。国变后,文焕父
子归原籍昆山,卒。

萧如薰,字季馨,延安卫人。万历中,由世荫百户历官宁夏参
将,守平虏城。

二十年春,哱拜、刘东旸据宁夏镇城反,遣其党四出略地。拜子
承恩徇玉泉营,游击傅桓拒守,为其下所执。贼已徇中卫及广武,参
将熊国臣等弃城奔,列城皆风靡。贼党土文秀徇平虏,独如薰坚守
不下。如薰妻杨氏,故尚书兆女也,贤而有智,赞夫死守,日具牛酒
犒士。拜养子云最骁勇,引河套著力兔急攻。如薰伏兵南关,佯败,
诱贼入,射云死,余众败去。又袭著力兔营,获人畜甚多。著力兔愤,
复来攻,为麻贵所却,城获全。初,帝闻如薰孤城抗贼,大喜,厚赉银
币,擢官副总兵。六月遂以都督佥事为宁夏总兵官,尽统延绥、甘
肃、固原诸援军。其秋竟与李如松等共平贼,再进署都督同知,荫锦
衣世指挥佥事;妻杨氏亦被旌。

二十二年八月,卜失兔西犯定边,阑入固原塞,副将姜直不能
御,遂由沙梁颓墙入,直抵下马关,纵横内地几一月。如薰免官,直
下吏。寻复以总兵官镇守固原。套寇入犯,击却之。青海寇纠番族
犯洮、岷,如薰及临洮总兵孙仁御之,擒斩三百四十有奇,抚叛五千
人,获驼马甲仗无算。再镇宁夏。银定、歹成数入犯,辄挫衄去。徙
镇蓟州。久之,罢归。再起故官,镇延绥。

天启初,廷议京军不足用,召边将分营训练。如薰典神机营。陛
见,帝赐食加奖劳焉。明年出镇徐州。俄召还京,复以总兵官镇守
保定。五年夏,魏忠贤党劾其与李三才联姻,遂夺职。崇祯初卒,赐
恤如制。

如薰为将持重。更历七镇,所在见称。自隆庆后,款市既成,烽
燧少警,辇下视镇帅为外府。山人杂流,乞朝士尺牍往者,无不餍所
欲。蓟镇戚继光有能诗名,尤好延文士,倾资结纳,取足军府。如薰

亦能诗,士趋之若鹜,宾座常满。妻杨氏、继妻南氏皆贵家女,至脱簪珥供客犹不给。军中患苦之,如薰莫能却也。一时风会所尚,诸边物力为耗,识者叹焉。

如薰祖汉,凉州副总兵、都督佥事。父文奎,京营副将、都督同知。兄如兰,陕西副总兵、都督佥事,前府佥书;如蕙,宁夏总兵官、都督同知;如芷,提督南京教场、都督佥事。

达云,凉州卫人。勇悍饶智略。万历中,嗣世职指挥佥事。擢守备,进肃州游击将军。炒胡儿入犯,偕参将杨浚击败之,迁西宁参将。

永邵卜者,顺义王俺答从子也,部众强盛。先尝授都督同知,再进龙虎将军。自以贡市在宣府,守臣遇己厚,不可遽,乃随俺答西迎活佛,留据青海,与瓦剌他卜囊岁为西宁患。尝诱杀副将李魁。边臣不能报,益有轻中国心。二十三年九月九日度将士必燕饮,拥劲骑直入南川。属番侦告,云设兵要害,令番人绕出朵尔碤口外,潜扼其背,而己提精卒二千与战。方合,伏忽起,寇首尾不相顾,番人夹击,大败之。云手馘其帅一人,斩首六百八十余级。其走峡外者,又为番人所歼。获驼马戎器无算。为西陲战功第一。所馘把都尔哈,即前杀李魁者,其地即魁阵亡处,时又皆九月也。先是,副将李联芳为寇所杀,总兵尤继先生获其仇。边人以此二事为快。

云既胜,度寇必复至,厚集以待。逾月,寇果连真相、火落赤诸部,先围番剌卜尔寨以诱官军。番不能支,合于寇,寇遂逼西川。云督诸军营康缠沟,寇悉众围之,矢石如雨。云左右冲击,自辰至申,战数十合。寇死伤无算,乃以长枪钩杆专犯西宁军。西宁军坚不可破,寇始遁,追奔数十里还。捷闻,帝大喜,遣官告郊庙,宣捷。大学士赵志皋以下悉进官。云擢都督同知,荫本卫世指挥使。寇岁掠诸番,番不敌则折而入寇。及寇败远徙,云急招番,复业者七千余户。永邵卜连犯明沙、上谷,云并击走之。初,南川奏捷,云已进副总兵,至是命以总兵官镇守延绥。未几,镇甘肃。二十六年,永邵卜复犯西宁，参将赵希云等阵殁，云坐停俸。

甘、宁间有松山，宾兔、阿赤兔、宰僧、著力兔等居之，屡为两镇患。巡抚田乐决策恢复。云偕副将甘州马应龙、凉州姜河、永昌王铁块等分道袭之。寇远窜，尽拔其巢，攘地五百里。云以功进右都督，荫世指挥佥事。无何，青海寇纠众分犯河西，五道俱有备，献首功百七十有奇。松山既复，为筑边垣，分屯置戍。录功进左都督。寇恋其故巢，乘官军撤防时潜兵入犯，云据险邀击之。寇大败，斩首百六十。加云太子少保。寇益纠其党犯镇番，云及诸将葛赖等大破之，斩首三百七十余级。帝为告庙，行赏，进云世荫二秩。寇复入犯，云破走之。

吴时，寇失松山，走据贺兰山。后连青海诸部寇钞不已，银定、歹成尤桀骜。三十三年连营犯镇番。云遣副将柴国柱击之，寇大败去。未几，青海寇复大入，将士将道遮击，生擒其长沙赖，余败奔。三十五年叙功，云增勋荫。是年，松山、青海二寇复连兵犯凉州，云逆战红崖，大获，斩首百三十有奇。

云为将，先登陷阵，所至未尝挫衄，名震西陲，为一时边将之冠。以秋防卒于军。赠太子太保。子奇勋，万历末为昌平总兵官。

尤继先，榆林卫人。万历中，积功为大同副总兵。十八年，火落赤、真相犯洮河，副总兵李联芳等战死。诏进署都督佥事，充总兵官，代刘承嗣镇守固原。寇据莽剌、捏工二川，日蚕食番族，且扰西宁。闻官军大集，卜失兔又败于水泉，乃乘冰坚渡黄河北走，留其党可卜列、宗塔儿等五百余人牧莽剌川南山。南山即石门大山口，走乌思藏门户也。属番来告，继先乃令番以八百人前导，与故总兵承嗣，游击原进学、吴显等疾驰七百里，直抵南山。奋击，大破之，斩首百五十有奇，生获十二人。而拜巴尔的者，可卜列从子，前杀联芳，至是被擒。师旋，寇尾至撒川。见有备，乃夜走。他寇犯镇羌、西宁、石羊亦俱败。火落赤遂徙帐西海。录功，进秩为真，增世荫一秩。寻以病归。起金中军府事。

二十一年冬为辽东总兵官。炒花二千骑入韩家路，继先督诸军奋击，寇乃去。再引疾归。二十四年起镇蓟州。自戚继光镇守十年，诸部虽叛服不常，然边警颇稀。寇尝一入青山口，辄败去。最后，长昂导班、白二部长入犯，道石门，阚山海关，京东民尽逃入通州。继先出关，寇已纵掠宁前去。总督蹇达怒继先不追击，而继先方收召降丁八百人，欲倚为用。达乃疏言番情难驭，恐遗后忧，请调继先别镇，俾降丁随往。部议以延绥杜松与易任，巡抚刘四科争之。达复疏方："守边在自强，继先独言惟藉降丁。去岁出关，何竟不得降丁力？羽书狎至，边隘虚实久为所窥。呼吸变生，安所措手！"兵科宋一韩等力主达议，且劾继先他事。继先遂罢，卒于家。

继先眇一目，习兵敢战，时称"独目将军"。

官秉忠，榆林卫人。万历中起世荫，历官固原参将，擢宁夏、甘肃副总兵。尝与主将达云大破寇于红崖，银定、歹成屡被挫去。移守蓟镇东协，积功加署都督同知。

四十年五月擢总兵官，代张承荫镇延绥。套寇犯保宁，秉忠督参将杜文焕等败之白土涧。一日再捷，俘斩二百五十，馘其长十二人。无何，旗牌撒勒犯长乐，秉忠将轻骑追袭之，大获。猛克什力犯保宁，秉忠又破之。已而猛克挟赏不获，再寇保宁及怀远，秉忠随所向以劲骑遮击，先后斩首二百二十有奇。猛克及旗牌复以千余骑犯波罗，遥见保宁军，遂遁出塞。

吉能者，卜失兔子，为套中之主，士马雄诸部。见卜失兔袭顺义王，补其五年市赏，遂挟求封王，且还八年市赏。边臣不许。则大怨。会他部铁雷以痘疮死，妄言边吏毒杀之。而沙计盗边，又被岨去。吉能遂合套中诸部，大举入寇。东道高家、大柏油、神木、柏林，中道波罗，西道砖井、宁塞诸城堡尽被蹂躏。副将孙洪谟御之大柏油，中伏被围。游击万化孚等不救，士卒死伤过半，洪谟遂降。秉忠闻寇入，急遣游击张榜潜劫其营，又败，死四百余人。会故帅杜松、宁夏帅杜文焕援军至，并破敌，而秉忠所部亦有斩获，寇始退。然犹驻塞下，时钞掠。秉忠亦屡出袭击，多获首功，竟以前负被劾去官。方候代，沙计谋从双山、建安入犯，秉忠设伏待之。遂大败去，斩其首二百有奇。

四十六年与刘綎、柴国柱等同被召，令金书前府，寻赴援辽东。杨镐之四路出师也，令秉忠防守镇城。无何，辞疾归。久之卒。子抚民，亦为宁夏总兵官。

柴国柱，西宁卫人。万历中，由世荫历西宁守备。骁猛善射。从参将达云击寇南川，勇冠军。录功，进都指挥佥事。寇盗边，辄为国柱所挫。屡进凉川副总兵。

松山既复，方建堡置堠，寇数来扰，国柱频击却之。银定、歹成连兵寇镇番，国柱驰救，斩首二百有奇，获马驼甲仗无算。青海寇大掠镇羌、黑古城诸堡，守备杨国珍不能御，国柱急率游击王允中等击走之。银定、歹成复犯河西，国柱邀击，获首功百二十。擢署都督佥事，陕西总兵官。

三十六年春，改镇甘肃。银定、歹成屡不得志，益寇钞永昌。国柱驰与大战，败之，追至麻山湖，斩首百六十有奇。其部落复入寇，守备郑崇雅等战殁，国柱坐夺俸一年。河套、松山诸部长合兵入寇，国柱檄诸将分道击，复斩首百六十。屡加右都督，世荫指挥佥事。久之，罢官。

四十六年夏，召金书都督府事。无何，代杜松镇山海关。松败殁，虎墩兔乘机犯边，国柱等力遏之。寻移镇沈阳。谢病归。天启初，追录边功，加左都督。卒，赐恤如制。

李怀信，大同人。由世荫历都指挥佥事，掌山西都司。廉勤，数被推荐。万历中，迁延绥中路参将，进定边副总兵。卜失兔、火落赤、铁雷、摆言太等岁扰边。定边居延绥西，被患尤棘。怀信勇敢有谋，寇入辄败。其先后镇帅杜松、王威、张承荫、官秉忠又皆一时选，故边患虽剧，而士气不衰。

　　四十三年擢甘肃总兵官，延人为立生祠。松山寇入掠芦沟墩诸处，怀信邀击，大败之。斩首三百有奇，获驼马甲仗无算。已，复分三道犯镇番诸堡，怀信亦分遏之。寇引还，将士尾其后，获首功百九十有奇。自后寇入多失利去，威名著河西。先是，陕西止设四镇，自西宁多警，增设临洮总兵官，遂为五镇。然惟甘、延最当敌冲，故择帅常慎。而甘肃北有松山，南临青海，诸部落环居其外，尤难御。怀信在镇，边人恃以无恐。

　　四十七年，辽东急，诏充援剿总兵官，驰赴辽东。时熊廷弼为经略，令怀信偕柴国柱、贺世贤以四万人守沈阳。暖兔、炒花谋入犯，廷弼急移怀信戍首山，寇不敢入。俄泛嫠有警，檄怀信御却之。辽事益急，诸老将多引避。廷弼复负气凌诸将，怀信不能堪，亦坚卧引疾去。天启二年起镇大同。明年罢。已，追录边功，进左都督。久之，卒于家。

　　赞曰：张臣诸人，勇略自奋，著效边陲，均一时良将选也。董一元白沙埚、墨山之捷，奇伟不下王越。至承荫与松，以将门子捐躯报国，视世所称"东李西麻"者，相去何等也。

明史卷二四〇
列传第一二八

叶向高　刘一燝 _{兄一焜　一煜}
韩爌　朱国祚 _{朱国桢}　何宗彦
孙如游 _{孙嘉绩}

　　叶向高，字进卿，福清人。父朝荣，养利知州。向高甫娠，母避倭难，生道旁败厕中。数濒死，辄有神相之。举万历十一年进士，授庶吉士，进编修。迁南京国子司业，改左中允，仍视司业事。

　　二十六年召为左庶子，充皇长子侍班官。矿税横行，向高上疏，引东汉西邸聚钱事为鉴，不报。寻擢南京礼部右侍郎。久之，改吏部。再陈矿税之害，又请罢辽东税监高淮，语皆切至。妖书狱兴，移书沈一贯力谏。一贯不悦，以故滞南京九年。

　　后一贯罢，沈鲤亦去，朱赓独当国。帝命增阁臣。三十五年五月擢向高礼部尚书兼东阁大学士，与王锡爵、于慎行、李廷机并命。十一月，向高入朝，慎行已先卒，锡爵坚辞不出。明年，首辅赓亦卒，次辅廷机以人言久杜门，向高遂独相。

　　当是时，帝在位日久，倦勤，朝事多废弛，大僚或空署，士大夫推择迁转之命往往不下，上下乖隔甚。廷臣部党势渐成，而中官榷税、开矿，大为民害。帝又宠郑贵妃，福王不肯之国。向高用宿望居相位，忧国奉公，每事执争效忠荩。帝心重向高，体貌优厚，然其言大抵格不用，所救正十二三而已。东宫辍讲者五年，廷臣屡请不得命。三十七年二月,向高择吉以请,亦不报。自是岁春秋必恳请,帝皆不纳。贵妃王氏,太子生母也,薨四日不发丧。向高以为言,乃发丧。而礼官上其仪注,稽五日不行。向高复争之,疏乃下。福王府第成,工部以之国请,向高拟旨上。帝不发,改明春。及期迫,向高请先饬仪卫舟车,帝不纳。四十一年春,廷臣交章请,复谕改明春。已,忽传旨,庄田非四万顷不行,廷臣大骇。向高因进曰:"田四万顷,必不能足,之国且无日,明旨又不信于天下矣。且王疏引祖制,而祖制无有是事。曩惟世宗时景王有之。景王久不之国,皇考在裕邸,危疑不安。此何可效也?"帝报曰:"庄田自有成例,且今大分已定,何猜?"向高因疏谢,言:"皇考时,名位虽未正,然讲读不辍,情意通。今东宫辍讲八年,且不奉天颜久,而福王一日两见,以故不能无疑。惟坚守明春期,而无以庄田藉口,天下疑自释。"帝报福王无一日两见事。

　　向高有裁断,善处大事。锦衣百户王曰乾者,京师奸人也,与孔学、赵宗舜、赵圣等相讦告。刑官讞未竟,曰乾乃入皇城放炮上疏。刑官大惊,将拟曰乾死罪。曰乾遂讦奏郑妃内侍姜严山与学等及妖人王三诏用厌胜术诅咒皇太后、皇太子死,拥立福王。帝震怒,绕殿行半日,曰:"此大变事,宰相何无言?"内侍内跪上向高奏。奏言:"此事大类往年妖书,然妖书匿名难诘,今两造具在,一讯即情得。陛下当静处之,稍张皇,则中外大扰。至其词牵引贵妃、福王,尤可痛恨。臣与九卿所见皆同,敢以闻。"帝读竟太息曰:"吾父子兄弟全矣。"明日,向高又言:"曰乾疏不宜发。发则上惊圣母,下惊东宫,贵妃、福王皆不安。宜留中,而别谕法司治诸奸人罪,且速定明春之国期,以息群喙,则天下帖然无事。"帝尽用其言,太子、福王得相安。贵妃不欲福王之国,言明年冬太后七十寿,王宜留庆贺。帝令内阁宣谕。向高留上谕弗宣,请今冬预行庆寿礼,如期之国。帝遣中使至向高私邸,必欲下前谕。向高言:"外廷喧传陛下欲假贺寿名留福王,约千人伏阙请。今果有此谕,人情益疑骇,将信王曰乾妖言,朝端必不静。圣母闻之,亦必不乐。且潞王,圣母爱子,亦居外藩,何惓惓福王为?"因封还手谕。帝不得已从之,福王乃之国。

向高尝上疏言:"今天下必乱必危之道,盖有数端,而灾伤寇盗物怪人妖不与焉。廊庙空虚,一也。上下否隔,二也。士大夫好胜喜争,三也。多藏厚积,必有悖出之衅,四也。风声气习日趋日下,莫可挽回,五也。非陛下奋然振作,简任老成,布列朝署,取积年废弛政事一举新之,恐宗社之忧,不在敌国外患,而即在庙堂之上也。"其言绝痛切。帝知其忠爱,不能行。

初,向高入阁。未几,陈用人理财策,力请补缺官,罢矿税。见帝不能从,乃陈上下乖离之病。两疏乞罢,帝不允。向高自独相,即请增阁臣,帝不听。及吏部尚书孙丕扬以荐贤不用求去,向高特疏请留,亦不报,遂引疾。屡谕,乃出视事。已,又言:"臣屡求去,辄蒙恩谕留。顾臣不在一身去留,而在国家治乱。今天下所在灾伤死亡,畿辅、中州、齐、鲁流移载道,加中外空虚,人才俱尽。罪不在他人,臣何可不去。且陛下用臣,则当行其言。今章奏不发,大僚不补,起废不行,臣微诚不能上达,留何益。诚用臣言,不徒縻臣身,臣溘先朝露,有余幸矣。"帝不省。京师大水,四方多奏水旱。向高又言:"自阁臣至九卿台省,曹署皆空,南都九卿亦止存其二。天下方面大吏,去秋至今,未尝用一人。陛下万事不理,以为天下长如引,臣恐祸端一发,不可收也。"帝亦不省。

四十年春,向高以历代帝王享国四十年以上者,自三代迄今止十君,劝帝力行新政。因复以用人行政请。亦不报。向高志不行,无月不求去。帝辄优旨勉留。向高复言:"臣进退可置不问,而百僚必不可尽空,台谏必不可尽废,诸方巡按必不可不代。中外离心,辇毂肘腋间,怨声愤盈,祸机不测,而陛下务与臣下隔绝。帷幄不得关其忠,六曹不得举其职,举天下无一可信之人,而自以为神明之妙用,臣恐自古圣帝明王无此法也。"

先是,向高疾,阁中无人,章奏就其家拟旨者一月。及是,向高坚卧益久,即家拟旨如前,论者以为非体,向高亦自言其非,坚乞去。帝卒不命他相,遣鸿胪官慰留。至帝万寿节,始起视事。其后,向高主癸丑会试，章奏皆送闱中，尤异事云。帝考选科道七十余人，命久不下。向高恳请数十疏，越二年乃下。言官既多，攻击纷起。帝心厌之，章悉留中。向高请尽付所司，定其去留。因言："大臣者，小臣之纲。今六卿止赵焕一人，而都御史十年不补，弹压无人，人心何由戢？"帝但责言官妄言，而大僚迄不补。向高请增置阁臣，章至百余上。帝始用方从哲、吴道南。向高疏谢，因引退，优诏不允。

四十二年二月，皇太后崩。三月，福王之国。向高乞归益数，章十余上。至八月，允其去。向高以三载考绩，进太子太保、文渊阁大学士；叙延绥战功，加少保兼太子太保，改户部尚书、武英殿；一品三载满，加少傅兼太子太傅，改吏部尚书、建极殿。至是，命加少师兼太子太师，赐白金百，彩币四，表里大红坐蟒一袭，遣行人护归。

向高在相位，务调剂群情，辑和异同。然其时党论已大起，御史郑继芳力攻给事中王元翰，左右两人者相角。向高请尽下诸疏，敕部院评曲直，罪其论议颠倒者一二人，以警其余。帝不报。诸臣既无所见得失，益树党相攻。未几，又争李三才之事，党势乃成。无锡顾宪成家居，讲学东林书院，朝士争慕与游。三才被攻，宪成贻书向高暨尚书孙丕扬，讼其贤。会辛亥京察，攻三才者刘国缙以他过挂察典，乔应甲亦用年例出外，其党大哗。向高以大体持之，察典得无挠，而两党之争遂不可解。及后，齐、楚、浙党人攻东林殆尽。浸寻至天启时，王绍徽等撰所谓《东林点将录》，令魏忠贤按氏名逐朝士。以向高尝右东林，指目为党魁云。

向高归六年，光宗立，特诏召还。未几，熹宗立，复赐敕趣之。屡辞，不得命。天启元年十月还朝，复为首辅。言："臣事皇祖八年，章奏必发臣拟。即上意所欲行，亦遣中使传谕。事有不可，臣力争，皇祖多曲听，不欲中出一旨。陛下虚怀恭己，信任辅臣，然间有宣传滋疑议。宜慎重纶音，凡事令臣等拟上。"帝优旨报闻。旋纳向高请，发帑金二百万，为东西用兵之需。

熹宗初政，群贤满朝，天下欣欣望治。然帝本冲年，不能辨忠佞。魏忠贤、客氏渐窃威福，搆杀太监王安，以次逐吏部尚书周嘉谟及言官倪思辉等。大学士刘一燝亦力求去。向高言："客氏出复入，而一燝顾命大臣不得比保姆，致使人揣摩于奥不可知之地，其渐当防。"忠贤见向高疏刺己，恨甚。既而刑部尚书王纪削籍，礼部尚书孙慎行、都御史邹元标先后被攻致仕去。向高争不得，因请与元标同罢。帝不听，而忠贤益恨向高。

　　向高为人光明忠厚，有德量，好扶植善类。再入相，事冲主，不能謇直如神宗时，然犹数有匡救。给事中章允儒请减上供袍服。奄人激帝怒，命廷杖。向高论救者再，乃夺俸一年。御史帅众指斥宫禁，奄人请帝出之外，以向高救免。给事中傅槐救王纪，将贬谪，亦以向高言仅夺俸。纪既罢去，御史吴甡、王祚昌荐之，部议以故官召。忠贤怒，将重谴文选郎，向高亦救免。给事中陈良训疏讥权奄，忠贤摘其疏中"国运将终"语，命下诏狱，穷治主使。向高以去就争，乃夺俸而止。熊廷弼、王化贞论死，言官劝帝速决。向高请俟法司覆奏，帝从之。有请括天下布政司、府、州、县库藏尽输京师者，向高言："郡邑藏已竭，藩库稍余。倘尽括之，猝有如山东白莲教之乱，何以应之？"帝皆不纳。

　　忠贤既默恨向高，而其时朝士与忠贤抗者率倚向高。忠贤乃时毛举细故，责向高以困之。向高数求去。四年四月，给事中傅槐劾左光斗、魏大中交通汪文言，招权纳贿，命下文言诏狱。向高言："文言内阁办事，实臣具题。光斗等交文言事暧昧，臣用文言显然。乞陛下止罪臣，而稍宽其他，以消缙绅之祸。"因力求速罢。当是时，忠贤欲大逞，惮众正盈朝，伺隙动。得槐疏喜甚，欲藉是罗织东林，终惮向高旧臣，并光斗等不罪，止罪文言。然东林祸自此起。

　　至六月，杨涟上疏劾忠贤二十四大罪。向高谓事且决裂，深以为非。廷臣相继抗章至数十上，或劝向高下其事，可决胜也。向高念忠贤未易除，阁臣从中挽回，犹冀无大祸。乃具奏称忠贤勤劳，朝廷宠待厚，盛满难居，宜解事权，听归私第，保全终始。忠贤不悦，矫帝旨叙己功勤，累百余言。向高骇曰："此非奄人所能，必有代为草者。"探之，则徐大化也。忠贤虽愤，犹以外廷势盛，未敢加害。其党有导以兴大狱者,忠贤意遂决。于是工部郎中万燝劾忠贤廷杖,向高力救,不从,死杖下。无何,御史林汝翥亦以忤奄命廷杖。汝翥惧,投遵化巡抚所。或言汝翥,向高甥也,群奄围其邸大噪。向高以时事不可为,乞归已二十余疏,至是请益力。乃命加太傅,遣行人护归,所给赐视彝典有加。寻听辞太傅,有司月给米五石,舆夫八。

向高既罢去,韩爌、朱国祯相继为首辅,未久皆罢。居政府者皆小人,清流无所依倚。忠贤首诬杀涟,光斗等次第戮辱,贬削朝士之异己者,善类为一空云。熹宗崩,向高亦以是月卒,年六十有九。崇祯初,赠太师,谥文忠。

刘一燝,字季晦,南昌人。父曰材,嘉靖中进士,陕西左布政使。万历十六年,一燝与兄一焜、一煜并举于乡。越七年,又与一煜并举进士。改庶吉士,授检讨。

一焜为考功郎,掌京察。大学士沈一贯欲庇其私人钱梦皋、钟兆斗等,属一燝请。一燝谢不可,梦皋等竟以中旨留,由是忤一贯意。寻历祭酒,詹事,掌翰林院事。四十五年春京察,党人用事,谋逐孙承宗、缪昌期等,一燝力保持得免。故事,掌院无满岁不迁者,一燝居四年始迁礼部右侍郎,教习庶吉士。光宗即位,擢礼部尚书兼东阁大学士,参预机务,偕何宗彦、韩爌交命。时内阁止方从哲一人。

万历末年,神宗欲用史继偕、沈潅。两人方在籍,帝命召之。未及至,帝复命宗彦、一燝、爌。明日复命朱国祚及旧辅叶向高。而宗彦、国祚、向高亦皆在籍,惟一燝、爌入直。甫拜命,帝已得疾,一燝偕诸臣召见乾清宫。明日九月朔,帝崩。诸臣入临毕,一燝诘群奄:"皇长子当枢前即位,今不在,何也?"群奄东西走不对。东宫伴读王安前曰:"为李选侍所匿耳。"一燝大声言:"谁敢匿新天子者?"安曰:"徐之,公等慎勿退。"遂趋入白选侍。选侍领之,复中悔,挽皇长子裾。安直前拥抱疾趋出。一燝见之,急趋前呼万岁,捧皇长子左手,英国公张惟贤捧右手,掖升辇。及门,宫中厉声呼:"哥儿却还!"

使使追蹑者三辈。一燝傍辇疾行，翼升文华殿，先即东宫位，群臣叩头呼万岁。

事稍定，选侍犹趋还乾清。时选侍居乾清。一燝曰："乾清不可居，殿下宜暂居慈庆。"皇长子心惮选侍，然之。一燝语安曰："主上冲年，无母后。外庭有事，吾受过；宫中起居，公等不得辞责。"明日，周嘉谟及左光斗疏请移宫。时首辅从哲徘徊其间，已，又欲缓移宫。一燝曰："本朝故事，仁圣，嫡母也，移慈庆；慈圣，生母也，移慈宁。今何日，可姑缓耶？"初五日偕同官请即日降旨，伫立宫门以俟。选侍不得已，移哕鸾宫，天子复还乾清，事始大定。帝既践阼，从哲被劾在告，一燝遂当国，与炌相得甚欢。念内廷惟王安力卫新天子，乃引与共事。安亦倾心向之。所奏请，无不从。发内帑，抑近幸，搜遗逸，旧德宿齿布满九列，中外欣欣望治焉。

明年，天启改元，沈阳失。廷臣多请复用熊廷弼。一燝亦言："廷弼守辽一载，残疆宴然，不知何故翦除。及下廷议，又皆畏惧，不敢异同。嗣后军国大事，陛下当毅然主持，敕诸臣洗心涤虑，悉破雷同附和，共忧国奉公。"帝优旨褒答。寻有诏尽谪前排廷弼者姚宗文等官。言路多怨一燝。一燝尝言："任天下事者，惟六官。言路张，则六官无实政。善治天下者，俾六官任事，言路得绳其愆，言官陈事，政府得裁其是，则天下治。"于是一切条奏悉下部议，有不经者，诏格之。

初，选侍将移宫，其内竖李进忠、刘朝、田诏等盗内府秘藏，过乾清门仆，金宝堕地。帝怒，悉下法司，案治甚急。群奄惧，搆蜚语，言帝薄先朝妃嫔，致选侍移宫日，跣足投井，以摇惑外廷。御史贾继春遂上安选侍书。刑部尚书黄克缵、给事中李春晔、御史王业浩辈张大其辞，欲脱盗奄罪。帝恶继春妄言，且疑其有党，将严谴之。一燝谓天子新即位，辄疑臣下朋党，异时奸人乘间，士大夫必受其祸。乃具疏开帝意，为继春解，而反覆言朋党无实。继春得削籍去。御史张慎言、高弘图疏救继春，帝欲并罪，亦以一燝言而止。帝憾选侍甚，必欲诛盗奄。王安为司礼，亦恶之。诸奄百方救，卒不得。久而帝渐忘前事，安亦为魏忠贤排死，诸奄乃厚贿忠贤为地，而上疏辨冤。帝果免朝、诏死，下其疏法司。一燝执奏，诏等议诛久，无可雪，疏直下部，前无此制。帝不得已，下其疏于阁。一燝复言："此疏外不由通政司，内不由会极门，例不当拟旨，谨封还原疏。"由是忠贤辈大恨，朝等亦竟免死，益任用。

定陵工成，忠贤欲以为功。一燝援故事，内臣非司礼掌印及提督陵工不得滥荫，止拟加恩三等。诸言官论客氏被谪者，一燝皆疏救，又请出客氏于外。及言官交章论沈淮，淮疑一燝主之，与忠贤、客氏等比，而龃一燝。一燝持大体，不徇言路意。言路颇怨。又密窥魏、客等渐用事，一燝势孤，是年四月，候补御史刘重庆遂力诋一燝不可用。帝怒谪重庆。一燝再论救，不听。而职方郎中余大成，御史安伸，给事中韦蕃、霍维华交章劾一燝。帝不问。既而维华外转，其同官孙杰疑一燝属嘉谟为之，上疏力攻一燝。一燝疏辨求罢。帝已慰留，给事中侯震旸、御史陈九畴复劾之，并刺其结纳王安。于是一燝四疏乞归，忠贤从中主之，传旨允其去。

先是，后哲去，帝数称一燝为首辅，一燝不敢当，虚位俟叶向高。及向高至，入谗言，谓一燝尼己。至是，知其无他，力称一燝有翼卫功，不可去。帝复慰留，一燝坚卧不起。二年三月，疏十二上，乃令乘传归。既归，兵部尚书张鹤鸣兴奸细杜茂、刘一巘狱，欲指一巘为一燝族，株连之。刑部尚书王纪不可，遂被斥去，而一巘得白。鹤鸣，一燝向所推毂者也。已而忠贤大炽，矫旨责一燝误用廷弼，削官，追夺诰命，勒令养马。崇祯改元，诏复官，遣官存问。一燝在位，累加少傅、太子太傅、吏部尚书、中极殿大学士。八年卒，赠少师。福王时，追谥文端。

一焜，字元丙。万历二十年进士。授行人。历考功郎中，佐侍郎杨时乔典京察，尽斥执政私人。已，改文选，迁太常少卿，以忧去。久之，由故官擢右佥都御史，巡抚浙江。帝遣中官曹奉建镇海寺于普陀山。一焜偕巡按李邦华争不可，不听。织造中官刘成卒，一焜

屡疏请勿遣代。已得请,会命中官吕贵护成遗装,奸人遂请留贵督
织造,疏直达禁中。一焜与邦华极论其罪,帝卒命贵代之。一焜复
疏争,不报。贵既任,条行十事,多侵扰。一焜疏驳,且禁治其爪牙,
贵为敛威。一焜以暇筑龛山海塘千二百丈,浚复余杭南湖,民赖其
利。御史沈珣诬讦其赃私,一焜自引去。卒,赠工部右侍郎。

一煜,兵部郎中。

韩爌,字象云,蒲州人。万历二十年进士。选庶吉士。进编修,
历少詹事,充东宫讲官。四十五年擢礼部右侍郎,协理詹事府。久
之,命教习庶吉士。

泰昌元年八月,光宗嗣位,拜礼部尚书兼东阁大学士,入参机
务。未几,光宗疾大渐,与方从哲、刘一燝同受顾命。时宫府危疑,
爌竭诚翼卫,中外倚以为重。大帅李如柏、如桢兄弟有罪,当逮治,
中旨宽之。爌与一燝执奏,逮如律。以登极恩,加太子太保、户部尚
书、文渊阁大学士。从哲去,一燝当国,爌协心佐理。

天启元年正月,两人以帝为皇孙时,未尝出阁读书,请于十二
日即开经筵,自后日讲不辍,从之。辽阳失,都城震惊。爌、一燝以
人情偷玩,拟御札戒励百官,共图实效,帝纳之。廷臣以兵饷大绌,
合词请发帑,爌、一燝亦以为言,诏发百万两。大婚礼成,加少保、吏
部尚书、武英殿大学士,荫一子尚宝司丞。未向,以贵州平苗功,加
少傅、太子太傅、建极殿大学士。帝封乳母客氏为奉圣夫人,大婚
成,当出外,仍留之宫中。御史毕佐周切谏,六科、十三道复连署争,
皆不纳。爌、一燝引祖制为言,乃命俟梓宫发引,择日出宫。

二年四月,礼部尚书孙慎行劾方从哲用李可灼红丸药,罪同弑
逆,廷议纷然。一燝已去位,爌特疏白其事,曰:

> 先帝以去年八月朔践阼。臣及一燝以二十四日入阁。适
> 鸿胪寺官李可灼云有仙丹欲进。从哲愕然,出所具问安揭,有
> "进药十分宜慎"语。臣等深以为然,即谕之去。二十七日召见
> 群臣,先帝自言不用药已二十余日。至二十九日遇两内臣,言

帝疾已大渐,有鸿胪寺官李可灼来思善门进药。从哲及臣等皆言彼称仙丹,便不敢信。是日仍召见。诸臣问安毕,先帝即顾皇上,命臣等辅佐为尧、舜。又语及寿宫,臣等以先帝山陵对,则云:"是朕寿宫。"因问有鸿胪官进药。从哲奏云:"李可灼自谓仙丹,臣等未敢信。"先帝即命传宣。臣等出,移时可灼至,同入诊视,言病源及治法甚合。先帝喜,命速进。臣等复出,令与诸医商确。一燸语臣,其乡两人用此,损益参半。诸臣相视,实未敢明言宜否。须臾,先帝趣和药,臣等复同入。可灼调以进,先帝喜曰:"忠臣,忠臣。"臣等出,少顷,中使传圣体服药后暖润舒畅,思进饮膳,诸臣欢跃而退。比申末,可灼出云:"圣上恐药力不继,欲再进一丸。"诸医言不宜骤。乃传趣益急,因再进讫。臣等问再服复何状,答言平善如初。此本日情事也。次日,臣等趋朝,而先帝已于卯刻上宾矣,痛哉!

方先帝召见群臣时,被衮凭几,俨然顾命。皇上焦颜侍侧,臣等环跑傍徨,操药而前,吁天以祷。臣子际此,憾不身代。凡今所谓宜慎宜止者,岂不虑于心,实未出于口,抑且不以萌诸心。念先帝临御虽止旬月,恩膏实被九垓。为臣子者宜何如颂扬,何如纪述。乃礼臣忠愤之激谈,与远迩惊疑之纷议,不知谓当时若何情景,而进药始天实止如此。若不据实详剖,直举非命之凶称,加诸考终之令主,恐先帝在天之灵之无恫怨,皇上终天之念何以为怀。乞涣发纶音,布告中外,俾议法者勿以小疑成大疑,编摹者勿以信史为谤史。

文震孟建言获谴,论救甚力。

三年以山东平妖贼功,加少师、太子太师。时叶向高当国,爌次之。及杨涟劾魏忠贤二十四大罪,忠贤颇惧,求援于爌。爌不应,忠贤深衔之。既向高罢,爌为首辅,每事持正,为善类所倚。然向高有智术,笼络群奄,爌惟廉直自持,势不能敌。而同官魏广微又深结忠贤,遍引邪党。其冬,忠贤假会推事逐赵南星、高攀龙,爌急率朱国祯等上言:"陛下一日去两大臣,臣民失望。且中旨径宣,不复到阁,而攀龙一疏，经臣等拟上者，又复更易，大骇听闻，有伤国体。”忠贤益不悦，传旨切责。未几，又逐杨涟、左光斗、陈于廷，朝政大变，忠贤势益张。

故事，阁中秉笔止首辅一人。广微欲分其柄，嘱忠贤传旨，谕炌同寅协恭，而责次辅毋伴食。炌惶惧，即抗疏乞休。略言：“臣备位纶扉，咎愆日积。如诘戎宜先营卫，而观兵禁掖，无能纾宵旰忧。忠直尚稽召还，而搒掠朝堂，无能回震霆怒。后先诸臣之罢斥，谕旨中出之纷更，不能先时深念，有调剂之方，又不能临事执持，为封还之懋。皆臣罪之大者。皇上释此不问，责臣以协恭，责同官以协赞。同官奉诏以从事，臣欲补过无由矣。乞亟褫臣官，为佐理溺职之戒。”得旨：“卿亲承顾命，当竭忠尽职。乃归非于上，退有后言。今复悻悻求去，可驰驿还籍。”诸辅臣请如故事，加以体貌，不报。炌疏谢，有“左右前后务近端良，重纶绰以重仕途，肃纪纲以肃朝宁”语。忠贤及其党益恨。炌去，朱国祯为首辅。李蕃攻去之，顾秉谦代其位。公卿庶僚皆忠贤私人矣。

五年七月，逆党李鲁生劾炌，削籍除名。又假他事坐赃二千，毙其家人于狱。炌鬻田宅，贷亲故以偿，乃栖止先墓上。

庄烈帝登极，复故官。崇祯元年，言者争请召用，为逆党杨维垣等所扼，但赐敕存问，官其一子。至五月，始遣行人召之。十二月还朝，复为首辅。帝御文华后殿阅章奏，召炌等，谕以拟旨务消异同，开诚和衷，期于至当。炌等顿首谢，退言：“上所谕甚善，而密勿政机，诸臣参互拟议，不必显言分合。至臣等晨夕入直，势不能报谢宾客。商政事者，宜相见于朝房，而一切禁私邸交际。”帝即谕百僚遵行。

二年正月，大学士刘鸿训以张庆臻敕书事被重谴，炌疏救，不听。温体仁讦钱谦益，御史任赞化亦疏讦体仁。帝召见廷臣，体仁力诋赞化及御史毛羽健为谦益死党。帝怒，切责赞化。炌请宽赞化以安体仁。帝因谓：“进言者不忧国而植党，自名东林，于朝事何补？”炌退，具揭言：“人臣不可以党事君，人君亦不可以党疑臣。但当论其才品臧否,职业修废,而黜陟之。若戈矛妄起于朝堂,畛域横分于宫府,非国之福也。"又率同官力救赞化,不纳。皇长子生,请尽蠲天下积逋,报可。

时大治忠贤党,爌与李标、钱龙锡主之。列上二百六十二人,罪分六等,名曰"钦定逆案",颁行天下。言者争击吏部尚书王永光,南京礼部主事王永吉言之尤力。帝怒,将罪之。爌等言永吉不宥,永光必不安,乃止夺俸一年。工部尚书张凤翔奏厂、库积弊。帝怒,召对廷臣诘责。巡视科道王都、高赉明二人力辨,帝命锦衣官执之,爌、标、龙、锡并救解。则是日永光以羽健疏劾,请帝究主使者。爌退,申救都等,因言永光不宜请究言官。帝不纳,然羽健卒获免。

初,熊廷弼既死,传首九边,尸不得归葬。至是,其子诣阙疏请。爌等因言:"廷弼之死,由逆奄欲杀杨涟、魏大中,诬以行贿,因尽杀涟等,复悬坐廷弼赃银十七万,刑及妻奴,冤之甚者。"帝乃许收葬。

时辽事急,朝议汰各镇兵。又以兵科给事中刘懋疏,议裁驿卒。帝以问爌,爌言:"汰兵止当清占冒及增设冗兵尔。冲地额兵不可汰也。驿传疲累,当责按臣核减,以苏民困,其所节省仍还之民。"帝然之。御史高捷、史范以罪免,永光力引之。都御史曹于汴持不可,永光再疏争。爌言,故事当听都察院咨用。帝方眷永光,不从。九月以将行庆典,请仃秋决,亦不从。

时逆案虽定,永光及袁弘勋、捷、荃辈日为翻案计。至十月,大清兵入畿甸,都城戒严。初,袁崇焕入朝,尝与钱龙锡语边事。龙锡,东林党魁也,永光等谋因崇焕兴大狱,可尽倾东林。倡言大清兵之入,由崇焕杀毛文龙所致。捷遂首攻龙锡,逐之。明年正月,中书舍人加尚宝卿原抱奇故由输资进,亦劾爌主款误国,招寇欺君,郡邑残破,宗社阽危,不能设一策,拔一人,坐视成败,以人国侥幸,宜与龙锡并斥。其言主款者,以爌,崇焕座主也。帝重去爌,贬抱奇秩。无何,左庶子丁进以迁擢愆期怨爌,亦劾之,而工部主事李逢申劾疏继上。爌即三疏引疾。诏赐白金彩币,驰驿遣行人护归,悉如彝典。进、逢申并爌会试所举士也。

炉先后作相,老成慎笪。引正人,抑邪党,天下称其贤,独尝庇王永光云。十七年春,李自成陷蒲州,迫炉出见,不从。贼执其孙以胁。炉止一孙,乃出见,贼释其孙。炉归,愤郁而卒,年八十矣。

朱国祚,字兆隆,秀水人。万历十一年进士第一。授修撰。进洗马,为皇长子侍班官,寻进谕德。日本陷朝鲜,石星惑沈惟敬言,力主封贡。国祚面诘星:"此我乡曲无赖,因缘为奸利耳,公独不讲辱国乎?"星不能用。

二十六年超擢礼部右侍郎。湖广税监陈奉横甚。国祚贻书巡按御史曹楷,令发其状。帝怒,几逮楷,奉亦因此撤去。尚书余继登卒,国祚摄部事。

时皇长子储位未定,冠婚逾期,国祚屡疏谏。戚臣郑国泰请先冠婚,后册立。国祚抗疏言:"本朝,久戚不得与政事。册立大典,非国泰所宜言。况先册立,后冠婚,其仪仗、冠服之制,祝醮、敕戒之辞,升降、坐立之位,朝贺拜舞之节,因名制分,因分制礼,甚严且辨。一失其序,名分大乖。违累朝祖制,背皇上明纶,犯天下清议,皆此言也。"又言:"册立之事,理不可缓。初谓小臣激聒,故迟之。后群臣勿言,则曰待嫡。及中宫久无所出,则曰皇长子体弱,须其强。今又待两宫落成矣。自三殿灾,朝廷大政令率御文华殿。三礼之行,在殿不在宫。顷岁办珠宝,户部所进视陛下大婚数倍之。远近疑陛下借珠宝之未备,以迟典礼。且诏旨采办珠宝,额二千四百万,而天下赋税之额乃四百万。即不充国用,不给边需,犹当六年乃足。必待取盈而后举大体,几无时矣。"已,又言:"太祖、成祖、仁宗,即位初,即建储贰。宣宗、英宗册为皇太子时,止二岁,宪宗、孝宗正六岁,陛下亦以六岁。未闻年十九而不册立者。"国祚摄尚书近二年,争国本至数十疏,储位卒定。

陕西狄道山崩,其南涌小山五,国祚请修省。社稷坛枯树生烟,复陈安人心、收人望、通下情、清滥狱四事。云南巡抚陈用宾进士物,国祚劾之。寻囷左侍郎,改吏部。御史汤兆京劾其纵酒逾检,帝不问,国祚遂引疾归。

光宗即位,以国祚尝侍潜邸,特旨拜礼部尚书兼东阁大学士,入阁参机务。天启元年六月还朝。寻加太子太保,进文渊阁。国祚素行清慎,事持大体,称长者。明年会试,故事,总裁止用内阁一人,是科用何宗彦膻祚,有讥其中旨特用者。国祚既竣事,即求罢,优诏不允。都御史邹元标侍经筵而踬,帝遣中使问状。国祚进曰:"元标在先朝直言受杖,故步履犹艰。"帝为之改容。刑部尚书王纪为魏忠贤所逐。国祚合疏救,复具私揭争之。纪为礼部侍郎时,尝以事忤国祚者也。

三年,进少保、太子太保、户部尚书,改武英殿。十三疏乞休,诏加少傅兼太子太傅,乘传归。明年卒。赠太傅,谥文恪。从子大启,文选郎中,终刑部左侍郎。

同时,朱国祯,字文宁,乌程人。万历十七年进士。累官祭酒,谢病归,久不出。天启元年擢礼部右侍郎,未上。三年正月拜礼部尚书兼东阁大学士,与顾秉谦、朱延禧、魏广微并命。阁中已有叶向高、韩爌、何宗彦、朱国祚、史继偕,又骤增四人,直房几不容坐。六月,国祯还朝,秉谦、延禧以列名在后,谦居其次。改文渊阁大学士,累加少保兼太子太保。魏忠贤窃国柄,国祯佐向高,多所调护。四年夏,杨涟劾忠贤,廷臣多向高出疏,至有诟者。向高愠甚,国祯请容之。及向高密奏忤忠贤,决计去,谓国祯曰:"我去,蒲州更非其敌,公亦当早归。"蒲州谓爌也。向高罢,爌为首辅,爌罢,国祯为首辅。广微与忠贤表裹为奸,视国祯蔑如。其冬为逆党李蕃所劾,三疏引疾。忠贤谓其党曰:"此老亦邪人,但不作恶,可令善去。"乃加少傅,赐银币,荫子中书舍人,遣行人送归,月廪、舆夫皆如制。崇祯五年卒。赠太傅,谥文肃。

何宗彦,字君美。其父由金溪客随州,遂家焉。宗彦举万历二十三年进士。累官詹事。四十二年迁礼部右侍郎,署部事。

　　福王之国河南，请求无已，宗彦上疏，言可虑者有六，帝不听。又屡疏请东宫讲学，皇孙就傅，及瑞、惠、桂三王婚礼。太子生母王贵妃薨，不置守坟内官，又不置坟户赡地，宗彦力争之。梃击事起，宗彦因言："天下疑陛下薄太子久。太子处积轻之势，致慈庆宫门止守以耄年二内侍，中门则寂无一人。乞亟下张差廷讯，凡青宫诸典礼，悉允臣部施行，宗社幸甚。"不报。寻转左侍郎，署部如故。

　　四十四年冬，隆德殿灾，宗彦请通下情，修废政，补旷官。明年，皇长孙年十三，未就傅，宗彦再疏力言。自是频岁恳请，帝终不纳。四十六年六月，京师地震。上修省三事。时帝不视朝已三十载，朝政积弛，庶官尽旷。明年秋，辽事益棘。宗彦率僚属上言："自三路丧师，开原、铁岭相继没，审阴孤危。请陛下临朝，与臣等面筹兵食大计。"帝亦不报。

　　宗彦清修有执。摄尚书事六年，遇事侃侃敷奏，时望甚隆。其年十二月会推阁臣，廷臣多首宗彦，独吏科给事中张延登不署名，遂不获与。宗彦旋乞假去。御史薛敷政、萧毅中、左光斗、李征仪、倪应春、彭际遇、张新诏等交章惜之，而延登同官亓诗教、薛凤翔又屡疏纠驳。其时齐党势盛，非同类率排去之。宗彦无所附丽，故终不安其位。

　　明年，神宗崩，光宗立，即家拜礼部尚书兼东阁大学士。天启元年夏还朝。屡加少师兼太子太师、吏部尚书、建极殿大学士。四年正月卒官，赠太傅，谥文毅。

　　弟宗圣，由乡举历官工部主事。以附魏忠贤，骤加本部右侍郎。崇祯初，削籍，论配，名丽逆案。

　　孙如游，字景文，余姚人，都御史燧曾孙也。万历二十三年进士。累官礼部右侍郎。

　　四十七年冬，左侍郎何宗彦去位，署印无人，大学士方从哲屡以如游请。明年三月始得命。部事丛积，如游决遣无滞。时白莲、无为诸邪教横行，宗彦尝疏请严禁，如游复申其说。帝从之。七月，帝疾大渐，偕诸大臣受顾命。

帝崩，郑贵妃惧祸，深结李选侍，为请封后。选侍喜，亦为请封太后以悦之。杨涟语如游曰："皇长子非选侍所爱。选侍后，嫡矣，他日将若何？亟白执政，用遗诏举册立。登极三日，公即援诏以请。"如游然之。八月朔，光宗即位。三日，如游请建东宫，帝纳之。俄遵遗旨谕阁臣，封贵妃为皇太后。如游奏曰："考累朝典礼，以配而后者，乃敌体之经；以妃而后者，则从子之义。祖宗以来，岂无抱衾之爱，而终引去席之嫌，此礼所不载也。先帝念贵妃劳，不在无名之位号；陛下体先帝志，亦不在非分之尊崇。若义所不可，则遵命非孝，遵礼为孝。臣不敢曲徇，自蹈不忠之罪。"疏入，未报。

如游寻进本部尚书。帝既命建东宫，又言皇长子体质清弱，稍缓册立期。如游力持不可。二十三日命封选侍为皇贵妃。期已定矣，越三日，帝又趣之。如游奏曰："先奉谕上孝端皇后、孝靖皇太后尊谥，又封郭元妃、王才人为皇后，礼皆未竣，贵妃之封宜在后。既圣谕谆切，且有保护圣储备功，即如先所定期，亦无不可。"帝许之。选侍以贵妃为未足，必欲得皇后。二十九日再召廷臣，选侍迫皇长子言之。如游曰："上欲封选侍为皇贵妃，当即具仪进。"帝漫应曰："诺。"选侍闻，大不悦。明日，帝崩，朝事大变。如游请改册封期，报可。熹宗为皇孙时，未就傅。即位七日，如游即请开讲筵，亦报可。

十月命以东阁大学士入参机务。言者诋其不由廷推，交章论列。如游亦屡乞去，帝辄勉留。天启元年二月上疏言："祖宗任用阁臣，多由特简。远者无论，在世庙，则有张璁、桂萼、方献夫、夏言、徐阶、袁炜、严讷、李春芳；在穆庙，则有陈以勤、张居正、赵贞吉；在神庙，则有许国、赵志皋、张位。即皇考之用朱国祚，亦特简也。今陛下冲龄，臣才品又非诸臣比，有累至尊知人之明。乞速赐骸骨，还田里。"帝仍留之。游十四疏乞去，乃加太子太保、文渊阁大学士，遣官护送，荫子给赐悉如彝典。家居四年卒。赠少保，谥文恭。

孙嘉绩，字硕肤。崇祯十年进士。授南京工部主事，召改兵部。大清兵薄都城，按营不动，众莫测。嘉绩曰："此待后至者，即举众南下尔。"越三日,蒙古兵数万果从青山口入,即日南下。于是尚书杨嗣昌以嘉绩知兵,调为职方员外郎。进郎中。督师中官高起潜之。会有发其纳贿事,遂下狱。已,黄道周亦下狱。嘉绩躬亲饮食汤药,力调护之,因从受《易》。会诸生涂仲吉疏救道周,帝益怒,移狱锦衣严讯。诸生与道周往来者多诡词自脱,独嘉绩无所隐。拟杂犯死罪,继拟烟瘴充军,皆不允。保定总督张福臻陛见,荐嘉绩才,请用为参谋,不听。徐石麒为刑部尚书,具爰书奏,乃释之。福王时,起九江兵备佥事,未赴。鲁王监国绍兴,擢右佥都御史,累进东阁大学士。王航海,嘉绩从至舟山。其年遘疾卒。

赞曰:熹宗初,叶向高以宿望召起,海内正人倚以为重,卒不能有所匡救。盖政柄内移,非一日之积,势固无如何也。刘一燝、韩爌诸人,虽居端揆之地,而宵小比肩,权珰掣肘,纷挠杌陧,几不自全。朱国祚、何宗彦绌于党人,孙如游又皆以中旨特用,为外廷所诟。于是而知明良相遭,诚千载之一遇也夫。

明史卷二四一
列传第一二九

周嘉谟　张问达　<small>陆梦龙　傅梅</small>
汪应蛟　王纪　<small>杨东明</small>　孙玮
钟羽正　陈道亨　<small>子弘绪</small>

　　周嘉谟,字明卿,汉川人。隆庆五年进士。除户部主事,历韶州知府。

　　万历十年迁四川副使,分巡泸州。穷治大猾杨腾霄,置之死。建武所兵燔总兵官沈思学廨,单车谕定之。寻抚白草番。督兵邛州、灌县,皆有方略。居五年,进按察使,移疾归。久之,起故官。榷税中官丘乘云播虐,逮系相属。嘉谟檄所司拒绝,而捞杀奸民助虐者,乘云为戢。

　　就迁左布政使。擢右副都御史,巡抚云南。陇川宣抚多安民叛,入缅,据蛮湾。嘉谟讨擒之,立其弟安靖而还。进兵部右侍郎,巡抚如故。黔国公沐昌祚侵民田八千余顷。嘉谟劾治之,复劾其孙启元罪状。久之,改督两广军务兼巡抚广东。满考,加右都御史。广西土酋引交阯兵内犯,官军拒退之。嘉谟为增兵置戍。南海、三水、高要、四会、高明诸邑大水,坏圩岸,留赎锾筑之。

　　迁南京户部尚书,寻召拜工部尚书。孝定后丧,内廷宣索不赀。嘉谟言丧礼有中制,不当信左右言,妄耗国帑,不纳。俄改吏部尚书。

　　四十八年七月，神宗崩。八月丙午朔，光宗即位。郑贵妃据乾清宫，且邀封皇太后。嘉谟从言官杨涟、左光斗等言，以大义责贵妃从子养性，示以利害。贵妃乃移慈宁宫，封后事亦寝。外廷皆言贵妃进侍姬八人，致帝得疾。二十六日，嘉谟因召见，以寡欲进规。帝注视久之，令皇长子谕外廷："传闻不可信。"诸臣乃退。二十九日，帝疾大渐。嘉谟偕大学士方从哲、刘一燝、韩爌等受顾命。其夕，帝崩。质明，九月乙亥朔，光宗遗诏皇长子嗣位。而李选侍专制宫中，势颇张。廷臣虑不测。既入临，请见皇长子，呼万岁，奉至文华殿受朝，送居慈庆宫。嘉谟奏言："殿下之身，社稷是托，出入不宜轻脱。大小殓，朝暮临，须臣等至乃发。"皇长子颔之。诸大臣定议，皇长子以九月六日即位。选侍居乾清自如，且欲挟皇长子同居。嘉谟亟草疏率廷臣请移宫，光斗、涟继之。五日，选侍始移哕鸾宫。时大故频仍，国势杌陧，首辅从哲首鼠两端，一燝、爌又新秉政，嘉谟正色立朝，力持大议，中外倚以为重。

　　神宗末，齐、楚、浙三党为政。黜陟之权，吏部不能主。及嘉谟秉铨，惟才是任。光、熹相继践阼，嘉谟大起废籍，耆硕满朝。向称三党之魁及朋奸乱政者，亦渐自引去，中朝为清。已，极陈吏治敝坏，请责成抚、按、监司。上官注考，率用四六俪语，多失实。嘉谟请以六事定官评：一曰守，二曰才，三曰心，四曰政，五曰年，六曰貌。各注其实，毋饰虚词。帝称善，行之。

　　天启元年，御史贾继春得罪。其同官张慎言、高弘图疏救，帝欲并罪之。嘉谟等力为解，乃夺慎言、弘图俸而止。朱钦相、倪思辉被谪，嘉谟亦申救。给事中霍维华希魏忠贤指劾王安，置之死。嘉谟恶之，出维华于外。忠贤怒，嗾给事中孙杰劾嘉谟受刘一燝属为安报仇，且以用袁应泰、佟卜年等为嘉谟罪。嘉谟求退，忠贤矫旨许之。大学士叶向高等请留嘉谟竣大计事，不听。明年，广宁陷。嘉谟忧愤，驰疏劾兵部尚书张鹤鸣主战误国罪。五年秋，忠贤党周维持复劾嘉谟曲庇王安，遂削籍。

　　崇祯元年荐起南京吏部尚书，加太子太保。明年，卒官，年八十四。赠少保。

张问达，字德允，泾阳人。万历十一年进士。历知高平、潍二县，有惠政。征授刑科给事中。宁夏用兵，请尽蠲全陕逋赋，从之。父丧除，起故官，历工科左给事中。帝方营建两宫，中官利乾没，复兴他役。问达力请停止，不纳。俄陈矿税之害，言："阉尹一朝衔命，辄敢纠弹郡守，甚且纠抚按重臣。而孙朝所携程守训、陈保辈，至棰杀命吏，毁室庐，掘坟墓。不一按问，若万方怨恫何！"

典试山东，疏陈道中饥馑流离状，请亟罢天下矿税，皆不报。已，巡视厂库。故事，令商人办内府器物，金名以进，谓之"金商"。而诸高赀者率贿近幸求免，帝辄许之。问达两疏争执，又极论守训罪，并寝不行。进礼科都给事中。劾晋江李贽邪说惑众，逮死狱中。贽事具《耿定向传》。

三十年十月，星变，复请尽罢矿税。时比年日食皆在四月，问达以纯阳之月其变尤大，先后疏请修省，语极危切，帝终不纳。寻迁太常少卿，以右佥都御史巡抚湖广。所部水灾，数请蠲贷。帝方营三殿，采木楚中，计费四百二十万有奇。问达多方拮据，民免重困。久之，召拜刑部右侍郎，署部事兼署都察院事。

四十三年五月漱问张差梃击事。问达从员外郎陆梦龙言，令十三司会讯，词连郑贵妃宫监庞保、刘成。中外籍籍，疑贵妃弟国泰为之。问达等奏上差狱。帝见保、成名，留疏不下。寻召方从哲、吴道南及问达等于慈宁宫，命并磔二人。甫还宫，帝意复变。乃先戮差，令九卿三法司会讯保、成于文华门。保、成供原姓名曰郑进、刘登云，而不承罪。方鞫时，东宫传谕曰："张差情实风癫，误入宫门，击伤内侍，罪不赦。后招保、成系内官，欲谋害本宫。彼何益，当以仇诬，从轻拟罪。"问达等以鞫审未尽，上疏曰："奸人闯宫，事关宗社。今差已死，二囚易抵饰。文华门尊严之地，臣等不敢刑讯，何由得情？二囚偏词，何足为据？差虽死，所供词故在，其同谋马三道等亦皆有词在案，孰得而灭之？况慈宁召对，面谕并决。煌煌天语，通国共闻。若不付之外庭，会官严鞫，安肯输情？既不输情，安从正法？祖宗二百年来，未有罪囚不付法司，辄令拟罪者。且二人系内臣。法行自近，陛下尤当严其衔辔，而置之重辟。奈何任彼展办不与天下共弃之也。"帝以二囚涉郑氏，付外庭，议益滋，乃潜毙之于内，言皆以创重身死。而马三道等五人，命予轻比坐流配。其事遂止。是年解都察院事。久之，迁户部尚书，督仓场。寻兼署刑部，拜左都御史。光宗疾大渐，同受顾命。

天启元年冬，代周嘉谟为吏部尚书。连掌内外大计，悉叶公论。当是时，万历中建言迕误获谴诸臣弃林下久，死者已过半。问达等定议：以廷杖、系狱、遣戍者为一等，赠官荫子；贬窜、削籍者为一等，但赠官。获恤者七十五人。

会孙慎行、邹元标追论"红丸"，力攻方从哲。诏廷臣集议，与议者百十余人。问达既集众议，乃会户部尚书汪应蛟等上疏曰：

按慎行奏，首罪李可灼进红丸。可灼先见从哲，臣等初未知。及奉召进乾清宫，候于丹墀，从哲与臣等共言李可灼进药，俱慎重未决。俄宣臣等至宫内跪御前，先帝自言"朕躬虚弱"。语及寿宫，并谕辅陛下为尧、舜。因问"可灼安在"。可灼趋入，和药以进，少顷又进。圣躬安舒就寝。此进药始末，从哲及文武诸臣所共见者。是时群情仓惶，凄然共切。弑逆二字，何可忍言。在诸臣固谅从哲无是心，即慎行疏中亦已相谅。若可灼轻易进药，非但从哲未能止，臣与众人亦未能止，臣等均有罪焉。及御史王安舜等疏论可灼，从哲自应重拟，乃先止罚俸，继令养疾，则失之太轻。今不重罪可灼，何以慰先帝而服中外之心。宜提付法司，正以刑辟。若崔文升妄投凉药，罪亦当诛。请并下法司，与可灼并按。从哲则应如其自请，削去官阶，为法任咎，此亦大臣引罪之道宜然，而非臣等所敢议也。

至选侍欲垂帘听政，群臣初入临，阍者阻不容入，群臣排闼而进。哭临毕，奉圣躬至文华殿，行朝谒嵩呼礼，复奉驾还慈庆宫。因议新主登极，选侍不当复居乾清。九卿即公疏请移，言官继之,从哲始具揭奏请,选侍遂即日移宫。然舆论犹憾从哲之奏,不毅然为百僚倡。倘非诸臣共挟大义,连章急趋,则乾清何地,犹然混居,令得假窃魁柄,将如陛下登极还宫何!疏入,帝谓从哲心迹自明,不当轻议。止逮可灼下吏。文升已安置南京,弗问。

问达历更大任,"梃击"、"红丸"、"移宫"三大案并经其手。持议平允,不激不随。先以秩满,加太子太保,至是乞休,疏十三上。诏加少保,乘传归。

五年,魏忠贤擅国。御史周维持劾问达力引王之采植党乱政,遂削夺。御史牟志夔复诬问达赃私,请下吏按问。命捐赀十万助军兴。顷之,问达卒。以巡抚张维枢言,免其半。问达家遂破。崇祯初,赠太保,予一子官。维持、志夔咸名挂逆案。

陆梦龙,字君启,会稽人。万历三十八年进士。授刑部主事,进员外郎。

张差狱起,引凡向宫殿射箭、放弹、投砖石等律当以斩。狱具,提牢主事王之采奏差口词甚悉,乞敕会问。大理丞王士昌亦上疏趣之。时梦龙以典试广东杜门,主事刑台傅梅过之曰:"人情庇奸,而甘心储皇。吾虽恤刑山右,当上疏极论,君能共事乎?"梦龙曰:"张公遇我厚,遽上疏,若张公何?当力争之耳。"乃偕见问达。时郎中胡士相等不欲再鞫,趣问达具疏请旨,以疏入必留中,其事可遂寝。梦龙得其情,止勿复请。众曰:"提马三爷、李外父辈,非得旨不可。"梦龙曰:"堂堂法司,不能捕一编氓,须天子诏耶?差所供,必当讯实。"问达以为然。

明日,会讯,士相、永嘉、会祯、梦龙、梅、之采及邹绍先凡七人,惟之采、梅与梦龙合。将讯,众咸嗫嚅。梦龙呼刑具三,无应者。击案大呼,始具。差长身骈胁,睒视傲语,无风癫状。梦龙呼纸笔,命画所从入路。梅问:"汝何由识路?"差言:"我蓟州人,非有导者,安得入?"问:"导者谁?"曰:"大老公庞公,小老公刘公。"且曰:"蒙我

三年矣，予我金银争壶各一。"梦龙曰："何为？"曰"打小爷。"于是士
相立推坐起曰："此不可问矣。"遂罢讯。梦龙必欲得内竖名。越数
日，问达再令十三司会审，差供逆谋及庞保、刘成名，一无所隐。士
相主笔，跨踌不敢下，郎中马德沣趣之，永嘉复以为难。梦龙咈然
曰："陆员外不肯匿，谁敢匿？"狱乃具。给事中何士晋遂疏诋郑国
泰。帝于是毙保、成于内，而弃差市。梅虑其潜易，躬请监刑。当是
时，自梦龙、之采、梅、德沣外，鲜不为郑氏地者。已而之采、德沣悉
被罪，梅以京察罢官。梦龙赖问达力获免，由郎中历副使。

　　天启四年，贵州贼未靖，总督蔡复一荐梦龙知兵，改右参政，监
军讨贼。安邦彦犯普定，梦龙偕总兵黄钺以三千人御之。晓行大雾
中，直前薄贼，贼大败。三山苗叛，思州告急。梦龙夜遣中军吴家相
进捣贼巢，挝苗鼓，声振山谷。苗大奔溃，焚其巢而还。寻改湖广监
军，迁广东按察使。上官建忠贤祠，列梦龙名，亟遣使铲去之。

　　崇祯元年大计，忠贤党犹用事，镌二级调任。三年起副使，以故
官分巡东兖道。盗起曹、濮间，讨斩其魁，余众悉降。迁右参政，守
固原。梦龙慷慨好谈兵，以廓清群盗自负。七年夏，贼来犯，击却之。
闰八月，贼陷隆德，杀知县费彦芳，遂围静宁州。梦龙率游击贺奇
勋、都司石崇德御之。抵老虎沟。贼初不满千，已而大至。梦龙所
将止三百余人，被围数重，贼矢石如雨，突围不得出。二将抱梦龙
泣。梦龙挥之曰："何作此妇孺态！"大呼奋击，手馘数人，与二将俱
战死。事闻，赠太仆卿。

　　而傅梅，崇祯中历台州知府，解职归。十五年冬，捐金佐知府吉
孔嘉守城。城破，殉难。赠太常少卿。

　　汪应蛟，字潜夫，婺源人。万历二年进士。授南京兵部主事，历
南京礼部郎中。给由入都，值吏部侍郎陆光祖与御史江东之等相
讦。应蛟不直光祖，抗疏劾之，于政府多所讥切。

　　累迁山西按察使。治兵易州，陈矿使王虎贪恣状，不报。朝鲜
再用兵，移应蛟天津。及天津巡抚万世德经略朝鲜，即擢应蛟右佥

都御史代之。屡上兵食事宜,扼险列屯,军声甚振。税使王朝死,帝将遣代。应蛟疏请止之,忤旨,切责。朝鲜事宁,移抚保定。岁旱蝗,振恤甚力。已,极言畿民困敝,请尽罢矿税。会奸人柳胜秋等妄言括畿辅税可得银十有三万。应蛟三疏力争,然仅得减半而已。三十年春,帝命停矿税,俄中止。应蛟复力争,不纳。

应蛟在天津,见葛沽、白塘诸田尽为污莱,询之土人,咸言斥卤不可耕。应蛟念地无水则碱,得水则润,若营作水田,当必有利。乃募民垦田五千亩,为水田者十之四,亩收至四五石,田利大兴。及移保定,乃上疏曰:"天津屯兵四千,费饷六万,俱敛诸民间。留兵则民告病,恤民则军不给,计惟屯田可以足食。今荒土连封,蒿莱弥望,若开渠置堰,规以为田,可七千顷,顷得谷三百石。近镇年例,可以兼资,非独天津之饷足取给也。"因条画垦田丁夫及税额多寡以请,得旨允行。

已,请广兴水利。略言:"臣境内诸川,易水可以溉金台,滹水可以溉恒山,溏水可以溉中山,滋水可以溉襄国。漳水来自邺下,西门豹尝用之。瀛海当诸河下流,视江南泽国不异。其他山下之泉,地中之水,所在而有,咸得引以溉田。请通渠筑防,量发军夫,一准南方水田之法行之。所部六府,可得田数万顷,岁益谷千万石,畿民从此饶给,无旱潦之患;即不幸漕河有梗,亦可改折于南,取籴于北。"工部尚书杨一魁亟称其议,帝亦报许,后卒不能行。召为工部右侍郎,未上,予告去。已,进兵部左侍郎,以养亲不出。亲没,竟不召。

光宗立,起南京户部尚书。天启元年改北部。东西方用兵,骤加赋数百万。应蛟在道,驰疏言:"汉高帝称萧何之功曰:'镇国家,抚百姓,给饷馈不绝,吾不如萧何。'夫给馈饷而先以抚百姓,故能兴汉灭楚,如运诸掌也。今国家多难,经费不支,势不得缓催科;然弗爱养民力,而徒竭其脂膏,财殚民穷,变乱必起,安得不预为计。"因列上爱养十八事。帝嘉纳焉。熊廷弼建三方布置之策,需饷千二百万。应蛟力阻之。廷议"红丸"事,请置崔文升、李可灼于法,而斥方从哲为编氓。

应蛟为人,亮直有守,视国如家。谨出纳,杜虚耗,国计赖之。帝保母客氏求墓地逾制,应蛟持不予,遂见忤。会有言其老不任事者,力乞骸骨。诏加太子少保,驰传归。陛辞,疏陈圣学。引宋儒语,以宦官、宫妾为戒。久之,卒于家。应蛟学主诚敬,其出处辞受一轨于义。里居,谢绝尘事,常衣缊枲。

王纪,字惟理,芮城人。万历十七年进士。授池州推官。入为祠祭主事,历仪制郎中。秉礼持正,时望蔚然。二十九年,帝将册立东宫,数迁延不决。纪抗疏极论。其冬,礼成,擢光禄少卿,引疾去。

四十一年自太常少卿擢右佥都御史,巡抚保定诸府。连岁水旱,纪设法救荒甚备。税监张晔请征恩诏已蠲诸税,纪两疏力争,晔竟取中旨行之。纪劾晔抗违诏书,沮格成命,皆不报。居四年,部内大治,迁户部右侍郎,总督漕运兼巡抚凤阳诸府。岁大凶,振救如畿辅。光宗立,召拜户部尚书,督仓场。

天启二年代黄克缵为刑部尚书。时方会议"红丸"事。纪偕侍郎杨东明署议,言:"方从哲知有贵妃,不知有君父。李可灼进药驾崩,反慰以恩谕,赉之银币,国典安在?不逮可灼,无以服天下;不逮崔文升,无以服可灼;不削夺从哲官阶禄荫,无以泄天地神人之愤。"议出,群情甚竦。

主事徐大化者,素无赖。日走魏忠贤门,构陷善类,又显劾给事中周朝瑞、惠世扬。纪愤甚,劾大化溺职状。因言:"大化诚为朝廷击贼,则大臣中有交结权珰,诛锄正士,如宋蔡京者,何不登弹文,而与正人日寻水火。"其言大臣,指大学士沈潅也。大化由此罢去,而潅及忠贤深憾之。御史杨维垣与大化有连,且素附潅,遂助潅诋纪,言纪所劾大臣无主名,请令指实。纪遂直攻潅,言:"潅与京,生不同时,而事实相类。其结纳魏忠贤,与京之契合童贯同也。乞哀董羽宸,与京之恳款陈瓘同也。要盟死友邵辅忠、孙杰,与京之固结吴居厚同也。逐顾命元臣刘一燝、周嘉谟,与安置吕大防、苏轼同也。斥逐言官江秉谦、熊德阳、侯震旸,与贬谪安常民、任伯雨同也。

至于贿交妇寺，窃弄威权，中旨频传而上不悟，朝柄阴握而下不知，此又京迷国罔上，百世合符者。"客、魏闻之怒，为潍泣诉帝前。帝谓纪烦言，加谯责焉。

初，李维翰、熊廷弼、王化贞下吏，纪皆置之重辟。而与都御史、大理卿上廷弼、化贞爱书，微露两人有可矜状，而言不测特恩，非法官所敢轻议。有千总杜茂者，赍登莱巡抚陶朗先千金，行募兵。金尽而兵未募，不敢归，返蓟州僧舍，为逻者所获，词连佟卜年。卜年，辽阳人，举进士，历知南皮、河间，迁夔州同知，未行，经略廷弼荐为登莱监军佥事。逻者搒掠。茂言尝客于卜年河间署中三月，与言谋叛，因挟其二仆往通李永芳。行边尚书张鹤鸣以闻。鹤鸣故与廷弼有隙，欲藉卜年以甚其罪。朝士皆知卜年冤，莫敢言。及镇抚既成狱，移刑部，纪疑之，以问诸曹郎。员外郎顾大章曰："茂既与二仆往来三千里，乃拷讯垂毙，终不知二仆姓名，其诬服何疑？卜年虽非间谍，然实佟养真族子，流三千里可也。"纪议从之。逻者又获奸细刘一燨。忠贤疑刘一燨昆弟，欲立诛一燨与卜年，因一燨以株连一燨。纪皆执不可。潍遂劾纪护廷弼，缓卜年等狱，为二大罪。帝责纪陈状，遂斥为民。以侍郎杨东明署部事，坐卜年流二千里。狱三上三却。给事中成明枢、张鹏云、沈惟炳，卜年同年生也，为发愤，摭他事连劾东明。卜年获长系，瘐死，而东明遂引疾去。

纪既斥，大学士叶向高、何宗彦、史继偕论救，皆不听。后阉党罗织善类，纪先卒，乃免。崇祯元年复官，赠少保，荫一子，谥庄毅。

杨东明，字启修，虞城人。官给事中。请定国本，出阁豫教，早朝勤政，酌宋应昌、李如松功罪之平。上河南饥民图，荐寺丞钟化民往振。掌吏科，协孙丕扬主大计。后以劾沈思孝，思孝与相诋，贬三官为陕西布政司照磨。里居二十六年。光宗立，起太常少卿。天启中，累迁刑部右侍郎。既归，遂卒。崇祯初，赠刑部尚书。

孙玮，字纯玉，渭南人。万历五年进士。授行人，擢兵科给事中。

劾中官魏朝及东厂办事官郑如金罪，如金坐下诏狱。二人皆冯保心
腹也。

　　初，张居正以刑部侍郎同安洪朝选轻辽王罪，衔之。后劳堪巡
抚福建，希居正意，讽同安知县金枝捃摭朝选事，堪飞章奏之。命未
卜，捕置之狱，绝其饭食三日，死，禁勿殓，尸腐狱中。堪寻召为左副
都御史，未至京而居正卒。朝选子都察院检校竞诉冤阙下，堪复飞
书抵冯保，削竞籍，廷杖遣归。至是，玮白发其事，并及堪诸贪虐状，
堪免官。未几，朝选妻诉冤，丘橓亦为讼，竞复援胡槚、王宗载事，请
与堪俱死，乃遣堪戍。

　　当是时，厂卫承冯保余威，滥受民讼；抚按访察奸猾，多累无
辜；有司断狱，往往罪外加罚；帝好用立枷，重三百余斤，犯者立死。
玮皆极陈其害。诏立枷如故，余从玮言。以母病，不候命擅归，坐谪
桃源主簿。久之，历迁太常卿。

　　三十年以右副都御史巡抚保定。朝鲜用兵，置军天津，月饷六
万，悉派之民间。先任巡抚汪应蛟役军大治水田，以所入充饷。玮
踵行之，田益垦，遂免加派。岁比不登，旱蝗、大水相继，玮多方振
救，帝亦时出内帑佐之。所条荒政，率报允。畿辅矿使倍他省。矿
已竭而搜凿不已，至岁责民赔纳。玮累疏陈其害，且列天津税使马
堂六大罪，皆不省。

　　就进兵部侍郎，召为右都御史，督仓场。进户部尚书，督仓场如
故。大僚多缺，命署戎政。已，又兼署兵部。玮言：“陛下以累累三
印悉畀之臣，岂真国无人耶？臣所知，大僚则有吕坤、刘元震、汪应
蛟，庶僚则有邹元标、孟一脉、赵南星、姜士昌、刘九经，台谏则有王
德完、冯从吾辈，皆德立行修，足备任使。苟更阅数年，陛下即欲用
之，不可得矣。”弗听。

　　都御史自温纯去后，八年不置代。至四十年十二月，外计期迫，
始命玮以兵部尚书掌左都御史事。玮素负时望。方欲振风纪，而是
时朋党势成，言路大横。会南畿巡按御史荆养乔与提学御史熊廷弼
相讦，玮议廷弼解职候勘。廷弼党官应震、吴亮嗣辈遂连章攻玮。玮

累疏乞休,帝皆慰留。无何,吏部以年例出两御史于外,不关都察院。玮以失职,求去益力,疏十余上。明年七月稽首文华门,出郭候命。至十月,始予告归。

天启改元,起南京吏部尚书,改兵部,参赞机务。三年召拜刑部尚书。囚系众,狱舍至不能容。玮请近畿者就州县分系。内使王文进杀人,下司礼议罪,其余党付法司。玮言一狱不可分两地,请并文进下吏,不听。其冬,以吏部尚书再掌左都御史事,累以老疾辞,不允。明年秋,疾笃,上疏曰:"今者天灾迭见,民不聊生。内而城社可忧,外而牖户未固。法纪凌迟,人心瓦解。陛下欲图治平,莫如固结人心;欲固结人心,莫如登用善类。旧辅臣刘一燝,宪臣邹元标,尚书周嘉谟、王纪、孙慎行、盛以弘、钟羽正等,侍郎曹于汴,词臣文震孟,科臣侯震旸,台臣江秉谦,寺臣满朝荐,部臣徐大相,并老成謇谔,跧伏草野,良可叹惜。倘蒙简擢,必能昭德塞违,为陛下收拾人心。尤望寡欲以保圣躬,勤学以进主德,优容以广言路,明断以揽大权。臣遭疾危笃,报主无期,敢竭微忱,用当尸谏。"遂卒。赠太子太保。魏忠贤用事,陕西巡抚乔应甲劾玮素党李三才、赵南星,不当叨冒恩恤。诏追诰命,夺其荫。崇祯初,复之。后谥庄毅。

钟羽正,字叔濂,益都人。万历八年进士。除滑县知县。甫弱冠,多惠政,征授礼科给事中。疏言朝讲不宜辍,张鲸不宜赦,不报。

迁工科左给事中,出视宣府边务。哈剌慎、老把都诸部挟增市赏二十七万有奇。羽正建议裁之。与参政王象乾誓以利害,莫敢动。兵部左侍郎许守主谦先抚宣府,以贿闻,羽正劾去之。又劾罢副总兵张充实等,而悉置诸侵盗军资者于理。

还为吏科都给事中。劾礼部侍郎韩世能,蓟辽总督塞达,大理少卿杨四知、洪声远不职,四知、声远坐贬谪。时当朝觐,请禁馈遗,言:"臣罪莫大于贪。然使内臣贪而外臣不应,外臣贪而内臣不援,则尚相顾畏莫敢肆。今内以外为府藏,外以内为窟穴,交通赂遗,比周为奸,欲仕路清,世运泰,不可得也。"帝善其言,敕所司禁之。且命阁部大臣公事议于朝房，毋私邸接宾客。吏部摧孟一脉应天府丞，蔡时鼎江西提学，副以吕兴周、马犹龙。帝恶一脉、时鼎尝建言，皆用副者。羽正率同列上言："陛下不用一脉、时鼎，中外谓建白之臣，不惟一时见斥，而且复进无阶，销忠直之气，结谏诤之舌，非国家福。"疏入，忤旨，夺俸有差。

二十年正月偕同官李献可等请皇长子出阁豫教。帝怒，谪献可官。羽正以己实主议，请与同谪，竟斥为民。杜门读书，士大夫往来其地，率辞不见。林居几三十年。光宗立，起太仆少卿。未至，进本寺卿。

天启二年，吏部将用为左副都御史，羽正辞曰："冯公从吾金院已久，吾后入，先之，是长竞也。西台何地，可以是风有位乎？"乃受金都御史而让从吾为副。甫入署，即言："方从哲进药议谥，封后移宫，无谋鲜断，似佞似欺，宜免其官秩，使为法受过。沈㴶结内援，招权贿，宜遄决其去。"群小多不悦。熊廷弼、王化贞之狱，众议纷哗。羽正言："向者开原、铁岭之罪不明，致失辽阳；辽阳之罪不明，致失广宁。朝廷疆土，堪几番败坏。"由是二人皆坐大辟。会朱童蒙以讲学击邹元标及从吾，羽正言书院之设，实为京师首善劝，不当议禁。因自劾乞休。顷之，代从吾为左副都御史，俄改户部右侍郎，督仓场。

明年春，拜工部尚书。故事，奄人冬衣隔岁一给。是夏六月，群奄千余人请预给，蜂拥入署，碎公座，殴捽吏，肆骂而去。盖忌羽正者嗾奄使发难也。羽正疏闻，因求罢。诏司礼太监杖谪群奄，而谕羽正出视事。羽正求去益坚，因言："今帑藏殚虚，九边壮士日夜荷戈寝甲，弗获一饱。庆陵工卒负重乘高，暴炎风赤日中，求佣钱不得。而独内官请乞，朝至夕从。此辈闻之，其谁不含愤。臣奉职不称，义当罢黜。"复三疏自引归。

逾年，逆党霍维华追理三案，言羽正委身门户，遂削夺。崇祯初，复官。久之卒。赠太子太保。

陈道亨,字孟起,新建人。万历十四年进士。除刑部主事,历南京吏部郎中。同里邓以赞、衷贞吉亦官南都,人号"江右三清"。遭母丧,家毁于火,僦屋以居。穷冬无帱,妻御葛裳,与子拾遗薪爇以御寒。或有赠遗,拒弗受。由湖广参政迁山东按察使、右布政使,转福建为左,所至不私一钱。以右副都御史提督操江。光宗立,进工部右侍郎,总督河道。

天启二年,妖贼徐鸿儒作乱。道亨守济宁,扼诸要害,以卫漕舟。事平,增俸赐银币。寻拜南京兵部尚书,参赞机务。杨涟等群击魏忠贤,被谯责。道亨愤,偕九卿上言:"高皇帝定令,内臣止供扫除,不得典兵预政。陛下徒念忠贤微劳,举魁柄授之,恣所欲为,举朝忠谏皆不纳。何重视宦竖轻天下士大夫至此!"疏入,不纳。道亨遂连疏求去。诏许乘传归。逾年卒。

道亨贞亮有守。自参政至尚书,不以家累自随,一苍头执爨而已。崇祯初,赠太子少保,谥清襄。

子弘绪,字士业。为晋州知州,以文名。

赞曰:光、熹之际,朝廷多故。又承神宗颓废之余,政体怠弛,六曹罔修厥职。周嘉谟、张问达诸人,恳恳奉公,《诗》所称"不懈于位"者,盖庶几焉。汪应蛟持国计,谨出纳,水田之议,凿凿可见施行。孙玮请登用善类,钟羽正请禁馈遗,韪哉,救时之良规也。

明史卷二四二
列传第一三○

陈邦瞻　　毕懋康　兄懋良
萧近高　　白瑜　　程绍
翟凤翀　郭尚宾　　洪文衡　何乔远
陈伯友　李成名　　董应举　　林材
朱吾弼　林秉汉　　张光前

　　陈邦瞻,字德远,高安人。万历二十六年进士。授南京大理寺评事。历南京吏部郎中,出为浙江参政。进福建按察使,迁右布政使。改补河南,分理彰德诸府。开水田千顷,建滏阳书院,集诸生讲习。士民祠祀之。就改左布政使。以右副都御史巡抚广西。

　　上林土官黄德勋弟德隆及子祚胤叛德勋,投田州土酋岑茂仁。茂仁纳之,袭破上林,杀德勋,掠妻子金帛。守臣问状,诡言德勋病亡,乞以祚胤继。邦瞻请讨于朝。会光宗嗣位,即擢邦瞻兵部右侍郎,总督两广军务兼巡抚广东,遂移师讨擒之。海寇林莘老啸聚万余人侵掠海滨,邦瞻扼之,不得逞。澳夷筑室青州,奸民与通,时侵内地,邦瞻燔其巢。召拜工部右侍郎。未上,改兵部,进左。

　　天启二年五月疏陈四事,中言:"客氏既出复入,乃陛下过举。辅臣不封还内降,引义固争,致罪谪言者,再蹈拒谏之失,其何解于人言?"疏入,忤旨谯让。寻兼户、工二部侍郎,专理军需。明年卒官。

诏赠尚书。

　　邦瞻好学,敦风节。服官三十年,吏议不及。

　　毕懋康,字孟侯,歙人。万历二十六年进士。以中书舍人授御史。言内阁不当专用词臣,边臣失律者宜重按,部郎田大年、贺盛瑞,中书舍人丁元荐以忤权要废,当雪。疏留中。视盐长芦。

　　畿辅多河渠,湮废不治。懋康言:“保定清河,其源发于满城。抵清苑而南十里,则汤家口为上闸,又十里则清杨为下闸。顺流东下,直抵天津。旁近易、安诸州,新安、雄、完、唐、庆都诸县,并通舟楫仰其利。二闸创自永乐初,日久颓圮,急宜修复,岁漕临、德二仓二十万石饷保定、易州、紫荆诸军,足使士卒宿饱。往者,密云、昌平故不通漕。万历初,总督刘应节、杨兆疏潮、白二河,陵泉诸水,漕粟以饷二镇,二镇之军赖之。此可仿而行也。”诏从之。巡按陕西,疏陈边政十事,劾罢副总兵王学书等七人。请建宗学如郡县学制。报可。改按山东,擢顺天府丞。以忧去。天启四年起右佥都御史,抚治郧阳。

　　懋康雅负器局,扬历中外。与族兄懋良并有清誉,称“二毕”。

　　懋良,字师皋。先懋康举进士。由万载知县擢南京吏部主事。历副使,至左布政使,俱在福建。振饥民,减加派,抚降海寇,以善绩称。懋康为巡抚之岁,懋良亦自顺天府尹擢户部右侍郎,督仓场。魏忠贤以懋康为赵南星所引,欲去之。御史王际逵劾其附丽邪党,遂削籍。而懋良亦以不附忠贤,为御史张讷所论,落职间住。兄弟相继去国,士论更以为荣。

　　崇祯初,起懋康南京通政使。越二年,召拜兵部右侍郎,寻罢。而懋良亦起兵部左侍郎。会京师戒严,尚书张凤翔以下皆获罪。懋良得原,致仕去。懋康再起南京户部右侍郎,督粮储。旋引疾归。兄弟皆卒于家。

　　萧近高,字抑之,庐陵人。万历二十三年进士。授中书舍人。擢礼科给事中。甫拜官，即上疏言罢矿税、释系囚、起废弃三事，明诏已颁，不可中止。帝怒，夺俸一年。顷之，论江西税使潘相擅刑宗人罪，不报。既而停矿分税之诏下，相失利，擅移驻景德镇，请专理窑务。帝即可之，近高复力争。后江西抚按并劾相，相以为近高主之，疏诋甚力。近高疏辨，复劾相。疏虽不行，相不久自引去。

屡迁刑科都给事中。知县满朝荐、诸生王大义等皆忤中使系狱三年。近高请释之，不报。辽东税使高淮激民变，近高劾其罪，请撤还，帝不纳。又以淮诬奏逮同知王邦才、参将李获阳，近高复论救。会廷臣多劾淮者，帝不得已征还，而邦才等系如故。无何，极陈言路不通，耳目壅蔽之患。未几，又言王锡爵密揭行私，宜止勿召；朱赓被弹六十余疏，不当更留。皆不报。故事，六科都给事中内外递转。人情轻外，率规避，近高自请外补。吏部侍郎杨时乔请亟许以成其美。乃用为浙江右参政，进按察使。以病归。起浙江左布政使。所至以清操闻。

泰昌元年召为太仆卿。廷议“红丸”之案，近高言崔文升、李可灼当斩，方从哲当勒还故里，张差谋逆有据，不可蔽以疯癫。历工部左、右侍郎。天启二年冬，引疾去。御史黄尊素因言近高暨侍郎余懋衡、曹于汴、饶伸，太仆少卿刘弘谟、刘宗周并辞荣养志，清风袭人，亟宜褒崇，风励有位。诏许召还。五年冬，起南京兵部，添注左侍郎。力辞，不允。时魏忠贤势张，诸正人屏斥已尽。近高不欲出，迁延久之。给事中薛国观劾其玩命，遂落职。崇祯初，乃复。卒于家。

白瑜，字绍明，永平人。万历二十三年进士。选庶吉士，授兵科给事中。帝既册立东宫，上太后徽号，瑜请推广孝慈，以敦俭、持廉、惜人才、省冤狱四事进，皆引《祖训》及先朝事以规时政，辞甚切。三十年，京师旱，陕西河州黄河竭。礼官请修省，瑜言：“修省宜行实政。今逐臣久锢，累臣久羁，一蒙矜释，即可感格天心。”末言矿税之害。皆不报。

累迁工科都给事中。帝于射场营乾德台，瑜抗疏力谏，又再疏请斥中官王朝、陈永寿，帝不能无憾。会瑜论治河当专任，遂责其剽拾陈言，谪广西布政使照磨。以疾归。光宗立，起光禄少卿，三迁太常卿。给事中倪思辉、朱钦相，御史王心一以直言被谪，瑜抗疏论救。

天启二年由通政使拜刑部右侍郎，署部事。郑贵妃兄子养性奉诏还籍，逗遛不去，其家奴张应登讦其通塞外。永宁伯王天瑞者，显皇后弟也，以后故衔郑氏，遂偕其弟锦衣天麟交章劾养性不轨。瑜以郑氏得罪先朝，而交通事实诬，乃会都御史赵南星、大理卿陈于廷等谳上其狱，请抵奴诬告罪，勒养性居远方。制可。明年进左侍郎。卒官。赠尚书。

程绍，字公业，德州人。祖瑶，江西右布政使。绍举万历十七年进士。除汝宁推官，征授户科给事中。巡视京营。副将佟养正等五人行贿求迁，皆劾置于理。帝遣使采矿河南，绍两疏言宜罢，皆不报。

再迁吏科左给事中。会大计京官，御史许闻造讦户部侍郎张养蒙等，语侵吏部侍郎裴应章。绍言闻造挟吏部以避计典，且附会阁臣张位，闻造乃贬边方。主事赵世德考察贬官，廷议征杨应龙，兵部举世德知兵，绍驳止之。又劾文选郎杨守峻，守峻自引去。饶州通判沈榜贬官，贪缘税监潘相得留，绍极言非法。山西税使张忠以夏县知县韩薰忤己，奏调之僻地，绍又争之。帝怒，斥为民。以沈一贯救，诏镌一秩，出之外。给事中李应策、御史李炳等争之。帝益怒，并薰斥为民，而夺应策等俸。绍家居二十年。光宗即位，起太常少卿。

天启四年历右副都御史，巡抚河南。宗室居仪封者，为盗窟。绍列上其状，废徙高墙。临漳民耕地漳滨，得玉玺，龙纽龟形，方四寸，厚三寸，文曰"受命于天，既寿永昌"，以献绍。绍闻之于朝，略言："秦玺不足征久矣。今玺出，适在臣疆，既不当复埋地下，又不合私

秘人间。欲遣官恭进阙廷，迹涉贡媚。且至尊所宝，在德不在玺，故
先驰奏闻，候命进止。昔王孙圉不宝玉珩，齐威王不宝照乘，前史美
之。陛下尊贤爱士，野无留良。尚有一代名贤，如邹元标、冯从吾、
王纪、周嘉谟、盛以弘、孙慎行、钟羽正、余懋衡、曹于汴等皆忧国奉
公，白首魁艾。其他词林台谏一锢不起者，并皇国祯祥，盛朝珍宝。
臣不能汲致明廷，徒献符贡瑞，臣窃羞之。愿陛下惟贤是宝。在朝
之忠直，勿事虚拘；在野之老成，亟图登进。彼区区秦玺之真伪，又
安足计哉。"魏忠贤方斥逐耆硕，见之不悦。后忠贤势益张，绍遂引
疾归。

　　崇祯六年荐起工部右侍郎。越二年，以年老，四疏乞休去。卒，
赠本部尚书。

　　翟凤翀，字凌元，益都人。万历三十二年进士。历知吴桥、任丘，
有治声，征授御史。疏荐钟羽正、赵南星、邹元标等，因言："宋季邪
谄之徒，终日请禁伪学，信口诋諆。近年号讲学者，不幸类此。"

　　出按辽东。宰赛、煖兔二十四营环开原而居，岁为边患。宰赛
尤桀骜，数败官军，杀守将，因挟边吏增赏。庆云参将陈洪范所统止
羸卒二千，又恇怯不任战。凤翀奏请益兵，易置健将，开原始有备。
又请所在建常平仓，括赎锾，节公费，易粟备荒。帝善其议，命推行
于诸边。故辽阳参将吴希汉失律听勘，以内援二十年不决，且谋复
官。凤翀一讯成狱，置之大辟。边人快之。

　　帝因"梃击"之变，召见廷臣于慈宁宫。大学士方从哲、吴道南
无所言。御史刘光复方发口，遽得罪。凤翀上言："陛下召对廷臣，
天威开霁，千载一时。辅臣宜举朝端大政，如皇太子、皇长孙讲学，
福府庄田龃龉，大僚空虚，考选沉阁，以及中旨频降，边警时闻，水
旱盗贼之相仍，流移饥殍之载道，一一缕奏于前。乃缄默不言，致光
复以失仪获罪。光复一日未释，辅臣未可晏然也。"忤旨，切责。山
东大饥。以凤翀疏，遣御史过庭训赍十六万金振之。

　　中官吕贵假奸民奏，留督浙江织造。冉登提督九门，诬奏市民

殴门卒，下兵马指挥欧相之史。邢洪辱御史凌汉翀于朝，给事中郭尚宾等劾之，帝释洪不问。汉翀为废将凌应登所殴，洪复曲庇应登。凤翀抗疏极论贵、登、洪三人罪。且曰："大臣造膝无从，小臣叩阍无路。宦寺浸用，政令多违，实开群小假借之端，成太阿倒持之势。"帝大怒，谪山西按察使经历。而是时，尚宾亦上疏极言："比来拟旨不由内阁，托以亲裁。言官稍涉同类，辄云党附。将使大臣不肯尽言，小臣不敢抗论，天下事尚可为哉？乞陛下明诏阁臣，封还内降，容纳直谏，以保治安。"忤旨，谪江西布政使检校。阁臣及言官论救，皆不纳。帝于章疏多不省，故廷臣直谏者久不被谴。至是二人同日谪官，时称"二谏"。

凤翀既谪，三迁。天启初为南京光禄少卿。四年以大理少卿进右佥都御史，巡抚延绥。魏忠贤党御史卓迈、汪若极连章论之，遂削籍。崇祯二年起兵部右侍郎，寻出抚天津。以疾归。卒，赠兵部尚书。

尚宾，字朝谞，南海人，凤翀同年进士。自吉安推官授刑科给事中。遇事辄谏净，尤愤中官之横。尝因事论税使李凤、高采、潘相，颇称敢言。已，竟谪官。光宗时乃复起，累官刑部右侍郎，亦以不附忠贤削籍。崇祯初，为兵部右侍郎。卒，赠尚书。

洪文衡，字平仲，歙人。万历十七年进士。授户部主事。帝将封皇长子为王，偕同官贾岩合疏争。寻改礼部。与郎中何乔远善。乔远坐讦误被谪，文衡已迁考功主事，竟引病归。

起补南京工部，历郎中。力按旧章，杜中贵横索，节冗费为多。官工部九年，进光禄少卿。改太常，督四夷馆。中外竞请起废，帝率报寝。久之，乃特起顾宪成。宪成已辞疾，忌者犹惮其进用，御史徐兆魁首疏力攻之。文衡虑帝惑兆魁言，抗章申雪。因言："今两都九列，强半无人，仁贤空虚，识者浩叹。所堪选择而使者，只此起废一途。今宪成尚在田间，已婴罗罔，俾圣心愈疑。连茹无望，贻祸贤者，流毒国家，实兆魁一疏基之矣。"寻进大理少卿。以忧去。

泰昌元年起太常卿。光宗既崩，议升祔。文衡请祧睿宗，曰："此肃宗一时崇奉之情，不合古谊。且睿宗尝为武宗臣矣，一旦加诸其上，礼既不合，情亦未安。当时臣子过于将顺，因循至今。夫情隆于一时，礼垂于万世。更定之举正在今时。"疏格不行。未几卒，赠工部右侍郎。

文衡天性孝友。居丧，断酒肉不处内者三年。生平不妄取一介。

乔远，字稺孝，晋江人。万历十四年进士。除刑部主事，历礼部仪制郎中。神宗欲封皇长子为王，乔远力争不可。同官陈泰来等言事被谪，抗疏救之。石星主封倭，而朝鲜使臣金晬泣言李如松、沈惟敬之误，致国人束手受刃者六万余人。乔远即以闻，因进累朝驭倭故事，帝颇心动。而星坚持己说，疏竟不行。坐累谪广西布政使经历，以事归。里居二十余年，中外交荐，不起。

光宗立，召为光禄少卿，移太仆。王化贞驻兵广宁，主战。乔远画守御策，力言不宜轻举。无何，广宁竟弃。天启二年进左通政。邹元标建首善书院，朱童蒙等劾之。乔远言："书院上梁文实出臣手，义当并罢。"语侵童蒙。进光禄卿，通政使。五疏引疾，以户部右侍郎致仕。崇祯二年起南京工部右侍郎。给事中庐兆龙劾其衰庸，自引去。

乔远博览，好著书。尝辑明十三朝遗事为《名山藏》，又纂《闽书》百五十卷，颇行于世，然援据多舛云。

陈伯友，字仲怡，济宁人。万历二十九年进士。授行人。擢刑科给事中。甫拜命，即劾罢河南巡抚李思孝。俄论邹之麟科场弊宜勘；奄竖辱驸马冉兴让，宜置之法；楚宗英㷿、蕴钫，良吏满朝荐、王邦才等宜释。已，又言："陛下清明之心，不幸中年为利所惑，皇皇焉若不足。以致财匮民艰，家成彻骨之贫，人抱伤心之痛。今天下所以杌橍倾危而不可救药者，此也。"又言："李廷机去国，操纵不出上裁。至外而抚按,内而庶僚,去留无所断决。士大夫意见分岐,议论各异,陛下漫无批答。曷若尽付外廷公议,于以平曲直、定国是乎?”帝皆不省。熊廷弼为荆养乔所讦,伯友与李成名等力主行勘。

既又陈时政四事,言:“拟旨必由内阁。昨科臣曾六德之处分,阁臣叶向高之典试,悉由内降。而福王之国之旨,亦于他疏批行。非独亵天言,抑且贻隐祸。法者天下所共。黔国公沐昌祚请令其孙启元代镇,已非法矣。乃抚按据法请勘,而以内批免之,疑中有隐情。御史吕图南改提学,此争为贤,彼争为不肖,盍息两家戈矛,共图军国大计。福王久应之国,今春催请不下数百疏,何以忽易期?”疏亦留中。寻以艰去。及服除,廷议多排东林,遂不出。

至四十六年,以年例,即家除河南副使。天启四年屡迁太常寺卿,治少卿事。杨涟劾魏忠贤,伯友亦偕卿胡世赏等抗疏极论。明年十二月,御史张枢劾其倚附东林,遂削夺。庄烈帝即位,诏复官,未及用而卒。

成名,字寰知,太原卫人。祖应时,南京户部员外郎,以清白著。成名举万历三十二年进士,授中书舍人。擢吏科给事中。疏陈铨政失平,语侵尚书赵焕。俄请释累臣满朝荐,言朝荐不释,则诸珰日肆,国家患无已。吏部侍郎方从哲,中旨起官。成名抗疏劾之,并及其子恣横状。从哲求去,帝不许。是时,党人日攻东林,成名遂移疾归。

家居五年,起山东副使。天启初,迁湖广参政,入为太仆少卿。四年春,擢右佥都御史,巡抚南、赣。魏忠贤以成名为赵南星所用,因所属给由,犯御讳,除其名。为巡抚止八月,士民祠祀焉。崇祯改元,召拜户部右侍郎,以左侍郎专理边饷。京师戒严,改兵部。帝召对平台,区画兵事甚悉。数月而罢,卒于家。

董应举,字崇相,闽县人。万历二十六年进士。除广州教授。与税监李凤争学傍墙地,凤舍人驰骑文庙前,絷其马,用是有名。

迁南京国子博士。再迁南京吏部主事。召为文选主事。历考功郎中,告归。起南京大理丞。四十六年闰四月,日中黑子相斗。五月朔,有黑日掩日,日无光。时辽东抚顺已失,应举言:“日生黑眚,乃强敌侵凌之征。亟宜勤政修备,以消祸变。”因条上方略。帝置不省。

天启改元,再迁太常少卿,督四夷馆。二年春,陈急务数事,极言天下兵耗民离,疆宇日蹙,由主威不立,国法不行所致。帝以为应举知兵,令专任较射演武。

已,上言保卫神京在设险营屯。遂擢应举太仆卿兼河南道御史,经理天津至山海屯务。应举以责太重,陈十难十利,帝悉敕所司从之。乃分处辽人万三千余户于顺天、永平、河间、保定,诏书褒美。遂用公帑六千买民田十二万余亩,合闲田凡十八余万亩,广募耕者,畀工廪、田器、牛种,浚渠筑防,教之艺稻,农舍、仓廨、场圃、舟车毕具,费二万六千,而所收黍麦谷五万五千余石。廷臣多论其功,就进右副都御史。天津葛沽故有水陆兵二千,应举奏令屯田,以所入充岁饷,屯利益兴。

五年六月,朝议以屯务既成,当广鼓铸。乃改应举工部右侍郎,专领钱务,开局荆州。寻议给两淮盐课为铸本,命兼户部侍郎,并理盐政。应举至扬州,疏请厘正盐规,议商人补行积引,增输银视正引之半。为部议所格。应举方奏析,而巡盐御史陆世科恶其侵官,劾之。魏忠贤传旨诘让,御史徐扬先遂希指再劾,落职闲住。崇祯初,复官。

应举好学善文。其居官,慷慨任事;在家,好兴利捍患。比没,海滨人祠祀之。

林材,字谨任,闽县人。万历十一年进士。授舒城知县。擢工科给事中。吏部推郑洛戎政尚书,起张九一贵州巡抚。材极言两人不当用,九一遂罢。王锡爵赴召,材疏论,并及赵志皋、张位。再请建储豫教,又争三王并封之谬。

屡迁吏科都给事中。劾罢南京尚书郝杰、徐元泰。经略宋应昌惑沈惟敬，力请封贡。材乞斩应昌、惟敬，不报。志皋、位拟旨失当，材抗疏驳之。二十二年夏六月，西华门灾，材偕同官上言，切指时政缺失。帝愠甚，以方修省不罪。吏部推顾养谦总理河道，材论止之。兵部将大叙平壤功，材力诋石星罔上，星乃不敢滥叙。其冬，复率同官言成宪不当为祭酒，冯梦祯不当为詹事，刘元震不当为吏部侍郎。帝积前怒，言材屡借言事诬谤大臣，今复暗伤善类。乃贬三官，余停俸一岁。会御史崔景荣等论救，再贬程乡典史。材遂归里不出。

光宗即位，始起尚宝丞，再迁太仆少卿。还朝未几，即乞归。天启中，起南京通政使，卒。崇祯初，赠右都御史。

朱吾弼，字谐卿，高安人。万历十七年进士。授宁国推官。征授南京御史。

大学士赵志皋弟学仕为南京工部主事，以赃败。两京刑部因志皋故，轻其罪，议调饶州通判。吾弼疏论，竟谪戍之。奏请建国本，简阁臣，补言官，罢矿税，不报。山西巡抚魏允贞为税使孙朝所讦，吾弼乞治朝欺罔罪。广东税使李凤乾没，奸人王遇桂请税江南田契，吾弼皆疏论其罪。时无赖子蜂起言利，廷臣辄连章力争。帝虽不尽从，亦未尝不容其切直。雷震皇陵，吾弼请帝廷见大臣，讲求祖宗典制，次第举行，与天下更始。寻复言："陛下孝敬疏于郊庙，惕厉弛于朝讲；土木盛宫苑，榛芜遍殿廷，群小横中外，正士困囹圄；闾阎以矿税竭，邮传以输辇疲，流亡以水旱增，郡县以征求困；草泽生心，衣冠丧气；公卿不能补牍，台谏无从引裾。不可不深察而改图也。"末言礼部侍郎郭正域疾恶严，居己峻，不可以楚事弃。

先是，楚假王议起，首辅沈一贯阴左右王，以正域请行勘，嗾其党钱梦皋辈逐之去。举朝无敢留正域及言楚事者，吾弼独抗章申理。而御史林秉汉以楚宗人戕杀巡抚，亦请详勘。且言："王既非假，何惮于勘？"吾弼、秉汉遂为一贯等所恶。会梦皋京察将黜，遂讦秉汉为正域鹰犬，语侵沈鲤、杨时乔、温纯。秉汉坐贬贵州按察司检

校，而梦皋得留。郎中刘元珍论之，反获谴。吾弼复疏直元珍，请黜
梦皋，因力诋一贯，亦忤旨，停俸一年，遂移疾去。居三年，起南京光
禄少卿，召为大理右丞。齐、楚、浙三党用事，吾弼复辞疾归。熹宗
立，召还。屡迁南京太仆卿。天启五年为御史吴裕中劾罢。

秉汉，字伯昭，长泰人。按广东，亦再疏劾李凤。既谪，寻移疾
归，卒于家。天启中，赠太仆少卿。

张光前，字尔荷，泽州人。万历三十八年进士。授蒲圻知县。补
安肃。甫四月，擢吏部验封主事。历文选员外郎、稽勋郎中。乞假
去。

天启四年，赵南星为尚书，起为文选郎中。甫视事，魏忠贤欲逐
南星，假廷推谢应祥事矫旨切责。南星时与推应祥者，员外郎夏嘉
遇，非光前也。光前抗疏争之，曰："南星人品事业昭灼人耳目，忽奉
严旨责以不公忠，臣窃惑之。选郎，诸曹领袖，尚书臂指。南星所甄
别进退，臣实佐之。功罪与共，乞先赐罢斥。"亦被旨切责。未几，以
推乔允升等代南星，忤忠贤意，削侍郎陈于廷及杨涟、左光斗籍。光
前又抗疏曰："会推尚书，于廷主议，臣执笔，谨席稿待罪。"遂贬三
秩，调外任。

光前操行清严，峻却请谒。知县石三畏赃私狼籍，得奥援，将授
台谏。光前出之为王官，其党咸侧目。明年，光前兄右布政使光缙
治兵遵化，为奄党门克新所劾，亦削籍。兄弟并以忤奄去，见称于
世。崇祯元年起光禄少卿，不赴。三年起太常。已，进大理少卿。累
疏乞休，及家而卒。

赞曰：朝政弛，则士大夫腾空言而少实用。若陈邦瞻、毕懋康、
翟凤翀、董应举，尚思有所建立，惜不逢明作之朝，故所表见止此
耳。萧近高、洪文衡诸人皆以清素自矢，白瑜论郑氏狱能持平，固卿
贰之铮铮者欤。

明史卷二四三
列传第一三一

赵南星　邹元标　孙慎行
盛以弘　高攀龙　冯从吾

赵南星,字梦白,高邑人。万历二年进士。除汝宁推官。治行廉平,稍迁户部主事。张居正寝疾,朝士群祷,南星与顾宪成、姜士昌戒弗往。居正殁,调吏部考功。引疾归。

起历文选员外郎。疏陈天下四大害,言:"杨巍乞休,左都御史吴时来谋代之,忌户部尚书宋纁声望,连疏排挤。副都御史詹仰庇力谋吏、兵二部侍郎。大臣如此,何以责小臣?是谓干进之害。礼部尚书沈鲤、侍郎张位、谕德吴中行、南京太仆卿沈思孝相继自免,独南京礼部侍郎赵用贤在,词臣黄洪宪辈每阴谮之,言官唐尧钦、孙愈贤、蔡系周复显为诋诬。众正不容,宵人得志,是谓倾危之害。州县长吏选授太轻,部寺之官计日而取郡守,不问才行。而抚按论人赃私有据,不曰未甚,则曰任浅,概止降调。其意以为惜才,不知此乃惜不才也。吏治日污,民生日瘁,是谓州县之害。乡官之权大于守令,横行无忌,莫敢谁何?如渭南知县张栋,治行无双,裁抑乡官,被谮不获行取,是谓乡官之害。四害不除,天下不可得治。"

疏出,朝论韪之。而中所抨击悉时相所庇,于是给事中李春开起而驳之。其疏先下,南星几获谴。给事中王继光、史孟麟、万自约,部曹姜士昌、吴正志并助南星诋春开,且发时来、仰庇、洪宪谮诏状。春开气沮,然南星卒以病归。再起,历考功郎中。

　　二十一年大计京官,与尚书孙铳秉公澄汰。首黜所亲都给事中王三余及铳甥文选员外郎吕胤昌,他附丽政府及大学士赵志皋弟皆不免。政府大不堪。给事中刘道隆因劾吏部议留拾遗庶僚非法。得旨,南星等专权植党,贬三官。俄因李世达等疏救,斥南星为民。后论救者悉被谴,铳亦去位,一时善类几空。事具《铳传》。

　　南星里居,名益高。刍邹元标、顾宪成,海内拟之"三君"。中外论荐者百十疏,卒不起。

　　光宗立,起太常少卿。俄改右通政,进太常卿。至则擢工部右侍郎。居数月,拜左都御史,慨然以整齐天下为任。天启三年大计京官,以故给事中亓诗教、赵兴邦、官应震、吴亮嗣先朝结党乱政,议黜之。吏科都给事中魏应嘉力持不可。南星著《四凶论》,卒与考功郎程正己置四人不谨。他所澄汰,一如为考功时。浙江巡按张素养荐部内人材,及姚宗文、邵辅忠、刘廷元。南星劾其谬,素养坐夺俸。先是,巡方者有提荐之例,南星已奏止之。而陕西高弘图、山西徐扬先、宣大李思启、河东刘大受,复踵行如故。南星并劾奏之,巡方者始知畏法。

　　寻代张问达为吏部尚书。当是时,人务奔竞,苟且恣行,言路横尤甚。每文选郎出,辄邀之半道,为人求官,不得则加以恶声,或逐之去。选郎即公正无如何,尚书亦太息而已。南星素疾其弊,锐意澄清,独行己志,政府及中贵亦不得有所干请,诸人惮其刚严不敢犯。有给事为贳郎求盐运司,即注贳郎王府,而出给事于外。知县石三畏素贪,夤缘将行取,南星亦置之王府。时进士无为王官者,南星不恤也。

　　魏忠贤雅重之,尝于帝前称其任事。一日,遣娣子傅应星介一中书贽见,南星麾之去。尝并坐弘政门,选通政司参议,正色语忠贤曰:"主上冲龄,我辈内外臣子宜各努力为善。"忠贤默然,怒形于色。大学士魏广微,南星友允贞子也,素以通家子畜之。广微入内阁,尝三至南星门,拒勿见。又尝叹曰:"见泉无子。"见泉,允贞别号也。广微恨刺骨,与忠贤比而龁南星。

　　东林势盛，众正盈朝。南星益搜举遗佚，布之庶位。高攀龙、杨涟、左光斗秉宪；李腾芳、陈于廷佐铨；魏大中、袁化中长科道；郑三俊、李邦华、孙居相、饶伸、王之采辈悉置卿贰。而四司之属，邹维琏、夏嘉遇、张光前、程国祥、刘廷谏亦皆民誉。中外忻忻望治，而小人侧目，滋欲去南星。给事中傅櫆以维琏改吏部己不与闻，首假汪文言发难，劾南星紊旧制，植私人。维琏引去，南星奏留之，小人愈恨。会涟劾忠贤疏上，宫府益水火。南星遂杜门乞休，不许。

　　攀龙之劾崔呈秀也，南星议戍之。呈秀窘，夜走忠贤邸，叩头乞哀，言："不去南星及攀龙、涟等，我两人未知死所。"忠贤大以为然，遂与定谋。会山西缺巡抚，河南布政使郭尚友求之。南星以太常卿谢应祥有清望，首列以请。既得旨，而御史陈九畴受广微指，言应祥尝知嘉善，大中出其门，大中以师故，谋于文选郎嘉遇而用之，徇私当斥。大中、嘉遇疏辩，语侵九畴。九畴再疏力诋，并下部议。南星、攀龙极言应祥以人望推举，大中、嘉遇无私，九畴妄言不可听。忠贤大怒，矫旨黜大中、嘉遇，并黜九畴，而责南星等朋谋结党。南星遽引罪求去，忠贤复矫旨切责，放归。明日，攀龙亦引去。给事中沈惟炳论救，亦出之外。俄以会推忤忠贤意，并斥于廷、涟、光斗、化中，引南星所摈徐兆魁、乔应甲、王绍徽等置要地。小人竞进，天下大柄尽归忠贤矣。

　　忠贤及其党恶南星甚，每矫敕谕，必目为元凶。于是御史张讷劾南星十大罪，并劾维琏、国祥、嘉遇及王允成。得旨，并削籍。令再奏南星私党，讷复列上邦华及孙鼎相等十四人，并贬黜。自是为南星摈弃者，无不拔擢。其素所推奖者，率遭奇祸。诸干进速化之徒，一击南星，辄遂所欲。而石三畏亦起为御史，疏攻南星及李三才、顾宪成、孙丕扬、王图等十五人。死者皆削夺，缙绅祸益烈。寻以汪文言狱词连及南星，下抚按提问。适郭尚友巡抚保定，而巡按马逢皋亦憾南星，乃相与庭辱之。笞其子清衡及外孙王钟庞，系之狱，坐南星赃万五千。南星家素贫，亲故捐助，始获竣。卒戍南星代州，清衡庄浪，钟庞永昌。嫡母冯氏、生母李氏，并哀恸而卒。子生七龄，惊怖死。南星抵戍所，处之怡然。

庄烈帝登极，有诏赦还。巡抚牟志夔，忠贤党也，故迟遣之，竟卒于戍所。崇祯初，赠太子太保，谥忠毅。槚、呈秀、广微、九畴、兆魁、应甲、绍徽、讷、三畏、尚友、志夔，俱名丽逆案，为世大僇焉。

邹元标，字尔瞻，吉水人。九岁通《五经》。泰和胡直，嘉靖中进士，官至福建按察使，师欧阳德、罗洪先，得王守仁之传。元标弱冠从直游，即有志为学。举万历五年进士。观政刑部。

张居正夺情，元标抗疏切谏。且曰："陛下以居正有利社稷耶？居正才虽可为，学术则偏；志虽欲为，自用太甚。其设施乖张者，如州县入学，限以十五六人。有司希指，更损其数。是进贤未广也。诸道决囚，亦有定额。所司惧罚，数必取盈。是断刑太滥也。大臣持禄苟容，小臣畏罪缄默，有今日陈言而明日获谴者。是言路未通也。黄河泛滥为灾，民有驾蒿为巢、啜水为餐者，而有司不以闻。是民隐未周也。其他用刻深之吏，沮豪杰之材，又不可枚数矣。伏读敕谕，'朕学尚未成，志尚未定，先生既去，前功尽隳'。陛下言及此，宗社无疆之福也。虽然，弼成圣学，辅翼圣志者，未可谓在廷无人也。且幸而居正丁艰，犹可挽留；脱不幸遂捐馆舍，陛下之学将终不成，志将终不定耶？臣观居正疏言'世有非常之人，然后办非常之事'，若以奔丧为常事而不屑为者。不知人惟尽此五常之道，然后谓之人。今有人于此，亲生而不顾，亲死而不奔，独自号于世曰我非常人也，世不以为丧心，则以为禽兽，可谓之非常人哉？"

疏就，怀之入朝。适廷杖吴中行等。元标俟杖毕，取疏授中官，绐曰："此乞假疏也。"及入，居正大怒，亦廷杖八十，谪戍都匀卫。卫在万山中，夷僚与居，元标处之怡然。益究心理学，学以大进。巡按御史承居正指，将害元标。行次镇远，一夕，御史暴死。

元标谪居六年，居正殁，召拜吏科给事中，首陈培圣德、亲臣工、肃宪纪、崇儒行、饬抚臣五事。寻劾罢礼部尚书徐学谟、南京户部尚书张士佩。

　　徐学谟者，嘉定县人。嘉靖中，为荆州知府。景恭王之藩德安，欲夺荆州城北沙市地。学谟力抗不予，为王所劾。下抚按逮问，改官。荆州人德之，移沙市为"徐市"。居正素与厚。万历中，累迁右副都御史，抚治郧阳。居正归葬父，学谟事之谨，召为刑部侍郎。越二年，擢礼部尚书。自弘治后，礼部长非翰林不授。惟席书以言"大礼"故，由他曹迁；万士和不由翰林，然先历其部侍郎。学谟径拜尚书，廷臣以居正故，莫敢言。居正卒，学谟急缔姻于大学士申时行以自固。及奉命择寿宫，通政参议梁子琦劾其始结居正，继附时行，诏为夺子琦俸。元标复劾之，遂令致仕归。

　　慈宁宫灾，元标复上时政六事。中言："臣曩进无欲之训，陛下试自省，果无欲耶，寡欲耶？语云：'欲人勿闻，莫若勿为'。陛下诚宜翻然自省，加意培养。"当是时，帝方壮龄，留意声色游宴，谓元标刺己，怒甚，降旨谯责。首辅时行以元标己门生，而劾罢其姻学谟，亦心憾，遂谪南京刑部照磨。就迁兵部主事。召改吏部，进员外郎，以病免。起补验封。陈吏治十事，民瘼八事，疏几万言。文选缺员外郎，尚书宋𫄷请用元标，久不获命，连疏趣之。给事中杨文焕、御史何选亦以为言。帝怒，诘责𫄷，谪文焕、选于外，而调元标南京。刑部尚书石星论救，亦被谯让。元标居南京三年，移疾归。久之，起本部郎中，不赴。旋遭母忧，里居讲学，从游者日众，名高天下。中外疏荐遗佚，凡数十百上，莫不以元标为首。卒不用。家食三十年。

　　光宗立，召拜大理卿。未至，进刑部右侍郎。天启元年四月还朝，首进和衷之说，言："今日国事，皆二十年诸臣酝酿所成。往者不以进贤让能为事，日锢贤逐能。而言事者又不降心平气，专务分门立户。臣谓今日急务，惟朝臣和衷而已。朝臣和，天地之和自应。向之论人论事者，各怀偏见。偏生迷，迷生执，执而为我，不复知有人，祸且移于国。今与诸臣约，论一人当惟公惟平，毋轻摇笔端；论一事当惩前虑后，毋轻试耳食。以天下万世之心，衡天下万世之人与事，则议论公，而国家自享安静和平之福。"因荐涂宗浚、李邦华等十八人。帝优诏褒纳。居二日，复陈拔茅阐幽、理财振武数事，及保泰四

规。且请召用叶茂才、赵南星、高攀龙、刘宗周、丁元荐，而恤录罗大
纮、雒于仁等十五人。帝亦褒纳。

　　初，元标立朝，以方严见惮，晚节务为和易。或议其逊初仕时。
元标笑曰："大臣与言官异。风裁踔绝，言官事也。大臣非大利害，
即当护持国体，可如少年悻动耶？"时朋党方盛，元标心恶之，思矫
其弊，故其所荐引不专一途。尝欲举用李三才，因言路不与，元标即
中止。王德完讥其首鼠，元标亦不较。南京御史王允成等以两人不
和，请帝谕解。元标言："臣与德完初无纤芥，此必有人交构其间。臣
尝语朝士曰：'方今上在冲岁，敌在门庭，只有同心共济。倘复党同
伐异，在国则不忠，在家则不孝。世自无偏无党之路，奈何从室内起
戈矛耶？'"帝嗣位已久，而先朝废死诸臣犹未赠恤，元标再陈阐幽
之典，言益恳切。

　　其年十二月改吏部左侍郎。未到官，拜左都御史。明年典外察，
去留惟公。御史潘汝桢、过庭训雅有物议。及庭训秩满，汝桢注考
溢美。元标疏论之，两人并引疾去。已，言丁巳京察不公，专禁锢异
己，请收录章家祯、丁元荐、史记事、沈正宗等二十二人。由是诸臣
多获昭雪。又言："明诏收召遗佚，而诸老臣所处犹是三十年前应得
之官，宜添注三品崇秩，昭陛下褒尊耆旧至意。"帝纳其言。于是两
京太常、太仆、光禄三卿各增二员。

　　孙慎行之论"红丸"也，元标亦上疏曰："乾坤所以不毁者，惟此
纲常。纲常所以植立者，恃此信史。臣去年舟过南中，南中士大夫
争言先帝猝然而崩，大事未明，难以传信。臣初不谓然。及既入都，
为人言先帝盛德，宜速登信史。诸臣曰：'言及先帝弥留大事，令人
阁笔，谁敢领此？'臣始有疑于前日之言。元辅方从哲不伸讨贼之
义，反行赏奸之典，即谓无其心，何以自解于世。且从哲秉政七年，
未闻建树何事，但闻马上一日三趣战，丧我十万师徒。讯问谁秉国
成，而使先帝震惊，奸人闯宫，豺狼当路，险邪乱政？从哲何词以对？
从来惩戒乱贼，全在信史。失今不成，安所底止。"时刑部尚书黄克
缵希内廷意，群小和之，而从哲世居京师，党附者众，崔文升党复弥

缝于内,格慎行与众议,皆不得伸。未几,慎行及王纪偕逐,元标疏救,不听。

元标自还朝以来,不为危言激论,与物无猜。然小人以其东林也,犹忌之。给事中朱童蒙、郭允厚、郭兴治虑明年京察不利己,潜谋驱逐。会元标与冯从吾建首善书院,集同志讲学,童蒙首请禁之。元标疏辨求去,帝已慰留,允厚复疏劾,语尤妄诞。而魏忠贤方窃柄,传旨谓宋室之亡由于讲学,将加严遣。叶向高力辨,且乞同去,乃得温旨。兴治及允厚复交章力攻;兴治至比之山东妖贼。元标连疏请益力,诏加太子太保,乘传归。陛辞,上《老臣去国情深疏》。历陈军国大计,而以寡欲进规,人为传诵。四年卒于家。明年,御史张讷请毁天下讲坛,力诋元标,忠贤遂矫旨削夺。崇祯初,赠太子太保、吏部尚书,谥忠介。

童蒙等既劾元标,遂得罪清议,寻以年例外迁。及忠贤得志,三人并召还。岁余,允厚至户部尚书、太子太保。童蒙至右副都御史,巡抚延绥,母死不持服,为忠贤建生祠。兴治亦加至太仆卿。忠贤败,三人并丽逆案云。

孙慎行,字闻斯,武进人。幼习闻外祖唐顺之绪论,即嗜学。万历二十三年举进士第三人,授编修,累官左庶子。数请假里居,键户息交,覃精理学。当事请见,率不纳。有以政事询者,不答。

四十一年五月由少詹事擢礼部右侍郎,署部事。当是时,郊庙大享诸礼,帝二十余年不躬亲,东宫辍讲至八年,皇长孙九龄未就外傅,瑞王二十三未婚,楚宗人久锢未释,代王废长立幼,久不更正,臣僚章奏一切留中,福府庄田取盈四万顷,慎行并切谏。已,念东宫开讲,皇孙出阁,系宗社安危,疏至七八上。代王废长子鼎渭,立爱子鼎莎,李廷机为侍郎时主之,其后,群臣争者面余疏,帝皆不省。慎行屡疏争,乃获更置。楚宗人击杀巡抚赵可怀,为首六人论死,复锢英燨等二十三人于高墙,禁蕴钫等二十三人于远地。慎行力白其非叛,诸人由此获释。皇太子储位虽定,福王尚留京师,须庄

田四万顷乃行,宵小多窥伺。廷臣请之国者愈众,帝愈迟之。慎行
疏十余上,不见省。最后,贵妃复请帝留王庆太后七旬寿节,群议益
籍籍。慎行乃合文武诸臣伏阙力请,大学士叶向高亦争之强。帝不
得已,许明年季春之国,群情始安。

韩敬科场之议,慎行拟黜敬。而家居时素讲学东林,敬党尤忌
之。会吏部缺侍郎,廷议改右侍郎李铣于左,而以慎行为右,命俱未
下。御史过廷训因言铣未履任,何复推慎行,给事中亓诗教和之。慎
行遂四疏乞归,出城候命,帝乃许之。已而京察,御史韩浚等以趣福
王之国,谓慎行邀功,列之拾遗疏中。帝察其无罪,获免。

熹宗立,召拜礼部尚书。初,光宗大渐,鸿胪寺丞李可灼以红铅
丸药进,俄帝崩,廷臣交章劾之。大学士方从哲拟旨令引疾归,赍以
金币。天启二年四月,慎行还朝。上疏曰:

先帝骤崩,虽云疢疾,实缘医人用药不审。阅邸报,知李可
灼红丸乃首辅方从哲所进。夫可灼官非太医,红丸不知何药,
乃敢突然以进。昔许悼公饮世子药而卒,世子即自杀,《春秋》
犹书之为弑。然则从哲宜何居?速引剑自裁以谢先帝,义之上
也,合门席稿以待司寇,义之次也,乃悍然不顾。至举朝共攻可
灼,仅令回籍调理,岂不以己实荐之,恐与同罪欤?臣以为从哲
纵无弑之心,却有弑之事;欲辞弑之名,难免弑之实。实录中即
欲为君父讳,不敢不直书方从哲连进药二丸,须臾帝崩,恐百
口无能为天下后世解也。

然从哲之罪实不止此。先是则有皇贵妃欲为皇后事。古
未有天子既崩而立后者。倘非礼官执奏,言路力持,几何不遗
祸宗社哉!继此则有谥皇祖为恭皇帝事。历考晋、隋、周、宋,
其末世亡国之君率谥曰"恭",而以加之我皇祖,岂真不学无
术,实乃咒诅君国,等于亡王,其设心谓何?后此则有选侍垂帘
听政事。刘逊、李进忠幺麽小竖,何遂胆大扬言。说者谓二竖
早以金宝输从哲家,若非九卿、台谏力请移宫,选侍一日得志,
陛下几无驻足所。闻尔时从哲濡迟不进,科臣趣之,则云迟数

日无害。任妇寺之纵横,忍君父之杌陧,为大臣者宜尔乎?

　　臣在礼言礼,其罪恶逆天,万无可生之路。若其他督战误国,罔上行私,纵情蔑法,干犯天下之名义,酿成国家之祸患者,臣不能悉数也。陛下宜急讨此贼,雪不共之仇。毋询近习,近习皆从哲所攀援也。毋拘忌讳,忌讳即从哲所布置也。并急诛李可灼,以泄神人之愤。

时朝野方恶从哲,慎行论虽过刻,然争韪其言。顾近习多为从哲地,帝乃报曰:"旧辅素忠慎,可灼进药本先帝意。卿言虽忠爱,事属传闻。并进封移宫事,当日九卿、台谏官亲见者,当据实会奏,用释群疑。"于是从哲疏辨。刑部尚书黄克缵右从哲,亦曲为辨。慎行复疏折之,曰:"由前则过信可灼,有轻进药之罪,由后则曲庇可灼,有不讨贼之罪,两者均无辞乎弑也。从哲谓移宫有揭。但诸臣之请在初二,从哲之请在初五。尔时章疏入乾清不入慈庆者已三日,国政几于中断,非他辅臣访知,与群臣力请,其害可胜言哉!伏读圣谕'辅臣义在体国,为朕分忧。今似此景象,何不代朕传谕一言,屏息纷扰,君臣大义安在?'又云'朕凌虐不堪,昼夜涕泣六七日'。夫从哲为顾命元臣,使少肯义形于色,何至令至尊忧危如此!惟阿妇寺之意多,戴圣明之意少,故敢于凌皇祖,悖皇考,而欺陛下也。"末复力言克缵之谬。章并下廷议。既而议上,惟可灼下吏戍边,从哲置不问。

山东巡抚奏,五月中,日中月星并见。慎行以为大异,疏请修省,语极危切。秦王谊漶由旁枝进封,其四子法不当封郡王,厚贿近幸,遂得温旨。慎行坚不奉诏,三疏力争,不得。七月谢病去。

其冬,廷推阁臣,以慎行为首,吏部侍郎盛以弘次之。魏忠贤抑不用,用顾秉谦、朱国祯、朱延禧、魏广微,朝论大骇。叶向高连疏请用两人,竟不得命。已,忠贤大炽,议修《三朝要典》,"红丸"之案以慎行为罪魁。其党张讷遂上疏力诋,有诏削夺。未几,刘志选复两疏追劾,诏抚按提问,遣戍宁夏。未行,庄烈帝嗣位,以赦免。

崇祯元年命以故官协理詹事府,力辞不就。慎行操行峻洁,为一时搢绅冠。朝士数推击入阁,吏部尚书王永光力排之,迄不获用。八年廷推阁臣,屡不称旨。最后以慎行及刘宗周、林钎名上,帝即召之。慎行已得疾,甫入都,卒。赠太子太保,谥文介。

盛以弘,字子宽,潼关卫人。父讷,字敏叔。讷父德,世职指挥也,讨洛南盗战死。讷号泣请于当事,水浆不入口者数日,为发兵讨斩之。久之,举隆庆五年进士。由庶吉士累官吏部右侍郎。与尚书陈有年、左侍郎赵参鲁共厘铨政。母忧归,以笃孝闻。卒,赠礼部尚书。天启初,谥文定。

以弘,万历二十六年进士。由庶吉士累官礼部尚书。天启三年谢病归。魏忠贤乱政,落其职。崇祯初,起故官,协理詹事府,卒官。明世,卫所世职用儒业显者,讷父子而已。

高攀龙,字存之,无锡人。少读书,轧有志程、朱之学。举万历十七年进士,授行人。四川佥事张世则进所著《大学初义》,诋程、朱章句,请颁天下。攀龙抗疏力驳其谬,其书遂不行。

侍郎赵用贤、都御史李世达被讦去位,朝论多咎大学士王锡爵。攀龙上疏曰:

近见朝宁之上,善类摈斥一空。大臣则孙鑨、李世达、赵用贤去矣,小臣则赵南星、陈泰来、顾允成、薛敷教、张纳陛、于孔兼、贾岩斥矣。迩者李祯、曾乾亨复不安其位而乞去矣,选郎孟化鲤又以推用言官张栋,空署而逐矣。

夫天地生才甚难,国家需才甚亟,废斥如此,后将焉继。致使正人扼腕,曲士弹冠,世道人心何可胜慨! 且今陛下朝讲久辍,廷臣不获望见颜色。天言传布,虽曰圣裁,隐伏之中,莫测所以。故中外群言,不曰"辅臣欲除不附己",则曰"近侍不利用正人"。陛下深居九重,亦曾有以诸臣贤否陈于左右;而陛下于诸臣,亦尝一思其得罪之故乎? 果以为皆由圣怒,则诸臣自孟化鲤而外,未闻忤旨,何以皆罢斥? 即使批鳞逆耳,如董基等,陛下已尝收录，何独于诸臣不然？臣恐陛下有祛邪之果断，而左右反借以行媢嫉之私；陛下有容言之盛心，而臣工反遗以拒谏诤之诮。传之四海，垂诸史册，为圣德累不小。

辅臣王锡爵等，迹其自待，若愈于张居正、申时行；察其用心，何以异于五十步笑百步。即如诸臣罢斥，果以为当然，则是非邪正，恒人能辨，何忍坐视至尊之过举，得毋内泄其私愤，而利于斥逐之尽乎？

末力诋郑材、杨应宿谗谄宜黜。应宿亦疏讦攀龙，语极妄诞。疏并下部院，议请薄罚两臣，稍示惩创。帝不许，镌应宿二秩，谪攀龙揭阳添注典史。御史吴弘济等论救，并获谴。攀龙之官七月，以事归。寻遭亲丧，遂不出，家居垂三十年。言者屡荐，帝悉不省。

熹宗立，起光禄丞。天启元年进少卿。明年四月疏劾戚畹郑养性，言："张差梃击实养性父国泰主谋。今人言籍籍，咸疑养性交关奸宄，别怀异谋，积疑不解，当思善全之术。至刘保谋逆，中官卢受主之，刘于简狱词具在。受本郑氏私人，而李如桢一家交关郑氏，计陷名将，失地丧师。于简原供，明言李永芳约如桢内应。若崔文升素为郑氏腹心，知先帝症虚，故用泄药，罪在不赦。陛下仅行斥逐，而文升犹潜住都城。宜勒养性还故里，急正如桢、文升典刑，用章国法。"疏入，责攀龙多言，然卒遣养性还籍。

孙慎行以"红丸"事攻旧辅方从哲，下廷议。攀龙引《春秋》首恶之诛，归狱从哲。给事中王志道为从哲解，攀龙遗书切责之。寻改太常少卿，疏陈务学之要，因言："从哲之罪非止红丸'，其最大者在交结郑国泰。国泰父子所以谋危先帝者不一，始以张差之梃，继以美姝之进，终以文升之药，而从哲实左右之。力扶其为郑氏者，力锄其不为郑氏者；一时人心若狂，但知郑氏，不知东宫。此贼臣也，讨贼，则为陛下之孝。而说者乃曰'为先帝隐讳则为孝'，此大乱之道也。陛下念圣母则宣选侍之罪，念皇考则隆选侍之恩，仁之至义之尽也。而说者乃曰'为圣母隐讳则为孝'。明如圣谕，目为假托；忠如杨涟，谤为居功。人臣避居功，甘居罪，君父有急，袖手旁观，此大乱之道也。惑于其说，孝也不知其为孝，不孝也以为大孝；忠也不知其为忠，不忠也以为大忠。忠孝皆可变乱，何事不可妄为。故从哲、养性不容不讨，奈何犹令居辇毂下！"时从哲辈奥援甚固，摘疏中"不孝"语激帝怒，将加严谴。叶向高力救，乃夺禄一年。旋改大理少卿。邹元标建书院，攀龙与焉。元标被攻，攀龙请与同罢，诏留之。进太仆卿，擢刑部右侍郎。

四年八月拜左都御史。杨涟等群击魏忠贤，势已不两立。及向高去国，魏广微日导忠贤为恶，而攀龙为赵南星门生，并居要地。御史崔呈秀按淮、扬还，攀龙发其秽状，南星议戍之。呈秀窘，急走忠贤所，乞为义儿，遂摭谢应祥事，谓攀龙党南星。严旨诘责，攀龙遽引罪去。顷之，南京御史游凤翔出为知府，讦攀龙挟私排挤。诏复凤翔故官，削攀龙籍。呈秀憾不已，必欲杀之，审名李实劾周起元疏中，遣缇骑往逮。攀龙晨谒宋儒杨龟山祠，以文告之。归与二门生一弟饮后园池上，闻周顺昌已就逮，笑曰："吾视死如归，今果然矣。"入与夫人语，如平时。出，书二纸告二孙曰："明日以付官校。"因遣之出，扃户。移时诸子排户入，一灯荧然，则已衣冠自沈于池矣。发所封纸，乃遗表也，云："臣虽削夺，旧为大臣，大臣受辱则辱国。谨北向叩头，从屈平之遗则。"复别门人华允诚书云："一生学问，至此亦少得力。"时年六十五。远近闻其死，莫不伤之。

呈秀憾犹未释，矫诏下其子世儒吏。刑部坐世儒不能防闲其父，谪为徒。崇祯初，赠太子少保，兵部尚书，谥忠宪，授世儒官。

初，海内学者率宗王守仁，攀龙心非之。与顾宪成同讲学东林书院，以静为主。操履笃实，粹然一出于正，为一时儒者之宗。海内士大夫，识与不识，称高、顾无异词。攀龙削官之秋，诏毁东林书院。庄烈帝嗣位，学者更修复之。

冯从吾，字仲好，长安人。万历十七年进士。改庶吉士，授御史。巡视中城，阉人修刺谒，拒却之。礼科都给事中胡汝宁倾邪狡猾，累劾不去。从吾发其奸，遂调外。时当大计，从吾严逻侦，苞苴绝迹。

　　二十年正月抗章言："陛下郊庙不亲，朝讲不御，章奏留中不发。试观戊子以前，四裔郊顺，海不扬波；己丑以后，南倭告警，北寇渝盟，天变人妖，叠出累告。励精之效如彼，怠斁之患如此。近颂敕谕，谓圣体违和，欲借此自掩，不知鼓钟于宫，声闻于外。陛下每夕必饮，每饮必醉，每醉必怒。左右一言稍违，辄毙杖下，外庭无不知者。天下后世，其可欺乎！愿陛下勿以天变为不足畏，勿以人言为不足恤，勿以目前晏安为可恃，勿以将来危乱为可忽，宗社幸甚。"帝大怒，欲廷杖之。会仁圣太后寿辰，阁臣力解得免。寻告归，起巡长芦盐政。洁己惠商，奸宄敛迹。既还朝，适帝以军政大黜两京言官。从吾亦削籍，犹以前疏故也。

　　从吾生纯悫，长志濂、洛之学，受业许孚远。罢官归，杜门谢客，取先正格言，体验身心，造诣益邃。家居二十五年，光宗践阼，起尚宝卿，进太仆少卿。并以兄丧未赴。俄改大理。

　　天启二年擢左佥都御史。甫两月，进左副都御史。廷议"三案"，从吾言："李可灼以至尊尝试，而许其引疾，当国何心！至梃击之狱，与发奸诸臣为难者，即奸人也。"由是群小恶之。

　　已，与邹元标共建首善书院，集同志讲学其中，给事中朱童蒙遂疏诋之。从吾言："宋之不竞，以禁讲学故，非以讲学故也。我二祖表章《六经》，天子经筵，皇太子出阁，皆讲学也。臣子以此望君，而己则不为，可乎？先臣守仁，当兵事倥偬，不废讲学，卒成大功。此臣等所以不恤毁誉，而为此也。"因再称疾求罢，帝温诏慰留。而给事中郭允厚、郭兴治复相继诋元标甚力。从吾又上言："臣壮岁登朝，即与杨起元、孟化鲤、陶望龄辈立讲学会，自臣告归乃废。京师讲学，昔已有之，何至今日遂为诟厉。"因再疏引归。

　　四年春，起南京右都御史，累辞未上，召拜工部尚书。会赵南星、高攀龙相继去国，连疏力辞，予致仕。明年秋，魏忠贤党张讷疏诋从吾，削籍。乡人王绍徽素衔从吾，及为吏部，使乔应甲抚陕，捃摭百方，无所得。乃毁书院，曳先圣像，掷之城隅。从吾不胜愤悒，得疾卒。崇祯初，复官，赠太子太保，谥恭定。

赞曰：赵南星诸人，持名检，励风节，严气正性，侃侃立朝，天下望之如泰山乔岳。《诗》有之，"邦之司直"，其斯人谓欤。权枉盈廷，谴谪相继，"人之云亡，邦国殄瘁"，悲夫！

明史卷二四四
列传第一三二

杨涟　左光斗 弟光先　魏大中

子学伊　学濂　周朝瑞　袁化中

顾大章 弟大韶　王之采

杨涟，字文孺，应山人。为人磊落负奇节。万历三十五年成进士，除常熟知县。举廉吏第一，擢户科给事中，转兵科右给事中。

四十八年，神宗疾，不食且半月，皇太子未得见。涟偕诸给事、御史走谒大学士方从哲，御史左光斗趣从哲问安。从哲曰："帝讳疾。即问，左右不敢传。"涟曰："昔文潞公问宋仁宗疾，内侍不肯言。潞公曰：'天子起居，汝曹不令宰相知，将毋有他志，速下中书行法。'公诚日三问，不必见，亦不必上知，第令宫中知廷臣在，事自济。公更当宿阁中。"曰："无故事。"涟曰："潞公不诃史志聪，此何时，尚问故事耶？"越二日，从哲始率廷臣入问。及帝疾亟，太子尚踌躇宫门外。涟、光斗遣人语东宫伴读王安："帝疾甚，不召太子，非帝意。当力请入侍，尝药视膳，薄暮始还。"太子深纳之。

无何，神宗崩。八月丙午朔，光宗嗣位。越四日，不豫。都人喧言郑贵妃进美姬八人，又使中官崔文升投以利剂，帝一昼夜三四十起。而是时，贵妃据乾清宫，与帝所宠李选侍相结。贵妃为选侍请皇后封，选侍亦请封贵妃为皇太后。帝外家王、郭二戚畹，偏谒朝士，泣诉宫禁危状，谓"帝疾必不起，文升药故也，非误也。郑、李交甚固，包藏祸心。”廷臣闻其语，忧甚。而帝果趣礼部封贵妃为皇太后。涟、光斗乃倡言于朝，共诘责郑养性，令贵妃移宫，贵妃即移慈宁。涟遂劾崔文升用药无状，请推问之。且曰：“外廷流言，谓陛下兴居无节，侍御蛊惑。必文升藉口以掩其用药之奸，文升之党扇布以预杜外廷之口。既损圣躬，又亏圣德，罪不容死。至贵妃封号，尤乖典常。尊以嫡母，若大行皇后何？尊以生母，若本生太后何？请亟寝前命。”疏上，越三日丁卯，帝召见大臣，并及涟，且宣锦衣官校。众谓涟疏忤旨，必廷杖，嘱从哲为解。从哲劝涟引罪，涟抗声曰：“死即死耳，涟何罪？”及入，帝温言久之，数目涟，语外廷毋信流言。遂逐文升，停封太后命。再召大臣皆及涟。

　　涟自以小臣预顾命，感激，誓以死报。九月乙亥朔，昧爽，帝崩。廷臣趋入，诸大臣周嘉谟、张问达、李汝华等虑皇长子无嫡母、生母，势孤子甚，欲共托之李选侍。涟曰：“天子宁可托妇人？且选侍昨于先帝召对群臣时，强上入，复推之出，是岂可托幼主者？请亟见储皇，即呼万岁，拥出乾清，暂居慈庆。”语未毕，大学士方从哲、刘一燝、韩爌至，涟趣诸大臣共趋乾清宫。阉人持梃不容入，涟大骂：“奴才！皇帝召我等。今已晏驾，若曹不听入，欲何为！”阉人却，乃入临。群臣呼万岁，请于初六日登极，而奉驾至文华殿，受群臣嵩呼。驾甫至中宫，内竖从寝阁出，大呼：“拉少主何往？主年少畏人！”有揽衣欲夺还者。涟格而诃之曰：“殿下群臣之主。四海九洲莫非臣子，复畏何人！”乃拥至文华殿。礼毕，奉驾入慈庆宫。

　　当是时，李选侍居乾清。一燝奏曰：“殿下暂居此，俟选侍出宫讫，乃归乾清宫。群臣遂退议登极期，语纷纷未定，有请改初三者，有请于即日午时者。涟曰：“今海宇清晏，内无嫡庶之嫌。父死之谓何？含敛未毕，衮冕临朝，非礼也。”或言登极则人心安，涟曰：“安与不安，不在登极早暮。处之得宜，即朝委裘何害？”议定，出过文华殿。太仆少卿徐养量、御史左光斗至，责涟误大事，唾其面曰：“事脱不济，汝死，肉足食乎！”涟为辣然。乃与光斗从周嘉谟于朝房，言选侍无恩德，必不可同居。

明日，嘉谟、光斗各上疏请选侍移宫。初四日得俞旨。而选侍听李进忠计，必欲皇长子同居。恶光斗疏中"武氏"语，议召皇长子，加光斗重遣。涟遇内竖于麟趾门，内竖备言状。涟正色曰："殿下在东宫为太子，今则为皇帝，选侍安得召？且上已十六岁，他日即不奈选侍何，若曹置身何地？"怒目视之，其人退。给事中惠世扬、御史张泼入东宫门，骇相告曰："选侍欲垂帘处光斗，汝等何得晏然？"涟曰："无之。'出皇极门，九卿科道议上公疏，未决。

初五日传闻欲缓移宫期。涟及诸大臣毕集慈庆宫门外，涟语从哲趣之。从哲曰："迟亦无害。'涟曰："昨以皇长子就太子宫犹可，明日为天子，乃反居太子宫以避宫人乎？即两宫圣母如在，夫死亦当从子。选侍何人，敢欺藐如此！"时中官往来如织，或言选侍亦顾命中人。涟斥之曰："诸臣受顾命于先帝，先帝自欲先顾其子，何尝先顾其嬖媵？请选侍于九庙前质之，若曹岂食李家禄者？能杀我则已，否则，今日不移，死不去。"一燝、嘉谟助之，词色俱厉，声彻御前。皇长子使使宣谕，乃退。复抗疏言："选侍阳托保护之名，阴图专擅之实，宫必不可不移。臣言之在今日，殿下行之在今日，诸大臣赞决之，亦惟今日。"其日，选侍遂移宫，居仁寿殿。

明日庚辰，熹宗即位。自光宗崩，至是凡六日。涟与一燝、嘉谟定宫府危疑，言官惟光斗助之，余悉听涟指。涟须发尽白，帝亦数称忠臣。未几，迁兵科都给事中。御史冯三元等极诋熊廷弼。涟疏论其事，独持平。旋劾兵部尚书黄嘉善八大罪，嘉善罢去。

当选侍之移宫也，涟即言于诸大臣曰："选侍不移宫，非所以尊天子。既移宫，又当有以安选侍。是在诸公调护，无使中官取快私仇。"既而诸奄果为流言。御史贾继春遂上书内阁，谓不当于新君御极之初，首劝主上以违忤先帝，逼逐庶母，表里交构，罗织不休，俾先帝玉体未寒，遂不能保一姬女。盖是时，选侍宫奴刘逊、刘朝、田诏等以盗宝系狱，词连选侍父。诸奄计无所出，则妄言选侍投缳，皇八妹入井，以荧惑朝士。继春藉其言，首发难。于是光斗上疏述移宫事。而帝降谕言选侍气殴圣母，及要挟传封皇后，与即日欲垂帘

听政语。又言："今奉养李氏于哕鸾宫，尊敬不敢怠。"大学士从哲封
还上谕。帝复降谕言选侍过恶，而自白赡养优厚，俾廷臣知。未几，
哕鸾宫灾。帝谕内阁，言选侍暨皇八妹无恙。而是时，给事中周朝
瑞谓继春生事。继春与相诋諆，乃复上书内阁，有："伶仃之皇八妹，
入井谁怜，媚寡之未亡人，雉经莫诉"语。朝瑞与辨驳者再。涟恐继
春说遂滋，亦上《敬述移宫始末疏》，且言："选侍自裁，皇八妹入井，
蜚语何自，臣安敢无言。臣宁使今日忤选侍，无宁使移宫不速，不幸
而成女后独览文书、称制垂帘之事。"帝优诏褒涟志安社稷，复降谕
备述宫掖情事。继春及其党益忌涟，诋涟结王安，图封拜。涟不胜
愤，冬十二月抗章乞去，即出城候命。帝复褒其忠直，而许之归。天
启元年春，继春按江西还，抵家，见帝诸谕，乃具疏陈上书之实。帝
切责，罢其官。涟、继春先后去，移宫论始息。

　　天启二年起涟礼科都给事中，旋擢太常少卿。明年冬，拜左佥
都御史。又明年春，进左副都御史。而是时魏忠贤已用事，群小附
之，惮众正盈朝，不敢大肆。涟益与赵南星、左光斗、魏大中辈激扬
讽议，务植善类，抑憸邪。忠贤及其党衔次骨，遂兴汪文言狱，将罗
织诸人。事虽获解，然正人势日危。其年六月，涟遂抗疏劾忠贤，列
其二十四大罪，言：

　　　　高皇帝定令，内官不许干预外事，只供掖廷洒扫，违者法
　　无赦。圣明在御，乃有肆无忌惮，浊乱朝常，如东厂太监魏忠贤
　　者。敢列其罪状，为陛下言之。

　　　　忠贤本市井元赖。中年净身，夤入内地。初犹谬为小忠、
　　小信以幸恩，继乃敢为大奸、大恶以乱政。祖制，以拟旨专责阁
　　臣。自忠贤擅权，多出传奉，或径自内批。坏祖宗二百余年之
　　政体，大罪一。

　　　　刘一燝、周嘉谟，顾命大臣也，忠贤令孙杰论去。急于翦己
　　之忌，不容陛下不改父之臣，大罪二。

　　　　先帝宾天，实有隐恨。孙慎行、邹元标以公义发愤，忠贤悉
　　排去之。顾于党护选侍之沈㴶，曲意绸缪，终加蟒玉。亲乱贼

而仇忠义,大罪三。

王纪、钟羽正先年功在国本。及纪为司寇,执法如山;羽正为司空,清修如鹤。忠贤构党斥逐,必不容盛时有正色立朝之直臣,大罪四。

国家最重无如枚卜。忠贤一手握定,力阻首推之孙慎行、盛以弘,更为他辞以锢其出。岂真欲门生宰相乎?大罪五。

爵人于朝,莫重廷推。去岁南太宰、北少宰皆用陪推,致一时名贤不安其位。颠倒铨政,掉弄机权,大罪六。

圣政初新,正资忠直。乃满朝荐、文震孟、熊德阳、江秉谦、徐大相、毛士龙、侯震旸等,抗论稍忤,立行贬黜,屡经恩典,竟阻赐环。长安谓天子之怒易解,忠贤之怒难调,大罪七。

然犹曰外廷臣子也。去岁南郊之日,传闻宫中有一贵人,以德性贞静,荷上宠注。忠贤恐其露己骄横,托言急病,置之死地。是陛下不能保其贵幸矣,大罪八。

犹曰无名封也。裕妃以有妊传封,中外方为庆幸。忠贤恶其不附己,矫旨勒令自尽。是陛下不能保其妃嫔矣,大罪九。

犹曰在妃嫔也。中宫有庆,已经成男,乃忽焉告殒,传闻忠贤与奉圣夫人实有谋焉。是陛下且不能保其子矣,大罪十。

先帝青宫四十年,所与护持孤危者惟王安耳。即陛下仓猝受命,拥卫防维,安亦不可谓无劳。忠贤以私忿,矫旨杀于南苑。是不但仇王安,而实敢仇先帝之老奴,况其他内臣无罪而擅杀擅逐者,又不知几千百也,大罪十一。

今日奖赏,明日祠额,要挟无穷,王言屡亵。近又于河间毁人居屋,起建牌坊,镂凤雕龙,干云插汉,又不止茔僭拟陵寝而已,大罪十二。

今日荫中书,明日荫锦衣。金吾之堂口皆乳臭,诰敕之馆目不识丁。如魏良弼、魏良材、魏良卿、魏希孔及其甥傅应星等,滥袭恩荫,亵越朝常,大罪十三。

用立枷之法,戚畹家人骈首毕命,意欲诬陷国戚,动摇中宫。若非阁臣力持,言官纠正,椒房之戚,又兴大狱矣,大罪十四。

良乡生员章士魁,坐争煤窑,托言开矿而致之死。假令盗长陵一抔土,何以处之?赵高鹿可为马,忠贤煤可为矿,大罪十五。

王思敬等牧地细事,责在有司。忠贤乃幽置槛阱,恣意捞掠,视士命如草菅,大罪十六。

给事中周士朴执纠织监,忠贤竟停其升迁,使吏部不得专铨除,言官不敢司封驳,大罪十七。

北镇抚刘侨不肯杀人媚人,忠贤以不善锻炼,遂致削籍。示大明之律令可以不守,而忠贤之律令不敢不遵,大罪十八。

给事中魏大中尊旨莅任,忽传旨诘责。及大中回奏,台省交章,又再亵王言。毋论玩言官于股掌,而煌煌天语,朝夕纷更,大罪十九。

东厂之设,原以缉奸。自忠贤受事,日以快私仇、行倾陷为事。纵野子傅应星、陈居恭、傅继教辈,投匦设阱。片语稍违,驾帖立下,势必兴同文馆狱而后已,大罪二十。

边警未息,内外戒严,东厂访缉何事?前奸细韩宗功潜入长安,实主忠贤司房之邸,事露始去。假令天不悔祸,宗功事成,未知九庙生灵安顿何地,大罪二十一。

祖制,不蓄内兵,原有深意。忠贤与奸相沈㴻创立内操,薮匿奸宄,安知无大盗、刺客为敌国窥伺者潜入其中。一旦变生付肘腋,可为深虑,大罪二十二。

忠贤进香涿州,警跸传呼,清尘垫道,人以为大驾出幸。及其归也,改驾四马,羽幢青盖,夹护环遮,俨然乘舆矣。其间入幕效谋,叩马献策者,实繁有徒。忠贤此时自视为何如人哉?大罪二十三。

夫宠极则骄,恩多成怨。闻今春忠贤走马御前,陛下射杀其马,贷以不死。忠贤不自伏罪,进有傲色,退有怨言,朝夕堤防，介介不释。从来乱臣贼子，只争一念，放肆遂至不可收拾，奈何养虎兕于肘腋间乎！此又寸脔忠贤，不足尽其辜者，大罪二十四。

凡此逆迹，昭然在人耳目。乃内廷畏祸而不敢言，外廷结舌而莫敢奏。间或奸状败露，则又有奉圣夫人为之弥缝。甚至无耻之徒，攀附枝叶，依托门墙，更相表里，迭为呼应。积威所劫，致掖廷之中，但知有忠贤，不知有陛下；都城之内，亦但知有忠贤，不知有陛下。即如前日，忠贤已往涿州，一切政务必星夜驰请，待其既旋，诏旨始下。天颜咫尺，忽慢至此，陛下之威灵尚尊于忠贤否耶？陛下春秋鼎盛，生杀予夺，岂不可以自主？何为受制幺麽小丑，令中外大小惴惴莫必其命？伏乞大奋雷霆，集文武勋戚，敕刑部严讯，以正国法，并出奉圣夫人于外，用消隐忧，臣死且不朽。

忠贤初闻疏，惧甚。其党王体乾及客氏力为保持，遂令魏广微调旨切责涟。先是，涟疏就欲早朝面奏。值次日免朝，恐再宿机泄，遂于会极门上之，忠贤乃得为计。涟愈愤，拟对仗复劾之。忠贤诇知，遏帝不御朝者三日。及帝出，群阉数百人衷甲夹陛立，敕左班官不得奏事，涟乃止。

自是，忠贤日谋杀涟。至十月，吏部尚书赵南星既逐，廷推代者，涟注籍不与。忠贤矫旨责涟大不敬，无人臣礼，偕吏部侍郎陈于廷、佥都御史左光斗并削籍。忠贤恨不已，再兴汪文言狱，将罗织杀涟。五年，其党大理丞徐大化劾涟、光斗党同伐异，招权纳贿，命逮文言下狱鞫之。许显纯严鞫文言，使引涟纳熊廷弼贿。文言仰天大呼曰："世岂有贪赃杨大洪哉！"至死不承。大洪者，涟别字也。显纯乃自为狱词，坐涟赃二万，遂逮涟。士民数万人拥道攀号。所历村市，悉焚香建醮，祈祐涟生还。比下诏狱，显纯酷法拷讯，体无完肤。其年七月遂于夜中毙之，年五十四。

涟素贫，产入官不及千金。母妻止宿谯楼，二子至乞食以养。征赃令急，乡人竞出赀助之，下至卖菜佣亦为输助。其节义感人如此。

崇祯初,赠太子太保、兵部尚书,谥忠烈,官其一子。

左光斗,字遗直,桐城人。万历三十五年进士。除中书舍人。选授御史,巡视中城。捕治吏部豪恶吏,获假印七十余,假官一百余人,辇下震悚。

出理屯田,言:“北人不知水利,一年而地荒,二年而民徙,三年而地与民尽矣。今欲使旱不为灾,涝不为害,惟有兴水利一法。”因条上三因十四议:曰因天之时,因地之利,因人之情;曰议浚川,议疏渠,议引流,议设坝,议建闸,议设陂,议相地,议筑塘,议招徕,议择人,议择将,议兵屯,议力田设科,议富民拜爵。其法犁然具备,诏悉允行。水利大兴,北人始知艺稻。邹元标尝曰:“三十年前,都人不知稻草何物,今所在皆稻,种水田利也。”阉人刘朝称东宫令旨,索戚畹废庄。光斗不启封还之,曰:“尺土皆殿下有,今日安敢私受。”阉人愤而去。

光宗崩,李选侍据乾清宫,迫皇长子封皇后。光斗上言:“内廷有乾清宫,犹外廷有皇极殿,惟天子御天得居之,惟皇后配天得共居之。其他妃嫔虽以次进御,不得恒居,非但避嫌,亦以别尊卑也。选侍既非嫡母,又非生母,俨然尊居正宫,而殿下乃退处慈庆,不得守几筵,行大礼,名分谓何?选侍事先皇无脱簪戒旦之德,于殿下无拊摩养育之恩,此其人,岂可以托圣躬者?且殿下春秋十六龄矣,内辅以忠直老成,外辅以公孤卿贰,何虑乏人,尚须乳哺而襁负之哉?况睿哲初开,正宜不见可欲,何必托于妇人女子之手?及今不早断决,将借抚养之名,行专制之实。武氏之祸再见于今,将来有不忍言者。”时选侍欲专大权。廷臣笺奏,令先进乾清,然后进慈庆。得光斗笺,大怒,将加严谴。数遣使宣召光斗。光斗曰:“我天子法官也,非天子召不赴。若辈何为者?”选侍益怒,邀熹宗至乾清议之。熹宗不肯往,使使取其笺视之。心以为善,趣择日移宫,光斗乃免。当是时,宫府危疑,人情危惧,光斗与杨涟协心建议,排阉奴,扶冲主,宸极获正,两人力为多。由是朝野并称为“杨、左”。

未畿，御史贾继春上书内阁，言帝不当薄待庶母。光斗闻之，即上言："先帝宴驾，大臣从乾清宫奉皇上出居慈庆宫，臣等以为不宜避选侍。故臣于初二日具《慎守典礼肃清宫禁》一疏。宫中震怒，祸几不测。赖皇上保全，发臣疏于内阁。初五日，阁臣具揭再催，奉旨移宫。至初六日，皇上登极，驾还乾清。宫禁肃然，内外宁谧。夫皇上既当还宫，则选侍之当移，其理明白易晓。惟是移宫以后，自宜存大体，捐小过。若复株连蔓引，使宫闱不安，即于国体有损。乞立诛盗宝宫奴刘逊等，而尽宽其余。"帝乃宣谕百官，备述选侍凌虐圣母诸状。及召见又言："朕与选侍有仇。"继春用是得罪去。

时廷臣议改元。或议削泰昌弗纪；或议去万历四十八年，即以今年为泰昌；或议以明年为泰昌，后年为天启。光斗力排其说，请从今年八月以前为万历，以后为泰昌，议遂定。孙如游由中旨入阁，抗疏请斥之。出督几辅学政，力杜请寄，识鉴如神。

天启初，廷议起用熊廷弼，罪言官魏应嘉等。光斗独抗疏争之，言廷弼才优而量不宏，昔以守辽则有余，今以复辽则不足。已而廷弼竟败。三年秋，疏请召还文震孟、满朝荐、毛士龙、徐大相等，并乞召继春及范济世。济世亦论"移宫"事与光斗异者，疏上不纳。其年擢大理丞，进少卿。

明年二月拜左佥都御史。是时，韩爌、赵南星、高攀龙、杨涟、郑三俊、李邦华、魏大中诸人咸居要地。光斗与相得，务为危言核论，甄别流品，正人咸赖之，而忌者浸不能容。光斗与给事中阮大铖同里，招之入京。会吏科都给事中缺，当迁者，首周士朴，次大铖，次大中。大铖邀中旨，勒士朴不迁，以为己地。赵南星恶之，欲例转大铖。大铖疑光斗发其谋，恨甚。熊明遇、徐良彦皆欲得佥都御史，而南星引光斗为之，两人亦恨光斗。江西人又以他故衔大中，遂共嗾给事中傅櫆劾光斗、大中与汪文言比而为奸。光斗疏辨，且诋櫆结东厂理刑傅继教为昆弟。櫆恚，再疏讦光斗。光斗乞罢，事得解。

杨涟劾魏忠贤，光斗与其谋，又与攀龙共发崔呈秀赃私，忠贤暨其党咸怒。及忠贤逐南星、攀龙、大中，次将及涟、光斗。光斗愤甚,草奏劾忠贤及魏广微三十二斩罪,拟十一月二日上之,先遣妻子南还。忠贤诇知,先二日假会推事与涟俱削籍。群小恨不已,复构文言狱,入光斗名,遣使往逮。父老子弟拥马首号哭,声震原野,缇骑亦为雪涕。至则下诏狱酷讯。许显纯诬以受杨镐、熊廷弼贿,涟等初不承,已而恐以不承为酷刑所毙,冀下法司,得少缓死为后图,诸人俱自诬服。光斗坐赃二万。忠贤乃矫旨,仍令显纯五日一追比,不下法司,诸人始悔失计。容城孙奇逢者,节侠士也,与定兴鹿正以光斗有德于畿辅,倡议醵金,诸生争应之。得金数千,谋代输,缓其狱,而光斗与涟已同日为狱卒所毙,时五年七月二十有六日也,年五十一。

光斗既死,赃犹未竟。忠贤令抚按严追,系其群从十四人。长兄光霁坐累死,母以哭子死。都御史周应秋犹以所司承追不力,疏趣之,由是诸人家族尽破。及忠贤定《三朝要典》,“移宫”一案以涟、光斗为罪魁,议开棺戮尸。有解之者,乃免。忠贤既诛,赠光斗右都御史,录其一子。已,再赠太子少保。福王时,追谥忠毅。

弟光先,由乡举官御史,巡按浙江。任满,既出境,许都反东阳。光先闻变疾返,讨平之。福王既立,马士英荐阮大铖,光先争不可。后大铖得志,逮光先。乱亟道阻,光先间行走徽岭。缇骑索不得,乃止。

魏大中,字孔时,嘉善人。自为诸生,读书砥行,从高攀龙受业。家酷贫,意怡如也。举于乡,家人易新衣冠,怒而毁之。第万历四十四年进士,官行人。数奉使,秋毫无所扰。

天启元年擢工科给事中。杨镐、李如桢既论大辟,以佥都御史王德完言,大学士韩爌遽拟旨减死。大中愤,抗疏力争。诋德完晚节不振,尽丧典型,语并侵爌。帝为诘责大中,而德完恚甚,言曩不举李三才,为大中所怒。两人互诋讦,疏屡上,爌亦引咎辞位。御史周宗建、徐扬先、张捷、徐景濂、温皋谟,给事中朱钦相右德完,交章论大中，久而后定。

明年偕同官周朝瑞等两疏劾大学士沈㴶，语侵魏进忠、客氏。及议"红丸"事，力请诛方从哲、崔文升、李可灼，且追论郑国泰倾害东宫罪。持议峻切，大为邪党所仄目。太常少卿王绍徽素与东林为难，营求巡抚。大中恶其人，特疏请斥绍徽，绍徽卒自引去。再迁礼科左给事中。是时恤典冒滥，每大臣卒，其子弟夤缘要路以请，无不如志。大中素疾之，一切裁以典制。

四年迁吏科都给事中。大中居官不以家自随，二苍头给爨而已。入朝则键其户，寂无一人。有外吏以苞苴至，举发之，自是无敢及大中门者。吏部尚书赵南星知其贤，事多咨访。朝士不能得南星意，率怨大中。而是时牴排东林者多屏废，方恨南星辈次骨。东林中，又各以地分左右。大中尝驳苏、松巡抚王象恒恤典，山东人居言路者咸怒。及驳浙江巡抚刘一焜，江西人亦大怒。给事中章允儒，江西人也，性尤忮，嗾其同官傅櫆假汪文言发难。

文言者，歙人。初为县吏，智巧任术，负侠气。于玉立遣入京刺事，输赀为监生，用计破齐、楚、浙三党。察东宫伴读王安贤而知书，倾心结纳，与谈当世流品。光、熹之际，外廷倚刘一焜，而安居中以次行诸善政，文言交关力为多。魏忠贤既杀安，府丞邵辅忠遂劾文言，褫其监生。既出都，复逮下吏，得末减。益游公卿间，舆马尝填溢户外。大学士叶向高用为内阁中书。大中及韩爌、赵南星、杨涟、左光斗与往来，颇有迹。

会给事中阮大铖与光斗、大中有隙，遂与允儒定计，嘱櫆劾文言，并劾大中貌陋心险，色取行违，与光斗等交通文言，肆为奸利。疏入，忠贤大喜，立下文言诏狱。大中时方迁吏科，上疏力辨。诏许履任。御史袁化中、给事中甄淑等相继为大中、光斗辨。大学士叶向高以举用文言，亦引罪求罢。狱方急，御史黄尊素语镇抚刘侨曰："文言无足惜，不可使搢绅祸由此起。"侨领之，狱辞无所连。文言廷杖褫职，牵及者获免。大中乃遵旨履任。明日，鸿胪报名面恩，忠贤忽矫旨责大中互讦未竣，不得赴新任。故事，鸿胪报名状无批谕旨者，举朝骇愕。樾亦言中旨不宜旁出，大中乃复视事。

　　未几，杨涟疏劾忠贤，大中亦率同官上言："从古君侧之奸，非遂能祸人国也。有忠臣不惜其身以告之君，而其君不悟，乃至于不可救。今忠贤擅威福，结党与，首杀王安以树威于内；继逐刘一燝、周嘉谟、王纪以树威于外；近且毙三戚畹家人以树威于三宫。深结保姆客氏，伺陛下起居；广布傅应星、陈居恭、傅继教辈，通朝中声息。人怨于下，天怒于上，故涟不惜粉身碎首为陛下力陈。今忠贤种种罪状，陛下悉引为亲裁，代之任咎。恐忠贤所以得温旨，即出忠贤手，而涟之疏，陛下且未及省览也。陛下贵为天子，致三宫列嫔尽寄性命于忠贤、客氏，能不寒心。陛下谓宫禁严密，外廷安知。枚乘有言，'欲人弗知，莫若弗为'，未有为其事而他人不知者。又谓左右屏而圣躬将孤立。夫陛下一身，大小臣工所拥卫，何藉于忠贤？若忠贤、客氏一日不去，恐禁廷左右悉忠贤、客氏之人，非陛下之人，陛下真孤立于上耳。"

　　忠贤得疏大怒，矫旨切让，尚未有以罪也。大学士魏广微结纳忠贤，表里为奸，大中每欲纠之。会孟冬时享，广微偃蹇后至，大中遂抗疏劾之。广微惺，益与忠贤合。忠贤势益张，以廷臣交攻，阳示敛戢，且曲从诸所奏请，而阴伺其隙。迨吏部推谢应祥巡抚山西，广微遂嗾所亲陈九畴劾大中出应祥门，推举不公，贬三秩，出之外。尽逐诸正人吏部尚书赵南星等，天下大权一归于忠贤。

　　明年，逆党梁梦环复劾文言，再下诏狱。镇抚许显纯自削牒以上，南星、涟、光斗、大中及李若星、毛士龙、袁化中、缪昌期邹、维琏、邓渼、庐化鳌、钱士晋、夏之令、王之采、徐良彦、熊明遇、周朝瑞、黄龙光、顾大章、李三才、惠世扬、施天德、黄正宾辈，无所不牵引，而以涟、光斗、大中、化中、朝瑞、大章为受杨镐、熊廷弼贿，大中坐三千，矫旨俱逮下诏狱。乡人闻大中逮去，号泣送者数千人。比入镇抚司，显纯酷刑拷讯，血肉狼籍。其年七月，狱卒受指，与涟、光斗同夕毙之，故迟数日始报。大中尸溃败，至不可识。庄烈帝嗣位，忠贤被诛，广微、樾、九畴、梦环并丽逆案。大中赠太常卿，谥忠节，录其一子。

长子学伊，字子敬。为诸生，好学工文，有至性。大中被逮。学伊号恸欲随行。大中曰：“父子俱碎，无为也。”乃微服间行，刺探起居。既抵都，逻卒四布，变姓名匿旅舍，昼伏夜出，称贷以完父赃。赃未竟，而大中毙，学伊恸几绝。扶榇归，晨夕号泣，遂病。家人以浆进，辄麾去，曰：“诏狱中，谁半夜进一浆者。”竟号泣死。崇祯初，有司以状闻，诏旌为孝子。

次子学濂，有盛名。举崇祯十六年进士，擢庶吉士。明年，李自成逼京师，与同官吴尔埙慷慨有所论建，大学士范景文以闻。庄烈帝特召见两人，将任用之。无何，京师陷，不能死，受贼户部司务职，陨其家声。既而自惭，赋绝命词二章，缢死。去帝殉社稷时四十日矣。

文言之再下诏狱也，显纯迫令引涟等。文言备受五毒，不承，显纯乃手作文言供状。文言垂死，张目大呼曰：“尔莫妄书，异时吾当与面质。”显纯遂即日毙之。涟、大中等逮至，无可质者，赃悬坐而已。诸所诬赵南星、缪昌期辈，亦并令抚按追赃。衣冠之祸，由此遍天下。始熊廷弼论死久，帝以孙承宗请，有诏待以不死。刑部尚书乔允升等遂欲因朝审宽其罪，大中力持不可。及忠贤杀大中，乃坐以纳廷弼贿云。

周朝瑞，字思永，临清人。万历三十五年进士。授中书舍人。

光宗嗣位，擢吏科给事中，疏请收录先朝遗直。俄陈慎初三要，曰信仁贤，广德泽，远邪佞。因请留上供金花银，以佐军兴。词多斥中贵。中贵皆恶之，激帝怒，贬秩调外，时列谏垣甫四日也。未出都而熹宗立，诏复故官。疏请容纳直言，又陈考选诸弊。日讲将举，进君臣交警之规。帝并褒纳。贾继春之请安李选侍也，朝瑞力驳之，与继春往复者数四。

天启元年再迁礼科左给事中。时辽事方棘。朝瑞请于阁臣中推通晓兵事者二人专司其事，而以职方郎一人专理机宜，给事中二人专主封驳，帝可之。雄县知县王纳谏为阉人所诬，中旨镌秩。给事中毛士龙以纠驳阉人，为府丞邵辅忠所陷，中旨除名。朝瑞并抗疏论列。十二月辛巳，日上有一物覆压，忽大风扬沙，天尽赤。都人骇愕，所司不以闻。朝瑞请帝修省，而严敕内外臣工，毋斗争误国，更诘责所司不奏报之罪，帝纳之。时帝践阼岁余，未尝亲政，权多旁落，朝瑞请帝躬览万机，帝降旨，言政委阁臣，祖宗旧制不可紊，然其时政权故不在阁也。

明年二月，广宁失，诏停经筵日讲。朝瑞等上言："此果出圣意，辅臣当引义争。如辅臣阿中涓意，则其过滋大。且主上冲龄，志意未定，独赖朝讲不辍，诸臣得一觐天颜，共白指鹿之奸。今当朝已渐传免，倘并讲筵废之，九阍既隔，无谒见时，司马门之报格不入，吕大防之贬不及知，国家大事去矣。"会礼部亦以为言，乃命日讲如故。

已，偕诸给事御史惠世扬、左光斗等极论大学士沈㴶结中官练兵，为肘腋之贼。㴶疏辨。朝瑞等尽发其贿交魏进忠、卢受、刘朝、客氏，而末复侵其私人邵辅忠、徐大化。语过激，夺疏首世扬俸。大化尝承要人指，力攻熊廷弼，朝瑞恶之。无何，王化贞弃广宁逃，大化又请立诛廷弼。朝瑞以廷弼才可用，请令带罪守山海。疏四上，并抑不行。大化遂力诋朝瑞，朝瑞愤，亦丑诋大化。所司为两解之。朝瑞方擢太仆少卿，而大化为魏忠贤腹心，必欲杀朝瑞，窜其名汪文言狱中，与杨涟等五人并逮下镇抚狱，坐妄议"移宫"及受廷弼贿万金。五日再讯，榜掠备至，竟毙之狱。崇祯初，赠大理卿，予一子官。福王时，谥忠毅。

袁化中，字民谐，武定人。万历三十五年进士。历知内黄、泾阳，有善政。

泰昌元年擢御史。时熹宗冲龄践阼，上无母后，宫府危疑。化中上疏劾辅臣方从哲，报闻。天启元年二月疏陈时事可忧者八：曰宫禁渐弛,曰言路渐轻,曰法纪渐替,曰贿赂渐章,曰边疆渐坏,曰职掌渐失,曰宦官渐盛,曰人心渐离。语皆剀切。出按宣、大,以忧归。服除,起掌河南道。

杨涟劾魏忠贤,化中亦率同官上疏曰:“忠贤障日蔽月,逞威作福,视大臣如奴隶,斥言官若孤邹,杀内廷外廷如草菅。朝野共危,神人胥愤,特陛下未之知,故忠贤独有畏心。今涟已侃词入告矣,陛下念潜邸微劳,或贷忠贤以不死。而忠贤实自惧一死,惧死之念深,将挺而走险,骑虎难下,臣恐其横逞之毒不在搢绅,而即在陛下。陛下试思,深宫之内,可使多疑多惧之人日侍左右,而不为防制哉?”疏入,忠贤大恨。

锦衣陈居恭者,忠贤爪牙也,为涟所论及,亦攻忠贤自解。化中特疏劾之,落其职。毛文龙献俘十二人,而稚儿童女居其八。化中力请释之,因言文龙叙功之滥。忠贤素庇文龙,益不悦。崔呈秀按淮、扬,赃私狼籍。回道考核,化中据实上之,崔呈秀大恨。会谢应祥廷推被讦,化中与其事。呈秀遂嗾忠贤贬化中秩,调之外。已,审入汪文言狱词中,逮下诏狱。呈秀令许显纯坐以杨镐、熊廷弼贿六千,酷刑拷掠,于狱中毙之。崇祯初,赠太仆卿,官其一子。福王时,追谥忠愍。

顾大章,字伯钦,常熟人。父云程,南京太常卿。大章与弟大韶,孪生子也。大章举万历三十五年进士,授泉州推官,乞改常州教授。父丧除,值朝中朋党角立,正士日摧。大章慨然曰:“昔贾彪不入‘顾’‘厨’之目,卒西行以解其难。余向与东林疏,可以彪自况也。”乃入都,补国子博士。与朝士通往来,阴察其交关肯綮,清流赖之。

稍迁刑部主事。以奉使归。还朝,天启已改元,进员外郎。尚书王纪令署山东司事。司辖辇毂,最难任。自辽阳失,五城及京营巡捕日以逻奸细为事。稍有踪迹,率论死。绝无左验者二百余人,所司莫敢谳,多徙官去,囚未死者仅四之一。大章言于纪曰:“以一身易五十人命且甘之,矧一官乎!”即日会谳,系三人,余悉移大理释放。纪大嗟服。佟卜年之狱，纪用大章言拟流卜年，未上而纪斥。侍郎杨东明署事，欲置之大辟。大章力争，卒拟流。忤旨，诘责，竟论卜年辟，瘐死狱中。

魏忠贤欲借刘一爌株累刘一燝，大章力辨其非，忠贤大恨。卜年、一爌事具《纪》、《一燝传》中。熊廷弼、王化贞之下吏也，法司诸属二十八人共谳，多有议宽廷弼者。大章因援"议能"、"议劳"例，言化贞宜诛，廷弼宜论戍。然二人卒坐死。大章亦迁兵部去，无异议也。会王纪劾罢徐大化，又疏刺客氏。其党疑纪疏出大章手，恨之。大化令所亲御史杨维垣讦大章妄倡"八议"，酿大狱，大章疏辨。维垣四疏力攻，言纳廷弼贿四万，且列其酿狱数事，反覆诋讦不休。大章危甚，赖座主叶向高保持之，下所司验问，都御史孙玮等白其诬。帝以大章渎辨，稍夺其俸，大章遂引归。

五年起官。历礼部郎中，陕西副使。大化已起大理丞，与维垣为忠贤鹰犬，因假汪文言狱连及大章，逮下镇抚拷掠，坐赃四万。及杨涟等五人既死，群小聚谋，谓诸人潜毙于狱，无以厌人心，宜付法司定罪，明诏天下。乃移大章刑部狱，由是涟等惨死状外人始闻。比对簿，大章词气不挠。刑部尚书李养正等一如镇抚原词，以"移官"事牵合封疆，坐六人大辟。爰书既上，忠贤大喜，矫诏布告四方，仍移大章镇抚。大章慨然曰："吾安可再入此狱！"呼酒与大韶诀，趣和药饮之，不死，投缳而卒。崇祯初，赠太仆卿，官其一子。福王时，追谥裕愍。

初，大章等被逮，秘狱中忽生黄芝，光彩远映。及六人毕入，适成六瓣，或以为祥。大章叹曰："芝，瑞物也，而辱于此，吾辈其有幸乎？"已而果然。

大韶，字仲恭，老于诸生。通经史百家及内典，于《诗》、《礼》、《仪礼》、《周官》多所发明，他辨驳者复数万言。尝以为宋、元以来述者之事备，学者但当诵而不述。将死，始缮所笺《诗》、《礼》、《庄子》，曰《炳烛斋随笔》云。

王之采,字心一,朝邑人。万历二十九年进士。除清苑知县,迁刑部主事。

四十三年五月初四日酉刻,有不知姓名男子,持枣木梃入慈庆宫门,击伤守门内侍李鉴。至前殿檐下,为内侍韩本用等所执,付东华门守卫指挥朱雄等收之。慈庆宫者,皇太子所居宫也。明日,皇太子奏闻,帝命法司按问。巡皇城御史刘廷元鞫奏:"犯名张差,蓟州人。止称吃斋讨封,语无伦次。按其迹,若涉疯癫。稽其貌,实系黠猾。请下法司严讯。"时东宫虽久定,帝待之薄。中外疑郑贵妃与其弟国泰谋危太子,顾未得事端,而方从哲辈亦颇关能戚畹以自固。差被执,举朝惊骇。廷远以疯癫奏。刑部山东司郎中胡士桢偕员外郎赵会桢、劳永嘉共讯,一如廷元指。言:"差积柴草,为人所烧,气愤发癫。于四月内诉冤入京,遇不知名男子二人,给令执梃作冤状。乃由东华门入,直至慈庆宫门。按律当斩,加等立决。"稿定未上。山东司主治京师事,署印侍郎张问达以属之。而士相、永嘉与廷元皆浙人,士相又廷元姻也,疯癫具狱,之采心疑其非。

是月十一日,之采值提牢散饭狱中,末至差,私诘其实。初言"告状",复言"掠死罢,已怵用。"之采令置饭差前:"吐实与饭,否则饿死。"麾左右出,留二吏扶问之。始言:"小名张五儿。有马三舅、李外父令随不知姓名一老公,说事成与汝地几亩。比至京,入不知街道大宅子。一老公饭我云:'汝先冲一遭,遇人辄打死,死了我们救汝。'畀我枣木棍,导我由后宰门直至宫门上,击门者堕地。老公多,遂被执。"之采备揭其语,因问达以闻。且言差不癫不狂,有心有胆。乞缚凶犯于文华殿前朝审,或敕九卿科道三法司会问。疏入未下,大理丞王士昌、行人司正陆大受、户部主事张庭、给事中姚永济等连上疏趣之。而大受疏有"奸戚"二字,帝恶之,与之采疏俱不报。廷元复请速检诸疏,下法司讯断。御史过庭训言祸生肘腋,宜亟鞫,亦俱不报。庭训遂移文蓟州踪迹之。知州戚延龄具言其致癫始末,言:"贵妃遣珰建佛寺,置陶造甓,居民多鬻薪获利者。差卖田贸薪往市于珰。土人忌之，焚其薪。差讼于珰，为所责，不胜愤，持梃欲告御状。"于是原问诸臣据为口实矣。

二十一日，刑部会十三司司官胡士相、陆梦龙、邹绍光、曾曰唯、赵会祯、劳永嘉、王之采、吴养源、曾之可、柯文、罗光鼎、曾道唯、刘继礼、吴孟登、岳骏声、唐嗣美、马德沣、朱瑞凤等再审。差供："马三舅名三道，李外父名守才，不知姓名老公乃修铁瓦殿之庞保，不知街道宅子乃住朝外大宅之刘成。二人令我打上宫门，打得小爷，吃有，著有。"小爷者，内监所称皇太子者也。又言："有姊夫孔道同谋，凡五人。"于是刑部行蓟州道，提马三道等，疏请法司提庞保、刘成对鞫。而给事中何士晋与从哲等亦俱以为言。帝乃谕究主使，会法司拟罪。是日，刑部据蓟州回文以上。已，复谕严刑鞫审，速正典刑。时中外籍籍，语多侵国泰，国泰出揭自白。士晋复疏攻国泰，语具《士晋传》。

先是，百户王日乾上变，言奸人孔学等为巫蛊，将不利于皇太子，词已连刘成。成与保皆贵妃宫中内侍也。至是，复涉成。帝心动，谕贵妃善为计。贵妃窘，乞哀皇太子，自明无它。帝亦数慰谕，俾太子白之廷臣。太子亦以事连贵妃，大惧。乃缘帝及贵妃意，期速结。二十八日，帝亲御慈宁宫，皇太子侍御座右，三皇孙雁行立左阶下。召大学士方从哲、吴道南暨文武诸臣入，责以离间父子，谕令磔张差、庞保、刘成，无他及。因执太子手曰："此儿极孝，我极爱惜。"既又手约太子体，谕曰："自襁褓养成丈夫，使我有别意，何不早更置。且福王已之国，去此数千里，自非宣召，能翼而至乎？"因命内侍引三皇孙至石级上，令诸臣熟视，曰："朕诸孙俱长成，更何说？"顾问皇太子有何语，与诸臣悉言无隐。皇太子具言："疯癫之人宜速决，毋株连。"又责诸臣云："我父子何等亲爱，而外廷议谕纷如，尔等为无君子臣，使我为不孝之子。"帝又谓诸臣曰："尔等听皇太子语否？"复连声重申之。诸臣跪听，叩头出，遂命法司决差。明日磔于市。又明日，司礼监会廷臣鞫保、成于文华门。时已无左证，保、成展转不承。会太子传谕轻拟，廷臣乃散去。越十余日，邢部议流马三道、李守才、孔道。帝从之，而毙保、成于内廷。其事遂止。

当是时，帝不见群臣二十有五年矣，以之采发保、成事，特一出以释群臣疑，且调剂贵妃、太子。念其事似有迹，故不遽罪之采也。四十五年京察，给事中徐绍吉、御史韩浚用拾遗劾之采贪，遂削其籍。

天启初，廷臣多为之讼冤，召复故官。二年二月上《复仇疏》，曰：

> 《礼》，君父之仇，不共戴天。齐襄公复九世之仇，《春秋》大之。曩李选侍气殴圣母，陛下再三播告中外，停其贵妃之封，圣母在天之灵必有心安而目瞑者。此复仇一大义也。

> 乃先帝一生遭逢多难，弥留之际，饮恨以崩。试问：李可灼之误用药，引进者谁？崔文升之故用药，主使者谁？恐方从哲之罪不在可灼、文升下。此先帝大仇未复者，一也。

> 张差持梃犯宫，安危止在呼吸。此乾坤何等时，乃刘廷元曲盖奸谋，以疯癫具狱矣。胡士相等改注口语，以卖薪成招矣。其后复讞，差供同谋举事，内外设伏多人。守才、三道亦供结党连谋，而士相辈悉抹去之。当时有内应，有外援。一夫作难，九庙震惊，何物凶徒，敢肆行不道乃尔！缘外戚郑国泰私结刘廷元、刘光复、姚宗文辈，珠玉金钱充满其室。言官结舌，莫敢谁何，遂无复顾惮，睥睨神器耳。国泰虽死，罪不容诛。法当开棺戮尸，夷其族，赭其宫，而至今犹未议及。此先帝大仇未复者，二也。

> 总之，用药之术，即梃击之谋。击不中而促之药，是文升之药惨于张差之梃也。张差之前，从无张差；刘成之后，岂乏刘成？臣见陛下之孤立于上矣。

又言：

> 郎中胡士相等，主疯癫者也。堂官张问达，调停疯癫者也。寺臣王士昌疏忠而心佞，评无只字，讼多溢词。堂官张问达语转而意圆，先允疯癫，后宽奸宄。劳永嘉、岳骏声等同恶相济。

张差招有"三十六头儿"，则胡士相阁笔。招有"东边一起干事"，则岳骏声言波及无辜。招有"红封票，高真人"，则劳永嘉言不及究红封教。今高一奎见监蓟州，系镇朔卫人。盖高一奎，主持红封教者也。马三道，管给红票者也。庞保、刘成，供给红封教多人撒棍者也。诸奸增减会审公单，大逆不道。

疏入，帝不问，而先主疯癫者恨次骨。

未几，之采迁尚宝少卿。逾年，迁太仆少卿，寻转本寺卿。廷元及岳骏声、曾道唯以之采侵己，先后疏辨。之采亦连疏力折，并发诸人前议差狱时，分金红庙中，及居间主名甚悉。事虽不行，诸人益疾之。

四年秋，拜刑部右侍郎。明年二月，魏忠贤势大张，其党杨维垣首翻"梃击"之案，力诋之采，坐除名。俄入之汪文言狱中，下抚按提问。岳骏声复讦之，且言其逼取郑国泰二万金，有诏追治。及修《三朝要典》，其"梃击"事以之采为罪首。府尹刘志选复重劾之，遂逮下诏狱，坐赃八千，之采竟瘐死。崇祯初，复官，赐恤。

自"梃击"之议起，而"红丸"、"移宫"二事继之。两党是非争胜，祸患相寻，迄明亡而后已。

赞曰：国之将亡也，先自戕其善类，而水旱盗贼乘之。故祸乱之端，士君子恒先被其毒。异哉，明之所称"三案"者！举朝士大夫喋喋不去口，而元恶大憝因用以剪除善类，卒致杨、左诸人身填牢户，与东汉季年若蹈一辙。国安得不亡乎！

明史卷二四五
列传第一三三

周起元　缪昌期　周顺昌

子茂兰　朱祖文　颜佩韦等　　　周宗建　蒋英

黄尊素　李应昇　万燝

丁乾学等

　　周起元，字仲先，海澄人。万历二十八年乡试第一，明年成进士。历知浮梁、南昌，以廉惠称。

　　行取入都，注湖广道御史。方候命，值京察。御史刘国缙疑郑继芳假书出起元及李邦华、李炳恭、徐绍芳、徐良彦手，遂目为“五鬼”，继芳且入之疏中。起元愤，上章自明。居二年，御史命始下。

　　会太仆少卿徐兆魁以攻东林为御史钱春所劾，起元亦疏劾之。奸人刘世学者，诚意伯刘荩臣从祖也，疏诋顾宪成。起元愤，力斥其谬。荩臣遂讦起元，益诋宪成。起元再疏极论，其同官翟凤翀、余懋衡、徐良彦、魏云中、李邦华、王时熙、潘之祥亦交章论列。且下令捕世学，世学遂遁去。吏部侍郎方从哲由中旨起官，起元力言不可，并刺给事中亓诗教、周永春，吏部侍郎李养正、郭士望等。吏部尚书赵焕出云中、时熙于外。起元劾其背旨擅权，坐停俸。焕去，郑继之代，又出之祥及张键。起元亦抗疏纠驳，因言张光房等五人不当摈之部曹，与党人抵牾，忌者益众。

　　寻巡按陕西，风采甚著。卒以东林故，出为广西参议，分守右江道。柳州大饥，群盗蜂起，起元单骑招剧贼，而振恤饥民甚至。移四川副使，未上。会辽阳破，廷议通州重地，宜设监司，乃命起元以参政莅之。

天启三年，入为太仆少卿。旋擢右佥都御史，巡抚苏、松十府。公廉爱民，丝粟无所取。遇大水，百方拯恤，民忘其困。织造中官李实素贪横，妄增定额，恣诛求。苏州同知杨姜署府事，实恶其不屈，摭他事劾之。起元至，即为姜辨冤，且上去蠹七事，语多侵实。实欲姜行属吏礼，再疏诬逮之。起元再疏雪姜，更切直。魏忠贤庇实，取严旨责起元，令速上姜贪劣状。起元益颂姜廉谨，诋实诬毁，因引罪乞罢。忠贤大怒，矫旨斥姜为民。起元复劾实贪恣不法数事，而为姜求宽。实以此敛威，而忠贤遂衔起元不置。分守参政朱童蒙者，先为兵科都给事中，以攻邹元标讲学外迁，失志狂暴，每行道辄鞭扑数十人，血肉狼籍。起元欲纠之，童蒙遂称病去。起元乃列其贪虐状以闻。忠贤遂矫旨削起元籍，擢童蒙京卿。

六年二月，忠贤欲杀高攀龙、周顺昌、缪昌期、黄尊素、李应昇、周宗建六人，取实空印疏，令其党李永贞、李朝钦诬起元为巡抚时乾没帑金十余万，日与攀龙辈往来讲学，因行居间。矫旨逮起元，至则顺昌等已毙狱中。许显纯酷榜掠，竟如实疏，悬赏十万。罄赀不足，亲故多破其家。九月毙之狱中，吴士民及其乡人无不垂涕者。

庄烈帝嗣位，赠兵部右侍郎，官一子。福王时，追谥忠惠。

缪昌期，字当时，江阴人。为诸生有盛名，举万历四十一年进士，改庶吉士，年五十有二矣。有同年生忌之，扬言为于玉立所荐，自是有东林之目。

张差梃击事，刘廷元倡言疯癫，刘光复和之，疏诋发讦者，谓不当诧之为奇货，居之为元功。昌期愤，语朝士曰："奸徒狙击青宫，此何等事，乃以'疯癫'二字庇天下乱臣贼子，以'奇货元功'四字没天下忠臣义士哉！"廷元辈闻其语，深疾之。给事中刘文炳劾大学士吴道南，遂阴诋昌期。时方授检讨。文炳再疏显攻，昌期即移疾去。既而京察，廷元辈复思中之，学士刘一燝力持乃免。

天启元年还朝。一燝以次辅当国。其冬，首辅叶向高至。小人间一燝于向高，谓欲沮其来，向高不悦。会给事中孙杰承魏忠贤指，劾一燝及周嘉谟，忠贤遽传旨允放。昌期急诣向高，力言二人顾命重臣，不可轻逐，内传不可奉。向高怫然曰："上所传，何敢不奉。"昌期曰："公，三朝老臣。始至之日，以去就力争，必可得也。若一传而放两大臣，异日天子手滑，不复可止矣。"向高默然。昌期因备言一燝质直无他肠，向高意少解。会顾大章亦为向高言之，一燝乃得善去。两人故向高门下士也。

昌期寻迁左赞善，进谕德。杨涟劾忠贤疏上，昌期适过向高。向高曰："杨君此疏太率易。其人于上前，时有匡正。鸟飞入宫，上乘梯手攫之，其人挽衣不得上。有小珰赐绯者，叱曰：'此非汝分，虽赐不得衣也。'其强直如此。是疏行，安得此小心谨慎之人在上左右？"昌期愕然曰："谁为此言以误公？可斩也。"向高色变，昌期徐起去。语闻于涟，涟怒。向高亦内惭，密具揭，请帝允忠贤辞，忠贤大愠。会有言涟疏乃昌期代草者，忠贤遂深怒不可解。及向高去，韩爌秉政。忠贤逐赵南星、高攀龙、魏大中及涟、光斗，爌皆具揭恳留。忠贤及其党谓昌期实左右之。而昌期于诸人去国，率送之郊外，执手太息，由是忠贤益恨。昌期知势不可留，具疏乞假，遂落职闲住。

五年春，以汪文言狱词连及，削职提问。忠贤恨不置。明年二月复于他疏责昌期已削籍犹冠盖延宾，令缇骑逮问。逾月，复入之李实疏中，下诏狱。昌期慷慨对簿，词气不挠。竟坐赃三千，五毒备至。四月晦，毙于狱。

庄烈帝即位，赠詹事兼侍读学士，录其一子，诏并予谥。而是时，姚希孟以词臣持物论，雅不善左光斗、周宗建，力尼之，遂并昌期及周起元、李应昇、黄尊素、周朝瑞、袁化中、顾大章皆不获谥。福王时，始谥文贞。

周顺昌，字景文，吴县人。万历四十一年进士。授福州推官，捕治税监高寀爪牙，不少贷。寀激民变，劫辱巡抚袁一骥，质其二子，并质副使吕纯如。或议以顺昌代，顺昌不可，纯如以此衔顺昌。擢吏部稽勋主事。天启中，历文选员外郎，署选事。力杜请寄，抑侥幸，清操皭然，乞假归。

顺昌为人刚方贞介，疾恶如仇。巡抚周起元忤魏忠贤削籍，顺昌为文送之，指斥无所讳。魏大中被逮，道吴门。顺昌出钱，与同卧起者三日，许以女聘大中孙。旂尉屡趣行，顺昌瞋目曰："若不知世间有不畏死男子耶？归语忠贤，我故吏部郎周顺昌也。"因戟手呼忠贤名，骂不绝口。旂尉归，以告忠贤。御史倪文焕者，忠贤义子也，诬劾同官夏之令，致之死。顺昌尝语人，他日倪御史当偿夏御史命。文焕大恚，遂承忠贤指，劾顺昌与罪人婚，且诬以赃贿，忠贤即矫旨削夺。先所忤副使吕纯如，顺昌同郡人，以京卿家居，挟前恨，数谮于织造中官李实及巡抚毛一鹭。已，实追论周起元，遂诬顺昌请嘱，有所乾没，与起元等并逮。

顺昌好为德于乡。有冤抑及郡中大利害，辄为所司陈说，以故士民德顺昌甚。及闻逮者至，众咸愤怒，号冤者塞道。至开读日，不期而集者数万人，咸执香为周吏部乞命。诸生文震亨、杨廷枢、王节、刘羽翰等前谒一鹭及巡按御史徐吉，请以民情上闻。旂尉厉声骂曰："东厂逮人，鼠辈敢尔！"大呼："囚安在？"手掷银铛于地，声琅然。众益愤，曰："始吾以为天子命，乃东厂耶！"蜂拥大呼，势如山崩。旂尉东西窜，众纵横殴击，毙一人，余负重伤，逾垣走。一鹭、吉不能语。知府寇慎、知县陈文瑞素得民，曲为解谕，众始散。顺昌乃自诣吏。又三日北行，一鹭飞章告变。东厂刺事者言："吴人尽反，谋断水道，劫漕舟。"忠贤大惧。已而一鹭言缚得倡乱者颜佩韦、马杰、沈扬、杨念如、周文元等，乱已定，忠贤乃安。然自是缇骑不出国门矣。

顺昌至京师，下诏狱。许显纯锻炼，坐赃三千，五日一酷掠。每掠治，必大骂忠贤。显纯椎落其齿，自起问曰："复能骂魏上公否？"顺昌嚼血唾其面，骂益厉。遂于夜中潜毙之。时六年六月十有七日也。

明年，庄烈帝即位，文焕伏诛，实下吏，一鹭、吉坐建忠贤祠，纯如坐颂玙，并丽逆案。顺昌赠太常卿，官其一子。给事中瞿式耜讼诸臣冤，称顺昌及杨涟、魏大中清忠尤著，诏谥忠介。

长子茂兰，字子佩，刺血书疏，诣阙愬冤，诏以所赠官推及其祖父。茂兰更上疏，请给三世诰命，建祠赐额。帝悉报可，且命先后惨死诸臣咸视此例。茂兰好学砥行，不就荫叙。国变后，隐居不出，以寿终。

诸生朱祖文者，都督先之孙。当顺昌被逮，间行诣都，为纳饘粥、汤药。及征赃令急，奔走称贷诸公间。顺昌槥归，祖文哀恸发病死。

佩韦等皆市人，文元则顺昌舆隶也，论大辟。临刑，五人延颈就刃，语寇慎曰："公好官，知我等好义，非乱也。"监司张孝流涕而斩之。吴人感其义，合葬之虎丘傍，题曰"五人之墓"。其地即一鹭所建忠贤普惠祠址也。

周宗建，字季侯，吴江人，尚书用曾孙也。万历四十一年进士。除武康知县，调繁仁和，有异政，入为御史。

天启元年为顾存仁、王世贞、陶望龄、顾宪成请谥，追论万历朝小人，历数钱梦皋、康丕扬、亓诗教、赵兴邦乱政罪，并诋李三才、王图。时辽事方棘，上疏责备辅臣。无何，沈阳破，宗建责当事大臣益急，因请破格用人，召还熊廷弼。已，论兵部尚书崔景荣不当信奸人刘保，辅臣刘一燝不当抑言路，因刺右通政林材、光禄卿李本固。材、本固移疾去。魏大中劾王德完庇杨镐、李如桢。宗建为德完力政大中，其持论数与东林左。会是岁冬，奉圣夫人客氏既出宫复入，宗建首抗疏极谏，中言："天子成言，有同儿戏。法宫禁地，仅类民家。圣朝举动有乖，内外防闲尽废。此辈一叨隆恩，便思逾分，狃溺无纪，渐成骄恣，衅孽日萌，后患难杜。王圣、朱娥、陆令萱之覆辙，可为殷鉴。"忤旨,诘责。清议由此重之。

明年,广宁失。廷臣多庇王化贞,欲甚熊廷弼罪。宗建不平,为剖两人罪案,颇右廷弼。诸庇化贞者,乃深疾宗建。京师久旱,五月雨雹。宗建谓阴盛阳衰之征,历陈四事。一专讯大学士沈㴶;一请宽建言废黜诸臣;一言廷弼已有定案,不当因此罗织朝士,阴刺兵部尚书张鹤鸣、给事中郭巩;一则专攻魏进忠,略言:"近日政事,外廷啧啧,咸谓奥爱之中,莫可测识,谕旨之下,有物凭焉。如魏进忠者,目不识一丁,而陛下假之嚬笑,日与相亲。一切用人行政,堕于其说,东西易向而不知,邪正颠倒而不觉。况内廷之借端,与外廷之投合,互相扶同。离间之渐将起于蝇营,谗构之衅必生于长舌。其为隐祸,可胜言哉!"

进忠者,魏忠贤故名也。时方结客氏为对食,廷臣多阴附之,其势渐炽。见宗建疏,衔次骨,未发也。邹元标建首善书院,宗建实司其事。元标罢,宗建乞与俱罢,不从。巡视光禄,与给事中罗尚忠力剔奸弊,节省为多。寻请核上供器物,中官怒,取旨诘责。宗建等再疏力持,中人滋不悦。

给事中郭巩者,先以劾廷弼被谪。廷弼败,复官,遂深结进忠。知进忠最恶宗建,乃疏诋廷弼,因诋朝廷之荐廷弼者,而宗建与焉。其锋锐甚,南京御史涂世业和之,诋宗建误廷弼,且误封疆。宗建愤,疏驳世业,语侵巩,抉其结纳忠贤事。巩亦愤,上疏数千言,诋宗建益力,并及刘一燝、邹元标、周嘉谟、杨涟、周朝瑞、毛士龙、方震孺、江秉谦、熊德阳辈数十人,悉指为廷弼逆党。宗建益愤,抗疏力驳其谬,且曰:"李维翰、杨镐、袁应泰、王化贞,皆坏封疆之人也。亓诗教力主催战,赵兴邦贿卖边臣,皆误封疆之人也。其他荐维翰,荐镐、荐应泰、化贞者,亦误封疆之人也。巩胡不一击之,而独苛求廷弼,且诋荐廷弼者为逆党哉?"

当是时,忠贤势益盛。宗建虑内外合谋,其祸将大。三年二月遂抗疏直攻忠贤,略言:

　　臣于去岁指名劾奏,进忠无一日忘臣。于是乘私人郭巩入都，嗾以倾臣，并倾诸异己者。巩乃创为"新幽大幽"之说，把持察典，编廷臣数十人姓名为一册，思一网中之。又为匿名书，罗织五十余人，投之道左。给事中则刘弘化为首，次及周朝瑞、熊德阳辈若而人，御史则方震孺为首，次及江秉谦辈若而人，而臣亦其中一人也。既欲罗诸臣，以快报复之私，更欲独中臣，以释进忠之恨。是察典不出于朝廷，乃巩及进忠之察典也。幸直道在人，巩说不行，始别借廷弼，欲一陷阱之。

巩又因臣论及王安，笑臣有何瓜葛。陛下亦知安之所以死乎？身首异处，肉饱乌鸢，骨投黄犬，古今未有之惨也。巩即心昵进忠，何至背公灭理，且牵连刘一燝、周嘉谟、杨涟、毛士龙辈，谓尽安党。请陛下穷究安死果出何人倾害，则此事即进忠一大罪案。巩之媚进忠，即此可为证据矣。

先朝汪直、刘瑾，虽皆枭獍，幸言路清明，臣僚隔绝，故非久即败。今权珰报复，反借言官以伸；言官声势，反借权珰以重。数月以来，熊德阳、江秉谦、侯震旸、王纪、满朝斥矣，邹元标、冯从吾罢矣，文震孟、郑鄤逐矣。近且扼孙慎行、盛以弘，而绝其揆路。摘瓜抱蔓，正人重足。举朝各爱一死，无敢明犯其锋者。臣若尚顾微躯，不为入告，将内有进忠为之指挥，旁有客氏为之羽翼，外有刘朝辈为典兵示威，而又有巩辈蚁附蝇集，内外交通，驱除善类，天下事尚忍言哉！

疏入，进忠益怒，率刘朝等环泣帝前，乞自髡以激帝怒。乃令宗建陈交通实状，将加重谴，宗建回奏益侃直。进忠议廷杖之，阁臣力争，乃止，夺俸。

会给事中刘弘化、御史方大任等交章助宗建攻进忠、巩，巩复力诋诸人。诏下诸疏平议，廷臣为两解之。乃严旨切责，夺巩、宗建俸三月。是时，刘朝典内操，遂谋行边。廷臣微闻之，莫敢言。宗建曰："巩自谓未尝通内，今诚能出片纸遏朝，吾请为洗交结之名。"巩噤不敢发。宗建乃抗疏极谏，历陈三不可、九害。会朝与进忠有隙，事亦中寝。其冬，出按湖广，以忧归。

　　五年三月，大学士冯铨衔御史张慎言尝论己，属其门生曹钦程诬劾，而以宗建为首，并及李应昇、黄尊素。忠贤遂矫诏削籍，下抚按追赃。明年以所司具狱缓，遣缇骑逮治。俄入之李实疏中，下诏狱毒讯。许显纯厉声骂曰："复能晋魏上公一丁不识乎！"竟坐纳廷弼贿万三千，毙之狱。

　　宗建既死，征赃益急。其所亲副使蒋英代之输，亦坐削籍。忠贤败，诏赠宗建太仆寺卿，官其一子。福王时，追谥忠毅。

　　蒋英，嘉善人。举进士，历知松溪、漳浦、宜兴。天启时，由南京验封郎中，出为福建副使，遂遭珰祸。忠贤败，以故官分巡苏、松，坐事贬秩。未行而宜兴民变，上官以英先治宜兴，得民心，檄之抚治。宜兴非英所辖，辞不得，则单骑往谕，惩豪家僮客数人，令乱民自献其首恶，乱遂定。宜兴故多豪家，修撰陈于泰、编修陈于鼎兄弟尤横，遂激民变。群执兵鼓噪，势汹汹。赖英，事旋定。而周延儒、方枋国与陈氏有连，衔英，再贬两秩，遂归。

　　巩，迁安人。以附忠贤，骤迁至兵部侍郎。庄烈帝定逆案，削籍论配。我大清拔迁安，巩遁去。后诣阙自言拒聘，上所撰"却聘书"。兵部尚书梁廷栋论之，下狱坐死。巡抚杨嗣昌为讼冤，得遣戍。

　　黄尊素，字真长，余姚人。万历四十四年进士。除宁国推官，精敏强执。

　　天启二年，擢御史，谒假归。明年冬，还朝，疏请召还余懋衡、曹于汴、刘宗周、周洪谟、王纪、邹元标、冯从吾，而劾尚书赵秉忠、侍郎牛应元、通政丁启睿顽钝。秉忠、应元俱引去。山东妖贼既平，余党复煽。巡抚王惟俭不能抚驭，尊素疏论之。因言："巡抚本内外兼用，今尽用京卿，不若扬历外服者之练习。"又数陈边事，力诋大将马世龙，忤枢辅孙承宗意。时帝在位数年，未尝一召见大臣。尊素请复便殿对故事，面决大政，否则讲筵之暇，令大臣面商可否。帝不能用。

四年二月,大风扬沙,昼晦,天鼓鸣,如是者十日。三月朔,京师地震三,乾清宫尤甚。适帝体违和,人情惶惧。尊素力陈时政十失。末言:"陛下厌薄言官,人怀忌讳,遂有剽窃皮毛,莫犯中扃者。今阿保重于赵娆,禁旅近于唐末,萧墙之忧惨于敌国。廷无谋幄,边无折冲,当国者昧安危之机,误国者护耻败之局。不于此进贤退不肖,而疾刚方正直之士如仇仇,陛下独不为社稷计乎?"疏入,魏忠贤大怒,谋廷杖之。韩爌力救,乃夺俸一年。

既而杨涟劾忠贤,被旨谯让。尊素愤,抗疏继之,略言:"天下有政归近幸,威福旁移,而世界清明者乎?天下有中外汹汹,无不欲食其肉,而可置之左右者乎?陛下必以为曲谨可用,不知不小曲谨,不大无忌。必以为惟吾驾驭,不知不可驾驭,则不可收拾矣。陛下登极以来,公卿台谏累累罢归,致在位者无固志。不于此称孤立,乃以去一近侍为孤立耶?今忠贤不法状,廷臣已发露无余。陛下若不早断,彼形见势穷,复何顾忌。忠贤必不肯收具已纵之缰,而净涤其肠胃。忠贤之私人,必不肯回其已往之棹,面默消其冰山。始犹与士大夫为仇,继将以至尊为注。柴栅既固,毒螫谁何。不惟台谏折之不足,即干戈取之亦难矣。"忠贤得疏愈恨。

万燝既廷杖,又欲杖御史林汝翥,诸言官诣阁争之。小珰数百人拥入阁中,攘臂肆骂,诸阁臣俯首不敢语。尊素厉声曰:"内阁丝纶地,即司礼非奉诏不敢至,若辈无礼至此!"乃稍稍散去。无何,燝以创重卒。尊素上言:"律列,非叛逆十恶无死法。今以披肝沥胆之忠臣,竟殒于磨牙而砺齿之凶竖。此辈必欣欣相告,吾侪借天子威柄,可鞭笞百僚。后世有秉董狐笔,继朱子纲目者,书曰:'某月某日,郎中万燝以言事廷杖死'。岂不上累圣德哉!进廷杖之说者,必曰祖制,不知二正之世,王振、刘瑾为之;世祖、神宗之朝,张璁、严嵩、张居正为之。奸人欲有所逞,惮忠臣义士掣其肘,必借廷杖以快其私,使人主蒙拒谏之名,已受乘权之实,而仁贤且有抱蔓之形。于是乎为所欲为,莫有顾忌,而祸即移之国家。燝今已矣。辱士杀士,渐不可开。乞复故官,破格赐恤,俾遗孤得扶榇还乡,燝死且不朽。"

疏入,益忤忠贤意。

八月,河南进玉玺。忠贤欲侈其事,命由大明门进,行受玺礼,百僚表贺。尊素上言:"昔宋哲宗得玺,蔡确等竞言祥瑞,改年元符,宋祚卒不竞。本朝弘治时,陕西献玉玺,止令取进,给赏五金。此祖宗故事,宜从。"事获中止。五年春,遣视陕西茶马。甫出都,逆党曹钦程劾其专击善类,助高攀龙、魏大中虐焰,遂削籍。

尊素謇谔敢言,尤有深识远虑。初入台,邹元标实援之,即进规曰:"都门非讲学地,徐文贞已丛议于前矣。"元标不能用。杨涟将击忠贤,魏大中以告,尊素曰:"除君侧者,必有内援。杨公有之乎?一不中,吾侪无噍类矣。"万燝死,尊素讽涟去,涟不从,卒及于祸。大中将劾魏广微,尊素曰:"广微,小人之包羞者也,攻之急,则铤而走险矣。"大中不从,广微益合于忠贤,以兴大难。

是时,东林盈朝,自以乡里分朋党。江西章允儒、陈良训与大中有隙,而大中欲驳尚书南师仲恤典,秦人亦多不悦。尊素急言于大中,止之。最后,山西尹同皋、潘云翼欲用其座主郭尚友为山西巡抚,大中以尚友数问遗朝贵,执不可。尊素引杜征南数遗洛中贵要为言,大中卒不可,议用谢应祥,难端遂作。

汪文言初下狱,忠贤即欲罗织诸人。已,知为尊素所解,恨甚。其党亦以尊素多智虑,欲杀之。会吴中讹言尊素欲效杨一清诛刘瑾,用李实为张永,授以秘计。忠贤大惧,遣刺事者至吴中凡四辈。侍郎乌程沈演家居,奏记忠贤曰:"事有迹矣。"于是日遣使谯诃实,取其空印白疏,入尊素等七人姓名,遂被逮。使者至苏州,适城中击杀逮周顺昌旂尉,其城外人并击逮尊素者。逮者失驾帖,不敢至。尊素闻,即囚服诣吏自投诏狱。许显纯、崔应元搒掠备至,勒赃二千八百,五日一追比。已,知狱卒将害己,叩首谢君父,赋诗一章,遂死。时六年闰六月朔日也,年四十三。崇祯初,赠太仆卿,任一子。福王时,追谥忠端。

李应昇,字仲达,江阴人。万历四十四年进士。授南康推官。出无辜十九人于死，实大猾数人重辟。士民服其公廉，为之谣曰："前林后李，清和无比。"林谓晋江林学曾，卒官南京户部侍郎，以清慎著称者也。九江、南康间有柯、陈二大族，相传陈友谅苗裔，负固强梗，尝拒捕，有司议兵之。应昇单骑往谕，皆叩头听命，出所匿罪人，一方以定。

天启二年征授御史，谒假归。明年秋还朝。时天子暗弱，庶政怠弛。应昇上疏曰："方今辽土沦没，黔、蜀用兵，红夷之焰未息，西部之赏日增；逃兵肆掠于畿辅，穷民待尽于催科。逗留习惯，大将畏敌而不敢前；法纪陵夷，骄兵噪鼓而弗能问。在在增官，日日会议；覆疏衍为故套，严旨等若空言。陛下不先振竦精神，发皇志气，群臣孰肯任怨，以破情面之世界者？祖宗有早午晚三朝，犹时御便殿咨访时政。愿俯纳臣言，奋然力行，天下事尚可为也。"报闻。

顷之，复陈时政，略曰："今天下敝坏极矣，在君臣奋兴而力图之。陛下振纪纲，则片纸若霆；大臣损私曲，则千里运掌；台谏任纠弹，则百司饮冰。今动议增官，为人营窟，纷纭迁徙，名实乖张。自登、莱增巡抚，而侵冒百余万；增招练监军，而侵冒又十余万。边关内地，将领如蚁，剥军侵饷，又不知几十万。增置总督，何补塞垣；增置京堂，何裨政事。枢贰添注矣，孰慷慨以行边；司空添注矣，孰拮据以储备；大将添注矣，只工媒孽而纵通逃；礼、兵司属添注二三十人矣，谁储边才而精典礼。滥开边俸，捷径燃灰，则吏治日坏；白衣攘臂，邪人入幕，则奸弁充斥。臣请断自圣心，一切报罢。"又言："今事下部曹，十九寝阁，宜重申国典，明正将领之罪。锦衣旅尉，半归权要，宜遣安巡视，如京营之制。卫官袭职，比试不严，宜申明旧章，无使幸进将校蚕食。逃军不招，私募乞儿，半分其饷，宜力为创惩。穷民敲扑，号哭满庭，奸吏侵渔，福堂安坐，宜严其法制。"时不能用。俄劾南京都御史王永光庇部郎范得志，颠倒公论，永光寻自引去。

四年正月，疏陈外番、内盗及小人三患，讥切近习，魏忠贤恶之。已，复疏陈民隐，言有十害宜急除，五反宜急去，帝为戒饬所司。

京师一日地三震，疏请保护圣躬，速停内操。忠贤领东厂，好用立枷，有重三百斤者，不数日即死，先后死者六七十人。应昇极言宜罢，忠贤大恨。应昇知忠贤必祸国，密草疏列其十六罪。将上，为兄所知，让其疏毁之，怏怏而止。

杨涟劾忠贤，得严旨。应昇愤，即抗疏继之。中言："从来奄人之祸，其始莫不有小忠小信以固结主心。根株既深，毒手乃肆。今陛下明知其罪，曲赐包容。彼缓则图自全之计，急则作走险之谋。萧墙之间，能无隐祸？故忠贤一日不去，则陛下一日不安。臣为陛下计，莫如听忠贤引退，以全其命；为忠贤计，亦莫若早自引决，以乞帷盖之恩。不然恶稔贯盈，他日欲保首领，不可得矣。"又曰："君侧不清，安用彼相。一时宠利有尽，千秋青史难欺。不欲为刘健、谢迁者，并不能为东阳。倘画策投欢，不几与焦芳同传耶？"

时魏广微方深结忠贤，为之谋主，知应昇讥己，大恨。万燝之死也，应昇极言廷杖不可再，士气不可折，讥切忠贤辈甚至。已，代高攀龙草疏劾崔呈秀。呈秀窘，昏夜款门，长跪乞哀。应昇正色固拒，含怒而去。十月朔，帝庙享颁历，广微后至，为魏大中等所纠。广微恚，辨疏诋言者。应昇复抗疏谕之，且曰："广微父允贞为言官，得罪辅臣以去，声施至今。广微奈何比言官跆马，斥为此辈？夫不与此辈为伍者，必别与一辈为缘。乞陛下戒谕广微，退读父书，保其家声，毋倚三窟，与言官为难，他日庶可见乃父地下。"广微益怒，谋之忠贤，将镌秩。首辅韩爌力救，乃夺禄一年。其月，赵南星等悉被逐，朝事大变。

明年三月，工部主事曹钦程劾应昇护法东林，遂削籍。忠贤恨未已。六年三月，假李实劾周起元疏，入应昇名。遂逮下诏狱，酷掠，坐赃三千。寻于闰六月二日毙之，年甫三十四。崇祯初，赠太仆卿，录一子。福王时，追谥忠毅。

万燝，字暗夫，南昌人，兵部侍郎恭孙也。少好学，砥砺名行。举万历四十四年进士，授刑部主事。尝疏论刑狱于和。

天启初元，兵事棘，工部需才，调燝工部营缮主事。督治九门垣墉，市铜江南，皆勤于其职。迁虞衡员外郎，司鼓铸。时庆陵大工未竣，费不赀。燝知内府废铜山积，可发以助铸，移牒内官监言之。魏忠贤怒，不发，燝遂具疏以请。忠贤益怒，假中旨诘责。燝旋进屯田郎中，督陵务。

其时，忠贤益肆，廷臣杨涟等交击，率被严旨。燝愤，抗章极论，略言："人主有政权，有利权，不可委臣下，况刑余寺人哉。忠贤性狡而贪，胆粗而大。口衔天宪，手握王爵，所好生羽毛，所恶成疮痏。荫子弟，则一世再世；赍厮养，则千金万金。毒痛士庶，毙百余人；威加搢绅，空十数署。一切生杀予夺之权尽为忠贤所窃，陛下犹不觉悟乎？且忠贤固供事先帝者也，陛下之宠忠贤，亦以忠贤曾供事先帝也。乃于先帝陵工，略不屑念。臣尝屡请铜，靳不肯予。间过香山碧云寺，见忠贤自营坟墓，其规制弘敞，疑于陵寝。前列生祠，又前建佛宇，璇题耀日，珠网悬星，费金钱几百万。为己坟墓则如此，为先帝陵寝则如彼，可胜诛哉！今忠贤已尽窃陛下权，致内廷外朝止知有忠贤，不知有陛下，尚可一日留左右耶？"疏入，忠贤大怒，矫旨廷杖一百，斥为民。执政言官论救，皆不听。

当是时，忠贤恶廷臣交章劾己，无所发忿，思借燝立威。乃命群奄至燝邸，捽而殴之。比至阙下，气息才属。杖已，绝而复苏。群奄更肆蹴踏，越四日即卒，时四年七月七日也。忠贤恨犹不置，罗织其罪，诬以赃贿三百。燝廉吏，破产乃竣。崇祯初，赠光禄卿，官其一子。福王时，谥忠贞。

燝杖死未几，巡城御史福清林汝翥尝笞内侍曹进、傅国兴。忠贤矫旨杖汝翥如燝。汝翥惧，逃之遵化，自归于巡抚邓渼。渼以闻，卒杖之。汝翥起家乡举，知沛县。徐鸿儒攻沛甚急，坚守不下，由此擢御史。崇祯时，仕至浙江副使。汝翥虽受杖，幸不死。而是时，丁乾学、夏之令、吴裕中、刘铎、吴怀贤、苏继欧、张汶诸人，皆忤忠贤致死。

　　乾学,浙江山阴人,寄籍京师,官检讨。天启四年偕给事中郝土膏典试江西,发策刺忠贤。忠贤怒,矫旨镌三秩,复除其名。已,使人诈为校尉往逮,挫辱之,竟愤忧而卒。崇祯初,赠侍读学士。

　　之令,光山人。知攸、歙二县,征授御史。尝疏论边事,力诋毛文龙不足恃。忠贤庇文龙,传旨削之令籍,阁臣救免。及巡皇城,内使冯忠等犯法,劾治之,益为忠贤所衔,崔呈秀亦以事衔之。遂属御史卓迈劾之令党比熊廷弼,有诏削夺。顷之,御史倪文焕复劾之令计陷文龙,几误疆事。遂逮下诏狱,坐赃拷死。

　　裕中,江夏人。为顺德知县,征授御史。大学士丁绍轼陷熊廷弼死,裕中有疏诋绍轼。忠贤传旨诘裕中为廷弼姻戚,代之报仇。廷杖一百,创重卒。崇祯初,赐赠荫。

　　铎,庐陵人。由刑部郎中为扬州知府。愤忠贤乱政,作诗书僧扇,有"阴霾国事非"句。侦者得之,闻于忠贤。倪文焕者,扬州人也,素衔铎,遂嗾忠贤逮治之。铎雅善忠贤子良卿,事获解,许还故官。良卿从容问铎:"曩锦衣往逮,索金几何?"曰:"三千金耳。"良卿令锦衣还之。其人怒,日夜伺铎隙,言铎系狱时,与囚方震孺同谋居间,遂再下狱。会铎家人有夜醮者,参将张体乾诬铎咒诅忠贤,刑部尚书薛贞坐以大辟。忠贤诛,贞、体乾并抵罪,铎赠太仆少卿。

　　怀贤,休宁人。由国子监生授内阁中书舍人。同官傅应昇者,忠贤甥也,怀贤遇之无加礼,应昇恨之。杨涟劾忠贤疏出,怀贤书其上曰:"宜如韩魏公治任守忠故事,即时遣戍。"又与工部主事吴昌期书,有"事极必反,反正不远"语。忠贤侦知之,大怒曰:"何物小吏,亦敢谤我!"遂矫旨下诏狱,坐以结纳汪文言,为左光斗、魏大中鹰犬,拷掠死。崇祯初,赠工部主事。

　　继欧,许州人。历知元氏、真定、柏乡,入为吏部稽勋主事,累迁考功郎中。将调文选,中旨谓为杨涟私党,削籍归。时缇骑四出,同里副使孙织锦素附忠贤,遣人怵继欧曰:"逮者至矣。"继欧自经死。崇祯初,赠太常寺卿。

　　汶,邯郸人。尚书国彦曾孙也。由荫叙为后军都督府经历。尝被酒诋忠贤,下狱拷掠死。亦获赠恤。

赞曰:自古阉宦之甘心善类者,莫甚于汉、唐之季,然皆仓猝一时,为自救计耳。魏忠贤之杀诸人也,扬毒焰以快其私,肆无忌惮。盖主荒政秕之余,公道沦亡,人心败坏,凶气参会,群邪翕谋,故搢绅之祸烈于前古。诸人之受祸也,酷矣哉。

明史卷二四六
列传第一三四

满朝荐　江秉谦　侯震旸

倪思辉　朱钦相　王心一　**王允成**　李希孔
毛士龙

　　满朝荐,字震东,麻阳人。万历三十二年进士。授咸宁知县,有廉能声。税监梁永纵其下劫诸生橐,朝荐捕治之。永怒,劾其擅刑税役,诏镌一官。大学士沈鲤等论救,不听。会巡抚顾其志极论永贪残状,乃复朝荐官,夺俸一岁。无何,永遣人蛊巡按御史余懋衡。事觉,朝荐捕获其人。永惧,率众擐甲入县庭。吏卒早为备,无所掠而去。城中数夜惊,言永反。或谓永宜自明,永遂下教,自白不反状,然蓄甲者数百。而朝荐助懋衡操之急,诸恶党多亡去。朝荐追之渭南,颇有所格伤。永惧,使使系书发中,入都讼朝荐劫上供物,杀数人,投尸河中。帝震怒,立遣使逮治,时三十五年七月也。既至,下诏狱拷掠,遂长系。中外论救,自大学士朱赓以下,百十疏。最后,四十一年秋,万寿节将届,用大学士叶向高请,乃与王邦才、卞孔时并释归。

　　光宗立,起南京刑部郎中,再迁尚宝卿。天启二年,辽东地尽失,海内多故,而廷臣方植党逞浮议。朝荐深虑之,疏陈时事十可忧、七可怪,语极危切。寻进太仆少卿,复上疏曰:

　　　　比者,风霾曀晦,星月昼见,太白经天,四月雹,六月冰,山东地震,畿内霾潦,天地之变极矣。四川则奢崇明叛,贵州则安邦彦叛，山东则徐鸿儒乱，民人之变极矣。而朝廷政令乃颠倒日甚。

一乞骸耳，周嘉谟、刘一燝，顾命之元老，以中谗去，孙慎行，守礼之宗伯，以封典去，王纪，执法如山之司寇，以平反去，皆漠不顾惜；独惓惓于三十疏劾之沈㴶，即去而犹加异数焉。祖宗朝有是颠倒乎？一建言耳，倪思辉、朱钦相等之削籍，已重箝口之嗟；周朝瑞、惠世扬等之拂衣，又中一网之计。祖宗朝有是颠倒乎？一边筹耳，西部索百万之赏，边臣犹虑其未饱；健儿乞锱铢之饷，度支尚谓其过奢。祖宗朝有是颠倒乎？一弃城耳，多年议确之犯，或以庇厚而缓求；旬日矜疑之辈，反以妒深而苛督。祖宗朝有是颠倒乎？一缉奸耳，正罪自有常律，平反原无滥条。辽阳之祸，起于袁应泰之大纳降人。降人尽占居民妇女，故辽民发愤，招敌攻城。事发仓猝，未闻有何人献送之说也。广宁之变，起于王化贞之误信西部，取饷金以哝插而不给卒伍，以故人心离散。敌兵过河，又不闻西部策应，遂至手足无措，抱头鼠窜。亦事发仓猝，未闻有何人献送之说也。深求奸细，不过为化贞卸罪地耳。王纪不欲杀人媚人，反致削籍。祖宗朝有颠倒乎？

若夫阁臣之职，在主持清议。今章疏有妒才坏政者，非惟不斥也，轻则两可，重则竟行其言矣。有殚奸报国者，非惟不纳也，轻则见让，重则递加黜罚矣。尤有恨者，沈㴶贿卢受得进，及受败，又交通跋扈之奄以树威。振、瑾偾裂之祸，皆㴶作俑，而放流不加。他若戚畹，岂不当检，何至以阉寺之谗，毙其三仆。三宫分有常尊，何至以倾国之昵，僭逼母仪。此皆颠倒之甚者也。顾成于陛下者十之一二，成于当事大臣者十之八九。臣诚不忍见神州陆沈，祈陛下终览臣疏，与阁部大臣更弦易辙，悉轨祖宗旧章，臣即从逢、干于地下，犹生之年。

既奏，魏忠贤激帝怒，降旨切责，褫职为民。大学士向高申救甚力，帝不纳。已，忠贤党撰东林同志录，朝荐与焉，竟不复用。崇祯二年荐起故官，未上卒。

江秉谦，字兆豫，歙人。万历三十八年进士。除鄞县知县。用廉能征，拟授御史。久不得命，以葬亲归。光宗立，命始下。入台，侃侃言事。

天启元年，首陈君臣虚己奉公之道，规切甚至。户部尚书李汝华建议兴屯，请专遣御史，三年课绩，所垦足抵年例饷银，即擢京卿。秉谦力驳其谬，因言汝华尸素，宜亟罢。汝华疏辨，秉谦再劾之。

沈阳既失，朝士多思熊廷弼，而给事中郭巩独论廷弼丧师误国，请并罪阁臣刘一燝。秉谦愤，力颂廷弼保守危疆功，且曰："今廷弼勘覆已明，议者犹以一人私情没天下公论，宁坏朝廷封疆，不忘胸中畛域。"章下廷议。会辽阳复失，廷弼旋起经略。巩坐妄议夺官，遂与秉谦为仇。廷弼既镇山海，议遣使宣谕朝鲜发兵牵制。副使梁之垣请行，廷弼喜，请付二十万金为军赍。兵部尚书张鹤鸣不予，秉谦抗疏争。鹤鸣怒，力诋秉谦朋党。秉谦疏辨，帝不罪。

鹤鸣既抑廷弼，专庇巡抚王化贞，朝士多附会之。帝以经、抚不和，诏廷臣议。秉谦言："陛下再起廷弼，委以重寄，曰'疆埸事不从中制。'乃数月以来，廷弼不得措手足，呼号日闻，辨驳踵至。执为词者曰'经、抚不和，化贞主战，廷弼主守耳'。夫廷弼非专言守，谓守定而后可战也。化贞锐意战，即战胜，可无事守乎？万一不胜，又将何以守？此中利害，夫人知之。乃一则无言不从，一则无策不弃。岂真不明于战守之说，但从化贞、廷弼起见耳。陛下既命廷弼节制三方，则三方之进战退守，当一一听其指挥。乃化贞欲进，则使廷弼从之进；欲退，则使廷弼随之退。化贞倏进倏退，则使廷弼进不知所以战，退不知所以守。是化贞有节制廷弼之权，而廷弼未尝有节制三方之权也。故今日之事，非经、抚不和，乃好恶经、抚者不和；非战守之议论不合，乃左右经、抚者之议论不合。请专责廷弼，实图战守。"末讥首辅叶向高两可含糊，势必两可掣肘，安能责成功。语极切至。

后朝议方撤廷弼，而化贞已弃广宁遁。秉谦益愤，以职方郎耿如杞附和鹤鸣，力助化贞排廷弼，致封疆丧失，连疏攻之。并援世宗戮丁汝夔故事，乞亟置鹤鸣于法。帝以鹤鸣方行边，不当轻诋，夺秉谦俸半岁，如杞不问。秉谦复上疏言：“鹤鸣一入中枢，初不过齿莽而无远识，既乃至凶狠而动杀机。明知西部间谍俱虚，战守参差难合，乃顾自欺以欺朝廷。何处有机会？而曰机会可乘。何日渡河？而曰渡河必胜。既欲驱经略以出关，而不肯付经略以节制；既欲置廷弼于广宁，而未尝移化贞于何地。破坏封疆之罪，可置弗问哉？且化贞先弃地先逃，犹曰功罪相半。即此一言，纵寸斩鹤鸣，不足赎其欺君误国罪，乃犹敢哆口定他人罪案耶！”

当是时，大学士沈㴶潜结中官刘朝、乳媪客氏，募兵入禁中，兴内操。给事中惠世扬、周朝瑞等十二人再疏力攻。秉谦与焉，并诋朝及客氏。内外胥怨，遂假劾鹤鸣疏，出秉谦于外。无何，郭巩召还，交通魏忠贤，力沮秉谦。是冬，皇子生，言官被谪者悉召还，独秉谦不与。家居四年，闻忠贤益乱政，忧愤卒。

居数月，忠贤党御史卓迈追劾秉谦保护廷弼，遂削籍。崇祯初，复官。

侯震旸，字得一，嘉定人。祖尧封监察御史，忤大学士张居正，外转，累官至福建右参政，有廉直声。震旸举万历三十八年进士，授行人。

天启初，擢吏科给事中。是时，保姆奉圣夫人客氏方擅宠，与魏忠贤及大学士沈㴶相表里，势焰张甚。既遣出宫，熹宗思念流涕，至日旰不御食，遂宣谕复入。震旸疏言：“宫闱禁地，奸珰群小睥睨其侧，内外钩连，借丛炀灶有不忍言者。王圣宠而煽江京、李闰之奸，赵娆宠而构曹节、王甫之变。幺麽里妇，何堪数昵至尊哉。”不省。

会辽事棘，经略熊廷弼、巡抚王化贞相抵牾。兵部尚书张鹤鸣右化贞，议者遂欲移廷弼，与化贞画地任事。震旸逆知其必败，疏言：“事势至此，陛下遣问经臣。果能加意训练，则进止迟速不从中制，虽撤抚臣，一以付之，无不可者。如不然，则督其条晰陈奏，以听

吏议，撷拾残局，专任化贞。此一说也。不则移廷弼密云，而出本兵
为经略。鹤鸣素慷慨自命，与其事败同罪，不若挺身报国。此又一
说也。不则遂以经略授化贞，择沈深有谋者代任巡抚，以资后劲。此
又一说也。不则直移廷弼于登、莱，终其三方布置之策，与化贞相犄
角。此又一说也。若复迁延犹豫，必偾国事。"疏上，方有旨集议，而
大清兵已破广宁矣。化贞、廷弼相率入关门，犹数奉温旨，责以戴罪
立功。

　　震旸大愤懑，再疏言："臣言不幸验矣，为今日计，论法不论情。
河西未坏以前，举朝所惜者，十七在化贞，今不能为化贞惜也。河西
既坏以后，举朝所宽者十九在廷弼，今亦不能为廷弼宽也。策抚臣
者，谓宜责令还赴广宁，联属西部。然而帑库已竭，其能赤手效包胥
乎？策经臣者，谓宜仍责守关。然所谓守者，将如廷弼前议三十万
兵数十万饷，以图后效乎？抑止令率残卒出关外，姑示不杀乎？凡
此无一可者。及今不定逃臣之律，残疆其奚赖焉。"其后治失事罪，
盖略如震旸疏云。

　　已，遂劾大学士沈㴶结纳奉圣夫人及诸中官为朋党，具发其构
杀故监王安状。忠贤即日传旨谪震旸。震旸陛辞，复上田赋、河渠
二议，以逐臣不当建议，再镌二级以归。

　　震旸在垣八月，章奏凡数十上。崇祯初，召复故官，震旸已前
卒。因其子主事峒曾请，特赠太常少卿。

　　方震旸之论客氏也，给事中祁门倪思辉、临川朱钦相疏继之。
帝大恚，并贬三官。大学士刘一燝、尚书周嘉谟等交章论救，皆不
纳。御史吴县王心一言之尤切，帝怒，贬官如之。心一同官龙溪马
鸣起复抗疏谏，且言客氏六不可留。帝议加重谴，用一燝等言，夺俸
一年。

　　先是，元年正月，客氏未出宫，诏给土田二十顷，为护坟香火
赀。又诏魏进忠侍卫有功，待陵工告竣，并行叙录。心一抗疏言：
"陛下眷念二人，加给土田，明示优录，恐东征将士闻而解体。况梓

宫未殡,先念保姆之香火;陵工未成,强入奄侍之勤劳,于理为不顺,于情为失宜。"不报。至是,与思辉、钦相并贬,廷臣请召还者十余疏。皇子生,诏思辉、钦相、心一、鸣起并复故官。

钦相寻擢太仆少卿。杨涟既劾魏忠贤,钦相亦抗疏极论。五年以右佥都御史巡抚福建,讨贼杨六、蔡三、钟六等有功。旋以忤忠贤,除名。思辉,崇祯时终南京督储尚书。心一终刑部侍郎。鸣起终南京右都御史。

王允成,字述文,泽州人。万历中举于乡,除获鹿知县。以治行异等,征授南京御史。时甲科势重,乙科多卑下之。允成体貌魁梧,才气飙发,欲凌甲科出其上,首疏论辽左失事诸臣,请正刑辟。

熹宗即位,廷臣方争论"梃击"、"移宫"事,而帝降两谕罪选侍,因言移宫后相安状。大学士方从哲封还上谕。允成陈保治十事,中言:"张差闯宫,说者谓疯癫。青宫岂发疯之地?庞保、刘成岂并疯之人?言念及此,可为寒心。今郑氏四十年之恩威犹在,卵翼心腹实繁有徒,陛下当思所以防之。比者,圣谕多从中出。当,则开炀灶之端;不当,而臣下争执,必成反汗之势。孰若事无大小,尽归内阁。至元辅方从哲,屡劾不去。陛下于选侍移宫后,发一敕谕,不过如常人表明心迹耳,从哲辄封还。夫封后之命,都督之命,贬谪周朝瑞之命,何皆不封还?司马昭之心,路人知之矣。"姚宗文阅视辽左,与熊廷弼相失,归而鼓同列攻之。允成恶其奸,再疏论列。

天启元年疏请恤先朝直臣,列杨天民等三十六人以上,帝纳之。俄陈任辅弼、择经略、慎中枢、专大帅、更戎政、严赏罚数事。末言:"方今最可虑者,陛下孤立禁中。先朝怙权恃宠诸奄,与今日左右近习,互相忌嫉,恐乘机肆毒,彼此相戕。夫防护禁庭,责在内阁及司礼。务令潜消默化,俾圣躬与皇弟,并得高枕无忧,斯为根本至计。"时韪其言。

已,劾刑部尚书黄克缵倡言保护选侍,贻误贾继春,又曲庇盗宝内侍,至辨御史焦源溥纲常一疏,刺谬特甚。已,极论内降及留中之害，末复规切阁部大臣。忤旨，停俸。给事中毛士龙劾府丞邵辅忠，允成亦偕同官李希孔斥辅忠。已，极言纲纪废弛，请戒姑息，破因循，指斥时事甚悉。

当是时，中贵刘朝、魏进忠与乳媪客氏相倚为奸。允成抗疏历数其罪，略言：“内廷顾命之珰，犬食其余，不蒙帷盖之泽；外廷顾命之老，中旨趣出，立见田里之收。以小马为驰骋之赏，谁启盘于游田之渐；以大臣为释忿之地，谁启佛其考长之心。刘朝辈初亦不预外事，自沈漼、邵辅忠导之，遂恣肆无忌。浸假而王心一、倪思辉、朱钦相斥矣，浸假而司空用陪推矣，浸假而中旨用考官矣。是易置大臣之权在二竖也。近者弄权愈甚，逐大臣如振落，王纪、满朝荐并削职为编氓。是驱除大臣之权在二竖也。科臣迁改，自有定叙，给假推升，往例皆然。乃恶周朝瑞之正直，忽有不许推用之旨。是转迁百官之权在二竖也。秦藩以小宗继大宗，诸子不得封郡王，祖制昭然。乃部科争之不获，相继而去。是进退诸藩之权在二竖也。招权纳贿，作福作威。二竖弄权于外，客氏主谋于中。王振、刘瑾之祸将复见今日。”疏入，进忠辈切齿。允成复特疏论秦府滥恩之谬，帝终不省。

三年六月，允成又劾进忠，进忠益恨。明年，赵南星为吏部，知允成贤，调之于北。未几，南星被逐，御史张讷劾南星调允成非法，遂除名。后给事中陈维新复劾允成贪险，诏抚按提问，坐以赃私。庄烈帝嗣位，以允成尝请保护皇弟，识其名，召复故官。未几卒。

当天启初，东林方盛。其主张联络者，率在言路。允成居南，与北相应和，时贵多畏其锋。然谔谔敢言，屡犯近幸，其风采足重云。

李希孔，字子铸，三水人。万历三十八年进士。授中书舍人，擢南京御史。给事中姚宗文阅辽东军，排经略熊廷弼，希孔连疏劾之。已，又纠宗文阻抑考选，以“令旨”二字抗言缴还，遏先帝非常之德。泰昌元年冬，陈时政七事。天启改元，与允成劾邵辅忠。已，请宥言官倪思辉、朱钦相、王心一。三年上折邪议，以定两朝实录，疏言：

　　昔郑氏谋危国本，而左袒之者，莫彰著于三王并封之事。

今秉笔者不谓非也，且推其功，至与陈平、狄仁杰并。此其说不可解也。当时并封未有旨，辅臣王锡爵盖先有密疏请也。迨旨下礼部，而王如坚、朱维京、涂一榛、王学曾、岳元声、顾允成、于孔兼等苦口力争，又共责让锡爵于朝房。于是锡爵始知大义之不可违，而天下之不我予。随上疏检举，而封事停也。假令如坚等不死争，不责让，将并封之事遂以定，而子以母贵之说，且徐邀定策国老之勋。而乃饰之曰："旋命引咎，事遂以止。"嗟乎，此可为锡爵讳乎哉！且闻锡爵语人曰："王给事中遗悔否？"以故事关国本，诸臣槁项黄馘，终锡爵世不复起。不知前代之安刘、复唐者，谁厄王陵，使之不见天日乎？曾剪除张柬之、桓彦范等五人，而令赍志以没乎？臣所以折邪议者，一也。

其次，莫彰于张差闯宫之事。而秉笔者犹谓无罪也，且轻其事，而列王大臣、贯高事为辞。此其说又不可解也。王大臣之徒手而闯至乾清宫门也，冯保怨旧辅高拱，置刃其袖，挟使供之，非实事也。张差之梃，谁授之而谁使之乎？贯高身无完肤，而词不及张敖，故汉高得释敖不问。可与张差之事，造谋主使口招历历者比乎？昔宽处之以全伦，今直笔之以存实，以戒后，自两不相妨，而奈之何欲讳之！且讳之以为君父隐，可也；为乱贼辈隐，则何为。臣所以折邪议者，二也。

至封后遗诏，自古未有帝崩立后者。此不过贵妃私人谋假母后之尊，以弭罪状。故称遗诏，以要必行。奈何犹称先志，重诬神祖，而阴为阿附传封者开一面也？臣所以折邪议者，三也。

先帝之令德考终，自不宜谓因药致崩，被不美之名。而当时在内视病者，乌可于积劳积虚之后，投攻克之剂。群议汹汹，方蓄疑虑变之深，而遽值先帝升遐，又适有下药之事，安得不痛之恨之，疾首顿足而深望之。乃讨奸者愤激而甚其词，庇奸者借题以逸其罚。君父何人，臣子可以侥幸而尝试乎？臣所以折邪议者，四也。

先帝之继神庙弃群臣也，两月之内，鼎湖再号。陛下孑然

一身,怙恃无托,宫禁深闶,狐鼠实繁,其于杜渐防微,自不得
不倍加严慎。即不然,而以新天子俨然避正殿,让一先朝宫嫔,
万世而下谓如何国体。此杨涟等诸臣所以权衡轻重,亟以移宫
请也。宫已移矣,涟等之心事毕矣,本未尝居以为功,何至反以
为罪而禁锢之,摈逐之。是诚何心?即选侍久侍先帝,生育公
主,诸臣未必不力请于陛下,加之恩礼。今陛下既安,选侍又未
尝不安,有何冤抑,而汲汲皇皇为无病之沈吟。臣所以折邪议
者,五也。

抑犹有未尽者。神祖与先帝所以处父子骨肉之际,仁义孝
慈,本无可以置喙。即当年母爱子抱,外议喧哗,然虽有城社媒
孽之奸,卒不以易祖训立长之序,则愈足见神祖之明圣,与先
帝之大孝。何足讳,何必讳,又何可讳。若谓言及郑氏之过,便
伤神祖之明,则我朝仁庙监国危疑,何尝为成祖之累。而当时
史臣直勒之汗青,并未闻有嫌疑之避也。何独至今而立此一
说,巧为奸人脱卸,使昔日不能寔之罪,今日不容著之书,何可
训也。今史局开,公道明,而坐视奸辈阴谋,辨言乱义,将令三
纲紊,九法灭,天下止知有私交,而不知有君父。乞特敕纂修诸
臣,据事直书,无疑无隐,则继述大孝过于武、周,而世道人心
攸赖之矣。

诏付史馆参酌,然其后卒不能改也。已,又请出客氏于外,请诛崔文
升。忌者甚众,指为东林党。未几,卒官,故不与珰祸。

毛士龙,字伯高,宜兴人。万历四十一年进士,授杭州推官。熹
宗即位,擢刑科给事中,首劾姚宗文阅视乖张。杨涟去国,抗疏请
留。天启改元,正月疏论“三案”,力言孙慎行、陆梦龙、陆大受、何士
晋、马德沣、王之寀、杨涟等有功社稷,而魏浚辈丑正害直之罪。帝
是之。

李选侍之移宫也,其内竖刘朝、田诏、刘进忠等五人,以盗赏下
刑部狱。尚书黄克缵庇之,数称其冤。帝不从,论死。是年五月,王

安罢,魏进忠用事。诏等进重赂,令其下李文盛等上疏鸣冤,进忠即传旨贷死。大学士刘一燝等执奏者再。旨下刑科,士龙抄参者三,旨几中寝。克缵乃陈其冤状,而请付之热审。进忠不从,传旨立释。士龙愤,劾克缵阿旨骫法,不可为大臣,且数朝等罪甚悉。由是,进忠及诸奄衔士龙次骨。进忠广开告密,诬天津废将陈天爵交通李承芳,逮其一家五十余人,下诏狱。士龙即劾锦衣骆思恭及诬告者罪。进忠憾张后抑已,诬为死囚孙二所出,布散流言。士龙请究治妖言奸党并主使逆徒,进忠益憾。

至九月,士龙劾顺天府丞邵辅忠奸贪,希孔、允成亦劾之,辅忠大惧。朝等因诱以超擢,令攻士龙。辅忠遂讦士龙官杭州时盗库纳妓,进忠从中下其疏。尚书周嘉谟等言两人所讦,风闻,请宽贷。进忠不从,削士龙籍,辅忠落职闲住。进忠后易名忠贤,显盗国柄,恨士龙未已。四年冬,令其私人张讷劾之,再命削籍。明年三月入之汪文言狱词,谓纳李三才贿三千,谋起南京吏部,下抚按提讯追赃,遣戍平阳卫。已而辅忠起用,骤迁兵部侍郎。六年十二月,御史刘徽复撼辅忠前奏,劾士龙纳访犯万金,下法司逮治。士龙知忠贤必杀己,夜中逾墙遁。其妾不知也,谓有司杀之,被发号泣于道,有司无如之何。士龙乃潜至家,载妻子浮太湖以免。

庄烈帝嗣位,忠贤伏诛。朝士为士龙称冤,诏尽赦其罪。士龙始诣阙谢恩,且陈被陷之故。帝怜之,命复官致仕,竟不召用。至崇祯十四年,里人周延儒再相,始起漕储副使,督苏、松诸郡粮。明年冬,入为太仆少卿。又明年春,擢左金都御史。时左都御史李邦华、副都御史惠世扬皆未至,士龙独掌院事。帝尝语辅臣:"往例御史巡方,类微服访民间。近高牙大纛,气凌巡抚,且公署前后皆通窦纳贿,每奉使富可敌国,宜重惩。"士龙闻,劾逮福建巡按李嗣京。十月谢病。归国变后卒。

赞曰:满朝荐,健令也,出死力以抗凶锋,幽深牢而弗悔。及跻言路,益发愤时事,庶几强立不反者欤。江秉谦、侯震旸之论经抚,李希孔之论"三案",皆切中事理。王允成直攻刘朝、魏进忠,而不与杨、左、周、黄诸人同难。毛士龙顾以谪免。盖忠贤杀人皆成于附阉邪党,彼其甘心善类,授之刃而假手焉,且加功者,罪直浮于忠贤己。